सन्ताल-संस्कार की रूपरेखा

उमाशंकर

प्रस्तुति

संजय कृष्ण

वाणी प्रकाशन

वाणी प्रकाशन
4695, 21-ए, दरियागंज, नयी दिल्ली 110 002
फ़ोन : +91 11 23273167 फ़ैक्स : +91 11 23275710
शाखाएँ
अशोक राजपथ, पटना 800 004, बिहार
कॉफ़ी हाउस कैम्पस, महात्मा गांधी मार्ग, इलाहाबाद 211 001, उत्तर प्रदेश
महात्मा गांधी अन्तरराष्ट्रीय हिन्दी विश्वविद्यालय, वर्धा 442 001, महाराष्ट्र
www.vaniprakashan.com
marketing@vaniprakashan.in
sales@vaniprakashan.in

Santal-Sanskar Ki Rooprekha
by Umashankar

ISBN : 978-93-5518-223-4
History/Social Science

पेपरबैक प्रथम संस्करण 2023

मूल्य : ₹ 499

आर. टेक ऑफ़सेट प्रिंटर्स, दिल्ली-110 032 में मुद्रित

वाणी प्रकाशन का लोगो मक़बूल फ़िदा हुसेन की कूची से

इतिहास की कहानी बहुत लम्बी है। उसे युगों में जितना ही हम बाँधने की चेष्टा करते हैं, उतनी ही उसकी लम्बाई बढ़ती जाती है। इसकी सीमा को हमने खोजों के द्वारा नापने की चेष्टा की है, पर अभी तक वह अथाह है, ऐसा माना जाता है, ऐसा कहा जाता है। पता नहीं, हमारी यह धारणा कब तक बनी रहेगी। एक खोज के द्वारा हम एक धारणा बना पाते हैं, पर दूसरी खोज उस धारणा को ग़लत प्रमाणित कर देती है। आज ज्ञान बढ़ रहा है, खोज का क्षेत्र भी विस्तृत हो रहा है। इस खोज की होड़ में इतिहास का क्या रूप होगा! इसका उत्तर भविष्य ही देगा। अब तक की प्राप्त उपलब्धियों को ही हम आधार बनाकर अपना काम कर सकते हैं। मानवीय उपलब्धियों का अभिलेख इतिहास है। मानव का पैर जब इस धरातल पर पड़ा तब इतिहास की गंगा फूटी। पर वास्तविक इतिहास का आरम्भ तब हुआ, जब तथ्यों ने इतिहास का श्रृंगार किया। तथ्यों का जन्म अभिलेखों से होता है। यही कारण है, अभिलेख इतिहास के पोषक तत्त्व हैं। जिस जाति की उपलब्धियों का कोई अभिलेख नहीं, उसका अपना कोई इतिहास भी नहीं है। हो सकता है, जिस जाति का हमें इतिहास मिलता है, उस जाति के पूर्व का भी इतिहास हो, पर समय–सागर में उनकी उपलब्धियाँ नष्ट हो गयी हैं या वे किसी खोह में पड़ गयी हैं और किसी शोध–कर्त्ता की बाट देख रही हैं। खोह में पड़ी हुई उपलब्धियों से हमारा कोई सम्बन्ध नहीं है। उनके दर्शन की हमें लालसा अवश्य है। उनके प्रति हमारी ममता भी है। पर साक्ष्य के अभाव में वे हमारे लिए निरर्थक ही हैं। इस ग्रन्थ में मैंने उन्हीं उपलब्धियों को अपना बनाया है, जिनका कोई आधार है, कोई अभिलेख है।

इस ग्रन्थ में पाठकों को उन्हीं तथ्यों का उल्लेख मिलेगा, जिन तथ्यों का सम्बन्ध मानवीय क्रियाओं से है। पाठकों को घटनाएँ घटना के रूप में नहीं मिलेंगी; कारण, मैंने घटनाओं को घटना के रूप में ग्रहण नहीं किया है। घटनाओं के कारण एवं उनके परिणामों पर विचार किया गया है। घटनाओं का भाष्य भी पाठकों को मिलेगा। घटनाओं का प्रभाव किस प्रकार संस्कार एवं संस्कृति पर पड़ा है, वह किस गति से विकसित हुए हैं इसका भी आलोक मिलेगा। पर इसका अर्थ यह नहीं कि घटना प्रधान बनाकर इतिहास का सम्बन्ध मैंने व्यक्ति से जोड़ दिया है। मेरे कहने का अर्थ यह नहीं है कि इतिहास का सम्बन्ध व्यक्ति से नहीं है; वह घटना प्रधान हो गया है। घटनाओं का स्रोत तो व्यक्ति ही है; इसकी महत्ता को कम नहीं किया जा सकता। इतिहास उन व्यक्तियों की उपेक्षा नहीं कर सकता, जिनके व्यक्तित्व से उसकी धारा बदलती रही है। उन व्यक्तियों का कुछ अमर सन्देश है, जो युग–युग तक अमर रहेगा। उसकी योग्यता और क्षमता में आज इतना ओज है। इतिहास आज अगर उनकी ओर से आँखें मूँद लेता है, तो वह अन्धा हो जायेगा। आज का इतिहासकार ऐसे व्यक्ति के प्रति श्रद्धा से नतमस्तक है, फिर भी इतिहास को जो नयी दृष्टि मिली है; उससे व्यक्तित्व का विश्लेषण कर वह मौन नहीं रह जाता। समाज, जीवन, राजनीति, संस्कृति, संस्कार, धर्मभाषा और साहित्य से वह अपना सम्बन्ध स्थापित करता है। व्यक्ति से अधिक प्रवृत्तियों और स्थितियों पर वह प्रकाश डालता है। इन्हीं सारी बातों को दृष्टि में रखकर 'सन्ताल–संस्कार की रूपरेखा' का निर्माण हुआ।

सन्ताल जाति के मणि, स्वतन्त्रता संग्राम के अमर सेनानी,

बिहार राज्य के पूर्व कल्याण मन्त्री

श्री बरियार हेम्ब्रम

को

उन्हीं की वस्तु उन्हीं के हाथों में

गीतानुसार

'त्वदीयं वस्तु गोविन्दं तुभ्यमेव समर्पये।'

—उमाशंकर

आमुख

'सन्ताल संस्कार की रूपरेखा' पुस्तक का बहुत बड़ा महत्त्व है। लेखक ने सन्ताली जीवन के सम्बन्ध में इस पुस्तक में जो सब विवरण दिये हैं, वे बड़े ही मूल्यवान हैं। सन्तालों के गोत्र, जन्म, विवाह, धर्म–विश्वास, आचार, कला–कौशल, समाज–व्यवस्था, नृत्य, संगीत, भाषा, साहित्य आदि के सम्बन्ध में लेखक ने जिन सब तथ्यों का समावेश किया है, उससे उनकी अनुसन्धित्सा तथा विश्लेषणी दृष्टि का पता चलता है। ...इस पुस्तक को पढ़कर हम सन्ताली समाज के जन–जीवन के सम्बन्ध में ऐसी कितनी ही बातें जान सकेंगे जिनकी कोई जानकारी हमें अब तक नहीं थी और न हममें जानने का कौतूहल था।

आचार्य पण्डित जगन्नाथ प्रसाद मिश्र

'सन्ताल संस्कार की रूपरेखा' में सन्ताल संस्कृति पर सांगोपांग अध्ययन प्रस्तुत किया गया है और जो कुछ लिखा गया है अपनी आँखों से देखकर और अकाट्य पुष्ट प्रमाणों के आधार पर। विभिन्न अवसरों पर विशेषतः विवाह और मरण के समय सन्तालों में जो रस्मोरिवाज़ हैं, उनका बड़ा ही भव्य रूप लेखक ने अपनी अजेय प्रतिभा से अकित–चित्रित किया है और इसके अतिरिक्त सन्ताल जाति के जीवन दर्शन का ऐसा व्यापक वर्णन शायद पहले हिन्दी में पढ़ने को मिलता है। अंग्रेज़ी में छिट–पुट लेख यदाकदा मिलते रहे हैं, परन्तु हिन्दी में यह प्रथम प्रयास है, निःसंकोच ऐसा स्वीकार करना चाहिए।

डॉक्टर भुवनेश्वर नाथ मिश्र 'माधव'

1

श्री उमाशंकर हिन्दी के एक सुपरिचित लेखक हैं। विभिन्न विषयों पर लेखादि लिखने के अतिरिक्त उन्होंने साहित्य के क्षेत्र में भी अपनी आलोचनात्मक कृतियों द्वारा सुनाम अर्जित किया है। किन्तु अपनी शोध प्रवृत्ति द्वारा विस्मृति के गर्भ में लुप्तप्राय ऐतिहासिक घटनाओं एवं पात्रों का उद्धार करके जिस रूप में वे उन्हें प्रकाश में ला रहे हैं इससे अवश्य ही उनकी सेवाएँ अविस्मरणीय बनी रहेंगी। एक अनुसन्धायक की गम्भीर दृष्टि लेकर वे भूले–बिसरे इतिहास के पृष्ठों की छानबीन करते हैं और उनकी परतों के नीचे से तथ्यों को निकाल कर इस रूप में हमारे सामने रखते हैं जिससे हम सचमुच चकित, विस्मृत हो जाते हैं। उनकी जैसी गवेषणावृत्ति विरल साहित्यिकों में ही देखी जाती है। उनका कर्म क्षेत्र चाहे जो भी हो, सर्वत्र उनकी ऐतिहासिक वृत्ति सक्रिय बनी रहती है। सन्ताल परगना ज़िले के मुख्यालय दुमका में सरकारी पद पर रहते हुए भी उन्होंने गवेषणा के क्षेत्र में अपने अध्यवसाय को अक्षुण्ण रखा है। बड़ी निष्ठा और लगन के साथ वे शोध कार्य में संलग्न रहते हैं और अपने अनुसन्धान द्वारा उपलब्ध तथ्यों को पाठकों के समक्ष उपस्थित करके उनके ज्ञान राज्य की परिधि को विस्तृत करते हैं। उनकी साहित्य साधना का यह क्षेत्र सांस्कृतिक दृष्टि से अत्यन्त लाभकारी सिद्ध होगा ऐसा मेरा विश्वास है।

सन्ताल परगना यद्यपि बिहार (अब झारखण्ड का हिस्सा) राज्य का एक अभिन्न अंग है फिर भी वहाँ के आदिवासियों की जीवन–चर्या तथा संस्कृति के सम्बन्ध में हमारा ज्ञान कितना अधूरा है। सन्तालियों का धर्म विश्वास, उनके देवी–देवता, उनके संस्कार, धार्मिक अनुष्ठान, उनकी संस्कृति, आचार–विचार, रीति–नीति आदि के क्षेत्र में अनुसन्धान के लिए विस्तृत सामग्री भरी पड़ी है। इस दिशा में जो कुछ कार्य हुए हैं वे कतिपय ज्ञानान्वेषी अंग्रेज़ पदाधिकारियों द्वारा। अंग्रेज़ी भाषा में इस प्रकार के कतिपय ग्रन्थ उपलब्ध हैं, किन्तु सर्वसाधारण के लिए वे सुलभ नहीं हैं। इसके अतिरिक्त ये सब ग्रन्थ सर्वांग पूर्ण नहीं कहे जा सकते। उनके द्वारा हमें आदिवासियों के सम्बन्ध में सम्यक् जानकारी नहीं हो पाती। आवश्यकता इस बात की है कि आदिवासियों के जीवन तथा उनकी संस्कृति का घनिष्ठतम परिचय हमें हो ताकि उनके साथ हम आत्मीयता का अनुभव करें और दोनों के बीच अपरिचय का जो व्यवधान है वह दूर हो जाय।

विदेशी शासकों ने जानबूझकर आदिवासियों के पृथक् अस्तित्त्व को बनाये रखा, उन्हें बिहार के अन्यान्य अधिवासियों के निकट सम्पर्क में नहीं आने दिया। शिक्षा एवं नवयुग के ज्ञान–आलोक से भी उन्हें वंचित रखा गया। उनकी दरिद्रता से अनुचित लाभ उठाकर उन्हें ईसाई धर्म ग्रहण करने के लिए नाना प्रलोभन दिये गये। परिणाम यह हुआ कि हम इन आदिवासियों के जीवन के प्रति सर्वथा उदासीन हो गये और इन्हें अपने से सर्वथा भिन्न समझने लगे। पृथकत्व का भाव उनमें भी बद्धमूल होता गया और परस्पर की सहानुभूति शिथिल हो गयी। स्वाधीन भारत में सब नागरिकों के मौलिक अधिकार समान रूप में स्वीकृत हुए हैं। आर्थिक तथा सामाजिक दृष्टि से जो सब जन समाज पिछड़े हुए हैं उन्हें समुन्नत समाज के समान स्तर पर लाने के लिए शासन की ओर से बहुमुखी प्रचेष्टाएँ हो रही हैं। किन्तु इनके साथ ही सांस्कृतिक स्तर पर भी मिलन–सेतु निर्मित होना चाहिए। सांस्कृतिक स्तर पर ही हृदय–हृदय का मिलन सम्भव हो सकता है और एक–दूसरे के सन्निकट आ सकते हैं। इस दृष्टि से 'सन्ताल–संस्कार की रूपरेखा' पुस्तक का बहुत बड़ा महत्त्व है। लेखक ने सन्ताली जीवन के सम्बन्ध में इस पुस्तक में जो सब विवरण दिये हैं वे बड़े ही मूल्यवान हैं। सन्तालों के गोत्र, जन्म, विवाह, धर्म, विश्वास, आचार, कला–कौशल, समाज–व्यवस्था, नृत्य, संगीत, भाषा, साहित्य आदि के सम्बन्ध में लेखक ने जिन सब तथ्यों का समावेश किया है उनसे ही उनकी अनुसन्धित्सा तथा विश्लेषणी दृष्टि का पता चलता है। संवेदनशील हृदय तथा ऐतिहासिक वस्तुनिष्ठ दृष्टि लेकर उन्होंने इस पुस्तक की रचना की है। पुस्तक ज्ञातव्य विषयों से परिपूर्ण है और इसकी उपादेयता असन्दिग्ध है। इस पुस्तक को पढ़कर हम सन्ताली समाज के जन जीवन के सम्बन्ध में ऐसी कितनी ही बातें जान सकेंगे जिनकी कोई जानकारी हमें अब तक नहीं थी और न हममें जानने का कौतूहल था। मझे आशा है, लेखक की इस कृति का यथेष्ट समादर होगा और वे यशस्वी होंगे।

10–11–1965 ई.

जगन्नाथ प्रसाद मिश्र
अध्यक्ष,
बिहार राज्य पुस्तकालय संघ

2

भारतीय संस्कृति अपनी चिरन्तन सुन्दरता एवं विश्वजनीन मंगल कामना के लिए प्रसिद्ध है। इसकी विविधता एवं अखण्डता–अनेकता में एकता, 'विनशत्सु अविनश्यंतं', 'समं सर्वेषु भूतेषु', 'सर्वभूतहितेरताः', 'सुहृदं सर्वभूतानां' आदि विशेषण अपने आप में इसकी महत्ता को सिद्ध करते हैं। मानवीय जीवन एवं प्राकृतिक सौन्दर्य का ऐसा व्यापक समन्वय अन्यत्र कहाँ मिलता है? गंगा–यमुना की तरह, सूर्य–चन्द्र की तरह भारतीय संस्कृति चिर पुरातन, चिर नवीन है।

हमारे इस परम पावन देश में जितने प्रान्त हैं उनकी अपनी–अपनी निजी विशेषताएँ हैं–खान–पान में, वेश–भूषा में, रहन–सहन में, आचार–विचार में, कन्याकुमारी से लेकर कश्मीर तक और द्वारका से लेकर कामरूप तक संस्कृतियों की जो मनोहारिणी छटा है उसे देखकर कौन सहृदय व्यक्ति विस्मय विमुग्ध एवं आनन्द परिप्लुत हुए बिना नहीं रहेगा। इतनी विविधता परन्तु साथ ही अखण्ड एकता–कैसा मंगलमय विधान है?

परन्तु दुःख के साथ यह स्वीकार करना पड़ता है कि हम अपनी संस्कृति के पावन एवं मंगलमय प्रभाव से हटकर पाश्चात्य संस्कृति की चकाचौंध में जैसे–जैसे आते गये हम क्रमशः अभाग्य के शिकार होते गये और हमारी राष्ट्रीय एवं सांस्कृतिक चेतना जडिमा और अनास्था के निविड़ अन्धकार में लुप्त–सी होती गयी और फलतः हम उभय भ्रष्ट हो गये। सचमुच ही किसी भी राष्ट्र के लिए इससे बढ़कर अमंगल का कोई कारण हो नहीं सकता कि वह अपनी निजी सत्ता की मूलगत संस्कृति से विच्छिन्न होकर परावलम्वन पर जीने की लालसा करे। भारतीय संस्कृति ने बाहर से बहुत धक्के खाये हैं उससे वह बलवती ही हुई परन्तु अपने ही अन्दर अपने प्रति जब अनास्था के कीटाणु घुस जायें तो निस्तार का क्या उपाय है? विदेशी शासन ने हमारी मूलगत संस्कृति पर जो कुठाराघात किये हैं उससे बहुत कुछ वह क्षत–विक्षत हो चुकी है परन्तु फिर भी हमारे पूर्वजों का तप राष्ट्रीय संस्कृति की रक्षा करने में समर्थ सिद्ध होगा अस्तु निराशा की कोई गुंजाइश नहीं है।

प्रस्तुत ग्रन्थ के लेखक श्री उमाशंकर जी की जिज्ञासु–भावना इतनी उद्दीप्त है कि वे जहाँ भी रहते हैं वहाँ के सम्बन्ध में जानने योग्य सारी की सारी बातों को न केवल जान लेते हैं अपितु उसे क़लम की घाट

उतार कर लोक चेतना को उद्बुद्ध भी करते हैं, प्रदीप्त भी। इसी प्रेरणा का यह परिणाम है कि अब तक श्री उमाशंकर जी की लेखनी से लगभग 60 ग्रन्थ लिखे जा चुके हैं जो अपने–अपने विषय में शोध की सीमा का स्पर्श करते हैं। कई ऐसे साहित्यिक व्यक्तियों को प्रकाश में लाने का श्रेय श्री उमाशंकर जी को है जिन्हें हम भूल चुके थे, बिसार चुके थे–श्री महेश नारायण तथा श्री राधा लाल माथुर इनमें मुख्य है। प्रस्तुत ग्रन्थ में सन्ताल संस्कृति पर सांगोपांग अध्ययन प्रस्तुत किया गया है और जो कुछ लिखा गया है अपनी आँखों से देखकर और अकाट्य पुष्ट प्रमाणों के आधार पर। विभिन्न अवसरों पर विशेषतः जन्म, विवाह और मरण के समय सन्तालों में जो रस्मोरिवाज़ है उनका बड़ा ही भव्य रूप लेखक ने अपनी अजेय प्रतिभा से अंकित–चित्रित किया है और ऐसे मनोहारी चित्रों के उरेहने में लेखक का कवि और चित्रकार रूप सामने आ जाता है। इसके अतिरिक्त सन्ताल जाति के जीवन दर्शन का ऐसा व्यापक वर्णन शायद पहले–पहल हिन्दी में पढ़ने को मिलता है। अंग्रेज़ी में छिटपुट लेख यदाकदा मिलते रहे हैं, परन्तु हिन्दी में यह प्रथम प्रयास है ऐसा निःसंकोच स्वीकार करना चाहिए।

सन्ताल वनों में रहने वाले आदिवासी हैं जिन्होंने मानव की आदिम संस्कृति को सुरक्षित रखा है। उनके प्रत्येक कार्य में सुरम्य प्रकृति सहचरी रही है–साज–शृंगार, नृत्य–गान, जन्म, विवाह, यहाँ तक कि मृत्यु में भी प्रकृति का सीधा सम्बन्ध और प्रभाव है। जिनका हृदय प्रकृति के सौन्दर्य से लबालब भरा नहीं है, जिन्हें प्रकृति के सौन्दर्य रस का पान करने की आँखें नहीं हैं, वे सन्ताल जीवन के अन्तर्दर्शन से वंचित ही रह जायेंगे। सौभाग्य से श्री उमाशंकर जी को वैसा रसपूर्ण हृदय और रसग्राहिणी आँखें प्राप्त हैं–और इनकी लेखनी में जो जादू है उसका चमत्कार तो इस पुस्तक की पंक्ति–पंक्ति में पाठक को मिलेगा और वह अपने आप इस सागर में स्नान कर अपने को धन्य करेगा।

मैं इस सफल कृति पर श्री उमाशंकर जी को बधाई देता हूँ और भगवान् से प्रार्थना करता हूँ कि लेखक की अधिक से अधिक कृतियाँ हिन्दी को गौरव प्रदान करती रहें। शुभमस्तु मंगलमस्तु।

राजेन्द्र नगर, पटना

1.12.1965

भुवनेश्वर नाथ मिश्र 'माधव'

निदेशक,

बिहार राष्ट्रभाषा परिषद्

3

श्री उमाशंकर बिहार के उन वर्चस्वी वाणी–पुत्रों में हैं, जिनकी लगन, परिश्रमशीलता, अध्यवसाय और ईमानदारी अपना उपमान नहीं रखती। वे एक ऐसे धुनी साहित्यकार हैं जिसके तन में तारुण्य, मन में मनीषा और आत्मा में आलोक की आभा अनवरत अँगड़ाइयाँ लेती हैं।

मैं उनका अग्रज हूँ, शायद इसीलिए उन्होंने मुझे इस पुस्तक पर दो शब्द लिखने को कहा है। सच कहता हूँ, प्रस्तुत कृति को आद्योपान्त पढ़ जाने पर मैंने एक ही बात कह कर चुप रह जाना उचित समझा कि भाई उमाशंकर के कृतित्त्व–कोष में अगर केवल यही एक ग्रन्थ सुरक्षित रख लिया जाय तो यह उनकी अमरता को अक्षुण्ण रखेगा।

मुझे विश्वास है कि उमाशंकर जी की यह ऐतिहासिक कृति न केवल राष्ट्र–भाषा को, प्रत्युत विश्व साहित्य को एक ऐसी देन सिद्ध होगी, जो ज्ञान, विज्ञान एवं मनोविज्ञान के विद्यार्थी–वर्ग को ही नहीं बल्कि विद्वान–मण्डली को भी एक अपूर्व आभा प्रदान करेगी।

क्या 'महेश नारायण–साहित्य शोध–संस्थान' उमाशंकर जी से इसी तरह की अन्य सेवाएँ लेने का लोभ संवरण कर लेगा??? मेरी यह चेतावनी है कि अगर ऐसा कहीं हुआ तो एक अनर्थकारी घटना होगी।

किमधिकम् ???

बृजकिशोर 'नारायण'
(सम्पादक, जन जीवन)
26 जनवरी, 1966

कच्ची तालाब,
पटना–1

उमाशंकर : एक परिचय

आज से ठीक साठ साल पहले जब '.क़लम शिल्पी' का प्रकाशन हुआ तो न चाहते हुए भी उमाशंकर जी ने एक संक्षिप्त भूमिका 'लेखक की ओर से' लिखी थी। इसमें उनकी पीड़ा भी समाहित थी और इस बात की चिन्ता भी कि हिन्दी साहित्य का इतिहास लिखने वालों ने बिहार के साहित्यकारों की घोर उपेक्षा की है। ऐसा नहीं कि वे जानते नहीं थे, बख़ूबी जानते थे, कुछ तो अपने समकालीन महत्त्वपूर्ण लेखकों पर ध्यान नहीं दिया। इस 'ध्यान न देने' व 'उपेक्षा के कारण' उमाशंकर ने 1961 में इस 'क़लम शिल्पी' की रचना की। पुस्तक छोटी है, लेकिन इसमें बिहार के साथ कुछ हिन्दी के महत्त्वपूर्ण लेखकों के बारे में परिचयात्मक जानकारी दी गयी है। पं. सदल मिश्र, मुंशी राधालाल माथुर, भारतेन्दु हरिश्चन्द्र, महाराजकुमार बाबू रामदीन सिंह, विजयानन्द त्रिपाठी 'श्रीकवि', अयोध्या प्रसाद खत्री, पं. चन्द्रशेखर मिश्र, महेश नारायण, शिवनन्दन सहाय, नहावीर प्रसाद द्विवेदी, डॉ. काशी प्रसाद जायसवाल और भवानी दयाल संन्यासी। इनमें बहुतेरे लेखक साठ के दशक तक आते–आते ओझल हो गये थे या कर दिये गये थे। इन्हें हिन्दी साहित्य में उचित स्थान देने का यह प्रयत्न उल्लेखनीय ही कहा जायेगा।

पर, 46 साल बाद आज ख़ुद उमाशंकर जी नेपथ्य में चले गये। दुमका से लेकर पटना तक साहित्य और संस्थान खड़ा करने वाले को हम आज पूरी तरह भूल चुके हैं। उनकी बनाई संस्थाओं के बारे में अब कोई जानकारी नहीं। जो इमारतें खड़ी कीं, वह ढह गयीं, या ढह रही हैं। विश्वविद्यालयों के हिन्दी विभागों की लाचारी भी समझी जा सकती है। डिग्री उत्पादक संस्थाओं के पास बेशक समय का अभाव और उनकी मजबूरी को समझा जा सकता है। फिर भी, उमाशंकर जी साहित्य का

जो विपुल भण्डार छोड़ गये हैं, वह उन्हें भूलने नहीं देगा। उनके दाय को भुलाना बहुत मुश्किल है। कुछ समय के लिए हम उनके कृतित्त्व पर पर्दा डाल सकते हैं, लेकिन कोई उठाने वाला तो आ ही जायेगा!

बिहार के शाहाबाद के शुक्लारा गाँव में 15 सितम्बर, 1920 को जन्मे उमाशंकर का पूरा नाम अखौरी उमाशंकर सहाय था। पर, वे उमाशंकर ही लिखते थे। शिक्षा बी.ए. तक पायी और बिहार वित्त सेवान्तर्गत कोषागार पदाधिकारी पद से अवकाश ग्रहण किया। 25 अगस्त, 1975 को सरकारी सेवा में रहते हुए उनकी साँसें थम गयीं। बीस की उम्र से ही उनका लेखन शुरू हो गया था, जो अन्तिम साँस तक जारी रहा। उनकी प्रमुख रचनाओं को देखें तो उनके रचना संसार के वैविध्य का पता चलता है। उनकी रचनाओं में प्रमुख हैं–प्रसाद के चार नाटक, प्रेमचन्द की निर्मला, प्रसाद की राज्यश्री, क़लम–शिल्पी : महेश नारायण, व्यक्तित्त्व और कृतित्त्व, बिहार के सन्त साहित्यकार (आलोचना), ग्राम स्वराज्य, राजनीतिक विचार धाराएँ, नागरिक अधिकार, नागरिक कर्तव्य, चीन का सूनो पंजा (राजनीति), हमारे साहित्यिक नेता, हमारे राष्ट्रीय नेता, श्रद्धा के फूल, राजर्षि (जीवन चरित्र), सन्ताल संस्कार की रूपरेखा आदि।

इन रचनाओं के अतिरिक्त अपने समय में उमाशंकर जी ने अनेक ऐसे लेखकों के काम को प्रकाश में लाने का काम किया, जिनके दाय और काम के प्रति हिन्दी समाज अनजान हो चुका था। ऐसे लेखकों के काम, उनके महत्त्व, उनकी स्थापनाओं को सामने लाना कम चुनौतीपूर्ण कार्य नहीं था। उनका हर काम शोध की सीमा को छूता था और परिश्रम झलकता था। ऐसे ही आरम्भिक लेखकों में पं. सदल मिश्र जी थे। उमाशंकरजी मानते थे कि पं. सदल मिश्र (1768–1848 ई.) की ही भाषा में सबसे पहले खड़ी बोली गद्य का दर्शन होता है। पं. सदल मिश्र ने 1803 ई में 'खड़ी बोली' का पहले–पहल प्रयोग किया था। इसलिए उमाशंकरजी ने पण्डित सदल मिश्र को हिन्दी का आदि गद्य–लेखक और मुंशी राधालाल माथुर (1843–1913) को 'हिन्दी शब्दकोश' का प्रथम निर्माता माना है। यही नहीं, पटना विश्वविद्यालय के भूतपूर्व उपकुलपति बाबू शारंगधर सिंह के पिता महाराजकुमार बाबू रामदीन सिंह (1856–1903 ई.) को हिन्दी के नवजागरण का अग्रदूत और आधुनिक हिन्दी–निर्माता कहा। कचहरियों में हिन्दी के

प्रवेश पर विजयानन्द त्रिपाठी (1856–1926) ने सर्वाधिक ज़ोर दिया था। ऐसे लोगों पर उनकी नज़र गयी और दूसरों की नज़रों के सामने उन्हें पेश किया। यही नहीं, उनका एक महत्त्वपूर्ण और उल्लेखनीय काम महेश नारायण पर है। इनके बारे में सबसे पहले डॉ. दिनेश्वर प्रसाद जी ने बताया था कि हिन्दी में खड़ी बोली की लम्बी कविता 'स्वप्न' की रचना महेश नारायण ने की थी। यह कविता भी मुक्तछन्द की है। उमाशंकर जी ने महेश नारायण की काव्य प्रतिभा से परिचित कराया और 'विशाल भारत' में इन पर लम्बा लेख लिखा। बाद में एक पुस्तक भी आयी–'महेश नारायण : व्यक्तित्त्व और कृतित्त्व' (जनवरी, 1965 ई.)। यह उनके साहित्य और राजनीतिक चेतना पर रोशनी डालती है। राजनीतिक चेतना इसलिए कि वे केवल कवि नहीं थे बल्कि बंगाल से बिहार को अलग करने की माँग करने वालों में वे अग्रणी थे। इसलिए डॉ. राजेन्द्र प्रसाद उन्हें अपना गुरु मानते थे और बिहार के नवनिर्माता डॉ. सच्चिदानन्द सिन्हा भी महेश नारायण के आशीर्वाद के फलस्वरूप बिहार के भीष्म पितामह बने। महेश नारायण पर उनका काम तब सामने आया जब वे दुमका में पदस्थापित थे। उन्हें सन्ताल समाज को देखने और समझने का मौक़ा मिला। उन्हीं की पावन स्मृति में उमाशंकर जी ने 18 जून, 1963 ई. को दुमका में 'महेश नारायण शोध संस्थान' की स्थापना की। महेश नारायण का जन्म 1858 में झारखण्ड के राजमहल अनुमण्डल के बभनगामा ग्राम में हुआ था तब यह बिहार का हिस्सा था। अब यह झारखण्ड का है। महेश नारायण ने ही सबसे पहले नारा दिया था–बिहार बिहारियों का है। हालाँकि वे अलग बनते बिहार को देख नहीं सके। 1907 में उनका निधन हो गया। ऐसे मनीषी के नाम पर उमाशंकर जी ने दुमका में शोध संस्थान की स्थापना की थी, लेकिन यह अब दम तोड़ चुका है। दुमका के उनके साथी भी अब जीवित नहीं रहे कि उनकी देखभाल करते। एकमात्र जीवित साथी शम्भुनाथ मिश्र जी हैं, पर वह अकेले क्या कर सकते हैं। पटना में जब आये तो यहाँ बिहार साहित्यकार संघ की स्थापना की। कई साहित्यिक संस्थाओं का संचालन किया। अपनी कमाई से लगभग एक दर्जन पुस्तकों का प्रकाशन किया। यहाँ निर्माण प्रकाशन की स्थापना भी की। अपनी पूँजी दूसरे लेखकों की रचनाओं के प्रकाशन में भी लगायी। निर्माण प्रकाशन यही काम करता था। यही नहीं, उमाशंकर जी ने 'प्रेमचन्द परिषद्' की

स्थापना भी की थी और उसके माध्यम से भी हिन्दी की सेवा की। दूसरी संस्था 'बिहार साहित्यकार संघ' थी। इसके दो अधिवेशन झारखण्ड के झरिया व जमशेदपुर में हुए थे। **सरस्वती, सुधा, कर्मयोगी, आरती** आदि पत्र–पत्रिकाओं में भी शोधपूर्ण और ज्ञात–अज्ञात और भुला दिये गये लेखकों पर इनकी रचनाएँ सम्मान के साथ प्रकाशित होती थीं। उस दौर की ऐसी कोई महत्त्वपूर्ण पत्रिका नहीं, जिसमें उमाशंकर की खोजी रचनाएँ न प्रकाशित हुईं। चाँद, सुधा, महारथी, मतवाला के पूर्व सम्पादक रहे नन्द किशोर तिवारी उमाशंकर जी को आचार्य शिवपूजन सहाय की परम्परा का उत्तराधिकारी मानते थे। उन्होंने लिखा है कि "साहित्यिक निबन्ध, संस्मरण लिखने की जो स्वस्थ परम्परा स्वर्गीय शिवपूजन सहाय ने चलाई, उस परम्परा के उचित उत्तराधिकारी श्री उमाशंकर हैं और आशा है, इनकी लेखनी विरामहीन चलती रहेगी।"

इस तरह के काम को देखते हुए, उन्हें साहित्यकार तक सीमित नहीं किया जा सकता। वे साहित्य के एक्टिविस्ट कहे जा सकते हैं। वस्तुतः उमाशंकर ख़ुद को साहित्यकार नहीं मानते थे–'मैं साहित्यकार नहीं, साहित्य मेरी जीविका का साधन नहीं। जो मेरी जीविका का साधन है, उसके प्रतिकूल साहित्य पड़ता है। फिर भी मैं एक साहित्य सेवी हूँ और साहित्यकारों का पुराना सेवक हूँ। लगभग 25–30 वर्षों से साहित्य सेवा करता आ रहा हूँ। भगवान मुझे इतना बल दे कि मैं अपने अन्तिम दिनों तक साहित्य सेवा करता रहूँ, यही मेरी चाह है।' विडम्बना यह है कि आज उन्हें इतिहास से ग़ायब कर दिया गया है। न बिहार में कोई चर्चा न झारखण्ड में, न हिन्दी के व्यापक समाज में। जबकि उमाशंकर जी ने साठ से अधिक पुस्तकें लिखीं।

बुद्धिनाथ झा 'कैरव' ने 'साहित्यकार उमाशंकर' पुस्तक के एक लेख में उनके महत्त्व को समझने का प्रयास किया है। कैरव जी दुमका के थे और उनके साथी भी थे। लिखा कि "केवल छियालीस वर्ष की आयु में उमाशंकर जी ने लगभग साठ ग्रन्थ लिखे हैं। साहित्य, इतिहास, अर्थशास्त्र, राजनीति तथा अन्य विषयों पर इतने कम समय में इतना अधिक लिखना केवल भारतेन्दु के लिए सम्भव कहा जाता है। आज उमाशंकर जी उसी कोटि में आ गये हैं। मैं यह नहीं कहूँगा कि जितने ग्रन्थ उन्होंने लिखे हैं, वे सब के सब उच्चकोटि के हैं और साहित्यिक मान्यता में वे अग्रगण्य हैं,

फिर भी इतना तो निस्संकोच कहा जायेगा कि जिन विषयों और व्यक्तियों को इन्होंने प्रकाश में लाया है, उनको लोग भूले हुए थे और उनके जीवन का मूल्यांकन हुआ ही नहीं था। आज तक कौन जानता था और कौन मानता था कि खड़ी बोली में कविता करना बाबू महेश नारायण ने उस समय शुरू किया था जब भारतेन्दु ने हार मानकर लिख दिया था कि खड़ी बोली में कविता नहीं लिखी जा सकती। बहुत कम लोग जानते थे कि बाबू महेश नारायण सन्ताल परगना के राजमहल–बभनगामा के रहने वाले थे और सन्ताल परगना के उस महापुरुष ने ही बिहार को बिहार बनाने का सर्वाधिक और सर्वप्रथम प्रयास किया था। सन्ताल परगना के मुख्य नगर दुमका में महेश नारायण की स्थापना उमाशंकर जी के जीवन का ऐतिहासिक कार्य है।''

सुरेन्द्र प्रसाद जमुआर ने 'बिहार के दिवंगत साहित्यकार' में ठीक ही लिखा है कि 'क़लम–शिल्पी' के साथ 'बिहार के सन्त साहित्यकार' का प्रणयन कर, उमाशंकर जी ने यह इशारा किया है कि साहित्य के इतिहास में प्रमुख व्यक्तियों से गौण एवं अल्पचर्चित व्यक्तियों का स्थान कम विशिष्ट नहीं होता है। अफ़सोस की बात है कि ख़ास तौर से हमारे नए खेमें के बहुतेरे रचनाकारों ने उन मनीषी साहित्यकारों के प्रति अब तक उपेक्षा और उदासीनता की ही नीति बरती है। फलतः हिन्दी के अधिकतर पुराने साहित्य–साधक, काल–प्रवाह में विस्मृत हो गये हैं और होते चले जा रहे हैं। उमाशंकर जी का यह वक्तव्य भी सही है कि आचार्य शुक्ल, मिश्र बन्धु, श्यामसुन्दर दास, गुलाब राय, हज़ारी प्रसाद द्विवेदी आदि साहित्य के इतिहासकारों ने इतिहास लेखन के दौरान बिहार के प्रति न्याय नहीं किया है। मुख्य कारण है कि राष्ट्रभाषा के रूप में हिन्दी को ग्रहण करने के लिए आन्दोलन करने वाले मुंशी राधालाल माथुर, खड़ी बोली काव्य के प्रथम महाकवि महेश नारायण, जीवनी साहित्य के प्रथम सफल जीवनी लेखक शिवनन्दन सहाय, खड़ी बोली आन्दोलन के सूत्रधार अयोध्या प्रसाद खत्री की ओर साहित्य का इतिहास लिखने वालों का ध्यान ही नहीं गया। सन्तोष की बात है कि आचार्य शिवपूजन सहाय और कुछ अन्य विद्वान साहित्यकारों के साथ–साथ उमाशंकर जी ने भी इस दिशा में श्लाघ्य कार्य किया है, जिसके रहते साहित्य के इतिहास लेखकों को नवीन दृष्टि मिली है, उनमें नयी स्फूर्ति जगी है।

प्रो. सत्यधन मिश्र के सम्पादन में 1967 में 'साहित्यकार उमाशंकर' पुस्तक प्रकाशित हुई थी। तब वे अखिल भारतीय राष्ट्र–भाषा प्रचारिणी सभा, वैद्यनाथ–देवघर के प्रधानमन्त्री थे। वे लिखते हैं–"उमाशंकर जी कारयित्री एवं भावयित्री, प्रतिभा सम्पन्न साहित्यकार हैं। शताधिक पत्र–पत्रिकाओं में प्रकाशित निबन्ध इनकी शोधवृत्ति का परिचय देते हैं। सर्वदा एवं सर्वथा उपेक्षित साहित्यकारों, राष्ट्र–निर्माताओं एवं ऐतिहासिक तथ्यों के उद्‌घाटन एवं अनुसन्धान इनकी मौलिक सूझबूझ के परिचायक हैं। विश्वविद्यालयों में पिटे–पिटाये मार्ग शोध की परिपाटी चल पड़ी है। अतः ऐसा देखा जाता है कि तथाकथित डॉक्टर शोधकर्ता दस पुस्तकें पढ़कर ग्यारहवीं पुस्तक तैयार कर लेते हैं और हमारे विश्वविद्यालय उदारतापूर्वक 'डाक्टरेट' की 'उपाधि' देकर उन्हें विभूषित कर डालते हैं। श्री उमाशंकर जी इस विषय में अपने दिवंगत मित्र एवं आलोचक आचार्य नलिन विलोचन शर्मा के विचारों से सहमत रहकर मौलिक विषयों पर अनुसन्धान कार्य करते रहे हैं। भारतीय विश्वविद्यालयों को भी ऐसी साहित्यिक विभूतियों से मार्गदर्शन प्राप्त करना चाहिए।"

इन उद्धरणों से उमाशंकर जी के कृतित्त्व को समझ सकते हैं। उनकी दो महत्त्वपूर्ण कृतियों का उल्लेख भी ज़रूरी है। पहली 'सन्ताल संस्कार की रूपरेखा', जो आपके हाथों में है। इसका पहली बार प्रकाशन 1966 में महेश नारायण साहित्य शोध–संस्थान की ओर से निर्माण प्रकाशन, पटना से हुआ था। वहीं इसी साल 'सन्ताली भाषा और साहित्य का इतिहास' भी प्रकाशित हुआ था। इसमें यह भी जानकारी दी गयी कि लेखक की यह 59वीं पुस्तक है। इसके प्रकाशक थे–साहित्यकार संसद, देवघर, निर्माण प्रकाशन क़दम कुआँ पटना। इसकी छपाई श्री वैद्यनाथ प्रेस, वैद्यनाथ–देवघर से की गयी थी। इस पुस्तक में सन्ताल जाति, सन्ताली भाषा, लोक–वार्ता, व्याकरण, और सन्ताली लेखकों के बारे में परिचय है। एक भोजपुरी भाषी लेखक के लिए सन्ताली भाषा और साहित्य के बारे में लिखना कम चुनौतीभरा नहीं रहा होगा। एक भिन्न संस्कृति को समझना, उसकी भाषा, व्याकरण, संस्कृति, समाज सब कुछ आपसे एक़दम अलग हो, ऐसी संस्कृति के बारे में पूरी गम्भीरता और संवेदनशीलता के साथ लिखना, यह उनके कर्म का हिस्सा रहा हैं। वह ऐसी चुनौतियों से अक्सर रूबरू होते रहे और ख़ुद अलग राह बनाकर चलते रहे।

इस पुस्तक में उनकी सबसे महत्त्वपूर्ण स्थापना यह है कि सन्ताली के पचास प्रतिशत शब्द संस्कृत बंगला के हैं, पचीस प्रतिशत हिन्दी व स्थानीय भाषाओं के और शेष पचीस प्रतिशत शब्द ही मूल सन्ताली के हैं। जबकि सन्ताली आस्ट्रिक भाषा परिवार की है। इस पुस्तक की भूमिका में हरिवंश तरुण ने लिखा है कि 'सन्ताली भाषा और साहित्य का इतिहास, ग्रन्थ की संरचना सन्ताल–जीवन एवं संस्कृति–विकास को वाणी तथा प्रकाश प्रदान करने का एक विराट प्रयास है। मनस्वी एवं प्राणवन्त श्री उमाशंकर जी ने इस पुस्तक का प्रणयन कर न केवल सन्ताली भाषा साहित्य, संस्कृति, जीवन–धारा को प्रकाश में लाने का कार्य किया है, बल्कि हिन्दी सेवियों के लिए शोध एवं अध्ययन के नवीन मार्ग का उद्घाटन कर दिया है।'

पर, दुख इस बात का है कि 1966 के बाद भी सन्ताली भाषा साहित्य, संस्कृति पर अपेक्षित काम नहीं हुआ है। गिने–चुने नाम हैं। सन्ताली भाषा, संस्कृति, समाज को समझने के लिए अंग्रेज़ी या अंग्रेज़ों ने विपुल इतिहास, साहित्य को रचा–संकलित किया, उसी के शरण में जाना पड़ता है। 1966 के बाद यह क्रम आगे बढ़ता तो हिन्दी भाषा का भी उपकार होता। जिस ओर उमाशंकर जी ने ध्यान दिलाया कि सन्ताली में किन–किन भाषाओं के शब्द हैं, वह कब, कैसे शामिल हुए, एक रोचक जानकारी होती। इससे सन्ताली और दूसरे समाजों के अन्तःसम्बन्ध को भी समझने में सहूलियत होती। झारखण्ड में 32 जनजातियाँ हैं और जो महत्त्वपूर्ण जातियाँ हैं, उनकी अपनी भाषा है। आठवीं अनुसूची में झारखण्ड से एकमात्र सन्ताली भाषा ही शामिल है। इससे इसके महत्त्व को समझ सकते हैं। दूसरी समस्या यह भी होती है, जो झारखण्ड से बाहर के लोग, ख़ासकर बंगाली, उनकी नज़र में आदिवासी का मतलब सन्ताली ही होता है। जबकि सन्ताली एक जाति है। इनके अलावा यहाँ मुण्डा, उराँव, बिरहोर, असुर, हो, पहाड़िया, शबर, खड़िया आदि प्राचीन जनजातियाँ हैं। सन्ताल का बंगाल से गहरा नाता रहा है, इसलिए भी यह भ्रम हो जाता है। वैसे, सन्ताली बांग्ला, उड़िया के साथ अब ओलचिकी लिपि में लिखी जाती है। ओलचिकी सन्ताल की अपनी लिपि है, लेकिन जो लोग बंगाल या ओडिशा में सन्ताली रहते आये हैं, वे वहीं की लिपियों का प्रयोग करते हैं। बहरहाल, कथा अनन्त है। अब यह पुस्तक आपके हाथों में है।

वाणी प्रकाशन के श्री अरुण माहेश्वरी जी ने इसके प्रकाशन में रुचि ली। यह पुनः प्रकाशित हो रही है। उनकी अन्य रचनाओं का प्रकाशन भी ज़रूरी है। वे पुस्तकालयों में कहीं धूल फाँक रही होंगी या दीमकों का निवाला बन रही होंगी। इनके बचाव की व्यवस्था भी होनी चाहिए।

संजय कृष्ण

विजयादशमी,
15 अक्टूबर, 2021
राँची

लेखक की बात

- पूज्य बापू ने 9 अगस्त, 1942 को बम्बई में अंग्रेज़ों से कहा था–'भारत छोड़ो'। बापू के इस आग्रह के पूर्व 30 जून, 1855 को सन्ताल नेता सिदो ने भी अंग्रेज़ों से कहा था–अंग्रेज़ उनकी भूमि छोड़ कर चले जायें। ...सन् 1857 के सिपाही–विद्रोही की पहली चिनगारी सन्ताल परगना ज़िले के रोहिणी नामक गाँव में फूटी थी। ...कांग्रेस की स्थापना के 15 वर्ष पूर्व इसी ज़िले के भगीरथ माँझी ने जन आन्दोलन आरम्भ किया था।
- इस ज़िले में एक जाति रहती है। उसी जाति के नाम पर इस ज़िले का नाम सन्ताल परगना रखा गया है। सन्ताल जाति की कहानी इस ग्रन्थ में प्रस्तुत की गयी है। सन्ताल जाति पर हिन्दी में कोई पुस्तक का न होना वहुत दिनों से खटकता आ रहा था। उसका अभाव सब लोग अनुभव करते थे। इस अभाव की पूर्ति करने को लक्ष्य में रखकर इस ग्रन्थ को तैयार किया गया है।

इतिहास में आज तक यही माना जाता रहा है कि यह राजनीतिक घटनाओं की कहानी है। उसका विस्तार राजाओं और रानियों एवं योद्धाओं और राजनीतिज्ञों तक ही सीमित था। मानवीय क्रियाओं से उसका प्रत्यक्ष सम्बन्ध नहीं था। पर आज इतिहास का मूल्य बदल गया है उसका दृष्टिकोण बदल गया है। इतिहास की आज नवीन स्थापनाएँ हैं।

उसका आज मानवीय क्रियाओं से प्रत्यक्ष सम्बन्ध हो गया है। आज तो ऐसी स्थिति है कि उससे अलग होकर इतिहास लिखा ही नहीं जा सकता। मिट्टी आज इतिहास का आधार है, धरती के लाल उसकी प्राण–शक्ति हैं। उन्हीं को लेकर आज इतिहास उजागर हो रहा है। हमारे पूर्वज इतिहासकारों ने जिनकी उपेक्षा की है, उनको हमें सम्मान प्रदान करना है। हमें इतना कहकर सन्तोष करना पड़ता है कि आज हमारा दृष्टिकोण जितना व्यापक है, उनका दृष्टिकोण उतना ही संकुचित था। वे एक बँधी–बँधायी लीक पर चल रहे थे। पर वह लीक आज बदले हुए एवं प्रगतिशील युग में व्यर्थ हो गयी है। आज के युग ने इतिहास लिखने के लिए एक नया मानदण्ड बनाया है। मानवीय–प्रगति इतिहास की तुला है।

इतिहास की कहानी बहुत लम्बी है। उसे युगों में जितना ही हम बाँधने की चेष्टा करते हैं, उतनी ही उसकी लम्बाई बढ़ती जाती है। इसकी सीमा को हमने खोजों के द्वारा नापने की चेष्टा की है, पर अभी तक वह अथाह है, ऐसा माना जाता है, ऐसा कहा जाता है। पता नहीं, हमारी यह धारणा कब तक बनी रहेगी। एक खोज के द्वारा हम एक धारणा बना पाते हैं, पर दूसरी खोज उस धारणा को गलत प्रमाणित कर देती है। आज ज्ञान बढ़ रहा है, खोज का क्षेत्र भी विस्तृत हो रहा है। इस खोज की होड़ में इतिहास का क्या रूप होगा! इसका उत्तर भविष्य ही देगा। अबतक की प्राप्त उपलब्धियों को ही हम आधार बनाकर अपना काम कर सकते हैं। मानवीय उपलब्धियों का अभिलेख इतिहास है। मानव का पैर जब इस धरातल पर पड़ा–तब इतिहास की गंगा फूटी। पर वास्तविक इतिहास का आरम्भ तब हुआ, जब तथ्यों ने इतिहास का श्रृंगार किया। तथ्यों का जन्म अभिलेखों से होता है। यही कारण है, अभिलेख इतिहास के पोषक तत्त्व हैं। जिस जाति की उपलब्धियों का कोई अभिलेख नहीं, उसका अपना कोई इतिहास भी नहीं है। हो सकता है, जिस जाति का हमें इतिहास मिलता है, उस जाति के पूर्व का भी इतिहास हो, पर समय–सागर में उनकी उपलब्धियाँ नष्ट हो गयी हैं या वे किसी खोह में पड़ गयी हैं और किसी शोध–कर्त्ता की बाट देख रही हैं। खोह में पड़ी हुई उपलब्धियों से हमारा कोई सम्बन्ध नहीं है। उनके दर्शन की हमें लालसा अवश्य है। उनके प्रति हमारी ममता भी है। पर साक्ष्य के अभाव में वे हमारे लिए निरर्थक ही हैं। इस ग्रन्थ में मैंने उन्हीं उपलब्धियों को अपना बनाया है, जिनका कोई आधार है, कोई अभिलेख है। इस ग्रन्थ में पाठकों को उन्हीं

तथ्यों का उल्लेख मिलेगा, जिन तथ्यों का सम्बन्ध मानवीय क्रियाओं से है। पाठकों को घटनायें घटना के रूप में नहीं मिलेंगी; कारण, मैंने घटनाओं को घटना के रूप में ग्रहण नहीं किया है। घटनाओं के कारण एवं उनके परिणामों पर विचार किया गया है. घटनाओं का भाष्य भी पाठकों को मिलेगा। घटनाओं का प्रभाव किस प्रकार संस्कार एवं संस्कृति पर पड़ा है, वह किस गति से विकसित हुए हैं—इसका भी आलोक मिलेगा। पर इसका अर्थ यह नहीं कि घटना प्रधान बनाकर इतिहास का सम्बन्ध मैंने व्यक्ति से जोड़ दिया है। मेरे कहने का अर्थ यह नहीं है कि इतिहास का सम्बन्ध व्यक्ति से नहीं है; वह घटना प्रधान हो गया है। घटनाओं का स्रोत तो व्यक्ति ही है; इसकी महत्ता को कम नहीं किया जा सकता। इतिहास उन व्यक्तियों की उपेक्षा नहीं कर सकता, जिनके व्यक्तित्त्व से उसकी धारा बदलती रही है। उन व्यक्तियों का कुछ अमर सन्देश है, जो युग—युग तक अमर रहेगा। उसकी योग्यता और क्षमता में आज इतना ओज है। इतिहास आज अगर उनकी ओर से आँखें मूँद लेता है, तो वह अन्धा हो जायेगा। आज का इतिहासकार ऐसे व्यक्ति के प्रति श्रद्धा से नतमस्तक है, फिर भी इतिहास को जो नयी दृष्टि मिली है; उससे व्यक्तित्त्व का विश्लेषण कर वह मौन नहीं रह जाता। समाज, जीवन, राजनीति, संस्कृति, संस्कार, धर्मभाषा और साहित्य से वह अपना सम्बन्ध स्थापित करता है। व्यक्ति से अधिक प्रवृत्तियों और स्थितियों पर वह प्रकाश डालता है। इन्हीं सारी बातों को दृष्टि में रखकर 'सन्ताल संस्कार की रूपरेखा' का निर्माण हुआ।

सन्ताल परगना में, आज से तीन वर्ष पूर्व जब मैं पदस्थापित किया गया, तब इस ज़िले के सम्बन्ध में मैंने जानना चाहा। यह मेरे लिए स्वाभाविक ही था। पहले अंग्रेज़ अधिकारी जब किसी अंचल में पदस्थापित किये जाते थे, तब उनके लिए अनिवार्य होता था कि वे उस अंचल के सम्बन्ध में पूरी जानकारी प्राप्त कर नये स्थान पर जायें। उनकी जानकारी के लिए प्रत्येक ज़िले के गज़ेटियर प्रकाशित हुए थे। पर देश अपना है, अतः पूरे देश की जानकारी रखना प्रत्येक भारतीयों के लिए स्वाभाविक है। पर खेद की बात है कि अपने ही देश में रहकर अपने ही घरों की जानकारी हमें नहीं है। सन्ताल परगना बिहार राज्य का एक ज़िला है। यह कहते हुए लज्जा एवं संकोच का अनुभव कर रहा हूँ कि आज के पूर्व इस ज़िला के सम्बन्ध में मेरी जानकारी बहुत कम थी और मैं यह स्वीकार करता हूँ कि आज भी इस ज़िले के सम्बन्ध में मेरी जानकारी अपूर्ण है।

हमारे ऐसे और भी लोग होंगे, जिन्हें इस ज़िला के सम्बन्ध में जानकारी नहीं होगी। हमें आश्चर्य तब हुआ, जब इस ज़िला के ही अधिकांश निवासी अपने सम्बन्ध में जानकारी नहीं रखते। मेरे अभिन्न मित्र श्री उत्पल जी ने एक बार कहा था–'सन्ताल परगना के लोग महावीर हैं।' बात भी ठीक है। यहाँ के लोग महावीर हैं। महावीर जी को देवता ने शाप दिया था कि उन्हें अपनी शक्ति का तब तक पता नहीं चलेगा, जब तक उन्हें बताया न जाय कि उनकी शक्ति क्या है। मुझे तो ऐसा लगता है कि किसी देवता ने इस ज़िला के निवासियों को भी अभिशाप दिया होगा कि उन्हें अपनी शक्ति का ज्ञान तब तक नहीं हो, जब तक उन्हें बताया न जाय। देवता का अभिशाप हो या न हो, पर इतना तो उन्हें स्वीकार करना ही पड़ेगा कि वे अपने को पहचानने में भूल करते रहे हैं। मैं दावे के साथ कह सकता हूँ, वे पिछड़े हुए कभी नहीं थे–वे उपेक्षित भले ही रहे हों। गाँधी जी ने एक बार कहा था–उपेक्षा करने वाला उतना दोषी नहीं होता, जितना स्वयं उपेक्षित होने वाले होते हैं। अगर यहाँ के लोग चाहते कि उपेक्षित नहीं हो, तो दुनिया की कोई ताकत उन्हें उपेक्षित नहीं कर सकती।

पूज्य बापू ने 9 अगस्त, 1942 को अंग्रेज़ों से कहा था–'वे भारत छोड़ दें।' बापू के इस आग्रह के पूर्व 30 जून, 1855 को सन्ताल नेता सिदो ने अंग्रेज़ों से कहा था–अंग्रेज़ उनकी भूमि छोड़कर चले जायें। इतना ही नहीं, उन्होंने अपने लोगों को बापू की तरह 'करो और मरो' का मन्त्र दिया था। उन्होंने अपनी सरकार कायम की थी, न्याय, प्रशासन एवं कर सम्बन्धी अपने नियम चालू किये थे। सन् 1857 के सिपाही–विद्रोह की पहली चिनगारी सन्ताल परगना ज़िले के रोहिणी गाँव में फूटी थी और उसके बाद बाबू कुँअर सिंह के नेतृत्व में पूरे बिहार में विद्रोह हुआ। कांग्रेस की स्थापना के पूर्व इस ज़िले के भगीरथ माँझी ने जन–आन्दोलन आरम्भ किया था। अहिंसा का सर्वप्रथम प्रयोग उस आन्दोलन में किया गया था। बापू के नेतृत्व में जब देश में स्वतन्त्रता की लड़ाई हुई, तब इस ज़िला ने अपने त्याग और बलिदान का जो परिचय दिया, उसका हम सबको गौरव है। राष्ट्रीय संघर्ष में ही नहीं, राष्ट्र भारती के श्रृंगार में भी इस ज़िला को गौरवपूर्ण स्थान प्राप्त है। भारत की राष्ट्रभाषा हिन्दी हो, यह नारा इस ज़िले के एक सपूत श्री गोविन्द चरण ने पहले–पहल दिया था। उहोंने नारा ही नहीं दिया, एक सफल आन्दोलन भी इसके लिए किया था। वे राष्ट्रभाषा आन्दोलन के प्रथम सूत्रधार थे।

स्मरण रहे, वही गोविन्द चरण बिहार प्रदेश के पहले एम.ए. थे। उन्हीं के आन्दोलन के फलस्वरूप सन् 1870 में हिन्ही का बिहार के स्कूलों में प्रवेश हुआ और सन् 1881 ई. में बिहार की कचहरियों में हिन्दी को स्थान मिला। भारतेन्दु हरिश्चन्द्र ने सन् 1883 ई. में यह मान लिया था कि खड़ी बोली में कविता करना बहुत ही कठिन है और उन्होंने अपने 'हिन्दी भाषा' शीर्षक निबन्ध में, जो ब्रजरत्नदास के अनुसार सन् 1881 ई. में प्रकाशित हुआ था, यह स्वीकार भी कर लिया था कि वे खड़ी बोली में कविता करने में असफल रहे हैं। उनकी इस आत्म–स्वीकृति के दो वर्ष पूर्व इस ज़िले के महेश नारायण ने खड़ी बोली में सफल कविताएँ कीं। आज सम्पूर्ण देश उन्हें राष्ट्र भारती का प्रथम महाकवि मान रहा है। उनकी रचनाओं से आज के प्रचलित प्रायः सभी वादों ने बहुत कुछ ग्रहण किया है। इस ज़िले में एक जाति रहती है। उसी जाति के नाम पर इस ज़िले का नाम सन्ताल परगना रखा गया है। सन्ताल जाति की कहानी इस ग्रन्थ में प्रस्तुत की गयी है। सन्ताल जाति पर हिन्दी में कोई पुस्तक का न होना बहुत दिनों तक खटकता रहा था। उसका अभाव सब लोग अनुभव करते थे। इस अभाव की पूर्ति को लक्ष्य में रखकर इस ग्रन्थ को तैयार किया गया है। सन्तालों के सम्बन्ध में नृतत्त्व–विज्ञान को दृष्टि में रखकर अभी तक काम हुए थे। पर मैंने सन्तालों के सम्बन्ध में इतिहासकार की दृष्टि से अध्ययन किया है। इतिहास के सम्बन्ध में मेरी कुछ अपनी धारणाएँ हैं, जो आगे व्यक्त की गयी हैं। उन्हीं धारणाओं एवं स्थापनाओं को दृष्टि में रखकर सन्तालों के सम्बन्ध में पाठकों की जानकारी के लिए वार्ताएँ प्रस्तुत की गयी हैं। सन्तालों के बीच मुझे तीन वर्ष रहने का अवसर मिला है; उनके गौरवपूर्ण भूत और उनके आदर्श वर्तमान से मैंने सम्बन्ध स्थापित किया। उन्हें देखने, परखने और पहचानने का अवसर मुझे मिला। सन्तालों को मैंने देखा; उसकी संस्कृति एवं उनकी संस्कार का मैंने अध्ययन किया और इस निष्कर्ष पर पहुँचा कि यह जाति हमारे बहुत निकट है। हमारे और उनके बीच जो पृथक् भावनायें हैं, जो दूरत्व है, वे सब परम्परागत नहीं हैं, वे तो केवल प्रपंच हैं, छल हैं। इस पुस्तक द्वारा दूरत्व की भावना मिट सके, तो मैं अपने को धन्य मानूँगा।

इस पुस्तक की प्रेरक–शक्ति, सन्ताल परगना ज़िले के भूतपूर्व उपायुक्त श्री रासबिहारी लाल जी हैं। इस ग्रन्थ को लिखने के लिए उन्होंने

मुझे केवल प्रेरणा ही नहीं दी बल्कि दुर्लभ पुस्तकों को खोज–खोज कर उन्होंने मुझे दिया। यह मैं स्पष्ट शब्दों में स्वीकार करना चाहता हूँ कि अगर वे यहाँ न होते, तो यह पुस्तक न लिखी जाती। यह तो उनकी ही कृपा का फल है। उनके प्रति अपना आभार प्रकट करने में भी मैं अपने को असमर्थ पा रहा हूँ। इस पुस्तक को तैयार करने में मुझे कई और व्यक्तियों से भी सहयोग मिला है जिन्हें मैं भूल नहीं सकता। श्री गोपाल लाल वर्मा, श्री डोमन साहु 'समीर', शुद्धदेव झा 'उत्पल', श्री बालकिशोर बासकी 'अरमान', श्री लाल टुडू, श्री बुधराम मुर्मू तथा श्री रामनन्दन वर्मा आदि के प्रति मैं अपना आभार प्रकट करता हूँ। इन लोगों ने इस पुस्तक को लिखने में मेरी बड़ी सहायता की है। अंग्रेज़ों द्वारा लिखी कई पुस्तकें जो अब प्रायः अप्राप्य हैं, मुझे अध्ययन के लिए देकर पादरी ए. कैभिलेरी और पी. ऐक्विलिनो ने जो मेरी सहायता की है उसके लिए उनके प्रति भी मैं अपना आभार निवेदन करना चाहता हूँ। इस पुस्तक पर दो शब्द लिखकर आचार्य पं. जगन्नाथ मिश्र, आचार्य डॉक्टर माधव तथा भाई बृजकिशोर नारायण ने मुझे आशीर्वाद दिये हैं, मैं उन लोगों के सामने नतमस्तक हूँ। **अपने बहुमूल्य** सुझावों के द्वारा प्रो. हरिवंश 'तरुण' ने इस पुस्तक को और **भी अधिक** उपयोगी बनाया है, अतः उनके प्रति भी मैं हृदय से आभारी **हूँ और**, अन्त में उन सबों के प्रति मैं अपनी कृतज्ञता ज्ञापित करता हूँ जिनसे जाने–अनजाने इस पुस्तक को लिखने में मुझे सहायता मिली है। यदि यह पुस्तक सन्ताल जन–जाति को सम्पूर्ण रूप से जानने–समझने में थोड़ी भी सहायता दे सकी तो मैं अपने परिश्रम को सफल समझूँगा।

राजमहल,
18 जनवरी, 1966

उमाशंकर

अनुक्रम

सन्ताल-संस्कार की रूपरेखा

- महेश नारायण साहित्य–शोध संस्थान सन्ताल परगना के इतिहास में एक नया अध्याय है। इसे स्थापित कर श्री उमाशंकर ने इस ज़िले पर अपना ऋण बैठा दिया है।
- संस्थान ने अपने शोध कार्यों के माध्यम से महेश नारायण को इतिहास में उपस्थापित किया है। आज सम्पूर्ण हिन्दी संसार उन्हें राष्ट्र–भारती के प्रथम महाकवि के रूप में मानने लगा है।
- दो वर्ष की आयु में संस्थान ने कई उपलब्धियाँ प्राप्त की हैं, जिन पर सम्पूर्ण हिन्दी संसार को नाज़ है, और संस्थान की सारी उपलब्धियों का श्रेय संस्थान को है।

परमेश्वरी प्रसाद सिन्हा
मन्त्री
महेश नारायण साहित्य–शोध संस्थान
दुमका

अपनी बात

सन्ताल संस्कृति भारत की आदि संस्कृति है। भारतीय संस्कृति की प्राचीनता का दर्शन हमें सन्ताल संस्कृति में प्राप्त होता है। पर खेद के साथ हमें यह कहना पड़ता है कि हिन्दी भाषा–भाषियों का ध्यान इस संस्कृति की ओर उतना नहीं गया जितना जाना चाहिए था। हिन्दी आज राष्ट्रभाषा का गौरव प्राप्त कर चुकी है, पर उसके पास सन्ताल संस्कृति पर एक भी पुस्तक का न रहना कोई गौरव की बात नहीं है। हिन्दी में खोज करने पर भी कोई सन्ताल पर ऐसी पुस्तक नहीं मिलती है, जो हिन्दी के पाठकों को सन्तोष दे सके। बाहर से विदेशी सन्तालों पर खोज करने आते हैं, हिन्दी में पुस्तकों को खोजते हैं, पर उन्हें सन्ताल–संस्कृति पर कोई भी पुस्तक हिन्दी में नहीं मिलती। हम उन्हें दे नहीं पाते। यह स्थिति बहुत ही लज्जाजनक मालूम होती है। इन सारी बातों को दृष्टि में रखकर हमने यह निश्चय किया कि इस अभाव की पूर्ति की जाय। इस पुनीत अनुष्ठान के लिए हमने बहुतेरे हिन्दी लेखकों से, जिन्हें सन्तालों के सम्बन्ध में जानकारी है, सम्पर्क स्थापित किया। कुछ लोगों ने इस दिशा में सहयोग देने का आश्वासन भी दिया था, पर उनका अपेक्षित सहयोग हमें नहीं मिला। पुस्तक हम तैयार नहीं करा सके, हमें अपने निश्चय को बदलना पड़ा। बाद में हमने निश्चय किया कि विभिन्न विद्वानों का जो निबन्ध सन्ताल–संस्कृति एवं उनके संस्कार के सम्बन्ध में प्रकाशित है, उनका एक संकलन प्रकाशित किया जाय। कतिपय कठिनाइयों के कारण इस निश्चय का भी हमें त्याग करना पड़ा। इसी बीच सौभाग्य से हिन्दी साहित्य के सुप्रसिद्ध लेखक श्री उमाशंकर जी 21 मई, 63 को दुमका में ज़िला कोषागार पदाधिकारी (ट्रेजरी अफ़सर) के पद पर स्थानान्तरित होकर आये। यहाँ आते ही उन्होंने दुमका के साहित्यकारों के समक्ष एक प्रस्ताव रखा कि शोध संस्थान की स्थापना यहाँ की जाय।

उसका नामकरण भी सन्ताल परगना ज़िले के राजमहल अनुमण्डल के निवासी बाबू महेश नारायण के नाम पर किया जाय, ऐसा उनका प्रस्ताव था। बाबू महेश नारायण की जानकारी यहाँ के लोगों को नहीं थी। श्री उमाशंकर जी ने लोगों को बताया कि महेश नारायण इस ज़िले के थे। जिस बिहार में हम रहते हैं, वे उसके निर्माता थे, जिस हिन्दी में हम कविता पढ़ते हैं, उस राष्ट्रभारती के वे प्रथम महाकवि थे। बिहार में पत्रकारिता के वे जनक माने जाते हैं। सन्ताल परगना के लोग अपने इस अनमोल रत्न को भूल गये थे। सबों ने आश्चर्य से उन्हें सुना, कुछ ने उनका विरोध भी किया। वे उनपर प्रकाश डालते गये, लोग उन पर विस्मय करते रहे। वे अपने अनुसन्धान में लगे रहे, लोगों का विरोध धीरे–धीरे कम होता गया। अब तो विरोधी भी यह दावा करने लगे हैं कि सन्ताल परगने की मिट्टी ने आधुनिक बिहार का पिता दिया है–राष्ट्रभारती का प्रथम महाकवि दिया है। अन्त में हमने श्री उमाशंकर जी के प्रस्ताव को मान लिया और 18 जून, 1963 को श्री महेश नारायण–शोध संस्थान की स्थापना दुमका में की गयी। संस्थानों के जीवन में दो वर्षों की अवधि बहुत कम होती है। पर इन दो वर्षों में इस संस्थान ने जो काम किये हैं, उतना काम 25 वर्षों में भी बहुत–सी संस्थाएँ नहीं कर पाती हैं। दुमका में दो वर्षों के अन्दर जो भी साहित्यिक, सांस्कृतिक एवं कलात्मक काम हुए हैं, उनमें अधिकांश काम संस्थान का ही है, जो उसका नहीं है, उसमें भी अप्रत्यक्ष रूप से संस्थान का योगदान रहा है। संस्थान के सन्ताल सम्बन्धी बातों पर विचार करने एवं अनुसन्धान करने के लिए एक शाखा खोली गयी। सन्ताली गीतों का संग्रह–कार्य आरम्भ हुआ। अब तक दो हज़ार गीतों का संग्रह हो चुका है। हिन्दी रूपान्तर का कार्य चल रहा है। पाँच हज़ार सन्ताली गीतों का प्रकाशन करने का हमारा लक्ष्य है। इसी क्रम में यह भी निश्चय किया गया था कि सन्तालों की संस्कृति पर हिन्दी में एक पुस्तक तैयार कर प्रकाशित की जाय।

सन्ताल–संस्कृति के ज्ञाता श्री गोपाल लाल वर्मा महेश नारायण साहित्य–शोध संस्थान के तत्कालीन उप–सभापति थे। उनकी ही देखरेख में यह काम आरम्भ हुआ। पर हमारे दुर्भाग्य से वे ऐसे बीमार पड़े कि हम उनके पथ–दर्शन से वंचित हो गये। हमने निश्चय किया कि वर्मा जी के सन्ताल सम्बन्धी प्रकाशित निबन्धों को प्रकाशित किया जाय। उनके निबन्धों को संकलित करने का कार्यभार श्री रामनन्दन प्रसाद वर्मा को दिया गया।

उन्होंने कुछ कार्य किया भी, पर कतिपय कारणों से यह कार्य पूरा नहीं हो सका। गोपाल बाबू के अनेक निबन्ध आज अप्राप्य हैं। उनका फिर से पता लगाना आसान काम नहीं है। अतः विवश होकर इस निश्चय को भी हमें त्याग देना पड़ा। महेश नारायण साहित्य–शोध संस्थान में इस पर विचार किया गया। सर्वसम्मति से यह निश्चय किया गया कि किसी योग्य लेखक से सन्ताल–संस्कार पर एक पुस्तक लिखवाई जाय। योग्य लेखक की खोज करने में हमें कठिनाई नहीं हुई। हम लोगों ने श्री उमाशंकर जी से आग्रह किया कि वे स्वयं इस पुस्तक को तैयार कर दें। उन्होंने अपनी कठिनाइयाँ बतलायीं। उनकी सबसे बड़ी कठिनाई थी समय का अभाव। उन दिनों वे हिन्दी साहित्य का अलिखित इतिहास लिखने में लगे हुए थे। फिर भी हम लोगों के दबाव डालने पर उन्होंने पुस्तक तैयार करने का भार अपने ऊपर ले लिया। एक वर्ष के अन्दर पुस्तक तैयार कर उन्होंने हमें दे दी।

पुस्तक तैयार कराने में हमें कठिनाई नहीं हुई, प्रकाशन के सम्बन्ध में हमें कठिनाइयों का सामना करना पड़ा। "महेश नारायण : व्यक्तित्त्व और कृतित्त्व" के प्रकाशन पर जो ख़र्च हुए हैं, अभी तक हम उसे ही चुका नहीं पाये हैं, नयी पुस्तक का प्रकाशन एक कठिन काम प्रतीत होने लगा। प्रकाशन कार्यभार किसी प्रकाशक को दे देने का निश्चय किया गया। निर्माण–प्रकाशन इसे संस्थान की ओर से प्रकाशित करने को तैयार हो गया।

पुस्तक आपके सामने है। पुस्तक कैसी है–यह कहने का अधिकारी मैं नहीं। मेरे लिए उचित भी नहीं है। किंतु यह तो मैं कह ही सकता हूँ कि इस पुस्तक में कुछ ऐसे अध्याय हैं, जिन पर पहले कुछ लिखा नहीं गया है। हिन्दी के सम्बन्ध में मैं नहीं कहता–अंग्रेज़ी में भी नहीं लिखा गया है। सन्तालों के जीवन को राष्ट्रीय दृष्टिकोण से नहीं देखा गया था। लेखक ने उनका राष्ट्रीय दृष्टिकोण से मूल्यांकन किया है। ईसाई मिशनरियों द्वारा जो पुस्तकें प्रकाशित हुई हैं, उन्हें सत्य मानकर यह ग्रन्थ तैयार नहीं किया गया है। उनकी बहुत–सी बातों का खण्डन किया गया। सन्ताल विद्रोह पर लेखक का अपना दृष्टिकोण है। सन्ताल नेता सिदो को राष्ट्रीय नेताओं की परम्परा में रखकर लेखक ने इतिहास में एक नया अध्याय जोड़ा है। सन्तालों के राष्ट्रीय संस्कार पर ईसाई मिशनरियाँ मौन रही हैं। उनके लिए मौन रहना उचित भी था, पर राष्ट्रीय विचार रखने वालों ने भी अब तक

उसका सही–सही मूल्यांकन नहीं किया है। लेखक ने इस पुस्तक में जो सन्तालों का मूल्यांकन किया है, वह नवीन है। मुझे आशा है, सन्तालों की सस्कृति, संस्कार एवं सभ्यता के पूर्ण इतिहास को इस पुस्तक में आपको निकट से निरखने, परखने एवं समझने का अवसर मिलेगा।

सन्ताल युवक और युवतियाँ किस प्रकार कन्धे से कन्धा मिलाकर एकतार में पंक्तिबद्ध होकर एक–दूसरे का हाथ पकड़ कर चलती हैं, युवतियाँ अपने पाँवों में पायल, अध–नंगे बदन में चुस्त वस्त्र, बालों में कुसुम–माला डालकर तथा युवकगण अपने अधरों से बाँसुरी लगाये एवं बाँहों में लच्छेदार काले धागे की लम्बी डोर लगाकर एक साथ चलते हैं, तो पायल की आवाज़ एवं बाँसुरी की मधुर तान दर्शकों को अपनी ओर आकर्षित कर लेते हैं। किसी वैवाहिक कार्यक्रम या प्रमुख त्योहार के अवसर पर इनकी सांस्कृतिक परिचर्या पर पूर्ण प्रकाश इस पुस्तक में अंकित है। संस्थान की इन सारी उपलब्धियों का श्रेय हमारे लोकप्रिय साहित्यकार श्री उमाशंकर जी को है, जिनके प्रति हम अपना आभार प्रकट करते हैं, इससे अधिक कुछ करने में हम अक्षम्य हैं।

पाठकों ने जिस उत्साह से संस्थान की प्रथम कृति 'महेश नारायण : व्यक्तित्त्व एवं कृतित्त्व' को अपनाया है, उसी उत्साह से इस पुस्तक को भी वे अपनायेंगे। हम अपने पाठकों को यह विश्वास दिलाते हैं कि इस पुस्तक से भी अधिक महत्त्वपूर्ण ग्रन्थ 'सन्ताल–विद्रोह की कहानी' बहुत जल्द ही हम उनके सामने प्रस्तुत कर सकेंगे।

दिनांक 21 मई, 1965

महेश्वर झा 'व्यथित'
संयुक्त मन्त्री,
महेश नारायण साहित्य–शोधसंस्थान
दुमका

लेखक परिचय

स्थितप्रज्ञ, विदित, विनम्र, सरल, तरल, मधुर, गम्भीर, त्यागी, सहिष्णु, प्रभविष्णु, विदुर कलापारखी, परोत्कर्षेषी, कुशलान्वेषी, लोकैषणा–अलिप्त, वीतराग, उन्नत ललाट, दीपित मुखमण्डल, अधरों पर रजत चन्द्रिका का धवल हास, पलकों में चपलता का नर्तन, उम्र प्रौढ़, अन्तराल शिशु, पुरानी, नयी और आनेवाली–एक साथ तीन पीढ़ियों का समन्वय।

पीढ़ियों के संघर्ष से वितुष्ट, केवल निज का अस्तित्त्व रखने वाले जग की एषणा से वितृष्ण और व्यवहार से विघूनित, किन्तु बदलती हुई परिस्थिति, नयी पीढ़ी के दृष्टि–विस्तार और निर्लिप्तता से सन्तुष्ट, आने वाले कल के प्रति सतृष्ण और इसके लिए हो रहे प्रयासों से आनन्दित।

दृष्टि अविराम, सतह के ऊपरी आवेष्ठन को छेद कर तह तक पहुँचने की दिशा में अहर्निश प्रयत्नशील, विगत के मोह से प्रभावित और अनागत के संकेत के प्रति चिर उत्सुक! मस्तिष्क उर्वर और हृदय रससिक्त, एक की कल्पना के साथ दूसरे के भाव का ग्रन्थि–बन्धन, एक दिशा के साथ दूसरी की धारा का बहाव, एक की हरीतिमा के साथ दूसरे के मधुगुंजन का सौहार्द, एक के चिन्तन के साथ दूसरी की अनुभूति का उन्मिलन, एक के आवेग के साथ दूसरे का उफान!

अक्षर जननी इनकी अँगुलियों में बँधकर अकुलाती नहीं, सुख पाती है, काग़ज़ इनसे टेढ़ी–मेढ़ी रेखाओं का दान पाकर सजीव हो उठता है–प्राणवन्त! अँगुलियों के कम्पन के साथ लेखनी खेलती है–उसी में उसे सुख मिलता है, इसी से उसमें स्वर भरता है, वाणी निःसृत होती है। इनकी लेखनी इनकी अँगुलियों की सहचरी है। एक–दूसरे का वियोग दोनों को खलता है–बहुत। दोनों का उल्लास–पर्व काग़ज़ के पन्नों पर संगम का निर्माण करता है, जहाँ गत, आगत और अनागत की त्रिवेणी लहराती है।

साहित्य युग की अँगुली पकड़कर उसे सही मार्ग पर चलना सिखाता है। इस माने में साहित्य युग का जनक होता है और साहित्यकार उसके प्राण, युग की बहुत बड़ी निधि! केवल एक युग की ही नहीं, युग–युग की। प्राण तो चिरस्थायी है, न मिटने वाला। इसकी अरथी कभी नहीं सजती। हर वक्त इसकी डोली ही सजती है। युग के जनक का प्राण–महाप्राण होता है, कोई ऐसा–वैसा नहीं। जिस शरीर में वह वास करता है, वह विराट होता है, तृष्णा–एषणा से परे।

श्री उमाशंकर

ऐसी ही विराट कल्पना का प्रतीक है यह नाम–श्री उमाशंकर। उमा–यानी कि साधना, और शंकर–यानी कि सिद्धि। साधना और सिद्धि का मिलन बड़ा दुर्लभ होता है। विरले ही किसी में पाया जाता है। विरले ही कोई विष पीता है। जो युग के सम्पूर्ण विष–वायु को पी लेता है और

एकाग्र चित्त होकर साधना करता है, वही सिद्धि प्राप्त कर सकता है, वही शंकर बन सकता है। युग के जनक के प्राण भी वही हो सकता है।

श्री उमाशंकर जी ने ऐसा ही किया है। विष से भी अधिक विषाक्त गरल उनके गले में है। इस गरल की लपटें बड़ी तेज़ हैं–सभी ऑफ़तों को जलाकर भस्म कर देने वाली। युग को नयी रोशनी देने वाली। हाँ, जो विष पचा लेता है, उसके लिए वह सुधा है। उसकी लपटें जीवन में प्रकाश बिखेरती हैं–यह विचित्रता हर महान व्यक्तित्त्व के साथ पायी जाती है। इसी से वह साधारण मनुष्य से भिन्न होता है, इसी से वह लाखों में पहचाना जाता है।

श्री उमाशंकर जी को 'परमेश' जी ने राक्षस कहा। राक्षस का काम होता है अति करना। एक काम और होता है–अनर्थ करना। 'अति' और 'अनर्थ' का एक साथ होना ख़तरनाक है। उमाशंकर जी अति करते हैं अवश्य, किन्तु अनर्थ नहीं करते। लिखने में वे अति करते चले जा रहे हैं और यह हिन्दी संसार के लिए गौरव का विषय है। शायद यही बात ध्यान में रखकर 'परमेश' जी कहते हैं, "ऐसा प्रतीत होता है कि भगवान वेदव्यास और द्रुतलिपिक गणेश दोनों की संयुक्त आत्मा का प्रतिबिम्ब उमाशंकर जी की प्राणशक्ति में उतर आया है।"

इनकी सबसे बड़ी विशेषता यह है कि साहित्य–निर्माण के साथ–साथ ये साहित्यकार गढ़ते हैं। कुशल कुम्भकार अत्यधिक कार्य–व्यस्तता के बीच भी कुछ गुनगुना लेता है, इससे उसकी रसात्मकता, सहृदयता और भोला स्वभाव लोगों के समक्ष स्पष्ट हो जाता है। छोटी–बड़ी नदियों को समेटती जो चलती है उसका नाम है–गंगा। गंगा–यानी कि पवित्र, महान! उमाशंकर जी भी अकेले नहीं चलते। चलते हैं बहुतों को साथ लेकर।

साहित्य और साहित्यकार–दोनों का अस्तित्त्व भिन्न–भिन्न नहीं है। किन्तु ऐसे विरले ही होते हैं जो दोनों का निर्माण करते हैं। साहित्य का निर्माण, मैं जैसा समझता हूँ, थोड़ा सरल होता है, साहित्यकार का निर्माण कठिन–बहुत कठिन। जो केवल साहित्य का निर्माण करते हैं, वे अपना धर्म निभाते हैं, जाति की सेवा या उद्धार नहीं करते। जाति से यहाँ मेरा तात्पर्य विशिष्ट है। साहित्यकार की भी एक जाति होती है और साहित्य है इस जाति की सभ्यता–संस्कृति। साहित्यकार यदि अपनी जाति का निर्माण और उसकी सभ्यता–संस्कृति का विकास नहीं चाहता तो यह हेय प्रवृत्ति है। उसे कभी भी सराहा नहीं जा सकता।

मैं तो श्रद्धेय श्री उमाशंकर जी की महानता इसी में मानता हूँ। साहित्य की श्रीवृद्धि नाम का अस्तित्त्व कायम रखने में समर्थ होती है और साहित्यकार की सृष्टि नाम का गौरव रखने में। यह अस्तित्त्व और गौरव दो बहुत बड़ी चीज़ हैं जो श्री उमाशंकर जी के पक्ष में चिरस्थायी है।

श्री उमाशंकर जी की साहित्यिक उपलब्धियों की ओर दृष्टिपात करता हूँ तो आँखें चौंधिया जाती हैं। किस क्षेत्र में इनकी लेखनी ने सत्ता स्थापित नहीं की? क्या भाषा, क्या साहित्य, क्या संस्कृति, क्या समाज, क्या राजनीति, क्या इतिहास सभी क्षेत्रों में आकर इन्होंने 'पूर्ण–प्रतियोगिता' का बाज़ार कायम किया और अन्ततः एकाधिकारी के समान अपना अस्तित्त्व रोपते गये।

साहित्य–क्षेत्र में कहानी, नाटक, निबन्ध, आलोचना, जीवनी आदि विधाओं से इनकी लेखनी विशेष रूप से अनुबद्ध रही है। हिन्दी–गद्य–प्रसार के द्वितीय उत्थान के बीच इन्होंने साहित्य–क्षेत्र में क़दम रखे। काव्य के क्षेत्र में वह काल द्विवेदी युग का अन्तिम और छायावादयुग का प्रारम्भ–काल था। कहानी के क्षेत्र में उस समय नये युग का उदय हो रहा था। प्रेमचन्द, प्रसाद, विश्वम्भरनाथ शर्मा कौशिक, जी.पी. श्रीवास्तव, राधिकारमण प्रसाद सिंह, वृन्दावनलाल वर्मा, चतुरसेन, रायकृष्ण दास, बेचन शर्मा उग्र, वाचस्पति पाठक, विनोद शंकर व्यास इस युग के प्रमुख कहानीकार थे। प्रेमचन्द की कहानी कला का सुन्दर विकास इस युग में स्पष्ट देखा जा सकता है। प्रेमचन्द का आदर्शोन्मुख यथार्थवाद इसी युग में उभरता है जिसके अतर्गत 'सुहाग की साड़ी', 'धर्म संकट', 'आत्माराम' आदि कहानियों की सृष्टि होती है। अत्यधिक कल्पनाशील और भावुक कवि प्रसाद ने भौतिकता और मनोविज्ञान का किंचित सहारा लेकर अपनी कहानियों की सृष्टि की। फलतः इनकी कहानियाँ स्वयं में काव्य का औदार्य समेटी हुई हैं। श्री उमाशंकर जी के उपजीव्य कथाकार प्रेमचन्द रहे जो तत्कालीन प्रतिनिधि के रूप में आज स्वीकृत हैं। बंगला के महान कथाकार रवीन्द्र के कथा–साहित्य एवं श्री उमाशंकर के कथा–साहित्य में अनुभूति साम्य के दर्शन हम कर सकते हैं। इस प्रकार श्री उमाशंकर जी इस क्षेत्र में शरत् के समकक्ष कहे जा सकते हैं। इनकी कहानियों में इनके स्वयं के जीवन की घटनाओं का स्पष्ट प्रभाव देखा जा सकता है। अतः कथा–साहित्य में इनका जीवन–दर्शन स्वानुभूति का प्रतिफलन है।

'अशोक का न्याय', 'चाणक्य', 'शिल्पी'--ये तीन ग्रन्थ इनके महत्त्वपूर्ण नाट्य स्तम्भ हैं। नाट्य–क्षेत्र में श्री उमाशंकर जी का यह अनुपम प्रयोग था। सभी नाटकों में अभिनेयता के गुण पर्याप्त मात्रा में विद्यमान हैं। इनकी अभिनेयता का प्रमाण इसी में मिल सकता है कि बहुत से स्थानों में इन नाटकों को बड़ी सफलतापूर्वक खेला गया है। 'अशोक का न्याय' तीन महीने तक लगातार पटना के रंगमंच पर अभिनीत होता रहा। इसके अलावे दिल्ली, कलकत्ता, काठमाण्डू, वीरगंज आदि नगरों के मुख्य रंगमंचों पर भी ये नाटक कुशलतापूर्वक खेले गये।

इनके निबन्ध विषय के अनुगामी नहीं होते, वरन् विषय ही इनके निबन्धों के अनुगामी बन जाते हैं। इनको विषय खोजने का कष्ट उठाना नहीं पड़ता है। ये जब लिखते हैं तो विषय आप–से–आप सामने आते हैं। अपने निबन्धों के लिए इन्हें किसी महत्त्वपूर्ण विषय की भी आवश्यकता नहीं होती। महत्त्वहीन विषय भी इनकी लेखनी के माध्यम से उतरकर अत्यन्त आकर्षक और प्रभावोत्पादक बन जाते हैं। वर्णनात्मक और विचारात्मक निबन्धों की तो इन्होंने ढेर लगा दी है। अब ये समस्या की ओर उन्मुख हो गये है–सबमें अधिक राष्ट्रभाषा और हिन्दी की समस्या। इनके सामने प्राचीन समस्याओं का भी उतना ही महत्त्व है जितना कि आज की समस्याओं का। दो के बाद ही तीन की कल्पना व्यावहारिक मानी जा सकती है। प्राचीनता की अवहेलना और नवीनता की उपासना--ये दोनों आज चरम सीमा पर पहुँच चुकी हैं और यह बात साहित्य के हित में ठीक नहीं है। दोनों की उपासना आवश्यक है। इससे ही किसी निष्कर्ष की प्राप्ति हो सकती है, इससे ही तीसरी वस्तु हमें मिल सकती है, जिसे नवीन भी कह सकते हैं।

शैली की दृष्टि से इनके निबन्ध 'व्यास प्रधान' हैं। भावानुकूल शब्द–चयन, छोटे–छोटे और सरल शब्दों का सटीक प्रयोग, छोटे–छोटे वाक्य और अंश, गतिमयता आदि इनकी भाषा की विशेषताएँ हैं।

आलोचना ग्रन्थों की लेखन--शैली कुछ भिन्न है। तथ्यपूर्ण, गम्भीर और परिष्कृत–ऐसे ही इनके आलोचनात्मक निबन्ध होते हैं। छोटे–छोटे अंश में बड़े--बड़े भावों की अभिव्यंजना गम्भीरता का लक्षण है। इसमें बातें छोटे–से--छोटे घेरे में ठूँस दी जाती हैं। इस प्रकार का प्रयोग हिन्दी में आचार्य शुक्ल ने ख़ूब किया था।

शैली में व्यक्तित्त्व का समारोप हो जाता है। अंग्रेज़ी में कहा भी गया है–'स्टाइल इज दि मेन'। जिसका व्यक्तित्त्व जितना ही महान होगा उसकी शैली उतनी ही गम्भीर और विचारात्मक होगी। इसमें सन्देह नहीं कि उमाशंकार जी की शैली में उनका व्यक्तित्त्व बोलता है–जो महान है, व्यापक है।

आलोचना–साहित्य में 'प्रसाद के चार नाटक', 'प्रेमचन्द की निर्मला', 'प्रसाद की राज्यश्री' महत्त्वपूर्ण ग्रन्थ हैं। ये पुस्तकें उस युग में लिखी गयी थीं जब आधुनिक भारतीय साहित्यकारों पर पुस्तक–लेखन का कार्य आज की तरह अन्धाधुन्ध नहीं चल रहा था।

''संस्मरण लिखने की जो स्वस्थ परम्परा स्वर्गीय आचार्य शिवपूजन सहाय ने चलाई उस परम्परा के उचित उत्तराधिकारी श्री उमाशंकर हैं''–(पण्डित नन्दकिशोर तिवारी)। वस्तुतः संस्मरण और जीवन–साहित्य में श्री उमाशंकर जी का नाम अत्यन्त श्रद्धापूर्वक लिया जायेगा। ''जब कोई दूसरा व्यक्ति किसी की जीवन–गाथा को उसके सत्य रूप में प्रस्तुत करता है तो वह कृति जीवन का रूप धारण करती है। ...लेखक किसी स्थान, किसी घटना, किसी महापुरुष के साथ कुछ दिन, किसी यात्रा आदि की मधुर स्मृतियों का वर्णन करता है तो संस्मरण साहित्य का निर्माण होता है'' (श्री रामगोपाल सिंह 'चौहान')।

हिन्दी में प्रथम जीवनी साहित्य सम्भवतः स्वामी दयानन्द जी लिखित 'जीवन चरित' है। आचार्य रामचन्द्र शुक्ल अपने हिन्दी साहित्य के इतिहास में लिखते हैं–''साहित्यिक मूल्य रखने वाले चार जीवन चरित महत्त्व के निकले–पण्डित माधवप्रसाद मिश्र की 'विशुद्ध चरितावली' (स्वामी विशुद्धानन्द का जीवन चरित) तथा बाबू शिवनन्दन सहाय लिखित 'बाबू हरिश्चन्द्र का जीवन चरित', 'गोस्वामी जी का जीवन चरित' और 'चैतन्य महाप्रभु का जीवन चरित'।''

किन्तु अब तक की लिखी जीवनियाँ युद्ध साहित्यिक दृष्टि से उतनी महत्त्वपूर्ण नहीं कही जा सकती हैं। जीवनी–लेखन को एक नयी दिशा दी आचार्य शिवपूजन सहाय ने। इन्होंने जीवनी में साहित्य का औदार्य भर दिया और अब से जीवनियाँ जीवन्त हो उठीं, साहित्यिकता से सराबोर।

स्वर्गीय आचार्य शिवपूजन सहाय के बाद जीवनी साहित्य को दूसरा महत्त्वपूर्ण व्यक्तित्त्व मिला श्री उमाशंकर जी का। यहाँ जीवनी–साहित्य का रुखड़ापन जाता रहा और उसका मार्ग प्रशस्त होने लगा।

अभी, बीसवीं शताब्दी के छठे दशक में एक ही प्रभावशाली व्यक्तित्त्व दिखाई पड़ रहे हैं। 'हमारे साहित्यिक नेता', 'हमारे राष्ट्रीय नेता', 'क़लम शिल्पी', 'श्रद्धा के फूल' 'बाबू साहब', 'राजर्षि', 'बिहार के निर्माता' आदि जीवनी–साहित्य में इनके अनेक गौरब ग्रन्थ हैं।

अन्त में, मैं एक विशेष बात की ओर ध्यान आकर्षित करना चाहता हूँ। वह है इनकी अद्भुत शोध–क्षमता। इनकी प्रवृत्ति ही अनुसन्धायक है। इस सम्बन्ध में आचार्य डॉक्टर भुवनेश्वर नाथ मिश्र 'माधव' की उक्ति ध्यातव्य है, ''श्री उमाशंकर जी ने कई भूले–बिसरे विशिष्ट साहित्यकारों, कलाकारों का उद्धार किया है। उद्धार किया है–मैं इसलिए कह रहा हूँ कि लोग उन्हें सर्वथा भूल गये थे और वे विस्मृति के गर्भ में प्रायः खो गये थे। इस दिशा में श्री उमाशंकर जी की सेवाएँ सदा आदर के साथ याद की जाती रहेंगी। इन्हीं के शोध का परिणाम है कि स्वर्गीय श्री महेश नारायण से हमारा नया और मधुरतम परिचय हुआ है।''

आज कल 'डाक्ट्रेट' की डिग्री बड़ी सस्ती हो गयी है। कहने को तो लोग 'रिसर्च' करते हैं किन्तु करने को केवल उलट–फेर ही करते हैं। दस–पचास पुस्तकों को इकट्ठे कर 'प्रसाद के नारी पात्र' वा 'प्रेमचन्द के कथा–साहित्य में यथार्थवाद' आदि विषयों पर एक भारी–भरकम पुस्तक तैयार कर लेना–यही आज का रिसर्च है। कभी भूले–बिसरे की खोज न करेंगे। मौलिक उद्भावना की नितान्त कमी रहेगी इनमें, किन्तु फिर भी 'डॉक्टर' बन ही बैठेंगे।

श्री उमाशंकर जी की प्रवृत्ति नितान्त अनुकरणीय है। सर्वथा उपेक्षित किन्तु अत्यन्त महत्त्वपूर्ण व्यक्तित्त्व की खोज करना इनका स्वभाव–सा बन गया है। गहरे अन्धकार के बीच कठोर परिश्रम का दीप जलाकर भूले–बिसरे को प्रकाशमान बना देना, यही इनकी विशेषता है। आचार्य शिव–पूजन सहाय के अनुसार, ''श्री उमाशंकर जी ने महेश नारायण पर काफ़ी खोज की है, जिनको आज के हिन्दी प्रेमी भूल–से गये हैं। ...श्री उमाशंकर जी की गवेषणा–वृत्ति सर्वथा श्लाघ्य है। मैं उनकी ऐसी प्रवृत्ति को हिन्दी के लिए बड़ा लाभप्रद समझता हूँ।''

साहित्यकार संघ — **–शम्भुनाथ**

20–3–65 — दुमका

समय की शिला पर

- सन्ताल परगना की धरती ने सबसे पहले चाँद और सूर्य के दर्शन किये थे। हिसाब लगाकर देखा गया है कि राजमहल की पहाड़ी ने एक अरब साठ करोड़ वर्ष पूर्व सूर्य का दर्शन सबसे पहले किया था।
- महात्मा गाँधी से 87 वर्ष 1महीना 10 दिन पूर्व सन्ताल नेता सिदो ने अंग्रेज़ों से अपनी धरती छोड़ने को कहा था और बापू की भाँति उन्होंने भी अपने लोगों को 'करो या मरो' का महान मन्त्र दिया था।
- भारत के इतिहास में 9 अगस्त, 1942 का जो ऐतिहासिक महत्त्व है वही महत्त्व 30 जून, 1855 का भी है। 30 जून को सिदो–दिवस के रूप में हमें राष्ट्रीय पर्व के समान मनाना चाहिए।
- अंग्रेज़ी सत्ता के विरोध में सन्ताल नेता बाबा भागीरथ माँझी ने सर्वप्रथम अहिंसात्मक सघर्ष सन् 1870 में आरम्भ किया था। पशुबल का सामना आत्मबल से किया था। राजनीति और धर्म में सन्तुलन स्थापित किया था।
- सिदो की परम्परा की अन्तिम कड़ी स्व. लाल हेम्ब्रम थे। अंग्रेज़ी हुकूमत ने उन्हें डाकुओं का अगुआ कहा था। उनके पूर्वजों को भी ऐसी ही उपाधियाँ मिली थीं। अंग्रेज़ हुकूमत में सिदो को लुटेरा कहा गया था, बाबा भागीरथ माँझी को आवारा कहा गया था, तो स्व. लाल हेम्ब्रम को डाकू कहा जाना कोई आश्चर्य की बात नहीं है।

सन्ताल परगना : एक झाँकी

सन्ताल परगना भागलपुर[1] प्रमण्डल का एक ज़िला है। यह ज़िला 23°40′ और 25°18′ उत्तरीय अक्षांश तथा 86°28′ और 87°57′ पूर्वीय देशान्तर के बीच स्थित है। इस ज़िला की आबादी सन् 1951 की जनगणना के अनुसार 23, 22,092 है। इसका फैलाव सन् 5470 वर्गमील में है। इंग्लैंड के क्रौनवाल, डेमन और सोमरसेट–इन तीन प्रदेशों के बराबर इसका विस्तार है। उत्तर से पूरब कोने में गंगा नदी से लेकर दक्षिण–पश्चिम कोने में बराबर नदी तक इसकी सबसे अधिक लम्बाई 120 मील है। उत्तर से दक्षिण तक इसकी लम्बाई 100 मील है। पश्चिम से पूर्व तक उसकी औसत चौड़ाई भी लगभग 100 मील है। इसका मुख्यालय दुमका है। यह ज़िला सात अनुमण्डलों में बँटा है–दुमका, देवघर, पाकुड़, गोड्डा, जामताड़ा, साहेबगंज और राजमहल। इतने अनुमण्डलों में भारत का कोई भी ज़िला नहीं बँटा है। भागलपुर प्रमण्डल का सबसे बड़ा ज़िला है।

इस ज़िले के उत्तर में भागलपुर और पूर्णिया के ज़िले, पूरब में मालदह मुर्शिदाबाद, और वीरभूम के ज़िले हैं, दक्षिण में बर्दमान और मानभूम के ज़िले तथा पश्चिम में हज़ारीबाग, मुंगेर और भागलपुर के ज़िले हैं। कुछ दूरी तक उत्तर और पूरब में इस ज़िले की चौहद्दी को गंगा नदी परिभाषित करती है, वह सीमा का काम करती हुई सन्ताल परगने को पूर्णिया और मालदह से अलग करती है। इसी तरह हम देखते हैं कि दक्षिण से कुछ दूरी तक बराकर और अजय नदी सीमा का काम करती हुई इस ज़िले को मानभूम और बर्दवान से अलग करती है।

1. सन्ताल परगना अब झारखण्ड का हिस्सा है। यह झारखण्ड की एक कमिश्नरी है। इसका मुख्यालय दुमका है। इस परगने में छह जिले हैं–गोड्डा, देवघर, दुमका, जामताड़ा, साहिबगंज व पाकुड़।

इस ज़िले में प्रकृति का एक अजीब संगम है। उत्तर से दक्षिण तक ऊँची भूमि पहाड़ी तत्त्वों को लिए हुए हैं। यहाँ की भूमि को साधारणतः तीन प्राकृतिक भागों में बाँटा जा सकता है–पहाड़ी भाग, ऊँची–नीची भूमि और नीची भूमि। पहाड़ी भाग पूरे ज़िले का 3/8 भाग पड़ता है, ऊँची–नीची भूमि का अंश आधा है और जो बाकी रहता है वह नीची भूमि है। पहाड़ी भाग उत्तर में साहेबगंज के पास गंगा नदी से लेकर ज़िले की दक्षिण सीमा तक क़रीब 100 मील की लम्बाई में फैला हुआ है। इसके अन्दर पूरा दामिन–इ–कोह के क्षेत्र तथा दुमका अनुमण्डल का पूर्वी तथा दक्षिणी भाग पड़ता है। पहाड़ी क्षेत्र के अधिकांश में आज भी जंगल फैला हुआ है; घाटियों में छोटी–छोटी बस्तियाँ बस गयी हैं, वहाँ के लोग जंगल साफ़ कर खेती करने लगे हैं। ऊँची–नीची भूमि के अन्तर्गत इस ज़िले का सारा पश्चिमी और दक्षिण–पश्चिमी भाग है। इस प्रकार के क्षेत्र में भी छोटी–छोटी पहाड़ियाँ, पथरीली भूमि और जंगल हैं। ज़िले का तीसरा भाग राजमहल पहाड़ी और गंगा के बीच की नीची भूमि है। इसका पतला और लम्बा भाग 100 मील तक चला गया है। यह भूमि बहुत ही उपजाऊ है। चावल यहाँ की मुख्य उपज है। इसका क्षेत्र 500 वर्गमील का है।

ज़िला की पर्वतमालाओं में राजमहल की पर्वतमाला बहुत प्रमुख है। साहबगंज से आरम्भ होती है, उत्तर में गंगा नदी से लेकर ज़िले की दक्षिण–पूरब सीमा के पास रामपुर हाट पथ तक गयी है। इस पर्वतमाला के बीच–बीच में पहाड़ी, घाटियां व अधित्यकाएँ हैं। समुन्दर के स्तर से 500 से 800 फ़ीट तक इन पर्वतमालाओं की ऊँचाई है। कुछ चोटियाँ तो 1500 से 2000 फ़ीट तक भी ऊँची हैं। इन पर्वतमालाओं में सब से ऊँची चोटी मोरी और सेंदगरसा है। मोरी की ऊँचाई 2000 फ़ीट है। यह पर्वतमाला 24 मील लम्बी है तथा उत्तर से दक्षिण तक फैली है। इसकी चोड़ाई लगभग 5 मील है। ऐसे तो यह क्षेत्र पहाड़ियों से घिरा हुआ है, पर पाँच समतल भूमि पर आने का प्रवेशद्वार प्राकृतिक रूप में बना है–दक्षिण–पश्चिम में चपराभीता, उत्तर–पश्चिम में मानझाँव, जो प्रवेश द्वार भागलपुर की दिशा में है, पूर्व में घाटीयारी, दक्षिण–पूर्व में मारजो और पाँचवा प्रवेशद्वार राजमहल की दिशा में है। इन पर्वतमालाओं से छोटी–छोटी नदियाँ निकली हैं। मोरन और गुमानी नदी का नाम विशेष रूप से उल्लेखनीय है। ये नदियाँ बड़हैत के निकट मिलकर घाटियारी प्रवेशद्वार से बहती हैं। इन पर्वतमालाओं पर सन्ताल और पहाड़िया के गाँव

बसे हुए हैं; पहाड़ों की छाती चीरकर मेहनतकश सन्ताल और पहाड़िया जाति ने खेती की है। इस पर्वतमाला का अधिकांश भाग दामिन–इ–कोह में पड़ता है। इसका क्षेत्र 1,356 वर्गमील है। उत्तर से दक्षिण तक इसकी लम्बाई 70 मील है और ऐसे तो पहाड़ी के मध्य में इसकी चौड़ाई 30 मील है, पर इसकी औसत चौड़ाई 16 मील ही है। राजमहल की पहाड़ी, कहा जाता है–भारतीय भूगर्भ–शास्त्रियों के लिए अध्ययन का विषय रही है। मालूम पड़ता है, किसी समय राजमहल की पहाड़ी ज्वालामुखी पहाड़ी थी।

दुमका अनुमण्डल के दक्षिण–पूर्व में ब्राह्मणी नदी बहती है। उस नदी के दक्षिण में एक छोटी पर्वतमाला है, उसे रामगढ़ पहाड़ी कहते हैं। राजमहल पहाड़ी से यह पहाड़ी अलग नहीं है, उसी का विस्तृत अंग है। पर रामगढ़ पहाड़ी बहुत ऊँची नहीं है। इस पर्वतमाला की सबसे ऊँची चोटी काराकाटा की चोटी है। दुमका अनुमण्डल में रामगढ़ पहाड़ी से पश्चिम समानान्तर में दो और पर्वतमालाएँ हैं। ये मोसनज़ोर से रानीवाला की ओर जाती हैं। इस अनुमण्डल में सपचना पहाड़ी, लगबा पहाड़ी और किकरा पहाड़ी मुख्य है। नुनीहाट के निकटवर्ती लगवा पहाड़ी का बहुत महत्त्व है। देवघर में कोई लम्बी पर्वतमाला नहीं है, इसका अधिकांश क्षेत्र समतल भूमि है। फिर भी जहाँ–तहाँ पहाड़ियाँ देखने को मिलती हैं। इन पहाड़ियों में निम्नलिखित पहाड़ियाँ उल्लेखनीय है–(1) फूलझड़ी (2,312 फ़ीट), मधुपुर रेलवे स्टेशन से 18 मील पूर्व में स्थित, (2) देगरिया (1,715 फ़ीट), वैद्यनाथधाम से 3 मील पश्चिम, (3) पथरडा (1,715 फ़ीट), मधुपुर रेलवे स्टेशन से 8 मील पश्चिम, (4) चित्रकूट पर्वत, जो त्रिपुर पहाड़ के नाम से पुकारा जाता है, वैद्यनाथधाम स्टेशन से 10 मील पूर्व में स्थित है। समतल भूमि से यह पर्वतमाला 1,505 फ़ीट ऊँची है, और समुद्र तल से 2,500 फ़ीट ऊँची है। जालवे, जो मधुपुर और वैद्यनाथधाम के बीच में पड़ता है; फूलझड़ी के निकटवर्ती केसकी; त्रिपुर से 6 मील दक्षिण–पूर्व में स्थित पाबोय; और पाबोय से 8 मील पूर्व में मकरो पहाड़ी–अधिक महत्त्व की तो नहीं है; पर उनका अपना प्राकृतिक सौन्दर्य है। जामताडा अनुमण्डल में घाटी (1,181 फ़ीट) और मलचा (863 फ़ीट) मुख्य पहाड़ी है। स्मरण रहे, मलचा पहाड़ी पर सरकार की ओर से त्रिकोणमिति–माप–स्तम्भ स्थापित किया गया है।

इस क्षेत्र का समान झुकाव उत्तर–पश्चिम से दक्षिण–पूर्व की ओर है। परन्तु कुछ अपवाद हैं। राजमहल के क्षेत्र में कुछ ऐसी उपजाऊ–भूमि

उत्तर–पश्चिम की ओर है और गंगा के प्रवाह को वे स्पर्श करती हैं। बराकर की तलहटी इस ज़िले के दक्षिण–पश्चिम को छोटानागपुर क्षेत्र से अलग करती है। फिर भी यह देखा जाता है कि उसका प्रवाह, उसकी गति दक्षिणपूर्व की ओर ही है। अजय और मोर नामक सहायक नदियाँ हैं, जो बराकर में नहीं मिलती हैं। वे जाकर भागीरथी नदी में मिलती हैं। यहाँ निम्नलिखित मुख्य नदियाँ हैं–(1) गंगा–इस ज़िले की धरती को तेलियागढ़ी से कुछ दूर पर पश्चिम में गंगा स्पर्श करती है। वह सँकरी गली तक पूरब की ओर बहकर दक्षिण–पूरब की ओर मुड़ जाती है। उधुआ नाला से कुछ आगे बढ़ने पर गंगा इस ज़िले को छोड़ देती है। गंगा की औसत चौड़ाई क़रीब तीन मील है। गंगा पहले तेलियागढ़ी से होकर बहती थी, पर अब उसकी धारा बदल गयी है। गंगा की मुख्य धारा राजमहल के निकट से बहती थी। सन् 1640 से गंगा ने अपनी धारा को बदल दिया। शहर के बहुत–से भवन बह गये, राजमहल उजाड़ हो गया। गंगा की धारा–परिर्वतन के कारण राजमहल का व्यापार–केन्द्र नष्ट हो गया और साहबगज़ में रौनक बढ़ गयी। (2) गंगा के बाद दूसरी प्रमुख नदी गुमानी है। गोड्डा अनुमण्डल में राजमहल से निकल कर यह नदी उत्तर–पूरब की ओर बहती है। बरहैत के पास मोरन नदी उत्तर की और से आकर इससे मिल गयी है। 30 या 40 मील की दूरी इस ज़िले में तय कर गुमानी नदी दक्षिण और पूरब की ओर बहती हुई ज़िले से बाहर जाकर गंगा में मिल जाती है। (3) बसलोई नदी गोड्डा अनुमण्डल के बाँस पहाड़ से निकली है और पूरब की ओर बहकर दुमका अनुमण्डल के गोड्डा और पाकुड़ अनुमण्डल से अलग करती है। महेशपुर के पास यह सन्ताल परगने को छोड़कर भागीरथी से मिल जाती है। (4) ब्राह्मणी नदी दुमका अनुमण्डल के उत्तरी भाग में दुधुआ पहाड़ी से निकलती है। वह फरसेमुल तथा संकरा होकर बहती है। वह दुमका दामिन क्षेत्र की सीमा को परिभाषित करती है। दामिन–इ–कोह के झीलीमीली और मोसनिया बंगलों को पार करते हुए ब्राह्मणी नदी दामिन मौलेश्वर के पास इस ज़िले को छोड़ती है और वीरभूमि ज़िले में जाकर भागीरथी में मिल जाती है। गुमरो और एरो इनकी मुख्य सहायक नदियाँ हैं। (5) मोर–यह नदी देवघर अनुमण्डल में पड़ती है। चित्रकूट पर्वत से यह निकलती है। यह उत्तर–पश्चिम कोने पर दुमका अनुमण्डल में प्रवेश कर दुमका और कुमराबाद होती हुई दक्षिण–पूरब की ओर बहती है। अमज़ोरा के पास यह नदी इस ज़िले को छोड़कर वीरभूमि

ज़िले में घुसती है और अन्त में भागीरथी में मिल जाती है। इस नदी का नाम कई स्थानों पर भिन्न–भिन्न पड़ा है। प्रारम्भ में कुछ दूर तक इसका नाम मोतीहारी है, पर जब यह नदी भुरभुरी नदी से मिलती है तब इसका नाम मोर हो गया है। इस नदी का दूसरा नाम मोराखी या मयूराक्षी हो गया है। इस नदी का जल मयूर की आँखों के समान स्वच्छ समझा जाता है। इस नदी की कई सहायक नदियाँ हैं। नवादा में भुरभुरी नदी दुधुआ पहाड़ी के पूरब से निकलकर मोर से मिलती है। गोड्डा अनुमण्डल से निकलकर धौवै नदी भागलपुर–सूरी सड़क को पार करती हुई भुरभुरी संगम के कुछ दूर पहले ही मोर से मिलती जाती है। तिपरा नदी पश्चिम से आकर फूलझड़ी के पास मोर से मिलती है। झुमेरा नदी धुरिया तालुक में और भमरी नदी वेलुदबार में मोर से मिलती है। नलबिल नदी देवघर सबडिवीजन से निकलकर दुमका अनुमण्डल होकर बहती हुई जामताड़ा अनुमण्डल में सिद्ध नदी से मिल जाती है। सिद्ध नदी भी देवघर अनुमण्डल से निकलती है, यह जामतारा और दुमका अनुमण्डल में बहकर वीरभूम–सीमा के पास मोर से मिल जाती है। दौना नदी सँकरा तालुक से निकलकर रामपुरहाट सड़क और सूरी सड़क को पार करती हुई मोर से जा मिलती है। (6) अजय नदी मुंगेर ज़िले से आकर देवघर अनुमण्डल में बहती है। पथरो और जयन्ती नदी हज़ारीबाग ज़िले से आकर इस नदी में मिलती है। कजरा के पास अजय नदी जामताड़ा अनुमण्डल में प्रवेश करती है, और यह बर्दवान ज़िले में जाकर बहती है।

सन्ताल परगने का दर्शनीय जल–प्रपात, जो ज़िले में सबसे सुन्दर है, उसका नाम मोती झरना है। यह राजमहल पहाड़ी में महाराजपुर रेलवे स्टेशन से दो मील दक्षिण–पश्चिम है। दो स्थानों से पानी गिरता है–एक स्थान पर 50 फ़ीट से और दूसरे स्थान पर 60 फ़ीट की ऊँचाई से। सिन्धपुर में ब्राह्मणी नदी से और कुसमीरा गाँव के पास बंसलोई नदी से जल–प्रपात बनते हैं। पहले स्थान में 10 फ़ीट की ऊँचाई से पानी गिरता है और दूसरे स्थान पर 12 फ़ीट की ऊँचाई से। केवल जल–प्रपात ही यहाँ नहीं हैं, कई झरने भी हैं, जो दर्शनीय हैं। पाकुड़ और दुमका अनुमण्डल में बहुत–से गर्म जल के झरने हैं। पाकुड़ अनुमण्डल का सबसे गर्म झरना लौलौदह है। यह महेशपुर थाने के शिवपुरा गाँव के पास बोरू नदी के किनारे है। इसी थाने में बरकी गाँव के पास एक दूसरा गर्म झरना है, जो बरहमसिया कहलाता है। सन्ताल लोग इसे भुभक कहते हैं।

दुमका अनुमण्डल में 6 गर्म झरने हैं–(1) गोपीकन्दर के पास झरिया पानी, (2) पलसी के पास भुरभुरी नदी के किनारे तातलोई, (3) केन्द्रघाट के नज़दीक ननबिल, (4) कुमराबाद के निकट मोर नदी के किनारे तापनपानी, (5) बाघमारा गाँव के पास मोर नदी के ही दूसरे किनारे पर सुसुम पानी और (6) रानी बहाल के समीप मोर नदी पर भुभका। नुनीहाट के निकट पाताल गंगा भी एक मुख्य झरना है। इन झरनों को हिन्दू और आदिम जाति के लोग धार्मिक दृष्टि से बहुत पवित्र समझते हैं।

सन्ताल परगने में एक प्रकार की जलवायु नहीं है। राजमहल पहाड़ी से पूरब की भूमि बंगाल की भूमि की तरह सर्द रहती है। देवघर से राजमहल तक का भाग बिहार के अन्य भागों की तरह गर्म है। साधारणतः गर्मी के दिनों में तापमान 120° तक जाता है। जाड़े में दुमका का तापमान 64° तक रहता है। गर्मी के दिनों में इसका तापमान 100° तक जाता है। इस ज़िले में वर्षा औसत 50 से 55 इंच तक होती है। सन्ताल परगना जंगल का ज़िला रहा है। चारे की कमी नहीं है। अतः यहाँ मवेशियों की हालत अच्छी ही रहती है। पहले इस ज़िले में बाघ, चीता, भालू, हरिण, जंगली हाथी, जंगली सूअर बग़ैरह हर जगह पाये जाते थे, पर वे अब कम मिलते हैं। जंगलों में बाघ कम मिलते, पर चीता आज भी बहुत दिखाई पड़ते हैं। कुछ वर्ष पूर्व इस ज़िले में स्वर्गीय श्री दामोदर सिंह अतिरिक्त कलेक्टर के पद पर थे। उन्होंने कई चीतों को मारा था–उनका नाम ही इस ज़िले में बाघमरवा साहब पड़ गया था। आज भी उन्हें लोग बाघमरवा साहेब के नाम से याद करते हैं। भालू ऊँची पहाड़ी पर रहता है। जंगली सूअर कम मिलते हैं। बताया जाता है कि सन्ताल लोग जहाँ उसे देखते हैं, वहीं मार डालते हैं। यहाँ की धरती रत्नगर्भा है। एक तरफ़ कोयला, पत्थर, चूना, लोहा, चीनी मिट्टी मिलती है, वहीं दूसरी ओर हम देखते हैं–इस धरती ने मानव रत्न भी पैदा किये हैं। भारत में प्रथम जन–आन्दोलन का संचालन सिदो ने किया, ब्रिटिश सत्ता का विरोध प्रथम बार आल–बाल का प्रदर्शन बाबा भागीरथ माँझी ने किया, ''भाषा और संस्कृति के आधार पर प्रदेशों का निर्माण करो''–यह पहला नारा इस जिले के महेश नारायण ने दिया था; ''हिन्दी भारत की राष्ट्रभाषा हो''–इसके प्रथम आन्दोलन का संचालन इस ज़िले के गोविन्दचरण ने किया।

इतिहास का आलोक

इतिहास मानवीय–क्रियाओं का अभिलेख है। प्रत्येक देश का इतिहास का आरम्भ तब से माना जाना चाहिए, जब से मानव एक सामूहिक जीवन में रहना आरम्भ करता है। धरती का आदि मानव कहीं भी अपनी क्रियाओं का साक्ष्य अभिलेख के रूप में नहीं छोड़ता है। फिर भी जहाँ–तहाँ कुछ उनके ऐसे अवशेष मिल जाते हैं, जिससे हमें उनके बारे में कुछ जानकारी मिलती है। फिर भी उन अवशेषों को दृष्टि में रखकर ऐतिहासिक चयन नहीं किया जा सकता है। ऐतिहासिक दृष्टि के लिए लिखित अभिलेख अपेक्षित है। राजमहल के ऊँचे पथरीले पठार पुराणों में उल्लिखित मेखला के अवशेष हैं। उसमें हमें धरती के आरम्भिक स्वरूप का परिचय मिलता है। राजमहल पहाड़ी का निर्माण जीव–सृष्टि से करोड़ों वर्ष पहले हुआ था। वायु पुराण के अनुसार मेखला से ही पृथ्वी की उत्पत्ति का ज्ञान हमें होता है; राजमहल की पहाड़ी मेखला का ही अंग है। यही कारण है, हम कहते हैं कि सन्ताल पगरना में धरती ने सब से पहले चाँद और सूर्य के दर्शन किये थे। इस घटना को हुए कितने वर्ष हुए, यह निश्चित रूप से नहीं कहा जा सकता। भूगर्भशास्त्री मानते हैं कि पृथ्वी की रचना हुए करोड़ की कौन कहे, अरब–खरब वर्ष हो गये। चट्टानों की मोटाई के परिमाण को दृष्टि में रखकर कालगणना करने का नियम भूगर्भशास्त्रियों ने बनाया है। विन्ध्य–मेखला के ऊँचे पथरीले पठार की मोटाई को दृष्टि में रखकर सन् 1917 में काल–गणना की गयी थी। चट्टान की औसत मोटाई 1,00,000 फ़ीट मानी गयी थी। इस मोटाई से हिसाब लगाकर विज्ञान विशारदों ने अनुमान किया है कि चट्टानों को बने प्रायः चालीस करोड़ वर्ष हो गये हैं। इसके अतिरिक्त, जब चट्टान अधिक मोटी हो जाती है; तब उसके नीचे के भाग पर ऊपर के भाग का अधिक बोझ पड़ता है; जिससे चट्टान ठोस बनकर सिकुड़ जाती है। अनुमान किया गया है कि

अपने बोझ के कारण चट्टान सिकुड़कर अपनी असली मोटाई की चौथाई रह गयी है। इसलिए चालीस करोड़ को चार से गुणा करने से एक अरब साठ करोड़ वर्ष निकलते हैं। इतने ही वर्ष पहले पृथ्वी की उत्पत्ति हुई थी। हम कह सकते हैं कि हमारे राजमहल की पहाड़ी ने एक अरब साठ करोड़ वर्ष पूर्व सूर्य का दर्शन सब से पहले किया था। कई युगों को पार कर मानव अश्मायुधोदय (Eoliethic age) युग में जब पहुँचा, तब वह पत्थर का हथियार बनाने लगा। सन्ताल परगने ज़िले में इस युग के कुठार, फलक, छेदक, छेनियाँ, रेतियाँ, हथौड़े आदि पत्थर के शस्त्र मिले हैं। बताया जाता है कि वे अवशेष मुण्डा आदि आग्नेय जातियों के पूर्वजों के छोड़े हुए हैं। जो अवशेष उपलब्ध हैं, उनसे हमें यह ज्ञात होता है कि वे धनुष से तीर चलाना जानते थे, जंगल काटकर खेत भी बनाने लगे थे, झीलों को बाँधकर झोपड़ियाँ भी बना रहे थे।

सन्ताल परगना में जो अवशेष मिले हैं, उनको दृष्टि में रखकर रेवरेण्ड पी.ओ. बोडिंग ने सन् 1901 और 1904 के ऐशियाटिक सोसाइटी ऑफ बंगाल–जरनल में 'सन्ताल परगना में पत्थरों का अस्त्र–शस्त्र' शीर्षक कुछ निबन्ध लिखे थे। उपलब्ध पत्थरों के यन्त्रों एवं तन्त्रों को देखकर बोडिंग महोदय इस निष्कर्ष पर पहुँचे थे,–'जहाँ तक आज की हमारी ज्ञान शक्ति की पहुँच है, उससे अधिक हम नहीं कह सकते। भारत के छोटानागपुर एवं सन्ताल परगना में तथा इरावती की तलहटी में एक विशेष प्रकार का पत्थर पाया जाता है। 'बोडिंग महोदय की यह धारणा श्री ए. फायरी के उस पत्र पर आधारित है, जो एशियाटिक सोसाइटी ऑफ बंगाल की सन् 1874 की कार्यवाही पंजिका में अंकित है। आगे चलकर बोडिंग ने लिखा है–'उपर्युक्त स्थानों को छोड़कर ऐसा पत्थर कहीं नहीं मिलता।' इसलिए वे मानते हैं कि 'प्राचीन समय में या तो एक ही प्रकार के लोग इन देशों में रहते थे, या उन लोगों में यातायात या आपसी सम्पर्क था।'

वैदिक साहित्य, उपनिषद्, ब्राह्मणग्रन्थ और पुराणों में हमें इस क्षेत्र का उल्लेख कम मिलता है। बाबा वैद्यनाथ धाम और वासुकीनाथ का उल्लेख आया है। ऋग्वेद की कुछ ऋचाओं में दस्युओं के नाम आये हैं, उनका नाम मुण्डा नामों से मिलता–जुलता है। उनमें बहुत साम्य पाया जाता है, जैसे शंकर, सुंवेर, तुमुचि, चामुरि, तरुक्ष, अस्न आदि ऋग्वेद में आये हुए असुरों के नामों को भी विद्वानों ने मुण्डा मूलक बताया है।

बाद का साहित्य मौन है। मौर्य काल के समय में इस क्षेत्र पर मगध राजा का आधिपत्य था। चन्द्रगुप्त के समय में उसके दरबार में यूनान का राजदूत मेगास्थनीज 302 ई. पू. में आया था। ऐसा लगता है कि वह इस क्षेत्र में भी आया था। उस यात्रा–वर्णन में इस क्षेत्र का उल्लेख मिलता है। उसने इस क्षेत्र के निवासियों को माली कहा है। मालर, जिसे सूरीया पहाड़ी भी कहा जाता है, उसे ही मेगास्थनीज द्वारा उल्लिखित 'माली' माना जा रहा है। मेगास्थनीस के अनुसार माली जाति पासी और गंगारी देभी नामक स्थानो के बीच रहती थी। यह क्षेत्र मगध और सीम्बली बंगाल के बीच का था। गंगा नदी और मन्दार पहाड़ी से वह क्षेत्र घिरा हुआ था। डब्ल्यू.जी. ओल्डहम ने 'एथिनीकल एसपेक्ट्स ऑफ बर्दमान ज़िला' में सूरीया पहाड़ियाँ को शबर नाम दिया है। जर्मन विद्वान श्मिट ने मुण्डा, कोल या शाबर को एक ही नस्ल का बताया है। संसार के दक्षिण–पूर्वी कोण (आग्नेय कोण) होने के कारण श्मिट साहब ने इस नस्ल को आग्नेय नस्ल कहा है। आज से लगभग 30–35 वर्ष पूर्व हंगेरियन विद्वान दि. हबेसी ने आग्नेय नस्ल की कल्पना को गलत प्रमाणित किया था। जो भी हो, समय बदलता रहा, राज्यों का परिवर्तन होता रहा, पर इस क्षेत्र की वस्तुस्थिति में विशेष परिवर्तन नहीं हुआ। अगर कुछ हुआ भी होगा, तो उसका कहीं उल्लेख नहीं मिलता। मेगास्थनीज के लगभग 950 वर्ष के बाद चीनी यात्री च्वानच्वाग भारत में आया था। उस समय हर्षवर्धन भारत का सबसे प्रतापी राजा था। इसके यात्रा–वर्णन से यह मालूम होता है कि कजगल (सन्ताल परगना) पर हर्ष का राज्य था। यह स्थान राजमहल से 18 मील की दूरी पर दक्षिण में स्थित है। इसके बाद काफ़ी अर्से तक इस ज़िले का लिखित इतिहास हमें नहीं मिलता है।

सन्ताल परगना गज़ेटियर में श्री मौली ने भविष्य पुराण से तथ्यों को लिया है। भविष्य पुराण 15वीं या 16वीं शताब्दी की रचना है। उन्होंने बताया है कि उक्त पुराण में ब्रह्मानन्द अध्याय में इस प्रकार इस ज़िले का उल्लेख मिलता है–"नारी खण्ड ज़िला जंगलों से भरा हुआ है। यह भागीरथी नदी के पश्चिम में और द्वारकेश्वरी नदी के उत्तर में स्थित है। वह पूर्व में पंचकाकूट पहाड़ी से उत्तर में किकठा तक फैला हुआ है। जंगल का विस्तार है, सखुआ और साल वृक्षों की संख्या अधिक है। वैद्यनाथ की मूर्ति के लिए इस ज़िले की प्रसिद्धि है। सम्पूर्ण देश से मूर्ति की पूजा करने लोग आते हैं।"

मुसलमानों के आगमन के बाद भारत का नया इतिहास आरम्भ हुआ। इस काल में भी हमें इस ज़िले का स्पष्ट दर्शन होता है। मुहम्मद बिन–बख्तियार ने जब मगध पर अपना आधिपत्य जमा लिया था, उस समय भी राजमहल की पहाड़ियों में हिन्दू सरदार स्वतन्त्र थे। इनमें एक इन्द्रद्युम्न नाम का हिन्दू सरदार था, जिसे बख्तियार ने पराजित किया था। मुसलमानी आक्रमण के कारण बहुत से राजपूत सरदारों ने राजमहल की पहाड़ी क्षेत्र में शरण लिया था। उनके आगमन से मुण्डा, सन्ताल और खरवार जातियों में हलचल मची। आपस में हिन्दू सरदारों से आदिवासियों का संघर्ष होने लगा। कहा जाता है कि सन् 1844 ई. में सन्तालों ने वीरभूम राज्य की राजधानी को लूट लिया। चौदहवीं सदी के शुरू में यह क्षेत्र स्वतन्त्र था। तुर्क–सन्तालों के आधिपत्य में पूर्णतः नहीं आया था। इसका कारण यह बताया जाता है कि यह ज़िला जंगलों और पहाड़ों से रक्षित और दुर्गम था। उड़ीसा के जंग वंश के अन्तिम राजा के मन्त्री कपिलेन्द्र ने सूर्यवंश की नींव डाली। उसने सन् 1435–70 ई. तक राज्य किया। उसने सन्ताल परगने को अपने अधिकार में किया था। स्वर्गीय राखालदास बन्दोपाध्याय ने 'बांगलार इतिहास' में दिखाया है कि दामोदर नदी और गंगा के प्रदेश पर कपिलेन्द्र का दखल हो चुका था। उनकी पुस्तक में एक नक़्शा दिया गया है, जिसमें कपिलेन्द्र का अधिकार भागलपुर के पूरब राजमहल तक दिखलाया गया है। सन् 1493 में अलाउद्दीन हुसेनशाह ने बंगाल में एक नया राजवंश स्थापित किया। उसने भागलपुर, सन्ताल परगना और मुंगेर पर भी अपना आधिपत्य जमाया।

तेलियागढ़ी घाटी को बंगाल का प्रवेश–द्वार माना गया था। वहाँ मुसलमानी युग में अनेक युद्ध हुए हैं। सन् 1538 में शेरख़ाँ ने इस दुर्ग को मज़बूत बनाया था मिस्टर सी. स्टुअर्ट ने 'बंगाल के इतिहास' में बताया है कि सम्राट हुमायूँ की फ़ौज ने तेलियागढ़ी दुर्ग को तोड़ दिया था। अकबर के समय अफ़गान नेता सुलेमान का लड़का बायजीद ने इस क्षेत्र के आदिवासियों की एक बड़ी सेना तैयार की और कालापहाड़ नामक सेनापति के साथ उड़ीसा के राजा मुकुन्द हरिचन्द देव पर आक्रमण किया था। पर वह अपने अन्य सरदारों को प्रसन्न नहीं रख पाया, जिसके फलस्वरूप गद्दी से हटाया गया और उसका भाई दाऊद गद्दी पर बैठा। दाऊद ने अकबर की अधीनता को अस्वीकार कर दिया। उसने अकबर से खुला संघर्ष किया। 12 जुलाई, सन् 1576 को राजमहल में लड़ाई हुई।

हाजीपुर में पराजित होने के बाद वह भाग कर सन्ताल परगना आया था। तेलियागढ़ी दुर्ग को उसने देखा था। तेलियागढ़ी दुर्ग को उसने इतना लम्बा एवं मज़बूत पाया कि अनुमानतः वह लगभग एक वर्ष तक मुग़ल सेना को वहाँ रोक कर रख सकता है। पर मज़बूत ख़ाँ के सामने वहाँ दाऊद की सेना टिक न सकी। दाऊद ख़ाँ हारने वाला जीव नहीं था। उसने एक बहुत बड़ी फ़ौज जमा की और राजमहल में मुग़ल सेना से मोर्चा लेने का निश्चय किया। उसके साथ वहाँ तीन हज़ार अफ़गान सैनिक थे। उसने कई महीने तक मुग़ल सेना को रोक रखा। अन्त में दाऊद पकड़ा गया। उसका सिर काटकर सम्राट अकबर के पास राजमहल भेजा गया। मुग़लों की यह विजय बहुत महत्त्वपूर्ण रही। अफ़गानों का आधिपत्य सदा के लिए ख़त्म हो गया और यह प्रवेश दिल्ली सल्तनत के अन्तर्गत आ गया।

सन् 1592 में बंगाल की राजधानी राजमहल में स्थापित की गयी। शेरख़ाँ ने भी अपने समय में बंगाल की राजधानी राजमहल में करने का निश्चय किया था। परन्तु कार्यरूप में ऐसा न कर सका। जब अकबर ने राजा मानसिंह को बंगाल का सूबेदार बनाया, तो राजा मानसिंह ने राजमहल में बंगाल की राजधानी स्थापित की। राजमहल का नान पहले आगमहल था। राजा मानसिंह में आगमहल को राजमहल के रूत्र में बदला। उसे अकबर नगर भी कहा जाता है। राजमहल में बंगाल की राजधानी केवल 16 वर्षों तक ही रही, बाद में सन् 1608 में नवाब्र इस्लाम ख़ाँ ने बंगाल की सुरक्षा को दृष्टि में रखकर ढाका में बंगाल की राजधानी स्थापित की। फिर भी राजमहल और तेलियागढ़ी का महत्त्व कम नहीं हुआ। कुमार शाहजहाँ ने अपने पिता जहाँगीर के विरोध में विद्रोह किया। बंगाल पर उसने आक्रमण किया। बंगाल के सूबेदार तथा नूरजहाँ के भाई इब्राहिम ख़ाँ कुमार शाहजहाँ के विद्रोह को दबाने के लिए ढाका से राजमहल आये। कुमार की फ़ौजें अधिक थीं इसलिए इब्राहिम को तेलियागढ़ी में शरण लेनी पड़ी। कुमार शाहजहाँ ने वहाँ भी उस पर हमला किया। इब्राहिम ख़ाँ ने विद्रोहियों के बीच यह घोषण ाा की कि 'उसकी सेना सम्राट को समर्पित है। वह या तो विजयी होगा या मारा जायेगा। 'वह युद्ध में घायल हुआ, उसकी फ़ौज भाग गयी। उसकी छावनी को विद्रोहियों ने लूट लिया। शाहजहाँ बंगाल का सरदार बना, पर इसने मुग़ल सम्राट की अधीनता स्वीकार नहीं की। अतः उसे मुग़ल सेना का सामना करना पड़ा और सन् 1624 में वह पराजित हुआ।

पराजय के बाद कुमार शाहजहाँ ने राजमहल में अपने को छिपाकर रखा। सम्राट शाहजहाँ के समय पुनः राजमहल का भाग्य चमका। बंगाल का सूबेदार शाल्थूजा बनाया गया। उसने वहाँ एक भव्य राजमहल का निर्माण किया। मानसिंह ने दुर्ग को मज़बूत बनाया। इसने काफ़ी ख़र्च कर उसे महान नगरी के रूप में बदला। पर उसका सभी प्रयास व्यर्थ गया। गंगा ने अपनी धारा बदल दी। फल यह हुआ कि नयी राजधानी पानी के प्रवाह में बह गयी। अनेक सुन्दर–सुन्दर महल ढह गये, फिर भी सन् 1660 तक बंगाल की राजधानी राजमहल में ही रही। सन् 1657 ई. में शाहजहाँ के बीमार पड़ने पर मुग़लों का भ्रातृयुद्ध आरम्भ हुआ। बंगाल के सूबेदार शाहजहाँ शुजा ने राजमहल से भारत सम्राट का मुकुट धारण किया। दारा शिकोह के बड़े पुत्र सुलेमान शिकोह और आम्बोर के राजा जयसिंह से उसने हार खायी और भागकर मुंगेर में शरण ली। वहाँ उसे सूचना मिली कि औरंगज़ेब ने दारा को पराजित किया है और उसने सम्राट शाहजहाँ को क़ैद कर लिया है, तब शुजा पिता को क़ैद से छुड़ाने के लिए फिर पश्चिम की ओर बढ़ा। पर इलाहाबाद के निकट खजवा में औरंगज़ेब का उसे सामना करना पड़ा। परन्तु वह हार गया। भागकर वह पुनः मुंगेर चला आया। औरंगज़ेब के सेनापति मीर जुमला ने उसका पीछा किया। मुंगेर में शुजा ने मीर जुमला का मुक़ाबला किया, वहाँ भी वह हार गया। हार कर शुजा राजमहल आया। उसने तेलियागढ़ी और सकरीगली के दुर्ग को मज़बूत बनाया। मीर जुमला उसका पीछा करता हुआ तेलियागढ़ी पहुँचा। 6 दिन तक उसने मुक़ाबला किया। बाद में शुजा ने ऐसा अनुभव किया कि तेलियागढ़ी सुरक्षित स्थान नहीं है, अतः वह सपरिवार वहाँ से भाग निकला। चार महीने तक मीर जुमला राजमहल में अपनी छावनी डाले रहा। शाह शुजा की फ़ौज गुरिल्ला–युद्ध चला रही थी। मीर जुमला के लिए उसे पराजित करना कठिन हो गया। अतः राजमहल छोड़कर उसने दूसरी जगह अपनी छावनी डाली। मीर जुमला की कठिनाई तब और बढ़ गयी, जब शहज़ादा महमूद ने उसका विरोध करना आरम्भ किया। शहज़ादा महमूद की शादी शाह शुजा की लड़की से निश्चित थी। निकाह भी हो गया था। शुजा ने महमूद को एक दर्द भरा ख़त लिखा। शहज़ादा पर उसका काफ़ी प्रभाव पड़ा। वह मीर जुमला को छोड़ कर शुजा के पास चला गया और उसकी लड़की से उसने शादी की। मीर जुमला को यह आशंका होने लगी कि फ़ौज में अशान्ति फैल रही है,

विद्रोह की भावना उनमें देखी जाने लगी। अतः फ़ौज को राजमहल मे रखना व्यर्थ समझा। मीर जुमला ने फ़ौज को क्रियाशील बनाने के लिए तानडीहा पर आक्रमण कर शुजा को सन् 1860 में हराया।

राजमहल से राजधानी हटाकर पुनः ढाका में स्थापित की गयी। सुरक्षा की दृष्टि से वहाँ राजधानी रखी गयी। फिर भी राजमहल का महत्त्व कम नहीं हुआ। सन् 1661 में मुद्रायें ढाली जाती थीं। टकसाल का वहाँ केन्द्र था। सोना देकर उसे शाही मुद्रा में वहीं बदला जाता था। अकबर नगर का फ़ौजदार वहीं रहता था। शाही दरबार से प्रत्येक वर्ष मुर्शिद कुली ख़ाँ जाड़े में राजमहल भेजे जाते थे। वे वहाँ बर्फ़ जमवाते थे और नवाब को उपभोग के लिए भेजते थे। नवाब बारहों मास, प्रत्येक दिन बर्फ़ के व्यवहार में लाते थे और बर्फ़ की पूर्ति अकबर नगर से होती थी। आम के फल के लिए भी यह क्षेत्र बहुत प्रसिद्ध रहा है। शाही दरबार से एक आपूर्ति–अधिकारी की नियुक्ति प्रत्येक वर्ष हुआ करती थी। उसका काम था–इस क्षेत्र से प्रत्येक वर्ष आम शाही दरबार में भेजना।

सन् 1608 में अंग्रेज़ भारत पहुँच चुके थे, परन्तु चेष्टा करने पर भी 1650 से पहले वे बिहार में जम न सके थे। बिहार की मिट्टी उनके अनुकूल न मिली। इसके बाद बिहार में कई अंग्रेज़ फैक्टरियाँ खुलीं। राजमहल अंग्रेज़ के लिए आकर्षण का केन्द्र बना हुआ था। बंगाल नें व्यापार फैलाने के लिए इसका बहुत बड़ा महत्त्व था। कारण, शाह शुजा के समय राजमहल में बंगाल की राजधानी स्थापित थी। शाह शुजा के दरबार में उन दिनों डॉक्टर गब्रेल व्यूग्टन रहता था। वह शहज़ादा का बहुत प्रिय पात्र था। कहा जाता है कि उसने शहज़ादा के परिवार की किसी महिला को एक भयानक रोग से मुक्त किया था। इसी अंग्रेज़ डॉक्टर ने सम्राट शाहजहाँ की पुत्री का सफलतापूर्वक ऑपरेशन किया था। इन सभी कारणों से डॉक्टर का प्रभाव शहज़ादा शुजा पर था। अपने एजेंटों को लायन्स के कप्तान ने बालसोर से सन् 1650 में एक निर्देश देते हुए लिखा था–'इन प्रदेशों में व्यापर करने के लिए शहज़ादा के फरमान की कितनी आवश्यकता है। डॉक्टर ग्रेवाल व्यग्टन ने, जो शहज़ादा के यहाँ डॉक्टर है, इस सम्बन्ध में आवश्यक आश्वासन दिया है। व्यापार की स्थापना के लिए राजमहल जाना आवश्यक है। एक अंग्रेज़ व्यापारी के साथ राजमहल जायें और वहाँ डॉक्टर व्यूग्टन से व्यापार के सम्बन्ध में मिलें। व्यूग्टन के आश्वासन के अनुसार व्यापर करने की उन्हें स्वतन्त्रता मिलनी चाहिए।'

लायन्स के कप्तान ने डॉक्टर व्यूग्टन को भी पत्र लिखा था। डॉक्टर व्यूग्टन ने शहज़ादा शुजा से फरमान ले लिया और इस प्रकार अंग्रेज़ों को बंगाल में व्यापार करने की अनुमति मिली। राजमहल में ही डॉक्टर व्यूग्टन का देहान्त हुआ था। उसकी क़ब्र अभी भी राजमहल में है। डॉक्टर व्यूग्टन ने शहज़ादा शुजा को धोखा देकर अंग्रेज़ों से माल पर अलग–अलग चुंगी लेने के बाद से साल में एक मुश्त 3,000 रुपये की रकम लेनी ठहरा ली थी। अंग्रेज़ों का व्यापार तेज़ी से बढ़ता जा रहा था। इसी बीच शहज़ादा शुजा का पतन हुआ। अंग्रेज़ व्यापारी कठिनाइयों में पड़ गया। मीर जुमला ने अंग्रेज़ों जहाज़ों को राजमहल में रोका। यह निषेध इसलिए किया गया था कि कम्पनी के नौकरों ने सम्राट के जहाज़ को हुगली में रोका था। मीर जुमला ने अंग्रेज़ों को आगाह कर दिया कि वे देश से निकाल दिये जायेंगे। अंग्रेज़ों ने मीर जुमला से माफ़ी माँगी और अच्छे आचरण करने का विश्वास दिलाया। 1676 में उन्होंने राजमहल में एक एजेंसी खोली। वे राजमहल में धनराशि भेजते थे, जहाँ शाही मुद्रा में उन्हें बदला जाता था। सन् 1681 में राजमहल एजेंसी के प्रभारी थे रोबर्ट हेज्। यह रोबर्ट हेज् बाद में कम्पनी के परिषद् के अध्यक्ष हुए थे।

सन् 1668 ई. में ईस्ट इंडिया कम्पनी का कुल व्यापर 34 हज़ार पौण्ड का था। वह व्यापार 1680 तक वार्षिक $1\frac{1}{2}$ लाख पौण्ड से भी अधिक होने लगा था। अंग्रेज़ चाहते थे कि शहज़ादा शुजा ने जो रकम निर्धारित की है; वह रकम चुंगी के रूप में ली जाय। इतना ही नहीं, अंग्रेज़ व्यापारी अंग्रेज़ी झण्डे के नीचे दूसरों के माल भी नाजायज़ ढंग से ले जाते थे। अतः बिहार–बंगाल के सूबेदार शाइस्ता ख़ाँ ने अंग्रेज़ों के माल पर बाक़ायदा $3\frac{1}{2}$ सैकड़ा चुंगी बिठा दी। अंग्रेज़ व्यापारियों ने विरोध किया। राजमहल में देशी लोगों की कुछ दुकानें अंग्रेज़ों ने लूट लीं। शाइस्ता ख़ाँ ने अंग्रेज़ों की सभी सम्पत्ति ज़ब्त कर ली और कम्पनी के नौकरों को जेल में डाल दिया। अंग्रेज़ों की इसी तरह की बेज़ा हरकतों के कारण सम्राट ने साम्राज्य भर में उसी तरह की आज्ञा जारी कर दी थी। अन्त में बम्बई के गवर्नर जॉन चाइल्ड के सन्धि की प्रार्थना करने पर हर्जाना लेकर उन्हें माफ़ किया गया। राजमहल में उन्हें पुनः व्यापार करने की इजाज़त दी गयी। पुनः 1696 में राजमहल के सरदार सूबा सिंह ने विद्रोह किया। उडीसा के अफ़गान सरदार रहीम ख़ाँ ने विद्रोही सरदार का सहयोग दिया। दोनों ने मिलकर राजमहल से मेदिनीपुर तक धावा बोला।

राजमहल पर उनका क़ब्ज़ा हो गया। उन्होंने अंग्रेज़ों की सम्पत्ति ज़ब्त की। नवाब इब्राहिम ख़ाँ ने अप्रैल 1697 में अपने पुत्र ज़बर्दस्त ख़ाँ को राजमहल पर क़ब्ज़ा करने को भेजा। उसने राजमहल को अपने कब्जे में कर लिया। पर उसने अंग्रेज़ों के माल को वापस नहीं किया। सम्राट के पोत्र आजीम शाह के पास अंग्रेज़ों ने फरियाद की। वे ही इब्राहिन ख़ाँ के बाद बंगाल के सूबेदार बनाये गये थे। पुनः औंरगज़ेब के आदेश से सन् 1702 में राजमहल के सभी अंग्रेज़ गिरफ़्तार हो गये थे। उन सबकी पूरी सम्पत्ति ज़ब्त कर ली गयी थी। उन्हें सम्राट से माफ़ी माँगनी पड़ी थी।

सन् 1707 में औरंगज़ेब का देहान्त हो गया। राजमहल से अजीम ख़ाँ 20,000 घुड़सवारों के साथ अपने पिता शाह आलम की मदद के लिए चल पड़ा। अपने पुत्र फर्रुखसियर को राजमहल में, अपने परिवार की महिलाओं तथा ख़ज़ाने के साथ छोड़कर वे गये थे। शाह आलम बहादुर शाह के नाम से गद्दी पर बैठा। अजीम ख़ाँ राजमहल लौट आये। सन् 1708 के अप्रैल में अंग्रेज़ों ने एक शिष्ट मण्डल राजमहल भेजा। 15,000 रुपया भी अजीम ख़ाँ के पास भेजा गया था। दो दर्पण शहज़ादा के लिए तथा एक दर्पण मुर्शिद कुली ख़ाँ, जो उन दिनों दीवान थे, के लिए भेजा गया। यह इसलिए भेजा गया था कि अंग्रेज़ चाहते थे–भारत में ऐसा व्यापार करना जिस पर किसी प्रकार की चुंगी न लगे। एक मास के बाद पता चला कि उसके एक एजेंट शिवचरण ने 36,000 रुपये का नज़राना भेंट करने का वचन दिया है। कम्पनी की बग़ैर स्वीकृति के यह कार्य हुआ था। कम्पनी को शिवचरण के इस आचरण से बहुत क्षोभ हुआ। कम्पनी ने फ़ज़ल मुहम्मद को राजमहल भेजा। फ़ज़ल मुहम्मद कम्पनी का एक बहुत ही वफ़ादार नौकर था। उस पर कम्पनी को बहुत भरोसा था। उसके ज़िम्मे दो काम सौंपा गया था। एक काम तो यह था कि वह शिवचरण को गिरफ़्तार कर कलकत्ता भेजे, जहाँ उसे अपने आचरण के सम्बन्ध में स्पष्टीकरण देना था। दूसरा काम था राजमहल में शहज़ादा ख़ाँ और मुर्शिदकुली ख़ाँ से मिलकर बंगाल में व्यापार करने की अनुमति माँगे। शिवचरण को गिरफ़्तार कर उसने तो उसे कलकत्ता भेज दिया। परन्तु वह अंग्रेज़ों के लिए व्यापार की सुविधा प्राप्त नहीं कर सका। वह अपने प्रयास में असफल रहा। शहज़ादा और उसके ख़ज़ांची की ओर से यह जवाब मिला कि 36,000 रु. नज़राना पर व्यापार की अनुमति नहीं मिल सकती। अगर वे अनुमति चाहते हैं, तो 50,000 रु. नज़राने के रूप

में शहज़ादा को दें और एक लाख रुपये सम्राट के कोषागार में जमा करें। फ़ज़ल मुहम्मद को साफ़–साफ़ कहा गया कि जब तक 1,50,000 (डेढ़ लाख) रुपये नहीं मिल जाते, तब तक अंग्रेज़ों को व्यापार करने की आज्ञा नहीं दी जा सकती। इस प्रकार के उत्तर से अंग्रेज़ों को बहुत रंज हुआ। खुली बग़ावत करने के लिए वे लोग तैयार हो गये। कम्पनी की परिषद् ने यह निर्णय किया कि मुग़लों का जो जहाज़ हुगली नदी होकर जाय, उसे रोका जाय। इस निर्णय के अनुसार, जो भी मुग़लों के जहाज़ हुगली नदी होकर जाते थे, उन्हें वे रोकने लगे। राजमहल में शहज़ादा अजीमुल्लाह को इस प्रकार की घटनाओं पर अत्यन्त क्रोध हुआ, क्रोधित होने के कारण उसने राजमहल के अंग्रेज़ी एजेंट 'कलेम साहब' को गिरफ़्तार कर लिया। कम्पनी के जहाज़ों पर उसने नियन्त्रण लगा दिया। अन्त में अंग्रेज़ों ने हारकर 14,000 रु. देकर माफ़ी माँगी और इस प्रकार बंगाल में व्यापार करने का अधिकर उन्हें प्राप्त हुआ। परन्तु कुछ ही दिनों के बाद कम्पनी ने पुनः निश्चय किया कि मुग़लों के जहाज़ हुगली नदी में रोके जायें। इतना ही नहीं, राजमहल के व्यापार को नष्ट करने के लिए कम्पनी ने ब्रिटिश नागरिकों को आदेश दिया कि कोई भी व्यक्ति मुग़लों के जहाज़ों पर काम नहीं कर सकते। श्री सी. आर. विल्सन ने 'इरानी एनन्लस ऑफ़ दि इंगलिश इन बंगाल' में कहा है कि मुग़लों के यहाँ जितने अच्छे समुद्री कप्तान थे, के सब–के–सब अंग्रेज़ थे। दूसरे वर्ष शहज़ादा और दीवान मुर्शिदकुली ख़ाँ बंगाल से शाही दरबार वापस गये। शेर बुलन्द ख़ाँ उसके स्थान पर सुबेदार होकर आया। उसने आते ही राजमहल में अंग्रेज़ों के सभी जहाज़ों को बन्द कर दिया। अंग्रेज़ों के व्यापार पर नियन्त्रण रखने लगा। अंग्रेज़ों ने शेर बुलन्द ख़ाँ के सामने आत्म–समर्पण किया। 45,000 रुपये का नज़राना भेंट किया, माफ़ी माँगी और व्यापार करने की अनुमति उन्हें मिल गयी। सन् 1710 में शहज़ादा फर्रुखसियर राजमहल आये। अंग्रेज़ों ने उनके पास अपना एक राजदूत भेजा। शहज़ादा ने कम्पनी के परिषद के अध्यक्ष को सम्मान के रूप में एक पोशाक भेजी। दूसरे वर्ष खां जान बहादुर इजद्दौला नायब सूबेदार बनकर राजमहल आया। उसने अंग्रेज़ों की बहुत सहायता की। अंग्रेज़ों के सारे जहाज़ों को बे–रोकटोक जाने की अनुमति दे दी; व्यापार की स्वतन्त्रता भी उन्हें मिल गयी। इसी बीच बहादुर शाह का देहान्त सन् 1712 में हो गया। वातावरण में काफ़ी परिवर्तन आया। चारों ओर अराजकता फैल गयी।

राजमहल के नायब सूबेदार ने स्थिति से फ़ायदा उठाने की चेष्टा की इजद्दौला ने सैनिकों को इकट्ठा किया और अपने को राजमहल का मालिक घोषित किया। फ़र्रुखसियर ने पटना में अपने को भारत का सम्राट घोषित किया था। इस घोषणा के बाद ही वे इस ज़िला में आये। लोगों के अनुमान था कि इजद्दौला उनका सामना करेगा, पर उसने छेड़छाड़ नहीं की। तेलियागढ़ी से फर्रुखसियर बग़ैर रोक–टोक चले गये।

जब मुग़ल सल्तनत अपने अन्तिम दिनों में पतनोन्मुख थी, तब राजमहल और इस क्षेत्र के प्रति उदासीनता बरती जाने लगी। मराठों से मुग़लों का संघर्ष हुआ। राजमहल पर उनका क़ब्ज़ा हुआ। राजमहल नगर और ज़िला पर क़ब्ज़ा अलीवर्दी ख़ाँ के लिए केवल मुर्शिदाबाद ही रह गया। अलिवर्दी ख़ाँ के सेनापति मुस्तफ़ा ख़ाँ ने बग़ावत की। भास्कर पन्त की हत्या मुस्तफ़ा ख़ाँ ने अलीवर्दी के कहने पर की थी। अलीवर्दी ने उसे आश्वासन दिया कि राजमहल उसे भास्कर पन्त की हत्या के बदले दे देगा। पर अलीवर्दी ने बाद में बातें पलट दी। मुस्तफ़ा ख़ाँ ने मराठों का साथ दिया। राजमहल में अलीवर्दी ख़ाँ की पराजय मुख्यतः उसके कारण ही हुई थी। अलीवर्दी को बंगाल लौटने के लिए उसने विवश कर दिया। बाद में मुस्तफ़ा भी युद्ध में मारा गया। उसे राजमहल नहीं मिला। मराठों का उस पर क़ब्ज़ा हो गया। पहाड़ी रास्ता उन्हें प्राप्त हुआ। माग्रो प्रवेशद्वार का उन्होंने निर्माण किया। अलीवर्दी असहाय हो गया था। फिर भी उसे अंग्रेज़ों के षड्यन्त्र का पता चल गया था। हैदराबाद तथा तमिलनाडु में अंग्रेज़ों को राजनीति खेलते देखकर व्यावहारिक राजनीतिज्ञ अलीवर्दी को नया ख़तरा का अनुभव हुआ। पर वह स्वयं कुछ कर भी नहीं सकता था। वह तो मौत की प्रतीक्षा कर रहा था। उसने मरते समय अपने प्रिय दोहित्र तथा उत्तराधिकारी सिराजुद्दौला को अंग्रेज़ों से सावधान रहने की सलाह दी थी। उसने यह भी कहा था कि अंग्रेज़ों को बंगाल की भूमि नें कहीं भी क़िलाबन्दी करने या फ़ौज रखने की इज़ाज़त नहीं देना। सिरजुद्दौला ने ऐसा ही किया। कलकत्ता में अंग्रेज़ों ने क़िलाबन्दी आरम्भ की और सिराजुद्दौला के ख़िलाफ़ विद्रोह करने का षड्यन्त्र चलाया, तब सिराज ने हुकुम दिया कि कोई विदेशी उसके राज्य में क़िलाबन्दी या युद्ध की तैयारी नहीं कर सकता। पर अंग्रेज़ों ने उस पर ध्यान नहीं दिया। सिराज ने उन पर आक्रमण किया। बंगाल और बिहार में उनकी जितनी कोठियाँ थी, उसे उसने ज़ब्त कर लिया। इसी बीच अंग्रेज़ों ने षड्यन्त्र रचकर मीरजाफ़र

को अपने पक्ष में मिला लिया था। मीरजाफ़र अलीवर्दी के बहनोई थे और सिराज के वे सेनापति थे। अंग्रेज़ों ने जो बिहार–बंगाल में फूट डाली थी, वह देशद्रोह की भावना से भरी थी। उसके सामने वीरता और साहस से कुछ नहीं हो सका। 19 वर्षीय युवक सिराजुद्दौला ने अंग्रेज़ों को पहले पराजित किया, पर उसके भाग्य में सफलता नहीं लिखी हुई थी। हुगली और मोर नदी के संगम पर पलासी गाँव में सिराजुद्दौला ने अंग्रेज़ों को घेरा। नवाब की फ़ौज निर्णयात्मक हमला करने जा रही थी, पर सेनापति मीरजापर ने ऐन मौक़े पर धोखा दिया। इसका फल यह हुआ कि 2–3 जून 1757 को विजयश्री अंग्रेज़ों को मिली। सिरजुद्दौला ने भागकर राजमहल में शरण ली। दुर्भाग्य से उन दिनों मीरजाफ़र के भाई मीर दाऊद राजमहल में फ़ौजदार थे। सिराज वेश बदले जहाज़ी बेड़े में थे। उन्हें दानाशाह नामक एक आदमी ने पहचान लिया। दानाशाह समाज विरोधी तत्त्वों से बना हुआ व्यक्ति था। सिराज ने समाज विरोधी आचरण के कारण दण्ड स्वरूप उसके नाक और कान कटवा दिये थे। वह राजमहल में फ़क़ीर का जीवन बिता रहा था। सिराज को पहचानते ही, उससे बदला लेने की भावना उसके मन में जगी। दानाशाह ने मीरदाऊद को सिराज के सम्बन्ध में सूचना दी। वह गिरफ़्तार हुआ। उसे मुर्शिदाबाद भेजा गया। लाखों रुपये की उसकी सम्पत्ति लूट ली गयी। उसको बचाने के लिए फ़ौजी टुकड़ी राजमहल पहुँची, पर उसके पहले ही मीर मुहम्मद ने उसे गिरफ़्तार कर मुर्शिदाबाद भेज दिया था। वहाँ मीरजाफ़र के बेटा मीरन ने सिराज की हत्या कर डाली। मीरन की क़ब्र राजमहल में आज भी उपलब्ध है। सन् 1760 में उसपर चम्पारण में बिजली गिरी जिसके फलस्वरूप उसका देहान्त हो गया। पलासी युद्ध के बाद अंग्रेज़ों की सत्ता इस क्षेत्र में स्थापित हो गयी। पर इस सत्ता के विरुद्ध पाँच वर्ष के अन्दर ही मीर कासिम ने विद्रोह किया। उसने अपनी सेना को काफ़ी सुदृढ़ किया। अंग्रेज़ों को कई स्थानों पर उसने पराजित भी किया। 5 सितम्बर, 1763 को राजमहल से 6 मील की दूरी पर उधुआ नाला में मीर कासिम और अंग्रेज़ों के बीच महत्त्वपूर्ण संघर्ष हुआ। इस संघर्ष का उल्लेख श्री ब्रोमो ने अपनी पुस्तक 'हिस्ट्री ऑफ़ दि राइज़ एंड प्रोग्रेस ऑफ़ दि बंगाल आर्मी' में किया है। मीर कासिम वहाँ इस स्थिति में था कि वह अंग्रेज़ों को पराजित करता। पर उसके एक सेनापति ने उसे धोखा दे दिया। मीर कासिम की वहाँ हार हो गयी। पर मीर कासिम इससे घबड़ाया नहीं। राजमहल से इलाहाबाद गया।

वहाँ जाकर उसने अंग्रेज़ी हुकूमत के विरोध में एक संघ स्थापित किया, जिसके सदस्य थे–मीर कासिम, अवध के नवाब वजीर शुजाउद्दौला और बादशाह आलम। इस संघ के नेतृत्व में अंग्रेज़ों से बिहार को राहत दिलवाने के लिए एक विशाल फ़ौज भेजी गयी। 23 अक्टूबर, 1764 को संघ की शक्ति को अंग्रेज़ों ने बक्सर में परास्त कर दिया। पलासी युद्ध के बाद अंग्रेज़ी सत्ता में जो कमी रह गयी थी, बक्सर की पराजय ने पूरी कर दी।

पहाड़िया-जाति का विद्रोह

सन्ताल परगना के सबसे प्राचीन निवासी पहाड़िया ही हैं। पहाड़िया की एक शाखा मलार है। मेगस्थनीज ने अपने यात्रा–वृतान्त में इस क्षेत्र के निवासियों का उल्लेख किया है और उनका नाम माली बताया है। मानवादियों ने माली को मलार के रूप **में दे**खा है। मलार को ही माली माना है। आज भी पहाड़िया जाति विशेष रूप से मिर्जाचौकी के स्टेशन से सकरीगली स्टेशन तथा महाराजपुर स्टेशन से बड़हरवा स्टेशन के बीच पर्वतों पर रहती है। पहाड़ की चोटियों पर उनकी बस्तियाँ बसी हुई हैं। राजमहल पहाड़ियों पर उसकी बस्तियाँ हमें दिखाई पड़ती हैं। गीता और पकौड़ अनुमण्डल में स्थित पर्वतमालाओं पर, घोर जंगल में भी उनकी कई बस्तियाँ हैं। पहाड़िया जाति का राज्य पहले इसी क्षेत्र में था। आर्यों के आने के पहले राजमहल, पकौड़, गोड्डा और दुमका अनुमण्डलों में उनका ही राज्य था। वे अनेक छोटे–छोटे राज्यों में बँटे थे; बारकोप, शकरूगढ़; लकडागढ़, अम्बर तथा सुल्तानाबाद आदि अनके विशेष उल्लेखनीय राज्य थे। प्राचीन काल से लेकर अकबर के समय तक वे किसी–न–किसी रूप में अपनी स्वतन्त्रता के लिए लड़ते थे। बाहरी शक्तियों को उन्होंने कभी भी शान्तिपूर्वक रहने नहीं दिया। यत्र–तत्र उनका विद्रोह होता रहा था। प्रमाण मिलता है कि उन्होंने कर्ण एवं मगध के राजा सहदेव के समय में भी विद्रोह किया था। उन्होंने शशांक का पहले विरोध किया था, पर जब वह उनके घर में हर्षवर्द्धन के भय से आया, तो उन्होंने उसका साथ दिया। शशांक ने पहाड़ियों की एक फ़ौज का निर्माण किया था; हर्षवर्द्धन ने उस पर अपना आधिपत्य जमाया, फिर भी पहाड़िया शान्तिपूर्वक नहीं रहे, विद्रोह करते रहे। अकबर के राज्य काल में उनका विद्रोह बहुत तीव्र हो गया था। उसके लिए मुग़ल हुकूमत अमान्य थी। अकबर ने पहाड़ियों का दमन करने के लिए बहुत बड़ी फ़ौज राजा टोडरमल के

नेतृत्व में सन्ताल परगना भेजी। पहाड़ियों ने उनका खुलकर विरोध किया। गुरिल्ला–युद्ध की प्रणाली से राजा टोडरमल को पहले तो उन्होंने पस्त पर दिया। राजा टोडरमल एक व्यावहारिक सेनापति थे। संघर्ष के बीच शान्ति और समझौते की नीति वे अपनाते थे। इस प्रकार वे अपनी सैनिक–शक्ति का भी संचय करते थे। पहाड़ियों ने समझा मुग़ल सेना हार गयी, इसलिए वे शान्ति और समझौता चाहते हैं। परन्तु ऐसी बात तो थी नहीं, जब पहाड़िया असावधान थे, उसी समय उन पर मुग़लों ने आक्रमण कर दिया और पहड़ियों की हार हो गयी। उनके तथाकथित विद्रोह का दमन हुआ। पर यह बात स्वीकार करनी ही पड़ती है कि सन्ताल परगना में पहाड़ियों ने नाम के लिए अकबर की अधीनता स्वीकार की थी, वास्तव में वे स्वतन्त्र थे। राजा मानसिंह जब बिहार आये और राजमहल में अपनी राजधानी बनाई, तब उनका ध्यान पहाड़ियों की ओर गया। पहाड़ियों पर अपना आधिपत्य ज़माने का कार्य उन्होंने कूटनीति से आरम्भ किया। मानसिंह ने देखा, अपनी शक्ति के साथ ही साथ उनकी बाहरी शक्तियाँ भी थी। बंगाल, उड़ीसा तथा छोटानागपुर में मुग़ल हुकूमतों के विरोध में यत्र–तत्र विद्रोह हो रहे थे। वे सभी विद्रोही पहाड़ियों की मदद करते थे और उन्हें विद्रोह करने की मन्त्रणा देते थे। मानसिंह ने पहले उन्हें विद्रोहियों का दमन करने का और पहाड़ियों से मेल–मिलाप का निश्चय किया। मानसिंह ने बंगाल, उड़ीसा तथा छोटानागपुर के विद्रोहियों का सफलतापूर्वक दमन किया। उनके दमन के बाद पहाड़ियों की ओर उनका ध्यान गया। पहाड़ियाँ सरदारों का उन्होंने अन्त किया। उनके राज्यों को ज़ब्त किया। कुछ समय तक बारकोप, मनिहारी, माँझघाटी, शकरूगढ़, अम्बर तथा सुल्तानाबाद में पहाड़िया सरदारों ने मुग़लसेना का सामना किया, पर वे हार गये। मानसिंह ने उनके राज्यों को अपने राज्य में नहीं मिलाया। प्रशासकीय ख़र्च उन पर काफ़ी था, आय नहीं के बराबर थी। वे राज्य एक प्रकार से मुग़लों के ऊपर भार–स्वरूप ही थे। इस कारण राजा मानसिह ने अपने सहयोगियों एवं मुग़ल राज्य के भक्तों के बीज उनका वितरण कर दिया। पहाड़िया सरदारों का दमन करने में खेतौरी सरदारों ने मानसिंह को सहयोग दिया था। इस कारण राजा मानसिंह ने बारकोप, मनिहारी, माँझवेघाट तथा शकरूगढ़ खतौरी सरदारों को दे दिया। पाकुड़ अनुमण्डल के अन्तर्गत स्थित अम्बर में पहाड़िया का बहुत बड़ा राज्य था। यह राज्य मानसिह ने एक कन्नौज ब्राह्मण को दे दिया।

सुन्दरवन के राजा प्रतापादित्य ने विद्रोह किया था। उसका दमन राजा मानसिंह ने उक्त ब्राह्मण के सहयोग से किया था। उनकी सेवाओं के लिए राजा मानसिंह ने पहाड़ियों से अम्बर राज्य लेकर उन्हें सौंपा। पहाड़ियों का एक दूसरा राज्य सुल्तानाबाद था, जो पाकुड अनुमण्डल में महेशपुर और पकुड़िया के बीच स्थित था। उस राज्य को मानसिंह ने अपने एक सहयोगी राजपूत को दिया।

पहाड़ियों को दबा तो दिया गया था, पर पहाड़ियों की ज़मीन पर इतिहास खेलता रहा। आज भी इतिहास वहाँ बिखरा हुआ है। इतिहासकारों को उनकी ज़मीन बुला रही है। तेलियागढ़ी और उधवानाला ये दोनों स्थान पहाड़ियों की ज़मीन पर स्थित हैं। इतिहास इन दोनों स्थानों से इस प्रकार लिपटा हुआ है कि बग़ैर उनका अध्ययन किये इतिहास की कई महत्त्वपूर्ण घटनाओं को हम समझ नहीं पायेंगे। पहाड़ियों की यह भूमि बहुत ही महत्त्व की है। मुग़ल सल्तनत जब भ्रातृ–युद्ध के कारण अशान्त थी, तब पहाड़िया स्वतन्त्र थे। औरंगज़ेब के समय पुनः उन पर मुग़लों का आधिपत्य था। बहादुर शाह के मरने पर जब देश में अराजकता फैली, तब वे पुनः स्वतन्त्र हो गये। मुग़लों के लिए पहाड़िया सरदर्द बने रहे। शासन में जब कमज़ोरी आती थी, तब वे स्वतन्त्र हो जाते थे। शक्तिशाली शासकों के समय भी वे नाममात्र इनके अधीन रहते थे। राजा मानसिंह के अतिरिक्त उन्हें किसी ने नहीं दबाया। मराठों ने सन् 1742 में राजमहल पर आक्रमण कर दिया। बंगाल को लूटा। मुग़ल हुकूमत की शक्तियों का अन्दाज़ पहाड़ियों को लग गया। राजा मानसिंह के समय अपनी खोयी हुई प्रतिष्ठा को पुनः प्राप्त करने के लिए वे प्रयत्नशील रहे। माँझबे घाट और लकड़ागढ़ उनका था। राजामानसिंह ने पहाड़ियों से इन राज्यों को दण्ड–स्वरूप ले लिया था और अपने मददगार खेतौरियों को दे दिया था। पहाड़ियों को इसका दुःख था, अतः उन्होंने मुग़ल राज्य के अराजकताकाल में मँझवे को अपने अधीन किया, खेतौरियों को उन्होंने मार भगाया। इतना ही नहीं लकड़ागढ़ के दुर्ग को नष्ट कर दिया। बारकोप, मनिहारी, अम्बर और सुलतानाबाद भी पहाड़ियों का ही था। पर इन राज्यों के राजा पहाड़ियों से सहानभूति रखते थे। उनके लूटपाट में साथ देते थे। कहा तो इतना जाता है कि मँझवे से खेतौरियों को मार भगाने के लिए इन क्षेत्रों के राजाओं ने पहाड़ियों को उसकाया था, उन्हें मदद भी दी थी। सुल्तानाबाद, जिसे महेशपुर राज्य भी कहा जाता है,

उसकी रानी सर्वेश्वरी देवी को सन् 1783 में क्रीवसैण्ड ने गद्दी से उतार दिया। रानी पर आरोप लगाया गया था कि रानी ने पहाड़ियों को लूट–पाट के लिए उकसाया है, उन्हें सहयोग दिया है। अंग्रेज़ों का ध्यान पहाडियों की ओर पलासी युद्ध के बाद ही चला गया था। वे समझते थे, जब तक पहाड़ियों पर नियन्त्रण नहीं रखा जायेगा, तब तक शान्ति नहीं रह सकती। सन् 1763 में उधवानाला में युद्ध हआ। इस युद्ध के बाद पहाड़ियों की भूमि पर अंग्रेज़ों का आधिपत्य हो गया। पहाड़ियों की ज़मीन चली गयी, परन्तु उन पर अंग्रेज़ों का आधिपत्य नहीं हुआ। वह स्वतन्त्र जाति इतनी आसानी से गुलाम नहीं बनायी जा सकती थी।

अंग्रेज़ों के सामने शासन का पहले प्रश्न नहीं था, उन्हें पैसा चाहिए था। उनका ध्यान पहले मालगुजारी की ओर गया। उन्हें अधिक से अधिक मालगुजारी चाहिए थी। अंग्रेज़ों ने 5 लाख की जगह 53 लाख वसूल किया। अंग्रेज़ों ने बेजा माँग एवं बेजा दबाव की नीति अपनायी थी। स्वयं लार्ड क्लाइव ने लिखा था, ''ऐसी अव्यवस्था, अराजकता, गड़बड़ी, रिश्वतखोरी, लूटखसोट और आचार भ्रष्टता बंगाल के अलावा किसी देश में देखी–सुनी न होगी और न ऐसे लूट–खसोट के उपायों से इतनी सम्पत्ति और धन जमा किया गया होगा। इन नौकरों ने ज़बर्दस्ती रुपया ऐंठा है। कम्पनी के नौकरों के कारनामे इतने पतित हैं कि हर भारतीय उनके नाम से नफ़रत करते हैं,'' कम्पनी के शासन ने इस क्षेत्र को बरबाद और कंगाल बना दिया था। लार्ड क्लाइव ने 30 सितम्बर, 1765 को कम्पनी के डाइरेक्टरों के नाम एक पत्र लिखा था–उसमें उसने स्वीकार किया था 'निर्दयता और अत्याचारों का जो सिलसिला कम्पनी के कर्मचारियों व उनकी आड़ में यूरोपीय एजेंटों व भारतीय उपएजेंटों ने शुरू किया है, वह इस देश में अंग्रेज़ों के नाम पर एक स्थायी कलंक रहेगा।' पहाड़ियों की भूमि बंगाल सूबे के अन्तर्गत आ गयी थी। ब्रिटिश पार्लमेंट के सदस्य विलियम फुलर्टन ने सन् 1787 में लिखा था–''पहले ज़माने में बंगाल के प्रदेश पूर्वी राष्ट्रों के अन्न के भण्डार और व्यापार के केन्द्र माने जाते थे। हमारे शासन के सुप्रबन्ध से 20 वर्षों में ही उनके बहुत से भाग उजाड़ दिखाई पड़ने लगे। खेत अब जोते–बोये नहीं जाते, बड़े–बड़े भूखण्डों पर अब जंगली झाड़ियाँ खड़ी हुई हैं, किसान लूटे जाते हैं, कारीगर सताये जाते हैं, अकाल का आगमन बार–बार होता है, जनसंख्या घटती जा रही है।''

पलासी युद्ध के बाद 9 सालों में बिहार–बंगाल से कम्पनी के नौकरों ने प्रायः 6 करोड़ रुपया भेंट, रिश्वत आदि के तौर पर लिया था। लार्ड क्लाइव ने कम्पनी के नौकरों की रवानगी भेंट की जाँच की थी और उनके विरोध में अपना प्रतिवेदन कम्पनी के डाइरेक्टरों के पास भेजा था। सन् 1770 में बंगाल–बिहार में भीषण दुर्भिक्ष पड़ा। तीन करोड़ की आबादी उन दिनों बंगाल–बिहार की थी। अनुमान लगाया जाता है कि उसमें एक करोड़ लोग मरे थे। पहाड़ियों की माली हालत पहले भी ख़राब थी, दुर्भिक्ष के कारण और भी ख़राब हो गयी थी। पेट के लिए वे लूट–पाट करने लगे। गाँव के गाँव वे लूट लेते थे। खेतों से फ़सल काट लेते थे, खलिहान को उजाड़ देते थे। इतना ही नहीं, किसानों के पशुओं को भी वे चुराकर ले भागते थे। संगठित ढंग से उनका विद्रोह आरम्भ हुआ। पहाड़ियों द्वारा लूट–पाट पूर्व में महेशपुर राज्य से खड़गपुर दक्षिण में गिद्धोर तर फैला हुआ था। लूट–पाट करने के लिए छोटे–छोटे राजा और ज़मींदार उन्हें उकसाते थे। उनसे किसान आतंकित हो गये। वे घर–बार को छोड़कर इधर–उधर भागने लगे। फल यह हुआ कि खेत उजाड़ हो गये। सन्ध्या के बाद कोई नाव लेकर नदी में नहीं जाता था। राजमहल और तेलियागढ़ी होकर डाक–कर्मचारी जाते थे, तब उन्हें पहाड़िया लूट लेते थे और मार डालते थे, कहा जाता है कि पहाड़ियों ने एक सप्ताह में 40 गाँवों को लूटा था। पहाड़िया पूर्णतः दोषी नहीं थे। क्लीवलैंड ने 1783 में लिखा था–'घाटवालों ने तथा ज़मींदारों ने पहाड़ियों को लूट–पाट करने के लिए उकसाया था। सुल्तानाबाद, राजशाही और वीरभूम के राजा लोग इन पहाड़ियों का एक–दूसरे का गाँव लूटने के लिए प्रयोग करते थे। हर व्यक्ति इस लूट–पाट से सम्बन्धित था, इसका फल यह होता था कि जो लूटे जाते थे, वे शिकायत भी नहीं कर सकते। वे फरियाद भी नहीं कर सकते थे।'

पहाड़ियों के इस लूट–पाट के सम्बन्ध में बनारस प्रमण्डल के जज ने सन् 1808 में कहा था–"ब्रिटिश प्रशासन के आरम्भ में वीरभूम और बागानपुर के बीच की ज़मीन अव्यवस्था की स्थिति में थी। सरकार और उसकी प्रजा के विरोध में पहाड़ियों ने विद्रोह किया था। भूमि के लोगों पर क्रूर आक्रमण होता था और वे जंगली जानवरों की भाँति जला दिये जाते थे।" यह बात सत्य है कि पहले अंग्रेज़ों ने पहाड़ियों की इस लूट–पाट की ओर ध्यान नहीं दिया। वे तटस्थ रहे। वे तो मानते थे–शान्ति व्यवस्था उनका काम नहीं है, उनका काम तो केवल लगान वसूल करना था।

प्रजा की सुरक्षा का भार उनके ऊपर नहीं था। यह दायित्व था मुग़ल हुकूमत का। पर लूट–पाट का प्रभाव लोगों की माली हालत पर पड़ने लगा। फल यह हुआ कि वसूली कम होने लगी। कम्पनी अर्थ–संकट में आ गयी। कम्पनी को अर्थ–सकट से बचाने के लिए वारेन हेस्टिंग्ज बिहार–बंगाल का गवर्नर बनाकर भेजा गया। उसने वस्तुस्थिति का अध्ययन किया। वह इस निष्कर्ष पर पहुँचा कि बग़ैर शान्ति–व्यवस्था के अर्थ–सकट से मुक्ति नहीं मिल सकती। शान्ति–व्यवस्था मुग़लों के हाथ में और लगान वसूली कम्पनी के हाथों में थी। द्वैध शासन के बीच मानव रह रहा था। उसने द्वैध शासन को ही अराजकता एवं अशान्ति का कारण माना। अतः उसने निश्चय किया कि द्वैध शासन का अन्त होना चाहिए। शान्ति–व्यवस्था भी कम्पनी के हाथों में रहनी चाहिए। वारेन हेस्टिंग्ज के सामने लक्ष्य था–ब्रिटिश राज्य को स्थापित करना। वह मानता था–जब तक ऐसा होगा, तब तक न तो देश में शान्ति स्थापित होगी और न तो मालगुजारी की वसूली ही होगी।

वारेन हेस्टिंग्ज ने आते ही विद्रोही पहाड़ियों की ओर ध्यान दिया। उसके सैनिक सलाहकार जेनरल बारकर थे। जेनरल बारकर ने गवर्नर को सलाह दी कि पहाड़ियों को दबाने के लिए विशेष सैनिक दल तैयार किया जाय। उसकी राय से सन् 1772 में 800 सैनिकों का एक दल तैयार किया गया और कप्तान ब्रुक के नेतृत्व में उसे पहाड़ियों के विद्रोह को दमन करने के लिए भेजा गया। कप्तान ब्रुक को जंगल तराई क्षेत्र का सैनिक गवर्नर बनाया गया। जंगल तराई का क्षेत्र बहुत बड़ा था। कर्नल रेनल्ड ने जंगल तराई का एक मानचित्र बनाया था। उसे देखने से मालूम होता है कि सन्ताल परगना का उत्तर अंश तथा मुंगेर और भागलपुर का दक्षिण अंश जंगल तराई में शामिल है। कप्तान ब्रुक ने यह आदेश निकाला कि विद्रोही आत्म–समर्पण करें। उसने विद्रोह को दबाने के लिए दमन का सहारा लिया। जो ज़मींदार लोग विद्रोहियों के साथ थे, उनपर भी नियन्त्रण रखने की उसने व्यवस्था की। कप्तान ब्रुक वारेन हेस्टिंग्ज के आदेशों को दृष्टि में रखकर दो वर्षों तक पहाड़ी क्षेत्रों में रहे। इन दो वर्षों में उन्हें काफ़ी सफलता मिली। पहाड़ियों के विद्रोह को दबाने में वे सफल हो गये थे। पहाड़ियों को लुटेरे–जीवन से कृषक बनने के लिए प्रेरणा दी थी। पर विद्रोह को दबाने में कप्तान ने जो नीति अपनायी थी, उसकी हम सराहना नहीं कर सकते। तिऊर के किले पर पहाड़ियों का अधिकार था, उसे अपने कब्जे में लाने के लिए कप्तान ने तोपों का प्रयोग किया।

अनेक पहाड़ियों को मारा, पर उन्हें किला नहीं मिला। उसे उन्हें ध्वस्त करना पड़ा पहाड़ी क्षेत्रों पर कप्तान ने जो विद्रोह–दमन के नाम पर अमानवीय काम किया था, वह कम्पनी के शासन पर कलंक के रूप में रहे। पर जितना वे दमन करते थे, उतना ही विद्रोह बढ़ता था। गोली और तोपों के सामने पहाड़िया लोग जमकर लड़ते नहीं थे, पर यत्र–तत्र विद्रोह करते थे। कप्तान ने देखा गोली और तोपों से पहाड़ियों को डराना आसान है, पर उन पर नियन्त्रण रखना आसान नहीं। अतः अपनी कठोर दमन–नीति में परिवर्तन किया। विद्रोहियों को गोली और तोपों से मार डालने के बदले, उन्हें वह गिरफ़्तार करने लगा। हज़ारों की संख्या में उसने पहाड़ियों को बन्दी बनाया। कप्तान ने उन्हें प्रेम से शान्त करने की चेष्टा की। बन्दियों के बाल–बच्चों एवं उनकी स्त्रियों के साथ उदारता और सहानुभूति का व्यवहार किया। इसका परिणाम अंग्रेज़ों के लिए अच्छा निकला। भोले–भाले पहाड़िया कम्पनी के चालाक एवं धूर्त अधिकारियों के फेर में आ गये। वे अंग्रेज़ों पर विश्वास करने लगे। अंग्रेज़ों ने पहाड़ियों को ज़मीन में रहने की प्रेरणा दी। उनका गाँव बसाया। केवल दो वर्ष में ही उन्होंने 283 गाँवों की स्थापना करायी। ये गाँव उधवा नाला और बारकाप के क्षेत्र में स्थापित किये गये थे। वारेन हेस्टिंग्ज ने सन् 1784 के दिसम्बर मास में डाइरेक्टरों के पास एक प्रतिवेदन दिया था। उस प्रतिवेदन में उसने स्वीकार किया था कि जंगली तराई में सैनिक व्यवस्था कायम कर एक ऐसे क्षेत्र को, जिसकी जानकारी नहीं थी, जहाँ जाना सम्भव नहीं था और जहाँ केवल डाकू ही रहा करते थे, प्रशासन के अधीन लाया गया है। वहाँ सभ्यतापूर्वक रहने की व्यवस्था कायम की गयी। आगे चलकर उस प्रतिवेदन में कहा गया था कि जहाँ उनकी लूट–पाट से मालगुजारी में कमी होती थी, वह कमी ही दूर नहीं हुई, उस क्षेत्र में मालगुजारी भी प्राप्त होने लगी। उसी प्रतिवेदन में उसने यह आशा व्यक्त की थी कि थोड़े और कार्य किए जायें तो इस क्षेत्र से मालगुजारी और अधिक प्राप्त हो सकती है। अंग्रेज़ प्रशासकों की दृष्टि में कप्तान ब्रुक राजमहल की पहाड़ियों के बीच सभ्यता के अग्रदूत माने गये थे।

वारेन हेस्टिंग्ज बिहार–बंगाल तथा उड़ीसा में द्वैध शासन का अन्त चाहता था। अपने उद्देश्यों में वह सफल हुआ। सन् 1773 में रेगुलेटिंग ऐक्ट पास हुआ। ब्रिटिश पार्लमेंट ने इस क़ानून को पारित कर द्वैध शासन का अन्त कर दिया। ब्रिटिश सत्ता स्थापित हुई। इन क्षेत्रों को ज़िलो में बाँटा गया।

हर ज़िले में एक कलक्टर रखे गये। पर जंगल तराई में कोई कलक्टर नहीं रखा गया। पूर्व की तरह इस क्षेत्र में सैनिक व्यवस्था चलती रही। कप्तान ब्रुक के बाद इस क्षेत्र के प्रशासक जेम्स ब्राउन हुए। सन् 1774 में वे अपने पद पर नियुक्त हुए और सन् 1778 तक जंगल तराई के प्रभारी सैनिक अधिकारी रहे। उनकी नीति वही रही, जो कप्तान ब्रुक की नीति थी। इन वर्षों को उसने भूमिज लोगों के विद्रोह को दबाने में लगाया लक्ष्मीपुर के जगन्नाथ देव के नेतृत्व में उनका विद्रोह हुआ था। पहाड़ियो लोगों ने भी विद्रोह किया था। अम्बर और सुल्तानाबाद में असन्तोष फैला हुआ था। उसने पहाड़ियों को शान्त रखने के लिए एक योजना बनायी। आगे चलकर उसी योजना को क्लीवलैंड ने कार्यरूप में परीक्षण किया। पहाड़ियों की अपनी व्यवस्था थी। वे विभिन्न परगनों में बँटे हुए थे और प्रत्येक परगना में एक सरदार रहता था। उसे सहयोग देने के लिये एक सहायक होता था–जिसे वे नायक कहते थे। प्रत्येक गाँव में उनका एक प्रमुख होता था–जिसे वे माँझी कहते थे। ब्राउन ने सरकार के सामने एक प्रस्ताव रखा कि सरकार उनके माँझी को गाँव के प्रमुख के रूप में स्वीकार कर ले और गाँव की शान्ति व्यवस्था बनाये रखने का दायित्व उसके ऊपर छोड़ दे। सरदार और माँझियों के द्वारा पहाड़ियों से अपना सम्पर्क स्थापित करे। सरकार ने ब्राउन की योजना को सन् 1778 में स्वीकृत कर लिया, पर एक वर्ष के ही अन्दर उन्हें अपना अधिकार क्लीवलैंड को सौपना पड़ा। आते ही पहाड़ियों के सम्बन्ध को लेकर क्लीवलैंड ने वारेन हेस्टिंग्ज से पत्र–व्यवहार आरम्भ किया। पहाड़ियों की सरलता एवं सत्यता से वह बहुत प्रभावित हुआ था। उसने स्वीकार किया–यह पहाड़िया स्वतन्त्र रहना चाहते हैं। उन्हें कोई बन्धन स्वीकार नहीं। उनके सद्गुणों पर क्लीवलैंड मुग्ध था। और उनके प्रति उसने उदारता की नीति अपनायी।

उसने सरकार के सामने 6 सूत्री कार्यक्रम रखा, जो इस प्रकार था–(1) प्रत्येक प्रमुख, जिनकी अनुमानित संख्या 400 थी, एक या अधिक व्यक्ति अपने यहाँ से तीरन्दाज़ सैनिक दल के लिए देगा। (2) प्रमुख 50 व्यक्ति को नियुक्त करेगा और उनके अच्छे चाल–चलन के लिए वह उत्तदायी होगा। (3) भागलपुर कलक्टर के निर्देशन में, केवल भागलपुर ज़िला में वह दल काम करेगा। (4) सरकार के दुश्मन पहाड़ियों के दुश्मन माने जायेंगे। जो सरकार के विरोध में विद्रोह करे, उनके विद्रोह को

दबाने में वह दल सरकार का साथ देगा। (5) प्रत्येक पहाड़ी प्रमुख को, जो दल के एक डिवीजन का नेतृत्व करते हैं, 5 रु. मासिक वेतन मिलेगा और उस दल के जो सदस्य होंगे उन्हें 3 रु. मासिक वेतन मिला करेगा। आचरण–हीनता प्रदर्शित करने पर उन्हें दण्ड देने की व्यवस्था की गयी। (6) इस दल के आदमियों की एक प्रकार की वेश–भूषा रहेगी। अपनी योजना को कार्यरूप में परिणत करने में क्लीवलैंड को 29,440 रुपये का अनुमानित व्यय होने की सम्भावना थी। वारेन हेस्टिंग्ज ने क्लीवलैंड की सैनिक निर्माण योजना को ख़र्च की दृष्टि से अस्वीकृत कर दिया। पर उसने क्लीवलैंड की योजनानुसार सरदार को 10 रु. मासिक और उसके नायब को 5 रु. मासिक देना स्वीकार किया। उत्तरीय पहाड़ियों के सरदारों ने इस योजना को स्वीकार किया, पर दक्षिण के पहाड़ियों ने इसे अस्वीकार कर दिया। कारण अम्बर और सुल्तानाबाद में यह योजना लागू नहीं की गयी थी। उन दिनों दोनों क्षेत्र राजाशाही ज़िला में पड़ते थे। क्लीवलैंड ने सरकार के सामने प्रस्ताव रखा कि इन दोनों परगनों को जंगल तराई क्षेत्र में मिला दिया जाय। यही हुआ। सन् 1782 में तीरन्दाज–सैनिक–दल की भी स्वीकृति मिल गयी। इस दल का नामांकन होने लगा। कुछ ही दिनों में 1300 आदमियों का यह दल संगठित हो गया। इस दल का प्रथम सेनानायक जुहार नामक एक व्यक्ति था, जो पहले डकैत था। उन्हें नियमित सैनिकों की तरह क़ायदा–क़ानून में रहना पड़ता था। क्लीवलैंड ने इसकी भी स्वीकृति ले ली कि पहाड़ियों के मुक़दमों की कार्यवाही सामान्य कोर्ट में न होकर उनके अपने ही कोर्ट में हुआ करे जिसका निर्णय उनका मुखिया ही किया करें। क्लीवलैंड का देहान्त 29 वर्ष की आयु में भागलपुर में हो गया। आज भी चिलमिली साहेब के नाम से वे पहाड़ियों के बीच याद किये जाते हैं। उन्होंने पहाड़ियों का रक्तपात नहीं किया, उन पर आतंक नहीं पैदा किया। उन्होंने केवल समझौता, सद्भावना एवं उदारता से काम लिया था। पहाड़ी क्षेत्रों में अंग्रेज़ी को जो सफलता मिली थी–उसका एकमात्र कारण था क्लीवलैंड का व्यक्तिगत व्यवहार और उनका प्रभाव। वे कभी भी उनके बीच हथियारबन्द नहीं गये। उन्हें वे अपने साथ दावत में खिलाते थे, पहाड़ी क्षेत्रों में उन्होंने नियमित ढंग से बाज़ार बसाया। उन्हें पहाड़ी से उत्तर कर ज़मीन पर आने को उत्साहित किया। उन्होंने उन्हें गेहूँ, जौ आदि का बीज दिया, उनसे खेती कराया। उन्हें इस बात का विश्वास दिलाया कि उन पर किसी प्रकार का कर नहीं लगेगा।

क्लीवलैंड के मरने के 40 वर्ष के बाद तक पहाड़ियों में उनकी नीति काम करती रही। बाद में उनके उत्तराधिकारियों में उत्साह की कमी होने के कारण उनकी उपेक्षा होने लगी। पहाड़ियों के प्रशासन के लिए अब्दुल रसूल खाँ नामक एक व्यक्ति नियुक्त किया गया। पर इस व्यक्ति ने अपनी शक्ति का समुचित उपयोग नहीं किया। वह अपने को प्रशासक मात्र मानता था। उसके अभद्र व्यवहार से पहाड़ियों में असन्तोष फैला. उनमें विद्रोह की भावना जगी। सरकार के सामने कई शिकायतें आयीं। वे वहाँ से हटाये गये। सन् 1818 में श्री सुन्दरलैंड पहाड़ी क्षेत्रों में पदस्थापित किये गये। उन्होंने पहाड़ियों की स्थिति की जाँच की और 1819 में एक प्रतिवेदन दिया, जिसे आज भी महत्त्वपूर्ण ऐतिहासिक गौरव प्राप्त है। उन्होंने सरकार के पास एक योजना दी, जिसके फलस्वरूप दामिन–इ–कोह की सीमा को परिभाषित किया गया। सन् 1837 में मिस्टर पोटेंट साहब दामिन–इ–कोह में अधीक्षक बनकर आये। पहले तो ब्रिटिश सरकार का यह प्रयास रहा कि पहाड़ियों का आपलोगों से सम्पर्क नहीं होने दिया। यह भावना फैलाई कि अन्य भारतीय तुम्हारे शोषक हैं, उनसे दूर रहो। अपने लोगों से उनका सम्बन्ध विच्छेद करा दिया। जब सन्ताल आकर इस ज़िले में बसने लगे, तब पोटेंट साहब ने पहाड़ियों को सन्तालों से अलग रखने की चेष्टा की। समय ने सन्तालों को व्यावहारिक बना दिया था, वे पहाड़ियों से अधिक संगठित थे, परिश्रमी थे–साहसी थे। वे मारना और मरना जानते थे। उनका जीवन सामूहिक था। पोटेंट नहीं चाहता कि सन्ताल और पहाड़ियों में सम्पर्क स्थापित हो। उसे भय था कि सन्तालों की देखा–देखी उनमें भी अपने अधिकार का ज्ञान–बोध होगा। उसने सन्तालों एवं पहाड़ियों को एक गाँव में बसने नहीं दिया। दोनों के बीच संघर्ष की स्थिति बनाये रखा। पोटेंट के न चाहने के बाद भी दामिन–इ–कोह में सन्तालों की संख्या में वृद्धि होने लगी। सन् 1790 और 1810 के बीच सन्ताल वीरभूम से आने लगे थे और दामिन–इ–कोह में बस्ती बसाकर रहने लगे थे। उन्होंने जंगल साफ़ किया, जंगली जानवरों को भगाया, घरों का निर्माण किया और इस प्रकार बस्तियाँ बसायी। सन् 1836 तक उन्होंने दामिन–इ–कोह में 429 गाँव बसा लिया था। सरकार एवं सरकार के अधिकारी सन्तालों के साथ उस उदारता से पेश न आये, जो पहाड़ियों के प्रति प्रदर्शित की गयी थी। फलस्वरूप सन्तालों का शोषण सरकार ने किया, उनके अमलों ने किया और सरकार के समर्थक महाजनों ने किया।

शोषण की प्रतिक्रिया क्रान्ति होती है। क्रान्ति का जन्म शोषण के गर्भ से होता है। सन्ताल यह मानने लगे थे कि उसका जो शोषण होता है, वह सब सरकार के ही कारण है। अतः उस सरकार से उन्हें मुक्ति चाहिए। उसी मुक्ति के लिए उन्होंने क्रान्ति की, जिसे 'सन्ताल हुल' कहा गया–'सन्ताल विद्रोह' कहा गया। पर मेरी दृष्टि में भारत से अंग्रेज़ों को भागने का यह प्रथम जन–आन्दोलन था।

नोट– एक स्थापना यह भी है कि क्लीवलैंड की मृत्यु बीमारी से नहीं, बल्कि तिलका माँझी ने भागलपुर में उसे अपने तीरों से बेध दिया था। (सं.)

प्रथम स्वतन्त्रता-संग्राम

16वीं शताब्दी का आरम्भ था। देश में अराजकता फैली हुई थी। बाहरी शक्तियाँ उससे लाभ उठा रही थीं। पुर्तगाली भारत में आ चुके थे। समय–सागर को चीरते हुए उनके वैभव की कथा इंग्लैंड पहुँच रही थी। सन् 1578 में सर फ्रांसिस ड्रेक को होप अन्तरीप के रास्ते के पता लग चुका था। सन् 1599 में इंग्लैंड के कुछ व्यापारियों और लुहारों ने एक संघ बनाया था। उन्होंने पूर्व में व्यापार करने के लिए 34,333 पौण्ड जमा किया। इस प्रकार ईस्ट इंडिया कम्पनी की स्थापना हुई। सन् 1600 में इस कम्पनी को महारानी एलिज़ाबेथ से पूर्व में व्यापार करने के लिए एक अधिकार पत्र मिला। सन् 1608 में कप्तान हेंकिस भारत में आया था। वह भारत सरकार के नाम इंग्लैंड के बादशाह जेम्स प्रथम का पत्र लेकर आया था। उन दिनों जहाँगीर भारत का बादशाह था। परिस्थिति अंग्रेज़ों के अनुकूल थी। नूरजहाँ की निगाहों से डच और पुर्तगाली गिर चुके थे। अतः मुग़ल दरबार में अंग्रेज़ों का स्वागत किया गया। राजदूत बनकर मुग़ल दरबार में एक अंग्रेज़ रहने भी लगा। 10–12 वर्षों के अन्दर भारत के विभिन्न अंचलों में कई अंग्रेज़ी कारख़ाने स्थापित किये गये। उनका मुख्य केन्द्र सूरत था। सूरत में स्थापित केन्द्र ने 1 जनवरी, 1620 को निश्चय किया कि बिहार प्रदेश में एक कारख़ाना खोला जाय। इस उद्देश्य से प्रेरित होकर पहला अंग्रेज़ राबर्ट ह्यूग्म 5 जुलाई, 1620 को पटना पहुँचा। पटना उस समय पूर्व की सबसे बड़ी व्यापारिक मण्डी था। कपड़ा, चीनी, शोरे और अफीम, मुश्क, खाल, जड़ी–बूटी आदि के लिए पटना में एक बहुत बड़ी मण्डी थी। यह अंग्रेज़ों का आकर्षण–केन्द्र बना हुआ था। यातायात की असुविधा के कारण सन् 1650 के पूर्व अंग्रेज़ों की फैक्टरियाँ न खुली, पर सन् 1651 के बाद बिहार में कई अंग्रेज़ी फैक्टरियाँ खुलीं।

इंग्लैंड में बारूद का आविष्कार हो चुका था। बारूद के लिए शोरा चाहिए था। शोरे की माँग वहाँ बढ़ रही थी। पहले ईस्ट इंडिया कम्पनी मसुलीपट्टम का शोरा इंग्लैंड भेजती थी। पर सन् 1670 में पटना के सस्ते शोरे का ठीका लिया। पटने से भी शोरा विलायत भेजा जाने लगा। शाहजहाँ के समय शुजा बंगाल–बिहार का गवर्नर था। अंग्रेज़ों ने उसे धोखा देकर अंग्रेज़ों से माल पर अलग–अलग चुंगी लेने के बदले साल में एक मुश्त 3,000 रुपये की रकम लेनी ठहरा ली थी। अंग्रेज़ों का व्यापार तेज़ी से बढ़ता जा रहा था। निर्धारित रकम बहुत ही कम थी। बिहार के गवर्नर सूबेदार शाइस्ता ख़ाँ ने अंग्रेज़ों के माल पर बाक़ायदा $3\frac{1}{2}$ रु. सौकड़ा चुंगी बैठा दी। अंग्रेज़ व्यापारियों ने विरोध किया। पटना में कुछ देशी लोगों की दुकानें अंग्रेज़ों ने लूट ली। सूबेदार शाइस्ता ख़ाँ ने विद्रोह को दबाने के लिए पटना की कोठी के प्रमुख मिस्टर पीकॉक को पकडकर क़ैदखाने में डाल दिया तथा फिरंगी व्यापारियों का शोरा पटना से भेजना बन्द कर दिया। अंग्रेज़ जहाँ–तहाँ मुग़ल जहाज़ों पर डकैती करते रहे। शाइस्ता ख़ाँ ने बिहार–बंगाल में अंग्रेज़ों की सब सम्पति ज़ब्त करने और कम्पनी के नौकरों को जेल में डालने का हुक्म जारी किया। बाद में अंग्रेज़ व्यापारियों ने हर्जाना देकर पटना और बिहार में व्यापार करने की फिर से इजाज़त पायी।

औरंगज़ेब के देहान्त के बाद मुग़ल साम्राज्य का क्षय आरम्भ हो गया था। अंग्रेज़ों ने मुग़लों की कमज़ोरी से फ़ायदा उठाया। धोखा, जालसाज़ी का उन्होंने सहारा लिया। दमन और शोषण का उनका चक्र चला। लोगों में विद्रोह की भावना आयी। इसी बीच सन् 1756 में 19 वर्षीय युवक सिराजुद्दौला बंगाल–बिहार का शासक बना। उसने अंग्रेज़ों को पराजित किया। पर उसके भाग्य में सफलता नहीं लिखी थी। अंग्रेज़ों ने बंगाल–बिहार में जो फूट का बीज बोया था, जो देशद्रोह की भावना भरी थी, उनके सामने वीरता और साहस से कुछ नहीं हो सका। नवाब की फ़ौज निर्णयात्मक हमला करने जा रही थी, पर सेनापति मीरजाफ़र ने ऐन मौक़े पर धोखा दिया। इसका फल यह हुआ कि 23 जून, 1757 को विजयश्री अंग्रेज़ों को मिली। बिहार में उनकी राज्य–सत्ता स्थापित हुई। पर इस सत्ता के विरुद्ध पाँच वर्षों के अन्दर ही मीर कासिम ने विद्रोह किया। उसने अपनी सेना को काफ़ी सुसज्जित किया था। नये ढंग की उसने बन्दूकें बनवाई थीं। लोगों का अनुमान था कि उसकी बन्दूकें विलायती बन्दूकों से अच्छी थीं।

उसने पटने से अंग्रेज़ों को मार भगाया और उस पर अपना आधिपत्य स्थापित किया। पर उसके एक सिपाही ने धोखा दिया। उसने गुप्त घाट का पता अंग्रेज़ों को दे दिया। अंग्रेज़ों ने उस पर हमला तब किया, जब वह गहरी नींद में था। वह प्राण लेकर मुंगेर भागा। मीर कासिम ने इलाहाबाद में जाकर अंग्रेज़ी हुकूमत के विरोध में एक संघ कायम किया, जिसके सदस्य थे–मीर कासिम, अवध के नवाब और बादशाह आलम। इस संघ के नेतृत्व में अग्रेजों से बिहारसंघ को राहत दिलवाने के लिए फ़ौज भेजी गयी। 23 अक्टूबर 1764 को संघ की सारी शक्ति को अंग्रेज़ों ने बक्सर में पराजित कर दिया। पलासी युद्ध के बाद अंग्रेज़ी सत्ता में जो कमी रह गयी थी, बक्सर की पराजय ने उसे पूरी कर दी।

बक्सर की पराजय के बाद अंग्रेज़ों ने शोषण करना प्रारम्भ किया। अंग्रेज़ शासक पहले व्यापारी थे। उन्होंने हमारे अर्थ से खेला, हमारा काफ़ी रक्त चूसा। धरती के लाल रोटी के लिए बेहाल हो उठे। इतिहासकार रेमजे क्योर ने अपनी पुस्तक 'दि मेंकिग ऑफ़ ब्रिटिश इंडिया' में कहा है–'बंगाल–बिहार का सूबा उन दिनों (1756) संसार के सबसे अधिक उपजाऊ सूबों में समझा जाता था। इसकी भूमि मिस्र देश से भी अधिक उपजाऊ मानी जाती थी।'' पर 20 वर्ष के बाद सन् 1777 में विलियम फुलर्टन ने, जो ब्रिटिश पार्लियामेण्ट के एक सदस्य थे, बंगाल की दशा का वर्णन करते हुए लिखा था–''पहले ज़माने में बंगाल के प्रदेश पूर्व राष्ट्रों के अन्न के भण्डार और व्यापार के केन्द्र माने जाते थे। हमारे शासन के कुप्रबन्ध के 20 वर्षों में ही उनके बहुत से भाग उजाड़ दिखाई पड़ने लगे। खेत अब जोते–बोये नहीं जाते, बड़े–बड़े भूखण्डों पर अब जंगली झाड़ियाँ खड़ी हुई हैं, किसान लूटे जाते हैं, कारीगर सताये जाते हैं, अकाल का आगमन बार–बार होता है, जनसंख्या घटती जा रही है।'' इस शोषण से बिहार में सर्वत्र असन्तोष फैल रहा था। जब भी अवसर मिलता था, विद्रोह आरम्भ हो जाता था। बनारस के राजा चेतसिंह ने जब विद्रोह किया, बिहार के ज़मींदारों ने उनका साथ दिया। अवध के नवाब वजीर अली ने जब अंग्रेज़ी सत्ता के विरुद्ध एक षड्यन्त्र रचा, तब टेबरी के राजा मित्रजीत सिंह भी उनके साथ थे।

वास्तविक बात तो यह है कि सिपाही–विद्रोह के पूर्व बिहार में अंग्रेज़ी हुकूमत के विरुद्ध विद्रोह आरम्भ हो गया था। अनेक लोगों ने बग़ावत के झण्डे फहराये थे। उनमें बहुतों के नाम का भी पता नहीं है।

उन दिनों पत्र–पत्रिकाओं का भी अभाव था। इस कारण उनकी जानकारी नहीं है। अंग्रेज़ों ने उनकी उपेक्षा की। उनके प्रयासों से किसी सार्वजनिक रेकार्ड या पुस्तक में वे नहीं आ सके। स्वतन्त्रता संघर्ष का इतिहास लिखा जा रहा है। पर हमें यह स्वीकार करते हुए संकोच नहीं है कि अभी तक हम उनके कीर्ति कलाप से वंचित है। उनमें सन्ताल विद्रोह का बहुत महत्त्व है। अंग्रेज़ों के लगभग एक वर्ष के शोषण और उत्पीड़न के प्रभाव स्वरूप यह विद्रोह हुआ था।

सन्ताल विद्रोह 30 जून, 1855 को आरम्भ हुआ था। भारतीय इतिहास में 8 अगस्त, 1942 का जो महत्त्व है, वही महत्त्व 30 जून, 1855 का है। 8 अगस्त, 1942 को अखिल भारतीय कांग्रेस की एक बैठक बम्बई में हुई थी, उस सभा में एक प्रस्ताव पास किया गया था और उस प्रस्ताव द्वारा अंग्रेज़ों से आग्रह किया गया था कि वे भारत छोड़ कर चले जायें। महात्मा गाँधी ने उक्त सभा में 70 मिनट तक भाषण किया था एवं अपने भाषण के क्रम में बापू ने 'करो या मरो' का मन्त्र दिया था। ठीक उसी प्रकार का संकल्प बिहार राज्य में सन्ताल परगने ज़िले के अन्तर्गत राजमहल क्षेत्र के भगनाडीह गाँ में 30 जून, 1855 को दस हज़ार सन्तालों के बीच सन्ताल नेता सिदो ने एक प्रस्ताव द्वारा यह घोषित किया था कि अंग्रेज़ उनकी भूमि को छोड़ दें। समवेत स्वर में प्रस्ताव स्वीकृत होने पर सिदो ने उसी समय कीर्ता, भादो एवं पुता माँझियों के द्वारा भागलपुर कमिश्नर के पास एक घोषणा पत्र भेजा और उसमें उन्होंने कहा कि '15 दिन के भीतर अंग्रेज़ सन्तालों की भूमि से हट जायें और शान्तिपूर्ण तरीक़े से सन्तालों को सन्तालों की ज़मीन पर शासन करने दें।' कम्पनी के अधिकरियों से तथा बड़े लाट से स्वयं मिलने का उन्होंने निश्चय किया। साथ ही साथ अपने साथियों को 'करो या मरो' का मन्त्र दिया। महात्मा गाँधी से 87 वर्ष 1 महीना 10 दिन पूर्व सन्ताल नेता सिदो ने अंग्रेज़ों से अपनी धरती छोड़ने का कहा था। साथ ही साथ उन्होंने अंग्रेज़ों से अपनी धरती से हटाने लिए 'करो या मरो' का महामन्त्र अपने लोगों को दिया था। मुझे यह कहना पड़ता है कि 30 जून, 1855 का वही ऐतिहासिक महत्त्व होना चाहिए, जो महत्त्व हम 8 अगस्त, 1942 के देते हैं। स्वतन्त्रता संग्राम के सेनानी सिदो के नेतृत्व में जो स्वतन्त्रता संग्राम हुआ, उसे अंग्रेज़ों ने 'सन्ताल हुल' या 'सन्ताल विद्रोह' कहा। कुछ अंग्रेज़ों ने तो यहाँ तक लिख दिया है कि वह विद्रोह अंग्रेज़ी हुकूमत के विरोध में नहीं था, वह तो महाजनों के ख़िलाफ़ था।

अंग्रेज़ इतिहास लेखकों ने जब सिपाही विद्रोह को देशी राजाओं द्वारा सिपाहियों का बहकावा मात्र माना था, तब उनके लिए सन्ताल विद्रोह को महाजनों के प्रति विद्रोह मान लेना कोई आश्चर्यजनक बात नहीं है, आश्चर्यजनक बात तो यह है कि भारतीय इतिहास लेखकों का ध्यान इस घटना की ओर गया ही नहीं, जबकि हम देखते हैं, कार्ल मार्क्स ने अपनी पुस्तक 'नोट्स ऑफ़ इंडिया हिस्ट्री' में इसका उल्लेख किया है। उनकी दृष्टि में 'सन्ताल विद्रोह' भारत की पहली जन–क्रान्ति थी। कार्ल मार्क्स से मैं सहमत हूँ। भारत में 'सन्ताल–विद्रोह' प्रथम जनक्रान्ति थी। जनता पर क्रान्ति लादी नहीं गयी थी, जनता स्वयं क्रान्ति करने को उत्तेजित थी, एक भी नेता मध्य वर्ग से या उच्च वर्ग से नहीं आया था। जनता में से नेता उभरे था। खेद की बात है, स्वतन्त्र हुए हमें 17 वर्ष हो गये, फिर भी इतिहासकारों द्वारा तथाकथित सन्ताल विद्रोह का समुचित मूल्यांकन नहीं हो सका है। सिदो ने अंग्रेज़ों को भारत छोड़ने के लिए कहा भर ही नहीं था। उन्होंने स्वतन्त्र देश की प्रथम सरकार कायम की थी, अपनी शासन–नीति को उसने निर्धारित किया था, उन्होंने कर लगाने का तथा उसे वसूल करने के नियम बनाये थे।

सिदो ने आज़ादी की जो आग सुलगाई थी, अंग्रेज़ प्रशासकों ने सिदो को फाँसी देकर यह सन्तोष कर लिया कि वे उस आग को बुझाने में सफल रहे, पर वह आग बुझी नहीं, वह तो जलती रही, तब तक जब तक ब्रिटिश राज्य भारत में रहा। दो वर्ष के ही बाद पूरे देश में सिपाही–विद्रोह के रूप में वह आग भड़क उठी। बाल, पाल, लाल ने उसे एक बार फिर भड़काया, वहीं सिदो की आग गाँधी के रूप में धधक उठी, और उसका परिणाम क्या हुआ, वह हम सबों के सामने है। यह सच है कि सिदो की अर्चना तो दूर रही उनकी चर्चा भी नहीं हुई। पर इससे सिदो की महानता कम नहीं हुई। वे तो उसी परम्परा में आते हैं, जिस परम्परा में हम अपने राष्ट्रीय नेताओं को रखते आये हैं।

अंग्रेज़ इतिहासकारों के अनुसार सन्ताल विद्रोह का एकमात्र कारण था–महाजनों का अत्याचार। यह सत्य है–महाजनों ने सन्तालों को लूटा था, उन पर उनका जुल्म हुआ था, उनसे सन्तालों को असन्तोष था। पर सभी महाजनों के वे विरोधी नहीं थे। बहुत से महाजन उनके साथ थे। उग्र सन्ताल चाहते थे–सभी महाजनों को ख़त्म कर दिया जाय। उन्होंने इस सम्बन्ध में 30 जून, 1855 वाले अधिवेशन में एक प्रस्ताव भी लाया था:

महान सन्ताल नेता–सिदो

पर बहुमत से वह प्रस्ताव गिर गया। उन्हीं महाजनों के वे ख़िलाफ़ थे जो अंग्रेज़ों के मददगार थे और उनकी ओर से वे सन्तालों से गल्ला ख़रीद करते थे। सन्ताल परगना से काफ़ी सरसों उन दिनों विलायत भेजी गयी थी। कुछ ऐसे भी महाजन थे, जिनके माध्यम से सिदो ने वीर कुँअर सिंह से सम्पर्क स्थापित किया था। महाजनों ने काफ़ी धन देकर सिदो की मदद की थी। अतः यह कहना कि 'सन्ताल–विद्रोह' महाजनों के जुल्म के कारण था, तर्कसंगत एवं युक्तिसंगत नहीं है।

सन्ताल–विद्रोह के कई कारण थे, जिनको प्रकाश में लाया ही नहीं गया। सन्ताल परगना में सन्तालों ने जंगल साफ़ कर खेत बनाया था। धरती उनकी थी। वे उसको अपनी माँ मानते थे। सन्तालों ने सन् 1851 ई. तक सन्ताल परगना ज़िले में 1473 गाँव बसा लिये थे। काफ़ी ज़मीन को खेती के योग्य उन्होंने बनाया था। सरकार उन ज़मीनों पर मालगुजारी बाँधने लगी थी। मालगुजारी में काफ़ी वृद्धि होने लगी थी।

सन् 1836–37 में सन्तालों से मालगुजारी के रूप में 2,617 रुपये वसूल किये गये थे, वहीं सन् 1854–55 में उनसे 58,033 रुपये वसूल किये गये। सन्तालों में यह भावना जगी, जंगल साफ़ कर खेतों का निर्माण उन्होंने किया, फिर वे मालगुजारी क्यों दें? सरकार ने सन्तालों से मालगुजारी वसूल करने के लिए कुछ तहसीलदार बहाल किये थे। वे मालगुजारी वसूल तो करते ही थे, साथ–साथ अवैध रूप से अपने लिए भी वसूल करते थे। सन्ताल–विद्रोह का दूसरी कारण था–न्याय बहुत महँगा था और सन्तालों को न्याय मिल नहीं पाता था। न्यायपति भागलपुर, वीरभूम और ब्रह्मपुर में रहते थे। सन्तालों का कचहरी तक पहुँचना बहुत कठिन था। समीप के हाकिम थाना के दारोगा थे। उनसे न्याय पाना आसान नहीं था।

सन्ताल–विद्रोह का एक और भी महत्त्वपूर्ण कारण था–अंग्रेज़ नीलहा। तब तक रंगों का आविष्कार नहीं हुआ था। यूरोप में नील से रंग बना करता था। नील की खेती से किसानों को भी लाभ था, अंग्रेज़ नीलहों को भी। यही कारण था कि सन् 1829 में राजा राममोहन राय ने यह माना था कि नील की खेती लाभप्रद है। आरम्भ में अंग्रेज़ नीलहों ने सन्तालों को नील की खेती करने के लिए उत्साह दिया। उन्हें पहले कुछ लाभ मालूम हुआ, पर बाद में नीलहो ने सन्तालों का इतना शोषण किया कि वे उनसे तंग आ गये। नीलहों द्वारा किये गये अत्याचार की कहानियाँ श्री योगेशचन्द्र बागला ने 'समाचार चन्द्रिका' और 'समाचार–दर्पण' में दी थीं। श्री अक्षय कुमार दत्त ने भी 'तत्त्वबोधिनी' पत्रिका में अंग्रेज़ नीलहों के अत्याचार के सम्बन्ध में लिखा था। सन्ताल परगना के दुमका सबडिवीजन में कोराया तथा आसनबनी में नीलहों की भारी कोठियाँ स्थापित हो चुकी थीं। साहबगंज और राजमहल के इलाक़ों में भी नीलहों की भारी कोठियाँ खुल चुकी थीं। प्यालापुर, बलबत्ता, डकैता तथा गौडा में भी उन्होंने कोठियाँ स्थापित की थीं। नीलहे सन्तालों का शोषण करते थे। पर सरकार के यहाँ कुछ सुनवाई नहीं होती थी। अन्त में लाचार होकर सन्तालों ने नीलहों के विरुद्ध 25 जुलाई, 1855 के एक घोषणा–पत्र तैयार किया। घोषणा–पत्र की भाषा सन्ताली थी; पर उसकी लिपि कैथी हिन्दी थी।

उन्हीं दिनों अंग्रेज़ सरकार ने राजमहल के पास रेल लाइन बनवाना शुरू किया था। अंग्रेज़ ठीकेदारों को काम दिया गया था। सन्ताल स्त्री–पुरुष उसमें मज़दूरी करने जाते थे। अंग्रेज़ों द्वारा उनका धर्म लूटा जाता था। सन्ताल सब कुछ सह सकता है, पर अपनी बालिकाओं का

शील अपहरण नहीं सह सकता। उस समय कलकत्ता में 'संवाद प्रभाकर' नामक बंगला का एक दैनिक पत्र निकलता था। उसके बंगला संवत् 1262 साल, तिथि 16 श्रावण–मंगलवार के अंक में समाचार निकला था–

"ज़िला भागलपुर और वीरभूम के अन्तर्गत सर्वत्र पहाड़ों में असंख्य सन्ताल नामक बनवासी जाति वास करती है। अति अल्प समय में राजमहल के पास रास्ता (रेलवे लाइन) बनाने वाले साहबों ने वनवासियों की तीन स्त्रियों का बलपूर्वक अपहरण कर लिया था। इस पर बहुत से सन्ताल एकत्रित हुए और साहबों पर आक्रमण किया। तीन अंग्रेज़ों को मार डाला और स्त्रियों का उद्धार कर लिया। इस पर और–और स्थानों के रास्ते बनवाने वाले अंग्रेज़ भय के मारे अपना अपना स्थान त्याग कर इधर–उधर भाग गये।

जिस 'संवाद–प्रभाकर' में यह समाचार प्रकाशित हुआ था, वह अंक आज भी दुमका के निकटवर्ती सूरी की रतन लाइब्रेरी में सुरक्षित है। खेतौरी वंश के लोगों की ज़मींदारी सन्ताल परगने में थी। जंगल तराई और बेलपत्ता स्टेट के वे मालिक थे। अंग्रेज़ों के शासन में वे भी ऊब गये थे। पर उनमें इतनी शक्ति नहीं थी कि वे अंग्रेज़ों से लोहा ले सकें। वे खुल कर आते भी नहीं थे। सन्तालों को उन्होंने बहकाया। सन्ताल परगना ज़िले में स्थित लछिमपुर के खेतौरी राजा वीर सिंह ने सन् 1854 में सन्तालों को सन्ताल राज कायम करने को उत्तेजित किया। उस समय सन्तालों के नेता थे–वीर सिंह माँझी; सिदरी के कोलाह परमाणिक और हथभगा के डोमा माँझी आदि। वीरभूम के राजा ठाकुर ने भी सन्तालों को जन–आन्दोलन के लिए प्रेरणा दी।

सन्तालों का जन आन्दोलन इसी पृष्ठभूमि में आरम्भ हुआ। सन् 1855 की जनवरी में बीच से एक नेता उभर कर आया। उसका नाम था–सिदो। भोगनाडीह के चन्नु माँझी का ज्येष्ठ बेटा था। चन्नु माँझी चार बेटों का बाप था। सिदो, कानू, चाँद, एवं भैरव–ये उनके चार लड़के थे। चारों साहसी और बहादुर थे। सिदो का व्यक्तित्त्व बहुत आकर्षक था। 6 फ़ीट के लम्बे थे। उनकी भुजाएँ विशाल थीं। वे धुन के पक्के थे। उनका सन्तालों पर ही प्रभाव नहीं था, उनके व्यक्तित्त्व से चमार, कुम्हार, लोहार, डोम एवं मोमिन भी प्रभावित थे। वे व्यावहारिक व्यक्ति थे। वे ऐसा मानते थे–जन–आन्दोलन केवल सन्ताल नहीं चला सकते। जन–आन्दोलन के लिए सभी वर्ग का सहयोग उन्हें चाहिए था। यही कारण था–सिदो सभी

वर्ग से सम्पर्क रखते थे। लोहारी ने उन्हें कुठार, टागी, एवं अस्त्र–शस्त्र बनाकर दिया था। चमारों ने उस अवसर पर बड़े–बड़े नगाड़ों को बनाया था। भागलपुर प्रमण्डल के कमिश्नर ने 28 जुलाई, सन् 1855 को अपने पत्र में स्वीकार किया था कि सन्ताल विद्रोह में लोहार, चमार, ग्वाला, तेली आदि जाति के लोगों का सहयोग सिदो को प्राप्त था।

सन्ताल जाति जिस समय उत्तेजित थी, उसी समय सिदो को सन्तालों के बड़े देवता 'मरांग बुरु' ने एक सप्ताह में सात बार भिन्न–भिन्न रूपों में दर्शन दिये। प्रथम बार मेघ के रूप में, फिर अग्नि के रूप में, तदनन्तर टोपी पहने कुहासा से भरे हुए मानव के समान, फिर प्रचण्ड सूर्य किरण की छाया के रूप में, फिर भूगर्भ से निकली छाया के रूप में तथा अन्त में धोती पहने सन्ताल के रूप में मरांग बुरु का दर्शन सिदो ने किया। अन्तिम दर्शन में 'मरांग बुरु' ने सिदो को एक ग्रन्थ दिया, जिसमें कुछ लिखा हुआ नहीं था। उस ग्रन्थ को देते हुए सिदो से कहा–'तुम स्वतन्त्रता के संदेश को देश के कोने–कोने में फैला दो, ताकि लोग आने वाले संकट के लिए तैयार रहें और सन्ताल पहले की तरह स्वतन्त्र हो सकें।' इतना ही नहीं, देवता ने उन्हें आदेश दिया कि 'तुम सन्तालों का राज्य कायम करो। कम्पनी राज्य के ख़त्म करो। अंग्रेज़ों, ठेकेदारों, नीलहों और उन देशद्रोहियों से बदला लो, जो अंग्रेज़ी सल्तनत कायम होने में अंग्रेज़ों के मददगार हैं। स्वयं तुम राजस्व वसूल करो, भैंसों के हल पर दो आना, बैलों के हल पर एक आना सालाना कर वसूल करो। अगर कोई महाजन या दारोगा इस क़ानून का विरोध करे, तो वह देश का दुश्मन समझ जाय और देश के नाम पर उसका वध कर दिया जाय।'

सिदो को केवल 'मरांग बुरु' का ही दर्शन नहीं हुआ था। उन्हें एक दिन जंगल में घूमते हुए, दूध के समान साफ़ कपड़ा पहने हुए एक स्त्री का दर्शन हुआ। उस स्त्री ने सिदो को कहा–'मैं तुमको सन्तालों का राजा नियुक्त करती हूँ। तुम जाकर सन्तालों के दुःख को दूर करो। अब सन्तालों के ऊपर कोई सरकार, राजा, या महाराजा, या ज़मींदार या महाजन आदि कुछ नहीं रहा। तुम्हीं सन्तालों के सब कुछ हो।' बताया जाता है कि सिदो को इतना आदेश देकर वह स्त्री अन्तर्धान हो गयी। सन्तालों की सबसे बड़ी देवी 'जोहेरा–ऐरा' है। जिस देवी ने सिदो से मिलकार उसे आदेश दिया था, वह जाहेरा–ऐरा ही थी।

सिदो ने 'मरांग बुरु' और जोहेरा–ऐरा के आदेश पहले अपने तीन भाइयों–कानू, चाँद, और भैरव को सुनाया। बाद में सभी सन्तालों को सन्देश दिया गया। शाल की टहनी के द्वारा पूरे सन्ताल क्षेत्र में सन्तालों को एकत्र होने की सूचना दी गयी। 30 जून, 1855 को भोगनाडीह में सिदो के दर्शन के लिए दस हज़ार सन्ताल आये। सिदो ने मरांग–बुरु और 'जोहेर–ऐरा' के सन्देश और आदेशों को सन्तालों को सुनाया। उन्होंने 'मरांग बुरु' के चरणों के चिह्न भी, जो उनके निवास स्थान के चबूतरे पर उगे थे; सन्तालों को दिखाया। सन्तालों ने खुली सभा में सिदो को अपना राजा घोषित किया। उन्होंने सन्ताल राज्य की स्थापना की। कानू को सभा ने राजा सिदो के सलाहकार के रूप में नियुक्त किया। उसे भी राजा की ही उपाधि दी। चाँद को प्रशासक और भैरव को सन्ताल राज्य का सेनापति बनाया गया। सन्तालों ने सभा में एक नारा दिया–'ज़मीदार, महाजन, पुलिस, आर राज रेन आमला को गुजुक़मा' अर्थात् जमीदार, महाजन, पुलिस, और सरकार के कर्मचारियों का नाश हो। सन्तालों ने निश्चय किया–वे सरकारी हुकुम को नहीं मानेंगे और न सरकार को टैक्स देगे। सरकार को जो भी सहयोग देंगे, वे उनके दुश्मन होंगे, चाहे वे सन्ताल ही क्यों न हो। सिदो और कानू पालकियों पर चलते थे। पालकी को सन्ताली भाषा में खुड़–खुड़ी कहा जाता है। चाँद और भैरव घोड़ा पर चलते थे। आज भी सन्ताली लोक–गीतों में उसकी चर्चा आती है; जो इस प्रकार है–

सिदो–कान्हू खुड़–खुड़ी भितोरे
चाँद–भैरो घोड़ा चुपोरे।
देखो रे, चाँद रे, भैरो रे,
घोड़ा भैरा, मुलिने–मुलिने।

कुछ करने के पूर्व सिदो गाँधी जी की भाँति कम्पनी के अधिकारियों से कलकत्ता और भागलपुर जाकर मिलना चाहता था। पर घटनाएँ बहुत तेज़ गति से भाग रही थीं; सदरलैंड के बाद सन्तालों के निवास–क्षेत्र, जिसे दामिन–इ–कोह कहते हैं, उसका अधीक्षक पोटन साहब होकर आये। सदरलैंड ने सन्ताल और पहाड़ियों में भेद–भाव पैदा करना प्रारम्भ कर दिया था। चम्पीया नामक एक सन्ताल हाण्डवा स्टेट से आकर वसुलुभी नदी के किनारे सिलीगी नामक पहाड़िया बस्ती में बस गया था। पोटेन ने पहले उस बस्ती से संताल चम्पीया को निकालने के लिए पहाड़ियों को उकसाया,

पर वह सफल नहीं हो सका। पोटन साहब के समय चम्पीया के दोनों लड़के हरम्बाँ और करामा ने पीपरा नामक एक सन्ताल बस्ती बसायी थी। जंगीपुर का दारोगा–महेश लाल दत्त था। वह पोटन साहब का दाहिना हाथ था। पोटन साहब उसके द्वारा बहुतेरे जायज़ और नायायज कान करते थे। पोटन साहब के सहयोगियों में अमालापाड़ा के केनाराम भगत और बच्चा राम भगत महाजन भी थे। सन्तालों के शोषण करने में पोटन साहब उन महाजनों का प्रयोग करते थे। इन महाजनों के पास दो सौ सिपाही थे। महेश लाल दत्त ने लिट्टीपाड़ा के विजय माँझी के बग़ैर किसी अपराध के पकड़ कर भागलपुर जेल में भेज दिया, जहाँ कुछ ही दिनों में उनका देहान्त हो गया। इसका काफ़ी प्रभाव सन्तालों पर पड़ा। महेश लाल दत्त ने पुनः हड़ामा माँझी, चम्पीया माँझी, आगाछिया के गरभू माँझी तथा पीपरा के लखन माँझी को पकड़ लिया और उन्हें भागलपुर जेल में चालान करने का आदेश दे दिया। स्वयं महेश लाल दत्त उन्हें भागलपुर जेल पहुँचाने के लिए निकल पड़ा। दारोगा के साथ और 19 आदमी थे। उसने निश्चय किया कि बड़हित में केनाराम भगत के सम्बन्धी महेन्द्र भगत के यहाँ रात में विश्राम किया जाय। बड़हित के पास ही सन्ताल राजा सिदो डेरा डाले हुए थे। पेडरकोल गाँव के परगानायत ने तीन आदमियों को सन्ताल राजा सिदो के पास भेजा और स्वयं महेश लाल दत्त पर निगरानी रखने लगे। सिदो माँझी से दारोगा की भेंट हुई। सिदो ने दारोगा से कहा कि सन्ताल राज्य की प्रजा को गिरफ़्तार करने का कम्पनी के नौकरों को अधिकार नहीं है। उन्हें वह मुक्त कर दे, पर दारोगा ने सिदो का अपमान किया। महेश लाल दत्त का 7 जुलाई, 1855 को वध कर दिया गया। गोड्डा के नायब प्रताप नारायण का सोनारचक में वध कर दिया। पंचकटिया में सज़ावल ख़ाँ नायब ने सन्तालों का विरोध किया। कानू ने उसका वध कर दिया। डाक और तार घरों को जला दिया गया। तार की लाइनों को काट दिया। पीरपैंती रेलवे स्टेशन पर सन्तालों का अधिकार हो गया।

सन्ताल–विद्रोह की ख़बर चारों ओर फैल गयी। सभी जगहों से अंग्रेज़ फ़ौज सन्ताल परगना पहुँचने लगी। ब्रह्मपुर से चार सौ फ़ौज मिस्टर टुगुड़ के नेतृत्व में भेजी गयी। 8 जुलाई को भागलपुर के कमिश्नर मिस्टर ब्राउन ने मेजर बौरो को राजमहल भेजा। दानापुर से फ़ौज भेजी गयी। वीरभूम, बांकुडा, सिंहभूम, मुंगेर, पूर्णिया के ज़िलाधीशों ने सन्ताल परगना में अपनी–अपनी फ़ौजें भेजी। सन्ताल राजा सिदो ने सन्ताली फ़ौज को

कई टुकड़ो में बाँट दिया। बीस हज़ार विद्रोही सन्तालों ने अम्बर परगने पर हमला किया। वहाँ के राजा ने अम्बर राजभवन खाली कर दिया। 12 जुलाई 1855 को सिदो ने उस पर दखल कर लिया। सन्तालों की एक टुकड़ी फुदकीपुर की ओर बढ़ी। वहाँ नीलहे गोरे रहते थे। सन्तालों ने उन्हें मार डाला। सन्तालों ने नीलहे मिस्टर मसाक का भी वध किया; और उन्होंने क़दमशर से स्थापित उसकी कोठी को कब्जे में कर लिया। प्यालापुर में नीलहों की कोठी थी, सन्ताल फ़ौज उस पर क़ब्ज़ा करना चाहती थी। मेजर बैरो उसके रक्षार्थ बड़ी फ़ौज लेकर वहाँ आ डटे थे। सन्ताल फ़ौज ने वहाँ पहुँच कर उनका सामना किया। वर्षा के कारण बारूद भीग गया था। बन्दूक काम नहीं कर रहा था। इसके फलस्वरूप सन्तालों का साहस बढ़ गया था। सार्जेंट ब्रोडौन मारा गया। अंग्रेज़ फ़ौज भाग गयी। नीलहे कोठियों को सन्ताल फ़ौज ने लूट लिया। पैलापुर संघर्ष में सिदो का दाहिना हाथ कानू भी मारा गया था। सन्तालराज कहलगाँव से राजमहल तक दक्षिण में रानीगंज तक फैला हुआ था। विजय पताका फहराती हुई सन्ताल फ़ौज पाकुड़ पहुँची। पाकुड़ में अंग्रेज़ों एवं रेलवे अफ़सरों को बचाने के लिए सरकार की ओर से 'मारटेल टावर' बनाया गया था। यह 30 फ़ीट ऊँचा था और उसका घेरा 20 फ़ीट का था। अन्दर से गोलियाँ चलाने का लिए छिद्र बने हुए थे। अंग्रेज़ों ने उसी टावर में घुसकर अपने प्राणों की रक्षा की थी। सन्तालों पर उस टावर के बने हुए छिद्रों से अंग्रेज़ों ने गोलियाँ चलायी थीं। वही एकमात्र सन्ताल–विद्रोह का स्मृति चिह्न बाकी रह गया है।

सन्तालों ने वीरभूम के क्षेत्रों पर अपना क़ब्ज़ा कर लिया। रघुनाथपुर और संग्रामपुर में अंग्रेज़ों को सन्ताल फ़ौज ने पराजित किया। पर महेशपुर में सन्ताल फ़ौज को पराजित होना पड़ा। अनेक सन्ताल मारे गये। कई सन्ताल नेता गिरफ़्तार हो गये। सिदो को इस पराजय से धक्का तो लगा, पर उसने पुनः बड़हैत में आकर अपना संगठन किया। महाजनों ने खुलकर सन्ताल फ़ौज के लिए रसद दिया। पर प्रकृति ने उन्हें धोखा दिया। बरसात का समय होने के कारण सिदो गुरिल्ला–युद्ध का संचालन ठीक–ठीक नहीं कर पा रहा था। इसी बीच एक देशद्रोही ने सिदो को 24 जुलाई को पकड़वा दिया। बाद में उसे फाँसी दे दी गयी।

सिदो के मरने के बाद भी सन्तालों ने आत्मसमर्पण नहीं किया। वे जहाँ–तहाँ अंग्रेज़ी फ़ौज से लड़ते रहे। सरकार यह मानने लगी थी कि सन्ताल परगने में मार्शल ला जारी कर सन्तालों को नहीं दबाया जा सकता है।

अतः कम्पनी सरकार ने सन्तालों से मेल–मिलाप करने का निश्चय किया। 15 अगस्त, 1855 को एक घोषणा कम्पनी सरकार की ओर से निकाली गयी। उस घोषणा में कहा गया–'जान पड़ता है कुछ सन्तालों ने सरकार के ख़िलाफ़ विद्रोह किया, लूटपाट की, लोगों के प्राण लिए और फ़ौज का सामना किया, फिर भी उनमें से अधिकांश अपने अज्ञान और अपराध को महसूस करते हुए क्षमा चाहते हैं और पहले की तरह मिल–जुलकर रहना चाहते हैं। इसलिए यह घोषणा की जाती है कि सरकार प्रजा की भलाई चाहती है। अतः सन्ताल लोग पथभ्रान्त हो चुकने पर भी हाकिमों और अधिकारियों के पास दस दिनों के अन्दर आत्मसमर्पण कर दें तो जाँच के बाद नेताओं के सिवाय अन्य लोगों को क्षमा प्रदान की जायेगी।' पर सन्तालों पर इस घोषणा का प्रभाव कुछ भी नहीं पड़ा, उल्टे सन्तालों ने समझा कि अंग्रेज़ी फ़ौज में कमज़ोरी आ गयी है। सरकार ने पूरे ज़िले में 14 नवम्बर, 1855 को मार्शल ला लागू कर दिया। लगभग 25 हज़ार फ़ौज पूरे ज़िले में रखी गयी। सफल नेतृत्व के अभाव में सन्ताल आप–से–आप शान्त हो गये। सन्ताल–विद्रोह में लगभग दस हज़ार सन्ताल मारे गये थे।

सन्ताल–विद्रोह के पूर्व सन्ताल परगना नाम का कोई ज़िला नहीं था। इस क्षेत्र का नाम जंगल–तराई था, उसे झारखण्ड भी कहते थे। कर्नल रेबेल ने जंगल तराई का एक नक़्शा सन् 1779 में बनाया था। सन् 1765 में ईस्ट इंडिया कम्पनी को बिहार–बंगाल की दीवानी सौंपी गयी थी और उसके कुछ ही वर्षों के बाद वह नक़्शा तैयार किया गया था। कैप्टन ब्रुक और ब्राउनी ने जंगल तराई का शासन सन् 1772 से 1779 तक किया था। नक़्शा को ब्राउन ने कोर्ट ऑफ़ डाइरेक्टर्स को सन् 1787 में एक प्रतिवेदन के साथ भेजा। उस नक़्शे को माकफेरर्ज्ञन ने अपने सेटलमेण्ट रिपोर्ट में प्रकाशित किया है। उस नक़्शे को देखने से पता चलता है, जंगल तराई के कुछ अंश आज हज़ारीबाग, मुगेर और भागलपुर में पड़े हैं। सन्ताल परगना में उस नक़्शे के अनुसार जंगल तराई का क्षेत्र जामताडा और राजमहल अनुमण्डल पड़ता है। सन् 1855 के 30 नं. क़ानून के अनुसार सन्ताल परगना ज़िला का निर्माण हुआ और इस ज़िले के सर्वप्रथम उपायुक्त श्री एशली इडेन नियुक्त किये गये और इस ज़िले का प्रशासन अंग्रेज़ों ने विशेष क़ानून बनाकर किया। जब तक अंग्रेज़ रहे तब तक उन्होंने सन्ताल परगना के लिए देश से भिन्न क़ानून बनाये और भिन्न ढंग से उस पर शासन किया।

स्वतन्त्रता का अन्तिम संग्राम

आज से 25 वर्ष पहले की बात है, समय तेज़ गति से भाग रहा था। घटनाएँ जल्दी–जल्दी अपना पट परिवर्तन कर रही थीं। विश्व के रंगमंच पर नये–नये नाटक खेले जा रहे थे। इन सब का प्रभाव मानव मन पर पड़ रहा था। अशान्ति एवं असन्तोष के बीच मानव पल रहा था। युद्ध की विकराल छाया धरती पर पड़ रही थी। दिसम्बर सन् 1941 में जापान ने हांगकांग पर क़ब्ज़ा किया। 15 फ़रवरी, सन् 1942 को सिंगापुर का पतन हुआ। पचहत्तर हज़ार ब्रिटिश और भारतीय सैनिक जापानियों द्वारा क़ैद हुए। मार्च, सन् 1942 के अन्त होते–होते जावा और सुमात्रा आदि द्वीपों पर जापानियों का आधिपत्य जम गया। 7 मार्च, 1942 को वर्मा का पतन हुआ। 6 अप्रैल को विजगापट्टम पर जापानी जहाज़ देखे गये। भारत अपनी रक्षा के लिए कुछ नहीं कर सकता था। महात्मा गाँधी ने उस समय कहा था–'भारत एक शव के समान है, जो मित्र राष्ट्रों के कन्धों पर बोझ की तरह पड़ा हुआ है।' उन्होंने इंग्लैंडवासियों को कहा–'भारत को ईश्वर के भरोसे छोड़कर चले जाओ, उसे अराजकता में छोड़ दो, घर चले जाओ।' साथ ही साथ उन्होंने भारतवासियों को सलाह दी कि वे अंग्रेज़ी सत्ता से छुटकारा पाने के लिए जापान से कोई आशा न लगायें।

इस युद्ध का प्रभाव बिहार पर भी पड़ रहा था। छोटा नागपुर से लेकर सोन नदी तक एक बड़े मोर्चे की तैयारी हो रही थी। स्थान–स्थान पर हवाई अड्डे और हवाई जहाज़ के उतरने के लिए रास्ते बनाये जा रहे थे। सन्ताल परगने में भी सैकड़ों बीघे ज़मीन जहाँ–तहाँ सरकार ले रही थी। लोग उससे परेशान थे। बहुत बड़ी संख्या में ब्रिटिश और अमेरिकन सेना इस ज़िले मैं जुटायी जा रही थी। कलकत्ता में बंगाल की खाड़ी में जापानी जहाज़ों को देखकर एक हलचल पैदा हुई थी, वहाँ एक भगदड़ मच गयी थी। बहुत से लोग कलकत्ता से भागकर इस ज़िले में चले आये थे।

मई, 1942 के एक प्रतिवेदन में स्वीकार किया गया था कि सार्वजनिक चेतना में कोई उत्साहवर्द्धक प्रगति नहीं हुई है। दुश्मनों के ब्राडकास्ट से उसमें पराजित मनोवृत्ति आ रही है। ब्रिटिश विरोधी भावना से लोग प्रेरित हो रहे हैं। बाहर से भागकर लोग आते हैं, उनका भी प्रभाव लोगों पर पड़ रहा है। पर इस ज़िले के कुछ नेता गाँव में घूम–घूमकर रक्षा–दल तैयार करने में लगे हुए थे। इसी बीच 21 मार्च 1942 को पूज्य राजेन्द्र बाबू दुमका आये थे। ज़िले भर के कार्यकर्ताओं को दुमका बुलाया गया। उन्होंने उस दिन दुमका में एक सारगर्भित भाषण दिया। राजेन्द्र बाबू ने ब्रिटिश नीति पर प्रकाश डालते हुए बताया कि ब्रिटिश सरकार ने ब्रह्मा के पतन के बाद अंग्रेज़ों को ब्रह्मा से हटाने के लिए बड़ी–बड़ी सुविधा दी थी, पर भारतीयों को वहाँ मरने और सताये जाने के लिए छोड़ दिया था। पूज्य राजेन्द्र बाबू ने स्पष्ट शब्दों में कहा था–'वह स्थिति इस देश में कांग्रेस लाने देना नहीं चाहती है।' अतः उन्होंने सन्ताल परगने के कार्यकर्त्ताओ को कुछ करने के लिए एक संकेत दिया। राजेन्द्र बाबू के उस भाषण से लोग बहुत अनुप्राणित हुए थे। पर सभा में एक व्यक्ति सबसे अधिक जोश में था, मालूम होता था कि वह राजेन्द्र बाबू के भाषण से सबसे अधिक प्रभावित हो। वह चिल्ला उठा–राजेन्द्र बाबू की बातों पर हम प्राण दे देंगे। सभा के अन्त होते ही उसने आवाज़ दी–'अंग्रेज़ी हुकूमत को न मानो। आज़ाद सरकार कायम करो। गाँव–गाँव में पंचायत बनाओ। मिल–जुलकर काम करो। कांग्रेस का हुक्म मानो'–इस पाँच वाक्यों में उसका पूरा राजनीति–दर्शन था। वह व्यक्ति उन पाँच वाक्यों से अधिक न सोच सकता था और न सोचना चाहता था। वह व्यक्ति देखने में साधारण लगता था, पर बहुत गम्भीर था। वह साहस का पुतला था। आग और तूफानों में खेलना उसे पसन्द था। उसको देखकर कोई प्रभावित हो या नहीं पर उसके नाम से बड़े–बड़े अधिकारी आतंकित थे। सन् 42 की क्रान्ति में उसकी जान का मूल्य 25 हज़ार रुपया तक आंका गया था। उसका नाम लाल हेम्ब्रन था पर सन्ताल परगना ज़िला उसे लाल बाबा के नाम से जानता था। भारत के प्रथम राष्ट्रपति डॉक्टर राजेन्द्र प्रसाद तथा भारत के प्रथम प्रधानमन्त्री पं. जवाहर लाल नेहरू ने अपने इस कर्मठ सहयोगी को लाल बाबा के नाम से पुकारा था।

श्री लाल हेम्ब्रम सन्ताल परगना के ही नहीं, भारत के अनमोल लाल थे। महल के कँगूरों को हमें देखने की आदत पड़ गयी है, पर नींव की ईंट की ओर हमारी आँखें जाती कहाँ हैं? इस देश की राष्ट्रीय भावना

लाल बाबा ऐसे लोगों के त्याग एवं बलिदान पर आधारित है। उसका आधार मज़बूत है। जातिवाद, भाईवाद, साम्प्रदायिकतावाद, प्रान्तीयतावाद आदि विचारों से इस देश की राष्ट्रीय भावना पर प्रभाव नहीं पड़ सकता। लाल बाबा इन सारे दुर्गुणों से मुक्त थे। वे इन्हें राष्ट्रीयता के शत्रु मानते थे। उन्होंने एक बार कहा—भारत को जितना चीन और पाकिस्तान से आज ख़तरा नहीं है, उससे अधिक ख़तरा घर में फैले हुए इन दुर्गुणों से है। वे इन दुर्गुणों को राष्ट्रीय चरित्र क़ा कलंक मानते थे। अपने अन्तिम दिनों में इन दुर्गुणों से वे लड़ते रहे। उस संघर्ष में वे किसी का सामना करने को तैयार थे। किसी भी क्षेत्र में अन्याय उन्हें सह्य नहीं था। गाँधी जी की तरह वे भी यह कहते थे—अन्याय करने वाला उतना बड़ा पापी नहीं है, जितना बड़ा पापी अन्याय को सहने वाला है। कायर उनके लिए अक्षम्य थे। बहादुरों के प्रति उनकी श्रद्धा थी। उन्हीं के नेतृत्व में सन्तालों ने अगस्त—क्रान्ति की, स्वतन्त्रता के अन्तिम संग्राम को सफलतापूर्वक लड़ा। लाल बाबा का जन्म सन्ताल परगने के सदर अनुमण्डल के अन्तर्गत बरमसिया सर्किल के सरैदाहा गाँव में सन् 1909 में हुआ था। उनका परिवार साधारण वर्ग का रहा है। विरासत में उन्हें देशभक्ति मिली थी। उनके दादा फागू हेम्ब्रम बहुत ही साहसी और देशभक्त थे। उनकी दादी भीमती मोहा मराण्डी धार्मिक प्रवृत्ति की महिला थीं। लाल बाबा के पिता भादो हेम्ब्रम की गणना अमर शहीदों में होती है। बताया जाता है कि उनका जन्म सन् 1887 ई. में हुआ था और उनकी मृत्यु 7 सितम्बर को भागलपुर केम्प जेल में हुई थी। साफ़ा होड़ आन्दोलन के वे अगुआ थे। असहयोग आन्दोलन के समय से ही वे कांग्रेस के साथ रहे, मरने के बाद ही उससे उनका सम्बन्ध टूटा। सन् 1940 में वे कांग्रेस टिकट पर सन्ताल परगना ज़िला परिषद् के सदस्य चुने गये थे। वे अपने दोनों लड़के लाल और बरियार को स्वतन्त्रता संग्राम में सौप गये थे। अगस्त क्रान्ति के वे दोनों कुँअर सिंह और अमर सिंह थे। लाल बाबा को गिरफ़्तार करने के लिए गोरी फ़ौज 5 सितम्बर, 1942 को सरैदाहा पहुँची। लाल हेम्ब्रम ने संघर्ष—संचालन के लिए एक संघर्ष समिति का निर्माण किया था। उस समिति के पाँच सदस्य थे—श्री लाल हेम्ब्रम, श्री अलखा माँझी, श्री भादो हेम्ब्रम, श्री देवनारायण नायक और श्री हरिहर राउत। इस समिति के लाल हेम्ब्रम अर्थ विभाग के अध्यक्ष थे। उनके ज़िम्मे भोजनादि के ख़र्च की व्यवस्था रहती थी। अनाज और रुपया जमा करने का काम स्वयं लाल हेम्ब्रम करते थे। पर अपने बाप के ज़िम्मे लाल ने कूटनीति विभाग को रखा था।

सघर्षों में कूटनीति का बहुत ही महत्त्व होता है। भादो हेम्ब्रम नये लोगों पर सतर्कतापूर्ण दृष्टि रखते थे। उनके आचरण और व्यवहार पर निगरानी रखते थे। जब गोरी फ़ौज लाल को खोजती हुई सरैदाहा पहुँची और लाल को वहाँ नहीं पायी, तब भादो हेम्ब्रम पर लाल का पता बताने के लिए बड़ी मार पड़ी। उन्हें गिरफ़्तार कर दुमका लाया गया। लाल के घर को उजाड़ दिया गया और लाल हेम्ब्रम की माँ को भिखारिन की स्थिति में रहने के लिए सरकार ने विवंश किया। लाल के पिता भादो हेम्ब्रन को चार वर्ष की कठोर सज़ा मिली और उसे भागलपुर जेल में रखा गया, जहाँ 7 सितम्बर, 1943 को जेल में ही उनका देहान्त हो गया। लाल की माँ ने उन दिनों जिस कष्ट को सहा वह बेमिसाल है। अगर उनकी तुलना की जा सकती है तो केवल अमर शहीद चन्द्रशेखर आज़ाद एवं अमर बलिदानी रामप्रसाद बिस्मिल की माँ से। लाल के छोटे भाई श्री बरियार हेम्ब्रम को गोली लगी थी। आजकल वही बरियार हेम्ब्रम बिहार राज्य के कल्याण मन्त्री हैं।

सन्ताल परगना ज़िला का जन्म क्रान्ति के गर्भ से हुआ है। विद्रोह इस ज़िला का बाल–सखा रहा है। इस ज़िले का प्रशासन भारत के अन्य ज़िलों से भिन्न रहा है। बलूचिस्तान और सन्ताल परगना के लिए ब्रिटिश भारत में अलग से क़ानून बनता रहा था। बलूचिस्तान के हूर और बिहार के सन्ताल अंग्रेज़ों से लड़ते रहे थे। अंग्रेज़ सन्ताल परगना में आये, पहाड़ियों ने संघर्ष किया, बाद में सन्तालों ने भी संघर्ष आरम्भ किया। उस संघर्ष की प्रथम कड़ी सिदो माँझी थे और अन्तिम कड़ी लाल हेम्ब्रम थे। लाल हेम्ब्रम के देहान्त से सिदो की परम्परा का अन्त हो गया।

कांग्रेस की स्थापना देश में सन् 1885 में हुई थी। बिहार में कांग्रेस की स्थापना सन् 1908 में हुई, पर सन्ताल परगना में कांग्रेस का जन्म सन् 1920 के पूर्व नहीं हो सका था। कांग्रेस का जन्म सन्ताल परगना में हुआ अवश्य था, पर इस ज़िले के चौथाई भाग में उसका प्रवेश सन् 1935 के पूर्व नहीं हो सका था। सन्ताल परगना का क्षेत्रफल 5,470 वर्गमील है, पर 1,356 वर्गमील भूमि का क्षेत्र दामिन–इ–कोह के नाम से पुकारा जाता है। इस क्षेत्र में कांग्रस का प्रवेश निषेध था। यद्यपि दामिन–इ–कोह में कांग्रेस को ले जाने का श्रेय लाल हेम्ब्रम के पूज्य पिता भादो हेम्ब्रम को है, पर लाल हेम्ब्रम ने कांग्रेस को दामिन–इ–कोह में स्थायित्व प्रदान किया। कांग्रेस से लाल हेम्ब्रम का सम्बन्ध सन् 1930 में स्थापित हुआ था। वह सम्बन्ध दिन पर दिन तीव्र होता गया। एक समय ऐसा भी आया,

जब दामिन–इ–कोह की अधिकांश जनता झारखण्ड दल में शामिल हो गयी थी, पर लाल बाबा अनेक प्रलोभन के बाद भी अलग रहे। कांग्रेस लाल की प्रिय संस्था थी, उसे छोड़कर वे दूसरी संस्था में नहीं जा सकते थे। कुछ दिनों के लिए जब कांग्रेस समझौता के मार्ग पर चल रही थी, तब सुभाष बाबू के नेतृत्व में कांग्रेस के उत्साही लोगों ने रामगढ़ कांग्रेस अधिवेशन के अवसर पर समझौता विरोधी सम्मेलन किया और देश में अग्रगामी दल की स्थापना हुई। श्रीहरि विष्णु कामथ दुमका आये। लाल बाबा अग्रगामी दल के सहकारी मन्त्री चुने गये। अग्रगामी दल के सदस्यों के लिए लाल कपड़े की कमीज और टोपी निर्धारित की गयी थी। लाल हेम्ब्रम ने हज़ारों सन्तालों को अपने दल का सदस्य बनाया था। वे जब तब दुमका शहर में लाल कमीज़ और टोपी पहनकर हज़ारों–हज़ार सन्तालों को जुलूस के रूप में निकालते थे, तब ऐसा मालूम होता था कि ब्रिटिश सरकार का राज्य सन्ताल परगना के मुख्यालय में तो कम–से–कम नहीं ही है।

अग्रगामी दल के संघटन करने के पूर्व लाल हेम्ब्रम की ख्याति साफ़ा होड़ आन्दोलन को लेकर सर्वत्र फैल गयी थी। साफ़ा होड़ आन्दोलन कोई नया आन्दोलन नहीं था। यह आन्दोलन इस ज़िले में सन् 1870 में बाब भागीरथ माँझी द्वारा आरम्भ हुआ था। वह आन्दोलन धार्मिक सह राजनैतिक था। बाबा का कहना था–वे काले रंग के आदमी हैं, धरती का रंग काला है। अतः धरती उनकी माँ है। अंग्रेज़ गोरे हैं, उनकी माँ का रंग लाल होना चाहिए। अतः भारत को छोड़कर वे चले जायें। बाबा भागीरथ ने देखा था कि पशुबल का सामना भारत पशुबल ने नहीं कर सकता है। सन्ताल–विद्रोह को अंग्रेज़ों ने पशुबल से दबा दिया था। उन्होंने अनुभव किया था कि सत्ता से संघर्ष करने के लिए आत्मबल चाहिए, आत्मबल के लिए चरित्र चाहिए। उनका कहना था–जहाँ शक्ति में शील नहीं हो, जहाँ बल के साथ विवेक नहीं हो वहाँ शक्ति और बल दोनों व्यर्थ हैं। बाबा के सन्ताल विद्रोह के असफल होने का सबसे बड़ा कारण–लोगों में धार्मिक भावना की कमी बताती थी। इस कारण वे चाहते थे कि उनके लोग शुद्ध हो; उनमें चरित्र बल हो। महात्मा गाँधी से लगभग 50 वर्ष पूर्व सन्ताल नेता बाबा भागीरथ ने देश में ब्रिटिश सत्ता के विरोध में अहिंसात्मक संघर्ष किया था–सवज्ञा मन्त्र और सत्याग्रह का आन्दोलन किया था। यह सत्य है, उन्होंने अपने आदोलन के लिए 'साफ़ा होड़' शब्द का प्रयोग नहीं किया था। उनके द्वारा संचालित आन्दोलन का नाम खारवार आन्दोलन रखा गया था। पर दोनों आन्दोलनों में बहुत कुछ साम्य था।

इस प्रकार साफ़ा होड़ आन्दोलन के पिता बाबा भागीरथ माँझी को कहा जा सकता है। पर साफ़ा होड़ नाम से आन्दोलन चलाने का श्रेय राजमहल के श्री भगवान दास अग्रवाल और दुमका के लम्बोदर मुखर्जी को है। सन्तालों को राम नाम का मन्त्र दिया गया था। कादो नाम के एक सन्ताल को राजमहल के तत्कालीन एस. डी. ओ. श्री रावर्टसन ने राम नाम जपने के कारण इतना मारा कि वह अधमरा हो गया। इसका प्रभाव सन्तालों पर पड़ा। साफ़ा होड़ आन्दोलन तेज़ी से चला। लाल बाबा सन्तालो को सफेद झण्डी देते थे, उन्हें जनेऊ पहनाते थे, मांस–मदिरा छुडवाते थे। यह साफ़ा होड़ धार्मिक आन्दोलन था। राजनीतिक से उसका सम्पर्क नहीं था। पर अंग्रेज़ नौकरशाही इस आन्दोलन से घबड़ा उठी थी। राम नाम मन्त्र लेकर सारंगी बाजा बजाते हुए, सफ़ेद झण्डियों के साथ हज़ारों की संख्या में सन्ताल जब चलाते थे, तब अंग्रेज़ों के हृदय में उनसे आशंका पैदा होती थी। इसाई मिशनरी भी उनसे घबड़ा उठी थी। फिर क्या था? सरकार के अधिकारियों ने घर में तुलसी चबूतरा बनाना ग़ैर क़ानूनी नान लिया था। राम नाम पर निषेध लगा दिया गया। इन अपराध के लिए अनेक सन्तालों पर जुल्म किया गया। देबू मुरमू और धरन मुरमू ऐसे लोग इन धार्मिक कामों के लिए जब पीटे गये थे, तब लाल बाबा ने निश्चय किया कि अंग्रेज़ राज्य के विरोध में विद्रोह किया जाय। पर इसी बीच महात्मा गाँधी देवघर आये। साफ़ा होड़ के कार्यकर्त्ता हज़ारों की संख्या में सफेद झण्डी लिये महात्मा गाँधी के दर्शन के लिए देवघर आये। महात्मा गाँधी ने साफ़ा होड़ के लोगा के भजन सुनकर प्रसन्नता प्रगट की, पर उन्हें यह जान कर आश्चर्य हुआ कि राम नाम लेने के कारण उन्हें दण्डित होना पड़ता है। उन्होंने देवघर से ही पादरियों के बड़े विशप का ध्यान साफ़ा होड़ के आदमियों की ओर आकृष्ट किया और उन्हें आर्थिक सहयोग दिया और बताया जाता है कि बापू ने चार या पाँच वर्षों तक इस आन्दोलन के संचालन के लिए आर्थिक सहयोग दिया था। साफ़ा होड़ आन्दोलन में काम करने के कारण लाल बाबा को बड़ी लोकप्रियता मिली थी। साफ़ा होड़ आन्दोलन अगस्त–क्रान्ति की भूमिका बना।

पूज्य राजेन्द्र बाबू के दुमका आने के बाद नेताओं को एक कार्यक्रम मिला। उनमें एक अपूर्व शक्ति आयी। दामिन–इ–कोह के क्षेत्र में लोग घूम–घूमकर स्वयंसेवकों को प्रशिक्षित करने लगे। उन्हें मरने और कुछ करने का मन्त्र देने लगे। 9 अगस्त के पूर्व नगडिया, मंझलाडीह, शिकारी पाड़ा ऐसे गाँवो में सन्तालों की विराट सभाएँ हुई थीं। राजेन्द्र बाबू का

सन्देश लोगों को सुनाया गया था। 9 अगस्त के बाद सन्तालों में मरने और करने के लिए एक अपूर्व उत्साह देखा गया। 22 अगस्त, 1942 को श्री विक्रम हाँसदा के निवास स्थान जबड़दाहा में दुमका अनुमण्डल के सन्ताल कार्यकर्त्ताओं की एक सभा हुई। उस सभा में यह निश्चय किया गया कि दुमका–रामपुर हाट पथ पर बने जितने पुल हैं, उन्हें तोड़ दिया जाय और तार के खम्भे उखाड़ दिये जायें। उसी रात को श्री पैका मुर्मू, श्री सुखू मुर्मू, श्री वरियार हेम्ब्रम, श्री विक्रम हाँसदा, श्री गोपाल हाँसदा, श्री मतला हाँसदा, श्री वर्षा मराण्डी, श्री चन्द्रा टुडू, श्री भीखू मुर्मू आदि के नेतृत्व में सन्तालों ने रामपुर हाट रोड पर स्थित भिल्लीडवरा नामक गाँव के पास तार के खम्भों को उखाड़ दिया और एक पुल को तोड़ दिया। 30 अगस्त को पुनः सन्तालों ने घनवासा सर्किल के अन्तर्गत क़दमा नामक गाँव में एक सभा का आयोजन किया। क़दमा में श्री लम्बोदर मुखर्जी ने सन् 1940 में भारत माता की एक मूर्त्ति बनवाई थी। वहाँ दशहरा के अवसर पर एक विराट मेला लगता था। सन्तालों का वह एक तीर्थस्थान बन गया था। अंग्रेज़ी सरकार की दृष्टि में वह स्थान बहुत ख़तरनाक था। उस स्थान से वह सदैव सतर्क रहती थी। लाल बाबा को किसी सूत्र से यह ज्ञात हो गया कि उस दिन गोरी फ़ौज क़दमा पर छापा मारने वाली है। अतः उस दिन सभा नहीं हुई, पर वह सभा पथरा नामक गाँव में हुई। गोरी फ़ौज ने क़दमा पर छापा मारा, पर उसे न तो पैका मुर्मू मिल सके और न लाल हेम्ब्रम। पैका का घर मिला, उसे उन्होंने लूट लिया। घर से पैका मुर्मू की माँ को निकाल दिया और उनकी माँ को कहा कि गोरी सरकार ने पैका मुर्मू को गोली मार देने का निश्चय किया है। उधर सन्तालों ने अपने सेनापति लाल हेम्ब्रम के नेतृत्व में पथरा गाँव में निश्चय किया कि शराब की भट्ठियाँ स्वाहा कर दी जायें। पोचाई की दुकानें फूँक दी जायें और सरकारी इमारतें भस्म कर दी जायें। इसी निश्चय के अनुसार 31 अगस्त को आसनवनी की शराब की भट्ठी को जला दिया गया। दूसरे दिन शिमला की भट्ठी भी स्वाहा कर दी गयी। बरमसिया सर्किल के गन्धर्वपुर गाँव में जो पोचाई की दुकान थी, उनसे भी जलाकर राख कर दिया गया। 5 सितम्बर 1942 को रामपुर हाट रोड पर बरमसिया की भट्ठी को जला दिया। राजबाँध सर्किल के अन्तर्गत पलासी गाँव में एक पोचाई की दुकान थी, अभी वे उस दूकान को जलाने की तैयारी कर रहे थे कि तब तक गोरी फ़ौज वहाँ आ पहुँची। वहाँ सन्तालों के सेनापति थे पैका मुर्मू। पैका ने निश्चय किया कि गोरी फ़ौज का वहाँ सामना किया जाय।

श्री बरियार हेम्ब्रम और बड़का हाँसदा ने यह ऐलान किया—स्त्री और बच्चे भीड़ से हट जायें। वे गोरी फ़ौज से लड़ेंगे। स्त्री और बच्चों को भीड़ से हटाकर सन्ताल नेता अपनी फ़ौज लेकर खुले मैदान में आ गये। गोरी फ़ौज का संचालन दुमका के तत्कालीन अनुमण्डलीय पदाधिकारी श्री बंकिम चन्द्र घोष कर रहे थे। और उनके सहायक थे श्री नकबी। सन्ताल कार्यकर्त्ता श्री वेन टुडू गोली के शिकार हुए। वे शिकारी पाडा थाना के अन्तर्गत विसरीयाम नामक गाँव के रहने वाले थे। वे हरिदास टुडू के लड़का थे। मृत्यु के समय उसकी अवस्था 50 वर्ष से कम की नहीं थी। उनके मरते ही सन्तालों में भगदड़ हुई। अगस्त क्रान्ति के अग्रदूत और सन्ताल—फ़ौज के महान सेनापति श्रीलाल हेम्ब्रम ने गरजकर आदेश दिया—भागो मत, सभी तीर चलाओ। तीर चलाकर कुछ सरकारी सैनिकों को सन्तालों ने घायल भी किया। उन्हें अधिक सफतला नहीं मिली। कई सन्ताल सैनिक मारे गये, उनमें विशेष रूप से निम्निलिखित शहीदों के नाम स्मरणीय है— (1) कोका हाँसदा—शिकारी पाड़ा थाना अन्तर्गत बसी हुई सुदराफलम गाँव के निवासी श्री नाले हाँसदा के पुत्र थे। शहीद होने के समय वे केवल बीस वर्ष के थे। (2) श्री मगल मुर्मू—सरकारी गोली से जब मगल मुर्मू की मृत्यु नहीं हुई, तब घायल मगल मुर्मू की देह को घसीट कर अन्य लाशों के साथ दुमका भेजा गया। मृत्यु के समय उनकी उम्र 30 वर्ष की थी। वे मसानज़ोर सर्किल के करमाटार गाँव के रहने वाले थे। (3) श्री गुडमा टुडू—बरमसिया सर्किल के घरकुश पहाड़ी के रहने वाले थे। 56 वर्ष की आयु में उन्होंने वीरगति पायी। घायलों की संख्या तो बहुत थी। सरैदाहा श्री वरियार हेम्ब्रम, धर्मपुर के रगदा मुर्मू, पथरा के श्री तुमु टुडू, सुन्दरा फलम के श्री मण्डल मराण्डी आदि को गोली लगी थी। चार आदमियों की जान लेकर तथा दर्जनों को घायल कर भी गोरी फौज सन्ताल सेना नायक लाल हेम्ब्रम और पैका मुर्मू को नहीं पकड़ सकी।

लाल हेम्ब्रम के गाँव के निवासी श्री भीखू मुर्मू, ठाकाजल के निवासी श्री चाँदराय टुडू तथा पतसर ग्राम के रहने वाले मुशी हाँसदा के नेतृत्व में दुमका मुफस्सिल थाना एवं रांगा मसलिया थाना में विद्रोह का काम आरम्भ हुआ। भट्टियाँ जलायी गयी, पोचाई की दूकाने लूट ली गयीं, उसे जलाकर राख कर दिया गया। मुंशी हाँसदा ने मसलिया थाना में अच्छा काम किया था। वहाँ उनके प्रमुख कार्यकर्त्ता रामखुडी के श्री शीरू मुर्मू, लतावड के घना बास्की, पलाती के लोप्सा सोरेन, खेला सोरेन और लगू हेंम्ब्रस, भडरा के रगदा मुर्मू, रामखुड़ी के धन हेम्ब्रम, पुटकबरा के छोटू

किस्कू, मुशी हाँसदा और उनके सभी साथियों को गिरफ़्तार कर लिया गया। शीरू मुर्मू का देहान्त दुमका जेल में हो गया। श्री लगू हेम्ब्रम को जेल में इतना कष्ट दिया गया कि जेल से निकलते ही उनका देहान्त हो गया। चाँद राय टुडू को साढ़े पन्द्रह वर्ष की सज़ा हुई और भीखू मुर्मू को इक्कीस साल की सज़ा मिली। भागलपुर कैम्प जेल में वे पागल हो गये थे। लाल हेम्ब्रम ने महेशपुर थाना में जाकर सन्ताल कार्यकर्त्ताओं को उत्साहित किया। वहाँ उनके कार्यकर्त्ता थे—नरगितोला के श्री खुद्दू टुडू, खिजूर डागा के लोगदा मुर्मू, पथरा के चम्भू मुर्मू, खुरीडीह के प्रभु हेम्ब्रम, वेनापत्ती के सुफल मुर्मू , मोहल पहाड़ी के मंगल मरण्ड़ी, और पथरिया के सुरैया मुर्मू आदि। देवीनगर की शराव की भट्टी तथा धारोचोर की शराब की भट्टी जला दी गयी। वे पकुतिया गये, लाल हेम्ब्रम का नाम सुनते ही वहाँ का दारोगा थाना खाली कर भाग गया, लाल हेम्ब्रम के नेतृत्व में खरौली हाट की भट्ठी जलायी गयी। इन्हीं भट्ठियों के जलाने के क्रम में श्री लोगदा मुर्मू, प्रभु हेम्ब्रम, भादू मुर्मू, मतला सौरेन, वालो हेम्ब्रम आदि सन्तालों को जेल हुआ था।

राजबाँध पलासी में जो गोली काण्ड हुआ था, उसके बाद पैका मुर्मू और लाल हेम्ब्रम फरार होकर काम कर रहे थे। सन्ताल नेता इधर—उधर भटक गये थे। लाल बाबा सब लोगों को पुनः एक सूत्र में बाँधकर मोर्चा लेना चाहते थे। जहाँ—तहाँ लोगों को चिट्ठी लिखकर सूचनाएँ भेजी; स्वयं मलान—पहाड़ी, डडूज़ोर, लालगंज, काशीडीह, फूलोपानी आये और लोगों को अंग्रेज़ी सरकार के विरुद्ध लड़ाई छेडते रहने के लिए उत्साहित करते रहे। पुलिस अधिकारियों ने लाल हेम्ब्रम को डकैत कहा था। देशभक्ति को ऐसी उपाधियाँ पहले भी मिली थी; सिदो को अंग्रेज़ सरकार ने लुटेरा कहा था, भागीरथ माँझी को उन्हीं लोगों ने आवारा कहा था। जब लाल बाबा के पूर्वजो को ऐसी उपाधि मिल चुकी थी, तब मुझे लाल बाबा को डाकुओं का अगुआ कहे जाने पर कोई आश्चर्य नहीं होता है। लाल हेम्ब्रम कुछ करने के पहले सूडी चुवा के हवाई अड्डे को नष्ट करना चाहते थे। उन्होंने उसका निरीक्षण किया। पर यह काम आसान नहीं था। कुछ दिन के लिए वे बंगाल में काम करने के लिये वीर भूम चले गये। वहाँ के सन्तालों को भी उत्साहित किया। वहीं उन्हें पता चला कि श्री सुभाष चन्द्र बोस ने आज़ाद हिन्द सरकार कायम किया है। लाल बाबा सुभाष बाबू के प्रिय कार्यकर्त्ता थे। अपने प्रिय नेता से मिलने के लिए लाल बाबा ने सिंगापुर जाने का निश्चय किया। कुछ दूर गये, पर कतिपय बाधाओं के

कारण भारत में रहकर ही ब्रिटिश सरकार से मोर्चा लेने का उन्होंने निश्चय किया। आज़ाद हिन्द फ़ौज के अनुरूप उन्होंने सन्ताल परगना ज़िले में देशोद्धारक दल का संगठन किया। बताया जाता है कि उसमें 2 हज़ार से अधिक व्यक्ति सैनिक रूप में शामिल हो गये थे। लाल हेम्ब्रम उन्हें प्रति दिन सुबह और शाम कम से कम चार घण्टा तीरन्दाजी सिखाते थे। बाकी समय इस दल के सैनिकों द्वारा गाँव गाँव में अंग्रेज़ी हुकूमत के विरोध में वे प्रचार का काम लेते थे। गाँव वालो से इन लोगों का कहना था–न तो अंग्रेज़ी हुकूमत मानो और न उसकी कचहरियो से न्याय की माँग करो। दुमका–भागलपुर रोड पर दुमका से 14 मील की दूरी पर लाठी पहाड़ी नामक एक स्थान है। 17 फ़रवरी, 1943 को देशोद्धारक दल के सैनिको के साथ लाल बाबा वहाँ थे। कुछ देश–द्रोहियों ने इसकी सूचना पुलिस अधिकारी मिस्टर जे. ई. विशप को दे दी। उसने लाठी पहाड़ी पर आक्रमण कर दिया। सन्तालों का पता लगाने के लिए एक जासूस कुत्ता भेजा। कुत्ता कभी लाल हेम्ब्रम के पास आता था और कभी पागान मराण्डी के पास। सन्ताल दल के प्रहरी जटा वास्की ने पुलिस के आगमन की सूचना दी। वे अभी सँभल भी न पाये थे कि सशस्त्र पुलिस सन्तालों पर गोलियाँ चलाने लगी। सन्तालों ने उनका खुलकर सामना किया। पुलिस अधिकारी श्री एस.के. राय ने इस संघर्ष की कहानी अपनी इस रिपोर्ट में लिखी है–

"...तब हम लोगों ने (पुलिस दल) पहाड़ के ऊपर झरना के पास जाने का विचार किया, जहाँ पर डकैतों के दल के रहने की सम्भावना थी। जब हम लोग ऊपर पहुँचे, तब एक समतल मैदान दिखाई पड़ा। वहाँ हम लोगों ने ढाई सौ व्यक्तियो को देखा, जिसके पास तीर–धनुष, बर्छे, कुल्हाड़ियाँ, लाठियाँ, एक बन्दूक तथा अन्य घातक हथियार थे। हम लोगों को देखते ही उनमें से कुछ लोग इधर–उधर भागने लगे और कुछ ने अपने हथियार एवं पत्थरों से हम पर हमला किया। तब हम लोगों ने भी अपनी बन्दूकें और रिवाल्वरों से उन पर गोलियाँ दागनी शुरू की। कइयों को घायल किया, जिनमें कम से कम तीन चार गिर पड़े। चूँकि हमारी गोलियाँ निशाने पर नहीं बैठती थी और वे पुरानी भी थीं। इसलिए अवसर पाकर डकैतों ने हम लोगों को चारों तरफ़ से घेर लिया। हम लोग पीछे हटे (Retreated) इस पर भी कुछ डकैतों ने गाँधी जी की जय–जय कहते हुए तथा मार दो, पत्थर फेंको, पछाड़ दो, तीर मारो आदि उच्चारण करते हुए हम लोगों का पीछा किया। किन्तु किसी तरह हम लोग प्राण लेकर नीचे खुले मैदान में पुहँच गये और डकैत भी हम लोगों को खुले

मैदान में पहुँचाकर पहाड़ों में भाग गये। जब हम लोगों का वे पीछा कर रहे थे, तब उन लोगों ने पुलिस सब इंसपेक्टर श्री जे.एच. कुमार के हाथ से एक बन्दूक छीन ली। पुलिस के बड़े दारोगा श्री शुकदेव चौबे और छोटे दारोगा श्री द्वारका प्रसाद सिंह को घायल किया था।''

लाठी पहाड़ी संघर्ष से सम्बन्धित 40 व्यक्तियों को अंग्रेज़ी सरकार की अदालत ने 14 साल की सज़ा दे दी। उनमें निम्नलिखित 12 आदमियों को हाईकोर्ट ने निरपराध घोषित कर दिया–(1) श्री बड़का मुर्मू (2) श्री अंग्रेज़ राय, (3) श्री अनमनी लायक, (4) श्री साहेब मराण्डी, (5) श्री दारोगा माँझी (6) श्री दधिषल कुमार, (7) श्री दुखन मडैया, (8) श्री तौजी राय, (9) श्री दीवान मडैया, (10) श्री गंगा राय; (11) श्री लगन कुमार तथा (12) श्री दीप्ती सोरेन। इन्हे रिहा कर दिया गया। जेल में जो रह गये थे–उन पर अनेक अत्याचार हुए थे। आठ आदमियों का जेल में ही देहान्त हो गया। (1) श्री भूदय हाँसदा, (2) हरिदास मुर्मू, (3) श्री नूना मुर्म, (4) रजाम हेम्ब्रम, (5) सुन्दर हेम्ब्रम, (6) विदेशी राय, (7) पाण्डू मुर्मू और (8) लुथु टुडू जेल में से ही इस लोक से चले गये थे। फिर भी लाठी पहाड़ी संघर्ष के सेनापति लाल हेम्ब्रम और सहयोगी पगान मराण्डी, भत्तू सोरेन और रसिक लाल सोरेन को सरकार न पकड़ सकी। लाठी पहाड़ी के चारों ओर हवाई जहाज़ लाल को पकड़ने के लिए चक्कर काटते रहे, फिर भी लाल का कहीं पता नहीं चला। सारी शक्ति रख कर भी ब्रिटिश सरकार लाल को नहीं पकड़ सकी। इनाम का प्रलोभन भी कुछ काम नहीं कर सका। वहीं लाल हेम्ब्रम ने महात्मा गाँधी के आदेश से सन् 1945 के फ़रवरी में आत्म–समर्पण किया। उन पर मुक़दमा चला। उनके विरोध में ब्रिटिश सरकार पर्याप्त साक्ष्य अपनी ही अदालत में प्रस्तुत नहीं कर सकी। अतः वे 4 फ़रवरी, 1946 को मुक्त कर दिये गये। अगस्त क्रान्ति के फलस्वरूप 15 अगस्त, 1947 को देश स्वतन्त्र हुआ। स्वतन्त्रता के अन्तिम संघर्ष में सन्तालों ने बहुत त्याग किया था। पूज्य राजेन्द्र बाबू ने भी इसे स्वीकार किया था।

ऐतिहासिक धरातल

- नृतत्त्व विज्ञान भारत के लिए कोई नया विज्ञान नहीं है। यह विज्ञान हमारे लिए उतना ही पुराना है, जितनी पुरानी हमारी सभ्यता एवं संस्कृति है। मनु नृतत्त्व विज्ञान के प्रथम वैज्ञानिक थे और मनुस्मृति नृतत्त्व विज्ञान का प्रथम ग्रन्थ है।

- स्क्रेफसर्ड ने 'सन्ताल' शब्द को 'सांवताड' का विकृत रूप माना है और सुप्रसिद्ध नृतत्त्व विज्ञान के साहित्यकार श्री गोपाल लाल वर्मा ने सन्ताल का विकृत रूप सन्ताल शब्द माना है। पर सन्ताल आज व्यवहार का शब्द बन गया है।

- सन्तालों की अपनी कहानी है। उनकी सृष्टि कैसे हुई, वह उनकी धार्मिक भावनाओं से लिपटी हुई है। उन्होंने अपनी सृष्टि की कहानी को अपने लोकगीतों में व्यक्त किया है। शुभ अवसरों पर वे उन्हें गाते हैं। शायद ही कोई ऐसा सन्ताल होगा, जो यह नहीं जानता हो कि उनके पूर्वजों का जन्म हिहिडी–पिपिडी में हुआ है।

- सन्तालों ने राम–रावण युद्ध में राम का पक्ष लिया था और रावण से उन्होंने संघर्ष किया था। उनका जीवन राममय हो गया था। राम नाम के लिए सन्तालों ने साफ़ा होड़ आन्दोलन किया, मार खायी प्राण दिये।

- सन्ताल परगना की धरती पर सन्तालों ने सबसे पीछे पैर रक्खा, पर इस ज़िले पर वे ऐसे छा गये कि सन्ताल–विद्रोह के बाद जब इस ज़िले का नवगठन किया गया, तब इस ज़िले का नामकरण सन्तालों के नाम पर सन्ताल परगना किया गया।

सन्ताल : एक ऐतिहासिक दिग्दर्शन

नृतत्त्व विज्ञान भारत के लिए नया विज्ञान नहीं है। यह विज्ञान उतना ही पुराना है, जितनी पुरानी भारतीय सभ्यता एवं संस्कृति है। मानव को समझने, उसे परखने एवं जानने की क्रियाएँ हमारे यहाँ मनु से ही प्रारम्भ हुई हैं। वे क्रियाएँ तब से अब तक चल रही हैं; पर उनका रूप बदलता रहा है। समय एवं परिस्थिति के अनुसार उनके रूप में परिवर्तन होना आवश्यक भी है, अनिवार्य भी है। पर यह सत्य है, जहाँ पहले नृतत्त्व विज्ञान में वैज्ञानिकता का अभाव था, अब वही उसका आधार पूरा वैज्ञानिक हो गया है। वैज्ञानिक आधार होने के कारण उसमें प्रामागिकता अधिक आ गयी है। नृतत्त्व विज्ञान में हमें मानव की उत्पत्ति एवं उनका विकास, मानव की सभ्यता, संस्कृति एवं संस्कारों के ज्ञान प्राप्त होते हैं। मनुस्मृति को मैं प्रथम नृतत्त्व–विज्ञान का महान ग्रन्थ मानता हूँ। मनु नृतत्त्व विज्ञान के जन्मदाता हैं। नृतत्त्व विज्ञान से हमें पता चलता है कि मानव किन–किन परिस्थितियों से संघर्ष करता हुआ आज यहाँ पहुँचा है। उसकी संस्कृति का निर्माण, उसमें परिवर्तन एवं परिवर्द्धन किन–किन परिस्थितियों में तथा किन–किन कारणों से हुए हैं–इस सारी बातों की जानकारी हमें नृतत्त्व विज्ञान से हो पाती है। आज का मानव पहले के मानव से अधिक ज्ञानी हो गया है। पहले वह भवन में रहता था, अब वह भुवन में रहने लगा। पहले उसकी सीमा गुफायें तक थी, आज वह चाँद और सूर्य के घर में डेरा डालना चाहता है। यह मानव के ज्ञान–विज्ञान का ही द्योतक है। ज्ञान की वृद्धि से विद्वानों के सोचने की क्रियाओं में भी वृद्धि हुई है। इसी वृद्धि के फलस्वरूप हमारा नृतत्त्व विज्ञान है। पहले हमारे विद्वानों ने भौतिक ज्ञान के अध्ययन में अपने को ऐसा लगाया कि वह अपने को ही भूल गये। चाँद, सूर्य आदि ग्रहों के सम्बन्ध में हमें बहुत–सी जानकारी प्राप्त हो गयी थी, पर हम क्या हैं, हम कैसे यहाँ

तक पहुँचे–इस पर सोचने की हमारी प्रवृत्ति कम होती जा रही थी। 18वीं सदी के बाद वैज्ञानिकों ने विज्ञान के क्षेत्र में जितनी प्रगति की है, उतनी प्रगति एवं विकास मानव के अध्ययन में नहीं हो सका। अंग्रेज़ भारत आये, उन्हें भारत पर शासन करना था। भारतीयों के सम्बन्ध में उन्हें जानना आवश्यक था। सफल प्रशासक की ये सब विशेषताएँ होती हैं। अंग्रेज़ अपनी जानकारी के लिए हमारे लोगों के बारे में सोचने लगे, अध्ययन करने लगे। तब से हमारे देश में मानव–अध्ययन का नया युग आरम्भ होता है।

अंग्रेज़ों ने वैज्ञानिक ढंग से मानव–जाति, विशेषकर जनजातियों के सम्बन्ध में अध्ययन करने की सुदृढ़ योजनाएँ बनायीं, संस्थाएँ कायम कीं और जनजातियों की संस्कृति पर खोजपूर्ण निबन्ध प्रकाशित करने के लिए संस्थाओं से पत्र–पत्रिकाएँ निकालीं। उन संस्थाओं में 'एशियाटिक सोसाइटी ऑफ़ बंगाल' नामक एक संस्था कलकत्ता में 19वीं सदी के 8वें दशक में स्थापित हुई। तब बिहार बंगाल का ही अंग था। जब बिहार बंगाल से अलग हुआ, तो 1915 में 'बिहार उड़ीसा रिसर्च सोसाइटी' का जन्म हुआ। इन संस्थाओं से पत्रिकाएँ प्रकाशित हुईं। बिहार की जनजातियों पर इन पत्रों के माध्यम से लेख लिखा जाने लगा। खोजपूर्ण निबन्धों से उनके ऊपर नया प्रकाश पड़ने लगा। एशियाटिक सोसाइटी ऑफ़ बंगाल के जर्नल में सन्तालों के ऊपर काफ़ी लिखा गया है। सन्तालों को चर्चा का विषय बनाया गया है। श्री पी.ओ. बोडिंग[1] ने सन्तालों के सम्बन्ध में इस पत्रिका में कई निबन्ध लिखे हैं। श्री एल.ओ. स्क्रेफसर्ड[2] डब्लू.एस. शेरबील[3], श्री कालीपद मित्रा[4] एवं श्री बी. के. चटर्जी और प्रो. डी. कुमार[5] आदि ने सन्तालों पर अच्छा प्रकाश डाला है। बिहार उडीसा रिसर्च सोसाइटी की पत्रिका ने भी सन्तालों पर विशेष महत्त्व दिया। नृतात्विक शोध में इस पत्रिका का बड़ा योगदान रहा है। यहाँ तक कहा जा सकता है कि इस पत्रिका द्वारा बिहार राज्य में नृतात्विक शोध को जन्म दिया गया। इस पत्रिका में सन्तालों के सम्बन्ध में बहुत कुछ लिखा गया। श्री पी. ओ. बोडिंग[6] ए. कैम्मबेल[7], जी. गौसदल[8], के. मित्रा[9], एस. एन. राय[10] आदि ने बिहार और उड़ीसा रिसर्च सोसाइटी की पत्रिका के माध्यम से सन्तालों पर प्रकाश डाले हैं। मेमोरियल ऑफ़ एशियाटिक सोसाइटी ऑफ़ बंगाल में भी श्री पी. ओ. बोडिंग[11] के कई निबन्ध सन्ताल परगना के

सम्बन्ध में प्रकाशित हुए थे। सन्तालों को समझने एवं बूझने में इन निबन्धों से बड़ी सहायता मिलती है।

अंग्रेज़ी में प्रकाशित कुछ मासिक पत्रिकाओं में सन्ताल सम्बन्धी निबन्ध निकलते थे। सन् 1843 में 'कलकत्ता रिव्यू' निकला और सन् 1872 में इंडियन एण्टीकरी नामक एक पत्र डॉक्टर बार्गेस ने निकाला। इन पत्रों में सन्तालों के सम्बन्ध में लिखा गया। सन्ताल विद्रोह पर पहला निबन्ध 'कलकत्ता रिव्यू' में ही प्रकाशित हुआ था। पर भारत में 1921 के पूर्व नृतत्त्व सम्बन्धी कोई स्वतन्त्र पत्र नहीं निकला। पर उसका अभाव सब लोग अनुभव करते थे। इसी अभाव की पूर्ति करने के लिए नृतत्त्व विज्ञानशास्त्री श्री शरत्चन्द्र ने सन् 1921 में "मैन इन इंडिया" का प्रकाशन किया। आज भी यह पत्र त्रैमासिक के रूप में राँची से प्रकाशित होता है। "मैन इन इंडिया"[12] में सन्तालों के सम्बन्ध में बहुत से निबन्ध निकले हैं और निकलते रहते हैं। इस पत्रिका की सेवा किसी भी शोध संस्थान से कम नहीं रही है।

प्रशासकों ने भी सन्ताल सम्बन्धी निबन्ध एवं पुस्तक लिखी है। सन्तालों के सम्बन्ध में काफ़ी श्रम कर डॉक्टर बुचानन ने एक ग्रन्थ तैयार किया था, जो शायद अभी भी हस्तलिपि के रूप में 'इंडिया हाउस' लन्दन में सुरक्षित पड़ा हुआ है। सन् 1807 में डॉ. बुचानन को कोर्ट ऑफ़ डाइरेक्टरों ने अपने अधिकार क्षेत्र के सर्वे के लिए नियुक्त किया था। सर विलियम हण्टर ने अपने "एनस ऑफ़ बंगाल" में डॉक्टर बुचानन को प्रामाणिक अनुसन्धाता एवं सर्वोत्तम रेखांक–वेत्ता माना है। सर्वे का काम तेज़ी से 7 वर्ष चला। तीन हज़ार पौण्ड उस पर ख़र्च किया गया, पर बाद में न जाने किस कारण से वह सर्वे का काम रोक दिया गया। सर्वे का काम बहुत व्यापक था। इतिहास, संस्कृति, संस्कार, परम्पराएँ, धर्म, विश्वास आदि सम्बन्धी प्रत्येक ज़िले की जानकारी प्राप्त करना उसका लक्ष्य था।[13] इतना ही नहीं, प्रत्येक ज़िले के लोग वहाँ के जंगल, खान अंश पड़ता था।[14] इस क्षेत्र में डॉक्टर बुचानन सन् 1809–10 में आदि के सम्बन्ध में भी जाँच करना था। बिहार और उत्तर बिहार का सर्वे हो गया था। उसके बाद ही सर्वे का काम बन्द किया गया था। भागलपुर ज़िले के अन्तर्गत तब मुंगेर और सन्ताल परगना का दो तिहाई आये थे और उसका सर्वेक्षण किया था। उसका पूरा विवरण 25 जिल्दों में तैयार हुआ था,

पर सन् 1838 तक उनमें तीन ही विवरण प्रकाशित हुए थे। सन् 1820 में वाल्टर हैमिल्टन ने उन विवरणों के आधार पर 'ए ज्योग्राफिकल स्टैटिस्टीकल हिस्टोरिकल डिस्क्रिपसंस ऑफ़ दि हिन्दुस्तान एण्ड एडजैसेंट कंट्रीज' के नाम से दो जिल्दों में प्रकाशित किये थे। सन् 1938 में मांटगोमरी मार्टिन ने डॉक्टर बुचानन की हस्तलिखित सामग्री से संकलित कर 'दि हिस्ट्री, एक्टिविटी, टायोग्राफी एण्ड स्टन्टीस्टीक ऑफ़ ईस्टर्न इंडिया' प्रकाशित किया। मांटगोमरी मार्टिन ने उक्त पुस्तक की भूमिका में कहा है कि धार्मिक एवं नैतिक दृष्टिकोण से हस्तलिखित सामग्री से संकलन किया गया है। अतः उसके ग्रन्थों में ऐतिहासिक एवं वैज्ञानिक तत्त्वों का अभाव है। फिर भी नृतत्त्व सम्बन्धी बातों पर काफ़ी प्रकाश डाला गया है।

डॉक्टर बुचानन के सर्वे के बाद मिस्टर सुन्दरलैंड की रिपोर्ट सन् 1818 में प्रकाश में आयी। उसी रिपोर्ट के आधार पर दामिन–इ–कोह की सीमा निर्धारित की गयी। मिस्टर उड ने उसी रिपोर्ट को दृष्टि में रखकर सन् 1826–1832 के बीच दामिन–इ–कोह की सीमा निर्धारित की। सन्तालों के जीवन की एक झाँकी हमें कप्तान शेरवील के भागलपुर और वीरभूमि ज़िले के रेभन्यू सर्वे रिपोर्टों से मिलती है। ये रिपोर्टे सन् 1848 से 1852 और सन् 1854 से 1855 के बीच तैयार हुई थी रेभन्यू सर्वे के बाद ही सन् 1855 में सन्ताल विद्रोह हुआ तथा सन्ताल परगना का जन्म हुआ। सर विलियम हन्टर ने सन्ताल विद्रोह के सम्बन्ध में अपना मत दिया है। उन्होंने सन्तालों की भाषा, धर्म, जाति, संस्कार एवं परम्पराओं पर प्रकाश डाला है। मिस्टर बुकलैंड ने 'बंगाल अंडर दि लिफटेंट गवर्नर' नामक एक ग्रन्थ लिखा था। उस ग्रन्थ से पता चलता है कि सन्ताल परगना में सिपाही विद्रोह कैसे आया और तूफान कैसे शान्त हुआ। श्री उड ने सन् 1873 से 1879 तक सन्ताल परगना का सर्वे किया था। उनकी सर्वे रिपोर्ट में भी सन्तालों के ऊपर प्रकाश डाला गया है। सन्ताल परगना ज़िले के उपायुक्त एवं भागलपुर के आयुक्त के पत्राचारों में भी बहुत–सी बातें आयी, जिनसे सन्तालों के जीवन पर प्रकाश पड़ता है। मिस्टर डब्लू.बी. बोल्डहम ने उनसे चुनकर कुछ पत्रों को सन् 1886 में प्रकाशित किया था। उन्होंने सन् 1898 में सन्ताल परगना ला को पुनः मुद्रित कराया था। यह पुस्तक आज तक प्रशासकों के लिए पथ–प्रदर्शक का काम करती है। ओल्डहम ने हम लोगों को 'सम हिस्टोरिकल एण्ड एथिकल एसपेक्टस् ऑफ़ दि वर्दमान डिस्ट्रिस्ट'

नामक एक पुस्तक सन् 1894 में दी। मिस्टर ओल्डहम पाँच वर्ष तक सन्ताल परगना में उपायुक्त रहे थे। उक्त पुस्तक के दो–तिहाई अंश में उन्होंने सन्तालों पर प्रकाश डाला है। सन्तालों के जीवन पर मिस्टर वेट की पुस्तक 'स्टोरी ऑफ़ एन इंडियन अपलैंड', सन् 1905 में प्रकाशित हुई। सन् 1909 में मिस्टर मैकफर्सन की सर्वे रिपोर्ट प्रकाश में आयी। उन्होंने सन्ताल परगना ज़िला का सर्वेक्षण सन् 1898–1907 में किया था। इसनें उन्होंने सन्तालों पर प्रकाश डाला है। इस प्रकार रेजर की सर्वे रिपोर्ट में भी सन्तालों पर प्रकाश डाला गया है। जनगणना के अवसर पर जब नयी रिपोर्ट तैयार की गयी, तब तक सन्तालों पर उसमें कुछ–न–कुछ लिखा ही गया।

ईसाई मिशनरियों ने सन्तालों पर काफ़ी खोज की है। नृतत्त्व–विज्ञान के क्षेत्र में उनकी बहुत बड़ी देन रही है। रोमन लिपि तथा सन्ताली भाषा में उन्होंने कई पुस्तकें तैयार की हैं।[15] उन पुस्तकों का अपना महत्त्व है। इन पुस्तकों में सांस्कृतिक पहलू पर विशेष ध्यान दिया गया है, ऐतिहासिक पहलुओं पर कम प्रकाश डाला गया है। एथनोग्राफी में भी सन्तालों की चर्चाएँ आयी है। श्री कैम्बोल ने सन् 1854 में एथनोग्राफी ऑफ़ इंडिया लिखा। इन पुस्तकों में सन्ताली पर प्रकाश पड़ता है। श्री आर्चर ने आठ खण्डों में सन्तालों के विभिन्न पहलुओं पर प्रकाश डाला था। पर वह पुस्तक छपी नहीं, हस्तलिपि के रूप में रह गयी। आर्चर साहब ने उस पुस्तक की कई टंकक प्रतियाँ करायी थीं, जो दुमका में उपलब्ध हैं।

स्वतन्त्र हो जाने के बाद नये ढंग से सन्तालों पर अध्ययन आरम्भ हो गया है। पटना विश्वविद्यालय में समाज शास्त्र (1951) और बिहार विश्वविद्यालय में नृतत्त्व शास्त्र (1953) तथा बिहार सरकार ने जनजातीय शोध परिषद् (1954) तथा सांस्कृतिक एवं सामाजिक शोध मण्डल (1955) की स्थापना की। कुछ वर्ष पूर्व सामाजिक एवं सांस्कृतिक शोध परिषद् ने बिहार के आदिवासियों पर एक सेमिनार कराया था। उस अवसर पर कई निबन्ध पढ़े गये थे। इन निबन्धों के आधार पर डॉक्टर ललिता प्रसाद विद्यार्थी के सम्पादकत्व में 'बिहार के आदिवासी' नामक पुस्तक निकली है। उसमें सन्तालों पर एक अध्याय है, जिसमें सन्तालों के सामाजिक जीवन पर प्रकाश पड़ता है। दिल्ली विश्वविद्यालय के नृतत्त्व विभाग के अध्यक्ष पी.सी. विश्वास की 'सन्ताल ऑफ़ दि सन्ताल परगना' बहुत ही खोजपूर्ण पुस्तक है।

सन्दर्भ

1. P.O. Bodding (1) On the different kinds of salutations used by the Santals– J.A.S. Bengal, LXVII, Part III (1898)

   (2) On Taboos and customs connected there with amongst the Santals– J.A.S. Bengal, LXVII (1898), Page 1-24.

   (3) Ancient stone implements in the Santal Parganas– J.A.S., Bengal, LXX, Part III (1901).

   (4) Shoulder–headed and other forms of stone implements in the Santal Parganas– J.A.S., Bengal, LXXIII, Part III (1904).

   (5) Santals Traditions– J.A.S., Bengal, Part II (1916).

   (6) A note on the wild people of the Santals.– J.A.S., Bengal, XNVII (241-63).
2. L.O. Skrefressed– Notes on Fraternal Polyandry among the Santals– J.A.S., Bengal, 1906.
3. W.S.Sherwill– Notes upon a Tour through the Rajmahal Hills. – J.A.S. Bengal, 1851.
4. Kali Pada Mitra– The originals and Parallels of some Santal Folk Tales– J.A.S., Bengal, XXX (1929) Page, 101.
5. B.K. Chatterjee & J.D. Kumar– The Somatic Characters and Racial affinition of the Santals of the Santal Parganas.–J.A.S.B. (Science) Vol. XVIII– No. 1, 1952.
6. P.O. Bodding–
   (1) Some Remarks on the position of women Among the Santals– Journal of Bihar & Orissa Research Society, Vol. 1, Pt. II, 1815. p.– 213-18.
   (2) The meaning of the word 'Buru & Bonga' in Santali.– Journal of Bihar & Orissa Research Society. Vol. XII, Pt. 1-1926, p.– 63-77.
   (3) Further notes on the "Burus and Bongas" – Journal of Bihar and Orissa Research Society. Vol. XII, Pt. II, 1926 p.– 286-88.
7. A. Campbell–
   (1) "The Traditions of the Santals"– Journal of Bihar & Orissa Research Society, Vol. II, Pt. I, 1916, p.– 15-29.
   (2) "Santal legends."– Journal of Bihar & Orissa Research Society, Vol.II. 1916, p.– 191-200.

(3) "Superstitions of the Santals"– Journal of Bihar and Orissa Research Society, Vol. I, Part II, 1915, p. 213-28.

(4) Rules of succession and partition of properties as observed by the Santals– Journal of Bihar and Orissa Research Society, Vol, I Part II, 1915, p. 213-28.

(5) Santal marriage customs – Journal of Bihar and Orissa Research Society, Vol.II, Part III, 1916, p. 304-37

(6) Death and cremation ceremonies among the Santals'– Journal of Bihar and Orissa Research Society, Vol.II, Part IV, 1916 449-56

8. G. Gausdal–

"The Khut system of the Santals"– Journal of Bihar and Orissa Research Society, Vol. XXVIII, Part IV, 1942, p. 431-9

9. K.Mitra–

The originals and parrallels of the stories in Mr. Bompas' Folklore of the Santal Parganas.– Journal of Bihar and Orissa Research Society, Vol. XII, Part IV, 1926, p. 560-84

10. S.N.Roy–

The conversion of the Santal to Hinduism– Journal of Bihar and Orissa, Research Society, Vol.II, 1916, p. 87-8

11. P.O.Bodding–

(1) The Santals and Disease studies in Santal Medicine and connected Folklore, Part I, Memories of the Asiatic Society of Bengal, Vol, X, No.1, Calcutta, 1925.

(2) Santal Medicine, Studies in Santal Medicine and connected folklore, Part II, Memories of the Asiatic Society of Bengal, Vol. X, No. 2, Calcutta.

(3) 'How the Santals live, Studies in Santal Medicine and connected folklore, M.R.A.S. Bengal, Vol, X, No.3, 1940

12. Andrew Archer– The Folk tales in Santal Society– Man in India, December, 1944, 224-32.

13. W.G.Archer–

(1) The illigitmate child in Santal Society, Man in India, September 1944, p. 154-169.

(2) More Santal Songs– Man in India, September,1944. p. 141-4.

(3) The Forcible marriage–Man in India, march, 1945. p. 29-42.

(4) Santal Rebellion Songs– Man in India, December, 1945.
(5) Santal Transplantation Songs– Man in India, March, 1940. p. 6-7.
(6) Ritual Frindship in Santal Society– Man in India, March, 1947. p. 57-60.
(7) The Santal tretment of witchcraft– Man in India, June, 1947.
(8) The Santal Rebellion-Man in India, December, 1945.

14. W.J.Culshaw–
(1) "Early Records concerning the Santal, Man in India, September, 1945.

15. An introduction to the Santali language, 1852, by Jaronia Philips.
A Vocabulary of Santali Language, 1864, by Rev.E.L.Pakskey.
A grammar of the Santali Langauge.1873, by Rev.L.D.Skepsrood.
Snatali–English & English–Santali Dictionary, 1899 by Campbell.
Matorials for a Santali Grammar 1926, by Rev.P.O.Boading.
An introduction to Satali–1947 by Macphil. Hor Kaoren Mare Hapram Koak Katha, 1924, By Rev.L.O. Skepsrood "Kolgan Haramak, ha lekak."
Santal Pargana reak itihas by Rev. C.H.Koomar.
Hor Kahini Ko by Rev.P.O.Boading.

'सन्ताल' शब्द की निरुक्ति

सन्ताल शब्द विभिन्न प्रकार से लिखा मिलता है। बंगला भाषा–भाषी लोगों के बीच उनके लिए सावंतेर शब्द का प्रयोग मिलता है। सन्ताल, सन्थाल, सावंतेर आदि शब्दों का प्रयोग सन्तालों के लिए किया जाता है। सन्तालों ने अपने को सन्ताल कहकर पुकारा जाना पहले पसन्द नहीं किया था। वह तो सन् 1917 के बाद से अपने को वे सन्ताल कहने लगे हैं। सन्तालों ने किसी अजनबी को अपना नाम और गोत्र बतलाना सिर्फ सन् 1917 ई. से सीखा है। उससे पहले वे सिर्फ माँझी कहकर अपना परिचय दिया करते थे। सन्ताल–विद्रोह के नेता सिदो के नाम के साथ माँझी शब्द ही मिलता है। सन् 1870 में अहिंसात्मक संघर्ष बाबा भागीरथ के नेतृत्व में आरम्भ हुआ था। उनके नाम के साथ माँझी शब्द ही लगा हुआ था। आज भी माँझी शब्द का प्रयोग नाम के साथ होता है। सन्ताल परगना में सन्ताली के नाम के साथ माँझी का जोड़ा जाना कम हो गया है, पर सन्ताल परगना के बाहर के सन्ताल अपने नाम के साथ माँझी ही जोड़ते हैं। मानभूमि, सिंहभूमि और मयूरभंज के सन्ताल आज भी अपने नाम के साथ माँझी शब्द जोड़ने में गौरव का अनुभव करते हैं। सन्ताल परगना में आज भी माँझी की उपाधि गौरव की उपाधि है। वे गाँव के प्रमुख को माँझी ही कहते हैं। जो व्यक्ति सन्तालों का धार्मिक अनुष्ठान करता है, उसे भी जोगमाँझी वे कहते हैं। सन्ताल माँझी का प्रयोग आदर सूचक शब्द के रूप में करने लगे हैं। सन्ताल उनकी जाति का बोधक शब्द बन गया है। फिर भी सन्ताल जब आपस में मिलते हैं, तब वे अपने को सन्ताल नहीं कहते हैं[1]। वे अपनी जाति के बाहर के लोगों से जब सम्पर्क स्थापित करते हैं, तब वे अपने को सन्ताल, सन्ताल या सावंतेर कहते हैं। सन्ताल अपने को 'होड़' भी कहते हैं। होड़ का प्रचलन अधिक है। जो हो, सन्ताल शब्द सन्तालों ने बाद में अपनाया है।

'सन्ताल' शब्द का पूर्व रूप सन्ताल रहा होगा–ऐसा माना जाता है, पर इन दोनों सन्ताल और सन्थाल शब्दों के पूर्व 18वीं सदी में 'सान्ताड़' और 'सान्थाड' रहा था। वे सौंगताड भी कहलाते थे। साँओताड शब्द का भी प्रयोग हमें मिलता है। बंगला में साँओताड को साँओताल कहा जाता है, अंग्रेज़ों ने भी साँओताल शब्द का प्रयोग किया है। विभिन्न व्यक्तियों ने विभिन्न ढंग से इन शब्दों का प्रयोग किया है। एकरूपता का अभाव रहा है। सरकारी रेकार्डों में भी विभिन्नताएँ हम पाते हैं। ये विभिन्नताएँ 18वीं सदी में अधिक हैं। 19वीं सदी के कुछ दशकों में मिलती हैं, पर बाद में सन्ताल और सन्ताल शब्दों का ही प्रचलन रहा। कुछ समय तक सन्ताल और सन्थाल दोनों में कौन–सा शुद्ध रूप है–इस प्रश्न को लेकर एक विवाद चला था। सन्ताल को सन्ताल से अधिक भाषाविज्ञान की दृष्टि से शुद्ध माना गया था। पर सन्ताल शब्द का अधिक प्रचलन होने के कारण सन्ताल शब्द ही ग्राह्य हुआ। सन्ताल शब्द का जहाँ–तहाँ प्रयोग हो जाता है। जनता जिस शब्द को अपना लेती है, उसी शब्द को व्यवहार में लाना हमें उचित जँचता है और ऐसा करना भी चाहिए।

सन्ताल जाति का उल्लेख सबसे पहले लार्ड टेन्माउथ (सर जानशेर) ने किया है। उन्होंने एक निबन्ध सन् 1795 में एशियाटिक रिसर्चेज में लिखा था। उस निबन्ध का शीर्षक था–"हिन्दुओं की कुछ असाधारण बातें, रीति–रिवाज़ तथा प्रथाएँ"। इस निबन्ध में इन्होंने सन्तालों को सून्ताड कहा है। सून्ताड शब्द का प्रयोग उस जाति के लिए उन्होंने किया है, जो हज़ारीबाग के रामगढ़ अंचल में रहती थी। जो एक असंस्कृत अनपढ़ जन–जाति थी।[2] इसके बाद औरों ने भी सन्तालों का उल्लेख किया है। सन्ताल परगना में सन्तालों का उल्लेख सबसे पहले मांटगोमरी मार्टिन ने किया था। उन्होंने 'ईस्टर्न इंडिया' नामक एक ग्रन्थ लिखा था। उस ग्रन्थ में सन्तालों के सम्बन्ध में दो बार उल्लेख आया है। एक जगह पर सौंगताड कहा गया है और दूसरी जगह पर प्रेस की भूल के कारण तौंगताड कहा गया है। पर वास्तव में वह भी सौंगताड ही है। सौंगताड का जहाँ उसने उल्लेख किया है, वहाँ उसने लिखा है–केवल लाखेर दीवानी में कुछ तौगताड (सौंगताड) जो अपवित्र हैं, उन्हें ही गौ–सेवा करने की अनुमति दी गयी है। अत्याचारी–व्यवहार का पहले भयंकर विरोध किया गया। फिर भी उनकी अशिष्टता का हठ बना रहा। मुख्यतः मेरे इस विश्वास का कारण यह है कि वे जादू–टोना में विचार रखते हैं। और, उनके साथ सहर्ष को

वे बहुत ख़तरनाक मानते हैं। सौंगताड़ जो शुद्ध शब्द तब माना जाता था, उसका प्रयोजन मांटगोमरी मार्टिन ने इस प्रकार किया है–"बिहार के सामान्य कृषक अपने कारबार स्वयं जमींदारों के एजेण्टों के साथ करते हैं। फिर सौंगताड नाम की असंस्कृत जन–जाति के लोगों के बीच और इस ज़िले के लिए बंगाली बहुल भागों में ऐसा होता है कि उन लोगों के साथ जो भी कारबार हो, उसके लिए एक तरह का मुखिया नियुक्त किया जाता है।"[3] इनसे श्री एस. मैकफर्सन ने सन्तालों की तीन विशेषताएँ निकाली हैं–हिन्दू विश्वासों के प्रति सन्तालों की अपेक्षा, जादू–टोना में उनका विश्वास और उनका पंचायत जीवन।[4] ये तीनों विशेषताएँ आज भी सन्तालों में किसी न किसी रूप में कम और अधिक पायी जाती हैं।

सन्तालों के सम्बन्ध में, उनके प्रारम्भिक दिनों की स्थिति का वर्णन बुचानन हेमिल्टन की अप्रकाशित हस्तलिखित सामग्री के आधार पर श्री मैकफर्सन ने लिखा है[5]–"सौंगताड एक ऐसी जन–जाति के लोग हैं, जिनकी भाषा विचित्र है। जहाँ तक मुझे ज्ञात है, इस ज़िले के अपेक्षाकृत जंगली भागों में सम्प्रति इनके पाँच सौ परिवार बसे हैं। फिर भी यह बात बाद की है और ये पहले पहल वीरभूमि से वहाँ के ज़मींदारों के जुल्मों के कारण यहाँ आयें।" जहाँ तक इन लोगों से मुझे मालूम हुआ है, इस जाति का मूल स्थान पलामू और रामगढ़ है। वे जंगल साफ़ करने में विशेषज्ञ हैं। उसे वे खेत में बदलते हैं। पर वे प्रतिफल के रूप में भू--कर देते थे। जब कभी भी भूमि खेती करने योग्य होती है और उनमें परम्परागत भू–कर की माँग होती है, वे बंजरभूमि पर, जो किसी दूसरे जमींदार की होती है, जाते हैं। पूरा गाँव एक साथ ही चलता है और उनके गाँव के मुखिया नये जमींदार से सभी के लिए बातें करता है, जितनी ज़मीन वह जोत सकते थे, उतनी धन–राशि वे कर के रूप में देने को तैयार हो जाते।

सर विलियम हंटर ने सन्ताल शब्द का प्रयोग किया है। उन्होंने "एनल्स ऑफ़ रूरल बंगाल" में लिखा है–"सन् 1790 में भू कर के लिए जो स्थायी बन्दोबस्ती हुई उसके परिणामस्वरूप जोत का सामान्य विस्तार हुआ और निचली भूमि जो जानवरों से भरी हुई थी, उससे मुक्ति के लिए सन्तालों को भाड़ा पर लगाया।"[6] आगे चलकर सन्ताल परगना गज़ेटियर में कहा गया–'1827 ई. तक में सन्ताल लोग, गोड्डा सबडिवीजन के बिल्कुल उत्तरी हिस्से तक अग्रसर हो चुके थे, जब कि दामिन–इ–कोह की सीमा मापकर अलग करते समय मि. वार्ड को पतसंडा में तीन और

बारकोप में सत्ताईस सन्ताल गाँव मिले थे।' सन्तालों के बारे में उनके मन में जो धारणाएँ बनीं, वे बड़ी मनोरंजक हैं। उन्होंने लिखा है–"इस उल्लिखित सीमा रेखा के अन्तर्गत सान्ताड नाम की जाति के लोगों द्वारा संस्थापित दो–तीन बस्तियाँ हैं। ये लोग सिंहभूमि और उसके आस–पास के रहने वाले हैं। इनका रहन–सहन और रीति–रिवाज़ एक से है। वे किसी ख़ास जाति के लोग नहीं हैं। ये बहुत गठीले और श्रमशील होते हैं।"[7]

हमने ऊपर देखा है कि मैकफर्सन ने बुचानन के आधार पर सन्तालों के लिए सौंगताड शब्द का प्रयोग किया है, पर उन्होंने अपनी सर्वे रिपोर्ट में सन्ताल शब्द का प्रयोग किया। उक्त प्रतिवेदन के केवल पारा 9 में ही उन्होंने सन्ताल शब्द का प्रयोग कई बार किया है। उन्होंने लिखा है–'सन्ताल परगना में दामिन–इ–कोह की उत्तरी पहाड़ी एक रक्षा स्थल है, जहाँ प्राचीन एवं शुद्ध रूप में सूरिया मलार आदिवासी की स्मृतियाँ सुरक्षित हैं।'[8] पुनः उन्होंने सन्ताल शब्द का प्रयोग करते हुए लिखा है–'ब्रिटिश साम्राज्य की स्थापना के आरम्भिक दिनों में ये कुछ जंगल और ऊँची पहाड़ियाँ सन्तालों के आक्रमण की साक्षी हैं।'[9] उन्होंने फिर सन्ताल शब्द का प्रयोग करते हुए लिखा है–'सन्ताल जो आबादी के सभी वर्गों पर अधिकता से छा गये, इनकी आबादी दामिन–इ–कोह में आबादी की दो–तिहाई थी।'[10] राजमहल और महगाँवा में सन्तालों की जनसंख्या के कारण का उल्लेख करते हुए उन्होंने सन्ताल शब्द का प्रयोग किया है।[11] उन्होंने अपनी रिपोर्ट में माना है, औरों से सन्ताल इस ज़िला (सन्ताल परगना) में नये आये हैं।

इतना ही नहीं बंगाल सरकार के सन् 1872 ई. के आज्ञा पत्र (पत्र संख्या 3527 ए–4, दिनांक 30 सितम्बर) में भी सन्ताल शब्द का प्रयोग हुआ है। उसमें लिखा है कि–'पाठशालाओं में बंगला, हिन्दी, असामी, उडिया अपने–अपने क्षेत्रों में पढ़ाई जायेंगी। कुछ ज़िलों में आदिवासियों को, जहाँ उनकी आबादी अधिक है, और वे लोग अपनी भाषा का प्रयोग करते हैं, जैसे छोटा नागपुर के कोल और सन्ताल परगना के सन्ताल।'[12] नृतत्त्वशास्त्री पण्डित सर हर्बट रिस्ले ने अपनी पुस्तक "भारत के लोग" में सन्ताल शब्द का प्रयोग किया है। उन्होंने लिखा है–सन्थाल, सावताड, द्राविड़ जाति के लोग हैं, जो भाषा की दृष्टि से कोलियरन हैं। वे पश्चिमीं बंगाल, उत्तरी उड़ीसा, भागलपुर और सन्ताल परगना। स्क्रेफसर्ड के अनुसार–'सन्ताल सांवतोड का अशुद्ध रूप है।' स्क्रेफसर्ड साहब ने सन्ताल

को 'साँवताड' शब्द का विकृत रूप माना है।[13] सन्थाल शब्द का प्रयोग सन् 1903 में बंगाल के शिक्षा विभाग के डाइरेक्टर सर ए. पेडलर ने किया है। उन्होंने लिखा है–अन्त में मैं समझता हूँ कि हम लोगों को छोटा नागपुर और भागलपुर के उन स्थानों में जहाँ बंगला और हिन्दी नहीं समझी जाती है, वहाँ सन्ताली को स्वीकृत करना पड़ेगा।[14] इसी प्रकार हम देखते हैं कि श्री हर्बट एलिकस्टार्क ने अपने प्रसिद्ध ग्रन्थ बंगाल में देशी भाषा की शिक्षा में सन्ताल शब्द को ही प्रयोग में लाया है। उन्होंने लिखा है–'मिशनरी सोसाइटियों के द्वारा जो स्कूल खोले गये, जैसे बर्लिन इवानजीलिकल मिशन, छोटा नागपुर, चर्च मिशनरी सोसाइटी, सन्थाल परगना, उन्हें उदार रूप से सहायता दी गयी है।'[15] भारतीय विद्वानों ने भी सन्थाल शब्द का प्रयोग किया है। स्वामी शिवानन्द तीर्थ ने अपनी पुस्तक नागवंश में सन्थाल शब्द का प्रयोग इस प्रकार किया है–'जब नागवंश के कुछ कुल के लोग पर्वतवास को छोड़कर पर्वत–जंगल के समीप ही समस्थल में वास करने के लिए गये तो सन्थाल कहलाए।' डॉक्टर मंगलदेव शास्त्री[16] और डॉ. धीरेन्द्र वर्मा[17] ने सन्थाल शब्द को प्रयोग में लाया है।'

इस प्रकार हम देखते हैं कि सांवताड, सन्थाल और सन्ताल–ये तीन शब्दों के प्रयोग हुए हैं। मुझे तो ऐसा लगता है, साँवताड से सामताल हुआ होगा और सामताल से सन्थाल हुआ होगा। अंग्रेज़ों ने भारतीय उच्चारण करते समय 'थ' को 'त' किया है और सन्थाल को उन्होंने सन्ताल कहना प्रारम्भ किया। स्क्रेफसर्ड ने 'सन्ताल' को साँवताड का विकृत रूप माना है और सुप्रसिद्ध नृतत्त्वशास्त्री श्री गोपाल लाल वर्मा ने सन्ताल का विकृत रूप सन्ताल को माना है।

सन्ताल शब्द का प्रयोग कैसे हुआ, इस पर भी विचार करना है। कोत्थान हाड़ाम के कथनानुसार स्क्रेफसर्ड महोदय ने लिखा है–'हावड़ाम को रेथकथा।' उसमें उन्होंने लिखा है कि सन्ताल नाम Dacigra Khalak के कारण आया है। इसका अर्थ होता है–"गो के मांस का दोना।" सन्ताल नाम क्यों पड़ा है? स्क्रेफसर्ड साहब ने कहा कि गो मांस का दोना ग्रहण करने के कारण पड़ा है। फिर हमें 'हापड़ामपुथी' में भी मिलता है कि जब माघो सिंह के डर से सन्ताल पंजाब से भागे तो रास्ते में गो का चमड़ा टाँगते आये ताकि माधो सिंह यह समझे कि इस ओर से सन्ताल नहीं गये हैं।[18] पर यह विचार उचित नहीं है। श्री डब्लू. बी. ओल्डहम[19] के विचार से यह सन्ताल नाम सामतवाल का संक्षिप्त रूप है। वे कहते हैं कि सामन्त

मेदनीपुर ज़िले के आधुनिक सिलडा परगने का दूसरा नाम है; जहाँ से, जैसा कि वार्ड साहब ने सन् 1828 में पता लगाया है, सन्ताल लोग अपना यहाँ आना बताते हैं। –यहाँ यह उल्लेख किया जा सकता है कि सिंलडा परगने का स्थानीय नाम सामन्त भई है, पर सन्ताल लोग उसे सामन्त भुई कहते हैं। उसकी परम्परागत बात यह है कि उस भूभाग का नाम इसलिए पड़ा कि उसे एक सामन्त राजा अर्थात् दिल्ली के बादशाह के सेनापति ने जीता था। साथ ही उक्त परगने में काफ़ी पुरानी बस्तियों के चिह्न भी हैं, और इसके इर्द–गिर्द वहाँ की कुल जनसंख्या की एक–तिहाई से ऊपर सन्तालों की घनी आबादी भी है। बाँकुड़ा ज़िले में भी सामन्तभूम अथवा साँतभूम नामक एक भूभाग है, जिसे सन्ताल लोग अपना निवास स्थान मानते रहे हैं।

इस प्रकार हम देखते हैं कि बंगाल के सामन्तभूम अथवा साँतभूम के निवासी होने के कारण, जब वे लोग सन्ताल परगना में आये तब उन्हें साँवताल कहा जाने लगा। आज भी हम देखते हैं कि अन्य देश के प्रवासियों को, जब उसका हम नाम नहीं जानते हैं, तब उसके निवास स्थान के नाम से पुकारते हैं। नेपाल देश का कोई कर्मचारी रहता है, तो हम उसके नाम से उसे नहीं पुकारते, नेपाली कहकर ही पुकारते हैं। गोरखपुर से बहुतेरे मज़दूर काम करने बिहार में आते हैं, उन्हें हम गोरखपुरिया कहकर पुकारते हैं। पर श्री पी. ओ. बोर्डिंग का दूसरा ही मत था[20]–उनके सम्बन्ध में। उन्होंने लिखा है–"बहुत सम्भव है कि सांत और सावंत की उत्पत्ति (मूलतः संस्कृत) सामन्त शब्द से हुई है। निस्सन्देह इस शब्द का मूल आर्य–भाषाओं में है। यदि इस शब्द के अनुसार खोजा जाय तो इसका अर्थ क़रीब–क़रीब सीमावासी लोग होगा। परन्तु चूंकि उन्हें यह नाम ऊपर लिखे तरीक़े से मिला, इसलिए इस शब्द का प्रयोग करने वालों का जो आशय था, इसका अर्थ वह नहीं होगा, ये साँवतेर हैं।" एक और भी मत हो सकता है, सन्ताल परगना के ही सन्ताल केवल सन्ताली कहलाते हैं, बाकी जगह के सन्ताल इस नाम से नहीं पुकारे जाते हैं। मध्य प्रदेश के सन्ताल आज भी खरवार ही कहलाते हैं। बाबा भागीरथ माँझी ने जब अहिंसात्मक आन्दोलन सन्ताल परगना में आरम्भ किया था, तब उनके आन्दोलन को खारवार आन्दोलन ही कहा गया था। मानभूमि के सन्ताल को 'मान होड़', सिंहभूमि के सन्ताल को 'सिंज होड़' घ्वालभूमि के सन्ताल को 'घाड़ होड़' तथा मयूरभंज के सन्ताल को 'मंज होड़' कहा

जाता है और इसी प्रकार सन्ताल परगना के सन्ताल और सातभूम के जो सन्ताल हैं, उन्हें सात होड़ ही कहा जाना चाहिए था। सन्ताल उनका नाम अंग्रेज़ी के चलते पड़ा है। यहाँ दो प्रकार के आदिवासी रहते हैं–एक पहाड़ के ऊपर रहते थे और दूसरे समतल भूमि पर। मलार और सूरायी जाति पहाड़ पर रहती थी, साँत भूम के साँत होड़ समतल भूमि पर रहते थे। बंगला उच्चारण में उन्हें सामताल कहा गया, जो अंग्रेज़ी में सावताड़ होगा, वही बाद में सन्थाल हुआ। अंग्रेज़ी में हिन्दुस्थान को हिन्दुस्तान लिखा जाने लगा। आज हम हिन्दी में हिन्दुस्तान ही लिखते हैं, इसी प्रकार मेरी समज से सन्थाल को सन्ताल लिखा जाने लगा।

सन्दर्भ

1. The Santals call themselves simply Hor, meaning man and state that they were formerly called Kharwar. It is only since 1917, that a Santal has learned to tell a Shangu, what his name and sept is prior to that, as a rule, he would simply say "Manjhi".

   –District Gazetteer of Santal Pargana, 1938, p. 120

2. "The earliest mention of them appears to be contained in an article entitled" Some extra ordinary Facts, Customs and Practies of Hindus" by Lord Teignmouth (Sir John Shore), which was published in the Asiatic Researches of 1795. In thus article they were designated "Saontars" and described as a rude and unliterate tribe residing in Ramgur (Ramgarh), the least civilized part of the company's possessions, who have reduced the detection and trial of persons suspected of witchcraft to a system."

   – Santal Pargana Gazetteer (1910), p. 96

3. "It is only in Laker dewani that some impure Taungtars have been permitted to work the cow, and the man of which opposition was at first made to such an atrocious innovation, but the obstinary of the bar barians prevailed. Chiefly, I believe because they were thought powerful in witch craft, and because disputes with such people were considered as dangerous."

   – From Montgomery Martin's Eastern India.

   (compiled from Buchanan Hamilton's manuscripts)

4. The first mention of the Santals in the (Santal Parganas) District occurs in Montgomery Martins' Eastern India (Compiled from

Buchanan Hamiltan's manuscript) which contains – 'The agents the zamindars and it is only among the rude tribe called Saungtar, and in the Bengalese parts of the district that a kind of chief tenant is employed to transact the whole affairs of the community. – From Bengal District Gazetteers Santal Pargana, (1910) p. 96.

5. "These Passages as Mr. H. Mcpherson, I.C.S. points out, are interesting as they illustrate three peculiarities of the Santals viz- their contempt of Hindu prejudicies, their superstitious belief in witchcraft and their communal system, all of which survive in undiminished strength to the present day."

   –From Bengal district Gazetteers, Santal Pargana, p. 96.

6. Further mention about the Santals at this early time has been obtained by Mr. (now Sir) Mcpherson from the unpublished manuscripts of Buchanan Hamilton, in which it is stated. The Saungtars are a trube that has a peculiar language. So far as I could learn, about five hundred families are now settled in the wilder parts of the district. This, however, is a late event, and they come last from Birbhum in consequence of the annoyance which they received from its Zamindar. The original seat of this tribe, as far as I could learn from them, is Palamau and Ramgarh. They are very expert in clearing forest and bring them into cultivation, but seldom ondure to pay any considerable rent, and whenever the land has been brought into full cultivation and the customary rent is demanded, they retire to the wastes belonging to some other Zamindars. A whole village always moves atonce, and their headman (Manjhi) makes a bargain with the new landlord for tho whole agreeing to pay a certain sum for as much land as they can cultivate. p. 96-97.

7. The permanent settement for the land tax in 1790 resulted in a general extension of villagee, and the Santals were hired to rid the low lands of the wild beasts which, since the great famine of 1769, had everywhere encroached upon the margin of cultivation.- p. 97.

8. "By 1827, the Santals had got as far as the extreme north of Godda sub-division, Mr. Ward when demareating the Damin-i-Koh finding three Santal villages in Patsunda and 27 villages in Burkop. His first impression of the Santals are interesting. There

are, he wrote, within this described line two or three villages established by the race of people called Sautars. These people are natives of the Singhbhum and adjacents country, their habits and customs are singular."

-p. 97-98.

9. "In the Santhal Parganas the northern hills of the Damin-i-Koh are the refuge which has preserved the oldsest and pruset remnant of aboriginals, the Sauria Malar."

10. These same forests and uplands in the early years of British domination witnessed the incursion of another unrelated tribe of aborigins, the Sontals who themselves all over the district, finding their way at a length to the eastern hills and confining their predecessors there to the more barren and in accessible fastnesses.

11. The percentage of the Sonthals falls below twenty, into other corners of the district, in the Mahaganwá than on north Godda, which is similar in many respects to the contiguous portions of Bhagalpur district, and in the Rajmahal thana, which lies east of the hills and dejoins little from the ordinary tracts of lower Begal.

12. The Sonthals are comparative new comers, dating from the end of the eighteenth or the begining of the nineteenth century.

–From final report of the survey and settlement report of Santhal Parganas, 1898-1907 by H. Mcpherson, I.C.S.

12. "The only languages to be taught in Pathsalas should be Bengali, Hindi, Assamese, Oriyah in the respective provinces and the aboriginal in the some of districts where their is a large aboriginal population using their own languages as the Kolas of Chhotanagpur, the Sonthals of Santhal Parganah."

13. "Sonthal, Sountars, a large Dravidian tribe, classed on linguistic grounds as Kolerian, which is found in Western Bengal, Northern Orissa, Bhagalpur and Santhal Parganas. According to Mr. Skrefsurd the name Santal is a corruption of Sountar."

–Sir Herbert Hope Risley: The people of India. p. 441.

14. "To sum up, I think that we have only to recognise the sonthali in those places in Chhota Nagpur and Bhagalpur where Bengali or Hindi is not understood."

–Sir A. Peadlar; Director of Education, Bengal: Education Report, 1903.

15. "Liberal aid had been given to schools opend by Missionary societies, such as the Berlin Evangelical Mission in Chota Nagpur, the Church Missionary Society in Santhal Parganas."

–Herbert Alick Strock: Vernacular, Education in Begal, 1813-1912, p. 130-134.

16. डॉक्टर मंगलदेव शास्त्री : तुलनात्मक भाषाशास्त्र, पृ. 290

17. डॉक्टर धीरेन्द्र वर्मा : हिन्दी भाषा का इतिहास, पृ. 37

18. श्री बालकिशोर बासकी अरमान : सन्ताल संस्कृति पर शोध आवश्यक–प्रकाशका आदिवासी विशेषांक, गणतन्त्र दिवस, जनवरी 1957, पृ. 68

19. Mr. W.B. Oldham, C.I.E. is of opinion that the name is an abbreviation of Samantawala, Samanta, he says in another name given to Modern Silda Parganas in the Midnapore district whence the immigrant Santals discovered by Mr. Ward in 1828 deposed that they had come. .... It may be mentioned that the Silda Pargana is known locally as samantbhui, but by the Santals (who elide them) as Santbhui, the tradition being that the country was so called because it was conquered by a Samant Raja, I.C.C. general of the emperor of Delhi. There are, moreover, signs of fairly old Santal Settlement in the Pargana and around about is a dense population of Santals accounting for over one third of theinhabitants. There is also a tract called Samantbhum In Bankura district which the Santals claims to have colonised.

– गज़ेटीयर ऑफ़ दी सन्ताल परगना, पृ. 120

20. "That Sant and Saont are to be derived from the originally sansteking word. Samanta seems to be very brobable. There is no doubt that the word itself is of Aryan origin. It a translation of the word is sought, the original meaning would be something like 'border men' but as they have probly got the name the very mentioned, the meaning implied by the users of the word would not be that they are Sountats."

– गज़ेटीयर ऑफ़ दी सन्ताल परगना।

सन्तालों की उत्पत्ति

मानव सृष्टि की कहानी प्रायः सभी जाति में एक ही प्रकार की है। हर जाति के पास एक कथा है, उसी को आधार बनाकर मानव–सृष्टि की चर्चा होती है। मानव सृष्टि का आधार लोगों की धार्मिक भावना रही है। धार्मिक तत्त्वों से पूर्ण मानव–सृष्टि की कहानी रही है। मानव और धर्म का सम्बन्ध कुछ ऐसा रहा है कि बग़ैर धर्म के मानव का अस्तित्त्व ही नहीं माना जा सकता है। "आदिवासी जीवन में धर्म और धार्मिक भावनाओं का विशेष महत्त्व है। प्राकृतिक चेतना के स्पष्टीकरण में जो बातें कही गयी हैं, वह काल्पनिक बातें नहीं हैं। वे ऐसी घटनाएँ नहीं हैं, जिसकी कोई सम्भावना नहीं है। वे बातें तो कुछ ऐसी हैं, जिनसे विचार एवं अनुभूति के पथ संकेत मिलते हैं। उनसे मानवीय–जीवन के तथ्य का आभास हमें प्राप्त होता है।"[1] हम जान पाते हैं–मानव की कथा, उसकी सृष्टि सम्बन्धी तथ्यों का हमें ज्ञान होता है। पर उससे एक अंश भी उत्पन्न होता है। व्यवहार और प्रयोग के कारण धार्मिक भावनाओं से हमारा विचार, हमारी अनुभूति में जब भिन्नता आ जाती है, तब सत्य तथ्यों का दुरुपयोग होने लगता है। धार्मिक भावनाएँ मिटने लगती हैं। भौतिक ज्ञान मानव प्राप्त करने लगता है पर वह अपने को खोने लगता है। वह अपने को इतना खो देता है कि उसकी धार्मिक भावना मिट जाती है। मानव–सृष्टि की कहानी उसे काल्पनिक लगने लगती है। उससे उसका विश्वास उठने लगता है।

सन्तालों की अपनी कहानी है। उनकी सृष्टि कैसे हुई–वह उनकी धार्मिक भावनाओं में लिपटी हुई है। पर उसकी जो जानकारी सन्तालों को पहले थी, वह आज नहीं है। अपनी सृष्टि की कहानी वे भूलते जा रहे हैं। उसकी अपेक्षित जानकारी कुछ वृद्ध व्यक्तियों में है। उनको छोड़कर, किसी को उसके व्यापक स्वरूप का ज्ञान नहीं है, ज्ञान कुछ लोग रखते हैं, तो वे उसकी बाह्य रूपरेखा का। सन्तालों ने अपनी सृष्टि की कहानी

अपने लोक–गीतों में व्यक्त की है। शुभ अवसरों पर उसे वे गाते हैं। उससे उन्हें पता चलता है कि मानव की सृष्टि कैसे हुई है। वे गीत प्रायः काको छठिहार के समय गाया जाता है। काको छठिहार सन्तालों के जीवन में बहुत महत्त्व रखता है। जब तक यह समारोह नहीं होता, तब तक सन्ताल लड़की की न तो शादी हो सकती है, और न मरने पर उसका दाह कर्म ही हो सकता है। उस दिन सन्ताल अपने बच्चे को सन्ताल–समाज की पूरी सफलता देते हैं। उस अवसर पर वे एक गीत गाते हैं। उसमें मानव–सृष्टि की कहानी रखते हैं। वे बच्चे को बताते हैं कि सन्तालों की उत्पत्ति कैसे हुई है। जोमसिम् व्रत तथा करमा त्योहार के समय भी वे उक्त गीत को गाते हैं। गाँव के प्रमुख को उक्त धार्मिक गीत को गाना पड़ता है। आज कल इस गीत को अन्य लोग भी गाते हैं, कारण सभी गाँव के प्रमुख उक्त गीत से अवगत नहीं हैं। यह स्थिति अच्छी नहीं है।[2] केवल वे समारोहों में ही अपनी सृष्टि की कहानी को कहते हैं, उनके अन्य रीति–रिवाज़ों में उसकी अभिव्यक्ति होती रही है। फिर भी ऐसे बहुत कम लोग मिलते हैं, जिन्हें मानव–सृष्टि सम्बन्धी पूरा गीत याद हो, पर ऐसे बहुत मिलते हैं, जिन्हें गीत का कुछ अंश याद है। शायद ही कोई ऐसा सन्ताल होगा जो यह गीत न जानता हो।

हिहिडी मा जेनोम होयतो,
पीपिडी मा गढिलो,
माधोसिंञ नो पिडराली जा।
जो, जप, चाय, चम्पा गाडा।

अर्थात्–सन्तालों का जन्म हिहिडी पिपिंडी देश में हुआ था। सन्ताल जाति उसी देश में जन्मी तथा बढ़ी। माधो सिंह के चलते उन्हें जन्मभूमि छोड़कर भागना पड़ा और चम्पागढ़ को चले आये।

सन्तालों को एक गीत और हमने गाते सुना है। उस गीत से पता चलता है कि एक ज़माने में सन्ताल पंचनद नामक देश में रहा करते थे–गीत की कुछ कड़ियाँ इस प्रकार की हैं–

नुमिन मारांग बान्दा छाड़ो,
चेदाक् पारायनी पायड़ें रे दो

देलाङ् पोरायनी मोड़े नाँय दिसाम ते,
देलाङ् पारायनी दाक् ताला ते।

अर्थात्–'हे कमल! तुम इतने बड़े तालाब को छोड़कर छिछलेदार पानी में क्यों हो? तुम पंचनद वाले देश पंजाब चलो, वहीं पानी के बीच रहोगे।'

सन्तालों को अभी भी अपनी जन्मभूमि तथा अपनी आदि भूमि से ममता नहीं छूटी है। उनके दिलों में उसकी स्मृति बनी हुई है। 'मोड़े नाँय' का अर्थ होता है–पाँच नदी वाला देश। झेलम, चिनाव, रावी, सतलज और व्यास–ये पाँच नदियाँ और उसी देश में वे सन्तालों को चलने के लिए उस गीत के माध्यम से कह रहे हैं। ऐसा लगता है, उन्हें आज भी पंजाब से स्नेह है, उनसे सन्तालों का मोह और ममता नहीं छूटी है।

सन्तालों की सृष्टि की कहानी में विभिन्नताएँ देखी जाती हैं। पर उन विभिन्नताओं से कहानी के स्वरूप में बहुत अन्तर नहीं पड़ता है। तथ्य प्रायः एक ही रहता, पर कहने की शैली में थोड़ा अन्तर आ गया है। श्री बोडिंग महोदय ने श्री एल. ओ. स्क्रेफसर्ड की सन्ताली भाषा की पुस्तक जो सन् 1887 में छपी थी, उसका अनुवाद 'सन्तालों की परम्पराएँ और संस्थान' के नाम से किया है। उक्त ग्रन्थ में सन्तालों की उत्पत्ति के सम्बन्ध में पूरा विवरण दिया हुआ है। सन्त ए. केम्पबेली ने सन् 1916 में 'दि जर्नल ऑफ़ बिहार और उड़ीसा रिसर्च सोसाइटी' में सन्ताल की उत्पत्ति के सम्बन्ध में लिखा है। उसी लेख के आधार पर सर जेम्स फ्रेजर ने सन्तालों की सृष्टि पर लिखा है। फ्रेजर के अनुसार सन्ताल की सृष्टि इस प्रकार हुई है।[3]–"मानव सृष्टि की सन्ताली कहानी सृष्टि और विकास के संगम हैं। कारण, उसके अनुसार मानव की उत्पत्ति दो मूर्तियों से हुई है, जो मानव की आकृति की मिट्टी की बनी हुई थी। पर बाद में अचानक वे पक्षियों में बदल गयीं। उनसे अण्डे हुए और वही अण्डे रक्त और मांस सहित आदि नर और नारी के रूप में प्रकट हुए।"

सन्तालों के पूर्वजों के कथनानुसार जो विभिन्न विद्वानों ने सन्ताल सृष्टि की बातें संसार के समक्ष रखी हैं, इस प्रकार हैं–

संसार पहले जलमय था। सर्वत्र पानी ही पानी था। पानी के नीचे धरती थी। पानी के देवता ने ठाकुर से कहा–मानव की सृष्टि होनी चाहिए।

ठाकुर को भी यह बात पसन्द आ गयी। उन्होंने नदी की देवी मालिनी बूढ़ी को आदेश दिया कि वे दो मूर्तियाँ बनायें। उन्हीं के आदेशानुसार मामिनी बूढ़ी ने पानी के फेन से दो मूर्तियाँ बनायी। दोनों मूर्तियाँ मानव की आकृति की थीं। मूर्ति बनकर सूख भी नहीं पायी थी कि घोड़े के रूप वाला देवता आया और उसने मूर्ति को तोड़ दिया। ठाकुर ने कहा—उसने डाह से मूर्ति को तोड़ दिया है। उसने घोड़े की आकृति के देवता की बड़ी भर्त्सना की। पुनः मूर्तियाँ बनायी गयीं। उसे सुखाया गया। मूर्तियों के देखते ही जल के अन्दर रहने वाले देवता एवं जानवर सभी प्रसन्न हो उठे। उन्होंने ठाकुर से कहा—मूर्तियों को प्राण मिलना चाहिए। स्वयं ठाकुर को भी उन मूर्तियों के प्रति एक मोह उत्पन्न हुआ। उन्होंने उन मूर्तियों को प्राण देने का निश्चय किया। अपने निवास स्थान से जीवित प्राण—शक्ति लाने को मालिनी बूढ़ी को उन्होंने आदेश दिया। मालिनी बूढ़ी को उन्होंने आगाह कर दिया था कि घर में टाँगी हुई प्राण—शक्ति को लाना, वही मानव की प्राण—शक्ति है। बाहर में जो प्राण—शक्ति टाँगी हुई है, वे सभी पक्षियों एवं जानवरों की है। मालिनी बूढ़ी नारी थी, घर में जो प्राण शक्ति थी, वे उसके हाथों की पहुँच के बाहर थी। खाली हाथ वापस आना उसे उचित नहीं लगा। वह अपने स्वप्न का साकार रूप चाहती थी। वह अपनी मूर्तियों में प्राण चाहती थी। अतः वह बाहर में टँगी प्राण—शक्तियों को लेकर ठाकुर के पास पहुँची। ठाकुर ने उन मूर्तियों में प्राण फूँक दिया। मूर्तियाँ जी उठीं। मूर्तियाँ पक्षी बनकर उड़ने लगी। पक्षी के स्वरूप में उन मूर्तियों को देखकर ठाकुर को बहुत दुःख हुआ। मालिनी बूढ़ी को उन्होंने जलाकर राख कर दिया। पानी से ऊपर उठकर वे उड़ने लगे। ठाकुर ने पक्षियों का नामकरण किया। नर पक्षी को हंस कहा गया और नारी पक्षी का हंसनी नाम पड़ा।

"हंस और हंसनी—उड़ते—उड़ते थक गये। उन्हें विश्राम के लिए स्थान चाहिए। देवताओं से उन्होंने आग्रह किया। देवताओं ने ठाकुर के सामने बातें रक्खी। ठाकुर ने धरती बनाने का निर्णय किया। धरती बनाना आसान काम नहीं था। धरती पानी के नीचे थी, उसे ऊपर लाना था। पानी की छाती चीरकर धरती को ऊपर लाने की चेष्टाएँ आरम्भ हुई। पानी के अन्दर रहने वाले जानवरों से सहयोग लिया गया। केकड़ा, मगर, मछली, जोकटी और कछुआ आदि को धरती—निर्माण करने को कहा गया। ठाकुर ने पानी के देवताओं से धरती के निर्माण के लिए कहा था।

पर धरती के देवताओं के लिए पानी से ऊपर धरती लाना सम्भव नहीं हुआ। सभी देवताओं ने अपनी असमर्थता प्रकट की। ठाकुर ने सबसे पहले सोस को पुकारा। उससे उन्होंने कहा–'क्या तुम पानी से ऊपर धरती को ला सकते हो?' उसने जवाब दिया–'हाँ, मैं ज़मीन को पानी के नीचे से ला सकता हूँ।' उसने प्रयास किया, धरती को लेकर ऊपर आने की उसने चेष्टा की, पर धरती पानी में गलकर पुनः धरती का अंश बन गयी। वह असफल रहा। उसकी असफलता के बाद कछुआ ने कहा–'मैं धरती को पानी के नीचे से ला सकता हूँ।' उसे भी ठाकुर ने अवसर दिया। पर उसे भी सफलता नहीं मिली। जल–मछली को बुलाया गया। उसे धरती बनाने को कहा गया। उसने भी प्रयास किया, पर पानी के प्रवाह में उसका प्रयास बह गया। केकड़ा ने भी प्रयास किया, पर उसे भी सफलता नहीं मिली। अन्त में ठाकुर ने जोकटी (चेरा) को बुलाया। उसे भी धरती निर्माण का काम सौंपा गया। ठाकुर को यह ज्ञान था जोकटी मिट्टी खाती है, और मिट्टी का ही वह पैखाना करती है। अतः जो मिट्टी वह ऊपर ले जायेगी, वह पानी में गल नहीं सकती। जोकटी ने यह काम आरम्भ करने के पूर्व ठाकुर से कहा कि–'पानी के ऊपर वह धरती को ला सकती है पर उसकी एक शर्त है–कछुआ को बुलाया जाय, उसके ऊपर एक सोने की थाली रक्खी जाय, वह मिट्टी खायेगी और पानी से ऊपर आकर सोने की थाल में पैखाना करेगी।' इस प्रकार वह मिट्टी को ऊपर लायेगी और धरती का निर्माण हो सकेगा। ठाकुर ने इस प्रस्ताव को स्वीकार कर लिया। कछुआ को सीकड़ में बाधा गया। देवताओं ने कछुआ के चारों पैरों को बाँध दिया। मिट्टी खाकर जोकटी फेंकती गयी। वह फेंकी हुई मिट्टी कछुआ की पीठ पर सूखकर ज़मीन होने लगी। ज़मीन एक समान नहीं होने लगी। जो ज़मीन ऊँची हुई, उसे पहाड़ कहा जाने लगा, जो ज़मीन समतल थी–वह धरती कहलायी। ठाकुर ने उस ज़मीन पर घास और वृक्ष पैदा किया।'' जब धरती डोलती है, भूकम्प होता है, तब सन्ताल यह मानते हैं कि कछुआ का पैर हिल गया, इसलिए धरती डोलती है। हिन्दू संस्कार में भी यही बात है। शेषनाग के फन पर यह धरती पड़ी हुई है। हंस और हंसनी को रहने के लिए वृक्ष मिल गये। उस पर उन लोगों ने खोंता लगाया। उनके खाने के लिए पर्याप्त घास पैदा हो गयी थी। कुछ काल के बाद पक्षियों के जोड़े ने दो अण्डे दिये। उन अण्डों से एक लड़का और एक लड़की पैदा हुई। इनके जन्म से उनके सामने कई समस्याएँ उत्पन्न हो गयी।

उन्हें कैसे रक्खा जाय, कैसे पाला जाय, उनके लिए ये चिन्ता के विषय थे। वे चिन्ता में विलाप करने लगे–

हाय ! हाय ! जालापुरी रे
हाय ! हाय ! तु किन मानेवा
हाय ! हाय ! बुसाडा कान किन,
हाय ! हाय ! उकिन मानेवा
हाय ! हाय ! तोकारे दोही किन
हाय ! हाय ! दो से लावाय बेन,
हाय ! हाय ! माराङ्ग ठाकुर दोर
हाय ! हाय ! बुसाड आकान केन
हाय ! हाय ! नुकिन मानेवा
हाय ! हाय ! तोकारे दोहिकिन

अर्थात्–जब अण्डे से मानव की सृष्टि हुई, तब दोनों–हंस और हंसनी विचार में पड़ गये कि उन दोनों मानव को कहाँ रखा जाय और उन्हें कैसे रखा जाय। अतः वे पक्षी दुःख प्रकट करते हुए कहते हैं–'हाय, ये दोनों मानव अथाह समुद्र में उत्पन्न हुए। हाय। उन्हें कहाँ रखा जाय। हाय! ठाकुर जी को ख़बर दूं कि दो मानव का जन्म हुआ है। हाय! इन दोनों मानव को वे कहाँ रखें।'

हंस और हंसनी–अपने दोनों मानवीय सन्तानों के लिए ठाकुर जी के पास गये। उन्होंने ठाकुर जी के सामने अपनी कठिनाइयों को रक्खा, उनसे फरियाद की। उनसे उन्होंने राय माँगी कि वे कैसे उन्हें रक्खें, कैसे पालन–पोषण करें। ठाकुर जी ने उन्हें हर प्रकार से सहायता देने का वचन दिया। उन्होंने पक्षियों को रुई दी और उनसे कहा–जो तुम लोग खाते हो, उसी का रस रुई में भिगाकर उनके मुँह में डाल दो। पक्षियों ने ऐसा ही किया। उनका पालन–पोषण इस प्रकार होने लगा। कालक्रम में यह प्रश्न उठा कि उन्हें कहाँ रखा जाय। फिर उन्हें चिन्ता सताने लगी। ठाकुर जी के पास वे पुनः आये। उनके रहने के लिए ठाकुर जी से उन्होंने स्थान की माँग की। ठाकुर जी ने उन्हें आदेश दिया कि वे उठकर देखें कि कहीं स्थान है या नहीं। जहाँ स्थान मिले, वहीं उन्हें रखे। वे दोनों उड़ गये–स्थान की खोज की। वह स्थान 'हिडिडी पिंपिडी' था। ठाकुर की आज्ञा से दोनों पक्षियों ने अपनी मानवीय सन्तान को उस स्थान पर रख दिया।

वह स्थान आज बबूल स्थान कहलाता है। बालक का नाम पिलनु हाडाम और बालिका का नाम पिंलचु बुडही पड़ा। वहाँ दोनों को खाने के लिये सुभतु बुकुच् याने सावाँ घास का दाना मिला। उसी दाने को खाकर वे सयाने हुए। पर उन्हें ज्ञान प्राप्त नहीं हुआ। उन्हें अनुभूति नहीं हुई। लज्जा की भावनाएँ उनमें जन्म नहीं पायीं।

पिलचु हाडाम और पिलचु बुडही का कुशल–क्षेम जानने के लिए ठाकुर ने लिटा देवता को भेजा। लिटा देवता सूर्य का देवता कहलाता है। लिटा ने जाते ही उनसे अपना सम्बन्ध स्थापित किया। उसने अपने को उनका नाना बतलाया। अपने नाती और अपनी नतिनी का कुशल–क्षेम उसने जानना चाहा। उसने उन्हें बताया–जीवन का सुख क्या है। देखता हूँ, तुम लोग अच्छे हो, कुशल से हो, पर तुम्हें आनन्द नहीं मालूम है तुम्हें जीवन के सुख का अनुभव नहीं हुआ है। पोचोई बनाओ, उसे पान करो, वह बहुत मीठा होता है। वह आनन्ददायक होता है। उन्हें लिटा ने पोचोई बनाने की कला को सिखलाया। उसके पान की क्रियाओं को भी बताया। 'मरांग बुरु' के नाम पर पहले पोचोई को गिराकर पान करना चाहिए। यह शिक्षा लिटा ने उन्हें दी। लिटा उन्हें यह शिक्षा देकर और यह वचन देकर कि वह पाँच दिनों के बाद पुनः उन्हें देखने आयेगा, चला गया। पाँच दिनों के बाद लिटा जब उनके पास आया, तब उनके सामने आने में पिलचु हाड़ाम और पिलचु बुड़ही को लज्जा होने लगी। पहले वे नंगे रहते थे, तब उन्हें अपने शरीर का ज्ञान नहीं था–तब वे नंगे रूप में लिटा देव के सामने चले आते थे, पर पोचोई पान करते ही उनमें नवीन चेतना आयी। ज्ञान का आलोक उन्हें प्राप्त हुआ। जब लिटा लौटकर उन्हें देखने आया, तब उनमें काफ़ी परिवर्तन उसने पाया। उसने उन्हें सलाह दी कि वृक्ष की छाल से अपनी लज्जा को ढँककर वे गुफा से बाहर आयें। छाल से तन को ढँककर वे बाहर तो आये, पर लिटा से नज़र मिलाने की शक्ति नहीं थी। यौन सम्बन्ध उनमें हो चुका था। तब तक वे उन्हें गलत काम समझते थे। लिटा से यह बात छिपी नहीं रही। लिटा ने यौन सम्बन्ध की प्रक्रियाओं को मानव–विकास के लिए अनिवार्य बताया। दोनों आनन्द से रहने लगे। कालक्रम में उन्हें सात लड़के और सात लड़कियाँ हुईं। सातों लड़कों तथा सातों लड़कियों के नाम का पता हमें नहीं चल सका। सन्ताल उन्हें भूल गये थे। बड़े लड़के का नाम सोन्डरा, दूसरे का नाम सोंडहोम, तीसरे का नाम चादे, चौथे का नाम माते और सबसे छोटे

का नाम आचारे देलहु था। बड़ी लड़की का नाम छिता, दूसरी का नाम कबरा, तीसरी का नाम हिंसि और एक का नाम डुमनी था। बाकी का नाम सन्ताल भूल गये हैं। उपलब्ध साहित्य में भी उनका नाम नहीं आया है। अतः इतने ही नामों से हमें सन्तोष करना पड़ रहा है।

लड़के और लड़कियों को बढ़ते देखकर पिलचु हाड़ाम और पिलचु बुड़ही को चिन्ता होने लगी कि इन लोगों की शादी कहाँ की जाय। आगे चलकर इन्हें यह ज्ञान हो जाय कि वे सब भाई बहन हैं, तो शादी होने में कठिनाई उत्पन्न हो जायेगी। मानव का विकास ही बन्द हो जायेगा। अतः यह निश्चय किया गया कि पिलचु हाड़ाम लड़कों को लेकर एक–दूसरे स्थान पर रहें और पिलचु बुड़ही लड़कियों को लेकर अलग रहें। अलग–अलग रहने से लड़कियों या लड़कों को एक दूसरे को जानने या परखने का अवसर नहीं मिलेगा। ऐसा ही हुआ लड़के बाप के साथ रहने लगे और लड़कियाँ माँ के साथ। लड़के शिकार खेलते थे, खेत बनाकर जोतते और बोते थे–वे हट्टे और कट्टे हो गये। लड़कियाँ माँ के साथ साग–सब्ज़ी खाकर जीवन निर्वाह करने लगीं। समय बीतता गया। शैशव से उनमें जवानी आयी, जीवन में बसन्त आया, मादकता आयी। एक दिन लड़के अकेले खंडेराय नामक जंगल में शिकार करने को गये। उसी दिन लड़कियाँ भी सुंडुकुच वीर से साग लेने गयी थीं। पत्ता तोड़ने के बाद थापा किया नामक बरगद की छाया में जमा होकर बरगद की डाल में झूला झूलने लगीं। बाद में वे नाच करने लगीं। उस अवसर पर उनके स्वर कण्ठ से यह मधुर गान निकल रहा था–

मुच्को मुंच्का माको
दुगुत् दुंगुदोक् नायो।
चापाकिया बाडे लातार
डार रेको दुंगुत् दुंगुदोक्।

गीत का अर्थ–चापकिया बरगद के वृक्ष के नीचे चिट्टियों की भीड़ लगी हुई, तथा बरगद की डाली पर भीड़ लगी हुई है।

खंडेराय जंगल में शिकार करने गये हुए लड़कों ने हरिण को मारा। वे उसे लिये हुए घर जाना चाहते थे। इसी बीच लड़कियों के गीत उन्हें सुनायी पड़े। गीत सुनकर उनकी ओर वे चले गये। वे उनके साथ नाचने लगे। नाचते–नाचते वे उतावले हो गये, बड़ा लड़का बड़ी लड़की के साथ,

छोटा लड़का छोटी लड़की के साथ तथा अन्य लड़के अपने–अपने वयः क्रम के अनुसार लड़कियों के साथ अलग–अलग हो गये। बड़ा लड़का और बड़ी लड़की हरिण को देखने के लिए बाहर गये और बाकी लड़कियाँ वहीं गीत गाने लगीं। उनके गीत के बोल थे–

बाडे लातार लातार ते जेल होपोन।
नायो! खेले गोदे बोइ बिन्दी जेल होयोन।

अर्थात्–बरगद के वृक्ष के नीचे हरिण का बच्चा है, माँ! देखें! और जल्द देखें–देखते ही मालूम हो जाता है कि कोई बिन्दी हरिण है।

अलग–अलग जोड़ी लगा कर लड़कियाँ अपनी माँ के पास आयीं। जोड़ियों को देखकर पिलचु बुड़ही बहुत प्रसन्न हुई। उसने निश्चय कर लिया कि जोड़ियों को वैवाहिक बन्धन में जकड़ दिया जाय। माँ के इस निश्चय से लड़कियों को बड़ी प्रसन्नता हुई। उन्होंने अपने–अपने साथी युवकों को इस सुसंवाद से परिचित कराया। लड़कों ने जाकर अपने पित पिलचु हाड़ाम से सारी घटनाओं को विस्तारपूर्वक बताया। पिलचु हाड़ाम और पिलचु बुड़ही ने मिलकर जोड़ियों को वैवाहिक बन्धन में बाँध दिया। ये एक दम्पति की तरह रहने लगे। अलग–अलग कोठरियों में उनके रहने की व्यवस्था की गयी। उनके लिए सामाजिक नियम बनाये गये। उन नियमों का पालन करने की आज्ञा दी गयी। उन्हें शिक्षा दी कि जो सामाजिक नियमों को भंग करता है, वह समाज द्वारा दण्डित होता है, मानवीय कल्याण का वह बाधक होता है।

सन्दर्भ

1. "The sacred lore of the tribe is not a fanciful tale told in explanation of natural phenomenon and in explicable events. But a method of expressing certain ways of thinking and feeling about the faits of life and of regulating human action."

   –E,O.James, Comparetive Religion, Mathuen, 1938, p. 335.

2. "The village headman has to recite the myth, but not every headman now is capable of doing so. These of the retual is leading to the disappearance of the ancient myth."

   –T.W.J. Cushaw : Trible Heritage, London, 1949, p. 64.

3. "This Santal story of the origin of man combines the principles of creation and evolution, for according to it mankind is ultimately derived from two images, which were modelled in human form out of forth of damp clay, but were after wards accidently transformed into birds, from whose eggs the first man and woman of flesh and blood were hatched."

–T.G. Frazer: Folklore in the old Testament, Macmillan, 1918, Vol. 1, p. 22.

सन्तालों का विकास

सन्तालों के आदि पुरुष और आदि नारी–पिलचु हाड़ाम और पिलचु बुड़ही का प्रथम निवास स्थान हिहिडी पिपिडी में रहा था। वही उन्होंने सात लड़कों और सात लड़कियों को जन्म दिया। कालान्तर में उन्हीं सातों लड़कों और सात लड़कियों की शादी हुई। उनके बाल बच्चे हुए। उनकी जनसंख्या में वृद्धि हुई। हिहिडी पिपिडी में उनके निवास स्थान में कमी हो गयी। जनसंख्या के अनुपात में उन्हें धरती चाहिए थी। उन लोगों ने धरती की खोज के लिए हिहिडी पिपिडी को छोड़ा, वे हर ता आये। हराता आराराता पहाड़ के निकट का स्थान माना जाता है। वहाँ वे कुछ अर्से तक रहे। पर उनके निवास स्थान की समस्या वहाँ हल नहीं हो पायी। वे धरती की खोज में आगे बढ़े। वे खोजकमा आये। वहाँ वे काफ़ी अर्से तक रहे। वहाँ उनमें अनेक बुराइयाँ आ गयीं। उनका जीवन वहाँ विलासी हो गया। दिन–रात वे सुरा और सुन्दरियों में रहने लगे। मानव का पतन आरम्भ हो गया। उनके जीवन में लौकिकता के अतिरिक्त कुछ रह नहीं गया था। पाप की क्रियाएँ पराकाष्ठा पर थीं। मानव के इस पतन पर ठाकुर जी को बहुत खेद हुआ। उन्होंने मानव को अभिशप्त किया। प्रलय को गया। सन्ताल गीतों में उस प्रलय का एक रूप हमें मिलता है–

एयाय सिंञ एयाय जिन्दा सेंगेल दागे हो,
एयाय सिञ एयाय जिन्दा जाड़ाम–जाड़ाम हो,
तोकारे वेन ताहें काना मानेवा?
तोकारे वेन सोरो लेना
मेनाक् मेनाक् हाराना हो
मेनाक केनाक बुरु दान्देर हो,

ओना रे लिञ ताहे काना यालिञ दो
ओना रे लिञ सोरो लेन।

अर्थात्–सात दिन, सात रात अग्नि–पानी हुआ हो, सात दिन–सात रात छमा–छम होता था, तब हे दोनों मनुष्य! तुम कहाँ घुसे हुए थे? हे हे हराता ! हे हे ! उस पहाड़ की गुफा में हम दोनों छिपे हुए थे।

प्रलय के कारणों पर सन्ताल परम्परा में विशद वर्णन मिलता है। सन्ताल शब्दों में उसका कारण था–"कादा वीट कील लीखे नाको।" इसका अर्थ होता है–तत्कालीन मानव जानवरों के सदृश लैंगिक क्रियाएँ करते थे। उनकी विलासिता ही उनके पतन का कारण थी। एक बार और एक नर और एक नारी को ठाकुर जी ने हारात पहाड़ में सुरक्षित रखा। वे ही दोनों बचे, बाकी अभी का अन्त प्रलय में हो गया। प्रलय के बाद जब पानी बन्द हुआ, अग्नि की वर्षा ख़त्म हुई, तब दोनों पानी के बाहर आये। उन्हें अपने किसी सम्बन्धी से भेंट न हुई। उन्हें कोई मानव दिखायी ही नहीं पड़ा। उन्होंने गिरे हुए एक भैंस को देखा और एक लकड़ी के नीचे दबे हुए गाय को पाया। गाय का एक भाग जलकर ख़त्म हो गया था, दूसरा भाग अच्छा था। उस स्थिति का वर्णन हमें उनके गीतों में इस प्रकार मिलता है–

हुमे हुमे हो, गाय मा काडकेला
डिगीरे डिगीरे हो बिन्दाडेन वितकील।

गाय को निकालने के बाद वे दोनों हारात में ही रह गये। वहाँ दोनों के बाल बच्चे हुए, उनकी संख्या में वृद्धि हुई। हारात में उतनी धरती न रही, जितनी धरती की उन्हें अपेक्षा थी। अपनी आवश्यकताओं की पूर्ति के लिए सॉसङ्ग बेड़ा गये। काबुल देश के दक्षिण में जो पीत सागर है, उसे ही 'सासंग बेड़ा' माना जाता है। उस स्थान की धरती भूरी रंग की थी और वहाँ के बालू का रंग पीला था। 'सॉसंग बेड़ा' का अर्थ यह लगाया जाता है–पीत सागर की तलहटी। लोगों का अनुमान है कि वह स्थल 'मेसोपोटामिया' का वह स्थल है, जो ट्रिग्रस और यूकाटेट्रस के मध्य में पड़ता है। उस स्थान में वे काफ़ी दिनों तक रहे। वहीं वे गोत्रों में विभाजित हुए। वहाँ वे सात ही गोत्र में बँटे थे–किस्कू, मुर्मू, हेम्ब्रम, सोरेन, हाँसदा, मराण्डी, टुडू, यही उनका मूल गोत्र बना। बाद में चलकर पाँच गोत्रों में और वे बँटे। उनके पाँच गोत्रों का नाम इस प्रकार है–

बासकी, बेसरा, चौड़े, पूरियाँ और बेदिया। उपलब्ध साहित्य से यह पता नहीं चलता है कि बाद में गोत्रों के जो पाँच और विभाजन हुए–वे कहाँ पर हुए हैं। साहित्य मौन है, सन्तालों को इसकी समुचित जानकारी नहीं पर इतना तो सत्य है कि 'साँसंग बेड़ा' में इन पाँच गोत्रों का विभाजन नहीं हुआ था। वे बहुत बाद के विभाजन हैं। जाति में और गोत्रों में विभाजित होने के बाद सन्तालों के पूर्वजों ने अपने पशुबल से तथा अपने विवेक से दूसरों पर आधिपत्य जमाया था। ईसाई ग्रन्थों से पता चलता है कि इस क्षेत्र का पहला प्रशासक 'निमरोद' था। उसने 'बेबीलोन' नगर को बसाया था। बेबीलोन सभ्यता का उसे पिता माना जाता है। ऐसा अनुमान किया जाता है कि सन्तालों के पूर्वजों और निमरोद के वंशजों में उस क्षेत्र के आधिपत्य के लिए संघर्ष हुआ होगा। ईसाई ग्रन्थों में निमरोद के वंशजों का विस्तृत उल्लेख नहीं मिलता। ये ग्रन्थ उनके सम्बन्ध में मौन हैं। ऐसा लगता है कि साँसङ्ग बेड़ा में सन्तालों के पूर्वजों ने उन्हें दबाकर उस क्षेत्र पर अपना आधिपत्य जमा लिया है। साँसङ्ग बेड़ा में सन्तालों के पूर्वजों की जो कृतियाँ हैं, वे आज भी सन्ताली लोकगीतों में उल्लिखित हैं। ईसाई ग्रन्थों से इतना तो पता चलता ही है कि निमरोद के वंशज अपने घर बेबीलोन को छोड़ कर दूसरे स्थान में चले गये। सन्तालों के पूर्वज वहाँ आकर बस गये, वहाँ उन्होंने शासन किया। वहाँ उन्हें एक नयी सभ्यता मिली। उससे वे बहुत प्रभावित हुए थे। सन्ताली लोकगीत में हम पाते हैं–

हिहिडी पिपिडी रे वोन जानाम लेन,
खोज कामान रे वोल खो लेन,
हारा रे वोन हारा लेन,
साँसाङ्ग बेडा रे वोन गातेना हो।

अर्थात्–एक सन्ताल गीत में कहता है कि 'हिहिडी पिपिडी में हम लोगों ने जन्म लिया, खोज कामान में हम लोग नष्ट हुए, हारात में बसे और पुनः साँसङ्ग में हम लोग गोत्र में बँटे।' 'साँसङ्ग–बेड़ा' में काफ़ी अर्से तक रहने के बाद, आबादी काफ़ी हो जाने के कारण, उन लोगों ने उस स्थान को छोड़ दिया और जरपी देश में चले गये। अनुमान किया जाना है कि जरपी देश पारस देश का कोई अंचल होगा। वहाँ से भी कुछ दिन रहने के बाद वे लोग काइण्डा देश में चले गये। काइण्डा देश, अनुमान है, अफ़ग़ानिस्तान देश रहा होगा। वहाँ वे लोग काफ़ी दिनों तक

रहे, वहाँ से वे कन्दहार आये। वे लोग जहाँ भी गये, अपने साथ बेबी–लोन सभ्यता को लेते गये। हर स्थान में उन्होंने नगर बसाया, दुर्ग बनाया। घरों की दीवालों पर चित्रकारी की। सन्तालों के पूर्वजों ने बेबीलोन सभ्यता की सुरक्षा की थी, उसे उन्होंने विकसित किया था, उसे व्यापक बनाया था। सन्ताली लोकगीतों में इस प्रसंग का व्यापक उल्लेख मिलता है–

चेते लागित् मापाक् काना कोइ डा को
धांव धांव कान्दाहारी रे?
चेते लागित् गोपोच् काना बादोलो को
धांव धांव कान्दाहारी रे?
सिमा लागित् मापाक् काना कोइ डा को
धांव धांव कान्दाहारी रे?
डान्डी लागित् गोपोच् काना बादोली को
धांव धांव कान्दाहारी रे?

अर्थात्–कोइण्डा सब किस लिए मार काट कर रहे हैं. कन्धार में किस लिए इतनी भीड़–भाड़ है। किस लिए एक–दूसरे को कन्धार में मार रहे हैं? कन्धार में धाँय–धाँय कोइण्डा की सीमा पर मार–काट किस लिए कर रहें हैं? धाँय–धाँय कन्धार में जगह के लिए मार–काट कर रहे हैं।

तिरी हो ! बिङ्ग निङ्गाञ को रेङगेच्एन,
तिरी हो ! बारेञ को तेताड़ेन
तिरी हो ! कान्दहारी रे
तिरी हो ! निन्दीया को नुरीच नारांड़
निरी हो ! सेटेराको बान्दी होड़ो
तिरी हो ! कान्दाहारी रे।

अर्थात्–मेरी माँ भी गरीब हो गयी। भाई–भाई भी पिपासा कन्धार में बेन,

बेरेत् वेरेत् वेरेत् गातेञ हो।
चिरगाल चिरगाल चिरगाल मेसे गातेञ हो।
कोइन्डा को मापाग् काना गोपोच् गातेञ हो।
बादोली को मापाग् गोपोच् कान! हो गातेञ हो।
चेते लागित् मापाग् काना? गातेञ हो।

चेते लागित् गोपोच् काना? गातेञ हो।
चेते लागित् ञेपेत् काना? गातेञ हो।
चेते लागित् ञेपेत् गोपोच् कान हो गातेञ हो।

अर्थात्–हे मित्र शीघ्र उठो और सावधान हो जावो कोइंडा लोग मार काट कर रहे हैं तथा बादोली लोग संहार कर रहे हैं।

हे मित्र वे लोग क्यों मार काट कर रहे हैं तथा आपस में क्यों युद्ध कर रहे हैं।

सिमा लागित् मापाक् काना गातेञ हो।
डान्डी लागित् गोपोच् काना गातेञ हो।
कोइन्डा को ञेपेत् काना गातेञ हो।
बादोली को ञेपेत् गोपोच् काना हो गातेञ हो।

कोइण्डा, कन्धार और बादौली तीनों जगहों के सम्बन्ध में अनुमान है कि अफ़ग़ानिस्तान में पड़ता है। अफ़ग़ानिस्तान में इन नगरों के सम्बन्ध में अनुसन्धान कार्य आरम्भ हो गया है।[1] कहा जाता है कि इन स्थानों में सन्तालों के पूर्वजों को सदैव संघर्ष करना पड़ा था। उन्हें शान्तिपूर्वक रहने दिया गया था। संघर्ष में काफ़ी सन्तालों के पूर्वज मारे गये थे। सन्ताल शान्ति चाहते थे। शान्तिपूर्वक रहने के लिए वे अपने बाल बच्चों के साथ पूर्व की ओर चल पड़े। उन्होंने निश्चय किया कि वे चीन और तिब्बत में जाकर बसेंगे। पर मार्ग में अनेक बाधाएँ आयीं। हिमालय की ऊँची चोटियों को पार करना और घने जंगल से जाना आसान नहीं था। अतः उन्होंने अपना निश्चय बदल दिया। वे भारत में आये।

सन्दर्भ

1. University Museum of the University of Pennsylvania and the Kabul Museum in Afganistan will institute a reasearch this summer (1953) for the lost cities of ancient Afganistan. The expedition will seek long buried evidences of a pre-historic civilization about which almost nothing is known.
   –The Indian Nation, dated 7th April, 1953.

भारत में सन्तालों का आगमन

सन्तालों के पूर्वजों को, जब कोइण्डा, कन्धार और बादौली में, वहाँ के निवासियों ने शान्तिपूर्वक रहने नहीं दिया तब वे उन स्थानों को छोड़ कर भारत आये। पंच नदियों के देश में वे आये। पंजाब को वे आज भी अपना पवित्र स्थान मानते हैं। उनके उपलब्ध लोकगीतों में पंच नदियों की महानता उल्लिखित है। पंजाब में पहुँचने के लिए दो प्रवेशद्वार मिले। पहले का नाम उन्होंने 'सिंञ दुवार' और दूसरे का 'वांही दुवार' बतलाया है। लोगों का अनुमान है कि एक खैबर पास है और दूसरा बोलन पास है। 'सिंञ दुवार' के पास पहुँचने पर चट्टान उनका बाधक हो गया। उसे तोड़कर अन्दर आना उनके लिए कठिन मालूम होने लगा। पर उन लोगों ने साहस नहीं खोया। उनके दो साहसी युवकों ने यह निश्चय किया कि चट्टानों को तोड़ कर वे मार्ग बनायेंगे। एक का नाम था--जोहान पायिका और दूसरे का नाम था कमीकरण। दोनों साथी थे, शक्तिशाली थे और थे धुन के पक्के। उन्होंने तीर--धनुष से उस पत्थर की चट्टान को मार कर टुकड़ा--टुकड़ा कर दिया। पत्थर की छाती को तोड़कर सन्तालों के क्रमवर्ती पूर्वजों ने भारत में आने के लिए एक प्रवेशद्वार बनाया। प्रवेशद्वार पार कर वे अन्दर आये। 'वांही दुवार' में भी ऐसी स्थिति का उन्हें सामना करना पड़ा। वहाँ भी पत्थरों के द्वारा उन्हें रास्ता बंदा मिला। लौट जाना भी उनके लिए आसान नहीं था। पार करना तो उनके लिए कठिन पड़ रहा था, असम्भव सा लगता था। 'वांही दुवार' वाले लोगों ने भी पत्थर से लड़ना निश्चय किया। पत्थर की चट्टानों को वे पराजित करेंगे--उनके दो नवयुवकों ने यह नारा दिया, जिनमें एक नवयुवक नाम उलूमा पयिका था और दूसरे का नाम भालूआ विजयी था। चट्टानों से संघर्ष मोल लेना बच्चों का खेल नहीं था। प्राणों की बाजी लगाकर उन्होंने पत्थरों से संघर्ष किया। पत्थरों की हार हुई सन्तालों के पूर्वजों ने बाजी मार ली।

पत्थरों ने आत्म समर्पण किया। उन्होंने तीर–धनुष से प्रवेशद्वार बनाया। जिस प्रकार सिंह दुवार से कुछ सन्तालों ने प्रवेश किया था, उसी प्रकार से अन्य सन्तालों ने 'वांही दुवार' से प्रवेश किया। इन दोनों प्रवेशद्वारों से वे चम्पा देश में आये–पाँच नदी वाले देश में आये। वहाँ उस समय वीर होड़ रहा रहते थे। हो सकता है, उन्हें उन लोगों से संघर्ष भी करना पड़ा हो। वे लोग भी बहुत साहसी थे। उपलब्ध साहित्य उनके सम्बन्ध में मौन है। मुझे ऐसा लगता है कि वीर होड़ लोग सन्तालों के आने पर अपनी धरती को छोड़कर अन्यत्र चले गये होंगे। चम्पा में उनकी आबादी बढ़ी। उनका क्षेत्र व्यापक हुआ। पूरे सिन्धु घाटी की भूमि पर उनका विस्तार हो गया। सिन्धु घाटी का नीचला अंचल, जो आज 'सिन्ध' है, उस समय 'चई' कहलाता था, उसे भी सन्तालों के पूर्वजों ने अपने कब्जे में किया। वे अपने पूरे क्षेत्र को 'चई चम्पा' कहते थे। उन्होंने अपने को 12 गढ़ों में बाँट दिया। प्रत्येक के लिए अलग–अलग दुर्ग बनाया गया। शत्रुओं से अपनी रक्षा के लिए ऐसे दुर्ग बनाये गये थे। सन्ताल अपने साथ बेबीलोन सभ्यता लेते आये थे। यहाँ पर सभ्यता में काफ़ी परिवर्द्धन और संशोधन हुआ था। अब तक जहाँ–जहाँ रहे थे, उससे अधिक अवधि में सन्ताल इस क्षेत्र में रहे। उन्होंने अपनी स्थायी निवास भूमि इस क्षेत्र को बनाया। वे तब तक उस भूमि में रहे, जब तक आर्यों का प्रवेश उस भूमि में नहीं हुआ। सन्ताली परम्परा में कहीं–कहीं सात नदियों का उल्लेख मिलता है। वे सात नदियाँ इस प्रकार हैं–सिन्धु, झेलम, चेनाव, रावी, ब्यास, सतलज और घाघरा। चम्पा को वे सन्ताली भाषा में ऐसी नयी 'डीसोम चम्पा' कहते हैं। इसका अर्थ होता है, सात नदियों का देश चम्पा। सिन्धु नदीं महान नदी है। झेलम, चेनाव रावी, ब्यास, सतलज उसकी सहायक नदियाँ हैं। घाघरा नदी भी उसकी ही एक सहायक नदी मालूम पड़ती है, जो बाद में सूख गयी। बाद के सन्ताल साहित्य में पाँच नदियों का ही उल्लेख मिलता है। सन्तालों की परम्परा से यह ज्ञान होता है कि वे तब तक उस धरती पर रहते हैं, जब तक उस धरती में उत्पादन की शक्ति रहती है। जब धरती की उत्पादन शक्ति कम होने लगती है, तब वे उस स्थान को त्याग देते हैं। सन्ताल परम्परा में, उनके लोकगीतों में, 'हरिहाट' केट मारचाकेडाको, शब्द कई बार देखने को मिले हैं, इसका अर्थ होता कि वे वहाँ तब तक रहे, जब तक धरती की उत्पादन शक्ति में ह्रास नहीं आया। 'चई चम्पा' की भूमि में उत्पादन शक्ति काफ़ी थी।

सात नदियाँ उसे सींचती थी। उसे उर्वरा बनाये हुई थीं। यही कारण था, सन्तालों के पूर्वजों ने जमकर वहाँ निवास किया।

चई चम्पा में 12 दुर्ग का उन्होंने निर्माण किया और प्रत्येक गोत्र के ज़िम्मे एक–एक दुर्ग को सौंपा। यही कारण है, प्रत्येक गोत्र का अपना अलग–अलग गढ़ था–अपना दुर्ग था। उसकी सुरक्षा का भार उन पर था। चम्पागढ़ मुर्मू गोत्र को मिला था। कोइण्डा गढ़ के मालिक किस्कू थे, खायेरी गढ़ हेम्ब्रम गोत्र के अधीन था, बादौलीगढ़ मराण्डी गोत्र के लोगों के ज़िम्मे था। सीमगढ़ के स्वामी टुडू थे। उनके अन्य गढ़ों का नाम इस प्रकार मिलता है, चईगढ़, खेन्दारीगढ़, कोकरागढ़, धूनिसागढ़, लायोगढ़, तेलांगगढ़ और तीलायीगढ़। सबसे महत्त्वपूर्ण गढ़ उनका चम्पागढ़ था। उसका क्षेत्र व्यापक था। उसका निर्माण कलात्मक ढंग से किया गया था। उसका सौन्दर्य और उसका वैभव सन्ताल साहित्य में भव्य ढंग से वर्णित है।

इस क्षेत्र में प्रत्येक गोत्र को केवल अलग–अलग गढ़ ही नहीं मिला। उनके कामों को भी वर्गीकृत किया गया। मुर्मू को पुरोहित का काम दिया गया। उन्हें धार्मिक अनुष्ठानों का सम्पादन करना था। वे बहुत श्रद्धा से समाज में देखे जाते थे। उन्हें ठाकुर जी का प्रतिनिधि माना जाता था। उन्हें सन्ताल श्रद्धा से मुर्मू ठाकुर कहा करते थे। किस्कू के ज़िम्मे प्रशासन का काम था। वे राजा माने जाते थे। किस्कू गोत्र के ही लोगों को राजा बनाने का उनका नियम था। इस नियम को वे भंग नहीं करते थे। बहुत सम्मान के साथ सन्ताल उन्हें किस्कू राजा के नाम से पुकारते थे। हेम्ब्रम गोत्र के लोग बुद्धिजीवी थे। वे किस्कू राजा के सलाहकार होते थे। वे उनके मन्त्री का काम करते थे। प्रशासन के सुचारु रूप से संचालन के लिए फ़ौज का रहना अनिवार्य होता है, विशेषकर जब शत्रुओं की आशंका बनी रहती है। सोरेन गोत्र को सैनिक का काम दिया गया है। गढ़ों की सुरक्षा का काम उनके ज़िम्मे था। अच्छी अर्थ व्यवस्था ही सफल प्रशासन का आधार होती है। सन्तालों ने सन्तुलित एवं अच्छी अर्थ–व्यवस्था के लिए अर्थ को मराण्डी गोत्र के लोगों के ज़िम्मे किया। वे व्यापारी थे और थे राजा के बैंक। राजा को जब धन की आवश्यकता होती थी, वे पूरा करते थे। राज्य–सेविकों का वेतन वे देते थे। टुडू के ज़िम्मे लोहार का काम दिया गया था। वे सैनिकों के लिए तीर–धनुष बनाते थे। अन्य गोत्रों को इसी प्रकार और काम सौंपे गये थे। 'वीर होड़' जो सन्तालों के पूर्व

पंजाब में रहते थे, पराजित होने के बाद सन्तालों के दास हो गये। उन्हें किस्कू राजा का सभी काम करना पड़ता था। उन्हें राजा के हाथी और घोड़ों की देखभाल करना पड़ता था। सन्ताली परम्परा में एक लोककथा है, उससे पता चलता है कि राजा किस्कू के हाथी ने एक बार रस्सा तोड़कर खेतों को बर्बाद कर दिया। खेत की बर्बादी राष्ट्रीय क्षति मानी जाती थी। राष्ट्रीय क्षति पहुँचाने वालों को सन्ताल काफ़ी कठोर दण्ड देते थे। हाथी की देखभाल करने की ज़िम्मेदारी 'वीर होड़' के ऊपर थी। उन्हें ऐसा लगा कि उनकी लापरवाही के कारण हाथी ने रस्सी तोड़कर खेत को बर्बाद किया है। अतः उन्हें दण्डित होना पड़ेगा, इसलिए वे सब घरबार छोड़कर किस्कू राजा के डर के मारे भाग गये। रास्ता में 'वीर होड़' की किसी महिला को एक बच्चा हुआ। उस बच्चे को पत्तों के नीचे छिपा कर वे चलते बने। किस्कू राजा को जब सारी बातों का पता चला, तब 'वीरहोड़' को दण्डित करने के लिए उन्होंने आदमी भेजा। सैनिक भेजे गये, पर उन्हें 'वीर होड़' नहीं मिल सके। मार्ग में उन्हें वह बच्चा मिला। बच्चा देखने में बहुत सुन्दर लगा। उसे लेकर वे वापस आये। किस्कू राज–परिवार में एक बालक पलने लगा। उसकी जाति का कोई पता नहीं था–अतः उसका नाम माधो सिंह रखा गया। आज भी पंजाब में कुछ आदिवासियों की उपाधि सिंह है। माधो सिंह बहुत ही शक्तिशाली निकला। वह साहसी, शीलवान और वीर था। वह चाहता था सन्ताल कुमारी से शादी करना। सन्ताल अपनी जाति से बाहर अपनी लड़की देना अपमान मानते हैं। तब का नियम तो और भी कठोर रहा होगा सन्ताल अपना प्राण दे सकता है, पर अपनी लड़की की अपनी जाति से बाहर शादी नहीं कर सकता है। माधो सिंह को अपनी लड़की देना वे अपना अपमान मानते थे। माधो सिंह से यह बात छिपी नहीं रही। उसे बहुत क्रोध हुआ। उसने निश्चय किया कि वह बलात् किसी सन्ताल कुमारी से शादी करेगा। सन्ताल कुमारियों से बलात शादी करना आसान काम नहीं था। माधो सिंह जानता था कि किसी सन्ताल कुमारी के सर पर बलात् सिन्दूर लगाने से वह उसकी पत्नी बन जाती है। उसे उस पुरुष के साथ पत्नी बन कर रहना पड़ता है। पर साथ ही साथ सन्तालों में यह नियम था कि वह अगर उस पुरुष के साथ रहना पसन्द न करे तो वह उसको त्याग सकती है। माधो सिंह को समाज में एक स्थान प्राप्त था। राज परिवार में वह पला था। बुद्धि और बल के चलते राजा का दीवान हो गया था।

सत्ता पर उसका रोब–दाब था। फिर भी सन्तालों ने निश्चय किया कि वे मिट जायेंगे, पर अपनी बेटी उसे नहीं देंगे। माधो सिंह से संघर्ष करना उनके लिए आसान नहीं था, अतः उन्होंने अपनी धरती को त्याग दिया और माधो सिंह के डर से निचले भाग में चले गये। कुछ लोग वहाँ रह गये हैं। कहा जाता है, उस चम्पागढ़ में अभी भी कुछ सन्ताल लोग हैं। पंजाब में सन्तालों की कुछ आबादी मिलती है, वे सभी उनके ही वंशज हैं। सन्ताल के समान काले रंग के वे नहीं हैं, उनका रंग काश्मीरी लोगों के समान गोरा है। उन्हें सन्ताल नहीं कहा जाता है। सन्तालों को, जो सन्ताल परगना के बाहर बिहार में ही हैं, सन्ताल नहीं कहा जाता है। पर हैं वे उनके ही वंशज। बताया जाता है, कुछ वर्ष पूर्व कुछ सन्ताल उस क्षेत्र में गये थे। उन लोगों ने अपनी भाषा में उन लोगों को बोलते सुना। उन्हें पहले तो विस्मय हुआ, पर बाद में उन्हें यह बताया गया कि उनके पूर्वज सन्ताल ही थे। वे भी सन्ताल ही हैं। ईसाई मिशनरी से प्रकाशित कुछ ग्रन्थों में ऐसी बातों का उल्लेख मिलता है। श्री कुमार ने सन्तालों के इतिहास में इस घटना का उल्लेख किया है। उनसे पंजाब से लौटे हुए एक सन्ताल ने स्वयं ऐसा कहा था।

पंजाब से भाग कर चलते–चलते नर्वदा के आस--पास की जगह में वे रहे। नर्वदा के पास की भूमि से उनके द्वारा प्रयोग में लाये गये अस्त्र मिले हैं। वे अस्त्र कुछ ऐसे ही पाये गये हैं जिन्हें सन्ताल लोग ही प्रयुक्त करते थे, और जातियों के पास ऐसे अस्त्र नहीं थे। वहीं से पूर्व की ओर चलते--चलते छोटा नागपुर की ओर वे चले गये। कहा जाता है कि सन्तालों का चम्पागढ़ हज़ारीबाग में था। उसी चम्पा देश में उन्होंने राज भोग किया। चम्पा की कहानी लेकर काफ़ी विवाद हुआ। उस विवाद पर यहाँ प्रकाश डालना उचित नहीं है और न उसका कोई औचित्य ही है। माधो सिंह की जो कहानी ऊपर आती है वह भी हज़ारीबाग की ही कहानी है, हज़ारीबाग के चम्पा से ही सन्तालों को उसने भगाया था। चम्पा राज्य भागलपुर में ही था। वहाँ के लोग जावा और सुमात्रा में जाकर व्यापार करते थे। चन्द्रगुप्त मौर्य के समय मेगास्थनीज भारत आया था। उसने भी भागलपुर स्थित चम्पा को देखा था। उसने उसका उल्लेख किया है। उस चम्पा की सीमा लखीसराय से राजमहल तक बतायी जाती है। मुझे तो ऐसा लगता है कि सन्तालों को नाम बहुत प्रिय थे। आज भी हम देखते हैं कि अपने पूर्वजों के नाम पर अपने बाल बच्चों का नाम वे रखते हैं।

ऊपर पंजाब में उनके बारह गढ़ों का नाम आया है। उनमें हम देखते हैं कि जिन स्थानों पर वे रह रहे थे उन स्थानों के नाम पर अपने गढ़ों का नामकरण उन्होंने किया था। चम्पा उनका बहुत प्रिय नाम रहा होगा। चम्पा का वर्णन उनके साहित्य में विराट् रूप से हुआ है। उनकी तुलना वे देवपुरी से करते थे। अतः जहाँ–जहाँ गये होंगे, वहाँ–वहाँ चम्पा नाम का नगर बसाया होगा। यही कारण है, चम्पा नाम के कई नगर हमें मिलते हैं। पर वास्तविक बात तो यह है कि उनका चम्पा पंजाब में ही था। पंजाब को छोड़ते समय अपने साथ वे उसकी स्मृति लेते गये होंगे और जहाँ वे बसे होंगे, वहाँ का नाम चम्पा दे दिया होगा। कन्धार से एक ही बार सीधे तो वे छोटानागपुर नहीं आये होंगे। बीच–बीच में उनका ठहराव हो गया है। रामायण काल में उनका निवास स्थान मध्य प्रदेश में था–ऐसा पता चला है। श्री गोपाल लाल वर्मा की धारणा है कि सन्तालों के चम्पा की सीमा लखीसराय से राजमहल तक रही थी। उन्होंने मुझे समझाने का असफल प्रयास किया था। उस सम्बन्ध में उनका कुछ निबन्ध भी छपा था। सन् 1353 के बाद मुहम्मद तुग़लक के सैनिकों के सरदार इब्राहिम अली के कारण सन्तालों की बड़ी क्षति हुई थी। वे बहुत सताये गये थे। गंगा के उस पार मुसलमानी राज्य कायम हो चुका था। गंगा के उस पार की भूमि को म्लेच्छों की भूमि कहा है। उस पार जाना वे पाप समझते थे। उनका इस सम्बन्ध में एक लोकगीत है।

हज़ारीबाग में चम्पा नगर का उल्लेख मिलता है। वहाँ से हिन्दुओं ने सन्तालों को निकाला था। 18वीं सदी के अन्त में उसी ओर से सन्ताल परगने में आये थे। 200 वर्ष पूर्व के जिस चम्पा में आये थे, मेरी समझ में नहीं आता है कि वे कैसे उसे भूल जाते। हज़ारीबाग का जो इतिहास हमें मिलता है, उसमें चम्पागढ़ का उल्लेख नहीं है। हज़ारीबाग के चम्पागढ़ से निकाले गये थे–यह उनके एक लोकगीत से पता चलता है, कोई सन्ताल अपनी बहन को सान्त्वना दे रहा है–

दादारे इन्दान सिंग मान्दान सिंग
दादारे गेना कान्दो न रिक्जो
वाहिन गे हांथे का संखा बेचोड़
वाहिन गे काते का सीना बेचोड़
वाहिन गे ताव होंना लेवो चम्पागढ़।

अर्थात्–इन्दन सिंह और मन्दन सिंह चम्पागढ़ के पराजित होने पर बहन से कहते हैं कि हे बहन! तुम रोओ मत, चम्पागढ़ प्राप्त करने के लिए हम हाथों का शांखा बेचेंगे, कान का सोना बेचेंगे। हम लोग, हे बहन, चम्पागढ़ फिर लेंगे।

मेरा निश्चित मत है कि उनका चम्पागढ़ असल में पंजाब में ही था। वहाँ से हटने के बाद वे जहाँ–जहाँ बसे वहाँ–वहाँ चम्पागढ़ का निर्माण किया। अंग देश की राजधानी जो चम्पागढ़ था, उससे उसका सम्बन्ध नहीं था। उसका उल्लेख वायुपुराण तथा ब्रह्मपुराण में आया है। उनसे ज्ञात होता है कि एली वंशी राजा पुरूरवा के पुत्र ययाति, भारतवर्ष के प्रथम चक्रवर्ती राजा हुए थे। ययाति के चौथे पुत्र अणु थे, जिनके पुत्र शिवि थे। शिवि के भाई तितिक्षु ने वर्तमान मुंगेर तथा भागलपुर में एक राज्य अंग के नाम से स्थापित किया था और चम्पानगर बसाया था। अतः सन्तालों के चम्पागढ़ से उसका सम्बन्ध जोड़ने का कोई अर्थ नहीं है।

सन्तालों ने चम्पागढ़ में एक राज्य व्यवस्था को जन्म दिया था। राज्यतन्त्र शासन व्यवस्था होते हुए भी उन्होंने अपने राज्य को प्रशासन की दृष्टि से अंचलों में विभाजित किया था। प्रत्येक अंचल में परगनायात रखे जाते थे, जो अच्छे प्रशासन एवं जन–कल्याण के लिए राजा के समक्ष उत्तरदायी थे। वे कर को माँझियों से वसूल कराते थे। माँझी गाँव के प्रमुख होते थे। उनके आदेश पालक गोडयत होते थे। राजतन्त्र तो न रहा, पर वह व्यवस्था आज भी सन्तालों में है।

सन्तालों का आर्यों से सम्बन्ध

वैदिक कर्मकाण्ड में जिन्हें विश्वास नहीं था, जो उसे नहीं मानते थे, उसमें आस्था नहीं रखते थे–वे सभी व्यक्ति आर्यों की दृष्टि में अनार्य थे। ऐसे व्यक्तियों के लिए उनका एक व्यापक शब्द था–असुर। असुरों का उल्लेख आर्यों के ग्रन्थों में बहुत आया है। वेदों में उनका उल्लेख है। आर्यों के पहले भारत भूमि में सन्ताल आये थे। उन्हें आर्यों ने असुर कहा है, दस्यु कहा है। वैदिक साहित्य, ब्राह्मण सहित्य और महाकाव्य–साहित्य में काफ़ी सामग्री है, जिनके आधार पर यह माना जा सकता है कि वे लोग भारतवर्ष में बाहर से आये थे। भविष्य पुराण में स्पष्ट उल्लेख है कि असुर नमकीन सागर के पार से आये थे। सागर का जल नमकीन होता है, अतः नमकीन सागर के पार का उन्हें बताया गया है। उनके स्वरूप एवं आकृति का वर्णन करते हुए "हिराय हस्ताः असुराः" कहा गया है। उन्हें सोने के हाथ वाला कहा गया है। सोना का रंग पीला है। सन्ताल परम्परा के अनुसार वे पीत सागर से आये थे, उनका रंग हो सकता है–पीला ही पहले हो, बाद में भारतीय जलवायु के कारण उनका रंग काला हो गया हो। आगे उसी ग्रन्थ में उनके रंग के सम्बन्ध में कहा गया है–वे शुभ्र रंग के थे। शुभ्र का अर्थ होता है–सफेद। सफ़ेद रंग का अर्थ हम गोरे रंग से ही लेते हैं। कहा जाता है कि असुरों का उल्लेख वेदों में हीन दृष्टि से ही आया है। पर यह बात सत्य नहीं है। अनेक देवताओं के लिए भी श्रद्धा से असुर शब्दों का प्रयोग हुआ है। वरुण को असुर की उपाधि से विभूषित करते हुए ऋग्वेद में कहा गया है–

मा नो वधैर्वरुण ये त इष्टावेनः कृण्वन्तमसुर भीणन्ति।
मा ज्योतिषः प्रवसयानि जन्म विणूमृधः शिश्रयोः जीवसेनः।।

(ऋग्वेद 2 : 28 : 7)

अर्थात्–हे वरुण, हम लोगों को मत मारो; अपने उन अस्त्र–शस्त्रों का प्रयोग मत करो, जिन्हें तुम पापियों पर करते हो। तुम्हारे प्रकाश से हम दूर नहीं रहे, हम लोगों के शत्रुओं का अन्त करो, ताकि हम लोग रह सकें।

इन पंक्तियों में वरुण को असुर माना गया है और उन्हें शत्रुनाशक के रूप में ग्रहण किया गया है। सूर्य्य देव के लिए भी ऋग्वेद में असुर शब्द का प्रयोग हुआ है। कहा गया है–

हिरण्य हस्तो असुरः सुनीथः सृमृलीव स्ववां यात्गर्थाङ्ग।
अपसेघव्रक्षसो यातुधानान् अस्थाद्देवः प्रतिदोषः गृणानः।।

(ऋग्वेद 1:35:10)

अर्थात्–सोने के हाथ वाला देव शक्ति, जो अच्छा पथ दर्शक है, जो भव्य है, कल्याण कर्त्ता है, तुम आओ। राक्षसों एवं शोषणकर्त्ताओं को भगाते आओ। देव ! विपरीत परिस्थिति में तुम्हारा उदय होता है, जो मंगलकारी है।

इन पंक्तियों में सूर्य देव को असुर कहा गया है। यहाँ असुर का अर्थ है–विशाल धन के स्वामी। आग देव के लिए भी असुर शब्द का प्रयोग इस रूप में किया गया है–

त्वमग्ने रुद्रो असुरो महोदिवस्त्वं शर्धोमारुतं वृक्ष ईशियो।
त्वं वा तैररुणैर्यासि शंगयस्त्वं पूबा विधतः पासिनुलनाः।

(ऋग्वेद 2:1:6)

अर्थात्–हे अग्निदेव ! तुम्हीं रुद्र हो! देवलोक के असुर हो। पवन के तुम अतिथि हो। तुम पालक शक्ति हो। तुम्हारी ज्योति रंगीन वायु के साथ जाती रहती है वह हम लोगों के घर में आनन्द लाती है। अपने आराधकों की तुम अपनी शक्ति से सुरक्षा करते हो, तुम धन्य हो।

यहाँ अग्निदेव को असुर रूप में शत्रु नाशक एवं मंगलकर्ता के रूप में याद किया गया है। इतना ही नहीं अग्नि वैश्वानर का भी असुर ही के रूप में उल्लेख किया गया है–

पिता यज्ञानमसुरो विपश्चिता विमानमग्निर्वयुनं च वाधताम्।
आविवेश रोदसी भूरिवर्पसा पुरूप्रियो भदन्ते धामभिः कविः।।

(ऋग्वेद 3:3:4)

अर्थात्–हे यज्ञों के पिता, जो आराधना करते हैं, उनके तुम महाप्रभु हो। अग्नि यज्ञों के नियम और परिचायक हैं। तुमने संसार में दो स्वरूपों में प्रवेश किया है। अनेक लोगों का प्यारा सन्त अपने आरम्भ में ही गौरवान्वित होता है।

यहाँ अग्नि वैश्वानर को शक्ति प्रदत्त देव के रूप में, असुर की उपाधि देकर स्मरण किया गया है। ऋग्वेद में असुर शब्द का प्रयोग 105 बार अच्छी भावनाओं से किया है। फिर भी ऋग्वेद में असुर शब्द का प्रयोग 13 बार हीन भावनाओं के रूप में आया है। ऋग्वेद में हम देखते हैं कि असुरों के प्रति श्रद्धा व्यक्त की गयी है। वैदिक आर्यों ने उनके प्रति श्रद्धा व्यक्त की है। वरुण असुरों के देवता थे। वे उनके पथ–दर्शक देव थे। आज भी सन्ताल गीतों में वरुण को याद किया जाता है। विश्वामित्र उनके पुरोहित थे। असुरों ने उन्हें अपना सेनापति बनाया था। समुद्र सन्ताली तत्त्वों का द्योतक है। वैदिकी आर्यों ने सन्तालों से संघर्ष किया। पर असुरों को वे आसानी से हरा नहीं पाये। कारण सन्तालों पर वरुण देव की कृपा थी। वरुण ने मायाविन के रूप में माया शक्ति को प्राप्त कर सन्तालों को योगदान दिया था। यही कारण था, सन्तालों ने वैदिक आर्यों का बहादुरी के साथ सामना किया था। देवासुर संग्राम हुआ था। आर्यों ने अपने को देव माना था और सन्तालों को असुर। पहले आर्यों की हार हो गयी। पर बाद में आर्यों की जीत हुई। असुरों ने अपनी सैनिक कला को भुला दिया था। उनमें विलासिता आ रही थी। वे आरामतलबी हो रहे थे। हज़ारों की संख्या में सन्ताल मारे गये। वे इतना दबा दिये गये कि उन्हें सर उठाने का साहस पुनः नहीं हुआ। यह संघर्ष एक दो वर्ष नहीं चला। सैकड़ों वर्षों तक चलता रहा। वैदिक संस्कृति तथा असुर संस्कृति में जब युद्ध हुआ, तब असुरों के प्रति दुर्भावनाएँ उत्पन्न हुईं। पातंजलि ने उन्हें "मृध्र वाचः" कहा। यह शब्द उन्होंने इसलिए उनके लिए प्रयोग में लाया था कि उनकी भाषा, जो वे बोलते थे, बोधगम्य नहीं थी। व्याकरण की उसमें त्रुटियाँ थीं। अतः उन्हें 'म्लेच्छ' कहा गया। देवासुर संघर्ष में असुर 'हे अरयः, हे अरयः' का शुद्ध उच्चारण नहीं कर पाते थे, वे "हेलयो, हेलयो" शब्दों से पुकारते थे, जो अशुद्ध उच्चारण था। इन सब कारणों से पातंजलि ने सन्तालों के पूर्वजों को पूर्वदेव ही कहा है। बाद में देवासुर संग्राम के बाद उनके लिए हीन बोधक शब्दों का प्रयोग हुआ है। संघर्ष की बीच सन्तालों पर आर्य संस्कृति का प्रभाव कम नहीं हुआ। उनके लोकगीतों में तथा उनकी लोक

कथाओं में इसका विस्तृत उल्लेख मिलता है, ईसाई मिशनरी ने गोविन्दपुर के दुर्लभ मुर्मू नामक एक सन्ताल के कथन को इस प्रकार अपने ग्रन्थ में उल्लेख किया है,[1] जिससे ज्ञात होता है कि सन्तालों पर आर्य सभ्यता का पूर्ण प्रभाव जम गया था।

'पिलचु हाड़ाम और पिलचु बुड़ही' के बड़े लड़के का नाम था–करमू सोन्डरा सीन और उनकी बड़ी लड़की का नाम था–हिसी। उन्हें दो लड़का हुआ। एक का नाम कारमू था और दूसरे का नाम धर्मू था। कारमू हाँसदाक गोत्र के थे और उनके ममेरा चाचा किस्कू राजा और धनी मराण्डी थे। किस्कू चम्पागढ़ में रहते थे और मराण्डी सीरूलागढ़ में। दोनों गाँवों में सीता–नाला नदी बहती थी। स्नान करने और पीने का पानी लेने के लिए दोनों गाँव के लोग उस नदी को जाते थे। एक दुलहिन को लेकर उनमें झगड़ा हो गया। झगड़ा में किस्कू ने कारमू और धर्मू के पिता को जान से मार डाला। इसके बाद दोनों को अभावों से संघर्ष करना पड़ा। एक दिन भिक्षा माँगने के लिए घर से निकले, कम्पानगर में माँगते हुए चले। वे नदी के तट पर पहुँचे। करमा वृक्ष के नीचे धर्मू सो गया। उसे नीद आ गयी। उस नदी का नाम था तटी झारी। यह वह स्थान था जहाँ मरांग बुरु ने सबसे पहले कपड़ा का वस्त्र तैयार किया था। उसके नीचे उसको एक बाँध बाँधना था। वह स्थान सादोचार घाटी कहलाता था। उसके ठीक नीचे उन्होंने स्नान किया था। इसलिए वह स्थान स्नान–स्थान के नाम से पुकारा जाता है। उक्त वृक्ष के नीचे से करमा गोसाईं प्रकट हुए। धर्मू को स्पप्न में उन्होंने दर्शन किया। स्वप्न में उन्होंने धर्मू से कहा–हे धर्मू करमा वृक्ष लगाओ। उसके पत्ते से बाजा बनाओं। उसके नीचे नतमस्तक हो, उसे तीन बार श्रद्धा से प्रणाम करो। उसके बाद परिक्रमा करो। नदी के पास एक गाय बाँछा के साथ मिलेगी। पत्थरों के नीचे कपड़ा मिलेगा, वहाँ एक बाँसुरी मिलेगी। उन सभी चीज़ों को यहाँ लाओ। धर्मू ने जाग कर उस स्वप्न को मूर्त्त रूप देना आरम्भ किया। करमा वृक्ष को उसने रोपा। उसने देखा एक गाय अपने बछड़े के साथ उस स्थान पर खड़ी है। उसने पत्थर से कपड़ा लाया और माथे पर बाँधा और गाय को लिए वह घर वापस आया। जब वह घर पहुँचा, तब उसकी माँ ने उसे कुछ हल्दी और पानी एक बर्तन में लाने को कहा। उसने पानी से गाय के पैरों को धोया। इसके बाद उसे उसने बाँध दिया। इसके बाद धर्मू प्रत्येक दिन गाय के लिए नदी जाता था। वह करमा के वृक्ष रोज रोपता था।

उसके चारों ओर परिक्रमा करता था। करमा गोसाईं ने उस परिवार को आशीर्वाद दिया। परिवार की वृद्धि हुई। सुख और शान्ति मिली। उनके पशुधन में वृद्धि हुई। वे धनी हो गये। एक दिन माँ ने आकर कारमू और धर्मू से कहा—करमा उनके घर के छत्ता पर उगा है, भण्डार में धान के बीज उग रहे हैं, चावल के नीचे दूबी घास बढ़ रहा है, पूर्णिमा के तीन दिन बाकी है। उस दिन करमा को घर के सामने रोपो। और सभी पड़ोसियों को उस दिन अपने यहाँ आने को निमन्त्रण दो। जब गाँव के सभी लोग जमा हो गये, धर्मू ने करमा को दो वृक्ष रोपे। दो कुँआरी लड़कियों ने उस स्थान को गोबर से लीपा। तीन बार धर्मू ने परिक्रमा कर करमा की पूजा की। उसकी माँ थाली में कुछ चावल, कुछ दूबी घास, घी, हल्दी में रंगा हुआ कपड़ा का टुकड़ा लायी। करमा वृक्ष पर कपड़ा चढ़ा दिया। उसने भी तीन बार उसकी परिक्रमा की और घर वापस चली आयी। बाद में माँ और दोनों भाइयों ने कहा—हम लोगों ने करमा रोपा है। पर हमलोग नाचें कैसे। उन्होंने यह गीत गाया—

हनुमान जो मारी वेरे पुता कि माहे कारावे
हनुमान जो मारीवो गो आयो चाम छुलावो
चामा जी छुलावे रे पूता कि नाहे कारावे
चामा जो छुलावो गो आयो मादोले छावावो
मादल जो छावा वेरे पुता कि नाहे कारावे
मादोल गो धवावो गो आयो कारामे गाड़ावो
काराम जो गाडा वेरे पुता कि नाहे नाचावे
काराम जो गाडावो गो आयो गोडेत निफूर डान्ही माथायेत्

अर्थात्—हे पुत्र! हनुमान को मार कर क्या करोगे?

माँ हनुमान को मार कर चमड़ा छुड़ायेंगे।

चमड़ा छुड़ाकर क्या करोगे? चमड़ा छुड़ाकर मा मादर बनायेंगे। हे पुत्र, मादल बनाकर क्या करोगे? हे माँ मादल बनाकर काराम गाडेंगे। काराम गाड़कर पुत्र कैसे नाचोगे? माँ काराम गाडकर, माँ। पैर नें तथा माथा में नूपुर बाँध कर नाचेंगे। उन लोगों ने रात भर गीत गाया और नाचा। दो कुँआरी लड़कियाँ करमा वृक्ष की शाखाओं को एक झरना के पास ले गयीं, जो गाँव के बाहर था और उनको झरना के पानी में प्रवाहित कर दिया। उन्होंने स्नान किया और घर वापस आ गये।

कपड़ा गाँव के एक गरीब को दे दिया। धर्मू प्रतिदिन करमा के चारों ओर परिक्रमा करता था। पशु के पालन की ओर अपेक्षित ध्यान वह नहीं देता था। इससे कारमू नाराज़ रहा करता था। उसने एक दिन करमा के वृक्ष को उखाड़ फेंका। इस घटना के बाद भाग्य ने पलटा दिया। वे ऐसे गरीब हो गये कि एक धनी के यहाँ मज़दूरी करने गये, उसके खेतों में धान रोपने गये। उन्हें मज़दूरी में जो मिलता था, वह भी लापता हो जाता था, उन्हें कुछ नहीं मिल पाता था। उनका मालिक उन्हें कल अधिक मिलेगा—ऐसा आश्वासन देता था। क्रम से तीन दिनों में ऐसी घटना घटी। भाइयों को क्रोध हुआ। उन्होंने निश्चय किया कि जितना धान उन्होंने रोपा है, उसे उखाड़ फेंका जाय। जब ऐसा करने जा रहे थे, तब उन्हें एक वृद्ध व्यक्ति मिला। उसने उन्हें ऐसा करने से रोका। उसने कहा—ऐसा करने से प्रभु रंज होंगे। तुम लोगों पर जो घटनाएं घट रही हैं, वह तुम लोगों के पापों के कारण। करमा गोसाईं की अर्चना करो। उन्हें तुम लोग समुद्र के किनारे पाओंगे। वे कौड़ी के रूप में मिलेंगे। उनके पास जाओ और उनकी आराधना करो। स्मरण रखना, वहाँ और भी पवित्र आत्माएँ मिलेंगी, उनकी पूजा मत करना, दोनों भाइयों ने अपने निश्चय को बदल दिया। वे उस वृद्ध आदमी से और जानकारी प्राप्त करना चाहते थे, पर तब तक वह वृद्ध व्यक्ति लुप्त हो गया। उन्हें ऐसा लगा कि कन्दू देव स्वयं उपदेश देने आये थे।

वे करमा गोसाईं की खोज में निकले। वे एक गाँव में आये, और एक वृक्ष के नीचे ठहरे। गाँव का नाम उजारडी था। कारमू ने धर्मू से कहा—गाँव से कुछ खाना माँग कर लाये, उसे भूख लगी है। धर्मू गाँव में गया और वहाँ से कुछ अन्न लाया, पर उसमें केवल मीठा ही मिला। उन्हें बहुत दुःख हुआ। उन्हें दुःखित देखकर वृक्ष ने जानना चाहा कि वे कहाँ जा रहे हैं। जब उन लोगों ने वृक्ष को बताया कि वे करमा गोसाईं के पास जा रहे हैं, तब वृक्ष ने करमा गोसाईं के लिए एक सन्देश दिया। उसके नीचे रत्न गड़ा हुआ है, वह उनकी रक्षा करते हुए थक गया है। वे दोनों भाई अजय जंगल में आये। वहाँ उन्होंने एक गाय और एक बछड़ा को देखा। आम के वृक्ष के पास गये। कारमू ने धर्मू से कहा—आम लाओ, भूख मिटे। आम धर्मू ने लाया, पर उसमें कीड़े होने से वे खा नहीं सके। वे झालदा गाँव में गये, उन्हें एक धनी व्यक्ति से भेंट हो गयी। जब उसे मालूम हुआ कि वे करमा गोसाईं की खोज में जा रहे हैं, तब उसने करमा

गोसाईं से यह कहने को सन्देश दिया कि विशाल सम्पत्ति की देखरेख करने में वह असमर्थ है। खजीपुर में उसे एक धनी से भेंट हो गयी, वह पशु धन का धनी था। जब उसे मालूम हुआ कि वे लोग करमा गोसाईं के पास जा रहे हैं, तब उसने कहा कि करमा गोसाईं के पास उनका यह सन्देश पहुँचा देना कि वह पशुधन की रक्षा करने में अपने को असमर्थ पा रहा है। अन्त में उन्हें करमा गोसाईं कौड़ी के रूप में मिले। उन्होंने दोनों भाइयों को अन्य देवताओं को प्रणाम करने को कहा। दोनों भाइयों ने यह कहकर अस्वीकार कर दिया कि वे तो उनकी आराधना करने आये हैं। करमा गोसाईं से उन्होंने अपनी भूलें कहीं और क्षमा माँगी। करमा गोसाईं ने आशीर्वाद दिया। उन्होंने दोनों भाईयों से कहा—बग़ैर गाँव वालों की सलाह के कोई काम नहीं करना, प्रत्येक दिन करमा रोपो और कोई पाप न करो। तुम्हारा दिन पहले सा हो जायेगा। उन्होंने दोनों भाइयों से कहा कि जिन व्यक्तियों ने उन्हें सन्देश देने को कहा है, उनसे वे कह देंगे कि वे अपने धन को ब्राह्मण या किसी वैष्णव को दे देंगे,' तब उनका कल्याण होगा, भाग्य खुलेगा। वे घर वापस आये और मार्ग में उन व्यक्तियों को करमा गोसाईं का सन्देश दिया कि करमा गोसाईं ने कहा है, वे अपना धन किसी ब्राह्मण या किसी वैष्णव को दे दें। उन व्यक्तियों ने इन भाइयों को कहा—वे ब्राह्मण या वैष्णव कहाँ पायेंगे। तुम्हीं दोनों भाई मेरे लिए ब्राह्मण और वैष्णव हो। हम लोगों के पास जो कुछ है, तुम लोग लेते जाओ। इस प्रकार उन्हें मार्ग में काफ़ी धन मिला। घर पहुँच कर उन्होंने वैसा ही काम किया, जैसा करमा गोसाईं ने उन्हें करने को आदेश दिया था। उन्होंने करमा वृक्ष को रोपा और इस प्रकार वे पुनः धनी हुए। अपने विवरण को अन्त करते हुए दुर्लभ मुर्मू ने कहा—'इस प्रकार वे अब करमा को नहीं रोपते, पर आज भी शरत मास की पूर्णिमा को बहुतेरे गाँव में करमा रोपा जाता है। वे इसलिए रोपते हैं कि करमा गोसाईं ने उन्हें रोपने का आदेश दिया था।

आर्यों का प्रभाव सन्तालों पर कैसा पड़ा था—इस कथन से स्पष्ट हो जाता है। मुझे तो ऐसा लगता है, सन्ताल और आर्य संघर्ष करते—करते जब थक गये होंगे, तब वे एक साथ रहने लगे होंगे। आर्यों के वैदिक धर्म का उन पर प्रभाव इस प्रकार पड़ा। बाद में तो आर्य सन्ताल एक—दूसरे के सुख—दुःख में हाथ बँटाने लगे थे। उनके बीच से शत्रुता मिट गयी थी, उनमें भाई चारा का भाव देखा गया था। सन्तालों का अन्य आदिवासियों

के साथ संघर्ष हुआ था। जब आर्य अन्य आदिवासियों से लड़ रहे थे तब सन्तालों ने आर्यों का साथ दिया था। सबसे बड़ा उदाहरण त्रेता युग का है। सन्तालों ने रावण का नहीं, राम का साथ दिया था। त्रेता युग में एक तरफ़ सन्तालों ने दूसरा चम्पागढ़ बनाकर फिर अन्य गढ़ में अपने को वर्गीगत कर रखा था, वही हम देखते हैं कि आर्य भी कई जातियों में बँट गये थे, जमुना और गंगा घाटी की ज़मीन में आ बसे थे। आधुनिक अवध में कौशल नरेश थे, उत्तर बिहार में विदेह राजा थे। उसी प्रकार के और भी अन्य आर्य राज्य थे। कौशल राजा के पुत्र रामचन्द्र थे और विदेह राजा की पुत्री सीता थी। दोनों की शादी हुई थी। आर्य लोग उपजाऊ भूमि पर रहते थे। सिन्धु, जमुना और गंगा की घाटी उत्पादन के लिए बहुत प्रसिद्ध थी। आर्य लोग उसी भूमि में रहते थे। सन्ताल लोग उन दिनों जंगल के बीच नया चम्पागढ़ बसाकर रह रहे थे। दोनों अपने क्षेत्र में रहते थे–किसी दूसरे से उनका मतलब नहीं था। उनकी अपनी समस्या थी, उन्हीं समस्याओं में वे उलझे हुए थे। सन्तालों के पूर्वज निषाद दास भी कहलाते थे। सन्ताली परम्परा से यह ज्ञात होता है कि त्रेता काल में सन्ताल गंगा के दोनों तटों के अधिकारी थे। गंगा के आर–पार जाने में वे कर लिया करते थे। सन्ताल परम्परा कहती है–'सेदेय जुगरी गान नाये, ओन परोम ओन परोम् दोखोत् टे ही कानता लिमा' अर्थात्–प्राचीन काल में सन्ताल गंगा के दोनों पार के मालिक थे। सन्तालों के पूर्वज निषाद दास का ही उल्लेख रामायण में पाया है, सन्ताल ऐसा मानते हैं।[1] रामायण के अयोध्या काण्ड में राम–निषाद–मिलन तथा भरत–निषाद–मिलन का वर्णन आया है। वह बहुत ही रोचक है। राम के प्रति सन्तालों की भक्ति भावना जो व्यक्त हुई है, वह अपूर्व है।

भरत जी समाज के साथ राम से मिलने जंगल आ रहे थे। निषादराज को आशंका हुई कि भरत जी राम जी पर आक्रमण करने आ रहे हैं। पर उन्हें राम जी से लड़ने के पूर्व निषादों से यानी सन्तालों से लड़ना पड़ेगा। उसने अपनी जाति वालों से कहा–सब लोग सावधान हो जावो। नावों को हाथों में कर लो और फिर उन्हें डुबा दो और सब घाटों को रोक दो। उसने आदेश देते हुए कहा–

समर मरन पुनि सुरसरि तीरा। राम काजु छन भंगु सरीरा।
भरत भाइ नृपु भे जन नीचू। बड़े भाग असि पाइअ मीचू।।

स्वामी काज करिहउँ रन रारी। जस धवलि हउँ भुवन दस चारी।
तजउँ प्रान रघुनाथ निहोरे। दुहूँ हाथ मुद मोदक मोरे।
साधु समाज न जाकर लेखा। राम भगत महुँ जासु न देखा।
जायें जिअत जग सो महि भारू। जननी जौवन बिटप कुठारू।।

युद्ध करने के पूर्व निषाद राजा भरत से मिले। मुनीश्वर वशिष्ठ जी ने बताया कि निषादराज राम जी के सहयोगी हैं। इतना सुनते ही निषाद राज को भरत जी ने अपने अंकवार में ले लिया। सन्तालों ने राम जी की वनवास की अवधि में बड़ी सेवा की। उन्हें सन्तालों ने सहयोग दिया। शबरी को भी सन्ताल अपने ही खेरवार वंश का मानते हैं।[2] शबरी ने राम को भोजन कराया था—यह रामायण से हमें मालूम होता है। जब सीता हरण को लेकर राम और रावण में संघर्ष हुआ, तब सन्तालों ने राम का साथ दिया और रावण से वे लड़े। जब युद्ध के बाद वे वापस आये, तब लक्ष्मण ने उन लोगों को पंचायती व्यवस्था का आदर्श बतलाया और पंचायती समाज में रहने की शिक्षा दी।

महाभारत में भी सन्तालों के पूर्वजों की कहानी आयी है। महाभारत की कहानी द्वापर की है। द्वापर युग में सन्ताल दूसरा चम्पागढ़ बनाकर जंगल में रह रहे थे। उनके सरदार का नाम था—हिराणयधनुवा। वह बहेलिया था। एकलव्य उसी का लड़का था। वह जंगल में रहता था पर धनुर्विद्या में जो ख्याति उन दिनों द्रोणाचार्य को मिली थी, उससे वह परिचित था। वह भी धनुर्विद्या सीखना चाहता था। उसे जब यह ज्ञात हुआ कि द्रोणाचार्य कौरव और पाण्डवों के शिक्षक हैं, तब वह हस्तिनापुर के लिए चल पड़ा। वह हस्तिनापुर पहुँचा। राजकुमारों से भेंट हो गयी। वे एक चिड़िया पर निशाना लगाना चाहते थे, पर निशाना लग नहीं रहा था। एकलव्य ने उसे एक ही बाण से मार दिया। यह देखकर राजकुमारों को उसके प्रति विद्वेष हुआ। जब उन्हें मालूम हुआ कि एकलव्य उनके गुरु द्रोणाचार्य से धनुर्विद्या सीखने के लिए आया है, तब उन्होंने एकलव्य को गलत बातें बता दीं। आचार्य द्रोणा का नियम था कि वे प्रातःकाल किसी व्यक्ति का दर्शन नहीं करते थे। राजकुमारों ने एकलव्य से कहा कि आचार्य से मिलने का उत्तम समय है प्रातःकाल। एकलव्य आचार्य के दर्शन के लिए प्रातःकाल उनके निवास स्थान पर गया। आचार्य जी ने जगते ही उसे देखा—उन्हें एकलव्य पर बहुत रंज हुआ। जब उन्हें यह मालूम हुआ कि एकलव्य सन्ताल है—अनार्य है, तब उन्हें और भी क्रोध हुआ।

उन्होंने एकलव्य को अपना शिष्य बनाने से इन्कार कर दिया। एकलव्य घर वापस आ गया। पर उसका उत्साह नहीं गया। जंगल में अपनी राजधानी चम्पागढ़ में द्रोणाचार्य की मूर्त्ति बनाकर उसके समक्ष धनुर्विद्या सीखने लगा। उसमें लगन थी। शीघ्र ही धनुर्विद्या में वह पण्डित हो गया। एक दिन अचानक द्रोणाचार्य उस जंगल में चले गये। उन्होंने देखा–एकलव्य उनकी मूर्ति बनाकर धनुर्विद्या सीख रहा है। उन्हें आश्चर्य से अधिक विस्मय हुआ कि बग़ैर शिक्षक के वह प्रशिक्षण ले रहा है। एकलव्य ने अपने गुरु को पहचान लिया। उसने उनका सम्मान किया। उसने द्रोणाचार्य से कहा–यद्यपि उन्होंने उसे शिष्य के रूप में ग्रहण नहीं किया है, तथापि उन्हें ही अपना शिक्षक मान कर वह धनुर्विद्या ले रहा है। द्रोणाचार्य ने यह निश्चय कर लिया था कि अर्जुन से बड़ा उस जगत में धनुर्विद्या में कोई नहीं रहेगा। पर उन्होंने देखा एकलव्य अर्जुन से भी आगे बढ़ रहा है। अतः उन्होंने गुरुदक्षिणा में एकलव्य से उसके दाहिने हाथ का अँगूठा माँग लिया। एकलव्य ने उन्हें अपना अँगूठा काट कर दे दिया। एकलव्य को सन्ताल अपना मानते हैं। उन्हें एकलव्य पर गौरव है। वे उस पर अभिमान करते हैं।[3]

रामायण और महाभारत के बाद भी सन्तालों का जीवन शान्त रहा। उन्हें संघर्षों का सामना नहीं करना पड़ा। सन्ताली परम्परा से ज्ञात होता है कि कई शताब्दियों तक सन्तालों और आर्यों में कोई संघर्ष नहीं रहा। वे एक मित्र के समान रहते थे। सन्ताल भी हिन्दुओं के देवी--देवाताओं को मानने लगे थे। राम उनके आराध्य बन चुके थे। मुझे तो ऐसा लगता है कि उनका आर्यकरण भी उन दिनों होने लगा था। अनार्य सभ्यता पर आर्य सभ्यता एवं आर्य संस्कृति की छाप साफ़ थी। ईसा के जन्म के 600 वर्ष पूर्व का प्रामाणिक इतिहास अभी तक हमें उपलब्ध नहीं हुआ है। अतः आर्यों के इतिहास के आधार पर मैं कुछ नहीं कहना चाहता। पर सन्ताल संस्कृतियाँ भी उसके सम्बन्ध में मौन हैं। इससे स्पष्ट होता है कि हज़ारों वर्षों तक सन्तालों और आर्यों में संघर्ष नहीं हुआ था। पर बाद में वह स्थिति नहीं रही। स्थिति में परिवर्तन हुआ। दोनों जातियों में संघर्ष हुआ। सन्तालों की परम्पराएँ कहती हैं--बाद में हम लोगों को उनके (आर्यों के) साथ कई संघर्ष करने पड़े और आज तक भी उनके साथ सम्बन्ध नहीं हो सका है।[4] पर मौर्यों के पूर्व आर्यों से सन्तालों का संघर्ष हुआ है, ऐसा एक भी प्रमाण नहीं मिलता है। मौर्यों एवं गुप्त काल में सन्तालों के क्षेत्रों के स्वामी आर्य हो गये थे। संघर्षों के बाद हो सकता है, सन्तालों ने

आत्मसमर्पण किया हो; पर इतना तो माना ही जाता है कि उस काल में भी सन्तालों को पूरी स्वतन्त्रता थी। मौर्य एवं गुप्त सम्राटों के आधिपत्य को स्वीकार करते हुए, वे स्वतन्त्र थे।[5] पुष्यमित्र (ईसा के पूर्व 185–149 वर्ष), समुद्रगुप्त (ई. 326 से 375 ई.) और कुमारगुप्त (ई. 413–455) ने अश्वमेध यज्ञ किया था। अपने को उन लोगों ने चक्रवर्ती राजा घोषित किया था। सन्तालों ने भी उनका आधिपत्य स्वीकार किया था।

गुप्त राज्य के पतन के बाद आर्यों की शक्ति छिन्न–भिन्न हो गयी। यह सत्य है, एक बार हर्षवर्द्धन ने आर्यों की खोयी हुई शक्ति का संचय किया। सभी शक्तियों को शक्ति के द्वारा एकता के सूत्र में बाँधा; पर उसके मरते ही पुनः वही स्थिति आ गयी। हर्षवर्द्धन का देहान्त क्या था, भारतीय गगन से आर्य संस्कृति एवं आर्य राज्य का भाग्य–सूर्य का अस्त होना था। काफ़ी अर्से तक अन्धकार फैला रहा। राजपूत शक्तियाँ प्रकाश में आयीं। उन्होंने अपनी–अपनी शक्ति का एक ऐसा परिचय दिया कि इतिहास में राजपूत–युग के नाम से एक अध्याय ही खुल गया। राजपूत–युग भारतीय इतिहास में ई. 700 से 1100 तक के बीच की अवधि में रहा। अशान्ति संघर्ष एवं अव्यवस्थाएँ–इस युग की विशेषताएँ रही थीं। सन्तालों ने खुलकर और अप्रत्यक्ष ढंग से भी संघर्ष किया था। ऐतिहासिक ग्रन्थों से स्पष्ट होता है कि सन्तालों से जो संघर्ष हुआ है, उसका कम अंश ही शक्ति द्वारा हुआ है। कुछ संघर्षों में शक्ति का प्रदर्शन दोनों की ओर से हुआ था, पर उन संघर्षों का व्यापक उल्लेख न तो आर्य साहित्य में मिलता है और न सन्ताल परम्पराएँ उन पर व्यापक एवं स्पष्ट दृष्टि डालती हैं। इतना कह देना कि राजपूत–युग में सन्तालों पर आर्यों का अत्याचार हुआ था, सन्तोषजनक नहीं है। अनुसन्धान के इस युग में ऐसी बातों पर विशेष महत्त्व नहीं दिया जा सकता। राजपूत–काल में राजस्थान, मध्यभारत, विन्ध्य प्रदेश और मध्य प्रदेश आकर्षण के केन्द्र रहे थे। उस समय इन प्रदेशों में सन्तालों के पूर्वज रहते थे। सन्तालों की स्मृतियाँ आज भी उन मूर्त्तियों में हैं। "आज उन प्रदेशों में जिन गढ़ों के नाम मिलते हैं, वह सन्तालों की अनुकृति है। सन्ताल तो यह मानते हैं–वे सब गढ़ उनके थे, राजपूतों ने उन्हें पराजित कर तथा उन प्रदेशों से उन्हें निकालकर उन गढ़ों का नाम बदल दिया।" इसका हमें कोई प्रमाण नहीं मिला है। राजस्थान के किरातगढ़, इन्द्रगढ़, मन्दालगढ़ और प्रतापगढ़, मध्यभारत के मल्लाहगढ़, मकसूदनगढ़, राजगढ़, बजरंगगढ़, ईशगढ़, रघुगढ़ और

नरसिंहगढ़, विन्ध्यप्रदेश में अजयगढ़, टीकमगढ़, बन्धुगढ़ तथा मध्य प्रदेश के नृसिंहगढ़, बिजारगढ़, रामगढ़, चौरागढ़, ग्वालियरगढ़, जयंतगढ़, खिरायगढ़, दोनागढ़, शारनगढ़, बिल्थागढ़, रायगढ़, धर्मराजगढ़ आदि गढ़ों के सम्बन्ध में कहा जाता है कि वे सब पूर्व में सन्तालों के पूर्वजों के रहे हैं जो राजपूत काल में राजपूतों के हो गये और राजपूतों ने उनका नाम बदलकर अपने या अपनी परम्परा के अनुरूप रखा है। पर सन्ताल इसके समर्थन में कोई प्रमाण नहीं दे पाये हैं।

राजपूत–युग में और मुसलमानों के भारत आगमन के बाद सन्तालों का प्रवेश बिहार प्रदेश में अधिकता से होने लगा। पहले बिहार में वे छोटा नागपुर में आये और बसे। बिहार में सबसे पहले वे रामगढ़ में आये। रामगढ़ में उन्होंने अपनी परम्परा के अनुसार चम्पागढ़ की स्थापना की। सन्तालों की परम्पराओं के अनुसार इस चम्पागढ़ से सन्तालों को इन्दन सिंह और मन्दन सिंह ने निकाला और वे बिहार के अन्य क्षेत्रों में चले गये। बंगाल में भी वे फैले। वीरभूमि में आज भी सन्ताल काफ़ी संख्या में रहते हैं। असम और मणिपुर में भी उनका फैलाव हुआ। पूर्वी पाकिस्तान और नेपाल में भी सन्ताल काफ़ी संख्या में पाये जाते हैं। यह सत्य है–सन्ताल परगना में सन्तालों की संख्या सभी जगहों से अधिक है, पर सन्ताल बिहार के मुंगेर, भागलपुर, पूर्णिया, हज़ारीबाग, सिंहभूमि आदि क्षेत्रों में भी फैले हुए हैं।

सन्दर्भ

1. W.J. Culshaw : Tribal Heritage, A study of the Santals, London. 1949. p. 115 to 120.
1. Shree, J. Sorkar Soren, The Adibasi, Past and Present, p. 70.
2. Trimothy Tilkai Murmu; The Adibasi; Past and Present; p. 81.
3. It is hard to ascertain to which of the Kherwar tribes Eklabya did belong. The author is of the opinion that he belonged to the Santhals, for the name of "Loba" is common among the Santhals. There are other good reasons besides this and they will be mentioned in their appropriate places later. Never mind all the Adivasis of the Kherwar Race should now be proud of Eklabya, for the belonged to none but the Khorwar Race.

   – Trimothy Tilkai Murmu. The Adibasi, p. 89

4. "But afterwards we had many wars against them; and we have no peace with them. P. o. Bodding; The traditions and Institutions of Santhals, p. 11.
5. "They enjoyed a sort of freedom in their free tracts."
   E. Dc. Maulder – Tribal India Speaks; p. 18

सन्ताल परगना में सन्तालों का आगमन

युगों तक सन्ताल घुमक्कड़ जाति रही है। परिस्थितियों के अनुसार वे अपना स्थान बदलते रहे थे। वे छोटानागपुर एवं उसके आस–पास आये और वहीं जम गये। लोगों का कहना तो यह है कि सन्तालों की जो परम्पराएँ हैं, उनका जन्म छोटानागपुर में ही हुआ है। वे कई शताब्दियों पूर्व से इस अंचल में रहते आ रहे हैं। "चेष्टाएँ तो यह हुई हैं कि सन्तालों की परम्पराओं में जो देश, नदी, गढ़, जंगल आदि आये हैं, उनकी खोज छोटानागपुर अंचल में की गयी है और उसी प्रकार का नाम वहाँ पाया गया है। उदाहरण ऐसे मिले हैं कि बहुत–से स्थान ऐसे हैं जिनका सम्बन्ध सन्तालों के परम्परागत स्थानों से बताया जाता है। उनका नाम वही है, जो उनकी परम्परा में है और जहाँ उनकी संस्थाओं के जन्म हुए हैं, जहाँ वे विकसित हुई हैं।"[1] पर ऐसी धारणाओं का खण्डन भी हुआ है। सन्तालों के पास कोई लिखित साहित्य नहीं है। वह तो एक ऐसी जाति रही है कि उसका इतिहास लिखित नहीं, मौखिक रहा है। उनके यहाँ ऐसा कोई कवि नहीं हुआ जो उनकी कहानियों को उनकी परम्पराओं को लेखनीबद्ध करता। अपने सुदूर विगत को वे अपनी स्मृति में सुरक्षित रख सकें, ऐसी आशा भी नहीं की जा सकती और न उनका अधिक ऐतिहासिक महत्त्व ही हो सकता है। फिर भी, अगर सन्तालों की परम्पराओं को उनके नये देशपरिवर्तन का आधार माना जाय तो उनमें बहुत से वास्तविक तथ्यों का पता चलेगा।[2]

श्री बोडिंग ने सन्तालों के देश परिवर्तन पर वैज्ञानिक ढंग से बहुत व्यापक रूप में अध्ययन किया है और उनके अध्ययन का निष्कर्ष है कि सन्ताल छोटानागपुर में छह सौ वर्ष पूर्व से रह रहे हैं। आगे मैंने यह कहा है कि सन्तालों को अपने पुराने नामों से बहुत अधिक मोह है, और उसी मोह–ममता से वे अपने नामों को ढोते रहे हैं। वे जहाँ–जहाँ बसें

वहाँ—वहाँ अपने पुराने स्थानों के नामों को रखते गये हैं। उनके पास लिखित इतिहास है नहीं, इस कारण उनके सम्बन्ध में ऐतिहासिक उलझन बढ़ जाती है। छोटानागपुर क्षेत्र में उनके 600 वर्ष पूर्व रहने का कोई प्रामाणिक आधार नहीं मिलता है। ऐतिहासिक आधारों पर यह कहा जा सकता है कि रामायण काल में सन्तालों के पूर्वज काशी के पश्चिम में गंगा के दोनों किनारों पर रहते थे। निषाद राज्य उनका ही था। पश्चिम से पूर्व की ओर वे बढ़ते गये हैं।

सन्ताल परगना में सन्तालों का आगमन 18 वीं सदी के अन्तिम तीन दशकों में हो गया था और 19वीं सदी के प्रथम दशक में लखेर दिवानो में, जिसके अन्तर्गत हण्डवा और बेलपत्ता पड़ता है, उसमें काफ़ी सख्या नें सन्ताल आकर बस गये थे। श्री डॉक्टर बुचानन की हस्तलिखित सामग्रियों के आधार पर मैकफर्सन ने लिखा था—साँगताड जाति के लोग, जो एक विशेष भाषा बोलते हैं, जहाँ तक मैं जानता हूँ ज़िले के विभिन्न अंचलों में उनके 500 परिवार बसे हुए हैं। उनका आगमन नया हुआ है। ज़मींदार से रंज होकर वे वीरभूमि से आये हैं। जहाँ तक मैं जान पाया, उससे पता चलता है कि वे लोग पलामू और रामगढ़ से आये हैं। वे जंगल साफ़ करने में विशेषज्ञ हैं, वे उसे काट कर खेत बनाते हैं।" जब वे खेत बनाते थे, तब उनसे परम्परागत कर की माँग होती थी। वे दे नहीं पाते थे, और अपनी मेहनत से बनाये हुए खेत को वे छोड़कर दूसरे ज़मींदार के यहाँ चले जाते थे और उसी क्रम में जंगल काटकर, बंजर भूमि की छाती को चीरकर वे खेत बनाते थे। वहाँ भी उनकी वही स्थिति होती थी। इस प्रकार वे ज़िले भर में फैल गये। उस समय सन्ताल परगना के दो अनुमण्डल देवघर और जामताड़ा वीरभूमि ज़िले का अंचल था।[3] सर विलियम हंटर ने यह माना है कि 1790 में स्थायी बन्दोबस्ती के कारण कृषि का सामान्य विस्तार हुआ, सन्तालों को निचली ज़मीन से जंगली जानवरों को भगाने के लिए किराया पर लगाया गया। सन् 1790 में जो महान अकाल पड़ा था, तब से ज़मीन को उपजाऊ बनाने का कार्य आरम्भ हुआ। परिस्थितियाँ ऐसी अवलोकनीय थीं कि उनकी चर्चा लन्दन में हुई थी। सन्तालों के जीवन में 1792 से एक नया इतिहास आरम्भ हुआ।[4]

19 वीं सदी के दूसरे दशक में उनका इस ज़िले में अधिक विस्तार हुआ। सन् 1818 तक गोड्डा अनुमण्डल में उनका फैलाव हो गया था। दामिन—इ—कोह में वे प्रवेश करने लगे थे। अंग्रेज़ प्रशासक यह नहीं

चाहते थे कि पहाड़ियों से उनका सम्पर्क बढ़े। वे पहाड़ियों को अलग रखना चाहते थे। पहाड़ियों को शान्त करने में अंग्रेज़ सफल हो चुके थे। उन्हें भय था कि सन्तालों के सम्पर्क में आने के बाद उनका वही रूप न हो जाय, जो पहले था। दामिन–इ–कोह में उनका प्रवेश निषेध करने की कुचेष्टा की गयी, जब वे सफल न हुए तो दोनों में लड़ने की भावना पैदा की गयी। 'हाड़मा–विलेज' एक आंचलिक उपन्यास है, जो सन्तालों के लोक जीवन एवं सन्ताल–विरोध पर आधारित है, उसके प्रथम पृष्ठ के मखना और हरमा के वार्तालाप से पता चलता है कि उन्हें आशंका है कि पहाड़ियों ने नदी का बाँध तोड़ कर नदी के जल को बहा दिया है। चम्पीया नामक एक सन्ताल ने दामिन–इ–कोह में जब नयी बस्ती बसा ली, तब पहाड़ियों से अधिक अंग्रेज़ों का ही उसे विरोध मिला। उसके पुत्र हरमा ने पिपरा नामक गाँव की स्थापना की। सन् 1818 में सुन्दरलैंड ने एक प्रतिवेदन बंगाल सरकार के पास भेजा था। उस प्रतिवेदन में उसने लिखा था कि सन्तालों को उन्होंने धामसाई, जामती, हिरखपुर, हाण्डवा के सरभी परगना और दुमका अनुमण्डल में स्थित दामिन–इ–कोह के मारपाल और द्वारपाल में देखा है। सन्तालों का विस्तार, अंग्रेज़ों के न चाहने पर भी दामिन–इ–कोह में बढ़ता गया। सन् 1827 तक गौड़ा की अन्तिम उत्तरी सीमा तक फैल गये। मिस्टर उड जब दामिन–इ–कोह का सीमा–निर्धारण कर रहे थे, तब उन्हें पटसुन्दा क्षेत्र में तीन सन्ताल गाँव और बारकोप में 27 सन्ताल गाँव मिले थे। उन्होंने अपनी रिपोर्ट में सन्तालों के सम्बन्ध में एक रोचक वर्णन दिया है। उन्होंने कहा है कि वर्णित रेखा के अन्दर दो या तीन गाँव ऐसे हैं, जो एक जाति के लोगों द्वारा बसाये गये हैं। जिन्हें साँवताड़ कहा जाता है। वे सिंहभूमि एवं उसके आस–पास के रहने वाले हैं। उनका व्यवहार एवं आचरण अपने ढंग का है। वे उपजातियों में बँटे हुए नहीं है। वे परिश्रमी एवं उद्योगशील हैं। वे अपने देश को छोड़कर इस ज़िला में आये हैं, जो जंगलों से भरा है। ज़मींदारों ने उनका स्वागत किया। उन्हें बसने के लिए निमन्त्रण दिया। उन्होंने रहने के लिए उन्हीं स्थानों को चुना, जो जंगली जानवरों से भरे हुए थे और ख़तरनाक थे। उन्हें ऐसी भूमि से ममता भी थी। ऐसी भूमि को वे जंगल काट कर खेत बनाते थे और जब वह भूमि रहने योग्य हो जाती थी, तब वे पुनः ऐसे ही जंगलों में जाकर बसते थे। वे ऐसे जंगल काटते गये और बंजरभूमि को खेत बनाते गये। सन्तालों ने अपने रक्त और पसीना से सींच कर

सन्ताल परगना की ज़मीन को आबाद किया है। ज़मींदार उन्हें एक हल के लिए उनके श्रम के प्रतिदान में एक रुपया दिया करते थे। वे मेहनती थे, उन्हें अपने श्रम पर सन्तोष था। ज़मींदार जो देते थे–उसे वे ग्रहण करते थे। आना–कानी उनके स्वभाव के विपरीत था। अतः ज़मींदार उन्हें बहुत मानते थे। वे जंगल साफ़ करने के काम में सन्तालों को लगाते थे। जंगल मात्र जंगली जानवरों से ही भरा नहीं था; वहाँ की जलवायु भी कुछ ऐसी थी कि सन्तालों के अतिरिक्त दूसरों से जंगल काट कर खेत बनाना सम्भव नहीं था। सन्ताल सन्ताल परगने की भूमि के निर्माता हैं। उनके नाम पर इस ज़िला का नामकरण होना उचित ही है। ज़मींदारों के साथ उनका स्वभाव मधुर था।

मिस्टर उड ने माना है कि सन्ताल सिंहभूमि से आये हैं। मिस्टर उड को पूछताछ के क्रम में यह पता चला है कि वहाँ अशान्ति होने के कारण वे सिंहभूमि को छोड़कर आ रहे हैं।[5] ओल्डहम ने यह माना है कि सिंहभूमि ज़िले की दालभूमि से ही वे आये हैं। सिंहभूमि में किस प्रकार की अशान्ति थी, उसकी जानकारी नहीं मिलती है। दालभूमि तब तक मेदिनीपुर ज़िला का अंग था। उपलब्ध सन्ताल–साहित्य से पता चलता है कि मेदिनीपुर ज़िला से सन्ताल सन्ताल परगना में आये थे। हिम्लटन ने अपने हिन्दुस्तान में इसे स्वीकार किया है। यह पुस्तक सन् 1820 में प्रकाशित हुई थी। हो सकता है मिस्टर उड के समय दालभूमि सिंहभूमि का अंग बन गयी हो। इससे विशेष अन्तर नहीं पड़ता है। मेदिनीपुर के दालभूमि से सन्ताल इसलिए आये थे कि वहाँ उनकी उपेक्षा होती थी। वे नीच समझे जाते थे। अपने गाँवों में उन्हें उच्च जाति के लोग बसने नहीं देते थे। उनसे किसी प्रकार का सम्पर्क वे स्थापित नहीं रखते थे। सन्तालों को वे मानव नहीं समझते थे। ज़मींदार उनसे मेहनत कराते थे, पर न उन्हें भर पेट खाना देते थे और न उनका सन्तालों के साथ व्यवहार ही अच्छा था। उन पर शोषण और दमन इतना हुआ कि सन्ताल तंग आकर दालभूमि को छोड़कर सन्ताल परगना में चले आये। यहाँ उन्हें ज़मींदारों का सद्व्यवहार मिला, उपेक्षा नहीं मिली। खेत गाँव और जंगलों के बीच में पड़ता था। जंगली जानवरों से खेत बर्बाद होता रहता था। सन्तालों ने केवल खेतों का ही निर्माण नहीं किया, बल्कि खेतों के साथ–साथ उनके उपज की सुरक्षा की भी व्यवस्था की। सन्तालों के सन्ताल परगना में आने के बाद सन्ताल परगना चावल उत्पादन के क्षेत्रों में आ गया।

चावल के लिए बचत ज़िला माना जाने लगा। सन्ताल परगना में सन्तालों के आगमन के सम्बन्ध में सन्ताल परगना के तत्कालीन उपायुक्त श्री कारस्टेयर्स[6] ने अपनी पुस्तक में लिखा है–भागलपुर के ज्वाइंट मजिस्ट्रेट श्री सुदरलैंड के प्रतिवेदन में, जो सन् 1820 में लिखा गया था, प्रथम बार सन्तालों के सन्ताल परगना में प्रवेश होने का उल्लेख आया है। उन्होंने अपने प्रतिवेदन में कहा है कि पहाड़ी क्षेत्रों में एक नयी जाति, जिसके सम्बन्ध में पहले सुना नहीं गया था जिसे सन्ताल या सूतांर कहा जाता है, आ बसे हैं। उसी प्रतिवेदन से यह पता चलता है कि इस ज़िले में सन् 1810 के लगभग उनके सम्बन्ध में चर्चा होने लगी थी और वे दक्षिण पश्चिम से आये थे। कारस्टेयर्स साहब ने माना है कि सुदरलैंड भागलपुर के अधिकारी थे और उन्हें वीरभूम से कम सम्बन्ध था, वहाँ सन्ताल पहले से रहते थे।

सन्दर्भ

1. "Efforts have been made to identify the countries rivers, forts etc. mentioned in the traditions of the snatals with those of similar names in Chhotanagpur. Localities have in many instances been found bearing traditional names, and the inference has been drawn that it was here that the traditions of the santals took their rise and that their institutions were formed. But only a slight knowledge of those traditions in necessary to show that they belong to a much more remote period than the location of the Santals in chhotanagpur and to countries separated from it by many hundreds of miles."

   –Dr. Campbell: Traditional Migration of Santal Tribes, Indian Antiquary 1894 p. 103-4

2. "A people whose only means of recording facts consists of tying knots in strings and have no bards to hand down a national epic by oral tradition, can hardly be expected preserve the memory of their pasts long enough or accurately enough for their accounts of its to possess any historical value. If, however, the legends of the Santals are regarded as an account of recent migrations, their general purpose will be found to be fairly in accord with actual facts.

   –Sir Herbert Raisley : Tribes and Castes of Bengal; Vol. I, p. 225

3. Page 30 of Mr. H. Mcpherson's Final Report of the S.P. Settlement, 1898-1907.

4. "The permanent settlement for the land tax in 1790 resulted in a general extension of tillage, and the santals were hired to rid the lowlands of the wild beasts which since the great famine of 1790 had everywhere encroached upon the margin of cultivations. This circumstance was so noticeable as to find its way into London papers, and from 1792, a new era in the history of Santal dates.
–Sir William Hunters Annals of Bengal.

5. W. B. Oldham : Ethnical Aspects of the Burdwan Districts, Page xxii.

6. R. C. Carstairs : "The Little World of Indian District officer."

जीवन दर्शन

- ...कुछ ऐसे मानव हैं, जो आज की प्रगति से दूर हैं। उन्हें हम असभ्य, अप्रगतिशील तथा पिछड़ा हुआ कह कर उनकी उपेक्षा करते हैं। उनकी दुनिया छोटी है, पर है वह अनूठी। उनका सम्बन्ध दूर से नहीं है, वे अपनों के बीच रहते हैं। अपने सुख–दुःख को बाँट कर अपनी ही सीमाओं में वे रहते हैं। ऐसे ही व्यक्तियों को हम सन्ताल के नाम से पुकारते हैं।
- ...सन्तालों के पास वेद, ब्राह्मण और उपनिषद के समान महान ग्रन्थ नहीं हैं। पर उनके पास लोककथाएँ और लोकगीत बहुत हैं। उनसे पता चलता है कि सन्तालों की पंचायतें बहुत पुरानी हैं। सन्ताल लोककथाओं से पता चलता है कि त्रेता युग में भगवान रामचन्द्र के निर्देशानुसार लक्ष्मण ने सन्तालों की पंचायती व्यवस्था तथा सामाजिक संगठन को दृढ़ किया था।

पंचायती जीवन : एक आदर्श

आज का मानव प्रगति के पथ पर इतना आगे बढ़ गया है कि अब उसके आगे रास्ता नहीं रह गया है। अब उसे भवन पसन्द नहीं, वह तो भुवन में रहना चाहता है। वह प्रगतिशील मानव किसी भी सीमा को नहीं मानता उसकी यह प्रवृत्ति उसे सभ्य और गतिशील घोषित करती है। वह तो आज यह भी दावा करने लगा है कि वह चाँद को स्पर्श करेगा, आकाश में घर बनायेगा। उसके पैरों में आज पंख लग गये हैं। ऐसा मानव सामाजिक बन्धनों को नहीं मानता है। ऐसी सीमाओं को तो वह प्रगति का बाधक मानता है। कुछ ऐसे भी लोग हैं, जो ऐसी प्रगति से दूर हैं। असभ्य, अप्रगतिशील और पिछड़ा हुआ कह कर हम उनकी उपेक्षा करते हैं। उनकी दुनिया छोटी है, पर वह अनूठी है। उनका सम्बन्ध दूर से नहीं है, वे अपनों के बीच रहते हैं। अपने सुख–दुःख को बाँट कर अपनी ही सीमाओं में वे रहते हैं। ऐसे ही व्यक्तियों को हम सन्ताल के नाम से पुकारते हैं। सन्तालों के सम्बन्ध में कुछ लोगों की धारणाएँ हैं कि उनका कोई सामाजिक जीवन नहीं है। ऐसे ही लोग, जो सन्तालों के सम्बन्ध में लिखते भी हैं, यह कहते हैं कि संयम की किसी सीमा को सन्ताल नहीं मानते। उनकी ऐसी धारणाएँ वास्तविकता पर आधारित नहीं हैं। सन्तालों में शिक्षा का अभाव अवश्य है, पर उनमें संस्कार की कमी नहीं है। यह सत्य है कि उनके पास प्रचुर मात्रा में लिखित साहित्य नहीं है, पर यह हम अस्वीकार नहीं कर सकते हैं कि उनके पास अलिखित और लिखित लोक कथाएँ एवं लोकगीत कम नहीं है। उनकी लोककथाओं को पढ़ने–सुनने से तथा सन्तालों के निकट में रहकर उन्हें देखने और परखने से ऐसा लगता है कि तथाकथित सभ्य कहे जाने वाले लोगों से उनका जीवन अधिक संयमित है। युगों से उन्होंने एक परम्परा बना ली है। उसी परम्परा के बीच वे रहते आये थे और आज भी उसी परम्परा के बीच वे रह रहे हैं। हम गतिशील लोग असभ्य कह

कर भले ही उनकी उपेक्षा कर दें, पर वास्तव में वे सन्ताल हमसे अधिक संयम से रहते हैं।

सन्तालों के संयमित जीवन को देखकर मुझे ऐसा कहना पड़ता है कि हम आगेन बढ़ कर पीछे की ओर मुड़े तो हमारा जीवन आज से अधिक संयमित होगा। जिस राष्ट्र का जीवन संयमित नहीं होगा, उसका न तो विकास ही हो सकता है और न निर्माण ही। नदियों को बाँध कर हम चाहते हैं कि उनकी धारा सीमाओं के अन्दर रहे, पर क्या हमने अपने सामाजिक जीवन को संयमित बनाने के लिए कोई योजना बनायी है? हम बढ़ते जा रहे हैं, पर हमारा संस्कार छूटता जा रहा है, हमारी परम्पराएँ मिटती जा रही हैं। सन्ताल प्रगति के नाम पर आगे नहीं बढ़े हैं, इसलिए उनका सम्बन्ध संस्कार से नहीं टूटा, उनकी परम्पराएँ नहीं मिटीं।

सन्ताल पैदा होते ही माँ की गोद में–पालने में खेलते हुए उन लोकगीतों को सुनता है, जिसको सुनकर उसे आत्म–बोध होता है, उसमें एक संस्कार जगता है। पालना से उतर कर परिवार में उसके बाद अपने गाँव में और, अन्त में अपनी जाति में रहकर वह जीवन का अनुभव प्राप्त करता है। उसे बाह्य दुनिया का अनुभव प्राप्त नहीं होता। पर उसे इतना ज्ञान प्राप्त होता है कि उसे समाज में कैसे रहना है। वह अपनी मान्यताओं एवं नैतिक मूल्यों से अपना सम्बन्ध स्थापित कर लेता है। अस्सी फ़ीसदी सन्तालों ने रेल का दर्शन नहीं किया, पर अपने गाँव, अपने समाज और अपनी जाति का जितना ज्ञान उसे होना चाहिए, उतना उसे प्राप्त है। गाँव के सामूहिक जीवन से प्रत्येक सन्ताल का सम्बन्ध स्थापित रहता है। उसे इतना ज्ञान है कि सामाजिक बन्धन को तोड़ने से वह अपनी जाति के सामने सामाजिक अपराधी होगा। वह इतना जानता है कि समाज के नियम, अधिनियम, रीति–रिवाज़ को न मानने पर उसे दण्डित होना पड़ेगा। समाज के सामने उसे जवाब देना होगा। सन्ताल जनमत का आदर करते हैं। उसके सामने आत्म–समर्पण करते हैं। उससे वे घबड़ाते हैं, डरते भी हैं। सन्ताल दिन भर काम करने के बाद किसी–न–किसी स्थान पर जमा होते हैं। वहाँ वे अपनी बैठकों में व्यक्ति के व्यक्तित्त्व, उसके आचरण एवं सामाजिक व्यवहार पर विचार करते हैं। लोगों की आलोचनाएँ भी करते हैं। वे जनमत की कसौटी पर लोगों के आचरण को कसते हैं। इस प्रकार हम देखते हैं कि जनमत के माध्यम से सन्ताल अपने सामाजिक जीवन को संयमित करते हैं।

सन्ताल अपने सामाजिक जीवन को संयमित करने के लिए केवल इतना ही नहीं करते। अपने युवकों एवं युवतियों पर निगरानी रखने के लिए एक व्यक्ति को नियुक्त करते हैं। वह व्यक्ति जो माँझी कहलाता है। वह लोगों पर आँखें रखता है। उसका काम है लोगों को आचरणशील बनाना। वह देखता है कि कोई सन्ताल निर्धारित यौन आचरण को भंग तो नहीं करता। वह उन्हें दण्डित करता है। सामाजिक नियम को भंग कर जब कोई व्यक्ति एक–दूसरे के साथ यौन–सम्बन्ध स्थापित करता है, तब माँझी उसे पकड़ कर उचित दण्ड देने के लिए पंचायत के सामने पेश करता है। जब कोई सन्ताल कुमारी अवैध ढंग से गर्भवती हो जाती है, तब उसका काम होता है कि वह पता लगाये कि किस व्यक्ति से उसे गर्भ रहा है। पता लगाने में जब माँझी सफल हुआ, तब तो समझा जाता है कि उसने अपने उत्तरदायित्त्व को पूरा किया है। कभी ऐसा भी होता है कि वह अपने काम में असफल रहता है, ऐसी स्थिति में उसे दण्ड भी देना पड़ता है। उसे अपने पद से हटा दिया जाता है। पहले तो ऐसा होता था कि उसे उसके घर में हाथ–पैर बाँधकर रखा जाता था। पर अब इस नियम में परिवर्तन हो गया है। पर आज भी जोग माँझी को सन्ताल इतना कड़ा दण्ड देते हैं कि वह विवश होकर सन्ताल कुमारों एवं कुमारियों पर कड़ी नज़र रखता है। वह उन्हें संयमित रहने के लिए मजबूर करता है। उसे हम सन्तालों के नैतिक जीवन का प्रहरी मान सकते हैं। इधर कुछ वर्षों से उसके प्रभाव में एवं उसके अधिकार में कमी आ गयी है, पर आज भी युवक–युवतियों का वह पथ–प्रदर्शक है।

सन्तालों के सामाजिक जीवन को नियन्त्रण में रखने का दायित्त्व पंचायतों पर भी है। उनकी पंचायतें चाहती हैं कि सन्ताल उसी लक्ष्मण रेखा में रहें, जिसे उनके पूर्वजों ने खींचा है। उस लक्ष्मण–रेखा से बाहर जाने पर वे दण्डित होते हैं। यह सत्य है कि पंचायत के पास लिखित क़ानून नहीं है, पर उनकी परम्पराएँ उनके साथ हैं। वे ही नियम अधिनियम को निर्धारित करती हैं। सन्तालों को संयमित जीवन में रखने के लिए उनके बीच 'बिठलाहा' की प्रथा है। यह सबसे कठोर दण्ड है। यह दण्ड उसे ही दिया जाता है, जो सबसे अधिक गर्हित काम करता है। सामाजिक नियम एवं अधिनियम को भंग करना सन्तालों के लिए बड़ा अपराध माना जाता है। सन्ताल गोत्रों में विभाजित हैं। उनके यहाँ सगोत्र विवाह नहीं होता। इस नियम का उलंघन जो करता है, वह कठोर दण्ड का भागी होता है।

ग़ैर–सन्ताल से जब कोई सन्ताल–कुमारी का यौन–सम्बन्ध स्थापित हो जाता है, तब सन्ताल इसे अपनी जाति का अपमान मानते हैं। ऐसे मामलों में बिठलाहा का दण्ड दिया जाता है। इस प्रकार हम देखते हैं कि बिठलाहा का दण्ड कई अवसरों पर दिया जाता है। पहला अवसर तब आता है, जब सन्ताल कुमारी अपने स्वजातीय विवाह के नियम का उल्लंघन करती है। इस अवसर पर बिठलाहा किया जाता है और उसके द्वारा समाज से दोनों पक्षों का बहिष्कार किया जाता है। यह क्रिया अस्थायी होती है। कारण, वे समाज में लिये जा सकते हैं। शुद्धि की क्रियाओं को सम्पन्न कर वे पूर्व की भाँति समाज में रहने लगते हैं। दूसरा अवसर बिठलाहा के लिए तब आता है, जब कोई सन्ताल कुमारी किसी ग़ैर–सन्ताल से यौन–सम्बन्ध स्थापित करती है। इस अवसर पर जो दण्ड दिया जाता है, वह अक्षम्य होता है, अकाट्य होता है और जाति से बहिष्करण स्थायी होता है।

सन्ताली समाज से बहिष्कार तब तक नहीं हो सकता जब तक कि पंचायतें निर्णय नहीं दे दें। सन्तालों के सामाजिक नियम को भंग करने पर वे अपनी जाति से निकाले जाते हैं। सन्ताल नारी एवं ग़ैर–सन्ताल पुरुष से यौन–सम्बन्ध परम्परागत व्यवहार से वर्जित है। सन्तालों को एकता के सूत्र में बाँधने में उनकी नैतिकता की सामाजिक संहिता का एक बहुत महत्त्वपूर्ण हाथ है। यौन–सम्बन्ध को वे ईश्वरीय–प्रकोप के समान मानते हैं। बिठलाहा द्वारा अपराधी को दण्ड देकर वे अपने बोंगा या देवता को प्रसन्न करते हैं। अकाल पड़ता है, अति वृष्टि होती है, बीमारी फैलती है,–तब सन्ताल समझते हैं–ईश्वर के प्रकोप के कारण ही ऐसा हो रहा है। ईश्वर उनसे रंज हैं। इसका कारण उनकी दृष्टि में सन्ताल लड़के या लड़कियाँ अपने यौन–सम्बन्धी नियमों को भंग कर रही हैं। वे ईश्वर को रंज रखना नहीं चाहते। अतः वे अपने यौन–सम्बन्धी नियमों का कठोरता के साथ पालन करते हैं। उनका यह नियम जब भंग होता है, तब वे पूरे समाज का अपमान समझते हैं। उन्हें आशंका होने लगती है कि उन पर दैव की अकृपा होगी। दैव पूरे सन्ताल–समाज को दण्डित करेगा। एक दिकू से सन्ताल कुमारी का यौन–सम्बन्ध सन्तालों के यहाँ बहुत बड़ा अपराध माना जाता है। उनके अपराधों को सार्वजनिक रूप में रखा जाता है। उन्हें सार्वजनिक लज्जा का विषय बनाया जाता है। योग–माँझी गाँव की पंचायत को माँझी स्थान में बुलाता है, वहीं पर उनके अभियोगों को रखता है और पंचायत से अन्तिम निर्णय चाहता है।

अपराध के अनुरूप दण्ड दिया जाता है। साधारण अपराध पर चेतावनी दी जाती है। अर्थदण्ड लगाया जाता है, भविष्य में सावधान रहने को कहा जाता है, पर जब अपराध असाधारण होता है, तब कठोर दण्ड देने के लिए बिठलाहा की प्रक्रिया आरम्भ की जाती है। असाधारण अपराध पर एक गाँव का निर्णय काफ़ी नहीं होता है, निर्णय के लिए और गाँवों की पंचायतों की राय भी लेनी होती है।

बिठलाहा का साधारण अर्थ है–समाज से बहिष्करण। किसी भी सन्ताल को निकालने के लिए पंचायत की बैठक में उसके अपराधों को रखना पड़ता है। माँझी दो स्थिति में बिठलाहा के प्रश्न को पंचायत में रखता है–एक तो तब, जब उस गाँव के किसी आदमी ने यह सूचना दी हो कि अमुक व्यक्ति ने सामाजिक नियम का उल्लंघन किया है या स्वयं माँझी जब युवक या युवती को अवैध या गुप्त रूप से रति करते हुए पकड़ लेता है। पंचायत में जब माँझी किसी युवक या युवती पर अभियोग लगाता है, तब पंचायत उस अभियोग पर निर्णय करने के लिए रास्ते निकालती है। पहले तो वे चाहते हैं कि मामला गाँव से बाहर न जाय। उन्हें ऐसा लगता है कि गाँव की बात बाहर जाने से गाँव का भी अपमान होता है, पर अपराध गम्भीर होने पर विवश होकर बिठलाहा करने का वे निश्चय करते हैं। वे अपने पंचायत को 'आतो–रेन–दोरबार' कहते हैं। उसमें जब बिठलाहा का निर्णय हो जाता है, तब वे दिसोम होड़ के सामने स्वीकृति के लिए उस मामले को रखते हैं। उस दरबार में पाँच गाँव के माँझी उपस्थित होते हैं। 'दिसोम होड़' सभा पूरे मामले की बहुत सावधानी से जाँच करती है। वह सभा अगर समझती है कि बिठलाहा की आवश्यकता नहीं है, तब बिठलाहा नहीं हो सकता। इस प्रकार हम देखते हैं कि इस सभा को यह अधिकार प्राप्त है कि वह 'आतो रेन–दोरबार' के निर्णय में हेर–फेर कर दे।

'दिसोम होड़' सभा में निर्णय होने पर बिठलाहा करने के लिए उन्हें अपने क्षेत्र के एस. डी. ओ. को इस सम्बन्ध में सूचित करना पड़ता है। वे समय एवं स्थान की, जहाँ वे बिठलाहा करना चाहते हैं, सूचना एस.डी.ओ. को देकर उनसे बिठलाहा करने की अनुमति माँगते हैं। एस.डी.ओ. अनुमति देने के पूर्व उस गाँव में जाते हैं, तथा छान–बीन करते हैं। जब वे छान–बीन कर सन्तुष्ट हो जाते हैं कि प्रस्तावित बिठलाहा के लिए 'दिसोम होड़' की स्वीकृति मिल गयी है, वह न्याय संगत है तथा प्रचलन

एवं प्रशासन नीति के अनुरूप है, तब वे बिठलाहा करने की अनुमति देते हैं। बग़ैर एस.डी.ओ. की अनुमति के जब बिठलाहा होता है, तब सरकार को अधिकार है कि उसे वह रोक दे। 'दिसोम होड़' की बग़ैर पूर्व अनुमति के यदि लोग बिठलाहा करने को जमा हो जायें तो सरकार उस पर नियन्त्रण लगाती है। बिठलाहा की अनुमति देते हुए सरकार चाहती है कि अपराधी की सम्पत्ति नष्ट नहीं की जाय। बिठलाहा के क्रम में सन्तालों को अपराधी के घर को गन्दा करने का अधिकार प्राप्त हो जाता है, पर सम्पत्ति को नष्ट करने में उन्हें सामूहिक रूप में अर्थदण्ड देना पड़ता है।

एस.डी.ओ. से अनुमति मिल जाने के बाद बिठलाहा का क्रम आरम्भ होता है। विभिन्न हाटों में एक सन्देशवाहक द्वारा बिठलाहा का सन्देश भेजा जाता है। सन्देशवाहक को वे 'धारवाक' कहते हैं। धारवाक ढरवा द्वारा सन्तालों को जमा होने का सन्देश देता है। ढरवा बिठलाहा सूचक झण्डा होता है। वह सखुए के पेड़ की एक डाल का होता है, जिसमें पत्ते लगे रहते हैं। डाल में जितनी पत्तियाँ होती हैं, उतने ही दिनों के बाद बिठलाहा होता है। निश्चित दिवस के एक दिन पूर्व सन्ताल जत्थों में आते हैं और उनका नेतृत्व माँझी करते हैं। बाँसुरी, ढोल, तीर, धनुष से वे सुसज्जित रहते हैं। दुगर नृत्य वे करते हैं। जिस गाँव में बिठलाहा करना होता है, उस गाँव की गली में वे जमा हो जाते हैं। अपराधियों को तरह–तरह की अशिष्ट गालियों से पुकारते–फिरते हैं। गाँव के प्रमुख लोटा का जल हाथ में लेकर, उनके सम्मान में मिलता है, तब वे गाली देना बन्द कर देते हैं। अपराधी को बुलाया जाता है पर साधारणतः अपराधी गाँव से भाग जाते हैं। अगर वह प्रमुखों के सामने उपस्थित होकर अपने अपराध को स्वीकार कर लेता है और अपने को पंचायत के ज़िम्मे सौंप देता है तब बिठलाहा नहीं होता है। उसे अर्थदण्ड लगाकर माफ़ कर दिया जाता है। जब अपराधी नहीं मिलता है, तब वे उसके घर में प्रवेश करते हैं, वहाँ अशिष्ट कार्य करते हैं। इतने से ही उन्हें सन्तोष नहीं होता; जिस व्यक्ति के विरोध में बिठलाहा किया जाता है, उस व्यक्ति को जाति से निकाल दिया जाता है। उसकी नागरिकता को नष्ट कर दिया जाता है। कोई सन्ताल उससे सम्बन्ध नहीं रखता, ऐसे बहिष्कृत व्यक्ति को यदि कोई अपने घर में स्थान देता है या उससे किसी प्रकार का सम्बन्ध रखता है तब उस व्यक्ति को भी जाति से निकाल दिया जाता है। ऐसे व्यक्ति का न किसी से खानपान का सम्बन्ध रहता है और न उनके बच्चों

का शादी–विवाह ही स्वजाति में हो सकता है। वे केवल अपराधी को ही दण्ड नहीं देते, उसके पूरे परिवार को दण्डित करते हैं। साधारणतः ऐसे लोग गाँव छोड़कर बाहर चले जाते हैं। सन्ताल संहिता में ऐसी व्यवस्था भी है कि पुनः समाज में लिए जा सकते हैं; पर ऐसा करने के पूर्व उन्हें कुछ नियमों का पालन करना पड़ता है।

सगोत्रीय तथा निकट सम्बन्धी में यौन–सम्बन्ध स्थापित होने के कारण बिठलाहा के माध्यम से जब अपराधी जाति से निकाल दिया जाता है या अपराधी से सम्पर्क रखने वाले व्यक्ति नव समाज से बहिष्कृत कर दिये जाते हैं, तो वे फिर से समाज में शुद्ध होने पर शामिल किये जा सकते हैं। शामिल करने की जो प्रक्रिया है, उसे 'जन जाति' प्रथा कहते हैं। पहले बहिष्कृत व्यक्ति को अपनी पुरानी आदत एवं चाल–चलन को छोड़ना पड़ता है। फिर उसे शुद्ध होने के लिए पर्याप्त धन–राशि की आवश्यकता होती है। जब वह पर्याप्त धन–राशि को जमा कर लेता है, तब वह माँझी से अनुरोध करता है कि शुद्ध करके उसे समाज में मिला लिया जाय। माँझी को जब विश्वास हो जाता है कि अपराधी ने अपने चाल–चलन में सुधार कर लिया है और शुद्धि के लिए उसके पास आवश्यक धन–राशि है तब परगने के प्रमुख को सूचना देता है और उनसे आदेश माँगता है। परगना प्रमुख निकटवर्ती बारह परगनों को सूचित करता है और अपराधी व्यक्ति को पुनः समाज में लाने की अनुमति लेता है। अपराधी व्यक्ति को शुद्ध करने के लिए एक दिवस निश्चित किया जाता है और उस दिवस को अपराधी व्यक्ति एक बहुत बड़े भोज की तैयारी करता है। जब सारी व्यवस्थाएँ हो जाती हैं, तब अपराधी गाँव के बाहर गली के छोर पर जाता है। उसके गले में कपड़ा लिपटा रहता है; हाथ में जल से भरा एक लोटा रहता है। उसकी प्राकृति से मालूम पड़ता है कि वह दुःखी है और लज्जा का अनुभव कर रहा है। उपस्थित परगनै में जो सबसे अधिक पूज्य रहता है, वह अपने साथियों एवं गाँव के प्रमुख से कहता है–"आओ! हम लोग उसे शान्ति दें, उसे देखकर दया आती है।" अपराधी झुक कर क्षमा–याचना करता है। वह कहता है–"पिता! मैंने बहुत बड़ा अपराध किया है। मुझ पर दया करो।" उक्त परगनैत अपराधी के हाथ से लोटा ले लेता है और सूर्य की पूजा आरम्भ करता है। अन्त में अपराधी से कहता है–'चूँकि तुमने अपना अपराध स्वीकार कर लिया, अतः तुम्हें फिर से जाति में लिया जाता है। लोटा के जल से वह आचमन करता है और लोटा को सभी परगनैतों

को स्पर्श करने को देता है। इसके बाद सभी अपराधी के साथ उसके घर जाते हैं, उसके आँगन में प्रवेश करते हैं। अपराधी सभी का पैर धोता है। सभी व्यक्तियों को खाने पर वह बैठाता है। वह अपने हाथों से सभी को खाना परोसता है। प्रत्येक परगनैत को वह पाँच रुपये भेंट चढ़ाता है। अपने गाँव के माँझी को भी वह पाँच रुपया भेंट करता है। अन्य गाँवों के माँझियों को वह एक–एक रुपया भेंट स्वरूप देता है। भोजन के बाद पूज्य परगनैत कहता है–आज से पुनः इस अपराधी को समाज में ले लिया

सन्ताल परिवार गाँव छोड़कर जीविकोपार्जन के लिए परदेश जाते हुए।

गया है। उसके पापों को धो दिया गया। आज से हम लोगों का उसके साथ खान–पान आरम्भ हो गया है। हम लोग अपनी बेटी की शादी इस अपराधी के घर में करेंगे और उसकी बेटी को बहू बनायेंगे। आज से जो व्यक्ति इसे अपराधी मानेगा, वह स्वयं अपराधी होगा और उसे एक सौ रुपया अर्थदण्ड देना पड़ेगा। इसके बाद वे एक गड़हा खोदते हैं और उसमें गाँव के गोबर को गाड़ देते हैं। उस पर पत्थर रख देते हैं। वे इसलिए ऐसा करते हैं कि यह समझा जाय कि यौन–सम्बन्धी जो अपराध हुआ था, उसका अन्त हो गया और वह विस्मृति के क़ब्र में दफ़ना दिया गया।

इस प्रकार वह अपराधी फिर से सन्ताल बन जाता है। सन्तालों ने इस प्रकार अपने सामाजिक जीवन पर नियन्त्रण रखा है। इन कठोर दण्डों के कारण उनका सामाजिक जीवन बहुत ही संयमित रहा है।

बिठलाहा की घटना धीरे–धीरे कम होती जा रही है। प्रशासन के विस्तार एवं पुलिस की दक्षता के कारण पहले की भाँति बिठलाहा नहीं होता। जब से भारत स्वतन्त्र हुआ है, तब से गोड्डा, देवघर, साहिबगंज और जामताड़ा में बिठलाहा नहीं हुआ है। दुमका अनुमण्डल में 7 और पाकुड़ अनुमण्डल में एक बिठलाहा हुआ है। गोपीकान्द थाना के अन्तर्गत पिपरा गाँव में 25 फ़रवरी, 1953 को एक बिठलाहा हुआ था। उसमें पाँच हज़ार सन्तालों ने भाग लिया था। बिठलाहा का कारण अवैध यौन–सम्बन्ध था। कुमार और कुमारी दोनों के घर को नष्ट कर दिया गया था। जरमुण्डी थाना के अन्तर्गत कुंजी गाँव में 10 जून, 1957 को बिठलाहा किया गया था। चचेरे भाई बहन में यौन–सम्बन्ध होने के कारण यह बिठलाहा हुआ था। तीन हज़ार सन्तालों ने इसमें भाग लिया था। अपराधी के घर को नष्ट कर दिया गया था। आठ मन धान और 10 मन बाजरा लूट लिया गया था। उसकी कुछ मुर्गियाँ भी नष्ट कर दी गयी थीं। जरमुण्डी थाना के अन्दर बारातातार गाँव में भी 2 जुलाई, 1957 को बिठलाहा हुआ था। छोटे भाई की बहू के साथ यौन–सम्बन्ध होने के कारण यह बिठलाहा किया गया था। पाँच हज़ार सन्तालों ने भाग लिया था। शिकारी पाड़ा थाना के अन्दर स्थित कबुड़ीगढ़ गाँव में 23 अप्रैल, 1958 को बिठलाहा किया गया। सन्ताल लड़की और पहाड़िया युवक में यौन–सम्बन्ध के कारण ऐसा किया गया था। पाँच हज़ार सन्तालों ने इसमें भाग लिया था। 22 नवम्बर, 1959 को रामगढ़ थाना के अन्तर्गत खांगर शीस गाँव में बिठलाहा हुआ था। आठ सौ सन्तालों ने उसमें भाग लिया था। एक सगोत्रीय कुमार और कुमारी का विवाह उसका कारण था। लड़की की माँ और लड़के का बाप चचेरे भाई–बहन थे। 13 जून, 1962 में लीलातारी में एक बिठलाहा सम्पन्न हुआ। एक हज़ार सन्तालों ने उसमें भाग लिया। सगोत्रीय भाई–बहन का अवैध सम्बन्ध उसका कारण था। लड़का और लड़की दोनों के घर बिठलाहा किया गया था और दोनों के घर को उजाड़ दिया गया था। रामगढ़ थाना के कुसमाहा गाँव में 17 जुलाई, 1962 को बिठलाहा हुआ था। विवाहिता नारी से एक पुरुष का अवैध यौन–सम्बन्ध इसका कारण बताया गया था। पाँच हज़ार आदमियों ने इसमें भाग लिया था।

पाकुड़ अनुमण्डल के अन्तर्गत महेशपुर थाना में अवस्थित खारीपारी गाँव में 23 जून, 1956 को एक बिठलाहा हुआ था। उसका स्वरूप बहुत भयानक था। सन्ताल कुमारी का एक दिकू से अवैध यौन–सम्बन्ध इसका कारण था। कहा जाता है कि बीस हज़ार सन्तालों ने उसमें भाग लिया था। लड़की के माँ–बाप के घर पर बिठलाहा किया था। उसके घर को उजाड़ दिया गया, उनकी सम्पत्ति को लूट लिया गया। पुलिस और पदाधिकारियों ने भी गाँव को घेर लिया। फलस्वरूप गोली चलानी पड़ी थी। 10 सन्ताल मारे भी गये थे।

बिठलाहा की घटना अब कम होती जा रही है, फिर भी लोगों के सामने यह प्रश्न उठता है कि यौन–सम्बन्धी अपराधों का निर्णय फ़ौजदारी क़ानूनों के अनुसार होना चाहिए या नहीं। कोर्टों के अभिलेखों से पता चलता है कि अब सन्ताल शील–अपहरण के मुक़दमों को कचहरियों में लाने लगे हैं और निर्णय फ़ौजदारी क़ानूनों के द्वारा होने लगा है। ग़ैर सन्ताल पर बिठलाहा करने का सन्ताल–संहिता के अनुसार कोई औचित्य नहीं है। महेशपुर में जो बिठलाहा हुआ था, उसमें सम्बन्धित अपराधी एक ग़ैर–सन्ताल था, उस पर बिठलाहा करने के औचित्य पर विचार होना आरम्भ हो गया था। यह सोचा जाने लगा था कि ग़ैर–सन्ताल अगर किसी सन्ताल कुमारी का शील–अपहरण करता है, उससे यौन–सम्बन्ध स्थापित करता है तब उसको दण्ड देने के लिए जो फ़ौजदारी क़ानून है, उसी के अनुसार काम होना चाहिए। यह युक्तिसंगत भी है और न्याय–संगत भी है। फिर भी बिटलाहा का सन्तालों के जीवन में एक महत्त्वपूर्ण स्थान है। उनके सामाजिक–जीवन को संयमित रखने में वह बहुत बड़ा सहायक है। प्रशासन में बाधा होने में ही उस पर नियन्त्रण रखने की अपेक्षा है।

सन्तालों की पंचायत-व्यवस्था

भारतीय व्यवस्थाओं में ग्राम–पंचायतों का बहुत महत्त्व रहा है। जब हमारे पास कुछ नहीं था, तब भी हमारे पास हमारी पंचायतें थीं। उनका एक आदर्श था। पंचायतों का हमारे यहाँ कब जन्म हुआ, यह ठीक–ठीक नहीं कहा जा सकता है। पर हमारे इतिहासकार यह कहकर सन्तोष कर लेते हैं कि भारतवर्ष में ग्राम–व्यवस्था का विकास बहुत पुराने ज़माने में हो गया था। अनादि काल से ही हम इस भू–देश में किसी–न–किसी रूप में ग्राम–व्यवस्था की रूपरेखा पा रहे हैं। हमारी पंचायतें सांस्कृतिक केन्द्र रही हैं। सांस्कृतिक–उत्थान और पतन में उनका बहुत हाथ रहा है। यही कारण है कि ग्राम–व्यवस्थाओं पर विभिन्न प्रकार के सांस्कृतिक–तत्त्वों का प्रभाव पड़ा है। यह सत्य है कि हमारी व्यवस्था का विशद इतिहास हमारे पास नहीं है, पर हमारी संस्कृति पर उनकी जो छाप है, वह इतना स्पष्ट है कि हम यह कहने का दावा करते हैं कि पंचायती–व्यवस्था का जन्म हमारे यहाँ ही हुआ है। वेद, ब्राह्मण और उपनिषद् ग्रन्थों में हमें पंचायतों का उल्लेख तो मिलता ही है, हमारा लोक–साहित्य भी उससे पूर्ण है। प्रो. राधा कमल मुखर्जी ने प्राचीन राजनैतिक और न्यायिक व्यवस्था पर खोज के जो कार्य किये हैं, उसके लिए उनके प्रति राष्ट्र सदैव आभार प्रकट करता रहेगा। उनके 'विलेज कम्युनिटीज् इन इंडिया' ने इस क्षेत्र में एक नया अध्याय आरम्भ किया है, ऐसा भी कहा जा सकता है। उन्होंने यह प्रमाणित करने की चेष्टा की है कि पंचायतों का आदि स्वरूप हमें आदिवासियों की व्यवस्था में ही मिल पाता है। सर जार्ज ब्रेनवुड के शब्दों में हम कह सकते हैं कि संसार के अन्य देशों की अपेक्षा भारतवर्ष में धार्मिक एवं राजनैतिक परिवर्तन अधिक हुए हैं, किन्तु भारतीय ग्राम–व्यवस्था की नागरिक–शक्ति सुदृढ़ बनी रही। प्राचीन भारतीय ग्राम–व्यवस्था के विषय में भाषण करते हुए उन्होंने कहा था–"ग्राम समाज के छोटे प्रजातन्त्र राज्य हैं,

जिनके अन्तर्गत सभी ऐसी बातें आ जाती हैं, जिनकी हमें आवश्यकता पड़ सकती है। परिवर्तनों में अनेक वंश मिट जाते हैं, क्रान्ति इस पर विजय पाती है, किन्तु ग्राम–समाज जहाँ–तहाँ रहता है। मेरी धारणा है कि जिन क्रान्तियों और परिवर्तनों का सामना भारत को करना पड़ा है, उनमें जनता को अक्षुण्ण बनाये रखने का सबसे अधिक श्रेय ग्राम–सभा को है। ग्राम–सभा के द्वारा भारतीयों को सुख और स्वतन्त्रता के उपभोग का अवसर प्राप्त हो सका है।"

भारत में बाहर से कई शक्तियाँ आयीं। उसके वैभव से वे खेलीं, पर वे यहाँ की होकर रह गयीं। शक और हूण विदेशी थे। पर वे आगे चलकर इस प्रकार हम में एकाकार हो गये कि बाद में उन्हें अपने से अलग करना कठिन हो गया। अरब, पठान और मुग़ल आये। वे भी वहाँ के होकर रह गये। उन्होंने केन्द्रीय और राजकीय सरकारों में हेर–फेर किया, पर ग्राम–पंचायतों को उन्होंने नष्ट नहीं किया। उसे सुरक्षित रखा। उनके अधिकारों पर प्रहार नहीं किया। जहाँ कहीं भी उन्होंने ग्राम–पंचायतों में कमी देखी, उसे ठीक किया।

पर यह स्थिति बाद में नहीं रह सकी। भारत में अंग्रेज़ आये। वे व्यापारी बनकर आये थे। उनका ध्यान हमारी ग्राम–पंचायतों की ओर गया। उन्होंने उसे नष्ट कर दिया। पंचायतें तोड़वा डालीं। पर उन्हें सर्वत्र सफलता मिली, ऐसी बात नहीं थी। उनके प्रभाव से हमारी कुछ पंचायतें वंचित रहीं। यह अच्छा ही रहा। उन्हीं वंचित पंचायतों में सन्तालों की पंचायतें रहीं। उनकी सुरक्षा इसलिए हो सकी कि सन्ताल तथाकथित आधुनिक शिक्षा नहीं पा सके थे। साइमन कमीशन में हमारी पंचायतों के पतन का कारण यह बताया गया था–'चुनाव का क्षेत्र सीमित था, वे संघर्ष और विवाद के केन्द्र थे। गाँव में योग्य और बुद्धिमान, सदाचारी पुरुषों का अभाव था। अगर वैसे पुरुष मिलते भी थे, तो एक ही जाति और एक ही कुटुम्ब के मिलते थे। इसी के फलस्वरूप सुसंगठित ग्राम–पंचायत नहीं बन सकी।' हमें तो ऐसा लगता है कि अंग्रेजों ने हमें जो शिक्षा दी, उससे कुबुद्धि अधिक आयी और उसके परिणामस्वरूप हमारे देहातों का जीवन अत्यन्त कलुषित हो गया। घरों में फूट आयी और ईर्ष्या रानी देहाती लोगों को अपने संकेतों पर नचाने लगी। छोटी–छोटी बातों को लेकर तू–तू मैं–मैं की नौबत आने लगी थी। जहाँ ऐसी शिक्षा का प्रभाव नहीं पड़ा, वहाँ ऐसी बातें नहीं आयी। अंग्रेज़ी शिक्षा या यह कहा जाय

अंग्रेज़ी की शिक्षा–पद्धति के आरम्भ के समय हमारे गाँव विकासोन्मुख थे। कार्लमार्क्स ने 'पूँजीवाद' में हमारे तत्कालीन भारतीय गाँवों के सम्बन्ध में लिखा था–"छोटे और अत्यन्त प्राचीन भारतीय ग्राम समुदाय, जो आज पर्यन्त भी विद्यमान हैं, भूमि पर सम्मिलित साम्य, कृषि और ग्राम उद्योगों के सम्मिलित प्रयोग तथा अपरिवर्तनीय ग्राम–विभाग पर स्थित हैं, जो एक नूतन समुदाय के निर्माण के लिए एक योजना का काम देते हैं।... यदि ग्राम में जनसंख्या बढ़ जाती है, तब नये ग्राम की रचना की जाती है। ग्राम विधान की मशीनरी में एक सुव्यवस्थित श्रम विभाजन प्रकट होता है। इन ग्राम–संस्थाओं में उत्पादन में संगठन की सादगी एवं सरलता है, जो अनवरत रूप से नष्ट हो जाने पर पुनः प्रादुर्भूत हो जाता है। यह सरलता एशियायी समाजों की अपरिवर्तनशीलता के रहस्य की कुंजी है। सनाज की आर्थिक व्यवस्था का ढाँचा राजनीतिक उथल–पुथल होने पर ज्यों का त्यों बना रहता है।" अंग्रेज़ के प्रभाव–क्षेत्र में आने के कारण, इस प्रकार की सुन्दर ग्राम–व्यवस्था नष्ट हो गयी। पर अंग्रेज़, जिन्हें अपने साँचे में नहीं ढाल सके, जिन क्षेत्रों पर उनके आचरणों का प्रभाव नहीं पड़ा, उन क्षेत्रों में ग्राम–व्यवस्थाएँ नष्ट नहीं हुईं। इस प्रकार के क्षेत्र बहुत नहीं थे। इन क्षेत्रों में सन्तालों का क्षेत्र आता है। उन्होंने अंग्रेज़ी शासनकाल में कुछ पाया नहीं, यह सत्य है। पर यह भी स्वीकार किया जाता है कि उन लोगों ने कुछ खोया नहीं। अंग्रेज़ों से उन्होंने कुछ पाया नहीं, अतः उन्हें पिछड़ा कहा जाने लगा। आश्चर्य तो यह है कि उन्हें पिछड़ा वे ही कहते हैं, जिन्होंने अपना सब कुछ खो दिया है। उनके गाँव, जो एक दिन स्वर्गपुरी के समान थे, जिनके वैभव से इन्द्र की इन्द्रपुरी भी लज्जित होती थी, स्वयं भगवान को मनुष्य का रूप धारण कर जिस वृन्दावन में आना पड़ा था, उसी गाँव को अंग्रेज़ी व्यवस्था में तथाकथित सभ्य लोगों ने कुम्भीपाक बना दिया। पर सन्तालों ने, जो ऐसे लोगों के द्वारा पिछड़ा कहे जाते हैं, अपनी ग्राम–व्यवस्थाओं को नष्ट नहीं होने दिया। उनके गाँवों से मर्यादा नहीं मिटी। उनके आदर्श नष्ट नहीं हुए।

सन्तालों के पास वेद, ब्राह्मण और उपनिषद् के समान महान ग्रन्थ नहीं हैं, पर उनके पास लोक कथाएँ और लोकगीत बहुत हैं। उनसे पता चलता है कि सन्तालों की पंचायतें बहुत पुरानी हैं। सन्ताली लोककथाओं से यह पता चलता है कि त्रेता में भगवान रामचन्द्र के निर्देशानुसार लक्ष्मण ने सन्तालों की पंचायती व्यवस्था तथा सामाजिक संगठन को दृढ़ किया था।

भगवान राम ने रावण को हराने के लिए सन्तालों का सहयोग लिया था। उनके गीतों से पता चलता है रावण को मारकर जब वे लौटे थे, तब लक्ष्मण को उन्होंने सन्तालों की राजधानी चय–चम्पा में भेजा था। लोक कथा में इसका उल्लेख इस प्रकार आया है–

"लक्ष्मण जी के तत्त्वावधान में सन्तालों के पुरखों की पंचायत की बैठक हुई थी। सभी लोग तुड़ी पोखरी के पुरइन के पत्ते पर बैठे थे। उसी बैठक में सन्तालों ने यह निर्णय लिया कि वे अपनी राज्य–व्यवस्था पंचायत द्वारा करेंगे। पंचायत के सदस्य बड़े–बूढ़े लोग होंगे। इतना ही नहीं, उसी बैठक में यह भी उन्होंने तय किया था कि प्रत्येक गाँव में एक माँझी रहेगा, जिसका चुनाव हुआ करेगा। पंचायतों के संचालन के लिए नियम, अधिनियम भी बनायेंगे। कुछ गीतों से यह भी पता चलता है कि उसी बैठक में उनके भिन्न–भिन्न गोत्रों के नामकरण भी हुए थे। उनके सामाजिक संस्कारों से सम्बन्धित नियमों का निर्माण भी उसी बैठक में हुआ था।"

लक्ष्मण जी के समक्ष सभी निर्धारित नियमें को पालने के लिए सन्तालों के पुरखों ने वचन दिया था, शपथ ली थी। कथा में इस प्रकार इसका वर्णन है–

"लक्ष्मण जी ने सन्तालों से कहा कि जो नियम निर्धारित हुए हैं, उनका पालन होना चाहिए। उन्होंने उनसे कहा कि यदि आप लोग पुरइन के पत्ते पर चढ़कर तुड़ी पोखर को पार कर जायेंगे, तब समझा जायेगा कि आप लोग नियमों को पालन करने के लिए दृढ़व्रती हैं। पर उन्होंने एक शर्त रखी थी। तुड़ी पोखर को पार करते हुए, सन्तालों के पाँव के तलुए से जल का स्पर्श नहीं होना चाहिए। लक्ष्मण जी स्वयं पुरइन के पत्ते पर चढ़कर आगे–आगे चले और उनके पीछे–पीछे सन्तालों के पुरखे भी पुरइन के पत्ते पर चढ़कर चले। तुड़ी पोखर सब पार कर गये। पार करते हुए किसी का भी तलुआ जल से नहीं भीगा। लक्ष्मण जी को विश्वास हो गया कि सन्ताल उनके द्वारा बनाये हुए पंचायत के नियमों का पालन करेंगे। उन्होंने सन्तालों के पुरखों को उनकी सफलता पर बधाई दी। उनकी दृढ़ता एवं निष्ठा की उन्होंने प्रशंसा की।"

सन्ताल आज भी 'तुड़ी पोखरी बाहाबान्देला' को पवित्र भूमि मानते हैं। लक्ष्मण जी ने सन्तालों की जो परीक्षा ली थी वह सन्तालों के लोकगीत में इस प्रकार उल्लिखित है–

तुड़ी घर पुखरी वाह घर बान्देला;
पुरइनी स काम दो रिचोत्ये रोचोत्।

अर्थात्– "तुड़ी पोखरी वाहाबान्देला (जिसका अर्थ होता है–कमल के पत्तों से आच्छादित पोखरी) को पार करते समय पुरइन के पत्ते चरचराते थे।"

सन्तालों के पुरखों ने पंचायत के नियम का पालन करने के लिए जो वचन दिये थे, सन्ताल आज भी उनका पालन करते हैं। समय परिवर्तन होने के कारण उनके नियमों में भी कुछ परिवर्तन हुए हैं, पर मूल में परिवर्तन नहीं आया है। लक्ष्मण द्वारा निर्धारित नियमों को दृष्टि में रखकर सन्ताल आज भी अपनी पंचायतों का संचालन करते हैं, उनके पुरखों ने लक्ष्मण जी के समक्ष जो दृढ़ व्रत की शपथ ली थी, वह आज भी उन्हें याद है। अतः वे अपने सामाजिक नियमों का दृढ़ता से पालन करते हैं।

सन्ताल अकेला रहना नहीं चाहता। वह समूह में रहता है। वे जहाँ भी गये हैं, एक समूह में गये हैं, समूह के साथ बसे हैं। समूह का नेता उनका प्रमुख होता है। उसे वे माँझी कहते हैं। उनके अन्य सहकर्मी भी होते हैं। गाँव वाले उन्हें चुनते हैं। सन्तालों की नागरिकता, उनके अधिकार एवं कर्त्तव्य की निगरानी तथा सामाजिक एवं धार्मिक कार्यों का वे सम्पादन करते हैं। कोई भी सार्वजनिक काम या उत्सव बग़ैर उनके आदेश के नहीं हो सकता। व्रत वे मनवाते हैं, शादियाँ वे कराते हैं। इस प्रकार हम देखते हैं कि सार्वजनिक हित के सभी कार्य पंचायत एवं उसके मुखिया–माँझी के द्वारा सम्पादित होते हैं। साधारणतः सन्ताल अपना प्रमुख अपने बीच से ही चुनते हैं, पर कभी–कभी ऐसा भी होता है कि दूसरी जाति का प्रमुख चुना जाता है। ऐसी स्थिति में सन्ताल अपनी जाति से हाड़ी माँझी का चुनाव करते हैं। प्रशासकीय कार्य माँझी के द्वारा होता है, पर सामाजिक एवं धार्मिक कार्यों का सम्पादन हाँडी माँझी कराता है। माँझी के कार्य बहुत हैं। गाँव और बाहर के सभी कामों का उत्तरदायी वह होता है। उसकी ज़िम्मेवारियाँ अधिक हैं, अतः उसे भौतिक उपलब्धियाँ प्राप्त हैं। उसे कर–रहित भूमि मिलती है, शिकार में जो जानवर मारे जाते हैं उसमें उसे अंशदान प्राप्त है। सार्वजनिक जीवन से सम्बन्धित कोई भी घटना होती है, उस पर विचार करने के लिए गाँव के सभी लोगों की पंचायत वह बुलाता है। वह समस्याओं को उसमें रखता और समाधान वह पंचायत से करता है। किसी बात की शिकायत जब उसके पास पहुँचती है,

तब उस पर वह पंचायत का निर्णय लेता है। गाँव का प्रतिनिधित्व 'मोर होड़' करता है, जिसका अर्थ है–पाँच मानव की सभा। सन्ताल भी पंच–परमेश्वर में विश्वास करते हैं। गाँव की समस्याओं को वे गाँवों में ही हल करते हैं। गाँवों की बात को बाहर जाने देने में वे गाँव का अपमान मानते हैं। गाँव की सीमा उसकी लक्ष्मण रेखा है। उसे वे पार नहीं करते। निर्णय लेने में कुछ देर करते हैं, पर जो निर्णय लेते हैं, वह न्याय संगत होता है। दूसरे गाँव से सम्बन्धित बातों के हल के लिए, सम्बन्धित गाँव की पंचायतों की सम्मिलित बैठक होती है। वे समस्या को हल करना चाहते हैं, पर जब वे हल नहीं कर पाते हैं तो वे परगनैत के पास अपील करते हैं। परगनैत कई गाँवों की पंचायतों का प्रमुख होता है। उसके सहकर्मी होते हैं प्रत्येक पंचायत के प्रमुख और गाँवों के 5 प्रभावशाली व्यक्ति। प्रशासकीय उद्देश्य से कई गाँव एक समूह में रहते हैं–जिन्हें सन्ताल 'बंगलो' कहते हैं। बंगलों के प्रमुख को वे परगनैत कहते हैं। परगनंत को सहायता देने के लिए देश–माँझी होता है। परगनंत चकलादारों को नियुक्त करता है, जो सन्देशवाहक का काम करते हैं। प्रत्येक परगनैत को परम्परा के अनुसार वार्षिक एक रुपया, आधा सेर घी, पाँच कौड़ी (Cobs) मिलता है। देश माँझी को इसी के अनुपात में आधा मिलता है। ऐसी परम्परा है कि जब उन्हें ये वस्तुएँ प्राप्त होती हैं, तब वे गाँवों के प्रमुखों को प्रीतिभोज देते हैं। ऐसे तो परगनैत का चुनाव होता है, पर परम्परा से वह वंशगत होता आ रहा है। गाँव के प्रत्येक घर के कर्त्ता या जो सबसे बड़ा होता है, उसे मत देने का अधिकार प्राप्त है। परगनंत का जब चुनाव हो जाता है, तब उसकी नियुक्ति की स्वीकृति अनुमण्डलीय पदाधिकारी एवं उपायुक्त, सन्ताल परगना देते हैं। जब तक परगनैत की नियुक्ति की स्वीकृति नहीं होती, तब तक वह वैध नहीं माना जाता है। देश माँझी की नियुक्ति की स्वीकृति अनुमण्डल–पदाधिकारी करते हैं।

गर्मी के दिनों में सन्ताल एक बहुत बड़ा उत्सव करते हैं। उसमें सभी सन्ताल भाग लेते हैं। उसके संयोजक को वे 'देहरी' कहते हैं। देहरी सन्तालों का पुरोहित होता। वह सखुआ की टहनी द्वारा उत्स्व के समय, तिथि एवं स्थान को घोषित करता है। निर्धारित स्थान पर सन्ताल सन्ध्या समय पहुँचते हैं, शिकार खेलते हैं, भोजन बनाते हैं और खा–पीकर वे सभा करते हैं। सभा की अध्यक्षता देहरी करता है। बैठक में सारी बातें रखी जाती हैं। पंचायत के प्रमुख पर भी अनुशासनहींनता

की कार्रवाई की जाती है। जाति से निकालने या समाज से निकाले गये लोगों को पुनः समाज में लाने का निर्णय इसमें होता है। जिन प्रश्नों पर वे निर्णय नहीं ले सकते हैं, उनको अगले साल की बैठक के लिए स्थगित करते हैं।

सन्तालों की पंचायती–व्यवस्था में जनता स्वयं अपना भाग्य विधाता है। पंचायत एवं बंगलो को वह संगठित करती है। अधिकारियों को वह नियुक्त करती है। सत्ता उसके हाथों में है। वह स्वयं बहुत से काम नहीं कर सकती है, यह सम्भव भी नहीं है, तब वह उन्हें, इनके सम्पादन के लिए नियुक्त करती है। यह सत्य है कि व्यवहारों के द्वारा अधिकारियों का पद वंशगत होता जा रहा है और भूमि पर उनका अधिकार भी होता जा रहा है। पर चुनाव की पद्धति मरी नहीं है। माघ मास में गाँव के लोग जमा होते हैं, प्रमुख उसमें अपने पद का त्याग करता है। उसके साथ ही साथ गाँव के अन्य अधिकारी भी अपने पद का त्याग करते हैं। उन्हें फिर से पंचायत चुनती है। सभी अधिकार उन्हें सौंपा जाता है।

माँझी के सहायतार्थ दो अन्य अधिकारी होते हैं–एक का नाम परमागिक है और दूसरे का नाम जोगमाँझी है। परमाणिक माँझी द्वारा चुना जाता है। वह उनका प्रतिनिधित्व करता है। माँझी को अगर कोई लड़का या भाई न हो तब ऐसी स्थिति में परमाणिक ही उनका उत्तराधिकार लेता है। सामाजिक कार्यों में माँझी का सहायक जोग माँझी होता है। जोग माँझी का मुख्य काम है सामाजिक बन्धनों में कमी नहीं आये; सामाजिक सीमा का उल्लंघन नहीं हो। वह यौन–सम्बन्ध पर निगरानी रखता है। यौन सम्बन्धी नियम के भंग होने पर वह अपराधी को पंचायत के सनक्ष प्रस्तुत करता है। सोहराय पर्व पर नाच, गान तथा अन्य मनोरंजन के कार्यक्रम रखे जाते हैं। पाँच दिनों तक अनवरत वे मस्त होकर नाचते हैं, गातें हैं और हाण्डी पीते हैं। उस अवसर पर गाँव के सभी कुमार एवं कुमारियाँ जोग माँझी के ज़िम्मे सौंप दी जाती हैं। जोग–माँझी उन पर निगरानी रखता है, वह देखता है कि वे उस अवसर पर यौन–सम्बन्ध के नियम को भंग नहीं करें। जन्म एवं विवाह का उत्सव उसकी देख–रेख में सम्पन्न होता है। जोग माँझी को सहायता देने के लिए जोग–परमाणिक होता है। माँझी के आदेशों के पालन के लिए गाँव में गोड़ायत रहता है, उसे आदेशपाल भी कहा जा सकता है। वह माँझी की सूचना गाँव वालों को देता है और माँझी को गाँव की स्थिति से अवगत कराता रहता है

गाँव में बाहर से जब कोई आदमी प्रवेश करता है, तब उस पर वह नज़र रखता है। माँझी जो जानकारी चाहता है, उसे वह देता है। सन्तालों के लोक–जीवन में गोडायत का बहुत महत्त्वपूर्ण स्थान है। उसे सन्ताल बहुत सम्मान की दृष्टि से देखते हैं। गोड़ायत को वे मराङ्ग भी कहते हैं। परम्परा ऐसी है कि जब परमाणिक माँझी के पद पर नियुक्त होता है, तब गोडायत परमाणिक बनता है। गाँव के पुरोहित को वे नायक कहते हैं। वे सभी धार्मिक काम करते हैं। उनके अधीन कुदम नायक होते हैं। वे नायक को धार्मिक अनुष्ठानों में मदद करते हैं। जब गाँव के लोग आखेट खेलने जाते हैं, तब वे गाँव वालों के सौभाग्य के लिए बोंगा से प्रार्थना करते हैं।

माँझी केवल भू–कर समाहर्त्ता नहीं है। वह पुलिस अधिकारी भी होता है। अपराधों की सूचनाएँ उसे अधिकारियों को देनी पड़ती हैं। दामिन–इ–कोह में माँझी को भू–कर की वसूली पर सरकार से 8 प्रतिशत प्राप्त होता था, और ज़मींदारी से वसूली पर $1\frac{1}{2}$ प्रतिशत वह प्राप्त करता है। उपायुक्त उसे नियुक्त करते हैं, और उसे वे उसकी आचरण हीनता के कारण अपने पद से हटा भी सकते हैं। गाँव के लोग भी उसे हटा सकते हैं। पर वे अपनी स्वेच्छा का प्रयोग असाधारण स्थिति में ही करते हैं। गाँव के लोगों की इच्छा पर उनकी नियुक्ति होती है, उन्हीं के अनुरोध पर वे हटाये भी जाते हैं। गाँव के प्रधान को अब केवल माँझी ही नहीं कहा जाता। वे मुस्ताजीर भी कहलाते हैं। उन्हें सन्ताल प्रधान कहते हैं। उनका एक दूसरा नाम सरदार भी है। माँझी को सामाजिक एवं राजकीय–दोनों प्रकार के कामों का सम्पादन करना पड़ता है। मुस्ताजीर उस व्यक्ति को कहते हैं, जिन्होंने इजारा से ज़मीन या जंगल साफ़ कर ज़मीन का ठीका लिया हो। उनकी भू–कर वसूल करने की अवधि निर्धारित रहती है। इस प्रकार के मुस्ताजीर सन्तालों से बाहर के भी होते हैं, पर साधारणतः सन्ताल ही होते हैं। 'प्रधान' शब्द का प्रयोग अब हो रहा है।

दामिन–इ–कोह में परगना का निर्माण किया है। उसके अधिकारी परगनैत कहलाते हैं। उसका अधिकार क्षेत्र का नाम, जैसा ऊपर बताया गया है, बंगलों है। उपायुक्त की ओर से उसकी नियुक्ति होती है और उन्हें सब–इंस्पेक्टर ऑफ़ पुलिस का अधिकार प्राप्त है। गाँव के माँझी और अन्य नागरिकों के आचरण के लिए वह उत्तरदायी है। भू–कर की वसूली समुचित रूप से हों, यह भी देखना उसका काम है। माँझियों के द्वारा भू–कर की वसूली पर उसे 2 प्रतिशत कमीशन मिलता था,

बाद में ऐसा अनुमान हुआ कि कमीशन की दर कम है, अतः सरकार ने सन् 1924–25 में इसमें वृद्धि कर दी, जो इस प्रकार है–

5 प्रतिशत पहले 2000 रुपये पर
4 प्रतिशत दूसरे 2000 रुपये पर
3 प्रतिशत तीसरे 2000 रुपये पर
2 प्रतिशत बाद के रुपयों पर।

उन पर बाँध, पथ, सीमा–स्तम्भ, बंगला आदि की सुरक्षा का भार रहता है। दामिन–इ–कोह के बाद इस प्रकार का परगनैत साधारणतः नहीं मिलता है। पाकुड़ अनुमण्डल में अम्बर और सुलतानाबाद में इस प्रकार के परगनैत हैं। आज कल प्रशासन में उनका कोई विशेष महत्त्व नहीं है, पर सन्तालों की समस्याओं के समाधान में उनका बहुत बड़ा योगदान रहता है। अपने समाज का वे प्रतिनिधित्व करते हैं। वे पंचायत के प्रमुख होते हैं, सन्धि–वार्ता के प्रभारी होते हैं, छोटी–छोटी बातों की वे जाँच करते हैं। वे सन्तालों के सामाजिक जीवन के केन्द्र हैं। गाँव के प्रत्येक घर के कर्त्ता से वह एक रुपया बारह आना वार्षिक पाते हैं। उनके सहयोगी देश–माँझी को प्रत्येक घर के कर्त्ता से 14 आना और परगनैंत के सन्देश वाहक, जो चकलादार कहलाता है, उसे सात आना प्राप्त होता है।

परगनैतों के समान सरदार होते हैं। दुमका और जामताड़ा के ग़ैर–पुलिस क्षेत्र में उन्हें वे अधिकार प्राप्त हैं, जो एक थानेदार को प्राप्त है। गोड्डा और राजमहल में सरदार मिलते हैं; पर वे थानेदारों के मातहत होते हैं। उन्हें ग़ैर–पुलिस क्षेत्र के सरदारों के समान अधिकार प्राप्त नहीं है। ये थानेदार एवं गाँव के प्रमुख के मध्यवर्ती व्यक्ति हैं। देवघर अनुण्डल में सन् 1814 के अधिनियम 29 के अनुसार सरदारों को अधिकार प्राप्त है।

पहले गाँव के अधिकारियों को भू–कर रहित ज़मीन मिलती थी। पद के अनुपात में ज़मीनें दी जाती थीं। माँझी को 4 अंश, परानीक को 3 अंश, जोग माँझी को दो अंश और अन्य अधिकारियों को एक–एक अंश मिलती थी। अब उन्हें भू–कर रहित ज़मीन नहीं मिलती है। ज़मीन जो उन्हें मिलती है उस पर वे कर देते हैं। पर प्रधान आज भी ज़मीन पर भू–कर नहीं देते हैं। माँझी की ज़मीन उसके पुत्रों को उसके मरने के बाद नहीं दी जाती। उसके उत्तराधिकारी को ही मिलती है।

पंचायत सन्तालों की एक महत्त्वपूर्ण संस्था है। पंचायतों की बैठक एक निर्धारित स्थान पर होती है। उस स्थान को माँझी–स्थान कहते हैं।

उन बैठकों में वे अपनी समस्याओं को हल करते हैं। कभी–कभी माँझी–स्थान के अतिरिक्त अन्य स्थान में भी वे बैठकें करते हैं। अनैतिक एवं चरित्रहीनता की बातों का निर्णय वे साधारणतः गाँव के बाहरी छोर पर करते हैं। नारियों के सम्मान के लिए वे ऐसा करते हैं। नारियों की भावनाओं पर वे आघात नहीं करते। नारियों के कानों में बातें नहीं आये, इसलिए वे माँझी–स्थान से बाहर जाकर उन विषयों पर फ़ैसला करते हैं। पंचायतों में जिनका वे निर्णय नहीं ले पाते हैं, तब परगनैत के अधीन पाँच गाँवों के माँझी के द्वारा उनका निपटारा कराते हैं। सभी सामाजिक प्रश्नों का हल पंचायतें करती हैं और अपराधी को दण्डित भी करती हैं।

उत्तराधिकार-नियम

सम्पत्ति प्राप्त करना, उसे अपने पूर्वजों से अभिग्रहित करना–यह एक मानवीय प्रथा है। युगों से यह क्रम चलता आ रहा है। आगे भी जब तक समाज है, तब तक किसी–न–किसी रूप में यह चलता रहेगा। सन्तालों में भी यह प्रथा युगों से चली आ रही है। सन्तालों में उत्तराधिकार की प्रथा उनकी सामाजिक एवं आर्थिक संस्कार की देन है। स्थावर या जंगम सम्पत्ति पर जो पूर्वजों से उन्हें विरासत के रूप में मिलती रही है, अभिग्रहण के उनके कुछ अपने नियम हैं। वे नियम बदलते रहते हैं। समय की गति के साथ उनमें परिवर्तन आता रहा है। यह जीवित जाति का स्वाभाविक गुण है। सन्तालों की–उत्तराधिकार–प्रणाली उनके सामाजिक संस्कार पर आधारित है। उसने एक विधि का रूप धारण कर लिया है। विधि का मुख्य तत्त्व है–विधिवेत्ताओं का भाष्य। विधि का स्वरूप सरल होता है, पर उसका भाष्य इतना जटिल होता है कि वह स्थिर नहीं हो पाता है। उसका रूप आज कुछ है, पर विधि भाष्यकारों ने उसका रूप बदल कर कुछ ऐसा कर दिया कि पहला रूप पहचाना ही नहीं जाता है। सन्तालों का उत्तराधिकार नियम जो सौ वर्ष पहले था, वह रूप अब नहीं रहा। उसका उत्तरदायित्त्व केवल विधि भाष्यकारों का ही नहीं है; सन्तालों के सामाजिक जीवन में परिवर्तन के कारण भी है।

सन्तालों के आर्थिक एवं सामाजिक जीवन में सम्पत्ति का वैयक्तिक अधिकार का जन्म स्वाभाविक रूप से उनके निर्मित एवं रचनात्मक कार्यों से हुआ है। पहले सन्तालों ने जंगल साफ़ किया, खेत बनाया और उसके वे अधिकारी बने। सन्तालों पर जब सरकार की ओर से मालगुजारी ली जाने लगी, तब उन्होंने इसका विरोध किया था। सन्ताल विद्रोह का एक कारण था–मालगुजारी और उसकी वसूली की नीति। सन्ताल विद्रोह के

समय सन्तालों का कहना था–'उन्होंने जंगल साफ़ किया, खेत बनाया, हल चलाया, बीज दिया, पैदा किया और उसे काटा, बोंगा ने पानी बरसाया, सूर्य ने धूप दिया। फ़सल अच्छी हुई–सरकार ने कुछ नहीं किया–फिर भी उन्हें मालगुजारी! यह क्यों? सन्तालों के इस प्रश्न से उनके सम्पत्ति के अधिकार का जन्म हुआ। सन्ताल ने यह बाद में स्वीकार किया कि सरकार ने उनके सामने एक परिस्थिति का जन्म कर जंगल काटकर खेत बनाने में बाधा नहीं दी, इस सुविधा के लिए वे आभार प्रकट करते हैं, इस आभार से वे कुछ कर देकर, मुक्ति चाहते रहे हैं। उन्होंने अपने समाज का अंग सरकार को कभी नहीं माना और न ही ज़मीन को उनका उपहार माना। उनके गीतों से पता चलता है–अपने ख़ून और पसीना से उन्होंने ज़मीन को अर्जित किया है। अतः ज़मीन उनकी है। वे उसके अधिकारी हैं, उसके मालिक हैं। इस अधिकार भावना पर चोट पड़ने पर उन्होंने विद्रोह किया है। वे जब तक जीवित हैं, तब तक ज़मीन पर दूसरे का अधिकार नहीं हो सकता। उनकी यह धारणा–उन्हें अपने पूर्वजों से प्राप्त है। विधि ने उन्हें यह आश्वासन दिया–ज़मीन का स्वामित्व का अधिकार जब एक बार अर्जित हुआ, वह तब तक उसके पास रहेगा, जब तक वह स्वयं उस अधिकार को मुक्त रूप में दूसरे को दे न दें। सन्तालों में तो ऐसा विश्वास है कि मरने के बाद भी स्वामित्व उस मरे हुए व्यक्ति में रहता है। मरा हुआ व्यक्ति अपने परिवार के साथ रहता है, सन्तालों का यह विश्वास हास्यास्पद लगता है। पर सन्ताल यह मानते हैं कि उनके पूर्वज अपने वंशजों की भलाई करते हैं, उनकी ज़मीन की सुरक्षा करते हैं। मरने के बाद उनके पूर्वजों को शान्ति स्वर्ग लोक में नहीं मिलती, यही कारण है कि उसकी अस्थि का कुछ अंश उनके वंशज भण्डार घर में रखते हैं। दुर्भाग्य वश कोई सन्ताल घर से बाहर मरता है, तब उसकी शान्ति के लिए उसकी अस्थि का कुछ अंश घर लाया जाता है, उसे घर में रखा जाता है। जिस सन्ताल के पास अपनी ज़मीन है, वह अपनी ज़मीन पर ही जलना चाहता है, उसके वंशज उसे उसकी ज़मीन पर जलाते हैं। वे मृतक व्यक्ति को अपने हिस्सा का खाना प्रतिदिन देते हैं। उनके यहाँ तब तक कोई धार्मिक अनुष्ठान नहीं हो सकता है, जब तक मृत की आराधना नहीं होती है। मृतक एवं जीवित लोगों का इस प्रकार का सम्बन्ध इस बात को प्रमाणित करता है कि सम्पत्ति का अधिकार वे अपने परिवार में सुरक्षित रखते हैं। परिवार के सम्बन्ध में उनकी धारणा है कि बेटियों का

उसमें कोई स्थान नहीं है। बेटा बाप के जीवन और मरण के साथ रहता है। उससे ही परिवार बनता है। अतः उसे ही परिवार की सम्पत्ति पर अधिकार है। सन्ताल जाति कई गोत्रों में बँटी हुई है। सह–गोत्र शादी उनके यहाँ वर्जित है। इस नियम को तोड़ने पर उन्हें दण्डित होना पड़ा है। अपने व्यवहार के अनुसार कन्या अपनी शादी के दिन अपने घर को छोड़कर चली जाती है, और वह अपने पति के परिवार में मिल जाती है। वह अपने पति के पिता और उनके पूर्वजों के सभी धार्मिक अनुष्ठान एवं सामाजिक कर्त्तव्यों में हिस्सा लेने लगती है। इसके बदले उसे अपने पति के परिवार के द्वारा अधिकार मिलते हैं। उसके पति का गोत्र ही उसका गोत्र बन जाता है। उसका सम्बन्ध अपने पिता से छूट जाता है। वह अपने श्वसुर की वधू ही नहीं, उसकी बेटी भी बन जाती है और उनके गोत्र को वह सन्तान हो जाती है। गोत्रीय बलिदान के मांस खाने और पोचाई पीने में बड़े उत्साह से भाग लेती है। इस प्रकार का हिस्सा वह अपने पिता के घर पर नहीं ले पाती है। कारण, वह दूसरे परिवार की हो जाती है, वह उसके गोत्र की अब सदस्या नहीं रह जाती है।

परिवार सम्बन्धी सन्तालों की इस धारणा से स्वाभाविक निष्कर्ष निकलता है कि पिता की सम्पत्ति में बेटियों का कोई अधिकार नहीं है। बेटियों का अधिकार होने से एक परिवार दूसरे परिवार में सम्पत्ति का हस्तान्तर होता है। बेटियों का सम्पत्ति पर उत्तराधिकार न होना एक प्रकार से अनुचित–सा लगता है, पर सन्तालों के परिवार संघटन को दृष्टि में रखने से ऐसा लगता है, सन्ताल अपनी बेटियों के प्रति कोई कठोर भावना नहीं रखते हैं। विवाहिता पुत्री अपने पति के परिवार से सब कुछ प्राप्त कर लेती है। सन्ताल–समाज में बेटियों को पिता की सम्पत्ति में अधिकार न देने के कारण कुछ लोग यह समझते हैं कि सन्ताल अपनी बेटियों की उपेक्षा करते हैं, पर ऐसी बात नहीं है। सन्ताल अपनी बेटियों की उपेक्षा नहीं करते हैं। शादी के बाद वह उसकी नहीं, पर दूसरे परिवार की सदस्या हो जाती है, इस तरह वे अपनी सम्पत्ति दूसरे परिवार में नहीं जाने देते हैं। विवाहिता बेटी अपने पति के घर में, उसके परिवार में सामाजिक एवं धार्मिक अधिकार प्राप्त करती है, पर अपने पति के मर जाने के बाद वह स्वतन्त्र है। तब वह पुनर्विवाह करके नया घर बसा सकती है या अपने पति के परिवार में रह सकती है। अगर उसको बेटा नहीं है, तब वह कुमारी लड़की की तरह अपने सभी अधिकारों का उपभोग कर सकती है।

वह अगर लड़कों की माँ है, तब लड़के की अभिभाविका बन जाती है, पिता की सम्पत्ति का उत्तराधिकारी, पिता के मरने के बाद बेटा होता है। माँ बेटे की सम्पत्ति की, उसकी नाबालिग अवस्था में, देख–रेख करती है।

सन्तालों में बहु विवाह की प्रथा पहले नहीं थी। पत्नी के रहते हुए वे शादी नहीं करते थे, पर हिन्दुओं के सम्पर्क में आने पर वे पत्नी के रहते हुए भी दूसरी शादी करने लगे हैं। पहली पत्नी की बग़ैर स्वीकृति के आज भी जब वे शादी करते हैं, तब उस स्त्री की स्थिति परिवार में अच्छी नहीं रहती। उसके पुत्रों को सम्पत्ति में कोई अधिकार नहीं होता। ऐसे लड़के अवैध माने जाते हैं। पर इधर कई मुक़दमों में देखा गया कि ऐसे लड़कों का भी सम्पत्ति में उतना ही अधिकार माना गया जितना अधिकारी सन्तालों की वैध पत्नी से उत्पन्न वैध पुत्रों को मिला है। वैध पत्नी की जीवित अवस्था में उसकी स्वीकृति के बाद जब उसका पति शादी करता है, तब शादी वैध मानी जाती है और दूसरी शादी से जो पुत्र होते हैं, उन्हें सम्पत्ति में अधिकार मिल जाता है। फिर भी, सन्तालों में हम पाते हैं कि ऐसे लड़कों को भी पिता की सम्पत्ति में पहली पत्नी के लड़कों के बराबर हिस्सा नहीं मिलता है। उसे कम हिस्सा मिलता है। उनके नामकरण में भी दूसरी शादी के लड़कों को समान स्थान नहीं प्राप्त होता। पहली शादी की पवित्रता को सन्ताल मानते हैं। पुत्र न होने पर सन्तालों में गोद लेने की भी प्रथा हम देखते हैं। दत्तक पुत्र को पिता की सम्पत्ति में अधिकार प्राप्त हो जाता है, पर गोद लेने की प्रथा पर कुछ नियन्त्रण भी वे रखते हैं। गोद उसी बालक को वे ले सकते हैं, जो उसके गोत्र के हों और जो उसके निकट सम्बन्धी हों। वे अपनी सम्पत्ति को दूसरे गोत्रों में जाने देना नहीं चाहते हैं। सन्तालों में शादी की एक प्रथा है जिसका नाम है–घर–जमाई। इस प्रथा के अनुसार सन्ताल अपनी बेटी की शादी ऐसे लड़का से करता है, जो उसके यहाँ आकर रहने लगता है, वह उसका दामाद भर ही नहीं रहता। वह उसका एक प्रकार से पुत्र हो जाता है और उसकी पुत्री सम्पत्ति की उत्तराधिकारिणी हो जाती है। सन्तालों में मुक़दमाबाजी की प्रवृत्ति इन दिनों बढ़ रही है। कचहरियों में सम्पत्ति के उत्तराधिकार के प्रश्न को लेकर मुक़दमें हुआ करते हैं।

सन्तालों में उत्तराधिकार के लिए कोई अधिनियम सरकार की ओर से नहीं बनाये गये हैं, पर अंग्रेज़ प्रशासकों के समय प्रकाशित अभिलेखों में सन्तालों के उत्तराधिकार के सम्बन्ध में कुछ विचार व्यक्त किये गये हैं।

उन्हीं के आधार पर सन्तालों के बीच सम्पत्ति के अधिकार को सुव्यवस्थित किया जाता है। कारण सन्तालों का उत्तराधिकार नियम लिखित या संहिताबद्ध नहीं किया हुआ है। उनके उत्तराधिकार के नियम उनके व्यवहार, संस्कार एवं परम्परा पर आधारित हैं। वह कहीं भी लिखित नहीं है। सन्तालों ने स्वयं कहीं भी नहीं लिखा है। लगभग एक सौ वर्ष से सन्ताल–कचहरियों में उत्तराधिकार का प्रश्न कई बार उठा है, निष्कर्ष निकाले गये हैं; न्याय–निर्णय हुए हैं। न्यायाधीशों ने सन्तालों के संस्कार एवं परम्परा के अनुभव किये हैं। सन्ताल क़ानून पर कुछ अभिलेख या निबन्ध यत्र–तत्र प्रकाशित हुए हैं। उनके उत्तराधिकार के नियम का हम श्री ए. कैम्पबेली और श्री बोडिंग के निबन्धों में दर्शन करते हैं। ये निबन्ध क्रमशः बिहार और उड़ीसा रिसर्च सोसाइटी के सितम्बर, 1915 और सितम्बर, 1916 के जर्नल में प्रकाशित हुए थे। ये दोनों विद्वान सन्तालों से सम्बन्धित साहित्य तथा उनके जीवन–दर्शन के बहुत बड़े ज्ञाता थे। वे अधिकारी विद्वान माने जाते हैं। श्री कैम्पबेली ने मानभूम में 30 वर्ष रह कर मानभूम के सन्तालों पर काम किया था। श्री बोडिंग 35 वर्ष तक सन्तालों के बीच सन्ताल परगना में रहे थे। दोनों की राय है कि सन्तालों में उत्तराधिकार का नियम पुरुषों तक सीमित है। श्री कैम्पबेली ने लिखा है–न कोई स्त्री स्थावर या अस्थावर सम्पत्ति पर उत्तराधिकार प्राप्त करती और न कोई भी स्त्री के वंशज के आदमी को उत्तराधिकार मिलता है।[1] बोडिंग ने अपने निबन्ध में विशद रूप में प्रकाश डाला है। उनके अनुसार सन्ताल स्त्रियाँ स्वयं सम्पत्ति हैं, वे सम्पत्ति की उत्तराधिकारिणी नहीं। कुँआरी होने पर भी वे अपने भावी पति की ही सम्पत्ति समझी जाती है। उनकी शादी के जो नियम हमारे सामने आते हैं, उनसे स्पष्ट होता है कि ख़रीद के माध्यम से शादी होती है। 'वधू–दाम' की प्रथा आज भी सन्ताल में प्रचलित है।

सन्ताल संस्कार पर सबसे प्राचीन ग्रन्थ 'हेयरामाको रेक कला' है, जो सन् 1887 में प्रकाशित हुआ था। इस ग्रन्थ को प्रो. एल.ओ. स्केरफसोरूड ने प्रकाशित किया था। इस पुस्तक की अन्तर्वस्तुएँ गुरु कोलेन की कही हुई हैं। इस पुस्तक से सन्ताली संस्कार एवं परम्परा का हमें स्पष्ट दर्शन होता है। इस ग्रन्थ को सन् 1916 में श्री बोडिंग ने संशोधित कर प्रकाशित किया था। वे पति की मृत्यु के बाद विधवा और उसकी पुत्रियों की क्या स्थिति होती है, इसका जो विवरण उक्त

पुस्तक के पृष्ठ 112 में दिया गया है, वह इस प्रकार है–"जब विधवा को बेटियाँ रहती हैं, तब उनकी देखभाल उनके दादा या चाचा करते हैं और पूरी सम्पत्ति को अपने हाथों में रखते हैं। जब बेटियाँ ब्याह करने योग्य हो जाती हैं, तब उनकी शादी कर दी जाती है और शादी के अवसर पर विदाई में उन्हें वे सभी चीज़ें मिलती हैं जिन्हें बाप से प्राप्त होने की उन्हें अपेक्षा रहती है। उनके दादा या उनके चाचा उनके पिता की सम्पत्ति के उत्तराधिकारी होते हैं और विधवा के जीवन–निर्वाह का भार उनके ऊपर रहता है। जब विधवा को कोई बेटा नहीं होता है तब उसके पति की सम्पत्ति पर उसके श्वसुर या उसके देवर या ज्येष्ठ के अधिकार हो जाते हैं। उसे केवल एक बाछा, कुछ धान, एक बर्तन और एक कपड़ा दिया जाता है, वह अपने पिता के घर वापस चली आती है।"

श्री कैम्पबेली ने अपने निबन्ध में इस बात का समर्थन किया है। वे लिखते हैं–"अगर कोई पुरुष केवल लड़कियों को छोड़कर मरता है, तब उसके भाई या भाई के अभाव में कोई निकटतम सम्बन्धी उसकी सम्पत्ति का अधिकारी हो जाता। विधवा या उसकी बेटियों के लिए व्यवस्था करें या नहीं करें, यह उनकी मर्ज़ी पर है। अगर व्यवस्था हुई और व्यवस्था भूमि के रूप में हुई, तब विधवा के मरने के बाद व्यवस्था करने वाले व्यक्तियों को भूमि वापस हो जाती है।"[2] बोडिंग ने भी अपने निबन्ध में इस उत्तराधिकार नियम पर प्रकाश डाला है। उन्होंने लिखा है–"जिसका उल्लेख हुआ है उससे यह स्पष्ट होता है कि विधवा उत्तराधिकारिणी नहीं है और उसे किसी प्रकार का उत्तराधिकार प्राप्त नहीं होता है। उसकी अपनी वैयक्तिक सम्पत्ति हो सकती है और वह अपने सम्बन्धियों से उपहार पा सकती है, पर ज़मीन पर उसका कोई अधिकार नहीं होता है न अपने पुराने घर या अपने पति के घर पर ही अधिकार होता है। अगर उसे लड़का या लड़कियाँ होती हैं तब वह स्वाभाविक रूप से उनके साथ रहती है, उनका काम करती है। अगर उसे न लड़का होता है और न लड़की, और उसके पति के सम्बन्धी उसे रखने से इनकार कर देते हैं, तब वह वापस आ जाती है।"[3] उन्होंने दूसरी जगह यह स्वीकार किया है कि विधवा अपने खोरिश के लिए माँग करती है, वह अधिकार–सा बन गया है। सन्ताल के अन्दर यह सामान्य नियम है कि नारी ज़मीन की अधिकारिणी नहीं होती। 80 वर्षों से इस पर अधिकारियों ने जाँच की है, सन्तालों की रीति, परम्परा एवं संस्कार को देखा है।

वे सब एकमन से इस निष्कर्ष पर पहुँचे हैं कि विधवा, जिसको केवल लड़कियाँ हैं, अपने पति की सम्पत्ति की अधिकारिणी नहीं है।

पाणी मुर्मू नामक एक विधवा ने अपने पति तेबू मराण्डी की सम्पत्ति पर उत्तराधिकार की माँग की थी। वह दुमका अनुमण्डल के लहराजूरिया गाँव का रहने वाला था। तेबू मराण्डी बंगला संवत् 1325 में मरा था। उसकी विधवा पाणी मुर्मू और उसकी बेटियाँ रांडी माराण्डी और विधनी माराण्डी ने अपने पति की सम्पत्ति पर 4 वर्ष तक अधिकार रखा। बाद में तेबू माराण्डी के सम्बन्धी तुका मराण्डी, दूला, मराण्डी, लडू मण्डी और हज़ारी माराण्डी, जो पाणी मुमू के पति के भाई या चाचा थे, पाणी मुर्मू को उसके पति की सम्पत्ति से वंचित कर दिया और स्वयं उसके उत्तराधिकारी हो गये। रेकर्ड ऑफ़ राइट की धारा 12 (डी) के अन्तर्गत पाणी मुर्मू को दुमका के एस. डी. ओ. ने उसके पति के अधिकार से वंचित कर देया। उसने एस. डी. ओ. के आदेश के विरोध में दुमका के सबजज के यहाँ अपील की। अपनी अपील में उसने अपने को पति की उत्तराधिकारीणी बताया। सब जज ने पाणी मुर्मू को उसके पति की ज़मीन की उत्तराधिकारी बताया। पर पाणी मुर्मू के सम्बन्धियों ने इस निर्णय को गलत माना। सब जज के निर्णय के विरोध में उन्होंने ज़िला न्यायाधीश के पास अपील किया। ज़िला न्यायाधीश ने प्राधिकारियों के विचारों को दृष्टि में रखकर निर्णय दिया कि नियम विधवा को पति की सम्पत्ति का उत्तराधिकारिणी नहीं मानता। हाई कोर्ट ने भी इस निर्णय को पुष्ट किया था।

सन्ताल परगना के भूतपूर्व उपायुक्त मिस्टर बोमपास ने एक नोट तैयार किया था, जो उत्तराधिकार के सम्बन्ध में एक नियम–सा बन गया है। श्री मेकफरसन ने उसके कुछ अंश का अपने सन्ताल परगना के सेटलमेंट रिपोर्ट में उल्लेख किया था। श्री बोडिंग को छोड़कर वे सबसे अधिक सन्ताल के जानकार थे। काफ़ी दिनों तक वे सन्ताल परगना में रहे थे। मिस्टर बोम्पास ने सन् 1906 में सन्तालों के उत्तराधिकार नियम के सम्बन्ध में इस प्रकार लिखा था–

सन्ताल परिवार में विभाजन[4]–जब परिवार में अनेक पोते और बेटे हैं, और वे सुख से मिलकर नहीं रहते हैं, तब बाप और भी उनमें विभाजन कर देते हैं। पंचायत बुलाई जाती है और पिता अपनी पूरी ज़मीन–जानवर को उनके बीच बाँट देता है और विभाजन का एक अंश अपने लिए रख छोड़ता है। जिस बेटा के साथ वह रहता है, उसी बेटा के अधिकार में

पिता का अंश उसके जीवन काल तक रहता है। जब माँ और बाप इस स्थिति में आ जाते हैं कि वे अपना भार नहीं उठा सकते हैं, तब उनके लड़के सहायता करते हैं। बेटी को कोई हिस्सा नहीं मिलता है। साधारणतः शादी के समय बेटियों को एक–एक बछड़ा मिलता है। विभाजन के समय भी कुमारी लड़कियों को एक–एक बछड़ा दिया जाता है। विभाजन के समय कुमार लड़कों को जानवरों का दो हिस्सा मिलता है, एक हिस्सा तो उसका अपना होता है, दूसरा हिस्सा उन्हें शादी में होने वाले ख़र्च के रूप में मिलता है। बहुओं को शादी के अवसर पर पिता, भाई और श्वसुर से जो जानवर प्राप्त होते हैं, उसका विभाजन नहीं होता है। पर बेटों को शादी के अवसर पर जो जानवर प्राप्त होते हैं, उनका विभाजन होता है।

उत्तराधिकार[5]–"अगर कोई औरत मर जाती है, और उसके लड़के अविवाहित हैं तब उसके लड़के विभाजन की माँग नहीं कर सकते हैं। यह माँग तब भी नहीं की जा सकती है, जब उसका पिता दूसरी पत्नी कर लेता है। पर शादी के बाद, अगर चाहें तो विभाजन करा सकते हैं। बाप को एक हिस्सा और प्रत्येक लड़कों को एक–एक हिस्सा मिलता है। अगर दूसरी पत्नी को कोई सन्तान नहीं है, और पिता का देहान्त हो जाता, तब पहली पत्नी के लड़के पिता के अंश के हकदार हो जाते हैं, पर उन्हें विमाता की अन्तिम दाह–क्रिया करनी पड़ती है।"

"अगर वह औरत बग़ैर लड़कों के विधवा हो जाती है, तब उसके पति की पूरी सम्पत्ति पर उसके श्वसुर या उसके देवर या ज्येष्ठ का अधिकार हो जाता है। उस औरत को एक बछड़ा, एक बोझा धान, एक बर्तन और एक कपड़ा भर दिया जाता है। वह अपने माँ–बाप के घर वापस चली जाती है। कुछ आदमी विशेष परिस्थितियों में अपने बड़े भाई की विधवा को रख लेते हैं और उसे घर वापस जाने नहीं देते हैं। यह नीति बहुत प्रशंसनीय है। जो भाई विधवा को अपना लेता है, मृतक भाई की सम्पत्ति से अपना ही हिस्सा भर पाता है, भाई का पूरा हिस्सा नहीं मिलता।

"अगर विधवा को बेटियाँ हैं, तब उनके दादा या चाचा माँ और बेटियों की देखभाल करते हैं, और उसके पति की सम्पत्ति उनके अधिकार में रहती है। जब लड़कियाँ सयानी हो जाती हैं, तब वे उनकी शादी का प्रबन्ध करते हैं। शादी के अवसर पर उन्हें वे उन सभी उपहारों को देते हैं, जिन उपहारों को उन्हें पिता से मिलने की सम्भावना थी। विधवा की वे तब तक देखभाल करते हैं, जब तक वह जीवित रहती है।

सभी लड़कियों की जब शादी हो जाती है, तब विधवा सन्तान रहित विधवा की तरह हो जाती है। या तो वह अपने पिता के घर या वह अपनी लड़कियों के साथ जाकर रहने लगती है।"

"जिस विधवा को बेटा होता है, वह पति की पूरी सम्पत्ति को अपने अधिकार में रखती है। दादा और चाचा इतना ही देखते हैं कि विधवा अपने पति की सम्पत्ति को नष्ट तो नहीं करती है। जब विधवा अपने बेटे की शादी के पूर्व अपना पुनर्विवाह कर लेती है, तब सभी सम्पत्ति दादा और चाचा के अधिकार में चली आती है। और उस लड़के की माँ को उस सम्पत्ति पर अधिकार नहीं रह जाता है। कुछ अवसरों पर दया करके एक बछड़ा उसे दिया जाता है, जिसे 'भान्दकार' कहा जाता है।"

"उत्तराधिकार का नियम इस प्रकार है—पिता पुत्र की सम्पत्ति का उत्तराधिकारी होता है। अगर पिता नहीं है, तब भाइयों का मृतक की सम्पत्ति पर अधिकार होता है। अगर कोई नहीं है या मर गये हैं, तब उनके लड़के उस सम्पत्ति के अधिकारी होते हैं। इनके अभाव में मृतक व्यक्ति के चाचा और उसके चाचा के लड़कों का उस सम्पत्ति पर अधिकार होता है। जब कोई उत्तराधिकारी नहीं होता, तब राज्य उसकी सम्पत्ति का अधिकारी होता है।

घर दी जमाई या घर—जमाई—दामाद पाँच वर्ष तक अपने श्वसुर के यहाँ बग़ैर मज़दूरी का काम करता है, उसके बाद वह अपनी पत्नी के साथ घर लौटता है। पति शादी के अवसर पर विवाह का ख़र्च नहीं देता है। अगर उसकी पत्नी को कोई भाई न हो, और घर दी जमाई अपनी ससुराल में रह जाता है और अपने श्वसुर के लिए तब तक काम करता है, जब तक वह जीवित है, तब ऐसी स्थिति में घर दी जमाई अपने श्वसुर की सभी अस्थावर सम्पत्ति का अधिकारी होता है और स्थावर सम्पत्ति के आधा का वह हकदार होता है। बाकी आधा अंश मृतक के सम्बन्धियों को मिलता है।

एक से अधिक घर दी जमाई हो जाते हैं, तब सम्पत्ति उन सब में बाँट दी जाती है।

समय के साथ सन्ताल प्रगति चाहते हैं। उनमें शिक्षा आ रही है। उनका सम्पर्क बढ़ रहा है। ईसाई सन्तालों में यह भावना जगी है कि स्त्री को पुरुषों से हीन क्यों समझा जाय। ईसाई समाज में नारी का स्थान कम महत्त्वपूर्ण नहीं है। सन्तालों के उत्तराधिकार के नियम में परिवर्तन आ रहा है।

इन परिवर्तनों के दो ही कारण हैं–सन्तालों में ईसाई मत का प्रचार या उनके बीच शिक्षा का प्रसार। दोनों की संख्या अनुपात में बहुत कम है। ईसाई मिंशनरियों द्वारा प्रभावित सन्तालों की एक सभा ने सन् 1916 में एक प्रस्ताव पारित किया था जिसके द्वारा नारियों को अधिकार देने की बात कही गयी थी, सन्तालों के परम्परागत एवं संस्कारगत नियम में परिवर्तन का प्रश्न उठाया गया था। उसमें यह माँग की गयी थी कि विधवा को उसके जीवन--काल में अपने पति की सम्पत्ति से खोरिश पाने का हक है। जब वह पुनर्विवाह कर लेगी, तब वह अपने पति की सम्पत्ति के सभी अधिकार से वंचित हो जायेगी। पर जब तक वह विधवा के रूप में रहेगी, तब तक पति की सम्पत्ति का उपभोग करने का तथा उसकी देखरेख करने का उसे अधिकार है। उसकी मृत्यु या उसके पुनर्विवाह के बाद उसके पति की सम्पत्ति उसके देवर या उसके ज्येष्ठ को पुनः वापस लौट आयेगी। 'हेयरामोक रेक कथा' के पृष्ठ 238–239 पर यह प्रस्ताव उल्लिखित है। वह सभा श्री बोडिंग द्वारा बुलाई गयी थी। पर सभा में सन्ताल–समाज ने प्रतिनिधित्व नहीं किया था। उस प्रस्ताव का प्रभाव थोड़ा हुआ। मध्यस्थों के द्वारा विधवाओं को कुछ अधिकार दिलाये गये। पर उसका विस्तार क्षेत्र बहुत कम रहा है।

श्री जे. एफ. गेनज़र ने सन्ताल परगना सेटेलमेण्ट रिपोर्ट (1922–35) में सन्तालों के उत्तराधिकार के नियम पर विचार किया है और उस पर प्रकाश डाला है। आजकल श्री जे. एफ. गेनज़र का प्रतिवेदन ही उत्तराधिकार–नियम का आधार है, जो इस प्रकार है–

पारा–467–सन्ताल आदिवासी क़ानून के अनुसार केवल पुरुष ही भूमि पर उत्तराधिकार पा सकते हैं। बेटे बाप से संयुक्त रूप में उत्तराधिकार पाते हैं। एक जोत में कई भाई हिस्सेदार हों और एक भाई निःसन्तान मर गया हो, तब जीवित सभी भाई या मरे हुए भाइयों के बेटे निःसन्तान मरे हुए भाई या चाचा की सम्पत्ति के भागीदार हो जाते हैं। हिन्दू और मुसलमानों का उत्तराधिकार नियम सन्तालों पर लागू नहीं होता। सन्तालों का नियम इतना स्पष्ट है कि वह नारियों को उत्तराधिकार प्रदान नहीं करता। पर इस नियम में क्रमशः परिवर्तन आरम्भ हो गया है। सन्ताल--संस्कार के अनुसार यह नियम है कि अगर किसी पुरुष को लड़का नहीं है, तब वह एक दामाद को अपने घर में घर–जमाई बनाकर रख सकता है और बेटा के जो सब अधिकार हैं, उसे दे सकता है। घर–जमाई रखना एक सामान्य प्रक्रिया है,

जो श्वसुर के इस अभिप्राय का द्योतक है कि दामाद अपने परिवार से सम्बन्ध तोड़कर सभी अर्थों में श्वसुर का बेटा बन जाता है। घर–जमाई बेटा के सदृश अपने श्वसुर की सभी सम्पत्ति का उत्तराधिकारी होता है। यह महत्त्वपूर्ण बात है कि घर–जमाई रखने की प्रक्रिया सार्वजनिक कार्य है। शादी के समय ही यह होता है, समाज के समक्ष घर–जमाई बनाया जाता है, सन्ताल क़ानून के अनुसार श्वसुर अपने दामाद को, जिसकी शादी सामान्य ढंग से हुई हो, बाद में घर–जमाई नहीं बना सकता। किसी भी परिस्थिति में कोई विधवा घर–जमाई नहीं बना सकती है। घर–जमाई में और घरदी जमाई में बहुत अन्तर हैं। घर–जमाई और घर दी जमाई दोनों में विवाह प्रथा के अनुसार कन्या पक्ष के लोग अपनी कन्या के लिए लड़का खोज कर लाते हैं। दोनों में किसी प्रकार का दहेज लड़के को नहीं मिलता पर घर–जमाई स्थायी रूप से ससुराल में बस जाता है, और घरदी जमाई एक अवधि के लिए अपनी पत्नी के घर में रहकर अपने श्वसुर को मदद करता है। अवधि पाँच वर्ष तक की रहती है। 'कन्या–दाम' के बदले में वह अपने श्वसुर के यहाँ काम करता है, घरदी जमाई अपने श्वसुर की सम्पत्ति से कुछ नहीं पाता है; उसकी पत्नी को उपज होने के समय उपहार मिलते हैं, जिसके सहारे अवधि के बीत जाने पर नया घर बसाते हैं। अवधि की समाप्ति पर घरदी जमाई स्वतन्त्र हैं, वह अपने घर अपनी पत्नी के साथ लौट आता है।

जब घर–जमाई को अपने श्वसुर की सभी सम्पत्ति प्राप्त हो जाती है, तब अभिलेखों में उसका नाम अंकित हो जाता है, कभी–कभी पक्षकारों के आग्रह पर पति के साथ पत्नी का नाम भी उल्लिखित रहता है। सन्तालों में चाहे वे ईसाई सन्ताल हों या ग़ैर–ईसाई सन्ताल हो, जनमत की शक्ति के कारण नारियों के उत्तराधिकार–नियम में परिवर्तन हो रहा है, और जो नियम पहले स्वीकृत हुए हैं, वे सदा के लिए मान्य नहीं हो सकते। जो परिवर्तन हो रहे हैं, उनसे यह संकेत मिलता है कि वे सभी नारियों की स्थिति को सुधारने के लिए हैं, और उन्हें परिवार में एक सुरक्षित स्थान दिलाने के लिए हैं। सेटलमेन्ट के संशोधन की प्रक्रिया में देखा गया कि कुछ मृतक सन्तालों की लड़कियों का नाम उनके उत्तराधिकारियों के रूप में लिखाया गया है, यह काम उनके परिवार वालों के विरोध से नहीं उनकी स्वीकृति से हुए हैं। कुछ मुक़दमों में भी देखा गया है कि मव्यस्थो ने नारियों के उत्तराधिकार के पक्ष में निर्णय, विशेष कर उन मुक़दमों में,

दिया गया है जिसमें लड़की शारीरिक रोगों से पीड़ित है। इस प्रकार के मुक़दमों में संस्कार, जो किसी क्षेत्र में चालू है, उस पर विशेष रूप से विचार करना चाहिए। किसी अनिच्छुक सन्ताल पर संस्कार सम्बन्धी प्रगतिशील विचार रखना अविवेकशील कार्य होगा। संस्कार में परिवर्तन पूरे रूप में प्रतिष्ठित हो जाय, और सामान्य रूप से स्वीकृत हो जाय; तभी उस क्षेत्र का वह संस्कारीय नियम समझा जाय। वैध रूप से जहाँ तक सम्भव था, लड़कियों के अधिकारों को अंकित किया गया, पर जहाँ पुरुष सम्बन्धियों द्वारा विरोध किया गया, जहाँ–जहाँ यह सन्देह हुआ कि वे लड़कियों को निकाल देंगे, वहाँ खतियान के अभ्युक्ति स्तम्भ में यह अंकित किया है कि जब तक लड़की जीवित है, या जब तक वह अविवाहिता है, तब तक वह खोरपोशदर रहेगी। विधवाओं के सम्बन्ध में भी इस प्रकार का अंकन अभ्युक्ति स्तम्भ में किया गया है कि जब तक वह जीवित है, तब तक के लिए कुछ प्लाट, जो उसके जीवित रहने के लिए पर्याप्त हो, खोरपोशदार के रूप में रहेगा।

सार रूप में यह कहा जा सकता है कि जब सन्ताल औरतें किसी की पत्नी के रूप में अभिलिखित हुई हैं, वहाँ उन्हें विधवा का अधिकार प्राप्त है। जैसे हिन्दू विधवाओं को प्राप्त है। जहाँ सन्ताल लड़कियाँ किसी को पुत्री के रूप में अभिलिखित हैं, हिन्दू ला के अनुसार जिस प्रकार किसी हिन्दू की लड़की को स्त्री–धन का उत्तराधिकार प्राप्त है, वैसा ही अधिकार उन्हें भी प्राप्त है। अगर वह निःसन्तान मरती है, सन्तालों की भावना है कि उसकी भूमि निकटतम पुरुष सम्बन्धी को वापस मिलनी चाहिए।

श्री जे. के. गेनज़र ने अपनी सेटेलमेण्ट रिपोर्ट में उपर्युक्त विचार व्यक्त किये थे। यह रिपोर्ट सन् 1936 में प्रकाशित हुई थी, पर आज भी सन्तालों में यह प्रवृत्ति काम कर रही है कि नारियों को उत्तराधिकार का अधिकार प्राप्त नहीं है। जब तक पिता जीवित रहता है, तब तक सम्पत्ति एक जगह रहती है और उसके मरने के बाद सभी लड़कों में सम्पत्ति बराबर–बराबर बाँट दी जाती है। बड़े लड़के को एक बैल और एक रुपया अधिक मिलता है। नारियों का सम्पत्ति पर कोई अधिकार नहीं होता है, अतः उत्तराधिकार का प्रश्न ही उठाना सन्ताल अप्रासंगिक मानते हैं। जब कोई सन्ताल निःसन्तान मरता है, तब उसकी सम्पत्ति उसके निकटतम सम्बन्धियों को मिलती है। अगर मृतक सन्ताल का पिता जीवित रहता है, तब वह सम्पत्ति का उत्तराधिकारी होता है, वह सम्पत्ति उसे वापस मिलती है।

अगर वह भी जीवित नहीं है, तब मृतक सन्ताल की सम्पत्ति भाइयों के बीच बराबर–बराबर बाँट दी जाती है। निःसन्तान विधवाओं की स्थिति बड़ी दयनीय है। कोई भी उसकी देखभाल नहीं करता। अगर देवर रख लेता है तो थोड़ी राहत उसे मिलती है। विधवाएँ, जो शादी नहीं करती हैं, अपने पुत्रों के साथ, विशेषकर अपने छोटे लड़के के साथ रहती हैं।

सन्दर्भ

1. Females can not inherit either movable or immovable property nor can any one whose descent is in the female line.
   –Dr. Rev. A. Campbell: Bihar and Orissa Research Society, Sept, 1915.
2. "If a man dies leaving only female issue, his brothers or in default of them, the nearest male relative or relatives claim the property, movable and immovable. Some provision may or may not be made for the widow and her female children. If the provision made for her be in the shape of a piece of land, on her demise it reverts to the original heirs."
   –Rev. Dr. Campbell: The Journal of the Bihar and Orissa Research Society. September. 1915, (Page. 3)
3. "From what has been mentioned, it is evident that a widow is not and cannot be an heir to anything. She may own personal property and may get gift from her relations, but land she has no claim to, not in her old home and not in her late husbands. If she has sons or even daughters, the will naturally live with these, doing what she can of work. If she has none, and her late husband's relatives refuse to keep her, she is sent away."
   –Rev. Mr. Bodding: The Journal of the Bihar and Orissa Research Society, Sept. 1916, (Page. 17)
4. "Santhal Partition.–When there are many grandsons or the sons do not live happily together, the father and mother will make a partition, a panchayat will be called and the father will divide all the land-cattle and will keep one share for himself; and the son with whom the parents live will retain possession of their share during their lifetime. When the father and mother cannot get about, the sons will have to support them, as, when they were little and could

not support themselves, the father and mother supported them with great trouble. Daughters get no share. Often at marriage they give them one calf each; and so at a partition if there are unmarried daughters they get one calf each. At a partition unmarried sons get a double share of the live stook, one share for their marriage expenses. Cattle which the daughters-in-law got from their father and brothers and father-in-law at the time of marriage will not be divided, but the cattle which the sons got at marriage will be divided.

5. "Inheritance – If a woman dies while her sons are unmarried, they cannot demand a partition even if their father takes a second wife, but they can do so if they life after marriage. The father gets one share and the sons one share each. If the second wife has no children, when the father dies, the sons of the first wife can take the share their father got, but if they take it they will have to pay the funeral of their step-mother.

"If a woman is left a widow without sons, her husband's father or brothers will get the whole property. The woman will get only one calf, one handi of paddy, one bati and one cloth, and will return to her parent's house. Some men under these circumstances will keep their elder brother's widow and not let her return to her parents. This is considered very praisworthy. The brother who keeps the widow will get his own share of the deceased brother's property, he will not take the whole.

"If a widow has daughters, their paternal grandfather and uncles will take charge of mother and daughters, and the property will remain in their possession. When the daughters grow up, they will marry them, and at their marriage they will give them what presents they would have got from their father, and they will support the mother until her death. When all the daughters are disposed of, the widow will get the perquisites of a childless widow and go to her father's house or will go and live with her daughters.

"The widow with a son will keep all the property in her own possession; the grandfather and uncles can only properly look on to see that the wife does not waste the property. If a widow remarries before her sons are married, the grandfather and uncles will take possession of all the property and the mother of the children has no right to get anything. Some times a calf is given to her out of kindness and is called bhandkar.

"The law of inheritance is this: The father will get the property of his son; if there is no father, The uterine brothers of the deceased with get the property; if there are none or they are dead their sons will succeed. In default of these the deceased's uncles and their sons succeed; and if there is no heir the King takes the property.

6. "Ghardi jawai or ghar jawai. – The son-in-law works for five year for his father-in-law without wages. after which he can leave the house with his wife. The husband pays nothing in the way of marriage expenses. If the wife has no brothers and the ghardi jawai stays on in the house and works for his father-in-law till he dies, then the ghardi jawai inherits all the immovable property and half of the movable property, the other half of which goes to the relatives of the deceased.

"If there be more than one ghardi jawai they divide the property."

(Final Report of the Survey and Settlement Operations in the district of Sonthal parganas, 1898-1907, by H. McPherson, I. C. S., Director of Land Records, Bengal (Late Settlement Officer, Sonthal Parganas.)

7. Santal Tribal Law of Inheritance – According to Santal tribal law only males can inherit land. Sons jointly succeed their father. If brothers are co-sharers in a holding and one brother dies without issue, the surviving brothers and the sons of predeceased brothers inherit his share per stripes. The Hindu or Muhammadan laws of succession do not apply to Santals. Santal tribal law is quite definite in not allowing female to inherit, but this law is gradually undergoing a change and the situation created by this change is discussed in a separate paragraph below. According to tribal custom it is permissible for a man with daughters and no sons to take a son-in-law into his house a Ghar-Jamai and to give him there by all the rights of a son. The adoption of a Ghar-Jamai is a formal proceeding leaving no room for doubt as to the father-in-law's intention and resulting in the Ghar-Jamai cutting off all connection with his own family as far as his rights to property are concerned and becoming to all intents and purposes the son of his father-in-law. When such adoption has been formally made,

the Ghar-Jamai can succeed as a son and oust other male relatives. It is of importance to note that a Ghar-Jamai can be adopted only by a deliberate public act in the presence of the village community at the time of the marriage, and that according to tribal law a father-in-law cannot at a later stage convert as ordinary son-in-law into a Ghar-Jamai. A widow cannot in any circumstances create a Ghar-Jamai. There is a distinction between a Ghar-Jamai and a Ghardi-Jamai. In both cases the bridal party goes from the bride's house to fetch the prospective husband and no dowry (Pon) is given, but whereas the Ghar-Jamai is adopted permanently as a son, a Ghar-Jamai merely lives and labors in his wife's home for a previously stipulated period which may extend up to five years. He there by works off the debt due on account of the non-payment of Pon. A Ghardi-Jamai is not entitled to get anything from his wife's family, but the woman herself is usually given a small present (Arpa) annually at the harvest season, and this is utilized for setting up her new home. At the expiry of the stipulated period, the Ghardi-Jamai is free and may return to his own home with his wife.

When a Ghar-Jamai has succeeded to his father-in-law's estate the holding has usually been recorded in his sole name. In some cases, at the request of the parties, the wife has been jointly recorded with her husband.

The rules against female succession among Santals whether Christians or non-Christians are changing owing to the force of public opinion, and the rules which have been previously accepted, cannot be treated as hard and fast and binding for all time. The change which is occurring is in the direction of ameliorating the condition of women and giving them a more assured footing in the family. During the course of the revision settlement operations, the daughters of a deceased Santal have some times been recorded as his heirs not only without opposition from the agnates but at their request. In other case it appears from title suit decisions, that arbitrators in Santal cases have found in favor of daughters. This is particularly so in the case of girls who suffer from any physical defects.

In dealing with cases of this nature the custom adopted in a particular locality must be carefully considered. It would be unwise to force upon an unwilling litigant a decision in advance of custom. If a change in custom has been well established and generally accepted it will, of course, be treated as the customary law of the locality in mitigation of the harshness of the ancient tribal law.

As a rule we have tried as far as we could legally do so, to record daughters in all cases where not to do so would have involved real hardship, e.g. where the male relations not only want to claim the land but refuse to maintain the girl. Where close male relations not only want to claim the land but refuse to maintain the girl. Where close male relations, who obviously have a clear right under the law, have been suspected to be likely to desert the girl, we have recorded them, but have also endeavoured to record the girl in the remarks column of the khatain as khorposhdar until death or marriage.

As regards widows, the entries have hade perforce to be even less uniform. There have been not a few cases in which no objection has been raised to the recording of the widow in her own right, and in such cases she has been described as wife of so and so. As in the case of Hindu widows, this entry is intended to indicate that she has inherited the property from her late husband, and that when she dies it will revert to those male relations who would ordinarily have inherited it at once under Santal Law. In other cases the widow has like the daughter been recorded only in the remarks column as a Khorposhdar for certain plots sufficient to maintain her, until her death.

To sun up it may be said that where a Santal woman has been recorded as wife of so and so, she holds a widow's right as if she were a Hindu widow. Where a Santal woman has been recorded as daughter of so and so, she may be taken to have full rights of inheritance somewhat in the manner of a woman inheriting Stridhan property under the Hindu law. The question of succession in such cases is still somewhat in doubt as the system is so new, but there seems little doubt that if she dies issuless, Santal sentiment would perfer that the property should revert to her nearest male relatives.

(Final Report on the Revision Survey and Settlement Operations in the district of Santal Parganas 1922-35, by J. F. Gantzer, M. B. E., Settlement Officer.)

सन्ताल न्याय-कचहरी

सन्तालों की न्याय–व्यवस्था कुछ भिन्न है। उनका लोक–जीवन भी भिन्न है। इन्हीं विभिन्नताओं को दृष्टि में रखखर उनकी न्याय–व्यवस्था होती रही है। सन्ताल परगना में व्यवहार न्याय के लिए कुछ अपने अधिनियम हैं, उन्हीं अधिनियमों के अनुसार व्यवहार न्याय के लिए कोटों के संचालन के हेतु सन्ताल परगना एक्ट, 1855 (1855 के अधिनियम 27) की धारा 1 की उपधारा (2) और सन्ताल परगना न्यायिक अधिनियम 1893 (1893 के अधिनियम 5) की धारा 27 के अन्तर्गत कुछ नियम बनाये गये थे। वे नियम सन्ताल परगना मैनुअल के पृष्ठ 97 से 109[1] में दिए हुए थे। वे नियम बहुत पहले के थे। जब वे नियम बने थे, तब से सन्तालों की स्थिति में बहुत परिवर्तन हुए हैं, उनकी आवश्यकताओं ने नये रूप धारण किये हैं। अतः तब के बने हुए नियमों में परिवर्तन की आवश्यकता जान पड़ी। बिहार के राज्यपाल ने उनमें काफ़ी संशोधन[2] कर दिया है। संशोधित अधिनियम पहली जनवरी, 1946 से चालू हुए हैं, वह अब तक चल रहे हैं।

सन्ताल कोर्ट की विशेषता रही है कि दोनों पक्षों को स्वयं उपस्थित होकर अपनी बातों को रखना पड़ता है। विशेष स्थिति में कोर्ट की अनुमति से वे अपने एजेंटों के द्वारा भी उपस्थित हो सकते हैं। एजेंटों का शुल्क किसी भी स्थिति में कोर्ट मुक़दमें के ख़र्च में शामिल नहीं करता है। वाद–पत्र (Plaints) अनुण्डलीय पदाधिकारी या उनके द्वारा अधिकृत–व्यक्ति के समक्ष उपस्थित किया जाता है। वाद–पत्र लिखित या मौखिक दोनों प्रकार से दाखिल किया जाता है। अधिकांश सन्ताल अनपढ़ होते हैं, वे मौखिक ही वाद–पत्र दाखिल करते हैं। मौखिक वादों को कोर्ट में अधिकारी द्वारा लिखा जाता है और जो कोर्ट फी उस पर लगना चाहिए, उसे वादी से वसूल किया जाता है। लिखित वाद–पत्र निम्नलिखित व्यक्तियों द्वारा लिखा रहना चाहिए[3]–

(क) वादी द्वारा या उसके किसी परिवार के सदस्य द्वारा।

(ख) निबन्धित पिटीशन–राइटर द्वारा।

(ग) वकील या मुख्तार द्वारा।

इन तीनों में से किसी एक का लिखा हुआ होना चाहिए, पर उस पर वादी का हस्ताक्षर और सत्यापन होना चाहिए और उस पर पर्याप्त मुद्रांक शुल्क का होना अनिवार्य है।

वाद–पत्र में निम्नलिखित बातों का उल्लेख होना चाहिए[4]–

(क) वादी का नाम, उसके पिता का नाम, निवास स्थान, पेशा और

(ख) दावा के सम्बन्ध में संक्षिप्त विवरण, जिसमें ज़मीन का मूल्य अनुमानित हो,

अगर मुक़दमा मालगुजारी के लिए है, तब जमाबन्दी में होल्डिंग का जो नंबर दिया हो, उसका उल्लेख होना चाहिए, अगर उसकी बन्दोबस्ती न हुई हो, तब ज़मीन की चौहद्दी का वर्णन होना चाहिए।

वाद–पत्र की उपस्थिति के बाद कोर्ट उस पर विचार करता है। कोर्ट अगर समझता है कि इस मुक़दमें में कुछ तथ्य नहीं है, तो उसे खारिज कर देता है।[5] अगर उसमें तथ्य रहता है तब उसको आगे बढ़ने के लिए 'समन' निकाला जाता है। कोई किसी वाद–पत्र को बग़ैर सुनवाई के तथ्यहीन कह कर जब ख़ारिज करता है, तब कोर्ट के आदेश के विरोध में अपील की जा सकती है।[6] वाद–पत्रों पर सुनवाई तभी होती है, जब उस पर पर्याप्त मुद्रांक–शुल्क दिया रहता है; पर जब कोर्ट को यह विश्वास हो जाता है कि वादी के पास मुद्रांक–शुल्क देने के लिए पैसा नहीं है, और न देने की क्षमता ही है, तब बग़ैर मुद्रांक शुल्क के वाद–पत्रों पर विचार कर सकता है। बाद में अगर कोर्ट को यह पता चल जाय कि वादी ने धोखा देकर कोर्ट से मुद्रांक–शुल्क माफ़ कराया है, तब वह मुक़दमा को ख़ारिज कर सकता है और मुद्रांक–शुल्क, जो नहीं दिया गया है, उसको वसूल कर सकता है। वाद–पत्रों के साथ उन अभिलेखों एवं दस्तावेज़ों को प्रस्तुत करना पड़ता है, जिनके आधार पर वाद–पत्र को तैयार किया गया है। जब वाद–पत्र को स्वीकृत कर लिया जाता है, तब दिनांक और स्थान को सुनवाई के लिए निर्धारित किया जाता है। प्रतिवादी को वादी के दावे का जवाब देने के लिए उपस्थित होने को कहा जाता है। उसके लिए 'समन' निकाला जाता है। समन के साथ वादी के दावे को भी भेजा जाता है।

प्रतिवादी को कहा जाता है कि दावे के खण्डन के लिए उसके पास जो साक्षी हो, उसे भी वह प्रस्तुत करें।

निर्धारित दिन को वादी और प्रतिवादी दोनों कोर्ट के समक्ष उपस्थित होते हैं। प्रतिवादी लिखित प्रतिवेदन देता है। सुनवाई आरम्भ होती है। आर्चर साहब का कहना है कि जब सुनवाई आरम्भ हो, तब यह उचित है कि दोनों पार्टियों को कहा जाय कि वे अपनी–अपनी बातें कहें। उनके द्वारा प्रस्तुत वाद–पत्र और लिखित प्रतिवेदन का सत्यापन उनके कहे हुए तथ्यों के आधार पर कर लिया जाय। अधिकांश सन्ताल अनपढ़ हैं। साधारणतः देखा जाता है कि उनके आवेदन–पत्र में गलत बातें या अपूर्ण तथ्य रहते हैं। वाद पत्र या आवेदन–पत्र कोर्ट के लिए एक संकेत का आधार हो सकता है, वह किसी प्रकार से मुक़दमें के प्रश्नों का आधार नहीं हो सकता है। सन्ताल के मौखिक कथन से उसके द्वारा लिखित वाद–पत्र या आवेदन–पत्र में उल्लिखित तथ्य में अन्तर पड़ जाय तो सन्ताल के कथन को ही सत्य मानना चाहिए, वही उसके दावा का आधार होना चाहिए। आगे चलकर आर्चर साहब ने लिखा है–इतना ही नहीं, वाद पत्र या आवेदन–पत्र शुद्ध रूप से लिखा भी रहता है, तब भी कुछ में दावा शुद्ध रूप में अंकित नहीं रहता है। अतः उनकी राय है कि लिखित प्रतिवेदन को प्रारम्भिक स्वरूप माना जाय, और सारी बातें प्रकट हो जाने पर ही दावे पर विचार होना चाहिए। साधारणतः जो दावे रहते हैं, उन्हीं का उल्लेख उसमें रहता है, पर कभी–कभी दावे को कम करके या अधिक करके उसमें दिखाया रहता है। अगर कोई सन्ताल 15 रुपया पाने का दावेदार है और उसने 10 रुपया का ही दावा किया हो तो उस सन्ताल के दावे को शुद्ध कर 15 रुपया का दावा कर देना चाहिए। पूरे दावा की डिग्री देनी चाहिए। यह बहुत आवश्यक है। कारण, कोर्ट के न्याय की चर्चा उक्त क्षेत्र में होती है। वास्तविक धन राशि की डिग्री नहीं होने से कई प्रकार की भ्रान्ति पैदा होती है, आशंकाएँ उत्पन्न होती हैं। आर्चर साहब ने यह स्वीकार किया है कि विशेषकर घर–जमाई सम्बन्धी मुक़दमों में एक पक्षकार वादी या प्रतिवादी बना दिया जाता है, जब कि उसका उस मुक़दमें से कोई सम्बन्ध नहीं रहता है। जब मुक़दमें की रूपरेखा स्पष्ट हो जाय, तो आर्चर साहब की राय है कि कोई स्वयं सत्यापन करें कि वादी या प्रतिवादी के रूप में जिन व्यक्तियों का नाम लिया जा रहा है उनका इस मुक़दमें से सम्बन्ध है या नहीं। जिनका सम्बन्ध नहीं हो उनको मुक़दमें से

बरी कर देना चाहिए और जिनका नाम वादी या प्रतिवादी के रूप नें आना चाहिए था, अगर उनका नाम नहीं आया हो, तो उनका नाम जोड़ा जाय।

सुनवाई के दिन वादी और प्रतिवादी की परीक्षा होती है, उनके द्वारा प्रस्तुत अभिलेखों एवं दस्तावेज़ों पर विचार होता है, कोर्ट किसी निश्चित निर्णय पर पहुँचता है, तब वह उस समय आदेश पारित कर देता है। अगर कोर्ट किसी निष्कर्ष पर नहीं पहुँचता है, तब मुक़दमें की सुनवाई को स्थगित कर और अन्य साक्ष्य लाने का कोर्ट प्रतिवादी को निर्देश देता है। वादी को साक्ष्य लाने के लिए कोर्ट मुक़दमे को स्थगित नहीं करता है, केवल प्रतिवादी को ही एकबार अवसर दिया जाता है। किसी पक्ष की सुविधा के लिए जब मुक़दमा को स्थगित करना पड़ता है, तब उसे ख़र्च वहन करना पड़ता है। पक्षकारों एवं साक्ष्यकारों को किसी प्रकार के कथन करने के पूर्व शपथ–ग्रहण करना पड़ता है। उनके द्वारा कही गयी बातें संक्षिप्त रूप में कोर्ट द्वारा अभिलिखित होती हैं। जैसे ही मुक़दमा दाखिल होता है, पक्षकार कोर्ट को आवेदन करता है कि अमुक–अमुक व्यक्तियों के नाम साक्ष्य देने या दस्तावेज़ प्रस्तुत करने के लिए समन निकाला जाय। वादी मुक़दमा के दाखिल होने के दिन ऐसा आवेदन–पत्र दे सकता है और प्रतिवादी जिस दिन पहले–पहल मुक़दमा के क्रम में कोर्ट में उपस्थित होता है, उस दिन वह कोर्ट से ऐसा करने का अनुरोध कर सकता है। समन प्राप्ति के बाद कोई साक्ष्यकार कोर्ट में उपस्थित नहीं होता है या निर्धारित दिन को दस्तावेज़ प्रस्तुत नहीं करता है या कोर्ट में आकर, बग़ैर कोर्ट को सूचना दिये वह कोर्ट से चला जाता है तब वह दण्डनीय अपराध करता है। कोर्ट उसकी गिरफ़्तारी का अध्यादेश निकालता है और उस पर 50 रुपया तक अर्थदण्ड लगा सकता है। 'समन' निकालने के पूर्व कोर्ट किसी भी पक्षकार को साक्ष्यकारों के यात्रा–भत्ता के ऊपर जो अनुमानित ख़र्च होने की सम्भावना हो, उसे अग्रिम रूप में जमा कराता है। सुनवाई के दिन दोनों पक्षकारों में कोई जब उपस्थित नहीं रहता है, तब मुक़दमें को खारिज कर दिया जाता है। जब केवल वादी उपस्थित रहता है, तब एक तरफ़ा डिग्री उसे प्राप्त होती है और वादी उपस्थित नहीं रहे और प्रतिवादी उपस्थित हो तो मुक़दमा खारिज हो जाता है। मुक़दमा वादी की अनुपस्थिति के कारण खारिज होता है, तब वादी फिर से मुक़दमा दाखिल कर सकता है। उसे यह भी अधिकार है कि खारिज होने के 30 दिन के अन्दर उस कोर्ट को आवेदन देकर उससे आग्रह कर सकता है

कि जो मुक़दमा को खारिज किया गया है, अपने उस आदेश को वह रद्द करें। प्रतिवादी की अनुपस्थिति के कारण एक तरफ़ा डिग्री वादी को मिल जाती है, तब प्रतिवादी 30 दिन के अन्दर कोर्ट को एक आवेदन देकर उससे आग्रह कर सकता है कि वह अपने पूर्वादेश को रद्द करें। पर्याप्त कारण दिखलाये जाने पर कोर्ट अपने पूर्वादेश को उठा लेता है और फिर से सुनवाई की प्रक्रिया आरम्भ होती है।

वादी और प्रतिवादी की राय से मुक़दमा को किसी मध्यस्थ समिति को सौंपा जा सकता है। उस मध्यस्थ समिति में तीन सदस्य होते हैं, एक वादी का आदमी, दूसरा प्रतिवादी का आदमी और तीसरा कोर्ट का आदमी। पक्षकारों का वही आदमी लिया जाता है, जो कोर्ट को मान्य होता है। कोर्ट के द्वारा मनोनीत व्यक्ति मध्यस्थ समिति की बैठक की अध्यक्षता करता है। वह सभी प्रकार के अभिलेखों का प्रभारी अधिकारी होता है। मध्यस्थ व्यक्तियों को अपना निर्णय कोर्ट को एक निर्धारित समय के अन्दर देना पड़ता है। निर्णय देने के पूर्व भी कोर्ट को यह विश्वास हो जाय कि मध्यस्थ व्यक्तियों से कोर्ट को कोई विशेष लाभ नहीं है, तब उनके निर्णय देने के पूर्व भी मध्यस्थ समिति को वह तोड़ दे सकता है। मध्यस्थ समिति के सामने किसी भी व्यक्ति को उपस्थित होने एवं दस्तावेज़ प्रस्तुत करने के लिए कोई 'समन' निकाल सकता है। मध्यस्थ अपने निर्णय को लिखित रूप में देते हैं। कोर्ट के सामने निर्णय को स्पष्ट करने के लिए उन्हें उपस्थित होना पड़ता है। स्पष्टीकरण के रूप में वे जो वक्तव्य देते हैं, वह भी अभिलेख का अंश होता है। जब मध्यस्थ का निर्णय सर्वसम्मति से हुआ होता है, तब कोर्ट उसे सम्पुष्ट करता है और अगर वह सर्व सम्मति से नहीं है, और कोर्ट भी उस निर्णय से सहमत नहीं है तब कोर्ट अपने से ऊपर के कोर्ट के समक्ष उस मुक़दमा को रखता है, जो दोनों पक्षकारों को सुनकर निर्णय देता है। कोर्ट के द्वारा मध्यस्थ का निर्णय जब सम्पुष्ट हो जाता है, तब वह कोर्ट की डिग्री हो जाता है। मध्यस्थों पर जो ख़र्च होता है, वह पक्षकारों से वसूल किया जाता है। मध्यस्थ व्यक्ति अगर अपने कामों की उपेक्षा करते हैं या कपट से या बेईमानी से किसी बात को छिपाते हैं, तब वे दण्ड के भागी हो जाते हैं और उन पर 50 रुपया तक अर्थदण्ड लगाया जा सकता है।

स्थानीय पंचायतों द्वारा जब निर्णय होता है और जिस मामले के सम्बन्ध में निर्णय होता है, वह मामला किसी कोर्ट में सुनवाई के लिए

प्रस्तुत नहीं होता है, तब उस निर्णय को डिग्री का स्वरूप देने के लिए पंचायत के प्रमुख परगनैत या वह पक्षकार जिसके पक्ष में निर्णय हो अनुमण्डलीय पदाधिकारी से पंचायत के निर्णय की सम्पुष्टि के लिए अनुरोध कर सकता है। परगनैत से अनुमण्डलीय पदाधिकारी संघर्ष के सम्बन्ध में एक विवरण माँगते हैं और पंचायत का जो निर्णय हुआ है उसको प्रस्तुत करने को कहते हैं। वे दोनों पक्षकारों को सुनते हैं। उसके बाद पंचायत के निर्णय पर अपना आदेश देते हैं। पंचायत के निर्णय को, जब वे सम्पुष्ट कर देते हैं, तब वह निर्णय कोर्ट की डिग्री के समान हो जाता है। पंचायत के द्वारा निर्णय की सम्पुष्टि के लिए अवधि निर्धारित है। निर्णय के एक वर्ष के अन्दर ही सम्पुष्टि के लिए आवेदन–पत्र दिया जा सकता है।[7]

सन्तालों के आपसी मुक़दमों में वकील और मुख्तार नहीं रखे जाते हैं। विशेष स्थिति में रखे भी जाते हैं, तब कोर्ट की अनुमति उन्हें लेनी होती है। सन्तालों के कागज़ों को ठीक–ठीक से लिखने के लिए निबन्धित आवेदन–लेखक रहते हैं। वे अधिक पैसा न लें उसके लिए उनका शुल्क निर्धारित रहता है। उनका शुल्क इस प्रकार निर्धारित है[8]–

(1) (Title suit) का वाद–पत्र लिखने के लिए :– रु. पैसा

- (क) 50 रुपया से कम का –1.00
- (ख) 50 रुपया से लेकर 100 रुपया तक का –2.00
- (ग) 100 रुपया से अधिक का –2.00

(2) (रेंट सूट) या धनराशि की मुक़दमों के लिए वाद–पत्र लिखने का– रु. पैसा

- (क) 20 रुपया से कम का –00.50
- (ख) 20 रुपया से 50 रुपया तक का –00.75
- (ग) 50 रुपया से 100 रुपया तक का –1.00
- (घ) 100 रुपया से अधिक का –1.00

प्रत्येक 100 रुपया या उसके अंग पर 50 पैसा अतिरिक्त जोड़ा जायेगा।

(3) ऐसा वाद–पत्र तैयार किया जाय जिसका मूल्य कूता नहीं जा सके या अनुमानित नहीं हो सके– 1.00

(4)	अपील या रीवीजन के लिए आवेदन–पत्र	–2.00
(5)	आदेश के Execution के लिए आवेदन–पत्र	–2.00
(6)	Execution के क्रम में बाद में लिखे गये आवेदन–पत्र	–0.12
(7)	खोज या प्रतिलिपि के लिए आवेदन–पत्र	–00.12
(8)	चालान लिखने के लिए	–00.06
(9)	विविध ढंग से आवेदन–पत्र के लिए	–00.25
(10)	विविध अपील के लिए ज्ञाप तैयार करने के लिए	–1.00
(11)	जमा की गयी धनराशि की वापसी के लिए	–00.12
(12)	किसी अन्य प्रकार के आवेदन के लिए, जिनका उल्लेख यहाँ नहीं हुआ है;	–00.12

अचल और चल सम्पत्ति के सम्बन्ध में साधारणतः अधिकार का प्रश्न उठाया ज़ाता है। उसी के क्रम में कभी–कभी बाप का प्रश्न उठ खड़ा होता है। बच्चा के जन्म को ही अवैध होने का दावा किया जाता है, प्रमाणित करने की चेष्टा की जाती है कि वह अमुक व्यक्ति का पुत्र ही नहीं है। आर्चर साहब की मान्यता रही है कि इस प्रकार के मुक़दमों के लिए भारतीय साक्ष्य अधिनियम से उतना काम नहीं चलता है, जितना सन्तालों की अपनी धारणाओं को आधार बनाकर काम लिया जा सकता है। प्रायः सभी बच्चों के पिता के सम्बन्ध में गाँव वालों को जानकारी रहती है। वह कैसे जानता है–यह प्रश्न ही व्यर्थ का है। इस प्रश्न का उत्तर तो वही दे सकता है, जिसने बच्चे के माँ–बाप को यौन–सम्बन्ध करते हुए देखा हो। पर ऐसा साधारणतः होता नहीं है। युवक एवं युवतियों का मेल–मिलाप, उनके सम्पर्क, उनकी बात–चीत से गाँव के लोग परिचित रहते हैं। युवती का कहना है कि अमुक व्यक्ति उसके लड़के का पिता है, और गाँव के लोगों से ऐसा पता लगता है, तब कोर्ट के सामने उसे पिता मानने में अधिक कठिनाई नहीं होती है। सन्ताल–संस्कार के अन्तर्गत किसी सन्ताल का पिता न होना बड़ी गम्भीर बात हो जाती है। देखा जाता है कि माताएँ निर्वाह के लिए और अपने बच्चों के पालन के लिए निर्वाह का दावा बच्चे के पिता पर करती हैं। कोर्ट भी निर्वाह के लिए 'खोरिश' देकर न्याय–निर्णय कर देता है। दावा से बाहर जाना कोर्ट का कार्य नहीं है। पर अच्छा होता कि बच्चा के पिता के सम्बन्ध में पूरी जाँच होती। जाँच से जब यह पता चल जाय कि अमुक व्यक्ति उस बच्चे का पिता है,

तब बच्चे को पिता के प्रभार में सौंप देना चाहिए। बच्चे के पिता को विवश करना चाहिए कि वह उसकी माँ से शादी कर ले। समस्याओं का सबसे बड़ा समाधान यही हो सकता है। कभी–कभी ऐसा भी देखा जाता है कि बाप के मरने के बाद भाई अपने सौतेले भाई को सम्पत्ति नहीं देना चाहते हैं। वे प्रश्न उठाते हैं कि वह उसके पिता का अवैध पुत्र है। ऐसी स्थिति में उसके पिता की शादी के सम्बन्ध में जाँच होनी चाहिए। ऐसी सम्भावनाएँ सन्तालों के विवाह–संस्कार में जो लचीलापन है, उसके कारण उत्पन्न होती हैं। बच्चे के नामकरण और उसके मूल नाम पर विचार होता है। जब बच्चे का नामकरण उनके संस्कार के अनुसार हुआ हो, तो बच्चे के पिता के प्रश्न पर अवैधता का आरोप नहीं हो सकता और यह माना जाता है कि उसका जन्म उसके माता–पिता की वैध शादी के बाद हुआ है।

विभाजन एवं उत्तराधिकार के प्रश्न लेकर भी कोर्ट में मुक़दमें आते रहते हैं। इस सम्बन्ध में बहुत से निर्णय हुए हैं। उत्तराधिकार का सिद्धान्त भी एक प्रकार से स्थिर हो गया है। 'उत्तराधिकार के नियम' अध्याय में इस पर प्रकाश डाला गया है। सन्तालों में गोद लेने की प्रथा प्रचलित है। गोद लेने के प्रश्न को भी कभी–कभी विवाद का विषय बनाया जाता है। कोर्ट में ऐसा प्रश्न उठता है–तब यह देखा जाता है कि कोई यह जानना चाहता है कि गोद लेने की स्वीकृति गाँव की जन–सभा में हुई है या नहीं। गोद लेने के बाद बच्चा का नाम बदल जाता है और जिस परिवार में उसको लाया जाता है, उस परिवार के अनुसार उसका नामकरण पुनः होता है। सन्ताल कोर्ट में औरतों के अधिकार को लेकर मुक़दमें होते हैं। सन्ताल–संस्कार के अन्तर्गत नारियों को कुछ अधिकार प्राप्त हैं और जब उन अधिकारों पर चोट पहुँचायी जाती है, तब वे कोर्ट से राहत चाहती है, अपने अधिकारों की सुरक्षा चाहती हैं। कोर्ट को वे अपने अधिकारो का प्रहरी मानती हैं। घर–जमाई के प्रश्न साधारणतः कोर्ट में पहुँचते रहते हैं। शादी और तलाक़ के मुक़दमें भी सन्ताल कोर्ट में कम नहीं आते। तलाक़ में बहुधा धनराशि का दावा होता है। "कन्या–दाम" का दावा होता है। भाई के लिए बैल का दावा होता है। वैवाहिक ख़र्च के लिए दावा होता है। गाँव के अधिकारी वर्ग धनराशि को निर्धारित करते हैं। तलाक़ के लिए मुक़दमें नहीं के बराबर होते हैं, पर तलाक़ के कारण दावे अनेक प्रकार के होते हैं।

सन्दर्भ

1. Santal Parganas Manual (Second Edition, Second reprint – p. 97 to 109 (b).
2. Correction Slip. No 33, December, 1945.
3. Santal Civil Law, Section 2, Clause (4).
4. Santal Civil Law, Section 3, Clause (1) and its sub clause (a) & (b).
5. Santal Civil Law, Section 3, Clause (3).
6. Santal Civil Law, Section 3, Clause (4).

When a hearing commences, it is best to get each party to state its own case and if a plaint or written statement has been field to check first that it correctly represents a case. Since most Santals are illiterate, it not infrequently happiness that their petitions contain either incorrect or incomplete data. A plaint or petition should therefore be treated only as a guide to the suit and by no means as an extanstive recital of all its issues. If a case of orally explained by a Santal differs from the case noted in his plaint or petition, the latter should always be discarded and the Santal's oral case should be treated as his claim.

"Moreover even when a plaint or petition correctly states a case, it sometimes fails to represent the correct reliefs. It is better therefore to treat the written version only as a tentative beginning and when all the facts have been heard for the court itself to decide the proper relief. In many cases, this will be the same as what is claimed but sometimes it is less and occasionally it is more. If a santal is entitled to fifteen rupees but has claimed ten, he should be asked whether he has deliberately given up the extra five, and if not the court itself should amend the claim and decree him all his dues. This is very necessary because the court's decision will be quoted in the surrounding area and will cause confusion if the sum decreed is not exactly correct. ....and particularly those involving Ghar Jawees, a party is made a plaintiff or defendant. When strictly speaking he has nothing to do with the suit. When the outlines of a case are clear therefore, the court itself should verify whether all the plaintiffs and defendants are relevant, should exclude any that are unnecessary and should add any that are relevant but have been accidently omitted.

7. Santal Civil Law, Section 65, Clause (2).
8. Santal Civil Law – The Second Schedule under rule 65.
   "In such cases, it is often quite impossible to do justice by applying strictly the Indian Evidence Act and it becomes essential therefore, to decide such suits in terms of Santal assumptions."

सन्ताल का दैनिक जीवन

सन्ताल कृषक–वर्ग के लोग हैं। कृषकों का जन–जीवन साधारणतः प्रकृति की तलहटी पर आधारित है। प्रकृति उनकी प्रेरक–शक्ति है। सन्ताल उससे जीवन पाते हैं। प्रकृति की गोद में पलने के कारण उन पर प्रकृति का प्रभाव अधिक रहता है। यही कारण है सन्तालों को प्रकृति–पुत्र कहा जाता है। अनुकूल प्रकृति के बीच उनमें उमंग रहती है, कार्य करने में उन्हें आनन्द मिलता है। जलवायु की विशेषताओं को दृष्टि में रखकर सन्ताल ने अपने मौसम का विभाजन किया है। वर्ष में तीन मौसम वे मानते हैं। जाड़ा का मौसम नवम्बर से मार्च तक का रहता है। चावल का उत्पादन इसी मौसम में वे करते हैं। जाड़ा में आग तापते हैं और अपने को गर्म रखते हैं। जाड़े के बाद बसन्त का मौसम था है। यह मौसम बहार का मौसम होता है। प्रकृति के साथ सन्ताल खेलते हैं, नाचते हैं। उनका अधिकांश समय आमोद–प्रमोद में जाता है। वे शिकार खेलते हैं, मछली मारते हैं। आकाश में बादल को देखते ही उनका मन–मयूर नाच उठता है। सन्ताल खेतों की ओर दौड़ पड़ते हैं। काफ़ी श्रम कर धान को वे बोते हैं।

सन्तालों के पास घड़ियाँ नहीं रहती हैं, पर उन्हें समय का बोध रहता है। सूर्य की चाल से दिन के समय का वे अनुमान लगाते हैं, आकाश में सूर्य को देखकर उन्हें समय का ज्ञान होता है। वही उनकी धूप–घड़ी है। मुर्गे जब आवाज़ देते हैं तब उनकी सुबह होती है। स्कूल में बच्चे एक रेखा बना देते हैं, जब स्कूल–भवन की छाया उस रेखा पर पड़ती है, तब सन्ताल बच्चे समझते हैं कि स्कूल से घर जाने का समय हो गया है। बस–गाड़ी पर सवार होकर जाने वाले सन्ताल समय के लिए अपने दरवाज़े पर एक रेखा अंकित कर देते हैं। घर की छाया जब उस रेखा को स्पर्श करती है तब सन्ताल को ज्ञान होता है कि बस पकड़ने

का समय हो गया है। रात में चाँद और तारा की गति से सन्तालों को समय का बोध होता है। सन्तालों की लोक–कथाओं के आधार पर कहा जाता है कि सूर्य उनका पिता है और चाँद उनकी माँ है। उनके बेटा और बेटी–तारे हैं। सूर्य ने तारों को मार डाला है, इस कारण दिन में तारों को नहीं देखा जाता है। सन्तालों में एक और भी धारणा प्रचलित है। उनके अनुसार चाँद और सूर्य दोनों पुरुष हैं। दोनों में सम्बन्ध भी है। एक–दूसरे की बहन से उनकी शादी हुई है।

(क) कृषि : पहले सन्ताल शिकारी थे, अब वे कृषक हो गये हैं। पर उनका शिकार खेलना बन्द नहीं हुआ है। आज भी उन्हें शिकार खेलने में आनन्द मिलता है। आज भी वे वार्षिक शिकार करते हैं। उसे 'देहरी–शिकार' कहते हैं। 'सिञ–बोंगा' की अर्चना सन्ताल इसलिए करते हैं कि शिकार खेलते समय कोई प्राकृतिक बाधा उत्पन्न न हो। इन प्रथाओं से स्पष्ट होता है कि सन्ताल पहले शिकारी थे, तब कृषक हुए हैं। श्री बोडिंग ने अपने एक निबन्ध में लिखा है कि सन्तालों ने किस प्रकार खेती करना आरम्भ किया है। उन्होंने अपने निबन्ध में कहा है कि "यह सम्भव हो सकता है कि धरती से कुछ पैदा करने के लिए उनका प्रथम प्रयास कुछ ऐसा ही है जिसे आज 'कोराओं' कहा जाता है, जो खेती की एक प्रणाली है। कहा जाता है कि सन्तालों ने इसी प्रणाली को प्रयोग में पहले लाया था, पर जहाँ तक जानकारी है, आज वह व्यवहार में नहीं है। सन्ताल भू–भाग में आज भी पहाड़िया पहाड़ी पर इसी प्रणाली को व्यवहार में लाते हैं। ऊँचे पहाड़ पर जंगल को वे काट देते हैं। गरमी के दिनों में काटे हुए जंगल की लकड़ी सूख जाती है, तब वे उसे जला देते हैं। इस प्रकार धरती बन जाती है और जब वर्षा होती है, तब बीज को बग़ैर जोते वे छीट देते हैं। ...यह कहा जाता है कि सन्ताल भी पहले ऐसे ही खेती करते थे। पहले उन्होंने पहाड़ी क्षेत्रों में जंगल साफ़ किया, बाजरा के बीज धरती पर छींट दिया, पानी बरसने के बाद वे जम गये। कुछ खेतों में बीज डालने के बाद वृक्ष की एक डाली से घौरस कर देते हैं, वे उससे इतना दबाते हैं कि बीज ज़मीन के अन्दर घुस जाते हैं और उनके नष्ट होने की कोई आशंका नहीं रहती है।"

सन्ताल धरती की अर्चना प्रातःकाल से सन्ध्या तक करते हैं। वे अपने श्रम से खेत की सिंचाई करते हैं। चावल उनका प्रमुख खाद्य–पदार्थ है। सन्ताल नारियाँ अपने पुरुषों के साथ खेतों में काम करती है।

अपने घर के पास ही सन्तालों के खेत होते हैं। वे ज़मीन खोद कर पानी निकालते हैं, उससे सींचते हैं। सन्ताल दो प्रकार की धान खेती करते हैं। प्रथम प्रकार की खेती–अपने घर के पास करते हैं, दूसरे प्रकार की खेती पहाड़ी क्षेत्रों में करते हैं। पहले वे जंगल साफ़ करते हैं। धरती को चारों ओर से टीलाओं के द्वारा घेर देते हैं। वे सदैव ऐसा नहीं करते। जब धरती ढलाऊ होती है तब वे नीचली ओर टीला बनाते हैं। सन्तालों का प्रयास रहता है कि जहाँ तक सम्भव हो ज़मीन को समतल किया जाय। करहा यन्त्र से वे ज़मीन को दबा कर समतल बनाते हैं। धान के बीज रोपने के पूर्व वे खेत को कई बार हल के द्वारा जोतते हैं। मई और जून में, जब खेत की जोताई हो जाती है, वे धान के बीज को खेत में बिखेरते हैं। हेंगा के द्वारा ज़मीन को इस प्रकार दबाया जाता है कि बीज ज़मीन के अन्दर चले जाते हैं। बीज से अंकुरित पौधा, जब कुछ बढ़ता है तब सन्ताल उन्हें उखाड़ते हैं और उन्हें वे पुनः दो या तीन के क्रम में तैयार खेत में रोपते हैं। एक–एक फ़ीट की दूरी पर पंक्तियों में वे पौधों को रोपते हैं। पौधों के रोपन–कार्य साधारणतः सन्ताल नारियाँ करती हैं। धान का पौधा रोपने का कार्य वे तीन प्रकार से करते हैं। पहले प्रकार के पौधा–रोपन से धान सितम्बर में तैयार हो जाता है। दूसरे प्रकार का पौधा–रोपन वे पहाड़ी क्षेत्रों में करते हैं, जिसमें फ़सल अक्टूबर में तैयार हो जाती है, तीसरे प्रकार के रोपन–कार्य से फ़सल नवम्बर या दिसम्बर में तैयार होती है। सन्ताल एक प्रकार की और धान खेती करते हैं–यह प्रणाली बहुत सरल है। धान के बीज को वे खेतों में केवल बिखेर देते हैं। वह आपसे आप तैयार होकर अगस्त में काटने योग्य हो जाता है। पौधा जब तैयार हो जाता है, तब उसे सन्ताल काटकर खलिहान में ले जाते हैं। खलिहान को वे बहुत पवित्र मानते हैं। उसे मिट्टी और गोबर से लीपते हैं, शुद्ध करते हैं। तब खलिहान में अन्न रखते हैं। खलिहान में एक बड़ा–सा पत्थर रखते हैं, उसी पर धान के पौधे को पीटते हैं और धान को पौधा से अलग करते हैं। बैलों के द्वारा धान के पौधों की पिटाई होती है, दाना को भूसा से अलग किया जाता है। फिर भी दाना के साथ कुछ मिट्टी तथा भूसा का कण रह जाता है, उसे सूप द्वारा फटक कर धान को साफ़ किया जाता है। इसके बाद सन्ताल धान से चावल बनाते हैं। मिट्टी के बर्तन में पानी में भिगो कर घण्टों धान को फूलने के लिए छोड़ दिया जाता है। इसके बाद भिगे हुए धान को आग पर चढ़ाते हैं। इसके बाद वे धान को सुखाते हैं।

जब धान सूख जाता है तब उसे वे ढोंगी में डाल कर छाँटते हैं। चावल साफ़ करने के लिए एक से अधिक बार छाँटते हैं। छाँटने के बाद सूप द्वारा अन्न को भूसी से अलग करते हैं।

खेती करने में सन्ताल कई प्रकार के कृषि–यन्त्रों को प्रयोग में लाते हैं। सन्तालों का हल अन्य बिहारी कृषकों से थोड़ा भिन्न होता है। सन्ताल का हल तीन भागों में विभाजित रहता है। हल का मुख्य भाग एक लकड़ी का बना होता है। वह साधारणतः बीच में 130^0 के कोण पर मुड़ा रहता है, जहाँ बीम जोड़ा जाता है। बीम पाँच फ़ीट के लगभग होता है। लकड़ी का ही बना हुआ जुआ रहता है, जिसमें दो लकड़ी की बनी हुई खूंटी रहती है, जो 17 से 18 इंच की होती है। बैलों को उचित स्थान पर रखने में इन खूँटियों को काम में सन्ताल लाते हैं। हल के बाद खेती के औजार कारहा को खेत को चौरस बनाने के लिए सन्ताल प्रयोग में लाते हैं। महुआ या साल की लकड़ी का वे कारहा बनाते हैं। आवश्यकता के अनुसार वे छोटा या बड़ा बनाते हैं। कारहा के समान एक दूसरा यन्त्र है–जिसे राकसा कहा जाता है। कारहा से वह कुछ पतला होता है। धान की खेती में इसे विशेष रूप से प्रयोग में लाया जाता है। जिस खेत की ज़मीन गीली होती है, वहाँ इसका प्रयोग अधिक होता है। कारहा गाँव में बहुतो के पास रहता है, पर राकसा गाँव में कुछ ही व्यक्ति के पास रहता है, पर जिन्हें आवश्यकता होती है उन्हें वे देते हैं। खुर्पा, जिसे सन्ताल कुदी कहते हैं, वह कुछ ऐसा ही होता है, जैसा अन्य जगहों में हम पाते हैं। सन्ताल इसका प्रयोग ज़मीन खोदने में लाते हैं और इसके द्वारा वे धान के खेतों में टीला बनाते हैं। खेतों के ढेलों को तोड़ने के लिए लकड़ी की बनी हुई मुंगरी का प्रयोग सन्ताल करते हैं। मुगरी तीन फ़ीट लम्बी और एक इंच चौड़ी होती है। चायल कूटने के लिए ओखल और मूसल का भी प्रयोग करते हैं। उनका ओखल और मूसल वैसा ही होता है, जैसे बिहार के अन्य लोग प्रयोग में लाते हैं। चावल कूटने का काम सन्ताल औरतें करती हैं। ढेंकी को भी चावल कूटने के काम में वे लाती हैं। ढेंकी का रूप और उसके चलाने की क्रिया अन्य लोगों के सदृश्य ही है। घास काटने के लिए सन्ताल कृषक हँसुआ का प्रयोग करते हैं। उसकी केवल धार लोहे की रहती है, पर बाकी अंग लकड़ी का रहता है। उसकी लम्बाई लगभग 13 इंच की होती है, जिसमें 8 इंच में धार रहता है और 5 इंच लकड़ी की वह बनी रहती है। धान, चारा आदि काटने के लिए सन्ताल

एक और यन्त्र को प्रयोग में लाते हैं जिसे दराँती कहा जाता है। वह पूरे लोहे की ही बनी रहती है। उसकी धार का कोना नुकीला होता है। उसकी धार मुट्ठी की ओर पतली होती है, पर उसका निचला अंश कुछ चौड़ा होता है।

सन्तालों की चेष्टा रहती है कि धरती से वे अधिक उत्पादन कर सकें। अतः वे अधिक परिश्रम करते हैं। धरती से संघर्ष करते–करते उनका इतना समय कट जाता है कि वे दूसरी बातों पर ध्यान नहीं देते। सामाजिक दायित्व को पूरा करने के लिए वे किसी प्रकार से समय निकाल लेते हैं। साधारणतः उनकी कृषि–प्रणाली भारत के अन्य किसानों से बहुत भिन्न नहीं है। जोतने, बोने और काटने की क्रियाएँ वे ही हैं, जो अन्य किसान करते हैं। पर अन्य कृषकों से खेती पर वे अधिक श्रम करते हैं। सन्ताल धरती पर अधिक श्रम करते हैं, अतः अधिक अन्न का उत्पादन करते हैं। श्री बोडिंग महोदय ने माना है[1] कि कुछ सन्ताल कृषक जान गये हैं, फिर भी वे अभी बहुत पीछे हैं। उन्हें अभी तक अच्छे बीज़ की पहचान नहीं है। खाद से क्या लाभ है, उसकी जानकारी सन्तालों को नहीं है। फ़सल को अदल–बदल कर बोने से उत्पादन अधिक होता है, इसका ज्ञान उन्हें नहीं है। पशु–धन का पालन वे समुचित रूप से नहीं कर पाते हैं। बोडिंग साहब का यह मत उनके सम्बन्ध में 25 वर्ष पूर्व का है। आज सन्ताल कृषकों को इन सारी बातों की जानकारी प्राप्त है।

(ख) शिकार : सन्ताल के जीवन में शिकार का बहुत महत्त्व है। कृषि पर वे अब अधिक महत्त्व देने लगे हैं, पर शिकार करने की जो उनकी रुचि है, वह जन्मजात है। उस रुचि में कभी कमी अवश्य हो गयी है, पर उसका महत्त्व सन्तालों के जीवन में आज भी बना हुआ है, उसमें कमी नहीं हो पायी है। शिकार करना गाँव के सयाने पुरुषों का काम माना जाता है। शिकार करने में सन्ताल नारियाँ भाग नहीं लेती हैं। पर वे घर में बैठकर अपने लोगों के लिए मंगलकामना करती हैं। वे जादू–टोना करती हैं, ताकि उनके पुरुष, जो शिकार पर गये हुए हैं, किसी प्रकार के विपद में न पड़ जायें। जब तक विवाहिता सन्ताल नारी का पति शिकार पर रहता है, तब तक वह न तो बालों में फूल लगाती है न सिंदूर लगाती है। वह किसी प्रकार का श्रृंगार नहीं करती है। पहले तो वे स्नान तक भी नहीं करती थीं, पर अब इस परम्परा में परिवर्तन आ रहा है।

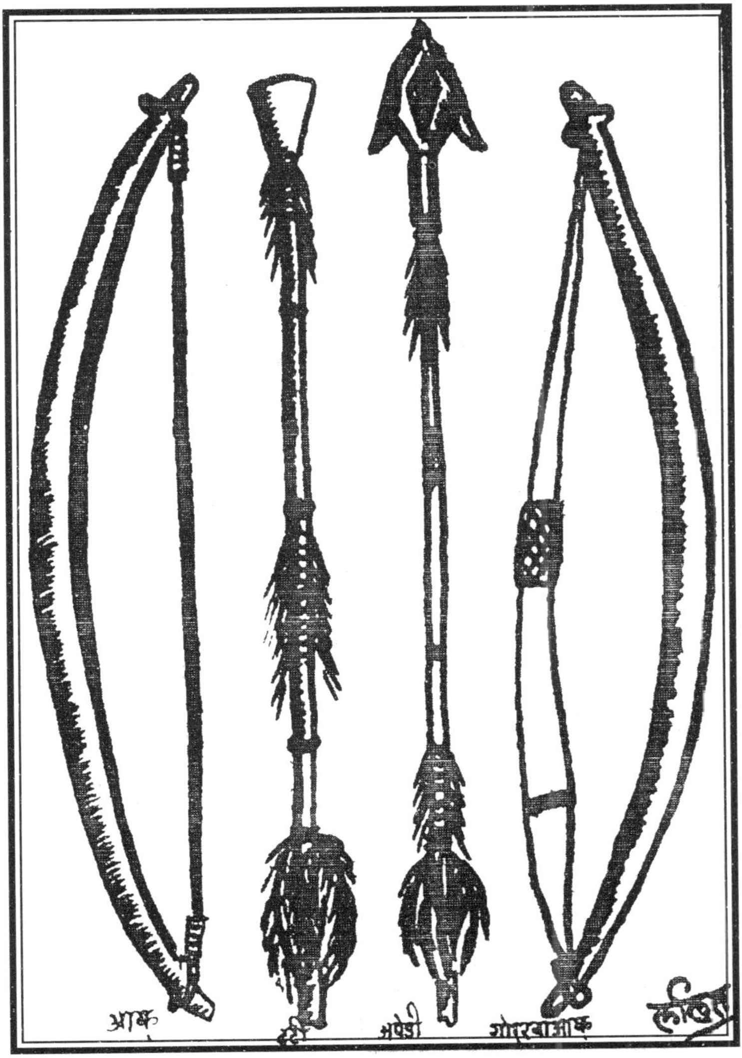

सन्तालों के अस्त्र–शस्त्र

नारियाँ ही केवल शुभ कामना नहीं करती हैं, एक पुरोहित भी होता है, जिन्हें पूजा करनी पड़ती है, वह 'देहरी' कहलाता है। वह जंगल के देवताओं का आवाहन करता है, शिकार करने वाले पुरुषों के जान की

रक्षा के लिए उनसे वरदान माँगता है, शिकार सफल हो–इसके लिए बोंगा की अर्चना करता है। परगना के लिए शिकार–पुरोहित की नियुक्ति होती है। जिस दिन शिकार खेलना निश्चित होता है, उस दिन सुबह ही शिकार–पुरोहित भूरे रंग की मुर्गी का बलिदान निर्धारित जंगल के प्रवेश–द्वार पर करता है और बोंगा को पुकारता है उनसे अनुरोध करता है कि शिकार खेलने वाले आदमियों की वह रक्षा करें। उस अवसर पर लोग पुरोहित को आगाह करते हैं कि किसी प्रकार की विपदा आने पर उसका दायित्त्व उस पुरोहित पर होगा। कहा जाता है कि पहले शिकार के अवसर पर किसी प्रकार की दुर्घटना होने पर पुरोहित को वे दण्डित करते थे। आज भी ऐसा होने पर वे उन्हें भला–बुरा कहते हैं। जब शिकार सफल होता है, तब शिकार के अंश का भागी पुरोहित भी होता है।

जिस दिन शिकार होता है, उस दिन पूरे गाँव में पूरे दिन उत्साह रहता है। केवल उसी गाँव में नहीं बल्कि पूरे जवार के लोगों में उमंग रहती है। वे पूरे जंगल को घेर लेते हैं। यह सत्य है, पहले का उत्साह अब शिकार के प्रति लोगों का नहीं रह गया, फिर भी जो लोग शिकार पर जाते हैं, उनमें वही उमंग रहती है। पहले की तरह अब सन्ताल परगना में जंगल नहीं हैं। जंगल कटते जा रहे हैं। इसलिए जंगली जानवरों का अभाव होता जा रहा है। जब शिकार का ही अभाव होता जा रहा है, तब शिकार करने का पहले जैसा उत्साह लोगों में कहाँ से आवे। बचपन से ही सन्तालों को तीर–धनुष चलाने की शिक्षा मिलती है। सयाने होते ही तीर चलाने में वे विशेषज्ञ हो जाते हैं। शिकार खेलने के लिए जाते समय प्रत्येक सन्ताल घर से खाना लेकर जंगल जाता है। उनके साथ उनका कुत्ता भी जाता है। धूप से बचने के लिए सन्ताल शिकार करते समय अपने सिर को कपड़े से ढँके हुए रहते हैं। उन लोगों के साथ कुछ नवयुवक रहते हैं जो ढोल बजाते रहते हैं। ढोल इसलिए बजाया जाता है कि जंगल से जानवर बाहर आये और वे जानवरों को मारें। शिकार के बाद भी ढोल बजाते हैं। जब शिकार में जानवर मारते हैं तब खुशी में वे नाच उठते हैं।

शिकार खेलने के लिए जंगल में वे स्थान चुनते हैं। एक लम्बी क़तार में शिकार खेलने वाले सन्ताल एक के सामने दूसरे पूरे क्षेत्र को घेर कर खड़े हो जाते हैं। बड़े वृक्षों के पीछे हथियारों से सजकर कुछ निशाना लगाने लिए खड़े रहते हैं। कुछ ज़ोर–ज़ोर से ढोल बजाते हैं। जिसके सामने जानवर पड़ जाता है वह उसे मारता है। कभी–कभी ऐसा होता है

कि जानवर तेज़ी से भागने लगता है, तब चारों ओर से उस पर तीर की बौछार होने लगती है। शिकारी का कुत्ता भी जानवर का पीछा करता है। कभी–कभी सन्ताल मंच बनाकर उस पर डेरा डाले रहते हैं। जब जंगली जानवर पानी पीने बाहर निकलते हैं, तब मंच से ही उस पर वे वार करते हैं। ऐसा भी देखा गया है कि वे जंगल में जाल बिछाते हैं, जब जानवर उस जाल के अन्दर चला आता है, तब उसे वे समेट लेते हैं और जानवर जाल में बँध जाता है। वह भाग नहीं सकता है। उस स्थिति में वे उसे मारते हैं। शिकार की प्रक्रिया में जो भी जानवर उनकी दृष्टि में आ जाता है, उसे वे मारते हैं। शिकार के मांस के विभाजन के लिए सन्तालों में एक नियमित आचार संहिता है। बदलती हुई परिस्थिति में उस आचार संहिता में बहुत कुछ परिवर्तन हो गया है, फिर भी कुछ नियम हैं, जिनका पालन वे आज भी करते हैं। जिस व्यक्ति ने उस जानवर पर पहला वार किया था, वह उस जानवर का अधिकारी हो जाता है। पर जानवर के मांस को उसे औरों में बाँटना पड़ता है। गाँव के मुखिया को मांस का अश दिया जाता है। जानवर पहले के तीर से घायल हो और दूसरे के तीर से मरा हो, तब मारने वाले को पाँच पसली की हड्डी, एक जाँघ और जिगर का अंश प्राप्त होता है। शिकार–पुरोहित देहरी को जानवर की गर्दन मिलती है और जो अंश विभाजन करने से बच जाता है, वह गाँव के लोगों का हो जाता है। जब गाँव वालों के बीच मांस का बँटवारा होने लगता है, तब ढोल बजाने वालों को दुगुना अंश मिलता है। शिकार पर उनके साथ कुत्ता जाता है, उसका भी मास में हिस्सा होता है। उसे भी वे मांस का कुछ अंश देते हैं। इस प्रकार हम देखते हैं कि मांस–विभाजन में सन्ताल समाजवादी तरीक़ों को प्रयोग में लाते हैं। उनके बीच जो भाईचारा पलता है, उसका भी परिचय हमें इससे मिलता है। प्रत्येक गाँव के लोग बाधना पर्व के बाद जनवरी महीने में शिकार करने जंगल जाते हैं। वार्षिक शिकार करने की परम्परा सन्तालों में है। वह विशेषतः गर्मी के दिनों में सम्पन्न होता है। जंगल के निकट रहने वाले सन्ताल वार्षिक शिकार को एक पर्व के समान मनाते हैं। शिकार करने के पूर्व निश्चय होता है, उसकी व्यवस्था करने का दायित्त्व परगनैत के ऊपर रहता है। शिकार करने के लिए जो दिन निर्धारित है, उसके लिए भी सन्ताल कुछ नियमों का पालन करते हैं। ये नियम संस्कारों पर आधारित हैं। एक शिकार–समारोह बैशाख के 7वें दिन होता है। दूसरा शिकार–समारोह वैशाखी पूर्णिमा के दिन होता है।

तीसरा शिकार–समारोह भविष्य के लिए छोड़ दिया जाता है जो किसी शादी के अवसर पर या श्राद्ध के अवसर पर सम्पन्न होता है। जिस दिन शिकार–समारोह करने को होता है, उस दिन की सूचना सभी गाँवों को वे देते हैं।

सन्तालों के शिकार करने के कुछ अपने यन्त्र हैं। तीर उनका महान अस्त्र है। सन्ताल–तीर का दो अंग होता है, एक मुठा और दूसरा डंडा। वह लोहे का बना होता है। उसका आकार शुण्डाकार होता है। आधार पर वह चौड़ा होता है, और अस्त्र की अपेक्षा वह तेज़ नोकदार होता है। प्रयोग में लाने के पहले वे तीर के नोक को विष में भिगो देते हैं। वे इसलिए ऐसा करते हैं कि जानवर के लगते ही जानवर मर जाय। सन्ताल तीर चलाने में अँगूठे का प्रयोग नहीं करते। वे मध्य अँगुली को काम में लाते हैं। सन्ताल वाण का भी शिकार में प्रयोग करते हैं। वह भी तीर के ही समान होता है। उसके भी दो अंग होते हैं–एक शीर्ष और दूसरा डंडा। शीर्ष लकड़ी का होता है जो ऊपर में चौड़ा होता है, पर नीचे वह पतला रहता है। जानवरों को उसे फेंक कर मारा जाता है। सन्ताल दो तरह का धनुष भी प्रयोग में लाते हैं। एक से वे तीर चलाते हैं और दूसरे से बाण फेंकते हैं।

सन्ताल मछली मारने में भी उत्साह दिखाते हैं। वे जाल डाल कर मछली मारते हैं। 'हुण्डी जाल' डाल कर मछली मारना–अपनी एक कला है। बाँस के तीन खम्भे पर जा़ल को वे डालते हैं। बाँस के फ्रेम में जाल को डाल कर भी वे मछली मारते हैं। मछली मारने में वे तीर–धनुष को भी प्रयोग में लाते हैं। धान–खेतों में जहाँ पानी लग जाता है, वहाँ भी सन्ताल औरतें मछली मारती हैं। शिकार की भाँति मछली मारना भी सन्तालों के लिए सामूहिक समारोह है। गाँव के निकटवर्ती गाँव के लोग उनमें भाग लेते हैं। जिस पंचायत के अधीन जल–स्थल पड़ता है, वहाँ का मुखिया मछली मारने के दिन को घोषित करता है। निर्धारित दिन को ही सभी लोग मछली मारने आते हैं। मछली मारने के पूर्व बोंगा को मुर्गी भेंट की जाती है। इस प्रकार के धार्मिक अनुष्ठान के बाद ही मछली मारी जाती है।

भोजन : सन्तालों के भोजन पर पहले विशेष नियन्त्रण नहीं था। सभी भोज्य पदार्थ वे खाते थे। बाबा भागीरथ माँझी के खरवार आन्दोलन तथा साफ़ा होड़ आन्दोलन के चलते उनके खाने पर कुछ नियन्त्रण हो गया है। नियन्त्रण कोई बाहरी नहीं है, वह आत्मिक नियन्त्रण है।

जंगल के कट जाने से शिकार का अवसर सन्तालों को कम मिलता है और आर्थिक स्थिति उनकी ऐसी नहीं है कि वे ख़रीद कर मांस खायें, इसलिए अभावों के कारण भी सन्तालों के मांस खाने की प्रवृत्ति में कमी आ गयी है। धार्मिक सुधार आन्दोलन एवं धार्मिक कठिनाइयों के कारण अधिकांश सन्ताल इन दिनों अपनी मांसाहारी प्रवृत्ति को छोड़ते जा रहे हैं। चावल उनका मुख्य खाद्य है। चावल वे वैसे ही पकाते हैं, जैसे अन्य लोग पकाते हैं। चावल को भूँज कर भी वे खाते हैं, जिसे सन्ताल 'खजारी' कहते हैं। नमक तेल मिलाकर उसे वे खाते हैं। चावल का वे पीठा भी बनाकर खाते हैं।

श्री पी. ओ. बोडिंग ने विस्तृत रूप से अपने निबन्ध 'सन्ताल कैसे रहते हैं' में उनके द्वारा पीठा बनाने के सम्बन्ध में उल्लेख किया है। उस निबन्ध में तीन प्रकार के पीठा का उल्लेख हम पाते हैं। एक प्रकार के पीठा को 'जील पीठा' कहा जाता है। यह मांस का पीठा होता है। सूखे हुए धान की भूसी निकालते हैं, उसे साफ़ करते हैं, पानी में उसे कुछ देर भिगोते हैं फिर उसे वे सुखाते हैं, फिर उसे जांते में पीस कर आटा बनाते हैं और आटा को गीला करते हैं। उसमें मांस भरते हैं। नमक और अन्य मसाला देकर उसे चटकदार बनाते हैं। आग पर उसे पका कर खाते ही हैं। मांस वे विशेषतः मुर्गी का मांस उसमें डालते हैं। पी. ओ. बोडिंग ने सूअर के मांस का भी पीठा उन्हें खाते पाया था। सूअर को मारने की उनकी अपनी प्रक्रियाएँ हैं। सूअर को पकड़ने के लिए अपने कुत्तों को वे छोड़ देते हैं, सूअर कुत्तों के भय से इधर–उधर दौड़ता है, भागता–फिरता है। सन्ताल ऐसी स्थिति में तीर चलाकर उसे मारते हैं। जब सूअर ज़मीन पर गिर पड़ता है, तब वे पत्थर की चट्टान से उसके माथा पर ज़ोर से मारते हैं। जब वह मर जाता है, तब उसे वे आग पर चढ़ा देते हैं। जब उसके शरीर के बाल जल जाते हैं तब उसे कई भागों में काट–काट कर अलग कर देते हैं, इसके बाद उसे वे पकाते हैं। सन्ताल 'खपरा पीठा' भी बनाते हैं। वह आटा का ही बनता है। पानी में आटा को साना जाता है, उसमें थोड़ा नमक मिलाया जाता है। तवा पर थोड़ा तेल लगाया जाता है। यह कार्य वे इसलिए करते हैं कि तवा पर आटा सट नहीं जाय। यह पीठा कुछ लम्बा होता है, इसलिए सन्ताल उसे खपरा पीठा कहते हैं। एक अन्य प्रकार का पीठा वे बनाते हैं, जिसे वे 'ओट पीठा' कहते हैं। वह 'जील पीठा' के समान बनता है।

जील पीठा में मांस डालते हैं लेकिन ओट पीठा में साग डालते हैं। उसमें मसाले प्रायः वही डालते हैं जो जील पीठा में डाला जाता है। जिस परिवार में मांस नहीं चलता है, या जो परिवार आर्थिक अभावों के कारण जील पीठा नहीं बना पाता है, वह प्रायः ओट पीठा ही बना कर खाता है।

सन्ताल अपने खेतों में विभिन्न प्रकार की दाल उत्पन्न करते हैं। वे दाल को पानी में डालकर, उसमें हल्दी, मसाला और नमक मिलाकर पकाते हैं। दाल पक जाने पर वे भात के साथ खाते हैं। पीठा के साथ भी दाल खाते हैं। अरहर, मूँग और मसूर की दाल विशेष रूप से वे पकाते हैं। तरकारी भी वे बनाते हैं। जंगल से साग लाते हैं या सब्ज़ी का स्वयं उत्पादन करते हैं। जंगल से पहले उन्हें खाने योग्य बहुत–सी चीज़ मिल जाती थी। लौकी, झोगा, बैगन, सतालू, सेम, मूली और व्याज को सब्ज़ी के रूप में खाते हैं। दूध सन्ताल कम पीते हैं। दही बनाकर या उससे घी निकाल कर वे खाते हैं। दही को वे बड़े चाव से भात के साथ खाते हैं। तेल और मसाले का भी प्रयोग सन्ताल करते हैं। सरसों तेल और महुआ तेल का प्रचलन उनके यहाँ बहुत अधिक है। तेल वे वैसे ही तैयार करते हैं, जैसे हमारे यहाँ के तेली तैयार करते हैं। सन्ताल भी इन दिनों तिल से ही तेल तैयार करा लेते हैं। तेल को वे शरीर में भी लगाते हैं। दवा में भी उसका वे प्रयोग करते हैं। सन्ताल हाँडी पान करते हैं। शराब भी पीने लगे हैं। शराब पीना अंग्रेज़ी सभ्यता है। सन्ताली संस्कृति में इसका वर्णन दवा के रूप में हुआ है। दूसरे लोगों की संस्कृति को ग्रहण करने से अपनी संस्कृति बिगड़ जाती है–

देश माँझी प्रगना को मेना
कुठी शारोनी पाडरा गादी
दो आलेयाक् गी।
कुडी कोडा को मेना
छाता पाता दो आलेयाक् गी।

भावार्थ–'देश माँझी और प्रगना कहते हैं कि गोड्डा और सरौनी में जो शराब की दुकान है, वह हम लोगों की है। उस दुकान की शराब पर हम लोगों का अधिकार है। युवक और युवतियाँ कहती हैं कि छाता और पात्ता मेला हम लोगों का ही है।'[2] सन्ताल तम्बाकू भी पीने लगे हैं। हुक्का और चिलम का भी प्रयोग उनमें था, अब बीड़ी भी पीने लगे हैं। खैनी भी वे चूना लगा कर खाते हैं।

वस्त्र–विधान : सन्तालों का वस्त्र–विधान बहुत ही साधारण है। जैसे वे स्वभाव से निष्कपट हैं वैसे ही अपने पहनावे से वे सरल और भोले–भाले लगते हैं। साधारणतः कम कपड़ा का प्रयोग करते हैं। उनकी धोती कमर से घुटने तक ही रहती है। कुछ सन्ताल तो ऐसे मिलते हैं कि लंगोट पहन कर ही रह जाते हैं। जो कपड़ा धारण करते हैं वह भी चार फ़ीट लम्बा और 10 इंच चौड़ा होता है। अधिकांश सन्ताल माथे पर कपड़ा नहीं रखते हैं। पर ऐसा करना समाज के किसी नियम से वर्जित नहीं है। शादी के अवसर पर या किसी समारोह के समय वे माथे पर कपड़ा रखते हैं। वह साधारणतः हल्दी में या पीला रंग में रंगा हुआ होता है। दुर्गा–पूजा या काली–पूजा के अवसर पर जब सन्ताल दुर्गा–पूजा में भाग लेने दुमका आते हैं, तब उनमें बहुतों को मैंने देखा है कि पीले रंग के कपड़े माथे पर वे रखे रहते हैं। सन्ताल जो पैसे वाले हो गये हैं, वे तो अन्य लोगों की तरह कपड़ों को व्यवहार में लाने लगे हैं। मैंने सन्ताल औरतों को नाइलान की साड़ी पहने देखा है। पर ऐसी औरतों की संख्या बहुत कम है। कुछ सन्ताल गाँवों में मुझे जाने का अवसर मिला है। साधारणतः चार या पाँच वर्ष तक के बच्चे नंगे रहते हैं। पैसे का अभाव इसका कारण बताया जाता है। पर कुछ ऐसे परिवार के बच्चों को भी मैंने नंगा देखा है, जो चाहें तो अपने बच्चों को कपड़ा पहना सकते हैं। जाड़े में कुछ सन्ताल भर बदन कपड़ा पहने देखे जाते हैं, पर गर्मी में भर बदन कपड़ा पहनने के आदी नहीं हैं। घर का वस्त्र–विधान सन्तालों का अलग है। पर हटियों में उनका भिन्न वस्त्र–विधान होता है। हटाय में वे अच्छे वस्त्र पहन कर आते हैं। सन्ताल नारियाँ दो भिन्न कपड़ों को प्रयोग में लाती हैं। एक को वे पहनती हैं और दूसरे को वे ओढ़ती है। जो कपड़ा वे पहनती हैं, वह तीन गज़ लम्बा और अढ़ाई गज़ चौड़ा होता है। जिस कपड़ा को वे ओढ़ती हैं, वह आँचल का काम करता है। नये कपड़े को वे रंग लगा कर शुद्ध करती हैं। कपड़े के चारों कोने पर वे हल्दी का रंग लगाती हैं। रंगीन कपड़े भी वे पहनती हैं। पहले तो सन्ताल अपने कपड़ों को स्वयं तैयार करते थे। प्रायः पहले गाँवों में चर्खे चलते थे। आज भी सन्तालों के घरों में चर्खे का प्रचलन कुछ है। गाँधी–युग में चर्खे के प्रचलन पर पुनः ज़ोर दिया गया था। सन्तालों के यहाँ अब केवल कपड़े की समस्या नहीं है, कई विषम समस्यायें उनके पास हैं। वे चर्खा से उन समस्याओं का समाधान नहीं कर पाते हैं। अतः चर्खे को छोड़कर वे अपने श्रम को दूसरे कामों में लगा

रहे हैं और आवश्यक कपड़े की पूर्ति वे बाज़ार से करते हैं। फिर भी कई परिवारों को मैंने चर्खा रखते हुए देखा है। जब उन्हें समय मिल जाता है तब वे चर्खा चला कर कपड़े तैयार करते हैं। अपने हाथों से काटे सूत के कपड़ों को पहनने में बड़ा सन्तोष मिलता है।

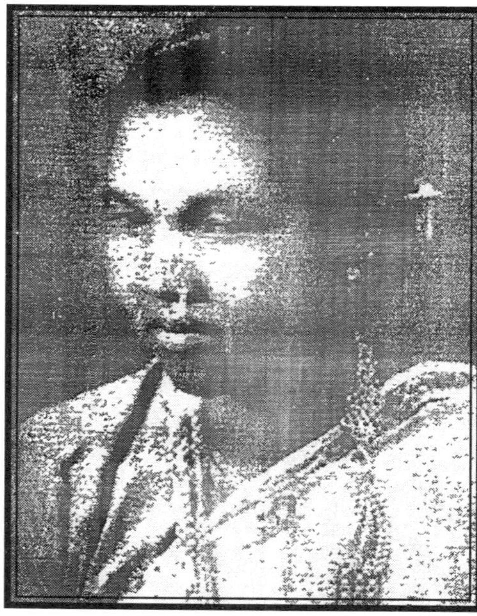

सन्ताल युवती

सन्ताल कपास पैदा करते हैं। वे उतना ही पैदा करते हैं, जितने का वे प्रयोग कर सकें। जो किसान कपास पैदा नहीं कर पाता है, वह रूई बाज़ार से ख़रीद करता है। सन्ताल परगना की मिट्टी कपास–उत्पादन के लिए बहुत अच्छी नहीं है। इसलिए अधिकांश किसान बाज़ार से रूई लाकर सूता बनाते हैं, सूता से कपड़ा बनाते हैं। रूई ओटने का उनका यन्त्र बहुत सादा होता है। वह यन्त्र सीधा चौखटा होता है। उसमें लकड़ी के दो बेलन लगे रहते हैं। सन्ताल बेलन में रूई रख देते हैं, उसके बाद बेलन को वे घुमाने लगते हैं। रूई बीज से अलग हो जाता है। रूई को वे पसार देते हैं। चर्खा पर सूत को कातते हैं। सूत को पुनः वे कपड़ा के रूप में बदलने के लिए करघा पर जिसे राछ भी क़हा जाता है, चढ़ाते हैं।

राछ दो बाँस का बना रहता है और उसमें कई लकड़ी की छड़ी लगी रहती है। छड़ियों में छोटे–छोटे छेद होते हैं। उसमें सूते फँसाये रहते हैं और इस पर कपड़ा वे बनाते हैं।

सन्ताल गहना भी पहनते हैं। ऐसे तो फूल ही उनका सबसे बड़ा श्रृंगार है। सन्ताल नारियाँ आभूषणों को धारण करती हैं। सन्ताल पुरुषों को आभूषण धारण करते हुए मैंने नहीं देखा है। हँसुली सन्ताल औरतों का मनपसन्द आभूषण है। साधारणतः वह चाँदी की बनी रहती है। छोटी–छोटी बच्चियाँ भी हँसुली पहने रहती हैं। वह मोती की भी बनी रहती है। बच्चियों को मोती की ही हँसुली वे पहनाती हैं। कानों में वे चाँदी की बनी हुई बाली भी पहनाती है। वह एक इंच व्यास की होती है। वे बाँहों में पीतल की बनी हुई पहुँची भी पहनती हैं। नाक में वे चाँदी की बनी नथ पहनती हैं। पहुँची के आगे वे बाजूबन्द पहनती है। सन्ताल–युवक गले में ताँबे या चाँदी की ताबीज़ पहनते हैं। औरतें बालों में फूल लगाती हैं। फूलों को वे अधिक चाव से पहनती हैं। उससे अपने को सज़ाती हैं। एक सन्ताल ने मुझे बताया था कि सन्ताल कुमारियों को गहने नहीं उपलब्ध होने पर वे फूलों से ही सन्तोष करती हैं। एक कवि ने सन्ताल–कुमारियो को प्रकृति की बेटी माना है। प्रकृति अपनी बेटी को अपने साधनों से सज़ाती हैं, उसे अलंकृत करती है।

सन्तालों के पास कपड़े कम रहते हैं, उनके पास आभूषण का अभाव रहता है। पर इन अभावों में भी उन्हें सन्तोष रहता है। सार्वजनिक जीवन में देखकर उन्हें कोई नहीं कह सकता है कि कपड़ों और आभूषणों के प्रभाव से वे पीड़ित हैं। सार्वजनिक जीवन में जब हम उन्हें देखते हैं तब ऐसा लगता है कि उनके पास पर्याप्त कपड़े हैं, आवश्यकता के अनुरूप उनके पास आभूषण हैं। पर ऐसी बात नहीं है। उनके वस्त्र–विधान को देखकर, जब पण्डित जवाहर लाल जी दुमका आये थे, उन्हें भी विस्मय हुआ था। वस्त्र–विधान द्वारा सन्तालों ने अपने सार्वजनिक–जीवन को ऐसा बनाया है, जिससे लोगों को विस्मय होता है, आश्चर्य होता है। इन सबसे उनके रहन–सहन के सम्बन्ध में हमें जानकारी प्राप्त होती है।

गाँव और घर : सन्ताल साधारणतः गाँवों में रहते हैं। उनका गाँव बहुत बड़ा नहीं होता है। जब गाँवों की आबादी में वृद्धि होने लगती है तब उस गाँव को छोड़कर दूसरा गाँव बसा लेते हैं। घनी आबादी में वे रहना पसन्द नहीं करते हैं। उन्हें ऐसी प्रवृत्ति विरासत में मिली है।

उनके आदि–पूर्वजों में भी ऐसी ही प्रवृत्ति हमें देखने को मिली है। सन्तालों की दृष्टि में पच्चीस या तीस घरों का गाँव अच्छा गाँव है। सन्तालों ने कुछ ऐसे भी गाँव बसा लिये हैं, जिनकी जनसंख्या अधिक नहीं होते हुए भी वहाँ घरों की संख्या पचास और सौ तक पहुँच गयी है। पर ऐसे गाँव सन्ताल परगना ज़िले में बहुत ही कम हैं। सन्तालों ने सन्ताल परगने में छोटे–छोटे अनेक गाँव बसा लिए हैं। इसके फलस्वरूप इस ज़िले में बिहार राज्य के सभी ज़िलों से अधिक गाँव हैं। सन्ताल परगना में लगभग बारह हज़ार गाँव हैं।

सन्ताल वहीं गाँव बसाते हैं, जहाँ खेती के लिए पर्याप्त भूमि होती हैं। निकट में झरना, पोखर या नदी–नाले हों। सन्तालों को अपने श्रम पर विश्वास है। अतः जंगलों के पास वे गाँव बसाते हैं। जंगल काट कर वे खेत बनाते हैं। पहाड़ी–भूमि की छाती फाड़ कर वे झरने बनाते हैं, पानी का स्रोत निकालते हैं। सन्ताल अन्धविश्वासी भी होते हैं। इस कारण वे गाँव के लिए भूमि निश्चित करने लिए शकुन अपशकुन पर भी विचार करते हैं। गाँव की नींव वे शुभ शकुन में देते हैं। उस अवसर पर पूजा आदि भी करते हैं। सन्ताल परगना में सन्तालों के गाँव प्रायः एक ही प्रकार के हैं। ऐसा मालूम होता है कि सन्तालों के पास गाँव निर्माण की एक निर्धारित योजना है। सन्ताल परगना में सर्वत्र उसी निर्धारित योजनानुसार गाँव बसाये गये हैं। सन्ताल गाँवों में घर दो पंक्तियों में बने होते हैं। दोनों पंक्तियों के बीच एक चौड़ी गली होती है। गली को सन्ताल कुल्ही कहते हैं। घर दूर–दूर पर रहते हैं, इसलिए गली बहुत लम्बी होती है। कुल्ही का जो भाग ऊपर रहता है, उसे ऊपरी कुल्ही कहते हैं और निचले भाग को 'हेठ कुल्ही' कहा जाता है। सन्तालों के गाँव सुरक्षा की दृष्टि से बहुत दृढ़ नहीं होते हैं। गाँव में एक ही रास्ता होता है, जिसकी चौड़ाई 20 से 30 फ़ीट होती है। उसकी लम्बाई गाँव की लम्बाई होती है। गाँव–पथ के दोनों किनारे पर होते हैं।

प्रत्येक सन्ताल गाँव में कुल्ही के बीच में 'माँझीथान' बनाया जाता है। उस स्थान पर उनकी पंचायतें बैठा करती हैं। गाँव के प्रमुख वहीं पर उस गाँव के सन्तालों से कर–वसूल करते हैं। माँझी थान मिट्टी का एक चबूतरा होता है। उस चबूतरा के चारों कोने पर एक–एक खम्भा रहता है। एक खम्भा बीच में भी होता है। वह अन्य खम्भों से कुछ ऊँचा होता है। उस पर छप्पर भी होता है। छप्पर साधारणतः सोडी घास का होता है।

खम्भे साधारणतः सादा होते हैं। वहाँ पर कुछ पत्थर रखा रहता है। वे पत्थर मृत माँझियों या बोंगा के सूचक होते हैं। कहीं–कहीं पर लकड़ी के टुकड़े भी रहते हैं। उन पर सन्ताल कुछ चिह्न अंकित कर देते हैं। वे भी उनके पूर्वजों की आत्माओं के प्रतीक माने जाते हैं। 'माँझी हाड़ाम' वहीं पर पिलचु हाड़ाम और पिलचु बुड़ही की पूजा करते हैं। माँझी थान के लिए कोई निर्धारित आकार नहीं है। विभिन्न गावों में मैंने विभिन्न आकार का माँझी थान देखा है। किसी गाँव में माँझी थान दस फ़ीट लम्बा है आठ फ़ीट चौड़ा है और अढ़ाई फ़ीट ऊँचा है, और उसी गाँव के पास के गाँव में देखा गया कि माँझी थान पाँच फ़ीट लम्बा चार फ़ीट चौड़ा और एक फ़ीट ऊँचा रहता है। माँझी थान की धरती मिट्टी और गोबर से शुद्ध की जाती है। बोंगा को शान्त करने के लिए वहाँ वे सिन्दूर लगाकर पूजा करते हैं और हांडी चढ़ाते हैं। बकरी, मुर्गा, सूअर तथा कबूतर वे चढ़ाते हैं, पर वहाँ पर सन्ताल किसी प्रकार की बलि नहीं चढ़ाते हैं।

प्रत्येक गाँव के बाहर जाहेर थान होता है। वहाँ सखुए के पेड़ होते हैं। पेड़ों की संख्या निर्धारित नहीं है। कुछ गाँवों में जाहेर थान में 20 या 25 सखुए के पेड़ हैं और कुछ में चार या पाँच पेड़ ही पाये गये हैं। जाहेर थान में सन्तालों का विश्वास है कि बोंगा एवं उनके पूर्वजों की मृतात्माएँ रहती हैं। उनकी धारणाओं के अनुसार वहाँ के सखुआ के पेडों में भूत–प्रेत वास करते हैं। वहाँ पेड़ों के नीचे कुछ पत्थर रखे रहते हैं, जो जाहेर मरांग बुरु आदि देवताओं के प्रतीक होते हैं। सन्ताल स्त्रियाँ सिन्दूर लगाकर पूजा करती हैं। सन्तालों को विश्वास है कि उनके जाहेरा एरा, मोड़े तुरुई, मरांग बुरु, गोसाईं एरा और परगना बोंगा वहाँ रहते हैं। एक पेड़ के नीचे जो पत्थर रहता है, उसे वे जाहेर एरा मानते हैं, दूसरे पेड़ के नीचे जो पत्थर रहता है–उसे वे मोड़े तुरुई मानते हैं और पेड़ के नीचे जो तीसरा पत्थर होता है, उसे वे मरांग बुरु मानते हैं। चौथे पेड़ के नीचे के पत्थर को वे परगाना बोंगा मानकर पूजते हैं। पाँचवा पेड़ जो महुआ का होता है, उसके नीचे का पत्थर गोसाईं एरा माना जाता है। महुआ–वृक्ष को वे नारी–कुंज कहते हैं। इन पाँचों देवताओं के अतिरिक्त अन्य सखुआ के पेड़ों के नीचे पत्थर रहता है वे उनके विभिन्न बोंगा के प्रतीक होते हैं। उन्हें वे पूजते हैं। सन्तालों के गाँव बहुत साफ़–सुथरे रहते हैं। सूअर गाँव की सफाई के लिए सन्तालों का बहुत बड़ा साधन है। सूअर मैला साफ़ करते हैं। गाँव बस जाने पर सन्ताल गाँवों में वृक्ष लगाते हैं, आम के पेड़

और महुआ के पेड़ वे बहुत लगाते हैं। पानी की व्यवस्था वे पोखर खोद कर करते हैं या आस–पास की नदियाँ उन्हें जल देती हैं। जब नदियाँ सूख जाती है, तब वे बालू हटाकर पानी निकालते हैं। जब वहाँ पानी नहीं निकलता है, तब वे गड्ढा खोदते हैं, झरना बनाते हैं। बिहार सरकार में सन्ताली गाँवों में इधर बहुत कुओं का निर्माण किया है। कुआ–निर्माण की योजना बहुत बड़ी है। सरकार चाहती है कि सन्ताल गन्दे झरनों का जल पीना बन्द कर दें। इसीलिए कुआँ–निर्माण पर सरकार ज़ोर दे रही है।

सन्ताल गाँव में एक खलिहान होता है। सन्ताल लोग उसे हाराई कहते हैं। गाँव के बाहर ही उनका खलिहान होता है। वे एक स्थान को चुनते हैं। साधारणतः वह स्थान कुछ ऊँचा होता है। वे इस ऊँची ज़मीन को बराबर बनाते हैं। इसके बाद उसे गोबर और मिट्टी से अच्छी तरह लीप–पोत कर चिकना करते हैं। फ़सल जब कटती है, तब उसे वहाँ जमा करते हैं। वही पर दौनी करते हैं। दौनी को वे मण्डा कहते हैं। दौनी के बाद वे वहाँ पर ओसानी करते हैं। खलिहान में वे अनाज की सुरक्षा की व्यवस्था करते हैं। एक आदमी वहाँ रहता है। उसके रहने के लिए एक झोपड़ी होती है।

घर बनाने के पहले वे ज़मीन को देखते हैं। शकुन–अपशकुन पर विचार करते हैं। वहाँ एक कौआ टाँग देते हैं। वह पाँच दिनों तक टँगा रहता है। अगर पाँच दिनों में वह मर जाता है, तब वे उस स्थान को अपशकुन मानकर छोड़ देते हैं। पाँच दिनों के बाद वह जब बचा रह जाता है, तब माना जाता है कि वहाँ घर बनाना शुभ है। घर की नींव डालने के पूर्व उस धरती पर मरांग बुरु के नाम पर मुर्गा की बलि दी जाती है। घर–प्रवेश के समय घर के मालिक आस–पास की नदी में स्नान कर आता है, उसके हाथों में जल भरा एक लोटा रहता है। पूर्व में वह तीन सखुआ के पत्ते को रखता है और उन पर हांडी चढ़ाता है। मरांग बुरु और पिलचु हाड़ाम के नाम पर हँड़ी पत्ते पर डालते हैं। उनसे अनुरोध करते हैं कि तुम्हारा नाम लेकर मैंने घर बनाया है। तुम्हें देखना है कि भविष्य में कुशलता रहे। घर के आस–पास की ज़मीन में आम के वृक्ष लगाते हैं। घर के समारोहों में विधवा एवं तलाक़ दी गयी औरतें नहीं भाग लेती हैं।

सन्तालों के घर प्रायः एक ही प्रकार के होते हैं, उनमें विभिन्नताएँ नहीं मिलतीं, आँगन बीच में रहता है, उसके दोनों ओर कोठरियाँ होती हैं और दो ओर मिट्टी की दीवारें होती हैं। औसत सन्ताल घर 15 से 18 फ़ीट

लम्बा और 10 से 12 फ़ीट चौड़ा रहता है। दामिनकोह क्षेत्र में दो प्रकार के सन्ताल घर मिलते हैं--एक का नाम बंगला--ओरका है और दूसरे का नाम 'काटन--ओरका' है। पहले प्रकार का घर चौखूटा होता है, जिसकी लम्बाई 14 से 15 फ़ीट है, और उसकी चौड़ाई 9 से 10 फ़ीट है। इस प्रकार के घर के दोनों ओर छप्पर रहता है। दूसरे प्रकार का घर छाता के समान होता है। इसके चारों ओर छप्पर रहता है। प्रत्येक सन्ताल घर में घर के मालिक के लिए अलग कमरा रहता है। वही भण्डार घर भी होता है। उसे वे 'भीटार' कहते हैं। सन्तालों को विश्वास है कि उसमें उनके पूर्वजों की मृतात्माएँ रहती हैं। वे उनके लिए भोजन उस घर में रखते हैं। घर की विवाहित लड़कियों के लिए उसमें प्रवेश करना निषिद्ध है। पशुओं के लिए अलग स्थान रहता है। मुर्गियों को वे अपने घर में रखते हैं।

नृत्य और संगीत : सन्तालों के दैनिक जीवन में नृत्य और संगीत का महत्त्वपूर्ण हाथ है गीत उनके होंठों पर सदैव रहता है। नृत्य को वे अपने प्राण से भी अधिक प्यार करते हैं। 26 जनवरी, 1964 को बिहार ने दिल्ली के गणतन्त्र दिवस के सांस्कृतिक झाँकी में सन्ताल नृत्य के द्वारा अपना प्रतिनिधित्व किया है। उक्त टोलों का चुनाव करने के लिए मेरे आदरणीय मित्र श्री नवल किशोर गौड़ दुमका आये थे। उनकी इच्छा थी कि मैं भी नृत्य–टोलियों को देखने में उनका साथ दूँ। दो रोज़ तक देहातों में जाकर

सन्ताली लोकनृत्य की झाँकियाँ

सन्तालों के बीच रहकर हम लोगों ने सन्तालों की कई नृत्य–टोलियों को देखा। सन्तालों का कोई ऐसा गाँव हम लोगों को नहीं मिला जहाँ सन्तालों की नृत्य–टोलियाँ नहीं हों। सबसे बड़ी बात तो मैंने यह देखी कि 6 वर्ष की अबोध बालिका से लेकर 60 वर्ष की मृत्यु की देहरी पर खड़ी वृद्धा में भी नृत्य के लिए प्रेम–भावना है। वे उत्साह से नाचती हैं। नृत्य और संगीत के द्वारा वे अपने को चिन्ता से मुक्त पाते हैं। समाज के बीच रहकर भी वे आनन्द–मग्न रहते हैं। प्रत्येक सन्ताल गाँव के नाच के लिए एक निर्धारित स्थान है। वह खुला मैदान है, पर सन्ताल उस पर निगरानी रखते हैं। जब कोई समारोह करते हैं तब उसे वे मिट्टी और गोबर से लीप–पोत देते हैं। नृत्य–स्थल की सफ़ाई का काम विशेषतः कुमारी लड़कियाँ ही करती हैं।

सन्तालों के उत्सव एवं समारोहों से नृत्यों का विशेष रूप से सम्बन्ध है। उनके यहाँ कोई भी उत्सव या समारोह तब तक नहीं हो सकता जब तक उस अवसर पर नृत्य का आयोजन नहीं हो। सन्तालों के बीच नृत्य आशा, उमंग एवं उत्साह के प्रतीक है। वे नाचकर एवं गाकर अपने जन–जीवन के प्रति अपनी आस्था और विश्वास प्रदर्शित करते हैं।

पर्व से उनका नृत्य विशेष रूप से सम्बन्धित हैं। विशेष पर्व पर विशेष नृत्य ही वे करते हैं। कभी–कभी ऐसा देखा जाता है कि विशेष पर्व जिस माह में होता है, उस पूरे माह में वही विशेष नृत्य होता है। कुछ ऐसे भी नृत्य होते हैं, जिसे कभी भी किया जा सकता। उनके कुछ नृत्य केवल महिलाओं के लिए ही हैं और उनके कुछ ऐसे भी नृत्य हैं, जिनमें केवल युवक ही भाग लेते हैं। पर अधिकांश नृत्य ऐसे होते हैं, जिनमें पुरुष और नारी दोनों का योगदान रहता है। सन्ताल नृत्यों से जिनका सम्बन्ध नहीं है–जिनको पूरी जानकारी नहीं है, वे तो समझते हैं कि उनके सभी नृत्य एक ही प्रकार के हैं। उन्हें जो थोड़ी बहुत विभिन्नता दिखाई पड़ती है, वह केवल ताल और वाद्य यन्त्रों के चलते। कुछ युवक या युवतियाँ एक साथ नाचती हैं। एक–दूसरे के कमर में हाथ डालकर एक पंक्ति में वे खड़ी होती हैं। किनारे से या आगे पैर बढ़ाती हैं। फिर वे उसी प्रकार लौटती हैं। उनके पैर ढोलक की ताल पर उठते हैं। वे या तो वृत्त बनाकर पैर उठाती हैं या नृत्य–स्थल के एक ओर से दूसरी ओर गाना गाते बढ़ती हैं और फिर उसी क्रम में वापस आती हैं। बीच–बीच में वे गाती भी हैं। सन्तालों को जब भी आनन्द का अवसर प्राप्त होता है तब वे अपने आनन्द को, अपनी मस्ती को, अपनी उमंग को नृत्यों के प्रदर्शन द्वारा व्यक्त करते हैं। जब किसी घर में बच्चा पैदा होता है, तब उसका घर नाच और गीत में झूम उठता है। जब बच्चा समाज में प्रवेश करता है, उस अवसर पर भी वे नृत्य प्रदर्शित करते हैं। शादी–विवाह के अवसरों पर भी नृत्य होता है। एक सन्ताल ने हमें बताया था कि नृत्य सन्ताल की पुरातन संस्कृति की अमूल्य धरोहर है। जन्म से लेकर शादी तक उनके जितने भी उत्सव हैं, उन अवसरों पर सन्ताल एक ही प्रकार के नृत्य प्रस्तुत करते हैं, उस नृत्य को सन्ताल दोन कहते हैं। इन अवसरों पर केवल महिलाएँ ही नृत्य नहीं करती हैं। पुरुष वर्ग भी योगदान देता है। वाद्य यन्त्रों का संचालन पुरुष ही करते हैं। बापला (शादी) के अवसर पर जो नृत्य प्रस्तुत किया जाता है, वह शादी से सम्बन्धित नृत्य होता है। पुरुष वर्ग शिकार खेलने के दिन रात में 'दोनगर' नृत्य करते हैं। यह एक प्रकार का जंगली नृत्य होता है। उस अवसर पर नृत्य में कूद–फाँद वे करते हैं। बाहा पर्व पर वे अपूर्व उत्साह से नाचते हैं जो सबसे बड़ा होता है, वह पंक्ति की एक छोर पर रहता है, जो छोटा होता है वह पंक्ति की अन्तिम छोर पर रहता है। वे सभी एक साथ झुकते हैं और फिर गर्दन उठाते हैं। वे दो या तीन पग

आगे धरते हैं और पुनः उसी क्रम में वापस चले आते हैं। वे गाना गाते रहते हैं और बाजा बजाते रहते हैं। नाचने के समय युवतियाँ अपने माथे के

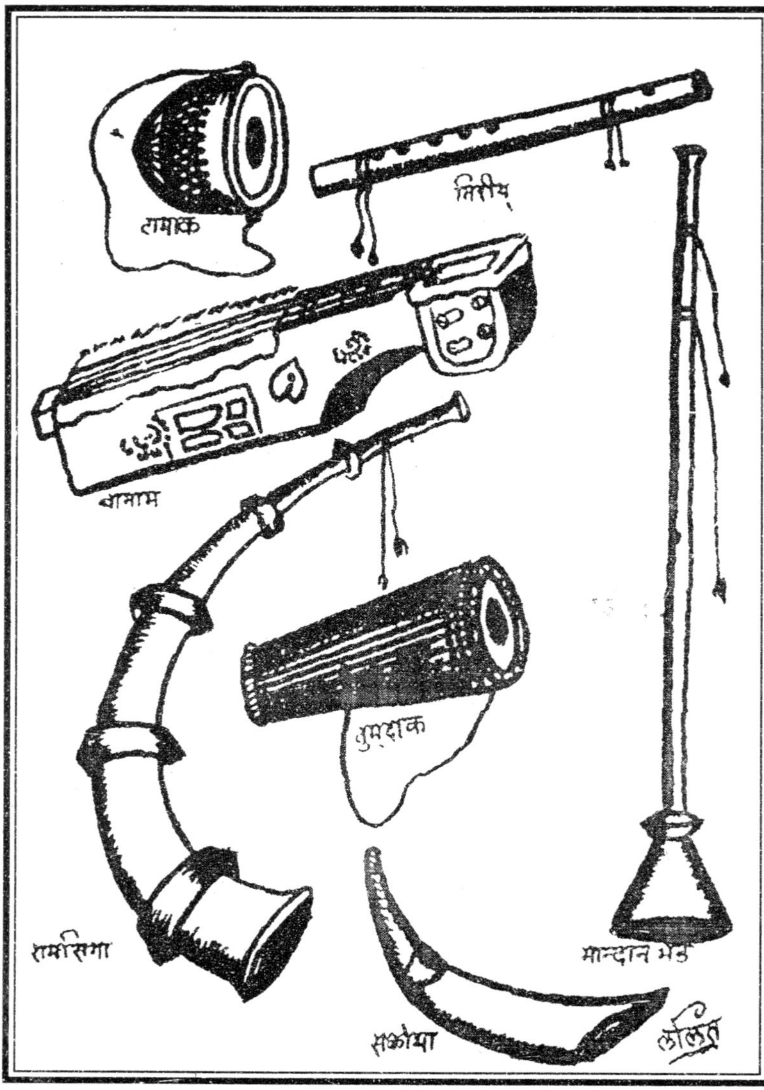

सन्तालों के वाद्ययन्त्र

जूड़े में फूल लगाये रहती हैं और युवक अपनी पगड़ी में मोर के पंख लगाये रहते हैं। शादी या पर्व के अवसर पर नृत्य दिन को भी होता है। गर्मी के दिनों में सन्ताल प्रतिदिन रात में नृत्य करते हैं। देखने में सन्तालों का नृत्य तो एक ही प्रकार का लगता है, पर वस्तु–स्थिति इससे भिन्न है। उनके नाच कई प्रकार के हैं। बोडिंग ने अपने सन्ताली शब्द कोष में सन्तालों के नृत्य की सूची दी है, उसमें 31 प्रकार के नृत्यों का उल्लेख है।[1]

सन्ताल संगीत बहुत व्यापक है। कुछ लोगों की धारणाएँ हैं के नृत्य के साथ ही उनका संगीत प्रदर्शित होता है। पर ऐसी बात नहीं है। संगीत का अपना भी क्षेत्र है जो नृत्य से अलग है। सन्ताल जितना नृत्य–प्रेमी है, उससे अधिक ही संगीत–प्रेमी है। संगीत के द्वारा ही वे अपनी भावनाओं को व्यक्त करते हैं। छोटे–छोटे सन्ताल बच्चे जंगल में या तो जानवर चराने या लकड़ी काटने जाते हैं, तब वे मधुर स्वर में बाँसुरी बजाते हैं। बाद में वे सफल बाँसुरी–वादक हो जाते हैं। बाँसुरी में छः छेद रहते हैं। बाँसुरी को वे श्रद्धा से बजाते हैं। भगवान कृष्ण की बाँसुरी के रूप में उसे वे ग्रहण करते हैं। सन्तालों का वाद्य–यत्र बहुत ही कम है। ढोल उनका मुख्य वाद्य–यंत्र है। वह आकार और स्वर दोनों में विशाल होता है। साधारणतः वह दो प्रकार का होता है। नृत्य के समय उसे बजाया जाता है। एक का नाम टुमदक् और दूसरे का नाम तामक् है। टुमदक् मिट्टी का बना हुआ होता है और वह शूण्डाकार होता है। उस पर चमड़ा लगा रहता है। तामक् लोहे का बना रहता है। उस पर भी चमड़ा लगा रहता है। इनका प्रदर्शन एवं प्रस्तुतीकरण शादी के समय होता है। उस समय यह नृत्य विशेष रूप में किया जाता है। सरपा वाद्य–यत्र को छोड़कर सन्ताल नारियाँ अन्य वाद्य–यन्त्र को नहीं बजाती हैं। सन्तालों के नृत्य, वाद्य–यन्त्र एवं संगीत में सुधार लाने का प्रयास कभी–कभी होता है। मेरी दृष्टि में सन्तालों के संगीत एवं नृत्य में भारतीय तत्त्वों को प्रचलित करने की आवश्यकता नहीं है। आवश्यकता तो यह है कि सन्ताली नृत्य एवं गीतों को उसके परम्परागत रूप में ही लोकप्रिय बनाया जाय एवं विकसित किया जाय। सन्तालों के नृत्य और संगीत की शुद्धता एवं विशिष्टता की रक्षा होनी चाहिए। ऐसा करने पर ही हम सन्तालों के जीवन की भावात्मक आवश्यकता की स्वाभाविक संपुष्टि कर सकते हैं।

सन्दर्भ

1. P. O. Bodding – "How the Santals Live" Memoire of the Royal Asiatic Society of Bengal, Calcutta, 1940, Vol. X No. 3. p. – 434.

2. श्री आदित्य मित्र सन्ताली, सन्तालों के बीच अंग्रेज़ों का प्रवेश, प्रकाश, आदिवासी अंक, जनवरी, 1947, पृ. 131.

3. The following are names of dances practised by grown-up people. Baha ence'; Buru beret, enec; Bhinsar enec, Don enec, Dunger ence'; Dharua (ordhaura) enec', Dhundar bhet enec,; Dhurumjak enec; Dahar enec, Danta enec, Dom enec,

Gadoe ence, Gidini enec Golwari enec (or-Gulwari enec'; Gunjar enec').

Jale enec'; Jatra bonga enec'; Jatur enec'; Jhika enec'. Kundur jhagra enec'; Kunkal cak enec'; Kutun pota enec'. Lagre enec'; Lauria enec'; Loboe enec'. Mander enec'; Marak enec'; Matwar enec'. Pad don enec'; Rinja enec'. Sohrae enec'. Taini enec'

Bodding's Dictionary, Vol II. p. 331.

समाज-दर्शन

- सन्ताल कुछ विशेष पक्षियों और पशुओं के मांस नहीं खाते। कारण उनके गोत्र का नाम उन पशु–पक्षियों के नाम पर आधारित है।
- सन्तालों के बीच भाई–भाई में प्रगाढ़ स्नेह रहता है। खेल में, कूद में, खेत में, खलिहान में, गोचर भूमि में साथ–साथ वे रहते हैं। उनका सम्पर्क ऐसा होता है कि उन्हें अलग नहीं किया जा सकता है।
- सन्ताल युवतियाँ गोदना को शुभ मानती हैं। गोदना पर उन्हें नाज है। गोदना को वे इस लोक का श्रृंगार और परलोक का एक सहारा मानती हैं। परलोक में गोदना देखकर कीड़े उन्हें नहीं काटते हैं।

सन्ताल-समाज : एक अध्ययन

सन्तालों का जीवन लिखित नहीं है। जो लिखित है भी; वह दन्त–कथओं पर आधारित है। उनके समाज संगठन के सम्बन्ध में जो लिखित साहित्य उपलब्ध हैं उनमें कम भिन्नता नहीं है। मानववादी विद्वानों ने सन्तालों के सम्बन्ध में बहुत कुछ जानकारी प्राप्त की। उनके जानकारी प्राप्त करने के साधन हैं–जागरूक सन्ताल। उनके पूर्व पुरुषों द्वारा कोई लिखित साम्ग्री उपलब्ध नहीं है। वे जो जानते हैं, वही लोगों को बतलाते हैं। वे ही सारी बातें मानववादी विद्वानों द्वारा लिखित होकर हम सब के सामने आती हैं। सभी सन्तालों की जानकारी एक समान नहीं है। अतः विद्वानों द्वारा जो साहित्य उनके सम्बन्ध में आता है, उसमें भिन्नता पायी जाती है। ऐसी स्थिति में विभिन्नताओं का होना स्वाभाविक भी है।

प्रत्येक जाति के इतिहास में मानव के जन्म की कहानी अंकित है। सन्तालों के इतिहास में उनकी कहानी अंकित है। श्री जे. जी. फ्रेजर ने अपनी पुस्तक 'फोकलोर इन ओल्ड टेस्टामेण्ट' में कहा है कि सन्ताल कहानी में मानव के जन्म, उसके विकास की जो कहानी है, वह मानवीय सृष्टि और विकास की कहानी है। उनके अनुसार मानव दो मूर्तियों की देन है, जो मिट्टी द्वारा मानव के रूप में निर्मित हुई थीं। बाद में वे अनायास पक्षी के रूप में बदल गयीं। उन्होंने बाद में अण्डे दिये, उनसे ही हाड़–मांस का पहला पुरुष और पहली औरत पैदा हुई। पुरुष का नाम पिलचु बुड़ही और औरत का नाम पिलचु बाड़ही रखा गया। उन्हें बारह लड़के और बारह लड़कियाँ हुई। बाद में उन लोगों ने उन्हें 12 गोत्रों में बाँट दिये, जो इस प्रकार हैं–हौसदाक्, मुर्मू, किस्कू हेम्ब्रम्, सोरेन, टुडू, बासके, मार्ली, बेसरा, पौंडिया, चौडे और बेदिया। पहले उनका विभाजन सात ही गोत्र में हुआ था, बाद में पाँच गोत्र की और सृष्टि हुई। सन्ताल के मूल गोत्र–हासदाक्, मुर्मू, किस्कू, हैम्बरम्, सोरेन, टुडू और बासके ही हैं।

मार्ली, बेसरा, पौडिंया, चौड़े और वेदिया बाद के गोत्र हैं। सन्तालों ने अपने गोत्रो का विभाजन जो किया है, वह बहुत ही श्रम सिद्ध है। एडवर्ड ग्रांट ने अपनी पुस्तक 'सन्थाल और सन्थालिया' में सन्तालों के गोत्रीय विभाजन पर प्रकाश डाला है। उनके अनुसार सन्तालों का गोत्र इस प्रकार उल्लिखित है–

गोत्र

01. हासदाक्	07. बेसरा
02. मुर्मू	08. किदोर
03. सोरेन	09. बासके
04. टुडू	10. मारमोरिंग
05. मार्ली	11. बेसरा
06. किस्कू	12. हेम्ब्रम

एडवर्ड ग्रांट ने वीसेरा, किदोर और मारमोरिंग को किस आधार पर सन्ताली गोत्र माना है, समझ में नहीं आता। उपलब्ध साहित्य इन गोत्रों के सम्बन्ध में मौन है। सन्ताल परगना में इन गोत्रों के आदमी नहीं मिलते। श्री डाल्टन एवं सर हरबर्ट रेसली ने भी सन्तालों के गोत्रों पर प्रकाश डाले हैं। श्री डाल्टन ने 'इन्थोलोजी औफ बंगाल' में सन्तालों का गोत्रीय विभाजन इस प्रकार किया है–

1. सारन	7. टुडू
2. मुर्मू	8. बसकी
3. मार्ली	9. हेम्बरो
4. किस्कू	10. करवार
5. बेसरा	11. चौंड़
6. हासदाक्	

डाल्टन ने करवार को मूल गोत्र बताया है, पर करवार मूल गोत्र नहीं है। वह तो हासदाक् का उप–गोत्र है। सर हरबर्ट रेसली ने बारह गोत्रों का उल्लेख किया है, जो इस प्रकार है–

1. हासदाक्	7. बासके
2. मुर्मू	8. बेसरा
3. किस्कू	9. पुडिया

4. हेम्बरम्	10. चौंड
5. सरेन	11. मराण्डी
6. टुडू	12. वेदी

साधारणतः सामाजिक तौर पर सभी एक समान हैं, गोत्रों के चलते कोई छोटा–बड़ा नहीं होता है। एक गाँव में एक ही गोत्र के लोग रहते हैं, ऐसी बात नहीं है। मुझे कुछ गाँव ऐसे मिले हैं, जहाँ एक गाँव में चार–चार पाँच–पाँच गोत्र के सन्ताल रहते हैं। पहले शायद ऐसा ही था कि एक गोत्र के लोग एक ही गाँव में रहें। पर ऐसी सामाजिक व्यवस्था नहीं है। सन्तालों को 12 गोत्रों में भले ही विभाजित किया गया हो, पर सन्ताल परगना में बेसरा, मुर्मू, किस्कू, टुडू, हासदाक्, सोरेन, मारंडी, हेम्बरम और बासके ही प्रधान रूप से मिलते हैं। मेरे आदेशपाल धन्या मरन्डी ने मुझे बताया था कि चौंडा, बेसरा और बेदी को सन्ताल लोग हीन समझते हैं। जाँच करने पर यह बात कुछ सीमा तक सत्य मालूम पड़ी। श्री पी.सी. विश्वास ने भी 'सन्ताल्स ऑफ़ दी सन्ताल परगना' में यह स्वीकार किया है। उन्होंने लिखा है कि 12 गोत्रों में मेरे मित्र समीर जी का लेख 'सन्ताल' शीर्षक से छपा है। उसमें उन्होंने बताया है कि उनके गाँव में एक समय बेदिया गोत्र के सन्ताल रहते थे, पर वे अब कहीं नहीं मिलते। सम्भवतः उनका लोप हो गया है। समीर जी को अपने गाँव वालों से पता चला है कि वे उस समय हीन समझे जाते थे। मुझे तो ऐसा लगता है कि इन तीनों गोत्र वालो ने अपने नाम बदल कर दूसरे गोत्र वालों के नाम को रख लिया है। अपने गोत्र का नाम बतलाने से उन्हें अपनी हीनता का अनुभव होता था, इसलिए वे दूसरे गोत्रों के नाम बतलाने लगे और इस प्रकार इन तीनों गोत्रों का लोप हो गया या लोप हो रहा है। आज अधिकांशतः सन्ताल अपने गोत्र के अर्थ नहीं जानते। वे उसे बताने में अपनी असमर्थता प्रकट करते हैं। बताया जाता है कि सन्ताल कुछ विशेष पक्षियों और पशुओं के मांस नहीं खाते। कारण, उनके गोत्र का नाम उन पशु–पक्षियों के नाम पर आधारित है। कुछ गोत्रों का अर्थ इस प्रकार बताया जाता है–

हासदाक्	–	जगली हंस
मुर्मू	–	नील गाय
हेम्ब्रम	–	सुपाड़ी का पेड़
मरंडी	–	साबी घास

सोरेन	–	सुरइया (पक्षी)
बेसरा	–	बाज
चौंड़े	–	गिरगिट
पौंडिया	–	कबूतर

अन्य गोत्रों का भी अर्थ पशु–पक्षियों के नामों पर आधारित है–ऐसा बताया जाता है, पर इसकी पूरी जानकारी इच्छा रखते हुए मैं भी नहीं पा सका। पी. ओ. बोडिंग ने अपनी सन्ताली भाषा की पुस्तक 'होड़को रेन मारे हापड़ामकोवाक् कथा' में कहा है कि सन्तालों की लोककथाओं के अनुसार हासदाक्, मुर्मू, किसकू, हेम्ब्रम, मराण्डी, सोरेन और टुडू–यही सात लड़के पिलकू–हड़ाम और पिलकू बुड़ी के हैं, बाद में और पाँच जोड़ दिये गये हैं। इन पाँचों को समाज में वह स्थान नहीं प्राप्त है, जो उन सात गोत्रों के लोगों को प्राप्त है। बासके पहले मूल गोत्र में ही आता था, पर सन्ताल जब चम्पागढ़ में रहते थे, तब कुछ आचरणहीनता के कारण वे अलग कर दिये गये। वे बासके कहलाने लगे। कुछ सन्ताल अपने दुश्चरित्र आचरण के लिए समाज से निष्कासित किये गये थे। ऐसे समाज से निकाले गये सन्ताल बेसरा कहलाने लगे। बोडिंग के अनुसार सन्ताल एक बार शिकार खेलने गये थे। उनके साथ कई आदमी थे। उनमें दो आदमी ने कबूतर और गिरगिट के सिवाय कुछ नहीं मारा। जिस व्यक्ति ने कबूतर मारा, उसके वंशज पौंड़िया कहलाये और जिन्होंने गिरगिट मारा उनके वंश चौड़े कहलाये। बेदिया गोत्र के सम्बन्ध में कहा जाता है कि इस गोत्र की उत्पत्ति तब हुई जब चम्पा में माण्डों सिंह का राज्य था। उस समय सन्ताल हिन्दुओं के सम्पर्क में आने लगे थे। यह भी कहा जाता है कि बेदिया गोत्र के आदि पुरुष वर्णसंकर थे। उनके पिता राजपूत थे और उनकी माँ किसकू जाति की थी। सन्तालों में दिकू से यौन–सम्बन्ध निषिद्ध है। ऐसे संसर्ग से जिस गोत्र की उत्पत्ति हुई वह सन्तालों की सामाजिक दृष्टि में हीन समझे गये।

गोत्रों के उपगोत्र अनेक हैं। सन्ताल गोत्र को पारिस कहते हैं और उपगोत्र को वे खूँट कहते हैं। सन्ताल उपगोत्र पिता से प्राप्त करते हैं। उपगोत्र का विभाजन इस प्रकार हुआ है–

बासके–	नीज, सदा, खील, सुरी, खेखार, लोट, मुण्डू।
बसेरा–	वूद्रा, काहू, कारागुजा, नीज, सिवाना, सोना, सूंग, सादा, नीकी, खील, लोट, काहू।

हासदाक्— गुआ, शहर, कुमार, लाहेर, दानहेल, नीज, रूह, लूटर, नीक, खील, सादा, माँझी खील।

किस्कू— अबर, अह, कच्छुआ, लाट, नाग, नीज, सादा, रोह—लूटर, सोमल, नकी, खील, सोना, बूरू बारेट।

मरंडी— बुरुवेट, कीकार, माँझी, खील, नेकी खील, नीज, रोथ, सदा, रोकलूटर, खेवार, सीदीप, खाण्डा, खाण्डा जोगीय, रूपा।

मुर्मू— वीटोल, कोरा, कोपीयर, हण्डी, नीज, सदा, सामाके, सारी, सिकीया, टिकीया, नीकी खील, माँजी खील, लेहर।

सोरेन— सदा नीज, जूगी, चारकीर, माँझी खील, नीक खील, सीदूल साक, खण्डा, पोयटा, टोका, माल सोरेन, रोक—लूटर।

टुडू— अगरिया, झीगी, दानटोला, लाट, माँझी खील, नीकखील, नीज सदा, रूह लूटर, सूंग।

पौंडिया— मूण्डू, काहूर, सीवूय, नीकी खील, नीज सदा, माँझी खील।

चौंड़े— नीकी खील, काहू, नीज, लाट, माँझी खील, सादा, गुआ।

बेदिया— इस गोत्र के व्यक्ति नहीं मिलते, अतः उपगोत्र का प्रश्न ही नहीं उठता। पर यह बताया जाता है कि पहले इस गोत्र के भी अनेक उपगोत्र थे, पर सभी लुप्त हो गये हैं।

सन्तालों में स्वगोत्र में विवाह—सम्बन्ध वर्जित है। एक गोत्र के व्यक्ति दूसरे गोत्र में शादी नहीं कर सकते। पर मराण्डी और किसकू तथा टुडू और बेसरा में साधारणतः विवाह नहीं होता है। मराण्डी और किसकू में एक बार संघर्ष हुआ था, उसके फलस्वरूप दोनों में यौन—सम्बन्ध निषिद्ध हो गया। टूजू और बेसरा के सम्बन्ध में एक कहानी प्रसारित है। टुडू गोत्र वाले सन्ताल नाच और गाना में मग्न रहते थे। वे एक रात में बारह नृत्य करते थे। एक दिन उन्होंने एक योजना बनायी। एक नदी के तट पर नाचने की व्यवस्था की गयी। नदी के दूसरे छोर पर बेसरा की 12 लड़कियाँ धान रोप रही थीं। टुडू गोत्र के लड़कों ने निश्चय किया कि

बेसरा की लड़कियों को रात भर नचाया जाय। नदी के उस पार वे गये। रात भर वे उनके साथ नाचे भी। पर वापसी यात्रा में वे नदी में डूबने लगे। बेसरा की लड़कियों ने मछली फँसाने वाली जाली फैलाकर दो टुडू युवकों के प्राणों की रक्षा की। टुडू कुमार जिस लड़की की जाल में फँसे थे, वह उम्र में सबसे छोटी लड़की थी। उसने टुडू कुमार से शादी करने का निश्चय किया। पर उस लड़की से अन्य बड़ी लड़कियाँ थीं, उन लोगों के रहते छोटी की शादी कैसे हो। इस प्रश्न को लेकर काफ़ी वाद–विवाद हुआ। उनके वाद–विवादों से टुडू कुमारों को बहुत दुःख हुआ। इस कारण उन लोगों ने निश्चय किया कि बेसरा की लड़कियों से अब वे शादी नहीं करेंगे। तब से बेसरा और टुडू में शादी निषिद्ध है।

सन्तालों के गोत्रीय विभाजन पर हिन्दुओं के संस्कार का भी प्रभाव पड़ा है। कुछ विद्वानों का कहना है कि हिन्दुओं के संस्कारों के अनुसार मुर्मू पुरोहित का काम करते हैं। अतः वे ब्राह्मण हैं; सोरेन सैनिक हैं, अतः वे क्षत्रिय हैं; मराण्डी व्यापारी हैं, किस्कू राजा हैं। हिन्दुओं के वर्णाश्रम के आधार पर सन्तालों का गोत्रीय विभाजन हुआ जान पड़ता है। पर यह धारणा और विश्वास नया जान पड़ता है। इस प्रकार की धारणा का कोई पुराना आधार नहीं है।

नातादारी की रूप-रेखा

सन्ताल परिवार का आधार एक सम्पूर्ण बन्धुत्व पर आधारित है। पर उनका विकास दो दिशाओं में उन्मुख रहता है। पिता का पक्ष और माता का पक्ष वे दो धाराएँ हैं, जिन पर सन्ताल परिवार आधारित है। माता के पक्ष की उपेक्षा होती है, फिर भी सन्ताल के परिवार को हम द्विपार्श्व सीमित श्रेणी में मानते हैं। वंश–परम्परा एक रक्त–सम्बन्ध से ज्ञात होता है। सन्तालों का बाह्य जात उद्भव है। वे केवल बाह्य जातीयता से सम्बन्धित नहीं हैं, उनका सम्बन्ध प्रकृतिवाद और प्रतीकवाद से भी है। सन्ताल गोत्र एवं उपगोत्र में विभाजित हैं। उनके गोत्रों एवं उपगोत्रों का नामकरण पेड़–पौधे, जानवर आदि पर आधारित है। सन्ताल मुण्डा की भाँति बाह्य जात एवं प्रकृतिवाद और प्रतीकवादी हैं। श्री एम. राय ने प्रकृतिवादी श्रेणी के सम्बन्ध में विचार किया है। उनके अनुसार प्रकृतिवादी जाति के विकास की विशेषता होती है–मिश्रण, पृथक्करण एवं सामान्यकरण। कई परिवार जब एक सम्पर्क में आते हैं और एक नाम रखते हैं तब जाति का मिश्रण होता है और जब जाति बहुत बड़ी हो जाती है तब वह कई वर्णों में बँट जाती है। यह जाति का पृथक्करण कहलाता है। मूल जाति का नाम किसी जानवर के नाम पर पड़ता है, तब उस जानवर के आगे के नाम पर पृथक्करण के बाद जाति बनती है, उसका नामकरण होता है। ऐसा भी होता है कि उस वृक्ष या उस जानवर से किसी आदमी की रक्षा होती है या उसे कष्ट पहुँचता है। इसके फलस्वरूप उस जानवर या वृक्ष के प्रति बन्धुत्व एवं श्रद्धा का भाव उत्पन्न होता है। यह भावना पीढ़ी दर पीढ़ी बनी रहती है। इस प्रकार सामान्यकरण के द्वारा प्रतीकवादी का स्पष्टीकरण होता है।[1] सन्ताल गाँवों में एक ही पारिस या खूँटी के लोग बसते हैं या एक या दो पारिस के लोग निवास करते हैं। सन्ताल समाज 12 गोत्रों में विभाजित है, उन्हें प्रकृतिवादी एवं प्रतीकवादी जाति कहा जाता है पर

सन्तालों में कम ही आदमी ऐसे मिलते हैं जो प्रकृतिवाद एवं प्रतीकवाद के उद्‌भव पर प्रकाश डाल सकते हैं। इस प्रकार की जाति की विशेषता होती है–अपने गोत्र में वे शादी नहीं करते हैं। सन्ताल अपने गोत्र में शादी नहीं करते हैं। अपने गोत्र में यौन सम्बन्ध वर्जित है, वह दण्डनीय है। परिवार और जाति से ऐसा होने पर निकाल दिया जाता है। सन्ताल पैतृक जन होते हैं। कुमारी लड़कियों की शादी होते ही वह अपने पति के घर चली जाती हैं। सन्ताल नारियाँ जब तक कुमारी हैं, तब तक पिता की हैं, जब उनकी शादी हो जाती है, तब वह अपने पति की हो जाती हैं–उसके परिवार की हो जाती हैं। सन्तालों में नातादारी बहुत ही रोचक है। सन्ताल नातादारी के बन्धन में बँधकर रहते हैं। एक व्यक्ति का परिवार के साथ क्या सम्बन्ध है, उसे वह व्यक्त करता है। सभ्यता एवं प्रगति के नाम पर नातेदारी की डोरी ढीली नहीं हुई है।

बाप और बेटा में साधारणतः स्थिति उच्चता और अधीनता की रहती है। परिवार के संचालन का भार पिता पर रहता है, पुत्र उसके संकेत पर समाज में रहता है। पिता पुत्र को सदैव निर्देश देता है और उसका अनुपालन करना पुत्र का धर्म होता है। पिता की आज्ञा उनके लिए ईश्वर का सन्देश मानी जाती है। पिता भी अपने उत्तरदायित्व को अपने पुत्रों को सौंप देता है। वे पिता के प्रतिनिधि के रूप में काम करते हैं। उनकी भूल चूक का उत्तरदायित्व पिता के माथे पर रहता है। पिता बड़े लड़के को बहुत मानता है। इसका कारण यह होता है कि वही उसका उत्तराधिकारी होता है। बड़ा लड़का भी पिता के कार्यों में हाथ बँटाकर उन्हें बुढ़ापे में राहत देता है। बाप कुछ करने लायक नहीं रहता है। तब लड़के ही सब काम करते हैं। साधारणतः सन्ताल 60 वर्ष की आयु तक अपने परिवार का नेतृत्व करता है। परिवार के सभी काम उसके ही संकेतों पर होते हैं। घर का वह मालिक होता है। माता के प्रति भी लड़का का वैसा ही ममत्व रहता है। माँ अपने लड़के को पिता से अधिक स्वतन्त्रता देती है। सास–पतोह के झगड़े में भी सन्ताल अपनी पत्नी का पक्ष वैसा नहीं लेता है, जैसा वह माँ का लेता है। यह एक आदर्श है। इस आदर्श का उल्लंघन भी होता है। बेटी के जीवन–निर्माण में माँ का बहुत हाथ रहता है। पिता की देखरेख में लड़के पलते हैं। माँ की देख–रेख में लड़कियाँ पलती हैं। माँ अपनी बेटी को सन्ताली संस्कार में डालती है और पिता का उत्तरदायित्व रहता है–बेटी के लिए वर खोजना।

दादा और दादी से पोता और पोतियों का सम्बन्ध रहता है। नाना–नानी से भी नाती–नतिनियों का अभिन्न सम्बन्ध रहता है। दादा अपनी पोती से हास–परिहास करता है, वह अपने को ऐसा प्रदर्शित करता है, जैसे वह जवान हो। वह अपनी पोती से शादी तक करने की बात करता है। पोता अपने दादा के कपड़ों को गन्दा करके हँसता है। दादा–पोता दोनों को एक–दूसरे को चिढ़ाने में आनन्द मिलता है। कभी–कभी ऐसा देखा जाता है कि दादा में जब बहस होने लगती है तब बच्चे हँसते हैं। श्री बोडिंग ने पोता–पोती एवं दादा–दादी के हास–विलास पर विस्तृत रूप से विचार किया है। दादा और पोती का सम्बन्ध सम्मान एवं श्रद्धा का सम्बन्ध है। मुझे यह समझ में नहीं आता है कि यह हास–परिहास उनमें कैसे चला आता है। प्रो. रॉड किल्क ने दादा–पोती के हास–परिहास के सम्बन्ध में स्पष्टीकरण दिया है। उनका कहना है–हास–परिहास सामाजिक सम्बन्ध को तोड़ने और जोड़ने की एक प्रक्रिया है। श्री एस.सी. राय ने ओरॉंव (उरांव) में प्रचलित दादा–पोती में हास–परिहास का उल्लेख किया है।

पिता के समान ही सन्ताल अपने चाचा को सम्मानित करते हैं। उन्हें श्रद्धा की दृष्टि से देखते हैं। कभी–कभी तो ऐसा देखा जाता है कि सन्ताल अपने चाचा को अपने पिता से अधिक मान देते हैं। बड़े चाचा के प्रति वे अपने पिता से अधिक श्रद्धा व्यक्त करते हैं। पिता से जो छोटे चाचा होते हैं, उन्हें भी वे सम्मान देते हैं। चाचा और भतीजे की उम्र में जब कम अन्तर होता है तब सम्मान देने का प्रश्न नहीं उठता है, वे सहकर्मी की भाँति परिवार के काम में जुटे रहते हैं। घर में जब शादी होती है तब चाची की भी पूजा होती है, उनकी भी पूछ होती है। वह खाना बनाती है, दूल्हा के बदन पर तेल लगाती है। मामा और मामी से वैसा सम्बन्ध सन्तालों का नहीं रहता जैसा चाचा और चाची से होता है। एक कारण तो यह होता है कि मामा–मामी दूसरे गोत्र के होते हैं और वे दूसरे गाँव में रहते हैं। शादी के अवसर पर मामा भी आता है। वह भी भाग लेता है। पर उसे कोई विशेष काम नहीं करना पड़ता है। मौसी के प्रति सन्तालों का उतना ममत्व नहीं फूटता है, जितना बुआ के प्रति। भाई–भाई के बीच प्रगाढ़ स्नेह रहता है। खेल में, कूद में, खेत में, खलिहान में और गोचर भूमि में साथ–साथ वे रहते हैं। उनमें सम्पर्क इतना होता है कि उन्हें अलग नहीं किया जा सकता है। वे बढ़ते हैं, उनकी शादी होती है, वे दूसरे घर

में रहने लगते हैं, फिर भी उनका अपनापन नहीं टूटता है। उसमें परिवर्तन नहीं आता है। पिता के देहान्त के बाद बड़ा भाई ही पिता का स्थान ले लेता है। बड़ी बहन को भी सन्ताल बड़ी श्रद्धा और स्नेह से देखते हैं। कारण यह है कि बड़ी बहन अपनी गोद में उन्हें बचपन में खेलाती है, उनका पालन–पोषण करती है। भाई अपनी बड़ी बहन के चरणों को स्पर्श कर आशीष चाहता है। छोटी बहन को भी भाई बड़े स्नेह और प्यार से देखते हैं। बहनों में भी बहुत मेल रहता है। बड़ी बहन छोटी बहन को बहुत प्यार करती है। वह उसे सज़ाती है। विवाह और नृत्य के अवसर पर उसका वह रूप सँवारती है। छोटी बहन बड़ी बहन से बहुत–सी बातें जानती है उसमें कोई बात छिपाती नहीं है। उसकी राय पर चलती है। छोटी बहन को बड़ी बहन आत्म–पालक मानती है। शादी के समय छोटी बहन घण्टों जोगमाँझी के यहाँ वर–वधू के स्वागत के लिए खड़ी रहती है।

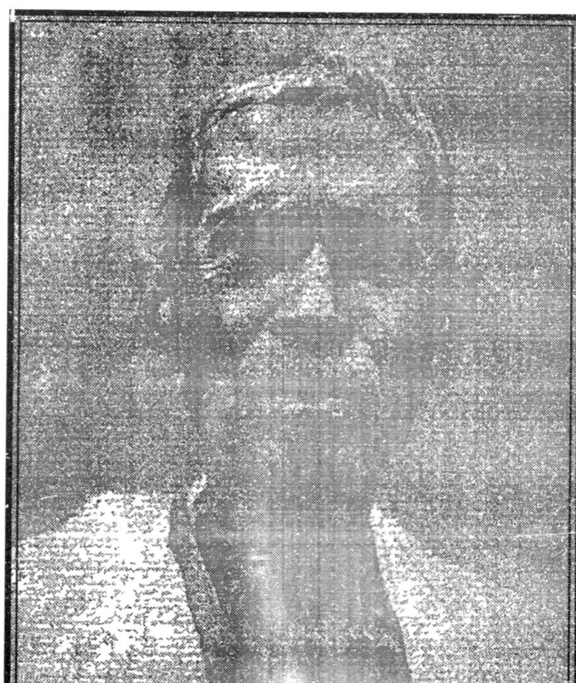

सन्ताल वृद्ध

पति और पत्नी दोनों को बराबरी का स्थान समाज में प्राप्त है। समाज दोनों को समानता की दृष्टि से देखता है। सन्ताल–संस्कार के अनुसार दोनों के कर्त्तव्य और धर्म अलग–अलग निर्धारित रहते हैं, उन्हें सम्पन्न करने में दोनों को समानता प्राप्त है। अपने पति के समक्ष तीसरे व्यक्ति से बोलने को सन्ताल स्त्री को स्वतन्त्रता मिली हुई है। दामाद अपने ससुर को पिता के समान पूजता है। सास और दामाद का भी सम्बन्ध बेटा और माँ का रहता है। वे सभी एक सात पोचाई पीते हैं। पतोहू भी अपने ससुर को अपने पिता के समान मानती है। वह उनसे बातें ऐसी करती है जैसे वह उनकी बेटी हो। अपने बच्चे को वह उनके सामने या उनसे बातें करती हुई दूध पिलाती है। ससुर भी अपनी पतोहू को अपनी बेटी के सदृश मानता है। छोटे साला के साथ वे हास–परिहास करते हैं, पर साले की वधू से वे हास–परिहास नहीं करते हैं। उसे वे अपनी छोटी बहन मानते हैं। बड़े साले की पत्नी से भी वे हास–परिहास नहीं करते हैं, उसे वे अपनी बड़ी बहन मानते हैं। पर साली से हास–परिहास चलता है। कभी–कभी हास–परिहास बढ़ते–बढ़ते यौन सम्बन्ध तक चला जाता है। बहुएँ अपने पति के बड़े भाई से बहुत दूर रहती हैं। उनका नाम लेना और उन्हें स्पर्श करना पाप समझा जाता है। शादी के अवसर पर ज्येष्ट भाई वधू को स्पर्श करता है, बाद में दह उसके लिए अस्पर्श बन जाती है।

उसके बिछावन पर भी वह नहीं बैठता है। देवर से उसका भिन्न सम्बन्ध रहता है। देवर–भाभी में हास–परिहास ख़ूब चलता है। सन्ताल पत्नियाँ अपने ज्येष्ठ को पूज्य और अपनी छोटी ननद को अपनी छोटी बहन मानती हैं। उसे वे अपनी सहेली समझती हैं। उन्हें वह सुख–दुःख में अपना भागीदार मानती हैं।

सन्ताल समाज में नारियों का बहुत बड़ा स्थान है। उनका स्थान पुरुषों से नीचे अवश्य है, पर समाज में उनकी उपेक्षा नहीं हो सकती है। उनको समाज से अधिकार प्राप्त है और उन्हें समाज के प्रति उत्तरदायित्व भी ग्रहण करना पड़ता है। सन्ताल संस्कार एवं परम्पराएँ इस बात की साक्षी हैं। सन्तालों के सामाजिक जीवन में इधर बहुत उलटफेर हुए हैं, सन्ताल नारियों की स्थिति में भी परिवर्तन आये हैं। सन्ताल नारियों की स्थिति की जाँच काफ़ी हुई है। श्री आर्चर ने भी इस सम्बन्ध में जाँच की है। नारी पुरुष की सम्पत्ति मानी गयी है। समाज में नारी का यही स्थान निर्धारित है। सन्ताल क़ानून एवं परम्परा की दृष्टि में वह पुरुष से बँधी हुई है।

जब शादी होती है तब वह अपने पति के सहारे चलती है, जब वह विधवा हो जाती है तब उसकी देखरेख उसके लड़के करते हैं। एक सन्ताल कहावत के अनुसार पत्नी अपने पति की सम्पत्ति है। साधारणतः जब तक वह कुमारी है, तब तक वह पिता के अधीन है। पिता उसके आचरण के लिए उत्तरदायी होता है। लोकगीतों में ऐसे अनेक उदाहरण हैं। एक कुमारी लड़की पिता के स्नेह में पल रही है। उसे एक नवयुवक से प्रेम हो जाता है। नवयुवक हर समय उसके प्रति प्रेम प्रकट करता है। कुमारी लड़की को पिता से भय है। वह डरती है, कहीं वह पकड़ न जाय। इसलिए पक्षी को प्रतीक बनाकर वह कहती है–

नाले घाहकोर हेसाक् दारे,
दोन आते चियो, नालोम रागा।
मिञ मिनाञ भोर पियो नाल, पियोम पियोया,
कुँआरी मौम पियो हाले–डाले।।

"हे पक्षी आँगन में पीपल वृक्ष है, तुम उस पर फुदक--फुदक कर मत बोलो। जब तक मैं कुमारी हूँ, तब तक पी–पी मत बोलना, क्योंकि बोली सुनने से मेरा कुँवारा मन विह्वल होने लगता है।"

युवती कुमारी है। वह अपने पिता के स्नेह में उनकी देखरेख में पल रही है। उसे भय है कि उसका प्रियतम अधिक आतुरता दिखलाकर उसके पिता की दृष्टि में अप्रिय न बन जाय और साथ ही साथ वह स्वयं भी विचलित होकर समाज का बन्धन न तोड़ दे–पिता की प्रतिष्ठा को धक्का न लगा दे। उसे इस बात का ज्ञान है कि वह कुमारी है। वह संयम के साथ रहना चाहती है। वह बाप की लम्बी नाक को कटवाना नहीं चाहती है। अगर उसके सतीत्व का बन्धन ढीला पड़ता है तब उसके पिता की प्रतिष्ठा मिटती है। अगर वह किसी प्रेमी के साथ पकड़ाती है तब उसकी शादी के मूल्य में कमी पड़ जाती है। जोगमाँझी लड़की के पिता से उसके आचरण के सम्बन्ध में शिकायत करता है। जोगमाँझी लड़कियों के आचरण का प्रहरी होता है। उसकी शिकायतों की उपेक्षा नहीं की जाती है। अगर दोनों में शादी सम्भव हो सकती है तब जोगमाँझी उन दोनों की शादी की व्यवस्था करता है। ऐसी अवस्था अगर सम्भव नहीं हो सकती है तब जोगमाँझी लड़की के पिता को आदेश देता है कि वह अपनी लड़की पर नियन्त्रण रखे तथाकथित प्रेमी से उसे मिलने न दे।

पिता जोगमाँझी की बातों को मानकर अपनी लड़की पर नियन्त्रण रखता है तब तो ठीक है, अन्यथा वह पंचायत के सामने बातें रखता है और लड़की के बाप को समाज से–जाति से निकाला जाता है। सिद्धान्त के रूप में सन्ताल मानते हैं कि बेटी के लिए उसका पिता ज़िम्मेदार है।

सन्ताल लड़कियों के सम्बन्ध में लोगों की धारणा गलत है कि वे सस्ता प्रेम करती हैं। इनमें प्रेम कम वासना अधिक होती है। प्रणय एक कला है। सन्ताली संस्कार में पली हुई प्रत्येक लड़की को शिक्षा मिली रहती है। वह सामाजिक परम्परा के विषयों को देखते हुए ऐसे लड़के से प्रणय करती हैं, जिससे उसकी शादी सम्भव हो सकती है। प्रणय के पूर्व वह परिचय चाहती है। एक लोकगीत में एक कुमारी लड़की कहती है–

ओका बीर रैन चेंड़ें कानाय
सांगे सारजोम दारेय ञाञा म काना
ओकोय होपोन कानाय ओलोक कोड़ा।
सांगे बोयहा कुडीय ञाञाम काना।

भायावी युवती एक लड़के के लिए गा रही है, यह किस वन की चिड़िया है जो घने सखुए के पेड़ को तलाश रहा है, यह पढ़ा–लिखा लड़का किसका बेटा है जो ढेर सारी बहनों वाले परिवार को तलाश रहा है।

लड़की लड़के के खानदान को जानकर ही प्रेम करती है। छोटानागपुर में धामकुडिया प्रणाली चलती है। वहाँ कुमारी लड़कियों एवं कुँवारे लड़कों को एक–दूसरे के प्रति सम्पर्क स्थापित करने का अवसर दिया जाता है। सन्ताल परगना में वैसी प्रणाली चालू नहीं है। सन्ताल कुमारी लड़कियों को लड़कों से मिलने का सुअवसर जानवर चराने, जंगल में लकड़ी चुनने या हटिया से लौटते समय मिलता है। इसी मिलन–घड़ी में एक–दूसरे पर वे आकर्षित होते हैं।

शादी के बाद वह पति के घर जाती है। वहाँ वह घर की रानी होती है, वह घर की कल्याणी बनकर रहती है। कुछ लेखकों ने माना है कि वह जब पति के घर में जाती है, तब बच्चे पैदा करने वाली मशीन बन जाती है। वह अपने पति के लिए लड़के पैदा करती है और जब पति खेतों में जंगलों में काम करने जाता है तब वह बालकों को पालती है, पति के घर की रक्षा करती है। इतना होते हुए भी उसका अपना व्यक्तित्त्व है,

वह खेतों में भी काम करती है, वह धान काटती है। बीज–रोपन करती है। महाजनों से लेन–देन साधारणतः वही करती है। बहुत से सन्ताल महाजनों को जानते भी नहीं हैं, पर उनकी पत्नियाँ महाजनों से लेन–देन कर खेती–व्यवसाय में काम करती हैं। सन्ताल पति अपनी पत्नी की चाल चलन का उत्तरदायी होता है। पत्नी की आचरणहीनता का दण्ड उसे भोगना पड़ता है। विवाहित औरत कोई यौन–सम्बन्धी भूल करती है, तब उसके पति को पंचायत के सामने जाना पड़ता है और उसे दण्डित होना पड़ता है। पंचायतें उस पर जो दण्ड लगाती हैं, उसे वह देता है।

सन्ताल वृद्धा

सन्ताल समाज में श्रम–विभाजन पर ज़ोर दिया गया है। नारी कोमल होती है, पुरुष शक्तिशाली होता है, वह मज़बूत होता है। अपनी शक्ति एवं क्षमता के अनुसार दोनों आपस में श्रम का विभाजन करते हैं। यह विभाजन सुविधा के आधार पर आधारित है। श्रम–विभाजन भी संस्कारों को दृष्टि में रखकर किया जाता है। खेत जोतना, घर बनाना, धनुष–तीर चलाना, कुदाल चलाना आदि काम महिलाओं को नहीं दिया जाता है। पुरुष स्वयं ऐसे कार्य करते हैं। नारियाँ इसके लिए क्षमता नहीं रखती हैं। धान काटना, बीज–रोपन करना आदि काम सन्ताल औरतें करती हैं। समानता देते हुए भी सन्तालों ने अपनी औरतों को उत्सवों के अवसर पर जानवरों की बलि देने से वर्जित कर दिया है। बहुतेरे उत्सव में उन्हें भाग भी लेने नहीं दिया जाता हैं। कुछ औरतों को घर के अन्दर 'भितार' में नहीं जाने दिया जाता है। 'भितार' में सन्तालों के कुलदेवता, जिसे वे बोंगा कहते हैं, स्थापित रहते हैं। यह इसलिए किया जाता है कि नारी की यौन से बोंगा अपवित्र हो जायेंगे। पुरुषों ने इसे अपने लिए सुरक्षित रखा है। जलावन को जमा करना, पानी लाना, खाना बनाना आदि सभी काम नारियों को करना पड़ता है।

सन्तालों ने अपनी नारियों को स्वतन्त्रता दी है। वे पुरुषों की भाँति ही कहीं भी आ–जा सकती हैं। वह अकेली भी चलती हैं। उसे भय नहीं रहता है। वह सार्वजनिक उत्सव में सभी के बीच नाच सकती है। वह बाज़ार जा सकती है। वह स्वयं सौदा करती है। वह पोचाई अपने पति के सामने पीती है। घर के अन्दर उनकी बात रहती है। शादी ब्याह उसकी मर्ज़ी के विरोध में नहीं हो सकता है। सन्ताली व्यवस्था में नारी ही डायन हो सकती है, पुरुष ओझा हो सकता है।

कुमारी सन्ताल लड़कियाँ माँ से व्यावहारिक ज्ञान प्राप्त करती है। वे माँ से सीखती हैं कि घर कैसे चलाया जाना है, घर के प्रति या परिवार के प्रति वधू का क्या कर्त्तव्य होता है। वह चावल छाँटती है, घर बुहारती है, आँगन को गोबर से लीपती है। नदी, झरना या कुआँ से पानी लाती है, बर्तन साफ़ करती है, पत्ते का दोना बनाती है। खाना बनाना माँ से सीखती है, कपड़ा धोती है। खेती का भी काम करती है, धान रोपती है, बीज रोपने में भी हाथ बँटाती है, कटनी के समय माँ के साथ धनकट्टी भी करती है। वह जानवरों के खाने के लिए घास लाती है। सन्ध्या समय वह सामूहिक नृत्य में भाग लेती है। वह अपनी माँ को उसके धार्मिक अनुष्ठानों में मदद करती है।

जब तक वह कुमारी है तब तक उसके पिता के जो बोंगा है वही बोंगा उसके भी हैं। अविवाहित कुमारियाँ कुछ धन की अधिकारिणी भी होती हैं। कुमारी लड़कियों की सम्पत्ति परिवार की होती है। पर कुछ प्रकार की मज़दूरी है, जिस पर उनका अधिकार है। खेत काटने के समय प्रत्येक मज़दूर या मज़दूरिन को धान का बोझा मिलता है। उस पर कुमारी लड़कियों का अधिकार होता है। इसे सन्ताली में इराया कहा जाता है। प्रत्येक सम्पन्न सन्ताल परिवार में इराया लड़कियों को दिया जाता है। मामा जो उसे उपहार देते हैं, वह लड़की का होता है, उसी प्रकार परम्पराओं के अनुसार सन्ताल कुमारियों को विभिन्न अवसरों पर उपहार मिलता है, वह कुमारी लड़कियों का होता है, उसी प्रकार परम्पराओं के अनुसार सन्ताल कुमारियों को विभिन्न अवसरों पर उपहार मिलता है, वह कुमारी लड़कियों का होता है। अपनी बड़ी बहन की शादी पर वह उपहार पाती है। दूल्हा जब घर में प्रवेश करता है, तब उसे एक आना पैसा मिलता है। दूल्हा जहाँ बैठता है उस स्थान को वह गोबर पानी से लीपती है। इस काम के लिए दूल्हा के पिता से चार आना और अपनी माँ से वह एक आना पाती है। वह दूल्हा के पिता से गाय या कोई जानवर माँगती है। अगर वह बड़ी बहन है, तो छोटी बहन की शादी पर दूल्हा के पिता से दो रुपया पाती है। अपनी माँ या बाप के मरने पर उसे जो धन प्राप्त होता है वह उसका अपना होता है। अगर उसकी माँ मर गयी है और उसको कोई भाई नहीं है, तब अपने पिता की चल सम्पत्ति की उत्तराधिकारिणी होती है और शादी होने तक उसे अपने अधिकार में रखती है। अगर वह बालिग रहती है, तब उसे वह बेच देती है और नाबालिग रहने पर उसे अभिभावक लोग अपने अधिकार में रखते हैं और शादी के समय उसे दे देते हैं। उसकी शादी के पूर्व घर में विभाजन हो जाता है, तब उसे जानवर आदि दिया जाता है। उसे सन्ताल 'दानगूयाहिसा' कहते हैं। कुमारी लड़कियों को अपने शरीर पर भी अधिकार होता है। अगर कोई उसका शील–अपहरण करने की चेष्टा करता है तब अपराधी पाँच रुपया–या अधिक जो सन्ताल क़ानून के अनुसार दण्ड लगता है उसे देता है। यह धनराशि भी कुमारी लड़कियों की होती है।

विवाह होने के बाद उसकी स्थिति में परिवर्तन हो जाता है। उसे पत्नी का अधिकार प्राप्त होता है। अगर घर जँवाई की पद्धति से उसकी शादी होती है, तब वह एक तरफ़ पत्नी का अधिकार पाती है और दूसरी ओर वह बेटी के अधिकार से भी वंचित नहीं होती है। बर्तन, गहना, मुद्रा

और जानवर आदि जो वह कुमारी लड़की के रूप में अर्जित करती है, उसे वह पति के घर ले जाती है। शादी के बाद वह अपने पिता के घर आती है और पिता को खेती में सहायता देती है, तब उसे मज़दूरी प्राप्त होती है। 'इराया' के रूप में उसे जो मुर्गी, सूअर, बकरी, जानवर या मुद्राएँ मिलती हैं, उसे वे पिता के पास रख छोड़ती हैं। वह अपने पति के घर तब उसे ले जाती है, जब वह पूर्णतः वहाँ बस जाती है। महिला का सन्ताल पूर्ण रूप से बसना तब समझते हैं जब उसे पहली सन्तान होती है। प्रत्येक सन्ताल लड़की पत्नी बनना चाहती है। पत्नी बन जाने के बाद वह पति की हो जाती है। कोई उसके शील का अपहरण करता है, तब उसके पति की मानहानि करता है। अपराधी अपने कुकर्मों के लिए दण्डित होता है, और उसके पति को वह अर्थदण्ड देता है। एक सन्ताल कथा से ज्ञात होता है कि पहले पति को अपराधी के प्राण लेने का भी अधिकार प्राप्त था। पर ऐसी बात अच्छी नहीं है। जहाँ पति को उसकी पत्नी के सतीत्त्व अपहरण पर अपहरणकर्त्ता से अर्थ–दण्ड पाने अधिकार है, पत्नी को भी शील–अपहरणकर्त्ता से जो ज़बर्दस्ती उसका शील अपहरण करता है, अर्थदण्ड पाने का हक है। शादी के उपरान्त महिला को नये देवता मिलते हैं। कुँवारेपन में वह पिता की सेवा करती है, विवाहित होने पर वह पति की सेवा करती है। सास के अधीन उसे रहना पड़ता है। सास के संकेतों पर उसे काम करना पड़ता है। बाप के मर जाने पर या उनसे अलग हो जाने के बाद पति ही घर का मालिक हो जाता है, वह घर की मालकिन हो जाती है। पति और पत्नी का अधिकार और कर्त्तव्य–एक–दूसरे पर आश्रित है। पति पत्नी के भार को हल्का करता है, पत्नी पति के भार को हल्का करती है। सन्ताल जब दूसरी पत्नी लाना चाहता है, तब पहली पत्नी से वह अनुमति लेता है। यह सत्य है, पहली पत्नी घर में दूसरी पत्नी लाने में अपने पति को रोक नहीं सकती, पर उसका इस सम्बन्ध में निर्णय बहुत महत्त्व का होता है। पहली पत्नी की स्वीकृति रहती है और अगर लड़की कुमारी है, तब विवाह पूर्व के समान ही होता है। पहली पत्नी की मर्ज़ी के ख़िलाफ़ अगर दूसरी पत्नी घर में लायी जाती है, तब उसे थोड़ी सहायता मिलती है, थोड़ी उसकी क्षतिपूर्ति होती है। बताया जाता है कि पहले यह परम्परा थी कि पहली पत्नी हाथ में झाड़ू और आग लिये अपनी सौत की प्रतीक्षा करती थी। उसकी सौत घर में प्रवेश पाने के लिए 'हिराम वाइहा' देती थी। 'हिराम वाइहा' के रूप में आनेवाली

दूसरी पत्नी पहली पत्नी को एक गाय या पाँच रुपया देती है। 'हिराग वाइहा' के अलावे भी वह तलाक़ के लिए धनराशि चाहती है। पर पहली पत्नी दूसरी पत्नी के लिए अपनी स्वीकृति दे देती है, तब उसको न तो 'हिराम वाइहा' मिलता है और न तो तलाक़ का मूल्य ही उसे प्राप्त होता है पर जब उसकी पहली पत्नी किसी को प्यार करने लगती है तब पति को उसके प्रेमी से अर्थदण्ड पाने का अधिकार है। वह अपनी पत्नी से भी वधू मूल्य वापस माँग सकता है। पहली पत्नी अपने पति को, दूसरी पत्नी के जाने के बाद छोड़कर कहीं चली जाती है, तब भी वधू–मूल्य वापस पाने का उसे अधिकार प्राप्त है।

जब छोटकी पत्नी बड़की पत्नी की सहमति से घर में प्रवेश पाती है, तब उसे एक गाय, कुछ गहना और कुछ ज़मीन उपहार के रूप में मिलते हैं। यह उपहार छोटकी को सम्बन्ध बनाये रखने में बहुत बड़ा सहायक होता है। घर में छोटकी आती है, पत्नी के सभी अधिकार उसे प्राप्त हो जाते हैं। सन्ताल परिवार में विधवाओं की स्थिति बहुत अच्छी नहीं कही जाती है। बोडिंग ने विधवाओं की बड़ी हीन स्थिति का उल्लेख किया है। पहले जो भी रहा हो, बोडिंग द्वारा उल्लिखित हीन स्थिति आज विधवाओं की नहीं है। उनकी स्थिति में आज बहुत परिवर्तन आया है। बग़ैर सन्ताल वाली विधवा जब शादी कर लेती है तब उसका उसके मृत पति के घर से सम्बन्ध टूट जाता है। पर उसने अपने साथ कुमारी अवस्था में जो धन अर्जित किया था या अपने श्रम से कोई धन उसने अर्जित किया था, उसे वह ले जा सकती है। पुनर्विवाह होने से उसका गोत्र बदल जाता है। विधवा को अगर लड़के हैं और उसकी देखभाल करने वाला कोई नहीं है, तब वह अपने मृत पति की ज़मीन की तब तक देखभाल करती है जब तक उसके अबोध लड़के वयस्क नहीं हो जाते हैं। विधवा अवस्था में, जो पुनर्विवाह नहीं करती है, मृत पति का प्रतिनिधित्व करती है। जब तक उसके लड़के नाबालिग रहते हैं, तब तक वह बाप के समान उनकी देखभाल करती है। विधवा कई धार्मिक अनुष्ठानों से वर्जित है। पति के बोंगा की पूजा वह नहीं कर सकती। घर के 'भीतर' में वह नहीं जा सकती है।

सन्ताल–परिवार का आधार एक पत्नीक है। फिर भी बहुपत्नीक का उदाहरण कम नहीं मिलता है। बच्चों के लिए वे एक से अधिक शादी करने लगे हैं। बच्चे के लिए पहली पत्नी ही पति पर ज़ोर देकर दूसरी शादी कराती है। बुढ़ापे का सहारा सन्ताल सन्तान को मानते हैं। वंश–परम्परा के लिए

सन्तालों में बहुपत्नीक की प्रथा चालू हुई है। पहली पत्नी में कोई ख़राब बीमारी हो जाने के बाद भी पति दूसरी शादी कर लेता है। एक विशेष परिस्थिति में भी दूसरी पत्नी आती है। कोई लड़की, किसी विवाहित पुरुष से अनायास ही प्यार करने लगती है पर घर में पत्नी के रहते हुए सन्ताली परम्परा के अनुसार वह उसे घर में ला नहीं सकता है। फल यह होता है कि लड़की स्वयं उसके घर में ज़बर्दस्ती प्रवेश करती है। उसे भगाने की चेष्टा की जाती है, मिरचा की गर्मी देकर भगाया जाता है, पर वह भागती नहीं है। वह घर में रह जाती है। पत्नी रहते हुए भी दूसरी पत्नी के रूप में उसे रखना पड़ता है। सन्ताल में नीर बोलक शादी की प्रथा चालू है। इसी प्रकार की शादी को नीर बोलक शादी कहते हैं। सन्तालों में देखा जाता है कि वे पत्नी रहते हुए भी बड़े भाई की विधवा से शादी कर लेते हैं। भाई की ज़िन्दगी में भी बड़ी भाभी से उनका हास–परिहास चलता है। कभी–कभी हास–परिहास की सीमा यौन–सम्बन्ध तक बढ़ जाती है। विधवा भाभी से जब सन्ताल शादी करता है, तब उसे वधू मूल्य नहीं देना पड़ता है। बड़े भाई से जो बच्चे रहते हैं, वे सब घर में चाच के साथ रहने लगते हैं। सन्ताल दूसरी पत्नी तब रखता है, जब उसकी पहली पत्नी उसको छोड़कर सदैव के लिए अपने घर भाग जाती है या आचरण–हीनता का परिचय देती है। सन्तालों की यह परम्परा से धारणा है कि कुँआरी लड़की से शादी करने पर उसे स्वर्ग मिलेगा। इसी धारणा से जब उसकी शादी किसी विधवा या तलाक़ दी हुई महिला से होती है, तब वह पत्नी के रहते हुए भी कुँवारी लड़की से दूसरी शादी करता है।

सन्ताल परगना ज़िला गज़ेटियर (1938) में बहुपत्नीत्व पर विस्तृत रूप से उल्लेख किया गया है। भ्रात्रीय बहुपत्नीक सन्तालों की एक स्वीकृत परम्परा है। पर सन्ताल इसे नहीं मानते। इसका वे विरोध करते हैं। उनका कहना है कि सन्तालों में ऐसी प्रथा पहले नहीं थी। पर हम लोगों ने देखा है कि भाभी और देवर का यौन–सम्बन्ध सन्ताल समाज में प्रचलित है। उसी प्रकार सन्ताल समाज में छोटी साली और बहनोई में हास–परिहास की अधिक स्वतन्त्रता होने के कारण उनमें यौन–सम्बन्ध स्थापित हो जाता है। पत्नी द्वारा इस प्रकार के सम्बन्ध का विरोध नहीं होता है। साधारणतः सन्ताल पत्नी नहीं चाहती है कि उसके पति से किसी अन्य स्त्री का यौन–सम्बन्ध हो। पर अपनी छोटी बहन के प्रति वह थोड़ी उदार होती है। वह इसलिए उदार होती है कि उसकी बहन किसी

अन्य पुरुष से यौन–सम्बन्ध न करा ले। पर इस प्रकार का यौन–सम्बन्ध सामान्य रूप से प्रचलित है, ऐसी बात नहीं है। सभी बड़े भाई नहीं चाहते हैं कि उनकी पत्नियाँ उनके छोटे भाइयों से यौन–सम्बन्ध स्थापित करें। छोटे भाई भी अपनी बड़ी भाभी को श्रद्धा से देखते हैं, बहुत तो ऐसे हैं जो माता के सदृश उसे पूजते हैं। साली भी अपने बहनोई को बड़े भाई के रूप में देखती है। भ्रात्रीय यौन–सम्बन्ध की स्थापना से परिवार छिन्न–भिन्न हो जाता है। फिर भी यह इनकार नहीं किया जा सकता है कि सन्तालों के सामाजिक जीवन में भ्रात्रीय बहुपत्नीक प्रथा चालू है। पर सन्तालों के संस्कार में यह स्वीकृत प्रथा नहीं है, सन्ताल समाज में अनियमित यौन–सम्बन्ध भी हेय दृष्टि से देखा जाता है। लक्ष्मण–रेखा के अन्तर्गत यौन–सम्बन्ध की ओर किसी का ध्यान नहीं जाता है। भाभी–देवर या साली–बहनोई के गुप्त आचार को देखकर भी अनदेखा कर दिया जाता है। उस पर तूल नहीं दिया जाता है।

बड़े भाई को अपने छोटे भाई की पत्नी से वह सम्बन्ध नहीं होता। उसे वह ईश्वरीय वस्तु मानते हैं। बोंगा के समान उसे वे पूजते हैं। विवाह के बाद एक–दूसरे को वह स्पर्श नहीं करते। एक घर में या एक प्रांगण में वे एक साल तक नहीं रहते, जब तक उनके साथ कोई दूसरा नहीं हो। वह खेत से काम कर आती है, और घर में केवल ज्येष्ठ को पाती है, तब वह घर में प्रवेश नहीं करती है। वह तब तक घर के बाहर रहती है जब तक कोई आदमी घर में नहीं आता है। वह अपने ज्येष्ठ के सामने न कपड़ा बदलती है और न बालों को साफ़ करती है। वह उसकी बराबरी में नहीं बैठती है।[2] इसी प्रकार बड़ा भाई, पिता का प्रतिनिधित्व करता है, पिता के मरने के बाद वह परिवार का कर्त्ता होता है। वह घर का मालिक होता है। इस कारण उसकी पत्नी को छोटे भाई श्रद्धा से देखते हैं। कुछ सन्ताल तो ऐसे हैं कि अपनी बड़ी भाभी को माँ से भी अधिक मानते हैं। यह उनकी सन्ताल परम्परा नहीं है, यह उनका अपना व्यक्तिगत दृष्टिकोण है। ऐसी धारणा अपने बड़े भाई के प्रति अच्छे शीलवान सन्तालों की होती है। विशेषकर ऐसी धारणा तब होती है जब दोनों भाइयों की उम्र में काफ़ी अन्तर होता है। पिता के देहान्त होने के बाद छोटे भाई के लिए वधू खोजना तथा वधू मूल्य चुकाना बड़े भाई का ही काम है। इसका परिणाम यह होता है कि छोटे भाई की पत्नी के लिए बड़ा भाई ससुर का स्थान पा जाता है।[3]

सन्ताल परिवार में परिवार के सदस्यों के लिए कुछ अपने शब्द व्यवहार में लाये जाते हैं। इन शब्दों को हम इन वर्गों में इस प्रकार रखते हैं–

(1) पैतृक और मातृक सम्बन्धी–

पिता–बाबा, आपान	बड़ी चाची–माराङ गोगो
माता–गोगो, आयो	दादी–गोड़ोम आयो
भाई–बोयहा	नाना–गोडोम बाबा
भाभी–हिली	मौसी–काकी
बहनोई–तेञाङ	चाची–माराङ गो
बड़ा चाचा–माराङ बाबा, गोगोत	छोटी मौसी–होपन नाना
छोटा चाचा–काका	फूफा–कुमाङ
दादा–गोड़ोम बाचा	यामा–मामा
नाना–गोड़ोम आयो	फुआ–नाना
मौसा–काका	मामी–मामी

(2) अपने से छोटे सदस्यों के लिए शब्द–

भाई–बोयहा	भतीजा–भाचात् कोड़ा
छोटे भाई की पत्नी–बोकोत बहू	भांजा–भागना
छोटी बहन–मिसेरा	भांजी–भागना कुड़ी
छोटा बहनोई–होपोन तेञाङ	पोता–गोड़ोम कोड़ा
बेटा–होपोन, बाबू	नाती–गोड़ोम कुड़ी
पतोहू–किमिन	भतीजी–भाचात् कुड़ी
बेटी–बिटि, होपोनएरा	नतनी–गोड़ोम कुड़ी (मामा)
दामाद–जावांय	पोती–गोड़ोम कुड़ी

(3) पति के घर के सदस्यों के लिए शब्द–

पति–जावाँय	फूफा ससुर–हातोम होञहार
ससुर–होञहार बाबा	ज्येष्ठ भाई–माराङ दादा
सास–हानहान गोगो	बड़ी ननद–आझनार
बड़ा ससुर–माराङ होञहार बाबा	गोतनी–ञातया

बड़ी सास–माराङ हानहार गोगो	देवर–एखेल
छोटाससुर–हुडिञ होञहार बाबा	ननद के पति–एखेल कुड़ी जावाँय
छोटी सास–हुडिल होनहार गोगो	दामाद–जावाँय
बुआ सास–हातोम होनहार	

(4) पत्नी के घर के सम्बन्धी शब्द–

पत्नी–एरा	पत्नी की ज्येष्ठ बहन के पति–साडये
ससुर–होञहार बाबा	पत्नी के भाई की पत्नी–एखेल कोड़ा बहू
सास–हानहान गोगो	पत्नी की छोटी बहन–एखेल कुड़ी
पत्नी का ज्येष्ठ भाई–बाहोञहार बहू	छोटे साले की पत्नी–एखेल कोड़ा
पत्नी की ज्येष्ठ बहन–आझनेर	साली के पति–साडगे
पत्नी के ज्येष्ठ भाई की पत्नी–दाय।	

सन्दर्भ

1. Majumdar and Madan (1957) – An Introduetion to Social Anthropology– p.–125
2. Notes on fraternal Polyandary among the Santhals by Mr. C.H. Craven and Revd. L.O. Skrefred, J.A.S.B. – Part III, 1903, p. 8890 and mentioned in the old District Gazetteer of Santhal Pargana, 1938, p. 166.
3. District Gazetteer of Santhal Parganas. (198), p. 167-68.

सन्तालों का जन्म-संस्कार

मानव की एक स्वाभाविक प्रवृत्ति होती है कि उसका घर बसे, उसका वंश चले और उसके परिवार का विस्तार हो। यही कारण है कि जब सन्तालों के परिवार में बच्चे का जन्म होता है तब आनन्द से उसका घर भर जाता है। चारों ओर ख़ुशहालियाँ नज़र आती हैं। वे मानते हैं कि बच्चा ईश्वर का सबसे बड़ा उपहार है। उसे परिवार की वृद्धि का सूचक माना जाता है। हिन्दू परिवारों की भाँति सन्ताल भी बेटी से बेटा का जन्म अधिक आनन्ददायक मानते हैं। वे चाहते हैं, ईश्वर से मनाते हैं कि उनकी पहली सन्तान लड़का हो। लड़का को वे वंश का दीपक मानते हैं। उनके यहाँ बाप की भूमि के उत्तराधिकारी लड़के ही होते हैं। उन्हें ही बाप का मृत्यु–संस्कार सम्पन्न करना पड़ता है। उन्हें ही पुरखों का श्राद्ध करने का अधिकार है। बेटियों के जन्म पर भी सन्ताल खुशियाँ मनाते हैं। उन्हें उससे वधू–मूल्य मिलने की आशा रहती है। यह सत्य है–उसके लालन–पालन पर जो ख़र्च होता है, वह वधू–मूल्य के रूप में मिलने वाली राशि से बहुत अधिक होता है। फिर भी 'वधू–मूल्य' का महत्त्व उनके आर्थिक जीवन में बहुत कम है। सन्तान पाने की इच्छा सन्ताल औरतों को अन्य औरतों की भाँति ही रहती है। समाज में बाँझ औरतों को सम्मान प्राप्त नहीं होता है। वे सन्ताल प्राप्ति के लिए देवी–देवताओं की मनौती करती हैं। वे हिन्दू मन्दिरों में जाती हैं। पति भी बाँझ औरतों को त्याग देता है। वह दूसरी औरत से शादी करता है। जब सन्ताल नारी गर्भवती होती है तब उसे और उसके पति को कुछ नियम का पालन करना पड़ता है। पति अपनी पत्नी की गर्भावस्था में कभी जानवर को नहीं मारता, वह किसी शव के साथ मंज़िल तक नहीं जाता है। गर्भवती सन्ताल–नारी सन्ध्या के बाद घर से बाहर नहीं निकलती, वह नदी–नाला को पार नहीं करती, अपने सम्बन्धी के मरने पर रोती भी नहीं है। वह ग्रहण के दिन घर से बाहर

नहीं आती—चाँद और सूर्य को वह नहीं देखती। सन्तालों को भूत—प्रेत और डायन में बहुत अधिक विश्वास रहता है। उन्हें इतना विश्वास रहता है कि इनका प्रभाव गर्भवती नारियों पर बहुत अधिक रहता है।

सन्तालों की धारणा है कि दस मास के बाद ही गर्भवती को बच्चा होता है। अतः दस मास तक गर्भवती नारी को सुरक्षित स्थिति में रखा जाता है। अगर आसमान में गर्ज़न होता है, बिजली चमकती है, तब गर्भवती अपनी बच्चा—दानी को दबाकर बैठ जाती है। अगर वह हाथी देखती है तो उसे आशंका रहती है कि उसके बच्चे का कान हाथी के समान होगा। अगर वह बन्दर को देखती, तब उसे भय रहता है कि उसका मुख बन्दर के मुख के समान होगा। अगर वह साँप देखती है तब बच्चे में कटकटाने की प्रवृत्ति पायी जाती है। अतः हाथी, बन्दर साँप आदि जानवर को गर्भवती नहीं देखती है। उसके खानपान पर नियन्त्रण रहता है। गर्भवती महिला को ऐसा खाना नहीं दिया जाता, जिसका प्रभाव भावी शिशु पर पड़े। वह अपने पति से अलग नहीं रहती, पर गर्भाधान के पाँच माह के बाद से यौन—सम्बन्ध वर्जित है। सन्तालों में यह विश्वास फैला हुआ है कि गर्भावस्था में जब उसकी पत्नी रहती है, तब उस अवधि में वह किसी अन्य महिला से यौन सम्बन्ध स्थापित नहीं कर सकता। गर्भवती जब पीतवर्ण की हो जाती है और उसके गर्दन के चारों ओर दुबलापन दिखाई पड़ता है, तब यह समझा जाता है कि उसे पुत्र पैदा होगा।

प्रसव कराने के लिए सन्ताल दाइयों का उपयोग करते हैं। जब प्रसव—वेदना आरम्भ होती है, तब गर्भवती को एक कोठरी में वे रखते हैं। दाई की बुलाहट होती है। साधारणतः प्रत्येक सन्ताल गाँव में कुछ वृद्ध नारियाँ इस काम को करती हैं। उन्हें कोई विशेष शिक्षा प्राप्त नहीं होती, पर उन्हें अनुभव रहता है। दादी की अवस्था की वे होती हैं। कम उम्र की दाई होने पर नारियाँ लज्जा का अनुभव करती हैं। यही कारण है, वे अपने से बहुत अधिक उम्र वाली औरतों से प्रसव कराना उचित समझती हैं। प्रसूति गृह में दाई और गर्भवती तथा एक—दो सम्बन्धी के अतिरिक्त अन्य को नहीं रहने दिया जाता है। गर्भवती स्त्री दाई को बहुत ही सम्मान से देखती है। उसका घह आदर करती है। प्रसव के बाद बच्चे का नार काटा जाता है। जब तक नार नहीं काटा जाता है, तब तक बच्चे को माँ की गोद में नहीं दिया जाता है। काटे हुए नार को आँगन के एक कोने में गाड़ दिया जाता है।

प्रसव कराने में कभी–कभी कई कठिनाइयाँ उपस्थित होती हैं। वे दैवी प्रकोप मानते हैं। वे ओझा को बुलाते हैं। अनुष्ठान कराते हैं। पत्ता और तेल के सहारे अदृष्ट से वे इस सम्बन्ध में बातें करते हैं। ग्रहों को शान्त किया जाता है। प्रसव वेदना के समय आग की आवश्यकता नहीं होती, पर आग उत्पन्न करने के लिए सभी साधन जमा कर वे रखते हैं। कारण प्रसव होते ही आग की आवश्यकता होती है। बच्चे के होते ही पति को तुरन्त ख़बर दी जाती है। वह एक बाँस की लाठी लेकर घर के छप्पर को पीटने लगता है। यह काम इसलिए किया जाता है कि घर में कहीं भूत या प्रेत हो तो घर से वह बाहर चला जाय, अन्यथा बच्चे पर उसकी दृष्टि पड़ने की सम्भावना बनी रहेगी। पति को उस प्रसव गृह में जाना पड़ता है। उस समय तक प्रसव गृह को साफ़ एवं स्वच्छ कर दिया जाता है। बच्चा और जच्चा दोनों को वह स्वच्छ देखता है। वह घर में जाकर एक गढ़ा खोदता है और उसमें प्रसव के बाद जो रक्त पानी गिरता रहता है, उसे गाड़ देता है।

प्रसव के बाद घर एवं पूरा गाँव अछूत हो जाता है। घर में तब तक कोई उत्सव नहीं होता जब तक बच्चे का 'जन्म छठियार' नहीं होता है। शिकार खेलना एवं धार्मिक कार्यक्रम सभी स्थगित रहता है। जब तक 'जन्म छठियार' उत्सव उस घर में सम्पन्न नहीं होता, जिस घर में बच्चा पैदा हुआ है, तब तक उसके घर का खाना कोई नहीं खाता, वह अछूत समझा जाता है, वह अपवित्र माना जाता है। सन्तालों को विश्वास है कि 'जन्म छठियार' करने से उनके छूत का निराकरण हो जाता है। वे अपने बेटा के जन्म के पाँचवें दिन और बेटी के जन्म के तीसरे दिन 'जन्म छठियार' करते हैं। जिस घर में बच्चा पैदा होता है, उस घर में गाँव के सभी पुरुष आते हैं। जब सभी लोग जमा हो जाते हैं. तब गाँव का नाई गाँवों के अधिकारिया का बाल बनाता है। वह पहले नायक का, इसके बाद कुदम नायक का फिर माँझी का, परमाणिक का, जोगमाँझी का और अन्य ग्रामीण अधिकारियों का क्रमशः बाल बनाता है। इसके बाद गाँव के उपस्थित सभी पुरुषों का वह बाल बनाता है। सब के अन्त में बच्चे के पिता का बाल बनाता है। इस क्रिया के उपरान्त दाई बच्चे को बाल मुण्डन के लिए नाई के सामने लाती है। नाई बच्चे के माथे से पाँच बाल काटता है। यह क्रिया बच्चे का मुण्डन कहलाता है। दाई जब बच्चे को बाहर लाती है, तब उसके हाथों में दो ढक्कन होते हैं। एक में जल रहता है और दूसरा खाली रहता है। बच्चे के बाल को वह खाली ढक्कन में रख देती है

और जिस ...त्र से उसने नार काटा था, उसे वह धागा से बाँध देती है। बाल ... क्रिया के बाद सभी पुरुष स्नान करने जाते हैं, उनका नेतृत्व बच्चे ... ता करता है। जब पुरुष स्नान कर आते हैं, तब दाई गाँव की औरतं ... स्नान कराने के लिए ले जाती है। वह अपने साथ तेल, अस्त्र, जिस ... ने नार काटा है तथा बाल जो उस अवसर पर काटे गये थे, उसे ... जाती है। दाई बालों को पानी में प्रवाहित करती है। स्नान करने ... द दाई के माथे पर बच्चे की माँ तेल मलती है। दाई भी सभी महिल ... र चावल के चूर्ण को पानी में घोलकर बारी–बारी से छिड़कती है। र ... म उसका पुरुषों पर भी चलता है। नायक माँझी तथा अन्य ग्रामी ... धिकारियों पर भी उसका यह क्रम चलता है। साधारणतः वह चावल ... चूर्ण के पानी को ग्रामीण अधिकारियों पर ही पहले छिड़कती है, बाद ... लाओं पर। पर इसमें व्यतिक्रम भी देखा जाता है। इस प्रकार छूत ... राकरण होता है। खान–पान चलता है।

... छठियार का महत्त्वपूर्ण अंग–बच्चे का नामकरण है। नामकरण के ब ... बच्चे को अपने समाज में स्थान मिलता है। गाँव में वह पुकारा जात ... गाँव में उसे जाना जाता है। बच्चे को दो नाम दिया जाता है। पहल ... करण बहना कहलाता है। यह गाँव का नाम होता है, यह पुकार का ... ता है। साधारणतः लड़के या लड़कियाँ उसी नाम से जानी जाती हैं। ... दूसरा नाम जो पड़ता है, वह मूल नाम कहलाता है। 'जन्म छठि ... के समय उस नाम की घोषणा होती है। पहला नाम माता–पिता की ... पर आश्रित रहता है, पर मूल नाम की घोषणा निर्धारित नियमों के ... पर होती है। बच्चों के नामकरण में वे अपने पूर्वजों की स्मृति की ... करते हैं। बच्चे के दादा नाती के रूप में जन्म नहीं लेते, पर दाद ... स्मृति में बच्चे का नामकरण किया जाता है। इस प्रकार सन्ताल अप ... जों के प्रति श्रद्धा प्रदर्शित करते हैं, परिवार के प्रति अपनी निष्ठा एवं ... दिखलाते हैं। नामकरण का उनका विधान सन्ताल संस्कार का प्रती ... इस विधान के द्वारा वे अपने पूर्वजों से उनके मरने के बाद भी ... बनाये रखते हैं। उक्त विधान के अनुसार बच्चे के दादा और दाद ... भाई एवं नाना तथा नाना के भाई को महत्त्व दिया जाता है। साध ... सन्ताल दादा पक्ष पर अधिक ज़ोर देते हैं। सन्ताल शादी को वाप ... हते हैं। वापला से जन्मे हुए बच्चे का मूल नाम दादा के नाम पर ... है। पहले बच्चे का नाम दादा के नाम पर, दूसरे बच्चे का नाम नान ... नाम पर, तीसरे बच्चे का नाम दादा के भाई के नाम पर और

चौथे बच्चे का नाम नाना के भाई के नाम पर पड़ता है। बच्ची की स्थिति में पहली बच्ची का नाम दादी के नाम पर, दूसरी बच्ची का नाम नानी के नाम पर, तीसरी बच्ची का नाम चचेरी दादी के नाम पर और चौथी बच्ची का नाम चचेरी नानी के नाम पर रखा जाता है। दादा के जब भाई नहीं रहते हैं, तब तीसरे लड़के का नाम परिवार के किसी भी व्यक्ति के नाम पर रखा जा सकता है। बच्चे को जब मामा नहीं होते, तब उसका नाम भी माँ के परिवार के किसी व्यक्ति के नाम पर रखा जा सकता है। नामकरण के द्वारा वे माँ–बाप के परिवार में एक सन्तुलन स्थापित करते हैं। साधारणतः पिता का पक्ष सबल होता है, पर मातृ–पक्ष का कम महत्त्व नहीं है। चार से अधिक सन्तान पैदा होने पर उसका नामकरण पितृपक्ष या मातृ–पक्ष के किसी भी व्यक्ति के नाम पर हो सकता है। सात पुत्रों के परिवार में श्री आर्चर को इस क्रम में नाम मिला था–(1) दादा (2) नाना (3) दादा का चचेरा छोटा भाई (4) नाना का छोटा भाई (5) पाँचवें, छठे और सातवे पुत्रों का नाम दादा के अन्य छोटे भाइयों के नाम पर मिले थे। फतेहपुर के चुनाक मराण्डी नामक एक व्यक्ति से आर्चर साहब की भेट हुई थी, उसे छह लड़कियाँ थीं और उसका नाम उसने इस क्रम में रखा था–(1) दादी का नाम (2) नानी का नाम (3) चचेरी दादी का नाम (4) मौसी (5) फूआ (6) छोटी मौसी का नाम।

नामकरण का जो विधान सन्तालों ने परम्परा से बनाया है, उसे वे नहीं तोड़ते, पर कुछ ऐसी परिस्थितियाँ आ जाती हैं, तब उन्हें अपनी परम्परा में व्यतिक्रम करना पड़ता है। जब जोड़े बच्चे पैदा होते हैं, तब अपने विधान में उन्हें संशोधन करना पड़ता है। वे जोड़ा नाम भी देते हैं–पुत्रों के नाम–शिव–शंकर, चाँद और भैरव, सिदू और कान्हू, असी और वला। जन्मी हुई जोड़ी पुत्रियों का नाम वे इस प्रकार रखते हैं–दंगी और फुनारी, अगीया और कुलीया। जोड़े सन्ताल का जन्म वे शुभ मानते हैं और राजा दशरथ के जोड़े पुत्र लक्ष्मण और शत्रुघ्न के समान वे अपने को भाग्यशाली मानते हैं। पिता अगर घरदी जवांई है, तब उसके पुत्र का नाम नाना के नाम पर पड़ता है। और पुत्री होने पर उसका नाम नानी के नाम पर पड़ता है। ओझा के वरदान से जब सन्तान की उत्पत्ति होती है, तब बेटा होने पर ओझा के नाम पर और बेटी होने पर ओझा की पत्नी के नाम पर नामकरण होता है। ओझा को उसकी सेवाओं के लिए यह श्रद्धा एवं विश्वास प्रगट किया जाता है। ओझा चाहे तो उसका दूसरा नाम पड़ सकता है। पर नामकरण ओझा को ही करना पड़ता है।

सन्ताल परगना में ऐसा भी देखा गया है कि जब कोई व्यक्ति जंगली जानवरों के द्वारा मारा गया है, तब ऐसे व्यक्तियों के नाम पर बालक का नाम नहीं रखा जाता है। सन्तालों की धारणा है कि बाघ और शेर में 'बघावत बोंगा' रहता है। जब बाघ और शेर सन्ताल को मार कर खा जाता है तब सन्ताल समझते हैं कि बोंगा ने उसे खाया है। जब बोंगा ने उसे खाया है, तब उसे आशंका रहती है कि उस मरे हुए व्यक्ति के नाम पर बालक का नाम रखे जाने पर बोंगा उसे खा जायेगा। श्री आर्चर के अनुसार फतेहपुर नीनीहाट में यह धारणा विशेष रूप में प्रचलित है। इस क्षेत्र के सन्तालों को विश्वास है कि जानवरों द्वारा खाये हुए व्यक्ति के अवशेष को जला देने और अन्य क्षेत्र में गाड़ देने पर ऐसी आशंका नहीं रहती है और बच्चे का उस मृत–व्यक्ति के नाम पर नाम किया जा सकता है। कोढ़ी व्यक्ति के नाम पर भी बच्चे का नाम नहीं दिया जाता है। आर्चर साहब ने तेलीयाडीह के विजयी टुडू का उल्लेख किया है। उसके ससुर को कोढ़ था, इस कारण उसके नाम पर उसके दूसरे लड़के का नाम नहीं रखा गया। उसका नाम मामा के नाम पर रखा गया, जो निर्धारित नियम के प्रतिकूल था। माँ–बाप की ग़रीबी के कारण जब शादी सम्बन्धी के द्वारा सम्पन्न होती है, तब भी नामकरण के नियम में परिवर्तन होता है। भाई, बहन या चाचा जब किसी कुमार या कुमारी की शादी कराते हैं तब उनसे जो बच्चा या बच्ची पैदा होती है, उसका नामकरण उनके नाम पर ही होता है। जो सम्बन्धी उनकी शादी पर ख़र्च करता है, उन्हीं के नाम पर पहला बच्चा का नामकरण वे करते हैं। प्रथम बच्ची होने पर उस व्यक्ति की पत्नी के नाम पर नामकरण होता है। बाद में वे अपने निर्धारित विधान के द्वारा नामकरण का पालन करते हैं।

जब सन्ताल एक पत्नी रखता है, तब पुनः नामकरण के क्रम में परिवर्तन करता है। उसकी पहली पत्नी लड़की कहलाती है और छोटकी बाद की पत्नी कहलाती है। जब लड़की को दो लड़का होने के बाद छोटकी को दो लड़का होता है, तब लड़की के लड़के का नामकरण दादा के नाम पर होता है और बड़की के प्रथम लड़के का नामकरण दादा के भाई के नाम पर होता है। छोटकी को जब लड़की से पहले लड़का होता है, तब छोटकी के प्रथम लड़के का नामकरण दादा के नाम पर होता है और लड़की के लड़के का नामकरण दादा के भाई के नाम पर होता है। लड़की के प्रथम पुत्र का नाम दादा के नाम पर होने के बाद अगर वह बालक मर जाता है, तब छोटकी के लड़के का नाम वे उसी दादा के नाम पर धरते हैं।

बड़की के बच्चा रहते हुए भी छोटकी के प्रथम बच्चे का नाम कभी–कभी एक ही होता है। पर ऐसा कम देखा जाता है। नामकरण के नियम में पुनः परिवर्तन तब देखा जाता है जब विधवा, जिसको बच्चे होते हैं, शादी कर लेती है। दूसरे पति से उसके जो बच्चे होते हैं, उनका नामकरण निर्धारित नियम के अनुसार होता है और पहले पति से उसके जो बच्चे रहते हैं उनका नामकरण फिर से होता है। नये पति के भाई या बहन के नाम पर उनका नामकरण होता है। पोष्यपुत्र या पालिता पुत्री के नामकरण के लिए निर्धारित नियम में व्यतिक्रम देखा जाता है। गोद लेने के पूर्व उन्हें कुँआरा और अविवाहित होने पर जिनकी पुत्र या पुत्री नहीं हुई, ऐसे लोगों के बालक और बालिकाओं का नामकरण गोद लेने वाले के नाम के अनुसार होता है। अवैध सन्तान की उत्पत्ति पर यह आवश्यक हो जाता है कि उसके बाप के नाम का पता लगाया जाय, पता लगने पर उसकी शादी कर दी जाती है और नामकरण निर्धारित नियम के अनुसार होता है। कभी ऐसी भी स्थिति आती है, जब यह निर्णय नहीं किया जा सकता है कि उसका बाप कौन है, तब कोई भी व्यक्ति उसे अपने गोत्र में मिला लेता है। जब व्यक्ति अपने गोत्र में बालक को मिला लेता है, तब उसके या उसके सम्बन्धी के नाम पर उसका नामकरण होता है। जब कोई अपने गोत्र में उसे नहीं मिला सकता है, तब जोगमाँझी को गोत्र देने के लिए विवश किया जाता है। जोगमाँझी अपना गोत्र उसे देता है और उसी के बाप के नाम पर उस बालक का नामकरण किया जाता है। यदि लड़की होती है, तब उसे जोगमाँझी की माँ का नाम दिया जाता है।

नामकरण के बाद गाँव के सभी उपस्थित ग्रामीणों को 'नीम–दाक् मंडी' यानी नीम के पत्ते के साथ पकाई गयी खिचड़ी खाने को दी जाती है। गाँव के लोग पूछते हैं–यह क्या है, उत्तर मिलता है–नवजात बच्चे की भेट है। इतनी प्रक्रिया के बाद 'जन्म छठियार' सम्पन्न होता है। जन्म छठियार के बाद गाँव के लोग बच्चे के विकास में कोई ख़ास दिलचस्पी नहीं लेते हैं। यह माँ–बाप का या उसके परिवार का प्रश्न रहता है। बच्चा आप ही आप 'राज–पाटा, गाड–गाड, चुगरी–मुंगरी,' 'सोई–तोप', 'हाराड खाण्टांड', 'भेलवा–टुट टुप', 'काराढगडने', 'गुड पोसाक्', 'हे देल गुड़ू' आदि खेल–खेलता हुआ विकसित होता जाता है।

जब बच्चा सयाना हो जाता है, तब उसका चाचो छठियार होता है। इस छठियार का सामाजिक महत्त्व है। इसका कोई समय निश्चित नहीं है।

पर इतना निश्चित है कि बग़ैर इस छठियार के हुए उसकी शादी नहीं हो सकती। इसलिए यह कहा जा सकता है कि शादी के पूर्व चाचो छठियार सम्पन्न कर लिया जाता है। 'जनम छठियार' से बच्चे के छूत का निराकरण होता है और चाचो छठियार के माध्यम से वह अपनी जाति में शामिल किया जाता है। चाचो छठियार के पूर्व बच्चे की मृत्यु होने पर दाह–संस्कार नहीं होता है और उसका भाण्डान (श्राद्ध) नहीं होता है। पहले इस संस्कार का रूप कुछ दूसरा था। ख़र्च अधिक होता था। अब इस संस्कार में सन्तालों ने संशोधन कर दिया है। ख़र्च कम पड़े, इसलिए कई बच्चों का एक ही साथ चाचो छठियार होता है। यही कारण है कि चाचो छठियार करने में देरी हो जाती है। शादी के पूर्व यह संस्कार होता है, इसलिए जब बड़ा लड़का शादी के योग्य हो जाता है, तब उसका यह संस्कार करना आवश्यक ही नहीं अनिवार्य हो जाता है।

उसी अवसर पर परिवार के और सभी बच्चों का चाचो छठियार हो जाता है। चाचो छठियार के अवसर पर गाँव के सभी व्यक्तियों को आने के लिए निमन्त्रण भेजा जाता है। सभी उस समारोह में भाग लेते हैं। बच्चे के जन्म के समय जो दाई रहती है, वह विशेष रूप में उस समारोह में उपस्थित रहती है। उसे सभी उपस्थित लोगों को तेल–हल्दी लगाना पड़ता है। अगर वह नहीं होती है तब घर की सबसे वृद्ध औरत यह काम करती है। वह पानी सभी पर छिड़कती है। उस समय जोगामाँझी सन्तालों की उत्पत्ति, विकास एवं प्रगति के सम्बन्ध में गीत गाता है। उत्कर्ष भरी कहानियों को वह सुनाता है। वह अपने आदि पुरुष से बच्चे तक का, जिसका चाचो छठियार होता है–क्रमबद्ध इतिहास प्रस्तुत करता है। इसके बाद हंडिया ढालना वह आरम्भ करता है। बच्चे का पिता हँडिया लाता है। वह माँझी को और परानिक को हँडिया पीने को कहता है। हँडिया पीने वाले बच्चे के पिता से यह जानकारी प्राप्त करते हैं कि हँडिया किस लिए वह पिला रहा है। वह पिता लोगों को बताता है कि वह अमुक बच्चे या अमुक लड़की के चाचो छठियार की हँडिया है। हँडिया लोगों को पत्ते के दोना से पिलाया जाता है। प्रत्येक बच्चों के सामने चार–चार दोना रखा जाता है। विनती के क्रम में जो गीत गया जाता है, वह बहुत महत्त्वपूर्ण होता है। उस गीत में विश्व–निर्माण से लेकर आज तक की कहानी व्यक्त होती है। लिखित साहित्य के प्रभाव में उन गीतों का बहुत महत्त्व है। छठियार सम्बन्धी अन्य गीत भी गाये जाते हैं, नाच भी होता है। विनती के बाद जिसका चाचो छठियार होता है, उसे जोगामाँझी कहता है–

हम लोगों ने तुमको जाति में ले लिया। उसे जोगामाँझी आशीष देता– "वह फूले–फले, शराब पीये, मस्त रहे, छठियार और शव–दाह में हम सब के साथ रहे। इतना ही नहीं, वह गाँव वालों से पुकार कर कहता है–ग्रामीणों, तुम लोग इस बात का साक्षी रहना कि अमुक बच्चे का चाचो छठियार हुआ है और वह जाति में मिला लिया गया है। इस प्रकार चाचो छठियार सम्पन्न होता है।

सन्ताल परलोक के दण्ड से भयभीत रहते हैं। उन्हें यह विश्वास है कि परलोक में बड़े–बड़े कीड़े होते हैं। कीड़े लोगों को वहाँ बहुत तंग करते हैं। उन्हें दण्डित करने के लिए कीड़ा को लोगों की गोद में रख दिया जाता है और कीड़े उन्हें काटते हैं। पर इन कीड़ों से बचने का भी उनके पास उपाय है। इसी से बचने के लिए 'सिक्का और खोदा' संस्कार सन्तालों में पाया जाता है। सन्तालों को विश्वास है कि 'सिक्का और खोदा' संस्कार द्वारा उन्हें परलोक में कीड़ों से मुक्ति मिलेगी। परलोक में वे सताये नहीं जायेंगे। सन्ताल युवक अपने आप सिक्का लेते हैं। सिक्का से चमड़े को गोलाकार जला दिया जाता है। साधारणतः पाँच ऐसा गोलाकार चिह्न बनाया जाता है। कभी–कभी एक ही गोलाकार चिह्न देखा गया है और किसी–किसी के बदन पर सात–सात गोलाकार चिह्न रहते हैं। सिक्का और खोदा संस्कार के लिए कोई उत्सव नहीं होता है। वे अपने जला लेते हैं। बग़ैर गोलाकार चिह्न के समाज में वे हीन लगते हैं, उन्हें शर्म होती है अपनी कायरता पर। सन्ताल युवतियाँ शादी के पूर्व खोदना कराती है। खोदा गोदना को वे कहती हैं। अपने गोदना पर सन्ताल कुमारियों को बहुत नाज है। वे उसे शुभ मानती हैं, उसे वे अपना आभूषण मानती हैं। उन्हें विश्वास है कि मर जाने के पूर्व उनके सभी आभूषण इस लोक में रह जाते हैं, ये सब उनका साथ नहीं देते, पर उन्हें विश्वास है कि मरने के बाद गोदना स्वरूप उनका आभूषण उनके साथ परलोक भी जायेगा। गोदना को वे इस लोक का शृंगार और परलोक का एक सहारा मानती हैं। गोदना देखकर परलोक के कीड़े उसे काटते नहीं, उसे तंग नहीं करते।

लड़कियों को जब रजोदर्शन होता है, तब यह समझा जाता है कि उसका शैशव समाप्त हो गया और लड़कों की रेखाएँ जब भीगने लगती हैं, तब लगता है कि लड़का सयाना हो गया। सन्ताल लड़कियों में साधारणतः 12–13 वर्ष की उम्र में रजोदर्शन होता है और सन्ताल कुमारों की रेखाएँ 14–15 वर्ष की उम्र में भीगने लगती हैं।

विवाह-संस्कार

मानव में यौन–सम्बन्ध एक स्वाभाविक क्रिया है। यौन–सम्बन्ध न हो तो जीवन का चक्र बन्द हो जाय–संसार का विकास टूट जाय। अतः यौन सम्बन्ध का दूसरा नाम विवाह है। विवाह को सन्ताल लोग बापला कहते हैं। सन्ताल परगना गज़ेटियर के लेखक ओ. मोली ने बापला शब्द का अर्थ दो परिवार का सम्पर्क माना है।[1] सन्तालों में विवाह के अपने कुछ नियम हैं। उस नियम का वे बड़ी कठोरता से पालन करते हैं।[2] उन नियमों का उल्लघन कर कोई भी सन्ताल समाज में नहीं रह सकता। समगोत्रीय विवाह उनके यहाँ नहीं होता, वे किसी अन्य गोत्र या खूँटी में विवाह करते हैं। अगर किसी व्यक्ति को अपने बड़े भाई की साली से सम्बन्ध हो जाय, तब उससे उसकी शादी हो जा सकती है, पर यह सम्बन्ध छोटे भाई की साली से वर्जित है। इस प्रकार का निषेध सन्तालों को परम्परा से मिला है। सन्ताल उन्हें धार्मिक दृष्टिकोण से देखने लगे हैं। उन नियमों के पालन में आना–कानी वे नहीं करते।

प्राचीन आपसी संघर्षों के कारण कुछ गोत्रों में विवाह नहीं होता है। हासदाक् के लड़के–लड़कियों की शादी मुर्मू के लड़के या लड़कियों से नहीं होती। उसी प्रकार मुर्मू के लड़के या लड़कियों की शादी हासदाक् की लड़कियों या उसके लड़कों से नहीं होती है। टुडू और बेसरा गोत्र में साधारणतः नहीं होता है। इस सम्बन्ध में कई कहानियाँ बतायी जाती हैं। एक कहानी है कि एक बार एक बेसरा गोत्र की लड़की टुडू गोत्र के लड़के को प्यार करने लगी, पर टुडू लड़के ने उससे विवाह करने से इनकार कर दिया। इस पर लड़के और लड़की के परिवार वालों में एक समझौता हुआ। उस समझौता के अनुसार यह तय हुआ कि दोनों के जानवरों में लड़ाई हो। भैंसा और मुर्गा में लड़ाई होने का निश्चय हुआ। यह भी निश्चय हुआ कि भैंसा अगर मुर्गा को मार डालेगा, तब तो यह

समझा जायेगा कि भगवान चाहता है कि दोनों की शादी हो जाय, अगर भैंसा उसे नहीं मारेगा, तब यह समझा जायेगा कि ईश्वर को यह शादी मंजूर नहीं। भैंसा और मुर्गा में लड़ाई हुई। मुर्गा को जीत हुई, भैसा हारा। लोगों ने यह निर्णय किया कि भगवान को यह सम्बन्ध पसन्द नहीं है। तब से दोनों गोत्रों में शादी–विवाह नहीं होता है। पर यह नियन्त्रण सख्ती के साथ लागू नहीं किया जाता है।

विवाह को सन्ताल दो परिवारों का मिलन मानते हैं। अतः विवाह करने के पूर्व परिवार के सम्बन्ध में पूरी जानकारी प्राप्त करते हैं। लड़का या लड़की के बाप–माँ शादी के पूर्व, जिस परिवार में वे सम्बन्ध बनाने जा रहे हैं, उस परिवार का समुचित मूल्यांकन वे प्राप्त करते हैं। कन्या की दूरी भी कम महत्त्व नहीं रखती है। साधारणतः एक सन्ताल अपने गाँव की लड़की से शादी नहीं करना चाहता है। सन्ताल के यहाँ एक कहावत है जिसका आशय है कि मुर्गा और दुल्हन हमेशा अपने घर भाग जाती है। अतः वे गाँव की बेटी को अपनी वधू नहीं बनाते। उन्हें भय रहता है कि बेटी जब वधू हो जायेगी, तब वह अपने सास–ससुर के घर की उपेक्षा कर, अपने माँ–बाप के घर पर ही रहेगी। पर सन्ताल बहुत दूर भी विवाह करना नहीं चाहते। अपने गाँव से थोड़ी दूरी पर वे साधारणतः विवाह करते हैं। वे जिस घर में सम्बन्ध करना चाहते हैं, उस घर की आर्थिक स्थिति का पता लगाते हैं। जिससे वे सम्बन्ध स्थापित करना चाहते हैं, उसके स्वास्थ्य के सम्बन्ध में पूरी छान–बीन करते हैं। दुलहिन वे ऐसी चाहते हैं, जो शरीर से परिश्रमी हो, स्वभाव से उदार हो और व्यवहार में मधुर हो। उनके यहाँ मनपसन्दगी विवाह की पहली शर्त है।

विवाह तब होता है, जब दूल्हा–दुलहिन बालिग हों। एक दूसरे के जानने और समझने का उन्हें ज्ञान हो। बाल–विवाह सन्ताल सनाज में वर्जित है। पर विवाह में आयु का कोई नियन्त्रण नहीं है। दुलहिन साधारणतः दूल्हा से छोटी होती है, पर उससे बड़ी भी हो सकती है–ऐसा कोई बन्धन नहीं है। लड़कियों की शादी 16 वर्ष की आयु के पूर्व नहीं हो सकती है और लड़कों की 20 वर्ष की आयु के पूर्व शादी वर्जित है। सन्ताल विद्रोह के पूर्व सन्ताल 25 वर्ष की आयु के पूर्व शादी नहीं करते थे।[3] पर अब ऐसी बात नहीं है। बाल–विवाह की बातें सुनी जाती हैं, यह हिन्दुओं के प्रभाव के कारण हुआ है। शादी के पूर्व यौन–सम्बन्ध को वे बुरा मानते हैं, पर ऐसा हो जाने पर उसे सहन भी कर लेते हैं। अगर शादी के पूर्व कुमारी

गर्भवती हो जाती है, तब उसे अपने सम्बन्ध को प्रकट करना पड़ता है। उस युवक को उससे शादी करनी पड़ती है। अगर वह बहाना करता है या ज़िम्मेवारी लेने से इनकार करता है, तब जोगमाँझी उसे दण्डित करता है। उसके पिता को अर्थदण्ड लगाया जाता है।[4]

सन्तालों में दो प्रकार की शादी प्रचलित है। एक का नाम रायवार बापला है, दूसरे प्रकार की शादी वैसी है, जिसे दूल्हा या दुलहिन अपनी पसन्द से करते हैं। सन्ताल शिवरात्रि के पूर्व विवाह नहीं करते हैं, विशेषतः उनका विवाह वैशाख में होता है। विवाह सम्बन्धी प्रक्रिया दूल्हे के घर से आरम्भ होती है। विवाह कर्त्ता 'रायवारिच' आरम्भ करता है। 'रायवारिच' घर से दुल्हन को देखने जाता है तथा गाँव की सीमा में आग, कुल्हाड़ी, माथा पर घड़ा लिए लड़की, साँप सियार उसे दिखाई पड़ता है, तब वह उसे अशुभ मानता है और वह घर लौट जाता है। पर जब पानी से भरा हुआ बर्तन, गाय, नयी मिट्टी का बर्तन, बोरा लदा हुआ बैल और सिंह का पदचिह्न उसे दिखाई देता है, तब वह शुभ समझा जाता है। वह जोगमाँझी से मिलता है। अपने आने का कारम उसे बताता है। लड़की के पिता को संवाद भेजा जाता है। रायवारिच माँझी के साथ लड़की के पिता के पास उसके घर जाता है। वह उनसे कहता है—ख़ाँत पकाने वाले बर्तन में क्या जगह है? हमारे कुछ मित्र हैं, वे अपनी दवा को पकाने में असमर्थ हैं। अतः उन्होंने एक नया बर्तन खोजने का काम मुझे दिया है। वह इस तरह लड़के वालों की ओर से प्रस्ताव रखता है। जब प्रस्ताव की स्वीकृति मिलने की सम्भावना होती है, तब लड़के वालों के यहाँ से कुछ व्यक्तियों को लेकर रायवारिच पुनः लड़की के घर आता है। उसे होरोक चीन्हा कहते हैं, जिसका अर्थ होता है—शादी करने का वचन देना। लड़की के दरवाज़े पर अतिथियों का स्वागत होता है। लड़की को जो होने वाली दुलहिन है, कोई विवाहित औरत बाहर लाती है। लड़की सभी का अभिनन्दन करती है। वह अपने होने वाले ससुर के पैरों के नीचे एक लोटा में जल भरकर रखती है, जिसमें उसके होने वाले ससुर अपनी शक्ति के अनुसार मुद्रा डालता है और लड़की को ज़ेवर—कपड़ा भेंट करता है। लड़की के पिता कन्या दाम चाहता है, जिसे सन्ताल पौत कहते हैं। कन्या दाम सदैव एक समान नहीं रहा है। उसका मूल्य घटता—बढ़ता रहा है. पहले उसका दाम सात रुपया था, अब साधारणतः उसका दाम बारह रुपया हो गया है।

कन्या दाम का विभाजन इस प्रकार होता है–

पिता का अंश–3.00 रुपया

माँ का अंश–5.00 रुपया

नानी का अंश–2.00 रुपया

दादी का अंश–2.00 रुपया

कन्या के भाई को भी दाम दिया जाता है। पहले कन्या के भाई को बैल मिला करता था। पर बैल का दाम अधिक हो जाने के कारण अब बैल देने की प्रथा नहीं के बराबर है। कुछ रुपया ही कन्या के भाई को मिलता है। साधारणतः 2 रुपया उसे मिलता है। कन्या के गाँव के प्रमुख को भी लड़की के ससुर से कुछ रुपया मिलता है। आठ आना अपने अंश में से प्रमुख वारियाटोका को देता है। पहले प्रमुख को चावल दिया जाता था, पोचाई दिया जाता था। कन्या दाम ठीक हो जाने के बाद कन्या के घर वाले लड़के के घर आते हैं। वहाँ वे खाते–पीते हैं। शादी एक प्रकार से तय हो जाती है। कन्या के घर से वापस आते हुए वरपक्ष के लोग एक गीत गाते हैं–

प्र. ए हो रायवारिच त्तिमिन सागिञरेम सागुन केदा।

उ. आड़ी सागिंञ हो बुक पारोम, चान्दो बोंयाये लिखन केदा।

प्र. ए हो रायवारिच बाहू कुड़ी दो त्तिमिन माराङ।

उ. बाय माराङा, बाय हुडिञा, जोनोक् मुदी रे झूनका,
राचा जोजोक् जोखेच् खेरेच्–खेरेच्

प्र. अरे रायवारिच्। भव्य एवं शुभ के खोज में कहाँ तक गये थे?

उ. बहुत दूर, पहाड़ी से भी आगे, जहाँ कान्दो बोंगा रहते हैं।

प्र. अरे रायवारिच। कन्या कितनी बड़ी है?

उ. न वह लम्बी न नाटी है,
वह हाथों में

दूल्हा माँ से कन्या के सम्बन्ध में जानकारी प्राप्त करना चाहता है। माँ उससे कहती है–

(23) सातेपाते बाबू ञेलकेदेञ,
ढेपकाते बाबू रुकेदाञ
कुङकाल भाजान, बाछाव काते बाबूञ आगूगया।

इस गीत में, माँ अपने पुत्र को समझाते हुए कहती हैं कि जिस तरह से कुम्हार के बर्तन को ठोंक पीटकर, अच्छी तरह देखभाल करके ख़रीदते हैं, ठीक उसी तरह से ही मैं तुम्हारे लिए वधू को सब गुणों की जाँच (परख) कर चुनकर ला दूँगी।

कन्या और उसकी सहेलियाँ भी दूल्हा के सम्बन्ध में जानकारी प्राप्त करना चाहती हैं। वह भी रायवारिच से प्रश्न करती और उत्तर चाहती है–

1. प्र.–एहो रायवारिच् जावाय ओड़ाक् तिमन सागिल

   उ.–वाय सागिआ वाय सोरा, हाने ञेझोक् कान कायरा वाकुल

2. प्र.–एहो रायवारिच् कोड़ा दो तिमन माराङ

   उ.–वाय मराङ वाय हुडिञ, कासी घुटुरे गाये गुपी तिरयोच नोसेङा रियोचू रोमो

3. प्र.–हे वारतुवा, हम लोगों का दामाद का घर कितना दूर है

   उ.–दूर भी नहीं है निकट भी नहीं है, वो मालूम हो रहा है, केना बगीचा के पास।

4. प्र.–वारतुवा, हम लोगों का दामाद कितना बड़ा है।

   उ.–बड़ा भी नहीं है छोटा भी नहीं है, हाँ वासुली बजाने लायक है।

परम्परानुसार कई बार आना जाना पड़ता है। शादी को तय करने के लिए कई उत्सव उन्हें सम्पन्न करना पड़ता है। ख़र्च कम हो–यह भी ध्यान रहता है। एक परिवार दूसरे परिवार को जब जानता है, तब बार–बार आने–जाने का प्रश्न ही नहीं उठता है। पहली बार के आगमन पर शादी तय हो जाती है। दूल्हा के घर के लोग जब कन्या के घर आते हैं, तब उनका अभिनन्दन होता है। उन्हें चौकी पर बैठाया जाता है। उनका पैर धुलाया जाता है, उन पर तेल मला जाता है। उन्हें पीने के लिए पोचाई दिया जाता है। शादी की अन्य बातें तय होती हैं। दूल्हा और दुलहिन को देखने की प्रथा है। शादी के पूर्व उन्हें एक–दूसरे से भेंट करायी जाती है। उन लोगों का मिलन–स्थल हाट या बाज़ार है। हाट की कुछ दूरी पर दूल्हा अपने सम्बन्धियों के साथ खड़ा रहता है, दूसरी पंक्ति में कन्या अपने सम्बन्धियों के साथ खड़ी रहती है। दोनों एक–दूसरे के आमने–सामने खड़े रहते हैं। दोनों के बीच चार फ़ीट की दूरी रहती है। कुछ देर के बाद कन्या की ओर से कोई औरत दूल्हा की पंक्ति की ओर बढ़ती है और दूल्हा के गालों पर कडुआ तेल मलती है,

भूँजा हुआ चावल खाने को देती है। वह औरत दूल्हा के पक्ष के लोगों को प्रणाम करती है। इसी प्रकार दूल्हा के पक्ष की कोई औरत दुलहिन पक्ष की ओर आती है, दुलहिन के गालों पर तेल लगाती है और खाने को कुछ देती है और कन्या के सम्बन्धियों को प्रणाम करती है।

विवाह का समय निश्चित करने में कई बातों को सन्ताल ध्यान में रखते हैं। वे उस मास में विवाह नहीं करते, जिस मास में दूल्हा या दुलहिन का जन्म हुआ है। उस महीने में भी सन्ताल शादी नहीं करते, जिस महीने में वर्षा की सम्भावना होती है। वे साधारणतः विवाह फागुन या वैशाख में करते हैं। लड़के का बाप 'रायवारिच' के द्वारा एक धागा भेजता है और उसमें गाँठ देकर भेजता है। लड़की का पिता उन गाँठों को देखकर समझ जाता है कि लड़के वाले किस दिन को शादी चाहते हैं। एक गाँठ से एक दिन मालूम होता है। लड़की वालों को वह दिन अगर पसन्द है, तब वे भी एक धागा उतने की गाँठ देकर वापस कर देते हैं और जब दिन को कम या अधिक करना होता है तब वे उसी के अनुसार कम या अधिक कर देते हैं।

विवाह को सन्ताल सामूहिक उत्सव मानते हैं।[5] लड़का तथा लड़की दोनों के गाँव के लोगों में काफ़ी उत्साह देखा जाता है। गाँव के अधिकारीगण भी उत्साह के साथ उसमें भाग लेते हैं। कन्या के गाँव का जोगमाँझी अपने को सभी समारोहो का मालिक मानता है। विवाह वेदी के निर्माण से लेकर विवाह तक के सभी समारोहों में वह रहता है। दूल्हा के गाँव का प्रमुख पहले तो उतना उत्साह नहीं दिखाता है, पर जब शादी होने की बात ठीक हो जाती है तब वह भी उसमें भाग लेने लगता है। गाँव का पुरोहित भी शादी में भाग लेता है। शादी के अवसर पर देवी–देवता, भूत–प्रेत, पितर को याद किया जाता है उन्हें प्रसन्न रखने की व्यवस्था पुरोहित को ही करनी होती है। उनसे दूल्हा–दुलहिन के लिए आशीष पुरोहित ही माँगता है। सन्तालों का विवाह सामाजिक महत्त्व रखता है। पुरुष और नारी के सामाजिक यौन–सम्बन्ध का एक सूत्र है। सन्तालों में यह प्रथा है कि दूल्हा और दुलहिन के कपड़े को बाँधना, अँगूठी का आदान–प्रदान करना, दोनों का साथ–साथ खाना। यह उनके सम्बन्ध का प्रतीक है। गृहस्थी, यौन, कृषि आदि के कार्यों में पारस्परिक सहयोग देना एक प्रकार से उनकी प्रथाओं से व्यक्त होता है। विवाह–यात्रा पर चलने के पूर्व दूल्हा के पिता गाँव के पुरोहित को एक मुर्गी बलि चढ़ाने को देता है।

वह देवी–देवताओं और पितरो से प्रार्थना करता है–विवाह के उपलक्ष्य में तुमको मुर्गी समर्पित करते हैं, इसे तुम स्वीकार करो, इसे खाकर और बढ़ो। अब हम लोग बारात अमुक गाँव में ले जाने को हैं। जंगल की राह से जाना है, हमारी रक्षा करो, किसी प्रकार की विघ्न–बाधा न हो, बिजली न गिरे, उन पर किसी प्रकार का जादू–टोना न हो। वहाँ हम लोगों को खाना और पीना भी है। हम लोगों को वहाँ पेट दर्द न हो, सर दर्द न हो। हम लोगों की रक्षा करो, सम्बन्धियों में झगड़ा न हो, वाद–विवाद न हो, तनाव न हो, कोई विघ्न–बाधा न हो।''

विवाह के निर्धारित दिन से एक या दो दिन पूर्व सन्तालों के यहाँ माण्डव–उत्सव होता है। लड़का और लड़की दोनों के घर में यह उत्सव सम्पन्न होता है। आँगन में एक अस्थायी छप्पर का निर्माण होता है। वह आयताकार होता है और उसके मध्य में एक मज़बूत खम्भा रहता है जिसे माण्डव–खूँटी कहते हैं। गाँव के नवयुवक उसे बहुत उत्साह से बनाते हैं और बनाने वाले नवयुवकों को माण्डवा–कोरा कहते हैं। छप्पर छाने के समय या उसे उतारते समय उन्हें पीने को पोचाई और खाने के लिए भात मिलता है। छप्पर के मध्य में महुआ की एक डाली गाड़ी जाती है। कुमारी लड़कियाँ पाँच हल्दी, पाँच धान और पाँच पैसा लिये रहती हैं और एक छेद में, जिसे कुमारी लड़कियाँ ही खोदती हैं, वे उन्हें गाड़ देती हैं। डॉक्टर पी.सी. विश्वास ने इसे ऐन्द्रजालिक महत्त्व दिया है। चावल और हल्दी से यह भावना व्यक्त होती है कि वरवधू का दाम्पत्य जीवन बहुत सुखद होगा और उनके जीवन में विघ्न–बाधा उपस्थित नहीं होगी। माण्डव छप्पर के नीचे जोगमाँझी पाँच कुमारी लड़कियों द्वारा निम्नलिखित व्यक्तियों के पैरों में तेल लगाकर उनका अभिनन्दन करता है। वे इस प्रकार के क्रम में रहते हैं–नायके और उसकी पत्नी, कुदुम नायके और उसकी पत्नी, गाँव का प्रमुख और उसकी पत्नी, प्रमाणिक और उसकी पत्नी, जोगमाँझी और उसकी पत्नी। दूल्हा या दुलहिन के माँ–बाप तथा गाँव के लोग भी उस अवसर पर उपस्थित रहते हैं। उन्हें भी वे कडुआ तेल और हल्दी लगाती हैं।

कन्या के घर एक प्रकार का समारोह होता है, जिसे वे जन–विवाह कहते हैं। कन्या घर से बाहर आँगन में लायी जाती है। बड़ी भाभी उसे लाती है। संग में दो कुमारी लड़कियाँ रहती हैं। भाभी पीतल के बर्तन में पानी भरकर रखती है, जिसे दायें और बायें छिड़कती चलती है।

और लड़कियों के हाथों में दोना रहता है, जिसमें हल्दी, दूर्वादल घास और चावल रहता है। एक में बारने के लिए दीया रहता है। आँगन में औरतें गाती हैं–

> **आचु रे विहुरे सेगेले तिति दो,**
> **वेहार ले लाम ले कायली गाय् नोड़ाक दो**
> **सुच्दाक् रे होसोरेन सोनेर गोड़ सीकड़ी दो,**
> **डाडी दाक् रे होसारेन रनपर गोड़**

पैनी दो, तोकोय चाये हालाङकेत् सोनेरगोड सीकड़ी दो, तोकोय चोय तुमातकेत् रूपेर गाड़े पैनी दो। फारूगे हालाङकेत् सोनेर गोड़ सीकड़ी दो कामन गे तुमालकेत् रूपेर गोड़ पँनी दो–

अर्थ–चारों ओर मुर्गियाँ हैं। चारों ओर काली गाय का गोहाल है। सोना की सीकड़ी चुवाँ में गिर गया तथा चाँदी का पाजेल कुआँ में गिर गया। सोना की सीकड़ी किसने उठाया तथा चाँदी का पाजेब किसने चुना। कारू ने ही[6] सोना की सीकड़ी उठाया तथा कारू ने ही चाँदी का पाजेब चुना।

कन्या को तीन बार माण्डव–मण्डप में घुमाया जाता है। इसके बाद कन्या को उसमें बैठाया जाता है। कुमारी लड़कियाँ दूर्वादल घास को कन्या के भाल पर लगाती हैं। जब समारोह ख़त्म हो जाता है, तब कन्या घर भेज दी जाती है और अन्य औरतें नाचती हैं और गीत गाती हैं। उस समय का उनका गीत है–

> **तोकोयाक राचारे दाक् भुम्बुकएन,**
> **दाक् भुम्बुकएन हाले दाक् बुहेलेन।**
> **हेम्ब्रम कोवाक राचारे दाक् भुम्बुकएन,**
> **दाक् भुम्बुकएन हांले दाक् बुहेलेन।**

अर्थ–किसके बागान में पानी का झरना निकला तथा पानी का झरना बह चला। हेम्ब्रम लोगों के आँगन में पानी का झरना फूटा तथा पानी का झरना बह चला।

विवाह के निर्धारित दिन को लड़का अपने परिवार के सदस्यों, सम्बन्धियों तथा अपने ग्रामवासियों के साथ उस गाँव के लिए प्रस्थान करता है, जहाँ उसकी शादी होने को है। गाँव में बारात–दल का गाँव

की सीमा पर जोगमाँझी स्वागत करता है। वे गाँव के बाहर ठहराये जाते हैं। कन्या के पिता और अन्य सम्बन्धी उनका स्वागत करते हैं। जब तक विवाह की प्रक्रिया चलती है तब तक लोग आनन्दमग्न रहते हैं। नाच और गाना होता रहता है। कन्या को एक नयी साड़ी पहनायी जाती है और दूल्हा के निकट खड़ी की जाती है। दूल्हा का छोटा भाई दूल्हा के बायी तरफ़ रहता है। काफ़ी संख्या में महिलाएँ जल लिए वहाँ उपस्थित रहती हैं। वे बारात दल का अभिनन्दन करती हैं। उनमें सबसे बड़ी आयु की जो औरत होती है वह कन्या को गुड़ खिलाती है और पानी पीने को देती है। लोटा का जो जल बच जाता है, वह उस औरत के चरणों पर डाल देती है। दूल्हा और दूल्हा के भाई को इसी प्रकार गुड़ खिलाया जाता है। जब तक इस प्रकार की प्रक्रिया होती रहती है, तब तक नाच और गाना भी चलता रहता है। इस प्रक्रिया के बाद लड़की की माँ, उसकी चाची और उसकी बुआ–भीड़ में से लड़का और लड़की को जोगमाँझी के पास ले जाती है। उनके स्वागत के लिए कन्या की छोटी बहन वहाँ पहले से उपस्थित रहती है। वहाँ से वापस आने के बाद कन्या को एक डोला में बैठाया जाता है। उसे ऊपर उठाया जाता है। दूल्हा अपने बड़े साले के कन्धे पर बैठकर दुलहिन को पाँच बार सिन्दूर लगाता है। इस प्रकार नियमित शादी की प्रक्रियाएँ सम्पन्न होती हैं।

इस प्रकार की नियमित शादी के अतिरिक्त सन्तालों में और कई प्रकार की शादियाँ भी प्रचलित हैं, जिनकी जानकारी प्राप्त करना आवश्यक है–

(क) संगा बापला : विधवा या तलाक़ द्वारा त्यागी हुई औरत की शादी जब विधुरों से होती है, तब उस शादी को संगा बापला कहते हैं। दूल्हा और दुलहिन स्वयं विवाह तय करते हैं। पहले पुरुष ही शादी का प्रस्ताव करता है। कन्या–दाम साधारण–सा लगता है। दूल्हा कन्या–दाम में एक नयी साड़ी देता है। सिन्दूर–दान नियांमत शादी की तरह नहीं होता है। फूल में सिन्दूर लगा कर दूल्हा–दुलहिन के जूड़े में लगा देता है। खान–पान होता है। इस प्रकार विवाह सम्पन्न होता है।

(ख) कुडाम बापला : शादी के पूर्व कोई सन्ताल लड़की गर्भवती हो जाती है, तब उसे यह बताना पड़ता है कि उसे किस पुरुष से गर्भ रहा है। उससे उसे शादी करनी पड़ती है। जोगमाँझी का इस प्रकार की

शादी में बहुत बड़ा हाथ रहता है। पुरुष को जोगमाँझी के सामने जाकर अपने अपराध को स्वीकार करना पड़ता है। लड़की भी जोगमाँझी की पत्नी के समक्ष सभी बातों को रख देती है। जोगमाँझी गाँव के प्रमुख और लड़का–लड़की के माँ–बाप को इस सम्बन्ध में जानकारी देता है। शादी का दिन वह निर्धारित करता है। निर्धारित दिन को दूल्हा दुलहिन को सिन्दूर दान अपने घर में देता हैं। सिन्दूर–दान के समय लड़का पश्चिम की ओर मुँह किये रहता है और लड़की पूर्व की ओर।

(ग) किरिंग जाँवाई : शादी के पूर्व कोई सन्ताल लड़की किसी ऐसे पुरुष से गर्भवती हो जाती है, जो उसी के गोत्र का है, तब गाँव का प्रमुख पंचायत की बैठक को बुलाता है। पंचायत के सामने बातें आती हैं। पंचायत सह–गोत्र में शादी की अनुमति नहीं देती है। युवक के पिता को पूरा ख़र्च कर लड़की की शादी दूसरे गोत्र में करनी पड़ती है। गाँव का मुखिया उस लड़की की शादी ठीक करता है। जिस युवक से उस युवती की शादी होती है, उसे अपराधी युवक का पिता एक गाय और कुछ रुपया देता है। युवती को एक थाली में बैठाकर उसकी शादी होती है। युवक उस युवती को सिन्दूर–दान करता है।

(घ) घरदी जांवाई : बाप की एकलौती बेटी की शादी घरदी जांवाई विवाह–प्रणाली से होती है। कभी ऐसा भी होता है कि बाप को लड़का रहता है, पर वह बच्चा रहता है, तो ऐसी स्थिति में खेत के काम–काज के लिए तथा उसकी गृहस्थी की देख–भाल के लिए ऐसी शादी की व्यवस्था होती है। लड़की में कोई दोष होता है, वह असुन्दर होती है, तब उसका बाप ख़र्च कर, पैसे के लोभ दिखलाकर इस विवाह–पद्धति के अनुसार ब्याह करता है। शादी का पूरा ख़र्च लड़की का बाप देता है। लड़के को कन्या दाम नहीं देना पड़ता, पर उसे अपने ससुर के पास पाँच वर्ष रहना पड़ता है। पाँच वर्ष के बाद युवक चाहे तो मुक्ति मिल सकती है। पर पांच वर्ष तक उसे अपनी पत्नी के साथ अपने ससुर के घर रहना पड़ता है। खेती में उसे मदद देना पड़ता है। घरदी जांवाई को ससुर अपनी ज़मीन में से कुछ अंश देता है।

शादी की अपनी कुछ प्रक्रियाएँ हैं। शादी के निर्धारित दिन को दूल्हा अपने गाँव के कुछ प्रमुख लोगों के साथ दुलहिन के पिता के घर आता है। जोगमाँझी और गाँव के प्रमुख को कन्या का पिता बुलाता है।

उन सभी लोगों की उपस्थिति में दूल्हा दुलहिन को सिन्दूर–दान देता है। कन्या का पिता एक भोज देता है। दूल्हा दुलहिन के साथ अपने ससुर के घर में बस जाता है।

(ङ) आपाङगिर बापला : यह प्रेम–विवाह पद्धति है।[7] प्यार करके जो शादी होती है, उसे सन्ताल आपाङगिर बापला कहते हैं। सन्ताल युवक–युवतियों को घूमने–फिरने की स्वतन्त्रता रहती है। बाज़ार में, हाट में, खेत में, खलिहान में सन्ताल युवक–युवतियाँ मिलते रहते हैं। उनमें प्रणय हो जाता है। युवक अपने प्यार का प्रतीक एक फूल देता है। अगर वह फूल को स्वीकार कर लेती है तब तो यह समझा जाता है कि युवती ने युवक के प्यार को स्वीकार कर लिया है। झूमर नाच होता है। लड़का लड़की का हाथ पकड़ कर उससे बातें करता है। युवती को यह आश्वासन देता है कि वह उसका पालन करेगा और युवती उसे आश्वासन देती है कि वह हर तरह से प्रेम करेगी। पंचायत के सामने दोनों को अपनी प्रेम–कहानी कहनी पड़ती है। उन्हें वचन देना पड़ता है कि वे शादी कर जीवन बितायेंगे। पहले पंचायत में उनके आचरण की बड़ी निन्दा की जाती है। लड़की का पिता युवक से यह प्रश्न करता है कि उसकी लड़की के साथ उसने प्रेम क्यों किया। इस प्रकार लड़का का पिता लड़की से पूछता है–उसके लड़के के साथ उसने प्रेम क्यों किया? पंचायत उन लोगों को शादी के सूत्र में बाँधने का आदेश देती है। दोनों के गाँव के प्रमुखों के सामने उनकी शादी होती है। सभी के सामने उसे सिन्दूर–दान करना पड़ता है। युवक को गाँव भर को भोज देना पड़ता है।

(च) टुङकी दिपिल बापला–गरीब लोग इस प्रकार का विवाह करते हैं। नियमित शादी पर ख़र्च होता है। लड़की के पिता को ख़र्च करने की शक्ति नहीं होती है तब वह इस प्रकार की शादी करता है। लड़की दूल्हा के घर लायी जाती है। उसके माथे पर एक टाकरी होती है। उसकी सहेलियाँ होती हैं और साथ में उसके कुछ सम्बन्धी होते हैं। दूल्हा सभी लोगों के सामने सिन्दूर–दान करता है। भोज दिया जाता है। युवक–युवती दम्पति के रूप में इसके बाद रहते हैं।

(छ) गोङइटी बापला : इस विवाह पद्धति में बेटी देकर पतोहू ली जाती है। कन्या के भाई से दूल्हा की बहन की शादी होती है। इस विवाह में कन्या–दाम नहीं दिया जाता है।

(ज) इनुत् बापला : यह एक दुस्साहस पूर्ण विवाह प्रथा है।[8] विवाह के लिए बलात्कार किया जाता है। इस पद्धति में एकाकी प्यार प्रदर्शित होता है। युवक जिसे प्यार करता है, उस युवती के माथे पर बलात्कार पूर्ण ढंग से सिन्दूर लगा देता है। उसे अपनी पत्नी घोषित करता है। युवती के पिता युवक के गाँव में जाता है। वहाँ के प्रमुख से मिलता है और युवक के पिता से तीन बकरा चाहता है, वह उससे कन्या–दाम चाहता है। युवती को वधू मूल्य मिलता है। युवक को दण्ड स्वरूप तीन बकरा युवती के पिता को देना पड़ता है, तब यह विवाह विधिवत् माना जाता है।

(झ) जिरबोलोक् बापला : युवती अगर किसी को प्यार करती है, पर युवक को वह प्राप्त नहीं कर पाता है तब वह उसे पाने के लिए पोचाई पीकर उसके घर में प्रवेश करती है। वहाँ उसकी पत्नी बनकर रहना चाहती है। युवक के घर के लोग उसे बलपूर्वक निकाल नहीं सकते। लाल मिरचा जलाकर एक विषाक्त वातावरण तैयार करते हैं। युवती विवश होकर भाग जाती है। पर कुछ ऐसी होती हैं जो इन कष्टों को सहकर भी उस घर से नहीं निकलती हैं। परिवार के लोग युवती को वधू के रूप में स्वीकार कर लेते हैं।

सन्तालों में तलाक़ की प्रथा अधिक है। पति और पत्नी के समान अधिकार प्राप्त है। पति अपनी पत्नी का त्याग उसी परिस्थिति में करता है जब उसकी पत्नी डाइन प्रमाणित होती है। जब वह आचरणहीन होती है या जब पति की आज्ञाओं का अनुपालन नहीं करती हो या जब सदैव अपने पिता के घर वह रहती हो। पत्नी भी अपने पति को तलाक़ दे सकती है। तलाक़ को सन्ताल 'साकाम ओडेच' कहते हैं। इसका अर्थ होता है–पत्ता फाड़ना। विवाह एक सामाजिक समझौता है। वे दो व्यक्तियों का मिलन ही नहीं मानते दो गाँवों का मिलन भी मानते हैं। अतः वर और वधू दोनों गाँवों के प्रतिनिधियों की अनुमति से ही तलाक़ दिया जा सकता है। कन्या के पिता को कन्या–दाम, जो उसे विवाह के अवसर पर प्राप्त हुआ था, लौटाना पड़ता है। पति तलाक़ की घोषणा करता है। वह सखुवा के पत्तों को फाड़ देता है। पत्ता फाड़ना सम्बन्ध विच्छेद का प्रतीक है। तलाक़ की अनुमति जिस परिषद् द्वारा उसे मिलती है, उस परिषद् के सदस्यों को वह खाना खिलाता है। कभी–कभी कन्या का पिता वधू मूल्य वापस नहीं करना चाहता है। ऐसी स्थिति में वह अपनी बेटी पर लगाये गये अभियोग के सम्बन्ध में प्रमाण चाहता है। ऐसी स्थिति में देर होती है।

महीनों लग जाता है। जब तक कन्या मूल्य वापस नहीं होता है तब तक तलाक़ नहीं हो सकता है। विषम कारण न होने पर पति जब अपनी पत्नी को तलाक़ देता है, तब उसे वधू–मूल्य प्राप्त नहीं होता है। उसे दण्डस्वरूप अपनी पत्नी को तलाक़ देते समय पाँच रुपया दण्ड और एक कपड़ा देना पड़ता है। पत्नी पहले तो अपने पति को तलाक़ दे देती है। वह उसके साथ रहने से इन्कार करती है। बाद में वह तलाक़ दे देती है। जब पत्नी अपने पति का त्याग करती है, तब उसे शादी के अवसर पर जो कन्या मूल्य मिला था, उसे वह अपने पति को वापस करती है। तलाक़ का नियम बहुत सरल है। पंचायत के समक्ष तलाक़ की विधि पूरी होती है। जो व्यक्ति तलाक़ देता है, वह अपने गर्दन में कपड़ा लपेटे हुए रहता है और अपने हाथ में सखुआ का तीन पत्ता लिये हुए रहता है। वह अपने देवता–सिंग बोंगा का नाम लेकर सखुआ के तीनों पत्तों को फाड़ डालता है। उसके बाद एक लोटा जल गिरा देता है।

तलाक़ के प्रश्न को लेकर सन्ताल कचहरी में भी सन्ताल उपस्थित होते हैं। ऐसे प्रश्नों में धन की माँग रहती है। धन–निर्धारण दोनों दलों के लोगों की राय से होता है। किसी चीज़ की दर माँझी की राय से निर्धारित होती है। तलाक़ की बात सन्ताल–कचहरी में शायद ही आती है, पर तलाक़ के कारणों में धन का प्रश्न जब शामिल रहता है, तब वे सन्ताल–कचहरी में आते हैं। यह प्रश्न तब उठता है, जब बग़ैर तलाक़ के पति–पत्नी अलग–अलग रहते हैं या रहने की क्रिया में होते हैं। श्री आर्चर ने 'सिविल ला इन सन्ताल सोसाइटी' में लिखा है[9]–''यह आवश्यक है कि मुक़दमें के निर्णय के समय विवाह पर पुनः विचार हो। मुझे कुछ ऐसे अवसर मिले हैं, जिनमें माता–पिता के चलते या गलतफहमी के कारण पति–पत्नी के सम्बन्ध–विच्छेद का प्रश्न उठ खड़ा हुआ था। दोनों दलों में बातें कर ग्रामीण लोग समस्या को हल कर देते हैं। तलाक़ धन या कन्या धन का प्रश्न नहीं रहता। वे पुनः एक साथ रहते हैं। ...तलाक़ का जब निर्णय हो जाय, तब तलाक़ की शर्तें सन्ताली क़ानून के आधार पर होना चाहिए। ग्रामीणों के आदेश की उपेक्षा कोर्ट करता है. तब सन्ताल–कोर्ट अपना निर्णय देता है। जब पत्नी डायन हो जाती है, तब उसका पति तलाक़ दे देता है। डायनपन तलाक़ का बहुत बड़ा कारण है। केवल पति ही नहीं, उसके बच्चे भी उससे अलग रहना चाहते हैं। वे भी पृथक्करण की माँग करते हैं। औरत जब यह स्वीकार करती है कि वह डायन हो गयी

है या गाँव के लोग यह मानने लगें कि अमुक औरत डायन है, तब उस औरत को तलाक़ देना पड़ता है।''

तलाक़ की प्रथा प्रचलित है, पर जाँच करने से ऐसा ज्ञात होता है कि तलाक़ की संख्या अधिक नहीं है। सन्ताल के कई लोकगीत प्रचलित हैं, जिनमें तलाक़ द्वारा त्याग की हुई युवतियों की दर्द कहानियां व्यक्त हैं। सन्ताल अपने गृहस्थ जीवन के प्रति उदार हैं, उनका दृष्टिकोण व्यावहारिक है। जब युवती अपने पति पर आरोप लगाती है कि उसका पति उसकी यौन–माँग को पूरा करने की क्षमता नहीं रखता है तब समाज उसे तलाक़ के द्वारा सहायता पहुँचाता है। सन्ताल कभी भी इस प्रकार के सम्बन्ध को चालू नहीं रहने देते हैं, जब उन्हें यह ज्ञात होता है कि दोनों में यौन–सम्बन्ध का सन्तुलन नहीं है। सन्ताल अपने आचरण, अपने आहार–विहार, अपने रीति–रिवाज़ के प्रति भी सजग रहते हैं उसमें उल्लंघन होने पर भी तलाक़ का प्रश्न उठ खड़ा होता है। श्री आर्चर ने बताया है कि कुलायीपुरा के बरका सोरेन ने अपनी पत्नी को इसलिए तलाक़ दे दिया कि वह कच्चा चावल खाती थी। सन्ताल कच्चा चावल केवल अपने बोंगा को खाने को देता है। गाँव में बीमारी फैली, सन्तालों को आशंका हुई कि बरका सोरेन की पत्नी के आचरण से बोंगा को कोप हुआ है, जिसके फलस्वरूप गाँव को दण्डित होना पड़ रहा है। अतः बरका सोरेन ने तलाक़ दे दिया।

सन्दर्भ

1. O. Malley, Bengal District Gazetteer, Santhal Pargana, Calcutta 1910, Vol. XXII p.134.
2. W.J. Culshaw, Tribal Heritage p.134
3. O. Malley, Bengal District Gazetteer, Santhal Pargana, Calcutta, 1910, Vol. XXII, p.133.
4. Sexual intercourse before marriage is tolerated but if a girl becomes pregnant the youngman is bound to marry her. Should he attempt to evade this obligation he would be liable to severe Punishment by the Jogmanjhi and in addition to this his father would be required to pay a heavey fine.

–P.C. Biswas: Santhal of the Santhal Pargnas, p. 74.

5. W.J. Culshaw: Tribal Heritage, p.139.

6. This has some magical significance. The rice and turmoric roots show any sign of sprouting item, the married life will be happy and never has any difficulty m married life.

   – Dr. P. C. Biswas: Santhal of the Santhal Parganas, p.79.

7. UMA. Choudhary– Marriage customs of the Santals-Bulletin of the Department of Anthropology, Vol. I No. I, January, 1952, p. 104-105.

8. P. C. Biswas–Santals of the Santhal Pargana: p.87.

9. W. G. Archer's report on Civil Law in Santal Soceity (अप्रकाशित)

सन्तालों का मृतक-संस्कार

मृत्यु जीवन का एक चक्र है। जो जनमता है, वह मरता है–यह एक क्रिया है। यह एक सत्य है। इस पर कही किसी को मतभेद नहीं। सभी प्राणी को एक–न–एक दिन मृत्यु का सामना करना पड़ता है। उससे कोई बच नहीं सकता, कोई भाग नहीं सकता। प्रत्येक समाज में, प्रत्येक जाति में मृतक–संस्कार होते हैं। उनके संस्कारों में भिन्नता होती है। सन्तालों का भी अपना मृतक–संस्कार है। सन्ताल जब मरता है, तब उसका मृतक–संस्कार किया जाता है। सन्ताल मृतक–संस्कार को चार क्रम में क्रमशः सम्पन्न करते हैं। पहले क्रम को वे अग्नि–संस्कार कहते हैं। उसे वाव संस्कार भी कहा जाता है। इसके बाद तेल नहान, अस्थि–प्रवाह एवं भाण्डान की क्रियाएँ आरम्भ होती हैं। इन क्रमों में मृत्यु एक सामाजिक क्रिया के रूप में ग्रहण की जाती है।

सन्ताल जब मरने लगता है, तब घर–आँगन का दरवाज़ा खोल दिया जाता है। यह इसलिए वे करते हैं कि उसकी शक्ति शान्तिपूर्वक घर से बाहर चली जाय। उन्हें भय रहता है कि यम जो मरने वाले व्यक्ति की शक्ति को लेने आया है, बन्द दरवाज़ा पाकर जीवित व्यक्ति को भी तंग करेगा। इसलिए वे दरवाज़ा खुला रखते हैं। जब उसकी मृत्यु हो जाती है, तब उसकी मृत्यु का संवाद गाँव के लोगों को ढोल बजाकर वे देते हैं। उसे तीन बार बजाते हैं–बाजा का स्वर होता है–करीम डेब–डेबा। इन स्वरों से लोगों को मृतक व्यक्ति के घर आने को कहा जाता है। मृतक–व्यक्ति के अन्तिम दर्शन के लिए गाँव के सभी लोग उसके घर चले आते हैं। नारियाँ विशेष रूप से उसके शव के दर्शन में भाग लेती हैं। शव जब तक घर में रहता है तब तक उसे कोई अकेला नहीं छोड़ता है। कम से कम उसे पाँच आदमी घेरे रहते हैं। जब तक शव घर में रहता है, तब तक घर ही नहीं गाँव भी अशुद्ध समझा जाता है।

इसलिए शव को वे बहुत शीघ्रता से हटाना चाहते हैं। पुरुष तो मृतात्मा की अन्त्येष्टि के लिए कर्त्तव्य–परायण हो जाते हैं, पर गाँव भर की महिलाएँ रोती रहती हैं। छोटे–छोटे बच्चों के शव को जंगल में ले जाकर गाड़ देते हैं। जहाँ जंगल नहीं है, वहाँ वे बाहर बाग–बगीचे में दफ़ना देते हैं। थैसीस की बीमारी से जो व्यक्ति मरते हैं, उन्हें वे जलाते नहीं हैं, उन्हें ज़मीन में गाड़ते हैं। कोढ़ रोग से पीड़ित व्यक्ति जब मरता है, उन्हें वे तब उसे भी ज़मीन में दफ़नाते हैं उसे जलाते नहीं हैं। गाँव के माँझी एवं पारानिक संवाद पाने के बाद मृतक व्यक्ति के घर आते हैं। जो लोग उसके घर आते हैं, वे सभी शव को जलाने के लिए अपने साथ कुछ लकड़ी भी लेते आते हैं। सभी लोगों के आने के बाद शव को एक खाट (Cot) पर रखा जाता है। औरतें आती हैं, शव के सम्पूर्ण बदन में वे तेल मलती हैं, उसके हाथ और पैर धोती हैं, उसके मुँह पर पानी छिटकती हैं। विवाहिता महिला का शव होने पर उसके भाल पर सिन्दूर का टीका लगाया जाता है। दाह–संस्कार के लिए जिन–जिन वस्तुओं की आवश्यकता होती है, उन्हें जमा किया जाता है। वस्तुओं में धनुष, बाण, धान का लावा, पुराना पंखा, एक मुर्गी का बच्चा, थोड़ी–सी हल्दी, छप्पर के थोड़े से पुआल, बिनौला तथा मिट्टी का बर्तन का होना आवश्यक समझा जाता है। मृतक की निजी वस्तुएँ जैसे, थाली, कटोरी, धनुष–बाण, लाठी, वंशी, कपड़े–लत्ते भी कफन में ढँक कर दाह–संस्कार के लिए सन्ताल ले जाते हैं। मृतक अगर औरत होती है तब उसकी चूड़ियाँ, कान की बाली, अन्य कुछ आभूषण कफन के नीचे ढंक दिया जाता है। इन वस्तुओं के अतिरिक्त कुछ कपड़ा और एक लोटा और कपड़े में कुछ पैसा बाँध दिया जाता। परिवार कोष से भी मृतक को उपहार स्वरूप जो वस्तुएँ मिलती हैं, उन्हें भी कफन के नीचे रख दिया जाता है। मृतक के प्रति परिवार उपहार देकर अपनी श्रद्धा प्रकट करता है; अपना सम्मान व्यक्त करता है। आवश्यक वस्तुएँ और उपहार मंज़िल पर रख दिये जाते हैं, तब उसे उठाते हैं। दो आदमी उन्हें और साथ देते हैं। मार्ग में शव को एक आदमी पंखा झलता जाता है। गाँव के छोर पर पहुँचने पर मुर्दे को स्त्रियों के द्वारा तेल–हल्दी लगा दिया जाता है। इसके बाद शव पर लावा और बिनौलों को छीटा जाता है। शव को वे नदी के किनारे पर ले जाते हैं, अगर मृतक का अपना कोई जलाशय होता है या कोई बाँध होता है तब वहीं पर उसके शव को लाया जाता है, अन्यथा शव को सन्ताल अन्तिम क्रिया के लिए किसी नदी–नाला के पास ले जाते हैं।

ऐसा भी देखा गया कि एक ही जगह पर सन्ताल और ग़ैर–सन्ताल जलाये जाते हैं। सन्ताल चिता को सारा कहते हैं। सारा उत्तर–दक्षिण बनायी जाती है। सारा के निर्माण में बड़ी सावधानी बरती जाती है। सारा लगभग चार फ़ीट ऊँचा बनती है। उसके चारों कोने पर मज़बूत लकड़ी गाड़ी जाती है। उसके बीच में अन्य प्रकार की लकड़ी दी जाती है। किसी विशेष प्रकार की लकड़ी की उन्हें आवश्यकता नहीं होती। जहाँ जंगल है और सन्तालों को लकड़ी प्राप्त करने का अधिकार प्राप्त है, वहाँ वे जंगल से ही लकड़ी लेते हैं। जहाँ जंगल नहीं है, वहाँ सन्ताल अपने पेड़ काटकर या गाँव या बाज़ार से लकड़ी ख़रीद कर शव जलाने के लिए लाते हैं।

सारा जब तैयार हो जाता है, तब मृतक के बदन से सभी कपड़े हटा दिये जाते हैं। जन्मछठियार के समय उसकी कमर में जो धागा बाँधा जाता है, वह धागा भी खोल दिया जाता है। शव की नग्नता को छिपाने के लिए उस पर पत्ते और लकड़ी डाल दी जाती है। जब शव को इस स्थिति में वे लाते हैं, तब वे मुर्गी का बलिदान करते हैं। सन्तालों की यह धारणा है कि मुर्गी का बलिदान कर वे मृतक को शान्ति प्रदान करते हैं। परलोक में मृतक को शान्ति मिल सके, इसलिए उसके साथ एक दूसरा जीव भी भेजते हैं। यमराज को एक दूसरा जीव भेंट करते हैं, ताकि उनके मृतक सम्बन्धी पर वे दया दृष्टि रखें।

इसके बाद शव को जलाने की क्रिया आरम्भ होती है। मृतक का उत्तराधिकारी उसको 'आगमुक' करता है। आगमुक का तात्पर्य है–मुँह में आग देना। जलती हुई रस्सी से थोड़ी आग ली जाती है और जब आग लग जाती है तब मृतक का उत्तराधिकारी दाहिने हाथ में आग की लुकटी लेता है और बायें हाथ में मृतक के कपड़े लेता है। वह लुकटी से कपड़े में आग लगाता है और जैसे कपड़े से आग निकलती है, वह मृतक के मुँह से आग को स्पर्श कराता है। इसके बाद वह चिता में आग लगाता है। इसके बाद मृतक के जितने सम्बन्धी वहाँ उपस्थित रहते हैं, सभी एक–एक लकड़ी चिता पर डालते हैं। सभी उसमें आग लगाते हैं वे शव से अनुरोध करते हैं, वे कहते हैं–हे! मृतक देव, अब देर मत करें। पवन के समान वे जायें। मसाल की तरह जलें, हमने लकड़ी दी है और आग दिया है। तुम जलो और चले जाओ। आगमुक सामाजिक जीवन में बहुत महत्त्व रखता है। आगमुक वही करता है, जो उत्तराधिकारी होता है, निकट का सम्बन्धी होता है। मृतक व्यक्ति अगर पुरुष है, तब आगमुक निम्नलिखित क्रम[1] से दिया जाता है–

1. पुत्र
2. पोता
3. घर जँवाई दामाद—पुत्री के पुत्र, याने नाती
4. बाप
5. दादा
6. भाई
7. भाई का पुत्र
8. चाचा
9. भतीजा
10. घर जँवाई—बहन के पुत्र याने भाँजा
11. घर जँवाई दामाद
12. घर जँवाई बहनोई।
13. बेटी, जिसकी शादी घर जँवाई से हुई है।
14. नौकर
15. गाँव का कोई भी व्यक्ति।

अगर मृतक आत्मा औरत है, तब उसको आगमुक इस क्रम से दिया जाता है—

कुमारी	विवाहिता
1. बाप	1. पति
2. दादा	2. पुत्र
3. भाई	3. पोता
4. भतीजा	4. घर जँवाई बेटी—दामाद के पुत्र, नाती
5. चाचा	5. ससुर
6. चचेरा भाई	6. ददिया ससुर
7. चचेरा भतीजा	7. चचिया ससुर
8. ऐसी बहन का पुत्र जिसकी घर जँवाई शादी हुई हो,	8. देवर

9. बहन का घर जँवाई पति
10. अभिभावक
11. ग्रामीण

9. पति के भाई के पुत्र
10. ससुर के भाई के पुत्र
11. घर जँवाई ननद के पुत्र
12. घर जँवाई दामाद
13. घर जँवाई ननद का पति
14. पुत्री, जिसकी शादी घर जँवाई रूप से हुई हो।
15. नौकर
16. ग्रामीण

तलाक़ दी गयी महिला का आगमुक उपर्युक्त कुमारी लड़कियों के क्रम से ही होता है। उसको अगर लड़का होता है तो उसे आग देने की अनुमति दी जाती है। विधवाओं को आग–दाह विवाहित महिला के क्रम से दिया जाता है। ऊपर दिये गये क्रम में अपवाद भी होता है। ऊपर क्रम के आदमी बाहर हों या बीमार हो या किसी कारणवश आग देने में असमर्थ हो तब उसके नीचे का आदमी आग देता है। साधारणतः उत्तराधिकारी ही आग देता है पर आग देने मात्र से ही वह उसका उत्तराधिकारी नहीं होता है। उत्तराधिकारी को प्रमाणित करने के लिए और भी तत्त्वों की आवश्यकता होती है।

जब चिता जलती रहती है, तब गाँव के लोग कुछ दूरी पर बैठकर दाढ़ी मुड़वाते हैं। आग देनेवाले व्यक्ति का सर मूड़ दिया जाता है। शरीर जल जाने के बाद आग आप ही आप शान्त हो जाती है और जो अंगारे रह जाते हैं, उन पर पानी डाल कर शान्त कर दिया जाता है। उपस्थित सभी लोग अंगारों से हड्डियाँ खोजते हैं। उसे वे जनवाहा कहते हैं, जनवाहा का अर्थ होता है–'हड्डी–फूल'। आग देने वाला व्यक्ति हड्डी की तीन टुकड़ी जमा करता है, एक टुकड़ी खोपड़ी की होती है, दूसरी हड्डी की टुकड़ी बाजू की होती है और तीसरी हड्डी की टुकड़ी पट्टा की होती है। हड्डियों की टुकड़ियों पर हल्दी और चावल का अच्छत मिला कर लेप किया जाता है। उसे साफ़ किया जाता है। उसे एक बर्तन में रखा जाता है। बर्तन का मुँह ढक्कन देकर बन्द किया जाता है। ढक्कन में एक छेद किया रहता है। यह छेद इसलिए होता है कि मृत आत्मा साँस ले सके। अवशेष को वे बहुत सुरक्षित रूप में रखते हैं। एक आदमी पानी लाता है दूसरा उस पर पानी छीटता है। एक आदमी पंखा से अवशेष को फैलाता है

पंखा चलाते समय राख से आग निकल जाय तो सन्ताल उसे विपदा के संकेत समझते हैं। उसे वे बुझाते हैं। मृत आत्मा के परिवार के लोगों को दण्ड देना पड़ता है। वे अवशेष को एक स्थान पर पुनः जमा करते हैं। जहाँ मृत–व्यक्ति जलाया जाता है, उस स्थान को जलाये जाने के बाद वे साफ़ करते हैं, गोबर–पानी से उसे लीपते हैं। अरवा चावल उस साफ़ किये स्थान पर वे छीटते हैं। उसे वे चावल बोना कहते हैं। विवाह के समय भी चौका चावल से ही पूरते हैं। अवशेष को वे दक्षिण से उत्तर की ओर लाँघते हैं। कुछ अवशेष को वे पंखा से ढँक देते हैं, प्रत्येक आदमी पंखा उठाकर अवशेष का दर्शन करता है और फिर उसे पंखा से ढँक देता है, सभी लोग मृत–घाट छोड़ देते हैं। वे अपने साथ उस बर्तन को लेते आते हैं, जिसमें मृत–आत्मा की हड्डियाँ रखी हुई रहती हैं। उसे वे एक वृक्ष के नीचे गोड़ देते हैं।

शव–यात्रा के सदस्यगण स्नान करते हैं। स्नान करने के बाद आगदेवा पाँच–पत्ता हाथ में रखता है, वह मिट्टी लेता है, दतुअन लेता है और हड्डियों के फूल को एक कपड़े में बाँधकर हाथ में रखे हुए पानी में प्रवेश करता है, हड्डियों को पानी में शुद्ध करता है। वह बाहर आकर पानी छींटकर मरांग बुरु से कहता है–हे देव, यह आदमी गिरा, मर गया और चला गया। उसे राख में मत मिलाओ। अपनी सुरक्षा में उसे रखें। आप स्नान करें और अपने बालों को शुद्ध कर लें। इस प्रकार की प्रार्थना वह अपने पितरों से भी करता है। अन्त में वह मृत–आत्मा से प्रार्थना करता है–हे मृत–आत्मा! आज हम लोग तुम्हारे नाम पर स्नान कर रहे हैं, अपने बालों को शुद्ध कर रहे हैं। तुम राखों में मत रहो। तुमने अपना घर छोड़ा अपने बच्चों को छोड़ा और अपने जानवरों को छोड़ा जब सब चीज़ की तैयारी हम कर लेंगे, तब तुम्हें, हम तुम्हारे घर बुलायेंगे। तीन से आठ वर्ष के बच्चा की जब हड्डियाँ रहती हैं, तब तो उस दिन उसका जल–प्रवाह कर दिया जाता है। अन्तिम श्राद्ध उसी समय कर दिया जाता है। इसके बाद चिता पर रखी गयी चीज़ें बेच दी जाती हैं या बेचने के लिए गाँव के किसी आदमी को दे दी जाती है। उन चीज़ों की बिक्री से जो धनराशि प्राप्त होती है, वह गाँव की सम्पत्ति होती है। सामूहिक भोज पर वह ख़र्च होती है। जिस हजाम की सेवाएँ ली जाती हैं, उसे सामूहिक धनराशि में से दो आना पैसा दिया जाता है। शव–यात्रा के सदस्यगण गाँव की गली की छोर पर आग जलाते हैं,

वे दीया–बाती जलाते हैं, धुआँ लेते हैं और अपने सम्पूर्ण देह नें धुआँ लगाते हैं। फिर वे अपने घर जाते हैं। वे उनसे कहते हैं, अधिक शोक मनाना उचित नहीं है। जो चला गया, वह भाग्यशाली था। हम सब को भी इसी भाँति एक–न–एक दिन जाना है। फिर उसके लिए शोक क्यों? आगे चलकर उनसे कहते हैं–जाने वाला तो चला गया, पर तुम रो–धोकर, शोक मनाकर, मन छोटाकर अपने को कमज़ोर मत करो। तुमको जीवित रहना है। खाओ–पीओ और अपना काम करो। अपने दिल पर पत्थर रखो। तुम यहाँ शोक मनाओगे और वहाँ तुम्हारे आँसुओं से उन्हें कष्ट पहुँचता हो। उन्हें रो–धोकर कष्ट मत पहुँचाओ। शोक–संवेदना प्रकट करने वालों को पोचाई पिलाया जाता है। पीने में वे ही शामिल होते हैं जो मृत–आत्मा के गोत्र के होते हैं। दूसरे गोत्र के लोग इस अवसर पर पीने की क्रिया में शामिल नहीं किये जाते हैं।[2]

शोक–संवेदना व्यक्त करने वाले लोग जब चले जाते हैं, तब आगदेवा मृतक के घर से एक नया बर्तन लाता है और हड्डियों को उसमें रखता है। वह उस बर्तन के ढक्कन में एक छेद करता है। उस पर घास रखता है। छेद से मृतक आत्मा बाहर आ सकती है और पुनः अन्दर उसमें जा सकती है। बर्तन पर हल्दी का लेप लगा दिया जाता है। गाँव से बाहर एक वृक्ष के नीचे गाड़कर रख दिया जाता है। बर्तन का मुँह ज़मीन से ऊपर रहता है और उसकी सुरक्षा के लिए उसे पत्थर से ढँक दिया जाता है। पाँच दिन तक मृतक–आत्मा का अवशेष गाँव के बाहर इस प्रकार रखा रहता है।

सन्ताल अगर कोढ़ी हो या वह चेचक या थाइसीस, दमा या हैजा से मरा हुआ होता है, तब उसे जलाया नहीं जाता। उसे सन्ताल ज़मीन में गाड़ देते हैं। फिर भी आगमुक की प्रथा सम्पन्न होती है। उसके उत्तराधिकारी मृतक आत्मा के मुँह से आग स्पर्श कराता है। बच्चा जब बोलने के पूर्व मर जाता है तब वह अपने मरने का कारण नहीं बता सकता है, उसे सन्ताल गाड़ देते हैं। लकड़ी का जहाँ अभाव रहता है, वहाँ सन्ताल मृतक–आत्मा को ज़मीन में गाड़ देते हैं। गर्भवती स्त्री जब मर जाती है, तब उसके पेट से बच्चादानी को वे निकाल लेते हैं और बच्चेदानी को ज़मीन में गाड़ देते हैं, पर उसके शरीर को जला देते हैं।[3] जहाँ वे मुर्दा को गाड़ते हैं वहाँ वे तीन फ़ीट गड्ढा खोदते हैं, गड्ढा उत्तर से दक्षिण की ओर रहता है। क़ब्र में एक कपड़ा बिछा दिया जाता है और उस पर

शव को लिटा दिया जाता है। उसका उत्तराधिकारी आगमुक करता है। फूल पत्तियों तथा डालियों से ढँक दिया जाता है। आगमुक देने वाला व्यक्ति मिट्टी देता है, गाँव के लोग बाद में मिट्टी देते हैं। मिट्टी से गड्ढा भर दिया जाता है। गोबर से लीपकर उसे पवित्र कर दिया जाता है, जानवरों से शव की रक्षा हो इसलिए उसके चारों ओर काटे लगा देते हैं।

पाँच दिन के बाद तेल नहान होता है। गाँव के लोग मृतक आदमी के घर पहुँचते हैं। यदि मृतक आदमी गरीब परिवार का होता है, तब वे पाँच दिन नहीं ठहरते, जलाने के दिन सन्ध्या समय तेल नहान को ख़त्म कर देते हैं। कुछ लोगों के यहाँ यह तीन दिन के बाद होता है।

यह तेल नहान की क्रिया सन्तालों की अपनी सुविधा पर होती।[4] पर अधिकांश रूप में तेल नहान मरने के पाँचवें दिन होता है। गाँव के लोग जब जमा होते हैं, तब मृतक के परिवार का कर्त्ता दरवाज़े की चौकठ पर चोट देकर एक मुर्गी को मारता है। उसके एक पंख को और एक टाँग को एक छड़ी में बाँध दिया जाता है। मांस वे पकाते हैं। उसका कुछ अंश सड़क के चौराहा पर गाँव से बाहर रख देते हैं। उसके कुछ अंश एक डलिया में बन्द कर देते हैं। उसे घर के बरान्डा में टाँग देते हैं। जो खाना बच जाता है, उसे करमा के पत्ता पर रखकर आगदेवा बायें हाथ से खाता है। लोग जब मृतक के घर वापस आते हैं, तब बाहर रखे हुए जल में तीन बार अपने पैर के अँगूठे को डुबाते हैं। तेल नहान के दिन आदमी बाल कटाते हैं। बाद में स्नान करने जाते हैं। मिट्टी, खल्ली; तेल, तीन दतुअन और तीन--चार सखुआ का पत्ता लिये रहते हैं। एक ओर औरतें जाती हैं, दूसरी ओर मर्द जाते हैं। मिट्टी ओर खल्ली को वे तीन जगह बाँटते हैं, तीन दतुअन को उसी प्रकार बाँटते हैं। मिट्टी को बायें हाथ में लेकर देवी–देवता, पितर, पिलचुहाड़ाम और पिलचु बुढ़ों के नाम मन्त्र पढ़ते हैं। उनका मन्त्र मृत–आत्मा के नाम इस प्रकार रहता है–

ते तोबअम गोच् आकान गुर आकानिच्, तेहञ दो तेल नहान बुतुम ते उमकान, नाडकान काताले, प्ताम हो उमकोक् नाडका कोकमे।

"हे मृत–आत्मा! आज तेल नहान के नाम अपने को नहाकर हम अपने को शुद्ध कर रहे हैं, तुम भी इसी तरह शुद्ध होवो"। अपने पितरों को भी वे कहते हैं–तेल नहान कर वे अपने को शुद्ध करें। पवित्र करें।

पिलचुहाड़ाम और पिलचु बुढी से वे कहते हैं–वे भी तेल नहान कर अपने को शुद्ध करें और अपने पास मृतक–आत्मा को स्थान दें, उसे वे मार्ग दर्शन दें। अन्त में मरांग बुरु के नाम पर भी मन्त्र वे पढ़ते हैं–लो मरांग बुरु हम लोग तेल नहान के नाम से अपने को पवित्र कर रहे हैं, तुम भी अपने को पवित्र करो। इस मृत–आत्मा को शान्ति दो; मार्ग दो। नहाकर वे मृतक के घर वापस आ जाते हैं। नारियाँ भी नहाकर मृतक के घर वापस आ जाती हैं। मृतक आत्मा की पत्नी भीगी साड़ी में घर वापस आती है। वह उस स्थान पर जाती है, जहाँ उसके पति का देहान्त हुआ था। उस स्थान पर वह भीगे कपड़े को निचोड़ती है। मृत–आत्मा को बुलाते हैं। तीन आदमी 'रूम' करते हैं, याने झुपते हैं। मृत–आत्माओं में–एक तो मृत–आत्मा होती है, दूसरा पोरोधोल (देवता) और तीसरा मरांग बुरु होता है। मरांग बुरु से गाँव के लोग प्रार्थना करते हैं–हे गोसाईं! आप क्यों झुप रहे हैं–हमलोग अन्धे हैं, आप मार्ग दें। हममें इतनी शक्ति दें कि हम आपको पहचान लें और आपकी सेवा करें। इसी प्रकार वे पौरोधोल से तथा मृत–आत्मा से प्रश्न करते हैं। मरांग बुरु और पौरोधोल अपना परिचय देते हैं। मृत–आत्मा मौन रहती है। उस तीसरे आदमी के, जो मौन रहता है, माथे पर पानी फेंकता है, उसका मुँह धोता है, पीठ पर धप धप कर उसमें चेतना लाता है, जब उसमें चेतना जग जाती है, तब उससे वे पूछते हैं–हे गोसाईं! तुम कौन हो, तुम्हारा परिचय मैं जानना चाहता हूँ। वे देवताओं से पूछते हैं–हे गोसाईं! मेरे घर में मृत्यु क्यों हुई। देवता कहते हैं–जो पैदा होता है, वह मरता है, मरने से आदमी रोग–मुक्त हो जाता है। मृत–आत्मा से वे जानकारी प्राप्त करते हैं–हे! मृत आदमी आप कृपा कर बतायें। आपकी मृत्यु कैसे हुई। मृत आदमी बताता है–उसका दिन पूरा हो गया था, उसका काम भी पूरा हो गया था, अतः उसने संसार से विदा ले लिया। मृत–आत्मा को वे पानी देते हैं, वह भी पानी पीता है, पहले वह अपने परिवार के आदमियों के हाथ से पानी पीता है, तब गाँव के लोगों के हाथों से उसे पोचाई भी दिया जाता है। वह एक या दो कटोरा पीकर अपने को शान्त करता है। मरांग बुरु और पौरोधोल को एक दोना में पानी और दूसरे दोना में पीने को पोचाई दिया जाता है। मृत–आत्मा से वे पुनः प्रश्न करते हैं–"हे मृत–आत्मा हम लोग तुम्हारे अवशेष को नाम गाड़ा (दामोदर नदी) ले जाना चाहते हैं। हम लोगों को आशीष दो कि मार्ग में किसी प्रकार की विघ्न–बाधा उपस्थित न हो।"

मृत–आत्मा उन्हें आशीष देती है–''तुम लोग हवा के समान जाओगे और हवा के ही समान लौट आओगे। तीनों को वे शान्त करते हैं और वे पुनः मनुष्य के रूप में आ जाते हैं।''

इसके बाद एक पयला चूड़ा, तीन रोटी और एक पयला चावल को वे एक गठरी में बाँधते हैं और एक थैली में रखते हैं; थैली मृत–आदमी के कपड़े की बनायी जाती है। पुरुष लोग थैली लिए गाँव की गली के अन्तिम छोर पर जाते हैं, औरतें भी कटोरी में पानी और हल्दी लिये जाती हैं। तीन आदमी को अवशेष लाने को भेजा जाता है, वे आग लिये जाते हैं। उस क्रिया को वे 'बुढ़ी कुम्बा' कहते हैं। आते समय तीन लकड़ी की टुकड़ी लेते आते हैं। तीनों को एक में बाँधते हैं। अवशेष पर हल्दी और पानी डालते हैं। मृत–आत्मा का उत्तराधिकारी उस अवशेष को मृतक के पुराने कपड़े को थैली में रखता है। वह तीन बार परिक्रमा करता है, फिर उसे लकड़ी से मारकर फोड़ देता है। सब लोग घर लौट आते हैं। तीन आदमी अवशेष को लेकर बाहर चले जाते हैं। वे भी लौट आते हैं। लौटने पर भोज की तैयारी होती है। एक दोना में भात, तरकारी और पानी मृत आत्मा के लिए निकाल दिया जाता है।

जब इस प्रकार का कार्यक्रम चलता रहता है, तब जदुपति का काम आरम्भ होता है। वह मृत्यु–दिवस को या उसके बाद मृतक के घर आता है। वह अधिकारी एवं भिखमंगा दोनों रूपों में आता है। वह कुछ चित्र अपने साथ लाता है; उन चित्रों में सृष्टि का निर्माण, बाहा पर्व, यम लोक, कृष्ण और काली जी का दर्शन मृतक के परिवार को वह कराता है। वह एक रेखाचित्र प्रस्तुत करता है, जिसमें मृतक को चित्र में दिखाया रहता है। जदुपति मृतक आदमी की धनराशि को दृष्टि में रखकर उस चित्र में मृतक के साथ मुर्गी–मुर्गा, गाय, थाली, लोटा आदि दिखलाता है। जदुपति को मृत को मृत आदमी के परिवार के लोग इस प्रदर्शन के लिए दाम भी देते हैं।

तेल नहान के बाद अस्थि–विसर्जन का समय निर्धारित किया जाता है। वे दामोदर में अस्थि का विसर्जन करते हैं। दामोदर नदी में जाने का कोई निश्चित समय नहीं है। जो सन्ताल दामोदर नदी के निकट रहते हैं, वे उसी दिन अस्थि प्रवाहित कर देते हैं। जो दूर रहते हैं, वे अपनी सुविधा के अनुसार प्रवाहित करते हैं। कभी–कभी तो ऐसा भी देखने को मिला है कि अस्थि–विसर्जन एक–एक दो–दो वर्ष के बाद भी हुए हैं।

साधारणतः अगहन मास में विसर्जन किया जाता है। जाने के पहले खाने–पीने का उन्हें प्रबन्ध करना पड़ता है। वे अपने साथ तीन हाथ का कपड़ा, पाँच फूटी कौड़ी, एक बाला, थोड़ा–सा सिन्दूर, एक सेर चूड़ा, तीन रोटी, एक सेर चावल आदि सामान लिये जाते हैं। कई अस्थि–विसर्जन एक ही साथ करते हैं। जाने के दिन गाँव के लोग मृतक के घर पधारते हैं, वे पोचाई पीते हैं। मरांगबुरु, पोरोधोल और मृतक को बुलाते हैं, उन्हें सूचित करते हैं कि अस्थि–विसर्जन के लिए दामोदर नदी जा रहे हैं। मेरे सर में दर्द नहीं हो, पेट में दर्द नहीं हो, मार्ग में किसी विघ्न–बाधा का सामना न करना पड़े। मृतक कहता है–"तुम लोगों की सुरक्षा की जायेगी; हवा के समान जाओ और आओ।"

नामगाड़ा में निम्नलिखित घाट मुख्य हैं, जहाँ अस्थि–विसर्जन होता है–गाय घाट, तिरियो घाट, तेल कुपी बारती घाट, हातकुण्डा बन्द घाट, हाडा मागा और दामालिया घाट। कुछ लोग गुपानाय में अस्थि–विसर्जन करते हैं। घाट पर अस्थि को ले जाने के लिए आगदेवा हड्डियों को निकालते हैं, औरतें उस पर हल्दी लगाती हैं, दूध से धोती हैं। मुर्गी के कान काट कर उसके ख़ून से चावल को वे भिगाते हैं, भोजन के लिए एक दिन नियत किया जाता है। उस अवसर पर जिस जानवर का बलिदान करने का वे निश्चय करते हैं, उसके अंग को काटकर ख़ून निकालते हैं और उसे भी चावल में मिलाते हैं। ख़ून से रंगा हुआ चावल पत्ते के एक दोने में वे रखते हैं, दूसरे दोने में एक पैसा और कुछ सिन्दूर रखते हैं। आगदेवा नयी धोती पहनता है और हड्डियों को अपने हाथों में रखता है। वे लोग इस प्रकार दामोदर नदी के लिए प्रस्थान करते हैं। साधारणतः आग देवा अकेले नहीं जाता है, वह अपने साथ कुछ लोगों को लेकर जाता है। दामोदर नदी दूर होने के कारण गाँव के निकटतम नदी, नाला या तालाब में भी वे अस्थि–विसर्जन कर देते हैं। मृतक का अपना तालाब होता है तब उसकी अस्थि उसी तालाब में विसर्जिन की जाती है। नज़दीक में नदी नहीं होने पर वे गड्ढा खोदकर पानी निकालते हैं या उसमें पानी भर देते हैं और अस्थि को उसी में प्रवाहित कर देते हैं। आगदेवा के साथ वे भी जाते हैं जिन्होंने चिता का निर्माण किया था। उनके हाथ में एक बर्तन होता है, दूसरे में झाड़ू। गाँव की पश्चिम छोर पर आगदेवा ज़मीन पर बैठ जाता है और चिता निर्माणकर्त्ता मुर्गी का बलिदान करता है। वह रोता है, कलपता है। बर्तन को फोड़ देता है–झाड़ू को फेंक देता है।

आगदेवा या उसके साथ में गये हुए आदमी दामोदर नदी में जाकर घाट ख़रीदते हैं। घाट की ख़रीद बहुत कम पैसे पर होती है। पहले तो कौड़ी पर घाट ख़रीदा जाता था, अब एक से चार पैसा तक दिया जाता है। घाट पर मृतक का कुर्त्ता या धोती भी रख दिया जाता है। सिन्दूर से तीन खड़ी लकीर घाट पर खींच कर वे स्नान के लिए वे दामोदर में उतरते हैं, फिर उसे चावल के साथ सूर्य्य की ओर निहारते हुए प्रवाहित कर देते हैं। नहाकर वे घाट पर आते हैं, पहने हुए कपड़े को आगदेवा उतार देता है–वह घाटवाले का होता है। आगदेवा मिट्टी लेता है, तीन पत्ता पर रखता है, तीन दँतुअन भी उस पर रखता है और मन्त्र पढ़ता है--जोहार तोवे आम सोच् आकान बिन्दाड आकानिच्, नोक्ओथ इञ दोञ गंगा गायायेत् मेया इञ होञ उमेन नाडका येना आम हो उम नाडका कोक् में–'हे मृत आत्मा! मैं तुम्हें प्रणाम करता हूँ, अब मैं तुम्हारा विसर्जन करता हूँ। मैं भी पवित्र हुआ, तुम भी पवित्र होवो।' इस प्रकार का मन्त्र वे अपने पितरों के नाम भी पढ़ते हैं। पिलचु हाड़ाम एवं पिलचु बुढ़ी के लिए भी यह मन्त्र पढ़ा जाता है; इसके बाद पौरोधोल एवं मरांग बुरु के लिए भी मन्त्र पढ़ा जाता है। इसके बाद वे घाट पर तीन पत्ता पर चूड़ा रखते हैं और उस पर एक–एक रोटी भी रखते हैं। फिर मन्त्र पढ़ते हैं, मृतक, देवता–पित्तर का प्रसाद समझकर उस अर्पित चीज़ को खा लेते हैं। जो चीज़ घर से ले जाते हैं, उसे वे वापस नहीं लाते हैं, वे डोम को वहीं बाँट देते हैं। वहाँ से प्रस्थान करते समय तीन बार हरिबोल या राम--नाम का उच्चारण करते हैं। घर लौट कर सभी आदमी मृतक के घर पहले जाते हैं, वहाँ भोज खाते हैं, उस भोज में जोगमाँझी और परमानिक आदि भी शामिल रहते हैं। वे पोचाई पीते हैं। लोगों से कुशल क्षेम बताते हैं। अस्थि–विसर्जन से मृतक को अस्थायी जेल से मुक्ति मिल जाती है। अब वह पारिवारिक बोंगा बन जाता है। फिर भी मृतक को शान्ति नहीं मिलती है। वह यमराज के राज्य में तब तक प्रवेश नहीं करता है, जब तक उसे अन्तिम विदाई नहीं होती है।

अन्तिम विदाई को सन्ताल भण्डान मानते हैं। भण्डान मृतक की अन्तिम क्रिया है। उसमें मृतक के लिए प्रायश्चित्त किया जाता है। भण्डान के पूर्व पोचाई तथा अन्य खाने के सामान का संग्रह किया जाता है। भण्डान के लिए गाँव के लोग और मृतक के सम्बन्धी मृतक के घर में जमा होते हैं, वे हजामत बनाते हैं, स्नान करते हैं, फिर मृतक के घर में उपस्थित होते हैं।

उन्हें खाने के लिए भात और पीने के लिए पोचाई दी जाती है। आगदेवा मृतक, पोरोघोल एवं मरांग बुरु का आह्वान करता है। मृतक जब अपना परिचय देता है तब लोग कहते हैं—लो! यह तुम्हारा हिस्सा है। वह भोजन करता है। पानी माँगता है, गाँव के लोग और उसके सम्बन्धी सभी उसे पानी पीने को देते हैं। पानी पीने के बाद पुनः अपनी मृत्यु का वह कारण बताता है। उसके परिवार के लोग प्रार्थना करते हैं दृ 'हम लोगें को शान्तिपूर्वक रहने दो, हम लोगों को कष्ट मत दो; कोई चीज़ लेकर मत जाओ।'

जोगमाँझी आँगन में हरा सखुआ की एक डाल गाड़ता है। आगदेवा मुर्गी की बलि देता है। उसके सम्बन्धी मुर्गी, सूअर या बकरा को बलि देते हैं। बलि देते हुए मन्त्र पढ़ते हैं—ने तो बे फालना (मृतक का नाम लेकर) बाटाक् बाखरावाक् एमाम चालाम कनाले, कुशीते कुशलते, आताड़ तोलोयाम, नियागे चेरेचू के माराङ्ग केया बापू ठाकुर तिञ दो। अर्थात् हे मृत आत्मा! तुम्हारा हिस्सा है, ले लो और खुशमन से इसे ग्रहण करो। इसके बाद सब सम्बन्धी अपनी—अपनी बलि चढ़ाते हैं और बलि चढ़ाने के समय ऊपर दिये गये मन्त्र दोहराते हैं। इसी प्रकार पोचाई को भी उसी मन्त्र के साथ मृत—आत्मा के नाम से ढालते हैं। बलि किया हुआ जानवर, जिस ओर गिरता है उसकी निगरानी की जाती है। उस पशु के सर से गोड़ तक का अंग गाँव के लोगों का होता है, गर्दन हजाम का होता है। बाकी का तीन भाग किया जाता है। पहले भाग को चावल के साथ पकाया जाता है, गाँव और घर के सभी लोग खाते हैं। दूसरे अंश को गाँव के लोगों के बीच वे बाँटते हैं। गाँव के लोग अपने अंश को घर ले जाते हैं। तीसरा अंश मृतक के परिवार को मिलता है। भण्डान जो करता है उसे हड्डी मिलती है।

बलि चढ़ाये हुए अन्य जानवरों का विभाजन वे करते हैं। श्री आर्चर ने उनकी विभाजन की क्रियाओं को इस क्रम में रखा है—

मुर्गी, बकरी, सूअर को दो भाग में काटा जाता है। बलि अर्पित किये हुए जानवर का एक पक्ष और उसका माथा बलि अर्पण करने वाले व्यक्ति को प्राप्त होता है और उसके दूसरे पक्ष को तीन भाग में काटा जाता है। एक भाग गाँव के लोगों का होता है, दूसरा भाग भण्डान करने वाले व्यक्ति को मिलता है और तीसरा भाग जिसका जानवर होता है, उसे मिलता है। तीसरे भाग को पकाया जाता है और वहीं खाया जाता है।

मृतक आदमी के समधी भी उसमें भाग लेते हैं। वे अपने साथ बलि के लिए दो जानवर, दस सेर चावल और दो बर्तन में भरा हुआ पोचाई लाते हैं। वह विधवा या विधुर के लिए एक नयी साड़ी या एक नयी धोती लाते हैं। एक जानवर की बलि जिस दिन वे अपने घर वापस जाते हैं, उस दिन होती है। दूसरे जानवर के पैर और माथा को छोड़कर बाकी अंश समधी अपने घर ले जाते हैं। लौटते समय मृतक के घर से उन्हें पाँच सेर चावल और एक भार पोचाई से भरा हुआ बर्तन मिलता है। मुर्गी की जब बलि होती है, तब उसके मास को तीन भागों में बाँट दिया जाता है, एक भाग भण्डान करने वाले को मिलता है, दूसरा भाग पकता है और वही लोग उसे खा जाते हैं और तीसरा भाग गाँव वालों का होता है। खाना पक जाने के बाद सबसे पहिले आगदेवा मृतक को खाना देता है। वह खाना देते हुए कहता है–हे मृत आत्मा! आज हम लोग तुमको खाने के लिए भात दे रहे हैं। इसे लो और खुशी से खाओ। अपने बच्चो की ओर देखो, उनकी सुरक्षा करो; अपने रास्ते खुशी से जाओ। दुख या चिन्ता से घर को मुक्त करो। पोचाई भी इस प्रकार उसे दिया जाता है। इसके बाद गाँव के लोग खाते हैं। गाँव के लोग गली में खाते हैं, इसे सन्ताल में कुल्ही सुरा कहते हैं–जिसका अर्थ होता है–गली का भोज।

श्राद्ध होने के बाद मृतक अपने पूर्वजों में जा मिलता है। वह यमराज की प्रजा हो जाता है। ऐसे तो यमराज के आदेशानुसार उन्हें रहना पड़ता है, पर उन्हें स्वतन्त्रता भी मिलती है, कुछ अवधि के लिए घर आने के लिए। कामों के बीच रहते हुए भी वे अपने घर, गाँव, परिवार को नहीं भूलते हैं। घर की जानकारी वे रखते हैं, भण्डान होते ही घर पवित्र हो जाता है, घर की महिलाएँ सिन्दूर लगाती हैं, शादी–विवाह होता है। जब तक भण्डान नहीं होता है, तब तक कोई शुभ काम नहीं हो सकता है। विशेष परिस्थिति में वे छोटे रूप में भण्डान करते हैं। आगदेवा के नदी में अस्थि–विसर्जन से आने के बाद मुर्गी की बलि होती है, भात पकता है। मृतक एवं पितरों को उसे समर्पित किया जाता है। मृतक से खाने को कहा जाता है। इस प्रकार भण्डान की क्रिया समाप्त होती है, शादी–विवाह होने लगता है–बोंगा की पूजा होने लगती है और आगदेवा को शुद्ध घोषित किया जाता है। लोगों को भात खिलाया जाता है, पोचाई पिलाया जाता है। कुछ अर्से के बाद पूरे रूप से भण्डान होता है। सन्ताल को भय रहता है कि पूरे रूप से भण्डान न करने से मृतक आदमी को शान्ति नहीं मिलती है, वह बेचैन रहते हैं।

मृतक--संस्कार पर कितना ख़र्च पड़ता है, यह भी निर्धारित नहीं है। यह मृतक की स्थिति पर निर्भर करता है। मृतक–संस्कार पर खर्च सन्ताल क़ानून के अन्तर्गत होता है। इस संस्कार को पूरा करने का उत्तरदायित्व परिवार के कर्त्ता का होता है। संयुक्त परिवार का वरिष्ठ कर्त्ता इस काम को पूरा करता है। नारी के दाह–संस्कार का उत्तरदायित्व कुमारी अवस्था में उसके पिता का होता है, विवाहिता की स्थिति में उसके पति का है। मायके में कोई विवाहिता लड़की मर जाती है, तब भी उसके दाह–संस्कार का उत्तरदायित्व उसके पति के ऊपर है। उसकी अनुपस्थिति में दाह–संस्कार कर दिया जाता है, फिर भी 'हड्डियों के फूल' का अधिकारी उसका पति ही होता है। वह अपने ससुराल आता है और हड्डियों के फूल अपने गाँव ले जाता है। दाह–संस्कार पर जितना ख़र्च होता है, उसका देनदार उसका पति होता है। कर्त्ता के देहान्त होने पर उसके उत्तराधिकारी को दाह संस्कार करना पड़ता है। पिता का आगदेवा तो बड़ा लड़का होता है, पर दाह–संस्कार का उत्तरदायित्व सभी लड़कों पर रहता है। मरने के बाद भी सन्तालों का अपने परिवार में स्थान रहता है। वह घर का शुभचिन्तक समझा जाता है। इसके लिए उसकी अर्चना होती है, सम्मान प्रकट किया जाता है। मृतक की उपेक्षा करने पर घर में रोग, शोक तथा महामारी का प्रकोप होता है। यही कारण है सन्ताल अपने पुरखों को खाते समय, पर्व मनाते समय और जन्म या विवाह के अवसर पर याद करते हैं। सोहराय या बाहा के अवसर उनके नाम से बलि चढ़ाया जाती है।[5]

सन्दर्भ

1. Mr. W. G. Archer's report on Civil law in Santal Soceity. (Unpublished)
2. On this occasion who belongs to the same class as the dead person and his family may partake of the beer.
   – Mr. W.J. Culshaw, Tribal Herigage, p. 152.
3. If a woman dies in pregnancy the foetus is removed from the belly and burried, but her own body is cremated.
   From Mr. W. G. Archer's reprt on Civil Law in Santal Society (Unpublished.)
4. Mr. W. J. Culshaw: Tribal Heritage p.153.

5. If this conventional homage is given, the dead do not intervene in human affairs. Yet in every phase of life their influence is seen. They are "unacknowledged legislators" "the guardians of the faith" "the army of Law". Their views and acts are constantly cited. They are honoured source of trival traditions. It is with the ancestors, that the village sits to settle weddings discuss affairs and adjudicate disputes. It is the dead who with the living are the makers and maintainers of tribal law– Mr. W. G. Archer–Report on Civil Law in Santhal Pargana.

अध्यात्म-दर्शन

- विज्ञान ने मानव के विश्वास में थोड़ा हलचल पैदा किया है। कुछ लोग उसके चलते अपने विश्वासी में आशंका प्रगट करने लगे हैं। पर सन्तालों पर विज्ञान का प्रभाव नहीं पड़ा है। अतः उनका विश्वास नहीं हिला है, नहीं डोला है।
- सन्ताल अपनी धार्मिक भावनाओं के माध्यम से अपने सामाजिक संगठन को मज़बूत करते हैं। उनमें सामाजिक ज़िम्मेवारियाँ आती हैं, उनकी सामाजिक चेतना जगती है। वह अपने से ही नहीं, अपने मृतक आत्माओं से भी सम्बन्ध रखते हैं। सन्ताल अपनी धार्मिक पूजा एवं अनुष्ठान के द्वारा मानव–जीवन की कहानी को रखते आये हैं। सन्तालों की धार्मिक भावनाओं से हमें उनके सामाजिक जीवन की एक झाँकी मिलती है।
- वरियार एलविन ने कहा है–जब आदिवासी ईसाई होते हैं, तब वे ऐसा अनुभव करते हैं कि जिस सामाजिक एवं नैतिक वातावरण में वे पले हैं, उससे वे दूर हो जाते हैं, स्वतन्त्र एवं प्राकृतिक आमोद–प्रमोदों से, जिन्हें वे बहुत प्यार करते थे, उनका सम्बन्ध टूट जाता है।

धार्मिक-संस्कार : एक समीक्षा

मानव एक क्रियाशील व्यक्ति है। उसकी हर क्रियाएँ उद्देश्य रखती हैं। यही कारण है कि मानव की क्रियाएँ सदैव लक्ष्य की ओर उन्मुख रहती है। मानव की स्वाभाविक प्रवृत्ति है–आनन्द प्राप्त करना। विघ्न–बाधाओं से अपने को सुरक्षित करना ही उसके जीवन का लक्ष्य है। जीवन–चक्र चल रहा है–मानव उसी चक्र में पड़ा है। सर्वत्र जीवन में उसे सुख–दुःख का अनुभव होता है। मानव यह जानना चाहता है कि उसे सुख किन कारणवश प्राप्त होता है, दुःख का भी वह विश्लेषण करता है। मानव युगों से यह प्रयास कर रहा है–जीवन उसका है, वह उसे अपने ढंग से बनायेगा। पर अब तक उसे सफलता नहीं मिली है। वह प्रकृति पर अपना नियन्त्रण चाहता है; चाहता है प्रकृति सदैव उसके लाभ में हो। सुख और दुःख के कारण और परिणाम पर उसने विचारा है। यह विचारने का क्रम उसका बहुत युगों से चल रहा है। उसने बहुत साधन जमा किया है। अब उसे यह ज्ञान होने लगा कि अपने जीवन की समस्याओं का हल वह निकाल सकता है, पर उस हल का स्वरूप कब कैसा रहेगा–यह वह नहीं कह सकता। अनिश्चितता की स्थिति में वह रहता है। जहाँ ऐसी स्थिति रहती है, वहाँ शान्ति नहीं रहती है। चिन्ता बनी रहती है। अब क्या होगा–यही चिन्ता रहती हैं। चिन्ता से मुक्ति के लिए–जादू का सहारा मानव ने आरम्भ में लिया था। आज भी, सभ्य हो जाने के बाद में भी जादू से पूर्णतः ममता उसकी नहीं टूटी है। सन्तालों में मात्रा की दृष्टि से जादू पर विश्वास अन्य तथाकथित सभ्य लोगों से अधिक है। प्रत्येक मानव समाज में एक विश्वास बना हुआ है। विश्वास का स्वरूप भेद भले ही है; पर विश्वास के बग़ैर आधार बनाये मानव जीवित नहीं रह सकता। पर विश्वास स्थिर नहीं है, समय के साथ–साथ उसमें परिवर्तन होता रहा है। जादू और टोना में विश्वास रखने वाले–सन्तालों के जीवन में भी एक स्थिति आयी।

ऐसी स्थिति प्रत्येक मानव समाज में आयी है। मानव को यह ज्ञान हुआ कि जो कारण उसने समझा था, वह कारण नहीं था; और जो उसने कल्पना के सहारे काम किया था, वह भी व्यर्थ हुआ। उसने सोचना आरम्भ किया कि बग़ैर उसके या उसके आदमियों के सहयोग के यह संसार चल रहा है, तब एक अदृश्य शक्ति है; जो उससे अधिक शक्तिशाली है। वह सारी घटनाओं का सूत्रधार है।[1] मानव की इस धारणा ने इस विश्वास को जन्म दिया कि संसार में एक अदृश्य शक्ति है जो प्राकृतिक शक्ति से महान है, वह मानव का भाग्यविधात्रिय है। उसी के संकेत पर मानव चलता है। सन्तालों में भी अन्य मानव की भाँति यह भावना आयी। अदृश्य शक्ति के प्रति सन्तालों में जो विश्वास और धारणा है, उसका भी क्रमिक विकास अन्य मानव–जाति की तरह हुआ है। यह हो सकता है कि उनके विश्वास की गति औरों के समान नहीं हो, पर यह नहीं कहा जा सकता है कि अपने विश्वासों के प्रति वे अन्य कम दृढ़वती नहीं हैं। विज्ञान ने मानव के विश्वास में थोड़ा हलचल पैदा किया है, कुछ लोगों में अपने विश्वास पर आशंका भी होने लगी है। पर सन्तालों पर विज्ञान का प्रभाव नहीं पड़ा है। अतः उनका विश्वास नहीं हिला है नहीं डोला है।

साधारणतः सन्तालों ने अदृश्य शक्ति को दो वर्गों में रखा है–एक वर्ग में वे रखी गयी हैं, जिनसे हानि की सम्भावना है और दूसरी श्रेणी में वे रखी गयी हैं–जिनसे मानव का कल्याण होता है। बुरा और भला में विभाजक रेखा है–यह सब जानता है।[2] अचेतनशील प्राणियों को भले इस विभाजक रेखा का ज्ञान नहीं हो। पर चेतनाशील व्यक्ति के लिए बुराई एक समस्या बनी हुई है। सत्य तो यह है, यह समस्या सबसे परे है। बुरा क्या है, इस प्रश्न से हम भागना चाहते हैं। पर हम लोग भाग नहीं पाते हैं। यह चिर–सत्य है कि भला और बुरा में संघर्ष होता रहा है। सन्ताल मानते हैं कि बुरी और भली दोनों शक्तियाँ समान हैं। भली शक्तियों की आराधना करते हैं, पर बुरी शक्तियों की वे उपेक्षा नहीं करते। भली शक्तियों की अर्चना वे श्रद्धा से करते हैं और बुरी शक्तियों की आराधना वे भय से करते हैं। बुरी शक्तियों की उपेक्षा कर वह किसी भी कार्य का सम्पादन नहीं कर सकते। सन्तालों को विश्वास है कि बुरी शक्तियों की आराधना कर उसे शान्त कर कोई अच्छा कार्य किया जा सकता है। हिन्दू संस्कारों में भी यह बात पायी जाती है।

कोई भी शुभ काम करने के पूर्व हम दुष्टग्रहों को शान्त करते हैं; उनसे आग्रह करते हैं–वह तब तक शान्त रहें, जब तक वह शुभ काम में लगे हुए हैं। सन्तालों में यह मानवीय प्रवृत्ति पायी जाती है कि जितना वे भली शक्तियों के प्रति श्रद्धा नहीं व्यक्त करते, उससे अधिक बुरी शक्तियों की अर्चना करते हैं। उससे वे भय कम्पित करते हैं। सन्ताल अपने को बुरी शक्तियों एवं डायन, भूत–प्रेतों से घिरे पाते हैं। इससे वे राहत चाहते हैं। इसी चाह से उनके हृदय में ईश्वरीय शक्ति के प्रति श्रद्धा उत्पन्न होती है। वे अदृश्य की पूजा करते हैं।

सन्तालों ने अपने गाँव का संघटन केवल सामाजिक व्यवस्था के लिए ही नहीं किया है। उनका ग्रामीण संघटन उनकी धार्मिक भावनाओं को भी प्रभावित करता है।[3] सन्तालों एवं अदृश्य शक्तियों में सन्तुलन स्थापित करने में ग्रामीण अधिकारियों का हाथ रहता है। सन्ताल समाज में धार्मिक–अनुष्ठान उनके द्वारा ही सम्पन्न होता है, गाँव के पुरोहित को वे नेकी कहते हैं। वह अदृश्य शक्तियों से सन्तालों को सम्बन्धित रखता है। वह गाँव के कल्याण के लिए उत्तरदायी होता है। सन्तालों को विश्वास है, अगर वह अपना काम ठीक से नहीं निभा सकता है, तब सारा गाँव रोगी हो जायेगा, सर्वत्र विपदा फैल जायेगी। गाँव के पुरोहित को अपनी ज़िम्मेदारी का ज्ञान रहता है। गाँव के पुरोहित को ग्रामीण लोग नियुक्त नहीं करते, उन्हें वे ईश्वरीय शक्तियाँ नियुक्त करती हैं, जिनकी वे आराधना करते हैं। पुरोहित के मरने के बाद उसके उत्तराधिकारी को अदृश्य शक्तियाँ अपने प्रभार में ले लेती हैं। सन्ताल इसे रूम कहते हैं। रूम के द्वारा अदृश्य शक्तियाँ अपनी इच्छाओं को व्यक्त करती हैं। यह सत्य है कि पुरोहित के उत्तराधिकारी को अदृश्य शक्ति मनोनीत करती है, पर सामान्यतः मृत पुरोहित के बड़े लड़के को यह काम वे सौंपती हैं। कभी ऐसा भी होता है कि मृत–व्यक्ति के भाई को यह पद दिया जाता है। ट्राइबल हेरिटेज में श्री डब्लू. जे. कुलशा ने इस उत्तराधिकार के सम्बन्ध में दो कारण बताये हैं–पहली बात तो यह है कि मृत–पुरोहित के पुत्र को एक सुविधा प्राप्त होती है कि उसने अपने पिता के कार्यों को देखा है और उसका लालन–पालन एक धार्मिक–वातावरण में हुआ है, इसलिए पुरोहित की ज़िम्मेवारियों को वह समझता है। दूसरा कारण है नेमी को नियुक्ति के समय ज़मीन मिलती है, ज़मीन का हस्तान्तरण सन्ताल में नहीं होता है। इस कारण पुरोहित का कार्य एक परिवार के हाथ में रहता है।[4]

सभी नृतत्त्ववेत्ता मानते हैं कि सन्तालों को ईश्वरीय शक्ति में विश्वास है। पर उनके ईश्वरीय शक्ति के नामकरण को लेकर नृतत्त्व विज्ञान के विद्वानों में मतान्तर है। उनमें एक मत नहीं है। डाल्टन के अनुसार उनकी ईश्वरी शक्ति का नाम सिंग बोंगा है।[5] रिसले ने उनके देवता को ठाकुर कहा है।[6] इसरेफ सोर्ड के मतों को उसने अपना आधार बनाया है। श्री ई. जी. मेन[7] ने सन्तालों के देवता का नाम कान्दू या चान्दू बोंगा कहा है। बमपास[8] ने उनकी ईश्वरी शक्ति को ठाकुर कहकर याद किया है। श्री बोडिंग[9] ने सन्ताल परगना के मोहन पहाड़ी क्षेत्र में काफ़ी अर्से तक काम किया था, उन्होंने क़न्दू को ईश्वरी शक्ति के रूप में माना था। वही उनका निर्माण करता है, वही उनका विनाश करता है। श्री पी. सी. विश्वास ने माना है कि सन्ताल ईश्वर को कान्दू कहते हैं, सूर्य्य को सिंग कान्दू और चाँद को निदा कान्दू।[10]

सन्ताल मन्दिर नहीं बनाते हैं, मूर्ति की पूजा नहीं करते हैं। वे पहाड़, तालाब, नदी और गुफा को श्रद्धा से देखते हैं। उन्हें यह आंशका रहती है कि शक्तियों का निवासस्थान सब जगह है। बोंगा से वे श्रद्धा से अधिक आशंकित रहते हैं। बोंगा की उदारता में विश्वास रखते हुए भी उन्हें सदैव यह भय रहता है कि वे उन्हें दण्डित कर सकते हैं, उन्हें वे तंग कर सकते हैं। बोंगा भूखा रहते हैं, असंतुष्ट रहते हैं, और क्रोधी होते हैं। सन्ताल को ईश्वरी शक्ति से लेकर साधारण शक्तियों तक में विश्वास है। सन्तालों को विश्वास है कि वे भी जीवन के क्रम में बोंगा हो जा सकते हैं। मरने के बाद सन्ताल अपने पूर्वजों की श्रेणी में आ जाता है और अपने मृत पूर्वजों की भाँति वह भी बोंगा हो जाता है, उसकी भी पूजा होती है। वे उनकी अर्चना करते हैं, बलिदान चढ़ाते हैं, भोजन कराते हैं।

मरांग बुरु उनका ईश्वर है। उनमें सारी शक्तियाँ भरी पड़ी हैं। 'मरांग बुरु' का अर्थ होता है–'बड़ा पहाड़'। मरांग बुरु को वे लीटा भी कहते हैं। लीटा का उल्लेख सन्तालों की कहानियों में विशेष रूप से है। अच्छे और बुरे–दोनों अवसर पर मरांग बुरु की पूजा वे करते हैं। सन्तालों की कहानियों से पता चलता है कि पहले सभी बोंगा ईश्वर के सन्देश वाहक थे।[11] सन्ताल भी समझते थे कि बोंगा जी भी करता है, वह मरांग बुरु के आदेशानुसार। पर ऐसी बात बाद में नहीं रही। बोंगा ने कहा–सब काम वे करते हैं, उन्हें शक्ति चाहिए। उन्होंने ईश्वर से संघर्ष किया, फल यह हुआ कि वे बोंगा ईश्वर से अलग हुए, धरती पर आये–पहाड़, जंगल,

गुफा, नदी और तालाब में रहने लगे। मरांग बुरु सन्ताल के भाग्य के साथ रहते हैं। उनके सुख और दुख दोनों में हम उनको सहयोगी के रूप में पाते हैं। धरती पर आदि पुरुष और आदि नारी से जो उनका सम्बन्ध हुआ, वह सम्बन्ध आज तक बना हुआ है। उन्होंने अज्ञान की स्थिति में देखा था। तब तक उनका जीवन के सत्य एवं सुख से परिचय नहीं हुआ था। मरांग बुरु ने अपने को उनका दादा बतलाया और सम्बन्ध स्थापित किया। उन्हें पोचाई बनाना सिखलाया और पीने का आदेश दिया। कुछ दिनों के बाद लौटने में जोड़ी को बदला हुआ पाया। उन्होंने जीवन का अध्ययन किया; यौन–सुख का उन्हें अनुभव प्राप्त हुआ; अपनी नग्नता पर उन्हें लज्जा का अनुभव हुआ। मरांग बुरु ने उन्हें यह आदेश दिया कि वे जब कोई काम करना चाहें तब उसे याद करें, उन्हें पोचाई भेंट करें, उनकी अभिलाषा की पूर्ति होगी।[12] मरांग बुरु की आराधना में जो मन्त्र पढ़ा जाता है, उसमें भौतिक सुखों की माँग रहती है। वे जो उन्हें चढ़ाते हैं, उसके बदले में माँग करते हैं।[13] वे नये वर–वधू के लिए लम्बी उम्र और सुख--शान्ति की माँग करते हैं।

मारांग बुरु को सन्ताल उच्च स्थान देते हैं, अन्य शक्तियों का स्थान निर्धारण नहीं किया जा सकता है। किसी अवसर पर अमुक शक्ति की पहले आराधना वे करते हैं, दूसरे अवसर पर दूसरी शक्ति की पूजा पहले वे करते हैं। सन्ताल विश्वास के अनुसार उनका वर्गीकरण इस प्रकार किया जा सकता है[14]–

1. कान्दू–यह उनका प्रमुख देवता है। यह जीवन दे सकता है, प्राण ले सकता है। वृक्ष, पौधा, जानवर सब उसकी देन है।
2. मृत पूर्वजों की शक्तियाँ–सन्ताल इनकी भी पूजा करते हैं।
3. गृह–शक्तियाँ–ये दो प्रकार की होती हैं–एक को वे अरोक बोंगा कहते हैं और दूसरे को अबेज बोंगा। अरोक बोंगा का भी उन्होंने श्रेणी–भेद किया है, जैसे; वासपहार, देशवाली, सीएस, गोरिया, वारपहार, सर चवाडी, थुनतातुरश। इसी प्रकार अवेजा बोंगा को वे 14 श्रेणी में रखते हैं–दारासोरिया धरासन्दा, केतकोमकुद्रा, चम्पादेनागढ़, गरसेनिका, लीयाचन्डी, धनागठ, कुद्राकण्डी, वरहारा, दूरासरी, वुद्रजा, गासीन इरा, अचली, देशवाली, पाहारदाना सन्ताल अपने इन गृह–शक्तियों का नाम गुप्त रखते हैं।

4. रंगो रूजी–यह शिकारी–शक्ति है। शिकार करने के पूर्व इस बोंगा की आराधना वे करते हैं।
5. गाँव के देवी–देवता–गाँव की देवी होती है–जेहरा एरा और गोसाई एरा। गाँव के देवता होते हैं–तुफो मुरुको, मरांग बुरु, परगानत। सन्ताल निर्धारित समय पर उनकी पूजा करते हैं।
6. गाँव की सीमा–शक्ति–गाँव की सीमा की शक्ति को वे सीमा बोंगा कहते हैं और गाँव के अन्तिम छोर को वे बहरी बोंगा कहते हैं।
7. अस्थायी बोंगा–अकाल एवं अप्राकृतिक ढंग से मरे हुए बालकों की मृत आत्माएँ।
8. नट्टियर बोंगा–ससुराल के भी बोंगा आते हैं। महिलाएँ उन्हें नहियर बोंगा कहती हैं। वह वधू के साथ आती है। वह विदेशी बोंगा भी कहलाता है। उसकी अर्चना होती है, उसकी आवश्यकताओं की पूर्ति होती है। उसकी उपेक्षा होने पर घर में बीमारी फैलती है–मृत्यु होती है।
9. किसार बोंगा–अस्थायी चरित्र का होता है। वह जब खुश रहता है तब परिवार को धनी बना देता है। जिस सन्ताल के घर में वह रहता है उस घर में कोई कमी नहीं रहती है। जब वह रंज होता है, तब उस घर में विपदा का राज्य होता है। रोग बोंगा को घर से निकालने के लिए कई प्रकार के अनुष्ठान करता है।
9. युद्ध बोंगा–युद्ध में आने वाले अस्त्रों के नाम पर बोंगा के नाम पड़ते हैं। कपि कर्ण बोंगा और भला बोंगा विशेष रूप से उल्लेखनीय हैं। इनकी अर्चना वैसी नहीं होती, जैसी अन्य शक्तियों की अर्चना होती है।

ऊपर हम कह आये हैं कि सन्तालों की अर्चना के लिए कोई मन्दिर नहीं है और न उन स्थानों पर कोई मूर्ति ही पायी जाती है। पर उनके पास पूजा का स्थान रहता है, उस स्थान को वे ज़हरी स्थान कहते हैं। वहाँ पर वे देवी–देवताओं तथा अन्य शक्तियों की पूजा करते हैं। उसी निर्धारित स्थान पर गाँव भर के धार्मिक अनुष्ठान सम्पन्न होते हैं। वह गाँव के अन्त में होता है। पर गाँव की सीमा के अन्दर उसे रखा जाता है।

साधारणतः वह गाँव के पश्चिम में रहता है। 'सरजाम' के लम्बे--लम्बे वृक्ष वहाँ रहते हैं। गाँव की स्थापना के साथ इन वृक्षों का रोपन होता है वे जंगल साफ़ कर ज़मीन बनाते हैं, कुछ गुफा रख छोड़ते हैं। दो लम्बे वृक्ष जो होते हैं, एक पर मरांग बुरु रहते हैं और दूसरे पर जाहेर एरा रहती हैं। अन्य देवी–देवताओं के लिए भी अन्य वृक्ष रहते हैं। अनुष्ठान के समय कुदमनाके अपना ख़ून चढ़ाता है; सीमा के बोंगा पर इस प्रकार का रक्तदान होता है। स्थान स्वच्छ रखा जाता है और अनुष्ठान के पूर्व गोबर से लीपा जाता है। स्थान बहुत लम्बा–चौड़ा नहीं होता है। साधारणतः एक सौ गज़ में वह फैला रहता है। केवल बाहर ही उनकी पूजा का स्थान नहीं है; प्रत्येक घर में भी अनुष्ठान का कुछ स्थान रहता है, उसे वे भीतार कहते हैं। वहाँ कोई धार्मिक प्रतीक नहीं रहता है। उसके अन्दर विवाहित लड़कियाँ प्रवेश नहीं कर सकतीं। कारण शादी के बाद लड़कियाँ अपने पति के घर की हो जाती हैं। यह इसलिए करते हैं कि विवाहित कन्या के रूप में अपने साथ अपने नहियर से बोंगा न लेते जायें। भीतार में घर की शक्तियाँ निवास करती हैं। मृत–पूर्वज भी उसमें आकर निवास करते हैं–ऐसा सन्तालों का विश्वास है।

सन्ताल अपनी धार्मिक भावनाओं के माध्यम से अपने सामाजिक संगठन को मज़बूत करते हैं। उनमें एक सामाजिक ज़िम्मेवारी आती है, उनकी सामाजिक चेतना जगती है। वह अपने से ही नहीं, अपनी मृतक--आत्माओं से भी सम्बन्ध रखते हैं। सन्ताल अपनी धार्मिक पूजा एवं अनुष्ठान के द्वारा मानव–जीवन की कहानी को रखते आये हैं। सन्तालों की धार्मिक भावनाओं से हमें उनके सामाजिक जीवन की एक झाँकी मिल जाती है।

सन्दर्भ

1. Fraser, J. G. (1952) – The Golden Bough, p. 57-58.
2. Rev. John Hoffmann (1938) Encyclopaedia Mundarika.
3. Shri W. J. Culshaw : Tribal Heritage, p. 7.
4. Mr. W. J. Culshaw : Tribal Heritage, p. 7.
5. Shri P. C. Biswas : Primitive Religion, Social organisation, Law & Government amongat the Santhal, p. 18.
6. Risley : People of India, Appendix VII, p. 446

7. E. G. Man : Santhal & Sonthalia, chapter VI.
8. Bompass: Folklore of the Santhal Parganas, p. 402.
9. Shri P. O. Bodding : Traditions and institution of Santhal, p.– 48
10. Shree P. C. Biswas – Primitive Religions, Social Organisation, Law and Government amongst the Santals.
11. Mr. W. J. Culshaw : Tribal Heritage. p. 80.
12. Mr. W. J. Culshaw : Tribal Heritage. p. 81.
13. Mr. E. O. James : Comparative Religions, 1938- p. 278.
    "In a primitive agricultural community request for ethical and moral virtues could hardly by expected, since, as Cicero remarks man call Jupiter greatest and best because he makes us not just or temperate or wise but sound and healthy and rich and wealthy.
14. P. C. Biswas : Santhals in the Santhal Parganas, p. 134-137.

सन्तालों का पर्व-त्योहार

दैवी–शक्तियों की अर्चना एवं पूजा के लिए सन्ताल पर्व मनाते हैं, त्योहार करते हैं। कुछ त्योहार तो उनके अपने है और कुछ हिन्दुओं से प्रभावित हैं। सन्तालों को हिन्दुओं से अलग रखने की चेष्टायें होती रही हैं, पर अन्य आदिवासियों की भाँति वे भी हिन्दू ही हैं। एक बार अखिल भारतीय विज्ञान परिषद् की नृतत्त्व शाखा के अध्यक्ष डॉक्टर वैरियर एल्विन ने 1944 में कहा था–"कतिपय विद्वानों एवं राजनीतिज्ञों ने जनगणना के समय आदिम जातियों को हिन्दू समाज से पृथक् करने की चेष्टा की। प्रारम्भिक कार्यों में जनगणना के अधिकारियों ने प्रेतवाद एवं हिन्दुत्व में विभेद दिखाने का प्रयत्न किया है। पीछे आदिम जातियों के धर्म के अनुयायी जैसी शब्दावली का प्रयोग होने लगा है। इसकी परीक्षा की प्रस्तावित कसौटी यह थी कि किसी मनुष्य को लेकर यह देखा जाय कि वह हिन्दू देवताओं की उपासना करता है या आदिम जातियों के देवताओं की। यह कसौटी निरर्थक थी। इस देश (भारत) में रहने वाले आदिम जातियों का धर्म हिन्दू धर्म ही है। स्वयं हिन्दू धर्म में भी बहुत से ऐसे तत्त्व हैं, जिन्हें धर्म विज्ञानवेत्ता लोग प्रेतवादी कहेंगे। इसलिए जनगणना के समय धर्म के खाने में आदिम जातियों को शुरू से ही हिन्दू लिखना चाहिए था। इसके सिवा कोई भी दूसरा वर्गीकरण व्यर्थ से भी गया बीता है।"[1]

सन्ताल छठ पर्व मनाते हैं। यह पर्व हिन्दुओं का है। यह पर्व भादों मास में मनता है। साधारणतः हासदाक् इसे मनाते हैं। अन्य पर्वों की भाँति ही इसे भी वे मनाते हैं, पर इस पर्व के अन्त में एक विशेष आयोजन होता है। एक लकड़ी के 12 हाथ के बल्ला को वे गाड़ते हैं, और उसे वे लम्बवत् एवं आकाशवृत के समानान्तर अर्धवृत्त में मोड़ते हैं। बल्ला एक टीला पर मज़बूत लोहे के चूल से बँधा रहता है। 6 फ़ीट ऊँचाई पर बल्ला में दो छेद किया हुआ रहता है, जो लोहे के चूल में फँसाया जाता है।

उसके ऊँचे शीर्ष पर एक बल्ला के साथ रंगीन छाता बँधा रहता है। छाता कभी इधर और कभी उधर घूमता है; बल्ला के गड़ जाने के बाद आनन्द–प्रदर्शन होता है। तोद मोद मनाते हैं, नाच और गाना करते हैं। लोगों के हाथों में गोबर और मिट्टी रहती है; वे छाता पर लगाते हैं, छाता पर वे लीप करते हैं। इसके बाद स्त्री और पुरुष नाचकर–गाकर अपने आराध्य का पूजन करते हैं। बल्ला से कुछ दूरी पर एक छावनी वे बनाते हैं, उसमें जाकर भोजन करते हैं, हड़िया पीते हैं। खुले मैदान में फिर वे आमोद–प्रमोद करते हैं। इस अवसर पर वे बलि चढ़ाते हैं, बलि का प्रसाद वे वहाँ नहीं खाते, उसे वे घर लाकर खाते हैं।

सन्ताल हिन्दुओं के पर्व–त्योहार केवल मनाते ही नहीं हैं, उसमें वे भाग भी लेते हैं। दुमका में हज़ारों की संख्या में सन्ताल दूर्गा–पूजन में भाग लेते हैं। सुना है और देखा भी है कि सन्ताल तीन से पाँच दिन तक नाच–गान कर दुर्गा की प्रतिमा की अर्चना करते हैं। सन्ताल काली पूजा भी करते हैं। काली पूजा में सन्ताल किसी प्रकार की विघ्न–बाधा नहीं चाहते। 16वीं फ़रवरी, 1933 को एक संवाद जो अमृत बाज़ार पत्रिका में प्रकाशित हुआ था, उससे पता चलता है कि सन्तालों में काली जी के प्रति कितनी श्रद्धा है। संवाद में कहा गया था कि सन्ताल के गुरु संन्यासी बाबा ने मालदह के ज़िलाधिकारी को पत्र लिखते हुए लिखा था–मालदह के एक सौ सन्तालों ने मुझे बताया है कि उनकी वार्षिक काली–पूजा जिसे वे वर्षों से सरदार जीतू के द्वारा मनाते आ रहे थे, वह बन्द की जा रही है।........सन्तालों की काली–पूजा रोकी नहीं जाय। वे स्वयं काली–पूजा मालदह में करना चाहते हैं। मैं आपको आश्वासन दे सकता हूँ कि किसी प्रकार शान्ति भंग नहीं होगी और पहले की सद्भावना जाग्रत होगी। फागुन के महीने में यह पूजा होगी; अतः इसका जवाब उन्हें शीघ्र मिलना चाहिए। गंगापुर–सन्ताल–गोली–काण्ड के बाद भी काली पूजा दिनाजपुर ज़िला में शान्ति पूर्ण ढंग से मनाई गयी है, और अधिकारियों ने उसे मनाने दिया है।'[2]

हिन्दुओं के सम्पर्क में रहने के कारण सन्तालों की धार्मिक भावना पर उनका प्रभाव पड़ा है, पर फिर भी उनकी धार्मिक भावनाओं में काफ़ी अन्तर है। उसी अन्तर के कारण, सन्ताल धर्म को एक अलग धर्म ही माना जाने लगा है। कुछ लोगों ने सन्ताल धर्म के लिए 'बोंगा होड़' शब्द को प्रयोग में लाने का प्रस्ताव किया है। इसके औचित्य पर प्रकाश डालते हुए कहा है, ''बोंग होड़ यानि सनातन सन्तालों का विश्वास है कि

किसी भी व्यक्ति, परिवार या गाँव का कुशल–मंगल उनके बोंगा–गुरु और हापड़ानको (देवी–देवताओं और पितरों) पर ही मुख्यतः निर्भर है तथा अकाल, महामारी, हैजा आदि उन्हीं के कोप के परिणाम हैं। अतः उन्हें प्रसन्न रखने के लिए समय–समय पर उनके नाम मुर्गी के बच्चें, बकरों या सुअरों का बलिदान, हँडिया का चढ़ौआ तथा नये अन्न और फूल–मूलों का भोग लगाना अनिवार्य है।''[3]

सन्ताल को हिन्दू धर्म का अनुयायी कहें या प्रेतवादी कहें या उन्हें बोंगा होड़ कहें; इस विवाद में हम नहीं पड़ना चाहते हैं। अपनी धार्मिक भावनाओं की अभिव्यक्ति के लिए वे पर्व–त्योहार मनाते हैं। सन्तालों का पर्व–त्योहार अधिकांश रूप में प्रकृति से सम्बन्धित है। उनके मुख्य पर्व–त्योहार इस प्रकार हैं–

बन्धना–पर्व

सन्तालों का सबसे उल्लास का पर्व बन्धा पर्व है। इसे वे बंधना पर्व भी कहते हैं। इसे ही सोहराय पर्व भी कहा जाता है। यह पूस मास याने जनवरी में मनाया जाता है। धान कटने पर सन्ताल इस पर्व के मनाते हैं। इस पर्व में नये धान के उपलक्ष्य में अपने देवी–देवताओं, पितरों तथा गोधन का पूजार्चन एवं सगे–सम्बन्धियों का मान–सम्मान किया जाता है।[4] पहले यह पर्व किसी निश्चित दिन को नहीं होता था। कुछ लोग एक दिन करते थे, कुछ गाँव वाले दूसरे दिन उसे मनाते थे। पर अब आधिकारिक तौर पर ही एक दिन सभी सन्ताल इस पर्व को मनाते हैं। तिथि पर्व में निश्चित हो जाती है और गाँव–गाँव हाट–हाट में इस पर्व की सूचना दी जाती है। जिस वर्ष धान की उपज कम होती है उस वर्ष वे इस पर्व को उल्लासपूर्ण ढंग से नहीं मनाते हैं। अकाल के वर्ष में सन्ताल कहते हैं–''इस वर्ष सोहराय या बन्धा पर्व ये नहीं मनायेंगे। कारण यह है, इस वर्ष उनके पास खाने को धान नहीं, वे मित्रों को बुलाकर कहाँ से खाना खिलायें।''[5]

निर्धारित दिन की पूर्व सन्ध्या को गोड़ायित गाँव के पुरोहित के घर बलिदान के लिए उजली मुर्गी और एक भूरे रंग की मुर्गी को पहुँचाता है। पुरोहित उस रात को कुछ परम्परागत कार्य करता है, ज़मीन पर सोता है। धार्मिक आचरण वह प्रदर्शित करता है। दूसरे दिन गोड़ायित गाँव के

प्रत्येक घर से संग्रह करता है। चावल, नमक और मसाला भी वह प्रत्येक घर से संग्रह करता है। चपाती बनाने के लिए चावल को पीसा जाता है। यह काम साधारणतः पुरोहित की पत्नी करती है। पुरोहित की अविवाहित बहन भी इस काम को कर सकती है। सुबह में पुरोहित ऐसी भूमि पर, जो पहले से गोबर से लीपा रहता है, पूजा का दीर्घा बनाता है। उस दिन दोपहर को बलिदान होता है; एक पवित्र गुफा में भी यह बलिदान–समारोह सम्पन्न होता है। जहाँ नदी–नाला, पोखर या तालाब होता है, उसके तट पर यह समारोह किया जाता है। पवित्र स्थान के लिए जो दीर्घा बनता है, वह उत्तर से दक्षिण की ओर रहता है। चावल पर सिन्दूर लगाया जाता है; उसे दीर्घा के चारों ओर छीटा जाता है। चावल पक्षियों को खाने के लिए दिया जाता है। उन पक्षियों पर जल छींटा जाता है। उनके माथ पर सिन्दूर लगाया जाता है। सिन्दूर उनके दोनों टाँगों एवं उनके पँखों पर भी लगाया जाता है। जब बलिदान पूरा हो जाता है, तब पुरोहित पक्षियों के माथे का मांस खाता है, गाँव के अन्य लोग दूसरे भाग के मांस खाते हैं। खाने के बाद नाच और गाने का कार्यक्रम चलता है।

इसके बाद ग्रामीण लोग कुलीमूचा जाते हैं। गाँव के बाहर के चरागाह को कुलीमूचा कहते हैं। वहाँ वे चौखूँटा वृत्त बनाते हैं। ऐसे वृत्त कई बनाये जाते हैं। सभी वृत्तों में कुछ अरवा चावल रखा जाता है। एक वृत्त में मुर्गी का एक अण्डा रहता है। चराने वाले बालकों को बुलाया जाता है, वे सभी अपने जानवरों को लेकर आते हैं। पुरोहित चरवाहों की लाठी को पूजता है, उस पर सिन्दूर और दूर्वादल चढ़ाता है। वे अपने जानवरों को बने हुए वृत्तों के अन्दर हाँक देते हैं। जानवर उन वृत्तों के अन्दर तब तक रखे जाते हैं, जब उनमें से एक मुर्गी के अण्डे को पैरों से मसल न दे। जिस गाय या बैल ने अण्डे को तोड़ा है, उसे फूलों की माला पहनायी जाती है, उसके सींग और माथे पर सिन्दूर लगाया जाता है। जिस बालक की वह गाय होती है, उसे भाग्यशाली समझा जाता है। गाँव के प्रमुख के पास उस बालक को कंधे पर बैठाकर वे ले जाते हैं। बालक चरवाहा माँझी को प्रणाम करता है। वह गाँव के अन्य लोगों के सामने नतमस्तक होता है। गाँव में जब सब लौट आते हैं, तब वे पुरोहित के घर जाते हैं। वहाँ पीने को हँड़िया उन्हें मिलता है, फिर वे अपने सम्बन्धियों के घर जाते हैं। यहाँ वे खाते–पीते हैं। सन्ध्या समय कुमार और कुमारियाँ जोगमाँझी के घर जाते हैं। जोगमाँझी से अनुरोध करते हैं कि पर्व की अवधि में उनके कामों की ओर वह ध्यान दे। पर्व की इस अवधि में उन्हें नैतिक स्वतन्त्रता प्राप्त हो जाती है।

यौन–सीमा का उल्लंघन यत्र–तत्र हो जाता है।[6] पर्व की प्रथम रात्रि को गाँव के लोग जानवरों को जगाते फिरते हैं। 'गो–स्थान' के चारों ओर नगाड़ा बजाते हैं, वे गाते हैं। गाय जब जग जाती है, तब उसे रंग–बिरंगे फूल–पत्ते से सज़ाते हैं। उस पर अच्छत चढ़ाते हैं, उसके सींग और माथे पर सिन्दूर लगाते हैं। जब गाँव के जानवर जग जाते हैं, तब सभी कुमार जानवरों से आशीष लेते हैं। उन्हें माला पहनाई जाती है। उन्हें खाने के लिए मिठाइयाँ दी जाती हैं। उन्हें औरतें आशीष देती हैं–वे कहती हैं, आने वाले वर्ष में वे निरोग रहेंगे, भूत–प्रेत–डायन से उनकी सुरक्षा होगी। चोर–डाकू और जंगली जानवरों से भगवान उन्हें बचायेंगे। सन्ताल इस पूजा को गौ–पूजा कहते हैं। दूसरे दिन गाँव के प्रत्येक घर में घर का बड़ा आदमी गोहाल (गाँवों के घर) में पूजा करता है। वह गोहाल को साफ़–सुथरा करता है। गोहाल के मध्य में वह एक वृत्त बनाता है, उसमें वह अरवा–चावल रखता है, उसे सिन्दूर से रंगता है, वह उजला और लाल रंग की मुर्गी का बलिदान करता है। मरांग बुरु, कुल देवता एवं अपने पूर्वजों के नाम पर वे बलि चढ़ाते हैं और कहते हैं–लो हमारी सेवा स्वीकार करो। हम तुम्हारा प्रसाद पायेंगे, हमें सिर–दर्द, पेट–दर्द न हो, हममें कोई कलह भी नहीं हो। सन्ताल अपने कृषि–यन्त्रों एवं अस्त्र–शस्त्रों के साथ स्नान करने जाते हैं। घर में बाहर के लोगों का प्रवेश निषिद्ध रहता है। पर उस दिन परिवार की सभी बेटियाँ अपने–अपने मायके आ जाती हैं। सन्ताल इस पूजा को बोंगा पूजा कहते हैं।

तीसरे दिन 'खुण्टाऊ' होता है। गाँव की गली में लकड़ी का बल्ला गड़ा रहता है। बल्ला के ऊपरी अंश पर कुछ पुआल रखा रहता है। उस पर कुछ फूल और चावल की पाँच रोटियाँ रखी रहती हैं। एक बैल को लाया जाता है, उसे स्नान कराया जाता है, उसके सींग और माथे पर तेल और सिन्दूर लगाया जाता है। बल्ला में उसे बाँध दिया जाता है। ऐसी व्यवस्था माँझी, पारानिक एवं गाँव के साधारण लोग अपने–अपने दरवाज़े पर करते हैं। गाँव के कुमार एवं छोटे बच्चे सामूहिक रूप से नाचकर, गाकर, बाजा बजाकर बैल को भड़काते हैं। बैल भड़कता है, बल्ला को तोड़ देता है। दो–तीन घण्टों तक आमोद–प्रमोद कर बैलों को वे गोहाल में लाकर बाँध देते हैं। इसके बाद वे एक–दूसरे के घर जाकर नाच–गाना करते हैं, आनन्द मनाते हैं, खाते–पीते हैं। जब तक समाप्त हो जाता है, तब सभी नवयुवक जोगमाँझी के घर जाकर भोजन करते हैं और हँड़िया पीते हैं।

चौथे दिन जाले होता है। इस दिन युवक–युवतियों का दल घर घर जाता है। खाने--पीने की वस्तुओं को लाकर जमा करता है। सामूहिक भोजन करता है। नाच–गान, खान–पान पूर्व के दिनों की भाँति चलता है। पांचवें दिन जोगमाँझी के घर सहभोज होता है। अन्तिम दो दिनों में सन्ताल--जीवन का आनन्द लेते हैं। हँसने–खेलने की पूरी स्वच्छन्दता रहती है। यौन–सम्बन्ध की स्थापना में पूरी स्वतन्त्रता रहती है।[7] फिर भी यह स्वतन्त्रता विवाहित लोगों को नहीं प्राप्त होती है। इस अवसर पर भी यौन–सम्बन्ध एक गोत्र में वे नहीं करते। इस प्रकार की आचरण हीनता पर कठोर दण्ड दिया जाता है। पर्व की अन्तिम रात्रि में कुमार–कुमारी लड़कियाँ जोगमाँझी के घर सोती हैं और उन्हें हँसने–खेलने की जो स्वच्छन्दता मिली थी, उसे वापस करती हैं।

साकरात--पर्व

पूस मास के अन्तिम दिन को साकरात पर्व सन्ताल मनाते हैं। हिन्दुओं के संक्रान्ति पर्व का नक़ल मात्र यह पर्व है। शिकार खेलना इस पर्व का मुख्य काम है। घर की महिलाएँ सुबह से ही चावल की रोटियाँ पकाती हैं। मर्द लोग साधारणतः दही–चूड़ा खाते हैं। खाकर वे शिकार खेलने जाते हैं। रोटियाँ पहले मृत–पूर्वजों को चढ़ाई जाती हैं, तब उसे लोग खाते हैं। दोपहर में जोगमाँझी गाँव के सभी युवकों को जमा करता है, धनुष–बाण चलाया जाता है; कुछ अन्य खेल–कूद भी वे करते हैं। इसके बाद वे मछली का शिकार करते हैं। रात को वे नाचते और गाते हैं। हँड़िया पीते हैं। दूसरे दिन वें जंगलों में जाकर जंगली पशु–पक्षियों का शिकार करते हैं। उसके मांस को मरांग बुरु एवं पितरों को वे चढ़ाते हैं। घर–गृहस्थी के कुशल--क्षेम के लिए प्रार्थनाएँ भी करते हैं। उस दिन की रात्रि में भी वे नाच–गान करते हैं। तीसरे दिन वे हाट जाते हैं वहाँ से लौटकर वे आनन्द–प्रमोद मनाते हैं।

बाहा पर्व

'वाहा' एक सन्ताली शब्द है। बाहा का अर्थ होता है–फूल। सखुआ के वृक्ष में जब फूल खिलते हैं, तब यह पर्व मनाया जाता है। साधारणतः यह पर्व फागुन में मनाया जाता है। इस पर्व का मूल लक्ष्य यह है कि सन्तालों का अगला वर्ष सुखद हो। नाच–गान, खाना–पीना, इस पर्व की विशेषता है।

यह पर्व जोहेर स्थान में मनाया जाता है। नायके और कुदुम नायके जोहेर स्थान में पूजा करते हैं। पर्व के पहले दिन नवयुवक लोग जाहेर स्थान में दो छावनी बनाते हैं, एक जाहेर एरा और मरांग बुरु के लिए और दूसरी छावनी गोसाईं एरा के लिए। स्थान को गोबर से लीप–पोतकर पवित्र किया जाता है। वे गाँव से बाहर स्नान करने जाते हैं। नाच के उस दिन विशेष रूप से वे पवित्र रहते हैं। वे उस दिन पूर्ण पवित्रता का पालन करते हैं। पूरी रात नाच के घर में नगाड़ा बजता है। बोंगा के साथ सभी वहाँ उपस्थित रहते हैं। जाहेर एरा उनकी देवी हैं। जिस व्यक्ति में जाहर एरा की आत्मा आ जाती है, वह गहना पहनता है, बक्स रखता है और झाड़ू उसके हाथों में रहता है। मरांग बुरु के हाथों में मृत्यु का अस्त्र–शस्त्र रहता है। इन चीज़ों के साथ जाहेर--एरा और मरांग बुरु जाहेरा स्थान में आते हैं। उनके सात गाँव के बच्चे नाचते–गाते, बाजा बजाते आते हैं। जोहेर स्थान में पहुँचकर जाहेर--एरा ज़मीन को साफ़ करती है, नायके उनसे अनुरोध करता है कि अपने साथ जो वस्तुएँ लाये हैं, उन्हें चटाई पर रख दें। वह उनसे कई प्रश्न करता है। प्रश्न कई विषय पर होते हैं। साधारणतः उनका प्रश्न उनके भविष्य से सम्बन्धित रहता है। नायके बाद में बोंगा के हाथ--पैर धोता है और उन पर जल फेंकता है। बोंगा उठ खड़ें होते हैं, और घर चले जाते हैं। दूसरे दिन पुनः जाहेर–स्थान जाते हैं। मरांग बुरु सखुए के वृक्ष पर चढ़ जाते हैं और फूलों को तोड़–तोड़कर फेंकते हैं, जाहेर–एरा फूलों को चुन–चुनकर टोकरी में रखती है। मरांग बुरु मार्ग में महुआ के फूल चुनते जाते हैं। बोंगा को जाहेर स्थान में पहुँचने पर चटाई पर बैठाया जाता है। नायके उनके सामने बैठता है। वह धूप, दीप, सिन्दूर, जल, दूर्वादल, हँड़िया और सखुए के फूलों की भेंट चढ़ाता है। वह मुर्गियों की बलि देता है। बोंगा मुर्गियों के ख़ून को ओठों से स्पर्श करते हैं। नायके उनके चरणों को धोता है। जाहेर–ऐरा भी नायके का अभिनन्दन करती है। नायके बलि की गयी मुर्गी को भात के साथ पकाता है और सपत्नीक वह खाता है। गाँव के अन्य लोग भी जाहेर स्थान में ही खाते हैं। नायके को छोड़कर सभी लोग घर चले जाते हैं। नायके जाहेर स्थान में अकेले रहता है। गाँव के लोग अपने–अपने घर में जाकर मुर्गी एवं सूअर की बलि देते हैं। वे आमोद–प्रमोद मनाते हैं, खाते–पीते हैं। वे पुनः तीसरे पहर जोहेरस्थान को जाते हैं और नायके को गाँव वापस लाते हैं। प्रत्येक घर में उसकी अर्चना होती है। उसका पाँव पखारा जाता है।

नायके प्रत्येक गृहस्थ को सखुए की मंजरियों का गुच्छा प्रसाद के रूप में देता है। इसके बाद होली खेली जाती है। हँसी–दिल्लगी भी होती है। पानी एक दूसरे पर डाला जात: है। स्त्रियां भी होली खेलती हैं। आमोद–प्रमोद में वे भी भाग लेती हैं। "एक दूसरे पर पानी डालकर वर्ष भर के वैर–द्वेष को धो डालने का विश्वास सन्ताल में है।"[8]

एरोक पूजा

एरोक पूजा बीज–वपन का त्योहार है। खेत में बीज डालने के पूर्व यह पूजा होती है। जाहेर स्थान में यह पूजा आषाढ़ में होती है। नायके और उसके सहायक कुदुम नायके पूजा कराते हैं। पाँच मुर्गियों की बलि जाहेर स्थान में दी जाती है। पितरों से, देवताओं से अनुरोध किया जाता है कि उनके बीज खेतों में अच्छी तरह लगें। इसके बाद खिचड़ी पकती है, मुर्गी को पकाते हैं और उसे सब लोग प्रसाद के रूप में ग्रहण करते हैं। मुर्गी का आगे का अंश नायके या कुदुम नायक खाते हैं।

हरियाड़ा पर्व

हरियाड़ा पर्व तब मनाया जाता है, जब खेतों में धान हरियाने लगते हैं। यह पर्व सावन में मनाया जाता है। मुर्गी की बलि चढ़ाते हैं। सभी देव–देवी, पितर एवं अन्य लोगों की वे आराधना करते हैं। धूप, दीप, सिन्दूर, जल, मुर्गियों की बलि समर्पित कर देवी–देवताओं से वे प्रार्थना करते हैं कि लो हमारी प्रार्थना स्वीकार करो! फ़सलें भली–भाँति फूलें फलें, फ़सलें नष्ट नहीं हों, जंगली जानवर इन्हें बर्बाद न करें। बलि में समर्पित मुर्गी को वे पकाते हैं, और सब लोग प्रसाद के रूप में ग्रहण करते हैं। इस पर्व का पौरोहित्य नायके के ही द्वारा सम्पन्न होता है।

जापाड़ पर्व

जापाड़ पर्व अगहन में सम्पन्न होता है। जाहेर थान में पूजन के लिए सब लोग जमा होते हैं। वहाँ एक सूअर की बलि पड़ती है। बलि समर्पित करते हुए नायके देवी–देवताओं से प्रार्थना करता है कि हमारे खेतों में और हमारे खलिहानों में सुखदा का राज्य हो। जापाड़ के बाद नवान्न होता है।

यह पूजा वर्ष में दो बार होती है। चावल के लिए अगहन में और बाजरा के लिए भादों में। नायके नया पैदा हुआ अन्न को लेता है और जाहेर थान में वह ग्रामीण देवताओं के ऊपर चढ़ाता है। नायके मन्त्रों के उच्चारण के समय कुछ दूध भी चढ़ाता है। प्रत्येक गृहस्थ उस प्रकार का पूजन करता है। वे अपने पितरों एवं अन्य प्रेतों के नाम पर नये अन्न को चढ़ाते हैं।

माक मोर

साधारणतः सन्ताल इस पर्व को पाँच वर्ष के बाद जाहेर थान में मनाते हैं। यह पर्व विशेषतः अकाल, महामारी, हैजा आदि होने पर मनाया जाता है। सन्तालों को विश्वास है कि ये सब विपदा 'बोंगा गुरु' और 'हापड़ानको' के कोप के कारण है। अतः उन्हें प्रसन्न करने के लिए वे माक मोर पर्व मनाते हैं। मुर्गियों की बलि दी जाती है। उजला बकरा की भी बलि समर्पित होती है। यह बलि सभी गाँव के लोगों की ओर मोकरीको को समर्पित की जाती है। जाहेर थान में जिन पाँच देवताओं को सन्ताल पूजते हैं, उनमें यह भी एक देवता है। मुर्गी जो भेंट की जाती है, उसका मांस केवल पुरुष ही खाते हैं। नारियों को खाना वर्जित है। पुरोहित की पत्नी केवल अपवाद है। नाचना, पीना और गाना इस पर्व की विशेषता है। गाँव के युवक और युवतियाँ मस्ती में आ जाती हैं।

जोम सीम

यह गोत्र एवं सम्प्रदाय का पर्व है। इस पर्व को मनाने के लिए प्रत्येक गोत्र या सम्प्रदाय का अपना–अपना विधान है, अपना–अपना नियम है। अतः इस पर्व में विभिन्नताएँ बहुत मिलती हैं। बहुत–सी लोक कथाएँ मिलती हैं, जिनसे पता चलता है कि इस पर्व का सम्बन्ध गोत्र से रहा है। खरवार हासदाक् की अपनी एक कहानी है, उससे पता चलता है कि उनके पूर्वज जोम सीम पर्व को मनाते थे। सभी हासदाक् उसमें भाग लेते थे। वे बलि समर्पित करते थे, सभी को चावल और मांस खाने को दिया जाता था। पर उसमें कुछ नवयुवक थे। उन्हें यह अनुमान हुआ कि खाने को पर्याप्त नहीं मिला है। तब वे मुर्गी की बलि चढ़ाने के बदले भैंसा की बलि चढ़ाने लगे। जिन्होंने भैंसा की बलि दी, वे हासदाक् के खारवार हासदाक् कहलाने लगे।[9] सोरेन योद्धा हैं। नेपाल के गोरखा के समान वे

निडर हैं, मृत्यु से उन्हें डर नहीं। उनके रक्त से शक्ति खेलती है। सोरेन के एक उपगोत्र हैं जिसे पोटिया सोरेन कहते हैं। पोटिया जनेव को कहते हैं। सोरेन सन्ताल कहते हैं कि कुछ दिन पूर्व सोरेनों के पूर्वजों ने जोम सीम पर्व मनाया था। कुछ लोगों ने जनेव पहनकर खाना बनाया था। खाना सबको खिलाया था। तब से वे लोग पोटिया सोरेन कहे जाने लगे।[10]

दीहरी पर्व

दीहरी पर्व फागुन में मनाया जाता है। यह शिकार खेलने का पर्व है। दीहरी उनके शिकार के पुरोहित होते हैं, वे सखुआ की टहनी पत्तों सहित लेकर हाट जाते हैं। लोगों को मालूम हो जाता है कि दीहरी पर्व होने वाला है। प्रत्येक पत्ते से उन्हें दिन का अनुमान होता है। उस टहनी में जितने पत्ते होते हैं उतने दिन के बाद वे शिकार पर जाते हैं। दीहरी पर्व में विभिन्न गाँवों के लोग भाग लेते हैं। दीहरी स्वयं शिकार के समय में होने वाली घटनाओं के लिए उत्तरदायी होता है। वह देवी–देवताओं की पूजा करता है। उन्हें वह मुर्गी भेंट करता है। देवी–देवताओं से अनुरोध करता है कि शिकार खेलने की अवधि में कोई दुर्घटना न हो। जंगल के बोंगा की भी पूजा वह करता है। शिकार में लोगों को सफलता मिले और उन्हें आने–जाने में कोई विघ्न नहीं उपस्थित हो। दीहरी को जैसे ही आभास मिलता है कि दुर्घटना की आशंका है तो सभी को शिकार से वापस आने का वह आदेश देता है।

शिकार में जाने के पूर्व दीहरी ही जंगल में प्रवेश करता है। वह काँटों से अपने बदन में छेद करता है। वह जमीन पर एक छोटा वृत्त बनाता है; उसमें चावल के आटा से घेरा बनाता है। अपने रक्त में भीगा हुआ अरवा चावल उस वृत्त में फैलाता है और फिर वृत्त में सिन्दूर का चिन्ह लगाता है। दीहरी जंगल के बोंगा को चावल चढ़ाता है। उसके बाद अन्य लोग जंगल में प्रवेश करते हैं, शिकार खेलते हैं।

मग–सीम

माघ में सन्ताल इस पर्व को मनाते हैं। सभी बोंगो को मुर्गी चढ़ायी जाती है। नायके और कुदुम नायके बलि चढ़ाते हैं। इस पर्व से सन्तालों के वर्ष की समाप्ति होती है। गाँवों के सभी अधिकारी अपने पदों से त्याग–पत्र

दे देते हैं और किसान अपनी जमीन सौंप देते हैं। एक सप्ताह के बाद गाँव के प्रमुख गाँववाले को समक्ष कर कहते हैं कि वे पुनः कार्यभार लेना चाहते हैं, गाँव वाले साधारणतः उन्हें पुनः चुनते हैं। इसके बाद हँड़िया पीते हैं, उत्सव मनाते हैं। सभी अधिकारी ऐसे ही करते हैं, पूर्ववत् स्थिति फिर कायम हो जाती है।

यात्रा पर्व

यात्रा पर्व सन्तालों का अपना पर्व नहीं है। यह पर्व छोटानागपुर के आदिवासी– 'भूयाज' से लिया जाता है। माघ में यह पर्व गाँव से बाहर मनाया जाता है। मिट्टी का चौतारा बनाते हैं और उस पर पत्थर रखते हैं। उन पर सिन्दूर लगाते हैं, नायके अरवा चावल, सोपाड़ी और दूध बोंगा पर चढ़ाते हैं। एक कबूतर और एक बकरी की बलि समर्पित होती है। तीन या चार आदमी मिलकर बलि के समय मन्त्रोच्चारण करते हैं। उस समय उनमें ईश्वरी–शक्ति आ जाती है– ऐसा विश्वास सन्तालों में है। वे श्रद्धायुक्त ढंग से उनसे प्रश्न करते हैं, अपनी समस्याओं को समाधान के लिए रखते हैं, उन्हें समुचित उत्तर मिलता है, उनकी समस्याओं का समाधान होता है। वे बताते हैं कि शरीर में दर्द कैसा है, उसके घर में भूत–प्रेत का निवास है। उनके चरणों के नीचे वे चार आना पैसा रख देते हैं।

पत्ता पर्व

पत्ता बोगा की शान्ति के लिए सन्ताल पत्ता पर्व भादों मास में करते हैं। यह पर्व हिन्दुओं से उन्होंने लिया है। वे अपने देवी–देवताओं की अर्चना करते हैं। इस पर्व में बलि चढ़ायी जाती है। पहले सन्ताल एक खम्बरूप बालक पर एक लोहा का छड़ बाँधते थे; उसके प्रत्येक छोर पर लोहे का कुलावा लगा रहता था, आदमी का कपड़ा उस कुलावा से बँधा रहता है। आजकल लोहा के कुलावा के बदले रस्सी का प्रयोग वे करते हैं

सन्तालों के पर्व में बलि की प्रधानता है। उनके प्रायः सभी पर्वों के अवसर पर विभिन्न देवी–देवता, पितर भूत–प्रेत की पूजा होती है। वे उनकी अर्चना इसलिए करते हैं कि कुशल–क्षेम बना रहे, घर–गाँव में सुख–शान्ति रहे। उनका पर्व अधिकांश रूप में सामूहिक होता है।

पर्वों के माध्यम से भी सन्तालों में एकता बनी रहती है। पर्व या त्योहार सन्तालों के लोक–जीवन को सुव्यवस्थित करता है, एकता के सूत्र में उन्हें बाँधता है।

सन्दर्भ

1. बिहार के आदिवासी : पृ. 68–69
2. Amrita Bazar Patrika, February, 19, 1934
3. बिहार के आदिवासी : सन्ताल अध्याय, पृ.–70–71
4. बिहार के आदिवासी : सन्ताल अध्याय, पृ.–72
5. Shree W. J. Culshaw: Trihal Heritage, p.110
6. The youth and young women visit the home of the Jogmanjhi and request him to turn a blind eye to their doings for the duration of the festival. The whole period is characterised by its freedom from traditional morality. The rules of avoidance are treated highly and many liberties are taken with members of the opposite sex.

   –W. J. Culshaw : Tribal Heritage, p. 111-112
7. The other two days are for nothing but to enjoy life, merry-making going on in full swing with full sex licence.......Although this licence does not allow adultary, nor does it sanction intercourse between persons of the same sect, yet if the latter offence is committed; it is punished less severely than at other times.

   – P.C. Biswas : Santal of the Santal Pargana, p. 140.
8. बिहार के आदिवासी : पृ. 74
9. W. J. Culshaw : Tribal Heritage, p. 74
10. W. J. Culshaw : Tribal Heritage, p. 72

सन्तालों का रोग-निदान

रोग अप्राकृतिक है। दैव की अकृपा मात्र है। सन्ताल यह मानते हैं कि वे मानव हैं, उन्हें स्वस्थ और सुखद जीवन प्राप्त करने का ईश्वरीय अधिकार प्राप्त है। इसके फलस्वरूप वे अच्छा और सुखद बुढ़ापा की अपेक्षा करते हैं। उन्हें यह समझ में नहीं आता, जब कोई बीमार पड़ता है, रोगी होता है और मर जाता है।[1] इसके साथ ही साथ सन्तालों में यह भी भावना काम करती है कि मानव ईश्वर का अंश है और उसमें पुनः उसे मिलना है। किसी की मृत्यु हो जाती है, तब वे यह समझने लगते हैं–उसका दिन पूरा हो गया, ईश्वर की इच्छा से उसकी मृत्यु हुई है। अकाल मृत्यु पर ही उन्हें यह आंशका होने लगती है कि किसी डायन या अन्य बुरी शक्तियों के द्वारा हुई है। उन्हें ईश्वर में विश्वास है। वे मानते हैं; ईश्वर उन्हें कभी कष्ट नहीं देगा। वह ममतामय है। वे मानते हैं, ईश्वर बहुत अनुशासन प्रिय है। वह नियम भंग नहीं चाहता। सामाजिक सीमाओं के उल्लंघन करने पर वह दण्डित करता है। रोग को वे ईश्वर प्रदत्त दण्ड ही मानते हैं। पाप–जन्य कामों के लिए रोग का दण्ड लोगों को ईश्वर से प्राप्त होता है। महादेव मराण्डी ने मुझे बताया था कि उसके गाँव में एक व्यक्ति ने अपनी विधवा लड़की से अवैध यौन–सम्बन्ध स्थापित कर लिया था। यह उसका बहुत ही पापपूर्ण कर्म था। कुछ ही दिनों के अन्दर वह रोग पीड़ित हुआ। उसके अंग–अंग में फोड़े उठे। कुछ ही महीनों में उसका देहान्त हो गया। ईश्वर ने उसे पाप के लिए दण्ड दिया था। सन्ताल रोग को जहाँ ईश्वरीय दण्ड–विधान मानते हैं, वहीं हम देखते हैं कि शक्तियों द्वारा भी वे रोगी बनाये जाते हैं। शक्तियाँ उनसे आराधना चाहती हैं, भोजन चाहती हैं। वे उन्हें भूल जाते हैं, तब वे रोग को उनके पास भेज देती हैं। शक्तियाँ बहुत भावुक होती हैं, वे किसी प्रकार की उपेक्षा और अवज्ञा को सहन नहीं कर सकतीं। निर्धारित संस्कार में किसी प्रकार की कमी आने

पर वे लोगों को दण्डित करती हैं। उनके भोजन का कोई भी शिकार हो सकता है। वे भोले–भाले को नष्ट कर देती हैं। उसके आराधक भी उससे दण्डित होते हैं। हृदयरोग, पागलपन, शारीरिक अंग–भंग की बीमारी को वे दैवी–प्रकोप मानते हैं। सन्तालों पर रोगों का जब आक्रमण होता है तब वे अपने कार्यों का सिंहावलोकन करते हैं। रोग शक्तियों की दण्ड–प्रक्रिया है। मानव को उनकी भूलों के लिए दण्ड देने की व्यवस्था है–रोग। रोग के सम्बन्ध में उनकी कितनी भोली धारणा है। मृतक व्यक्ति भी रोग के माध्यम से अपने निकटतम व्यक्तियों को दण्डित करता है–ऐसा सन्ताल मानते हैं। पूर्वजों की आत्माएँ जीवित स्थिति में जैसी रहती हैं, मरने के बाद उनके आचरण में परिवर्तन नहीं होता है। सन्ताल मानते हैं, उनके पूर्वज मरकर भी उनकी निगरानी करते हैं। उन्हें भय रहता है कि यदि वे अपने पूर्वजों की उपेक्षा कर अपने बच्चों का नामकरण करें, तो यह उनके प्रति अवज्ञा की भावना प्रदर्शित करना है। पुनः परिवार में किसी की शादी के अवसर पर उनकी याद नहीं करना भी उनकी उपेक्षा करना है। ऐसी स्थिति में मृत आत्माएँ अपने परिवार के लोगों को दण्डित करती हैं। रोग उनके भी दण्ड की प्रक्रिया है। रोग को वे डायन का भी प्रकोप मानते हैं। कुछ लोगों की आँखों में बुरी शक्ति रहती है। उनकी नज़र जिस पर पड़ती है, रोगी हो जाता है। उसे वे नज़र लगना मानते हैं। जब बच्चे पर उनकी नज़र पड़ती है, तब वह रोगी हो जाता है। जब युवक या युवतियों पर उनकी नज़र पड़ती है, तब उन्हें शादी में उनके अनुकूल पात्र नहीं मिलता है। गर्भवती स्त्री पर उनकी नज़र पड़ जाती है, तब या तो उसका देहान्त हो जाता है या प्रसव–क्रिया में विघ्न उपस्थित होता है।[2]

सन्ताल शक्तियों की आराधना करते हैं। अपने पूर्वज मृत–आत्माओं को प्रत्येक समारोह में याद करते हैं। पूजा चढ़ाते हैं। उनके सम्मान में मुर्गी कटवाते हैं, उनसे अनुरोध करते हैं कि उन्हें या उनके परिवार के लोगों को रोग न हो। कुँआरी बहन या भाई जो मर गये हैं, उन्हें भी वे याद करते हैं, अपने परिवार को रोग–मुक्त करने के लिए अनुरोध करते हैं। घर में उनकी कई शक्तियाँ हैं–ओराक बोंगा और अवेज्ञ बोंगा। ओराक बोंगा के कई नाम उनके यहाँ प्रचलित है, जैसे–वासपाहर, देशवाली, सास, गोरचीया, वारपाहर, सर्चवावदी, चुनतातुर्शा आदि। उसी प्रकार अवेज्ञ बोंगा के नाम हमें इस प्रकार मिलते हैं–धारासतधा, खेट को भुखेन्द्र, चम्पा दिनागढ़,

कुद्राकन्डी, बरहारा, चूरासीटी, कुद्रज, गोसांइ ईरा, अचली, पहारदान आदि। सन्तालों की ये घरेलू शक्तियाँ हैं। अपनी घरेलू शक्ति के नाम सन्ताल नहीं बताते हैं। उन्हें भय रहता है, जो उनकी घरेलू शक्ति नही हैं, वे उन्हें रोग प्रदान करेंगी। सन्ताल के परिवार का कर्त्ता यानी बड़े लड़के को ही मालूम रहता है कि उसकी घरेलू शक्ति कौन है। ओरका बोंगा सन्तालों की रोग से रक्षा करता है, उनके कल्याण के सम्बन्ध में सोचता रहता है। उनके घर, द्वार, खेत–खलिहान, उनके जीव–जन्तु एवं उनके बाल–बच्चों का वह प्रहरी होता है।

सन्तालों की रोग के सम्बन्ध में तीन धारणाएँ हैं।[3] वे इस प्रकार हैं–

(क) प्राकृतिक कारणवश

(ख) मानवीय क्रियाओं के कारण

(ग) मानवेतर क्रियाओं के कारण

अपनी धारणाओं के अनुरूप ही वे रोगों का निदान करते हैं। उनका रोग के प्रति दृष्टिकोण बहुत अभौतिक नहीं है, वे स्वीकार भी करते हैं कि रोग के कारण प्राकृतिक है। रोग के कारण और परिणाम पर वे विचार करते हैं। रोग के मूल कारणों की छानबीन करते हैं। इससे इनकार नहीं किया जा सकता कि उन्हें सदैव इस बात की आशंका रहती है कि रोग का मूल कारण मानवीय क्रियाओं के फलस्वरूप तो नहीं है। बुरे प्रभाव से रोग की उत्पत्ति पर वे घबड़ाते हैं। जब उन्हें यह विश्वास हो जाता है कि रोग साधारण है, तब वे घबड़ाते नहीं। इस आशा को लेकर दवा कराते हैं कि समय पर रोग अच्छा हो जायेगा। पर उनके द्वारा अनुमानित समय पर जब रोग का निदान नहीं हो पाता है तब उन्हें आशंका होने लगती है कि रोग प्राकृतिक कारण से नहीं हुआ है, वह किसी प्रकोप के कारण हुआ है। पेड़ से कोई सन्ताल गिर जाता है, साक्ष्य सामने है–वह गिरा है, उसे रोग हुआ है, पर शीघ्र वह अच्छा नहीं हो रहा है, तब यह समझा जाता है कि पेड़ से गिरना भी दैवी प्रकोप है। प्राकृतिक कारण के रहते हुए भी सन्ताल रोग के कारण को अप्राकृतिक मानते हैं।

प्राकृतिक कारणवश जो रोगी होते हैं, उनके रोग के निदान के लिए ओझा को बुलाया जाता है। 'ओझा' शब्द सन्ताल ने हिन्दुओं से लिया है। सन्तालों में ओझावाद सिद्धान्त का जो प्रचलन है, वह मुख्यतः हिन्दुओं का है।[4] हिन्दू घरों में ओझा को बहुत अच्छी नज़र से नहीं देखा जाता है।

उनका प्रभाव धीरे–धीरे घटता जा रहा है। कुछ अनपढ़ महिलाओं पर उनका प्रभाव है। वे भी रोग के निदान के लिए ओझा पर भरोसा करती हैं। सन्तालों में जो ओझा प्रथा प्रचलित है, वह बोडिंग महोदय के अनुसार हिन्दुओं की ओझा प्रथा के समान है। ओझा वैद्य होते हैं। वे दवा के साथ ही साथ अपने जादू–मन्त्रों से भी रोग को भगाते हैं। वे बोंगा की शक्ति का प्रयोग करते हैं। ओझा मानवेतर शक्तियों पर प्रभाव रखते हैं। मानवेतर शक्तियों के कारण जो रोग होते हैं, उनका निदान ओझा ही करते हैं। ओझा रोगी की नाड़ी को पहले देखते हैं, फिर उसकी जीभ को। जब उन्हें यह पता चलता है कि रोग का कारण अप्राकृतिक है, तब वे उपचार के विधान चलाते हैं। वे मन्त्र पढ़ते हैं। प्रत्येक रोग के लिए अलग–अलग मन्त्र है।[5] मन्त्र पढ़ने के बाद ओझा रोगी के माथा से लेकर पैर तक पर हाथ फेरते हैं। मन्त्र से लाभ नहीं होता है, तब झारुची गीत गाते हैं, जब इसका भी प्रभाव नहीं होता है, तब वे उपचार की क्रिया में परिवर्तन करते हैं। सखुआ के पत्ते और कडुआ तेल लेकर सूनुपबोंगा को चढ़ाते हैं और इस क्रिया के द्वारा वे जानना चाहते हैं कि रोगी को कौन–सा रोग है। रोगी की नाड़ी से उसके रोग का जो पता उन्हें पूर्व में चला था, उसका सत्यापन वे करते हैं। सत्यापन करने के बाद वे दवा देते हैं, दवा देने के नियम बताते हैं, खाने पर नियन्त्रण रखते हैं। अपने दवा का नाम वे दूसरों को नहीं बतलाते हैं। एक ओझा से रोगी जब अच्छा नहीं होता है, तब वे एक दूसरे बड़े ओझा को बुलाते हैं, उससे रोगी का उपचार कराते हैं। बड़े ओझा को अगर ऐसा अनुमान हुआ कि रोगी पर अप्राकृतिक तत्त्वों का प्रभाव है, मानवेतर शक्तियाँ उसे तंग कर रही हैं, तब वे व्यावहारिक व्यक्ति के समान रोग का निदान करने के पहले उन अप्राकृतिक तत्त्वों और मानवेतर शक्तियों को नियंत्रित करना चाहते हैं, उन्हें वे दण्डित करना चाहते हैं। वे जानते हैं कि ऐसे तत्त्व, ऐसी शक्तियाँ बुरी होती हैं, दूसरे को तंग करने में उन्हें आनन्द आता है। सन्ताल ओझा को ईश्वर में विश्वास है। वे समझते हैं, भगवान ने जन्म दिया है, वही उसे मार सकता है। अतः शक्तियाँ उन्हें कष्ट पहुँचा सकती हैं, वह प्राण नहीं ले सकती हैं। ओझा हाथ धोने के बाद हाथ में चावल लेता है और सिंग बोंगा से विनती करते हुए कहता है–"हे भगवन! ये अपनी मूर्खता एवं अज्ञानतावश निदान चाहते हैं। सत्य प्राप्ति में हमें सहायता दें। गलत निष्कर्ष पर हमें पहुँचने न दें, जिस कारणवश रोगी को रोग हुआ है, उसका पता चल जाय।

चावल को देखकर, परीक्षा कर हम रोग को समझ जायें।'' इस विनती के बाद वह चावल के कुछ अंश को बायें हाथ से लेता है और ज़मीन पर किसी शक्ति के नाम से फैला देता है। यह क्रिया वह तीन बार करता है। जब धरती पर गिर जाते हैं, तब वह समझता है कि उस शक्ति का प्रभाव रोगी पर नहीं है। वह अन्य शक्तियों के नाम पर चावल इस प्रकार फैलाता है, और तब तक फैलाता है जब तक चावल नहीं जुटते। जब चावल नहीं जुटते, तब वे समझते हैं कि जिस शक्ति के नाम पर चावल गिराया गया था, वह नहीं जुटा। वही शक्ति रोग के कारण है। विपदा की जड़ वही है।''[6] रोग का पता लगाने के लिए और भी कई प्रयोग वे करते हैं। साधारणत ओझा रोग के निदान के लिए निम्नलिखित प्रक्रियाओं को प्रयोग में लाते हैं–

1. अरवा चावल
2. रोग जब एक ही स्थान पर केन्द्रभूत रहता है, तब उस स्थान को वे काटकर रोगी के बदन से रक्त बहाते हैं।
3. बोंगा को ज़मीन में गाड़ देते हैं।
4. बोंगा को दण्डित करते हैं।
5. दवा देते हैं।

ओझा बनना साधारण काम नहीं है। ओझा एक विद्या है। सन्तालों को विश्वास है, उनके पूर्वजों को यह विद्या स्वयं मरांग बुरु से प्राप्त है। पहले इसका बहुत महत्त्व था, पर अब वह महत्त्व नहीं रह गया। सन्तालों में दो प्रकार के ओझा मिलते हैं–एक तो ओझा ऐसा है जिसने आनन्द के लिए इस ज्ञान को प्राप्त किया है और कुछ ने पेशा के लिए। ओझा की कला को प्राप्त करने के लिए दक्ष ओझा के पास जाकर वे प्रशिक्षण लेते हैं। साधारण रूप में ओझा का प्रशिक्षण ज्येष्ठ मास में चलता है। रविवार को उनका प्रशिक्षण आरम्भ होता है। शुक्रवार को भी वे प्रशिक्षण आरम्भ कर सकते हैं। गुरु के घर पर उनकी शिक्षा होती है। वहाँ एक चौतरा बना हुआ होता है। तुलसी का पौधा लगा रहता है। एक छावनी रहती है। अविवाहित शिष्य छावनी बनाते हैं। उसके बनाने में विवाहितों का सहयोग नहीं लिया जाता है। छावनी के नीचे मुर्गी का अंडा टँगा रहता है। वहाँ लोहे की एक अँगूठी भी लटकी रहती है। यह इसलिए लटकी रहती है कि प्रशिक्षण की अवधि में डायन या बुरी शक्तियों की नज़र न लगे। 4 महीने की अवधि प्रशिक्षण की होती है। मंगलाचरण ओझा स्वयं प्रशिक्षण करते हैं। दैवी शक्तियों से अनुरोध किया जाता है कि प्रशिक्षण अवधि में

वे शान्त रहें, कोई विघ्न–बाधा नहीं रहे। प्रशिक्षण की पहली रात को ओझा को उनके शिष्यगण सिन्दूर देते हैं और उस सिन्दूर से विभिन्न स्थान पर प्रशिक्षण–केन्द्र के अहाता में चिह्न लगाते हैं, वे चिह्न निम्नलिखित देवता या देवियों के नाम पर लगाये जाते हैं–

1. कामरू गुरु
2. सिन बोंगा
3. काली माँ
4. देवी माँ
5. गंगा माँ।

इन बोंगा की पूजा नाम लेकर करते हैं। मन्त्र उनका एक ही होता है, पर देवता के नाम जब लेते हैं तब मन्त्र के आगे उनका नाम जोड़ लेते हैं। उनका मन्त्र[7] का अर्थ इस प्रकार है–

''कमरू गुरु! यहाँ आप देखते हैं, मैं निशान लगा रहा हूँ। यहाँ आप देखते हैं, शिष्य बैठे हैं, रात के अन्धकार में वे आयेंगे और जायेंगे। इन शिष्यों को कोई विघ्न बाधा या शत्रुता का सामना नहीं करना पड़े। इस पर किसी की बुरी नज़र न पड़े। वे डरें नहीं! पूर्ण सुरक्षा में ये आयें और जायें।''

बोंगा की अर्चना कर उनके प्रशिक्षण की क्रिया आरम्भ होती है। शिक्षा की पाँच प्रक्रिया होती हैं। श्री बोडिंग ने अपने एक निबन्ध एशियाटिक सोसाइटी ऑफ़ बंगाल की पत्रिका में 'सन्ताल मेडिसिन एण्ड कनेक्टेड फोकलोर' शीर्षक से प्रकाशित किया था। उस निबन्ध में उन्होंने उन पाँचों प्रक्रियाओं पर विस्तृत विवेचन किया है। पहली प्रक्रिया में मन्त्र पढ़ा जाता है। विभिन्न रोग के लिए विभिन्न मन्त्र होते हैं। रोगी को कोई विशेष शिकायत होती है, तब झरूची भजन गाते हैं। झरूची के लिए एक विशेष स्वर होता है, उसी स्वर से वे गाते हैं। 'देशायी दरान' की प्रक्रिया आरम्भ होती है। उसमें नाच और गाना का सहारा लिया जाता है। चौथी क्रिया में नाच और क्रिया अभिनय होता है। जब ये चारों क्रियाएँ निरर्थक प्रमाणित होती हैं, तब दवा की प्रक्रिया आरम्भ होती है। प्रशिक्षण समाप्ति पर शिष्यों से ओझा को कपड़ा, एक बकरी, एक जोड़ा कबूतर, कुछ मुर्गियाँ प्राप्त होती हैं और शिष्य एक रुपया से पाँच रुपया तक उन्हें प्रशिक्षण का शुल्क देता है।

रोग के निदान के लिए वे वैद्य का भी सहारा लेते हैं। उसे वे रारानीक कहते हैं। वे जड़ी और बूटी से दवा करते हैं। उन्हें अपनी दवाओं पर विश्वास है। वे ओझा को पसन्द नहीं करते। उन्हें यह विश्वास है कि रोगी अगर समुचित रूप से दवा कराये तो रोग का निदान हो सकता है। रारानीक को भी प्रशिक्षित होना पड़ता है। पुराने वैद्य के पास जाते हैं। सन्ताल के जो व्यक्ति उनके अपने होते हैं या उनके निकट आ जाते हैं, उन्हीं को वे दवा बनाने एवं किस रोग में कौन दवा दी जायेगी, बताते हैं। श्री बोडिंग और श्रीमती बोडिंग ने सन्तालों से उनके दवा एवं उनके नुसखों का विवरण लिया था, उन्हें वे प्रकाशित भी कराये थे। उनके नुसखों को देखने से मालूम होता है कि उन पर कविराजों का प्रभाव पड़ा है।[8] कविराजों की पद्धति पर ही दवा तैयार करते हैं और उनके ही अनुसार रोगी के रोग निदान के लिए प्रचार करते हैं।

सन्ताल अपने रारानीक को तब दवा के लिए बुलाते हैं, जब उन्हें विश्वास होता है कि प्राकृतिक कारणों से रोग है। पेट शरीर का बहुत बड़ा अंग है। स्वास्थ्य के लिए उसे ठीक करना आवश्यक है। सन्ताल हरी सब्ज़ी अधिक खाते हैं। निर्धनता के कारण वे प्रतिदिन मांस नहीं खा पातें है, जब उन्हें मांस खाने का अवसर मिलता है, वे अधिक खा लेते हैं। यह स्वाभाविक भी है। कच्चा मांस या ठीक से नहीं पकाया गया मांस खाने से पेट में गड़बड़ी होती है, और वह कई रोगों को जन्म देती है। सन्तालों को मालूम है–चमड़े की बीमारी, हैजा, प्लेग, चेचक की बीमारी छूत की बीमारी है, पर उन बीमारियों के सम्बन्ध में उनका दृष्टिकोण भिन्न है। कोढ़ के सम्बन्ध में उनका विश्वास है कि वह खानदानी बीमारी हैं। उन्हें विश्वास है, लोग बीमार इसलिए पड़ते हैं कि वे साफ़–सुथरा नहीं रहते हैं। अस्वच्छ पानी पीने या अस्वच्छ खाना खाने से लोग बीमार पड़ते हैं। कोढ़ को वे मरांग रोग कहते हैं। टी. बी. को वे कफ–ज्वर कहते हैं। अन्धा होने पर वे मानते हैं कि उस व्यक्ति में विटामिन की कमी है।

आज इस निर्माण के युग में सन्तालों की उपेक्षा नहीं हो सकती है। कल्याण राज्य में सन्ताली क्षेत्र में अस्पताल खुल रहे हैं। सन्तालों को अच्छी दवा दी जा सके, इसके लिए अस्पताल खुले है, डॉक्टर रखे गये हैं, प्रशिक्षित सेवक और नर्सें रखी गयी हैं। स्वास्थ्य केन्द्र खोले गये हैं, सन्ताल उत्साह के साथ इन स्वास्थ्य–केन्द्रों से दवा ले जाते हैं। सरकार द्वारा स्थापित दवा के केन्द्र से उनका सम्बन्ध अच्छा रहा हैं।

सन्दर्भ

1. Bodding, Rev. P.O. (1927) – Studies in Santal Medicines and connected folk-lore. Memoirs of the Asiatic Society of Bengal, Vol. X, p. 1
2. When the evil eyes fall on the children they cause them to become sickly; when last youths, prevent them from finding suitable parteners in marriage, when falling on a pregnant woman, they cause death or very diffcults and painful child-birth.

   – Rev. J. Hoffmann: Encyclopaedia Mundarica, Vol.–IV, p. 1032
3. Forrest E. Clement's Primitive Concepts of Disease. University of California Publications in American Archaeology and Ethnology. p. 186, Vol.–32, No. 2, p. 185, 252, year 1932
4. Rev. P. O. Bodding : Studies in Santal Disease and Connected folk-lore, p. 1
5. Rev. P. O. Bodding : Studies in Santal Medicine and Connected folk-lore, Memoirs of the Asiatic Society of Bengal, Vol X, p. 1-32
6. Rev. J. Hoffmann : Encyclopaedia. Mundarica, Vol. IV, p. 1026
7. Rev. P. O. Bodding : Studies in Santal Disease and Connected Folklore, Part I, p. 6-8

   Memoirs of the A. S. B. Vol. X, p. I-132
8. Shree P. C. Biswas : Santals of the Santal Parganas, p. 112

सन्तालों में जादू-टोना-संस्कार

सूर्य, चाँद और तारे, इन्हें सन्ताल अपनी दृष्टि से देखते हैं, उन्हें अपने विचारों की सीमा में रखते हैं। उनके सम्बन्ध में उनकी धारणाएँ अपनी हैं, जो अन्य जातियों से भिन्न हैं। सूर्य को सन्ताल पुरुष मानते हैं, चाँद को नारी और तारे उनकी सन्ताल हैं। ग्रहण के सम्बन्ध में भी उनकी अपनी धारणा है। कहा जाता है कि सर्वप्रथम सूर्य या चाँद को ईश्वरी शक्ति से अन्न माँगने के लिए मजबूर होना पड़ा था। ईश्वर ने क़र्ज़ के रूप में चाँद को सहायता दी थी, पर क़र्ज़ का भुगतान आजतक नहीं हो सका। ईश्वर हाथ बढ़ाकर उन्हें पकड़ना चाहता है। वह उनसे अपना पावना वसूल करना चाहता है। जब सूर्य या चाँद पकड़ा जाते हैं, तब ग्रहण लगता है। ग्रहण के समय सन्ताल अपने जानवरों को जमा करते हैं, उनके घरों में जो कुछ अन्न रहता है, उसे निकाल कर बाहर करते हैं, सूर्य और चाँद से प्रार्थना करते हैं कि वे अपने क़र्ज़ का भुगतान कर लें और उन्हें मुक्त करें। जिस दिन ग्रहण लगता है, उस दिन वे व्रत करते हैं, भूखे रहते हैं। उनकी एक लोककथा में ऐसा उल्लेख मिलता है जिससे चाँद की गति का उन्हें अनुमान होता है। चाँद और सूर्य को बहुत सन्ताल थीं। बेटे अपने बाप सूर्य के साथ रहते और लड़कियाँ अपनी माँ चाँद के साथ रहती थीं। सूर्य और उनके लड़कों की गर्मी से धरती के जल जाने की आशंका हुई, अतः चाँद ने सूर्य से कहा कि धरती को नष्ट होने से बचाने के लिए वे अपने बेटों को नष्ट कर दें, धरती की जलन उससे कम हो जायेगी। सूर्य ने कहा--चाँद तुम अपनी बेटियों को पहले नष्ट कर दो, तब हम अपने बेटों को नष्ट कर देंगे। लोककथा में आगे चलकर बताया गया है कि धोखा देकर चाँद ने अपनी बेटियों को छिपा दिया और सूर्य से कहा कि उसने अपनी बेटियों को नष्ट कर दिया है फिर भी धरती की ताप कम नहीं हुई। अगर सूर्य अपने बेटों को नष्ट न करेंगे तो मानव जाति नष्ट

हो जायेगी, धरती रसातल में चली जायेगी। सूर्य ने अपने लड़कों को नष्ट कर दिया। यही कारण है, दिन में तारे दिखायी नहीं पड़ते। सन्तालों का खगोल के सम्बन्ध में ऐसा ही विश्वास है। पर रात में तारों को देखकर सूर्य को मालूम हुआ, चाँद ने उसे धोखा दिया है। उसे क्रोध हुआ। उसे वह जान से मार देने को तैयार हो गया। उसने अपनी दो बेटियाँ सूर्य को देकर क्षमा माँगी। यही दो तारे हैं–जिन्हें शुक्र और बृहस्पति Jupiter कहा जाता है। यही दोनों तारे दिन में उगते हैं। पर प्रत्येक मास में सूर्य चाँद के धोखे को एक बार याद करता है। उसे मार देना चाहता है। चाँद को शान्ति नहीं रहती है। मास में वह केवल दो दिन विश्राम पाती है। आकाश में जब बिजली चमकती है, गर्ज़न होता है, तब सन्ताल उसे ईश्वरी प्रकोप समझते हैं। 'सन्ताल बिजली की चमक से अपने को बचाने के लिए अपने अस्त्रों का प्रयोग करते हैं। गरजते हुए बादल की ओर संकेत कर अपने अस्त्र को वे रखते हैं।

सन्तालों को जादू और टोना में बहुत विश्वास है। टोना बुरा भी होता है, अच्छा भी होता है। पर "साधारणतः जादू और टोना दोनों का प्रयोग अपने शत्रुओं के प्रतिशोध के लिए ही होता है।" दोनों में विभाजक रेखा है। टोना में जो शक्ति रहती है, वह अधिक ख़राबी पहुँचाती है। वह व्यक्ति में रहती है। डायनपन एक कला है, जो जन्मजात भी है और उसे अभ्यास के द्वारा अर्जित भी किया जाता है। सन्तालों में यह विश्वास है कि रविवार की रात में सब डायन एक जगह मिलती हैं। वे गाती हैं, नाचती है। और मन्त्र पाठ करती हैं तथा बलिदान भी करती हैं। वे वहाँ मिलती है, जहाँ मानव नहीं रहते हैं। अगर कोई उन्हें डायनपन की क्रिया करते देख लेते हैं, तो उन्हें वे पकड़कर लाते हैं और अपनी कला को उन्हें सिखाते हैं। उन्हें जब विश्वास हो जाता है कि वह व्यक्ति केवल देखने के लिए ही आया है, तब उसे वे आगाह करती हैं कि वह किसी से उनके सम्बन्ध में नहीं कहेगा और अगर वह किसी से कह देगा तब वे उसका प्राण ले लेंगी। अगर आगाह करने के बाद वह उनके सम्बन्ध में कहता है, तब वे उसका प्राण ले लेती है। वे जादू से अपने नाच तथा अन्य खेलों के कारण जो पदचिह्न ज़मीन पर पड़ते हैं, उसे मिटा देती हैं। वे मनुष्यों को जादू से मारती हैं। वे बोंगा को ज़मीन में गाड़ देती है। यह काम वे इसलिए करती है कि उन्हें विश्वास है कि बोंगा उनका काम कर देगा। वे बाल और सिन्दूर को ज़मीन में गाड़कर जादू करती हैं।

डायनों के द्वारा बोंगा निर्धारित दिन को निर्देशित व्यक्ति को मारते हैं, उन्हें कष्ट पहुँचाते हैं। डायन कुछ चावल उस व्यक्ति के दरवाज़े पर फेंक आती है, जिस पर वह टोना करना चाहती हैं। ओराँव (उरांव) तथा हो में स्त्री और पुरुष दोनों डायनपन कला में दक्ष होते हैं। पर सन्तालों में केवल स्त्रियाँ ही इस कला में दक्षता प्राप्त करती हैं। बोमपास ने सन्तालों में डायनपन संस्कार का उल्लेख इस प्रकार किया है–

एक समय मरांग बुरु ने यह निर्णय किया कि वे डायनपन की कला की शिक्षा देंगे। उस समय एक ऐसा स्थान था, जहाँ मरांग बुरु से म्लिने के लिए लोग जमा होते थे, उनसे विचार करते थे। लोग उनकी वाणी को सुनते थे, पर उनका दर्शन नहीं करते थे। एक दिन मरांग बुरु ने उनसे कहा कि वे अपने सुन्दर और स्वच्छ कपड़े पहन कर आयें और उन्हें वे डायनपन की कला की शिक्षा देंगे। वे सब घर चले गये और अपनो पत्नियों से कहा कि उनके वस्त्र को वे साफ़ कर दें। उन्होंने उन्हें बताया कि मरांग बुरु ने उन्हें डायनपन की कला की शिक्षा देने को कहा है। सभी औरतों ने यह निश्चय किया कि वे स्वयं इसकी शिक्षा लें और निर्धारित दिन को अपने पतियों को पोचाई पिलाकर बेहोश कर दें। ऐसा ही हुआ। पुरुषों का वस्त्र पहनकर डायनपन की शिक्षा पाने के लिए वे मरांग बुरु के पास गयी। मरांग बुरु उन्हें पहचान नहीं सके और उन्हें पुरुष मानकर डायनपन की शिक्षा प्रदान की। उनके घर वापस आने के बाद उनके पतियों को होश आ गया था, थे सब मरांग बुरु के पास डायनपन की शिक्षा प्राप्त करने के लिए गये। मरांग बुरु ने उन्हें कहा–'आज प्रातःकाल ही तुम लोगों को शिक्षा दी गयी है, फिर वही शिक्षा प्राप्त करने के लिए वे क्यों कर आये।' उन्हें आश्चर्य हुआ और उन्होंने कही–वे मरांग बुरु के पास प्रातःकाल शिक्षा प्राप्त करने के लिए नहीं आये थे। मरांग बुरु ने कहा दृ तुमलोगों ने अवश्य ही अपनी पत्नी से कहा होगा, जिसे नहीं कहने का आदेश दिया था।' सबों ने अपनी गलती स्वीकार की। मरांग बुरु ने कहा–तुमलोग अब ओझापन की शिक्षा लो, तुम्हारी पत्नियों के द्वारा जो डायनपन से हानि होगी, उससे लोगों को थोड़ी राहत मिलेगी। इसी कारण डायन केवल औरतें होती हैं और ओझा तथा जन गुरु पुरुष होते हैं।

कार्तिक के अमावस की रात्रि में निकटवर्ती गाँवों की डायन एक स्थान पर नग्न होती हैं। रातभर वे भ्रमण करती हैं। लोग डर के मारे घर से नहीं निकलते हैं। नयी लड़कियों को उसी दिन डायनपन की शिक्षा दी जाती है।

उन्हें मन्त्र याद कराया जाता है, गाना सिखाया जाता है। दीपक और झाड़ू के साथ वह घर से निकलती है। वह बोंगा के पास आती है, वहाँ वह आत्मसमर्पण करती है। सब लोग यह मान लेते हैं कि उसकी शादी बोंगा से हो गयी। प्रशिक्षण लेने के बाद वह तबतक प्रशिक्षित नहीं समझी जाती है जब तक वह किसी आदमी के कलेजा को निकालकर नये बर्तन में चावल के साथ नहीं पकाती है। जिससे वह शिक्षा पाती है, उसके साथ वह खाती है और उसे उसकी शिक्षिका आशीर्वाद देती है कि वह डायनपन कला को नहीं भूलेंगी। मनुष्य के मांस खाने से यदि नयी प्रशिक्षिता इनकार करती है, तो वह पागल हो जाती है या आत्महत्या कर लेती है।

डायन लोगों को रोगी बनाती है, अन्य प्रकार की विपदा लाती है। वे व्यक्ति पर प्रयोग करती हैं, गाँव पर भी प्रयोग करती हैं। सन्तालों को यह विश्वास है कि डायन को यह शक्ति प्राप्त है कि वह अपने को जानवर के रूप में परिवर्तन कर लेती है। पहले तो बाघ अगर किसी सन्ताल को खा जाता था, तो उसे भी सन्ताल समझते थे–बाघ का रूप धरकर डायन ही उस व्यक्ति को खा गयी है। वे बाघ को मानव–भक्षक नहीं मानते थे। ऐसी धारणा मुण्डा लोगों में भी पायी जाती है। डायन विशेष रूप से बिल्ली का रूप धारण कर किसी घर में प्रवेश करती है, वहाँ वह हानि पहुँचाने का कार्य करती है, निद्रा में पड़े हुए व्यक्ति के पास जाती है, उसके ओठों को चाटती है, वह आदमी बीमार पड़ जाता है। ऐसी बिल्ली पकड़ा जाती है, तब वे उसका प्राण ले लेते हैं, उसकी टाँग तोड़ देते हैं, या उसके किसी पक्ष पर चोट पहुँचाते हैं। बिल्ली को जान से मार डालते हैं, तब डायन मर जाती है। अगर बिल्ली की टांग टूटती है, तब डायन भी लँगड़ी हो जाती है। डायन अन्य अदृश्य शक्तियों को भी प्रयोग में लाती है। वे अदृश्य शक्तियों को साकार बनाती है, वे जानवरों के रूप धारण करती है। सन्तालों में इतनी शक्ति है कि वे जानवरों से लड़कर अपनी सुरक्षा कर सकते हैं, पर डायनों द्वारा प्रयोग में लायी गयी शक्तियों से वे अपनी सुरक्षा नहीं कर पाते। अस्त्र–शस्त्र उनपर कुछ प्रभाव नहीं पड़ता। डायन अदृश्य शक्तियों की पूजा करती है। यह आराधना वे गुप्त रीति से करती है। उन्हें यह शक्ति अर्जित होती है कि वे जब चाहें तब बिल्ली, बकरी या भेंड़ का रूप धारण कर सकती हैं। रात भर कुकर्म करती रहती हैं। वे स्वप्न में लोगों को तंग करती हैं। डायन आदमी या जानवर का कलेजा चाहती है। वह जादू से किसी व्यक्ति का कलेजा निकालती है

और पीपल के पत्ता में बाँधकर रखती है। आदमी के मरने का जो दिन डायन निश्चित करती है, उस दिन वह आदमी मर जाता है। जादू का प्रयोग डायन तीर की सहायता से करती है। दूर के क्षेत्र के लिए इसका प्रयोग होता है। निर्धारित समय पर निश्चित व्यक्ति को तीर लगती है, वह व्यक्ति मर जाता है। सन्तालों को यह विश्वास है कि पक्की डायन हरा–भरा वृक्ष को सुखा सकती है, रातों–रात वृक्ष को उखाड़ कर 12 कोस पर पहुँचा सकती है। फिर जिस स्थान से वह उखाड़ती है, वहाँ उसे वे पदस्थापित भी करती है। डायन धन को चुराती है, सुख–साधन को नष्ट करती है। जहाँ उसका पैर जाता है, वहाँ अशान्ति, रोग का बहार हो जाता है। सन्तालों को विश्वास है कि डायनों से छेड़खानी करके वह बच नहीं सकता। बोमपास ने 'फोकलोर ऑफ़ दी सन्ताल परगना' में एक कहानी का उल्लेख किया है। उससे पता चलता है कि मोहल पहाड़ी गाँव में जेवरा नाम का एक युवक रहता था। एक रात को उसे डायनों के समूह से भेंट हो गयी। उसने डायनों के साथ छेड़–छाड़ की बाद में वहाँ से वह भाग आया। पर डायनों ने अपने जादू के द्वारा उसे दण्ड देने का निश्चय किया। दो दिन के बाद वह एक पेड़ से गिर गया। हाथ में चोट आयी। ओझा बुलाया गया, पर वह अच्छा नहीं हो सका। कुछ दिनों में जेवरा का देहान्त हो गया।

डायन पर नियन्त्रण रखने वाले ओझा और जन होते हैं। जन का अर्थ है–जानना। जन जानते हैं कि कौन डायन है। उन्हें भी एक शक्ति प्राप्त रहती है, वे अपनी विद्या से यह जान जाते हैं कि किसी डायन ने अमुक व्यक्ति पर जादू किया है। उन्हें कहाँ तक शक्ति प्राप्त रहती है, यह तो नहीं कहा जा सकता, पर उन्हें 'जन' पर बहुत भरोसा है, विश्वास है। जब कोई व्यक्ति बीमार पड़ता है, दवा कराने के बाद वह अच्छा नहीं होता है, तब उसके परिवार के लोग जन के पास जाते हैं और डायन का पता चाहते हैं। जन के पास पहुँचने में भी उन्हें एक क्रिया करनी पड़ती है। गुप्त रूप से जन के सामने बातें रखी जाती हैं। वे पहले गाँव के प्रमुख से कहते हैं कि वह जन से उनका परिचय करा दें। वह जन के पास निम्नलिखित वस्तुओं को लेकर जाता है–एक सोपाड़ी, एक सखुआ का पत्ता, कुछ अरवा चावल, कडुआ तेल, सिन्दूर, सखुआ की एक टहनी, बेल के कुछ पत्ते। जन अपने घर में या जाहेर स्थान में अपना अनुष्ठान करता है। जन अरवा चावल को कई स्थान पर विभिन्न बोंगा के नाम पर रखता है।

उस पर बेल की पत्तियाँ चढ़ाता है, तेल को सिन्दुर में मिलाकर उससे चावल के सामने चिह्न अंकित करता है, सखुआ की टहनी से आग को प्रज्वलित करता है। इसके बाद मन्त्र पढ़ता है। वह लोगों पर विश्वास ज़माने के लिए पहले उनका परिचय देता है, उनके घर, गाँव, उनके मुखिया का परिचय देता है, रोगी के सम्बन्ध में उन्हें जानकारी देता है। जन की जानकारियों से उन्हें विश्वास हो जाता है कि वह दक्ष व्यक्ति है। जन बताने के लिए निर्धारित शुल्क लेता है। निर्धारित शुल्क एक रुपया है। जन शुल्क लेने के बाद घोषणा करता है कि रोग पर किसका जादू टोना है। बोंगा की अकृपा होती है, बोंगा का नाम वह बताता है। अगर डायन की करामात रहती है, तब वह डायन का नाम बताता है। मिस्टर बोडिंग के अनुसार जन अच्छे आदमी नहीं होते हैं, वे विश्वास के पात्र भी नहीं हैं। वे लोगों के सम्बन्ध में अपने गुप्तचरों के माध्यम से पूर्व में ही जानकारी प्राप्त कर लेते हैं। भोले सन्तालों को विश्वास दिलाकर डायन के रूप में किसी का नाम बता सकते हैं। बोडिंग ने उन्हें अनेक अपराधों का उत्तरदायी माना है। उनके द्वारा बताये हुए डायन को वे जान से मार डालते ही, वह घर से निकाल दी जाती है। जन का प्रभाव बहुत ही है। प्रत्येक वर्ग में कुछ घटनाएँ होती हैं, जिससे यह पता लगता है कि जन के द्वारा घोषित डायन की सन्तालों ने हत्या कर दी। गोरा मुर्मू की हत्या इसी प्रकार हुई थी। जन से सूचना पाकर विजयापुर के मगल सोरेन ने गोरा मुर्मू की हत्या की थी। गोरा मुर्मू को डायन घोषित किया गया था और उस पर राजम सन्ताल की मृत्यु का अभियोग लगाया गया था। पटना हाईकोर्ट में 5 जनवरी, 1933 को माननीय जज श्री कुलवन्त सहाय और सर टी. एम. मेकफरसन के इजलास में गोरा मुर्मू की हत्या के मुक़दमे की सुनवाई हुई और जजों ने मंगल सोरेन को फाँसी दे दी।[1]

भूत और प्रेतों में भी सन्तालों को विश्वास है। उनकी लोक–कथाओं में अनेक भूतों की कहानियाँ हैं। गर्भवती महिला या प्रसव काल में मरी हुई नारी प्रेत होती है, ऐसा सन्ताल मानते हैं। हिन्दू घरानों में भी यह धारणा प्रचलित है। ऐसा समझा जाता है कि गर्भवती स्त्री अपने घर वापस आना चाहती है। सन्ताल समझते हैं कि अगर वे घर वापस आ गयी तो वह जिसे अधिक प्यार करती थी, उसे वह ले जायेगी। प्रसवा कराने के बाद सौर–गृह में नारी का देहान्त हो जाता है, तब वह अपने बच्चे को लेने आयेगी। अतः ऐसी औरत के शव का क्रियाकर्म वे बहुत सावधानी से करते हैं।

वह घर वापस नहीं आवे, इसकी व्यवस्था वे करते हैं। उसके पैर और हाथ में काँटा गाड़ दिया जाता है। शव से आँख निकाल ली जाती है। ऐसा कर उन्हें शान्ति होती है कि वह न तो चल सकेंगी और न देख सकेंगी अपने घर को। सन्ताल ओझा घर को बाँध देते हैं। ये कोयला से एक रेखा मकान के चारों ओर खींच देते हैं। उस लक्ष्मण–रेखा के अन्दर प्रेत नहीं जा सकता।

सन्दर्भ

1. अमृत बाजार पत्रिका, (7 जनवरी, 1953) में प्रकाशित संवाद।

ईसाई सन्तालों की स्थिति

सन्तालों के बीच ईसाई मिशनरी बहुत दिनों से काम कर रही हैं। ईसाई धर्म में आकर्षण है, अभावग्रसित व्यक्तियों पर उस धर्म का प्रभाव शीघ्र पड़ता है। उपलब्ध साहित्य से यह ज्ञात होता है कि ईसाई मिशनरी द्वारा सन् 1834 में सन्तालों के बीच ईसाई मत का प्रचार हुआ। लगभग 125 वर्षों के बीच सफलतापूर्वक उन्होंने काम किया है। उसके फलस्वरूप सन्ताल परगना में 3 से 4 प्रतिशत ईसाई हैं। सन् 1941 की जनसंख्या गणतन्त्र को दृष्टि में रखकर मिस्टर आर्चर ने कहा है कि सन्ताल परगना में 7,89,830 सन्ताल और 23, 205 आदिवासी ईसाई हैं। आदिवासी ईसाइयों की जो संख्या है, उस संख्या में सभी सन्ताल नहीं हैं। ईसाई सन्तालों की संख्या लगभग 20,000 है। इससे प्रगट होता है कि सन्तालों की आबादी के केवल 2.5 प्रतिशत ही ईसाई हैं। उस समय भी और आज भी सन्ताल परगना में विभिन्न ईसाई मिशनरियाँ काम कर रही हैं। स्केन्डेनेवियन मिशनरी, चर्च मिशनरी, सेवन्थ डे एडमेंटिस्ट, रोमन कैथिलिक, पलाई माउथ ब्रेदरन आदि मिशनरियों ने बहुत कार्य किये हैं। धर्म के क्षेत्र में, संस्कृति के क्षेत्र में और शिक्षा के क्षेत्र में उनके जो कार्य हुए हैं, उन्हें हम क्रान्तिकारी काम कह सकते हैं। सन्तालों में सबसे पहला कार्य सन् 1838 में अमेरिकन फ्री वील बेपिस्ट मिशनरी के द्वारा आरम्भ हुआ। इसका उल्लेख डब्ल्यू. हंटर ने 'एनल्स ऑफ़ बंगाल' में किया है। यह पुस्तक 1868 में लन्दन से प्रकाशित हुई थी। इस पुस्तक में उसने सन्तालों के सम्बन्ध में सविस्तार वर्णन किया है। पर उन्होंने स्वीकार किया है कि जो कुछ उन्हें सन्तालों के सम्बन्ध में ज्ञान प्राप्त हुआ है, वे सभी ज्ञान अमेरिकन बेपिस्ट मिशनरी से प्राप्त हुए हैं। वह मिशनरी मिदनापुर और उड़ीसा के सन्तालों में काम कर रही थी। अमेरिकन फ्री वील बेपिस्ट मिशनरी से 'ब्रादर्स नोयम' नामक एक पत्र निकलता था।

इस पत्र के 29 दिसम्बर, 1838 को एक प्रतिवेदन सन्तालों के सम्बन्ध में प्रकाशित हुआ था।[1] उस प्रतिवेदन में कहा गया था–जंगल के बीच में एक गाँव में गया। जैसे ही मैंने उस घर को देखा, मुझे अनुभव हुआ कि हम अपने पुराने मुलाक़ातियों के बीच आ गये हैं। उनसे बहुत साम्य है। जब मैंने उन काले आदमियों को उनके अपने विशेष कपड़ों में देखा, तब उनके सम्बन्ध में हमारी धारणा पूर्णतः पुष्ट हो गयी। मैं अपने घोड़े से उतरा और जानना चाहा कि क्या यह गाँव कोलों का है? कोल नाम से वे परिचित नहीं थे। मुझे बताया गया कि वे कोल नहीं हैं, वे सन्ताल हैं। मिस्टर हंटर को विश्वख्याति प्राप्त भाषाशास्त्री श्री जेरीपीह फिलिप से बहुत बातों का पता चला था, जैसा उन्होंने स्वीकार किया है। सन्ताली बोली पर सबसे पहले उन्होंने ही काम किया था। सन्ताली भाषा में 8 पृष्ठ की उनकी एक पुस्तिका प्रकाशित हुई थी। वह सन्ताली भाषा की पहली पुस्तक थी।[2] वह पुस्तक सन् 1841–42 में प्रकाशित हुई थी। उन्होंने 10 फ़रवरी, 1841 के अपने परिपत्र में लिखा है–"प्रातःकाल का समय सन्ताली शब्दों के समझने में लगा। 150 शब्दों को प्राप्त किया। यह जानकर कि तीन या चार मील की दूरी पर नाच देखने गये हैं; हम लोग भी जाने को तैयार हो गये। रास्ते में औरत, मर्द और बच्चों से भेंट हुई, वे सभी रंगीन और अच्छे कपड़े पहने हुए थे, आनन्दमग्न होकर नाचते और कूदते थे। निर्धारित स्थान पर हम लोगों ने देखा, लगभग 6 सौ आदमी एक गोलाकार अहाते में जमा थे। सखुआ की डाली लिये हुए घोड़ा और हाथियों की मूर्ति पर चढ़े हुए थे। दृश्य देखने में आनन्ददायक था। नृत्य देखने लायक़ थे। औरत मर्दों के सम्पर्क में रहती हैं। नाच–गान में उनके साथ में वे हाथ बँटाती हैं। नारियों को हीन भावना से देखा नहीं जाता। इसका परिणाम यह है कि वे मानव के समान रहते हैं, वे एक–दूसरे का सम्मान करना जानते हैं।"[3]

अमेरिकन बेपिस्ट मिशनरी ने शिक्षा के माध्यम से अपने धर्म का प्रचार सन्तालों में आरम्भ किया। उनके लिए साहित्य का निर्माण–कार्य आरम्भ किया। प्राइमरी शिक्षा की व्यवस्था की। इन सभी प्रयासों के पीछे ईसाई धर्म का प्रचार करना उनका लक्ष्य था। सन् 1865 के एक मिशनरी के प्रतिवेदन से यह पता चलता है कि ईसाई मिशनरी ने यह माना था कि धार्मिक शिक्षा के बग़ैर शिक्षा का कोई परिणाम नहीं है। यही कारण है, उन्होंने ईसाई मत की शिक्षा देने पर अधिक ज़ोर दिया है।[4]

सन्ताल विद्रोह के बाद सन्ताली की ओर मिशनरियों का विशेष ध्यान गया। राष्ट्रीय दृष्टिकोण से एवं धार्मिक दृष्टिकोण से सन्तालों की उपेक्षा उन दिनों करना सम्भव नहीं था। नार्दर्न चर्च ने सन्ताल परगना में धर्म प्रचार के लिए एक सन्ताल मिशनरी की स्थापना की थी। बेनागरिया में एक मिशनरी का केन्द्र खोला गया। सन् 1867 से स्करिर्फसरूड ने सन्ताल भाषा का व्याकरण तैयार किया जो सन् 1873 में प्रकाशित हुआ था। 1887 में 'मेरे हेपरायको रेक कथा' प्रकाशित हुआ। सन्ताल संस्कार से यह पुस्तक सम्बन्धित है। मि. पी. ओ. बोडिंग ने इस पुस्तक का अनुवाद अंग्रेज़ी में किया था, जो 'ट्रेडिशंस एण्ड इन्स्टीट्यूशन ऑफ़ दी सन्ताल' के नाम से 1942 में प्रकाशित हुआ था। सन्ताल भाषा के लिए रोमन लिपि का प्रचार किया गया। सन्ताल परगना में विभिन्न मिशनरियों के द्वारा ईसाई मत का काम चल रहा था। सभी मिशनरियों पर नियन्त्रण रखने के लिए सन् 1934 में एक सन्ताल ईसाई परिषद् की स्थापना हुई। इस परिषद् द्वारा सन्तालों के जन–जीवन में विकास लाने की बड़ी चेष्टा की गयी है।[5] इन मिशनरियों के द्वारा केवल सांस्कृतिक एवं धार्मिक काम ही नहीं हुआ था। सन्ताल के आर्थिक जीवन में सुधार लाने में भी इनका कम योगदान नहीं था। नार्दर्न चार्य की सन्ताल मिशनरी ने जमीदारी ली थी, आसाम के चाय–बगान में भी उनकी ज़मींदारी थी। वहाँ सन्तालों को काम में वे भेजते थे। सन्तालों की ज़मीन जो सूद–भरना में चली गयी थी, उसे भी रुपया दिलाकर मिशनरियों ने उन्हें सहायता दी थी। आर्थिक शोषण से मुक्ति पाने के लिए सन्ताल चर्च में जाते थे, पादरियों से राय लेते थे। पादरियों द्वारा उन्हें न केवल राय ही मिलती था, उनसे अर्थ सहयोग भी उन्हें प्राप्त होता था। नार्दर्न चर्च सन्ताल मिशनरी के एक प्रतिवेदन से पता चलता है कि एक बार अकाल की स्थिति दुमका अनुमण्डल में उपस्थित थी। यह ज्ञात हुआ है कि सरकार की ओर से भूमि सुधार ऋण योजना चालू की गयी है। इस योजना के अन्तर्गत सरकार बीज ख़रीदने के लिए ऋण दे रही है। सन्तालों को भी इस योजना के अन्दर औरों की तरह ऋण मिलने का अधिकार प्राप्त था, पर उन्हें ऋण मिल नहीं रहा था। सन्ताल मिशनरी के नेतृत्व में सन्तालों को भी उक्त योजना से ऋण प्राप्त हुआ।[6] इस प्रकार हम देखते हैं, मिशनरियों ने सन्तालों को केवल धर्म की महिमा बताकर अपनी ओर उन्मुख नहीं किया है। उन्होंने सन्तालों की सेवाएँ की हैं, उन्हें शिक्षित बनाने की चेष्टा की है, उन्हें आर्थिक सहयोग देकर या

सरकार से दिलवाकर उनकी समस्याओं को सहानुभूति से देखकर उन्हें हल करने की चेष्टा की है। सन्तालों के सामने रोटी–रोजी की समस्या बहुत बड़ी रही है। मिशनरियों द्वारा ज़मीन ली गयी, मिशन कृषक बना और सन्ताल खेतिहर। उनसे मिशनरियों ने काम लिया और उन्हें दाम दिया। सन्ताल के आर्थिक जीवन को बर्बाद करने में उनका ऋण बहुत अंश में उत्तरदायी है। सन्ताल मिशनरियों द्वारा कम सूद पर उन्हें ऋण दिया गया। सन्ताल परगना में कई अस्पताल एवं शिक्षण संस्थान इन मिशनरियों द्वारा संचालित हैं।

सन्ताल ईसाई वर्ग का अपना एक समाज है। इस समाज में वे सन्ताल हैं, जो अपने धर्म को छोड़कर ईसाई मत में आ गये हैं या जो पहले आ गये थे, उनके वंशज हैं। उनका अपना सामाजिक जीवन है, उन पर बाह्य परिस्थितियों का प्रभाव पड़ा है। उनमें नये आदेश आयें, जीवन का मापदण्ड नया है, उनका आचार–विचार पहले के अपने पुरखों से भिन्न है। धर्म बदला है, जीवन बदला है। फिर भी कुछ अंश में ईसाई सन्तालों पर पहले के संस्कार का कुछ प्रभाव रहा है। वे प्रभाव साधारण नहीं हैं, बहुत ही महत्त्वपूर्ण हैं। अभी भी ईसाई सन्ताल अपने पूर्वजों की तरह गाँवों में रहना पसन्द करते हैं। आज भी उन्हें धरती उतनी ही प्यारी है जितनी पहले थी। ग़ैर–ईसाई सन्ताल और ईसाई सन्ताल में धरती के प्रति एक ही ममता मिलती है। दोनों रोटी के लिए धरती पर पसीना बहाते हैं, दोनों का खेती का औजार एक है, खेती करने की क्रियाएँ एक हैं, पद्धति एक है। उनके पुरखों ने श्रम को जिस प्रकार स्त्री–पुरुष में बाँटा था, वही विभाजन ईसाई सन्तालों के यहाँ भी हमें मिलता है। सन्ताल परम्परा के अनुसार पुरुष खेत जोतता है, घर बनाता है, जंगल काटता है, लकड़ी को गाड़ी पर लेकर बाहर पहुँचाता है। ईसाई समाज में भी सन्ताल वही काम करता है। सन्ताल औरतें जो काम करती हैं, वही काम ईसाई समाज में ईसाई मत ग्रहण करने वाली नारियाँ भी करती हैं। सामाजिक जीवन में एवं आर्थिक जीवन में बहुत कम विभिन्नता मिलती है। पर धार्मिक जीवन में विभिन्नता बहुत अधिक है। ईसाई सन्तालों पर भी सन्ताल क़ानून लागू है। यह ठीक है, सन्ताल क़ानून कुछ परम्पराओं के चलते ईसाई सन्तालों के लिए संशोधित हुए हैं, फिर भी अभी बहुत अंश है, जो मूल रूप में है और दोनों पर लागू है। सन्ताल क़ानून के द्वारा ईसाई सन्ताल कहाँ तक प्रशासित हो–यह प्रश्न सन् 1938 में सन्ताल

परगना जाँच के समय उठाया गया था। मिस्टर डब्ल्यू. जी. आर्चर ने इस सम्बन्ध में जाँच की थत। अन्य विचारकों के द्वारा भी इस सम्बन्ध में शोध कार्य हुए थे। फिर भी मूल सन्ताल क़ानून के द्वारा ही (कुछ संशोधन के बाद) ईसाई सन्ताल प्रशासित होते हैं।

ईसाई मिशनरियों द्वारा प्रचार होने तथा उनके द्वारा शिक्षित होने के कारण बोंगा तथा भूत–प्रेत की भावना ईसाई सन्तालों से दूर हुई है। बोंगा या भूत–प्रेत की अर्चना ईसाई सन्ताल नहीं करते हैं। कुछ ईसाई मिशनरियों ने पोचाई पीने के विरोध में अभियान किया था। आज भी अभियान जारी है। ईसाई सन्तालों पर इसका अच्छा प्रभाव पड़ा है। ईसाई सन्ताल सन्तालों के परम्परागत व्रत एवं उत्सव में साधारणतः भाग नहीं लेते हैं। कारण सन्तालों के व्रत एवं उत्सव में बोंगा की प्रधानता रहती है। बोडिंग ने स्वीकार किया है कि मिशनरियों ने सन्ताल संस्कारों की तब तक उपेक्षा नहीं की है, जब तक ईसाई मत से उनका संघर्ष नहीं हुआ है। बोंगा की अर्चना एवं पोचाई पीने की प्रवृत्ति का ईसाई मिशनरियों द्वारा विरोध हुआ था। पोचाई पीने के सम्बन्ध में मिशनरियों ने थोड़ी उदारता दिखलायी है, पर बोंगा एवं भूत की अर्चना में किसी प्रकार की उदारता मिशनरियों की ओ़र से नहीं दिखायी गयी है। ईसाई समाज में ही उन्होंने उदारता प्रदर्शित की है या बोंगा एवं भूतों का विरोध किया है। रोमन कैथोलिकों द्वारा धार्मिक अनुष्ठानों के समय नृत्य निषेध नहीं किया गया है। कुछ मिशनरियों के द्वारा पीने पर निषेध है पर नृत्य निषेध नहीं किया गया है। वे नृत्य के विरोधी नहीं हैं, पर वे यह नहीं चाहते हैं कि नृत्य करते समय कामुकता का प्रदर्शन हो। ईसाई सन्ताल में शादी साधारणतः चर्च में हुआ करती है। सन्तालों की शादी के लिए अपनी बहुत–सी रीतियाँ हैं, बहुत–सी परम्पराएँ हैं। पर ईसाई सन्ताल उनमें से बहुत ही कम रीतियों को मानते हैं, उसका अनुपालन करते हैं। सिन्दूरदान ईसाई सन्तालों में भी होता है। यह सत्य है–शादी चर्चों में होती है, पर शादी की तैयारी ईसाई सन्तालों में भी सन्तालों के ही समान होती है। उसमें भी कन्या देखना, कन्या के पिता के पास सन्देश भेजना, दोनों में बीच–बचाव करने वाला होता है, उपहारों का आदान–प्रदान होता है। कन्या मूल्य भी चुकाया जाता है। सन्ताल समाज में जो बातें होती है, वे सभी बातें ईसाई सन्तालों के घर में भी हम देखते हैं। साधारणतः ईसाई सन्ताल अपने लड़का–लड़की की शादी ईसाई सन्ताल परिवार में करता है।

वह अन्य ईसाई परिवार में शादी नहीं करता। ईसाई सन्ताल अन्य ईसाई का यौन सम्बन्ध घृणा से देखा जाता है। मुझे ऐसा कोई प्रमाण नहीं मिला, जहाँ यह प्रकट हो कि ईसाई की शादी अन्य सन्ताल के साथ हुई है। एक विवाहित सन्ताल जब ईसाई मत ग्रहण कर लेता है और उसकी पत्नी ईसाई मत ग्रहण नहीं करती है, तब एक विशेष स्थिति का जन्म होता है। रोमन कैथोलिकों के अनुसार ग़ैर–ईसाई सन्ताल को कैथोलिक सन्ताल लड़की से शादी करनी पड़ती है। सन्ताल पत्नी का भी अधिकार अपने पति पर है, वह अधिकार ज्यों का त्यों बना रहता है। कुछ मिशनरियों द्वारा विवाहित सन्तालों को दूसरी शादी नहीं करने दिया जाता है और न पहली पत्नी के साथ उन्हें रहने की अनुमति मिलती है। उस पर मिशनरियों का ज़ोर रहता है कि वह अपनी पत्नी को भी ईसाई बनाये। साधारणतः दम्पति ही ईसाई मत में आते हैं। अगर सन्ताल पत्नी ने अपने पति को छोड़ दिया हो या ईसाई मत वह ग्रहण नहीं करती हो, ऐसी स्थिति में ईसाई मत ग्रहण करने वाले विवाहित ईसाई सन्ताल को ईसाई सन्ताल लड़की से शादी करने की अनुमति मिलती है, पर ऐसी शादी चर्च में नहीं होती है। चर्च के बाहर शादी होती है, वहाँ मन्त्र पढ़े जाते हैं, विनती होती है। सन्तालों में कई प्रकार की शादियाँ प्रचलित हैं, पर ईसाई सन्तालों में तीन प्रकार की शादी सन्ताल परम्परा की होती हैं, वे हैं–दोस्त बापला, गोलहटी और 'टुनकी दीपली'। पर इन विवाहों में बोंगों की अर्चना होती है। जावे कीरी नोक बापाला ईसाई सन्तालों में नहीं होता है। 'इपीटूट' बापाल का ईसाई सन्ताल में प्रचलन नहीं के बराबर है।

यह सर्वमान्य है कि ईसाई सन्तालों में सन्ताल संस्कार और उनकी परम्परा आज भी प्रचलित है। ईसाई सन्तालों ने अपने पुरखों के उन्हीं संस्कारों को छोड़ा है, जो संस्कार ईसाई मत के विपरीत हैं। घर में जब बच्चा पैदा होता है, तब सन्ताल एवं ईसाई सन्तालों में एक ही परम्परा है, वे घर को शुद्ध करते हैं, स्नान करते हैं और उत्सव मनाते हैं। जब ईसाई सन्ताल बीमार पड़ते हैं तब लुक–छिपकर ओझा–वैद्य से उपचार करना चाहते हैं। पादरी लोग इसे अच्छा नहीं समझते। पर ईसाई सन्तालों पर अपने पूर्व संस्कार की छाप पड़ी है, अतः वे मन्त्र के उपचार में विश्वास करते हैं। बोंगों को बलि दी जाती है। गुप्त रूप से ईसाई समाज में बोंगों की अर्चना होती है। ईसाई सन्ताल कभी जलाये नहीं जाते हैं। सन्तालों के मृत संस्कार अनेक हैं, जैसे–अस्थि विखेरना, मृतक आत्मा की चीज़ों

की बिक्री, तेल नहान, दामोदर नदी में अवयव प्रवाह आदि। पर ईसाई सन्ताल इनमें से कोई भी संस्कार सम्पन्न नहीं करते हैं।

सन्तालों के जन–जीवन में नृत्य का बहुत बड़ा महत्त्व है। पर ईसाई सन्ताल समाज में नृत्य का वह महत्त्व नहीं है। बहुत से ईसाई सन्तालों के परिवारों ने नृत्य को बन्द कर दिया है। सन्ताल नृत्य के सम्बन्ध में उनकी अनेक आपत्तियाँ हैं और "सबसे बड़ी आपत्ति यह है कि सन्ताल नृत्यों के द्वारा दोनों यौनों को मिलने का अवसर रात को प्राप्त होता है और ऐसे मिलन से उनमें यौन–सम्बन्ध की अधिक सम्भावनाएँ रहती हैं।"[7] ईसाई सन्ताल भी बाहर के लड़के को गोद लेना चाहता है, तब उसे भी गाँव की पंचायत की अनुमति लेनी होती है। गाँव के पंचायत के सामने उसे यह घोषणा करनी पड़ती है कि वह उक्त बालक को गोद ले रहा है। बालक अगर ईसाई परिवार का है, तब सन्तालों की तरह गाँव की पंचायत से अनुमति लेकर गोद ले लेता है, पर जब वह ग़ैर–ईसाई सन्ताल परिवार का होता है, तब उसे ईसाई बनाया जाता है। एक सौतेला लड़का, अभिभावक, नौकर के अधिकार प्रायः ईसाई सन्ताल और सन्ताल में एक सा है। अवैध पुत्र के पालन–पोषण का अधिकार उसके पिता का है, ग़ैर–ईसाई सन्ताल में अवैध लड़का है, तब घर के शुद्धिकरण का पूरा व्यय उसे देना पड़ता है। ईसाई सन्ताल कुमारी अपने अवैध पुत्र के पिता को बता पाती है. तब उसके लिए एक पति की खोज उसी प्रकार से होती है, जिस मन्त्र से ऐसी सन्ताल लड़की के लिए होती है। सन्ताल नारियों को जो अधिकार प्राप्त हैं, वे ही ईसाई–सन्ताल औरतों को प्राप्त है। ईसाई समाज में अनेक पत्नी रखने की अनुमति नहीं होती है। सन्तालों में तलाक़ के अपने नियम हैं। जब ईसाई सन्ताल समाज में शादी इंडियन क्रिश्चियन मैरेज एक्ट 1872 के अन्तर्गत होती है, तब तलाक़ के लिए ज़िला जज या हाईकोर्ट के सामने आवेदन–पत्र देना पड़ता है। तलाक़ देने के लिए कई अव्यावहारिक कठिनाइयाँ होती हैं, अतः मतभेदों के रहते हुए भी तलाक़ कम देते हैं और न चाहते हुए भी वे एक साथ रहते हैं।[8] यही कारण है, वे शादी अधिकांश रूप में इंडियन क्रिश्चियन एक्ट के अनुसार नहीं करते हैं। वे चर्च में शादी करते हैं, पर शादी का निबन्धन नहीं करते हैं। ऐसी स्थिति में तलाक़ के लिए ईसाई सन्तालों में वही नियम हैं, जो नियम और व्यवहार ग़ैर–ईसाई सन्तालों में हैं। पंचायत के समक्ष वे तलाक़ देते हैं। पर चर्च के पादरियों को भी उसकी सूचना वे देते हैं।

सन्ताल क़ानून दोनों पर लागू है। जानवरों के अधिकार, देना–पावना, शिकार और मछली मारने के सम्बन्ध में जो नियम–क़ानून सन्तालों का है, उन सभी का प्रचलन ईसाई सन्तालों में भी है। नामकरण में मतभेद है। सिद्धान्त के रूप में विशेष अन्तर नहीं है। सन्तालों में नामकरण के लिए ओझा, देवी–देवता का भी नाम आता है, ईसाई सन्तालों में ऐसी पद्धति नहीं है। ईसाई सन्तालों का दो मूल नाम होता है–एक सन्ताल नाम दूसरा ईसाई नाम। सन्तालों के यहाँ व्यवहार नियम है कि जब पंचायत बैठती है तब पंचायत में पोचाई चलता है। पोचाई पीने के बाद ही किसी निर्णय की पुष्टि करते हैं। पर ईसाई सन्तालों में पोचाई पीने–पिलाने की प्रथा नहीं के बराबर है। ईसाई सन्ताल पोचाई के बदले एक कप चाय पीकर इस निर्णय को पुष्ट करते हैं।[9] ''मिशनरियों द्वारा आदिवासियों के संस्कार एवं परम्परा को बहुत हानि हुई है।'' बरियार इलविन ने कहा है,–'जब आदिवासी ईसाई होते हैं, तब वे ऐसा अनुभव करते हैं कि वे जिन सामाजिक एवं नैतिक वातावरण में पले हैं, उससे वे दूर हो गये हैं। स्वतन्त्र एवं प्राकृतिक आमोद–प्रमोदों से जिन्हें वे बहुत प्यार करते थे, उनसे उनका सम्बन्ध टूट जाता है। बहुत अंश में उनका नैतिक और आर्थिक पतन हो जाता है।''[10]

सन्दर्भ

1. W. W. Hunter : Annals of Rural Bengal, London, 1868
2. W. J. Culshaw : Tribal Heritage, London, p. 4
3. उद्धरण फिचिल बेपिस्ट फारेन मिशनरी सोसाइटी के 8वीं वार्षिक प्रतिवेदन से लिया गया है, जो प्रतिवेदन न्यू इंग्लैंड के तोप साम में 7वीं अक्टूबर, 1841 के अधिवेशन में स्वीकृत हुआ था। इस उद्धरण को मिस्टर डब्ल्यू. जे. कुलशाह ने 1945 में 'मैन ऑफ इंडिया, 1945' में अपने निबन्ध ''एरली रेकार्ड्स कन्सरनिंग दी सन्ताल'' शीर्षक में तथा अपनी पुस्तक ट्राइबल हिरिटेज में प्रयोग किया है।
4. Stacy, Life of Otis Robinson Bachelor, p.–318, quoted from primary Education among Santhals of Midnapore, 1931
5. Through the influence exercised by its members in their several localities it has done not a little to lighten the community consciousness of the santhals in many places. Mr. W. J. Culshaw, Tribal Heritage.
6. The Seventy-fifth Annual Report of the Santhal Mission of the Northern Churches, 1941, p. 46-47

7. P. O. Bodding : Notes on the Santal's; Census of India, 1931, I III B- p. – 107
8. W. G. Archer's report on Civil Law in Santhal Society. (Unpublished)
9. W. G. Archer's report on Civil Law in Santhal Society. (unpublished)
10. W. G. Archer's report on Civil Law in Santhal Society. (unpublished)

भाषा-दर्शन

- सन्ताली भाषा आग्नेय परिवार की एक शाखा है। इस शाखा को ग्रियर्सन ने कोलारियन शाखा माना है। फ्रेडरिक कीलर ने उसे मुण्डा भाषा का नाम दिया है। भाषाविज्ञान के सर्वसम्मत सिद्धान्तों को दृष्टि में रखकर इस शाखा का नाम मुण्डा–कोल–खरवार भाषा परिवार कहा जाना चाहिए। पहले मध्यकाल में सन्ताल खरवार ही कहलाते थे। सन्ताली भाषा भारत के एक विस्तृत भूभाग की मातृभाषा है और इसका विस्तार बिहार, पश्चिम बंगाल, उड़ीसा (ओडिशा), आसाम (असम) एवं मध्यप्रदेश तक फैला हुआ है।
- सन्तालीभाषा की अपनी कोई लिपि नहीं है–यह कहना युक्तिसंगत नहीं है। अंग्रेज़ भाषाशास्त्रियों ने इसे वाक्य–सूत्र में कहा और आज भी इसे हम कहे जा रहे हैं। पर वस्तुस्थिति यह नहीं है। नागरी लिपि उसी हद तक उनकी लिपि रही है, जितनी सीमा तक वह हिन्दी की लिपि रही है। सन्ताल विद्रोह के नेता सिदो ने जो अपना घोषणा–पत्र भागलपुर प्रमण्डल के आयुक्त के पास भेजा था–उसकी लिपि कैथी थी, जो नागरी लिपि का ही एक विकृत रूप है। उन दिनों बिहार में नागरी लिपि का रूप कैथी रहा था। अतः हमें भाषाविज्ञान के तत्त्वों को आधार मानकर यह स्वीकार करना होगा कि सन्ताली भाषा की लिपि नागरी है।
- सन्ताली शब्दावली को देखने से हमें ऐसा लगता है कि केवल 25 प्रतिशत सन्ताली का मूल शब्द है। 25 प्रतिशत शब्द उस भाषा की बंगला, मैथिली, उर्दू, भोजपुरी, अंगिका, अंग्रेज़ी आदि भाषाओं की है। बाकी 50 प्रतिशत शब्द संस्कृत के हैं। हमें तो ऐसा लगता है कि सन्ताली भाषा और उसका साहित्य राष्ट्र–भारती के उतना ही निकट है जितनी प्राचीन राजस्थानी भाषा। राष्ट्र–भारती के सेवकों से हमारा अनुरोध है कि वे इस वस्तुस्थिति की ओर ध्यान दें।

सन्ताली भाषा और लिपि

संसार में अनेक भाषाओं का व्यवहार होता है। उन भाषाओं की संख्या अभी तक ठीक–ठीक रूप से निश्चित नहीं हुई है। उपभाषाओं अथवा बोलियों को छोड़कर संसार की भाषाओं की संख्या दो हज़ार के लगभग है।[1] बहुत–सी भाषाएँ आज लुप्त हो गयी हैं। उनकी भी संख्या कम नहीं है। भाषा का अध्ययन समुचित रूप से नहीं होने के कारण आज भी बहुत–सी भाषाएँ या तो नष्ट हो रही हैं या नष्ट होने की स्थिति में हैं। भाषाविज्ञान के आचार्यों ने 18वीं सदी में विदेशों में भाषा का अध्ययन आरम्भ किया। उनसे लाभ यह हुआ कि कुछ भाषाएँ बच गयी हैं। उनका मूल्यांकन होने लगा है। भारत में भाषा का अध्ययन भाषा–विज्ञान के सर्वसम्मत सिद्धान्तों के आधार पर डॉक्टर जान बीम्स की पुस्तक ''कंपैरेटिव ग्रामर ऑफ़ दि मॉडर्न एरियन लैंग्वेजेज़ ऑफ़ इंडिया'' के द्वारा श्रीगणेश हुआ है। यह ग्रन्थ तीन भागों में प्रकाशित हुआ था। इसका प्रथम भाग सन् 1872 में प्रकाशित हुआ था। उसमें भाषागत ध्वनियों पर प्रकाश डाला गया था। दूसरा भाग, जो सन् 1875 में प्रकाशित हुआ था, उसमें 'संज्ञा तथा सर्वनाम' तक का विश्लेषण किया गया था। उसका अन्त भाग सन् 1879 ई. में प्रकाशित हुआ था। उस ग्रन्थ में 'क्रिया' पर विचार किया गया है। इस पुस्तक का प्रकाशन अपना एक ऐतिहासिक महत्त्व रखता है। ''त्रुटिपूर्ण तथा अत्यन्त पुराना होने पर भी बीम्स का ग्रन्थ आधुनिक भारतीय आर्य भाषाओं के विद्यार्थी के लिए अब भी महत्त्व रखता है।''[2] भाषाविज्ञान के आधार पर भाषाओं का पारिवारिक वर्गीकरण किया गया। भाषाओं में जो विभिन्नताएँ थीं, उनमें एकता की खोज की गयी। विभिन्नता में एकत्व को निर्धारित किया गया। एकत्व के आधार पर भाषाओं के परिवार का निर्माण हुआ। एकता से भाषाओं के परस्पर सम्बन्ध का हमें बोध हुआ। हमें उससे भाषा की विशालता का ज्ञान प्राप्त हुआ और हम यह जान

सके कि भाषा का मूल रूप क्या था। मूल भाषा से अनेक भाषाएँ निकलीं। ऐसी भाषाओं को एक परिवार में रखा गया। हम यह कह सकते हैं कि एक परिवार की मूल भाषा एक होती है और भाषाविज्ञान के आचार्य उस परिवार की भाषा को कालों, उपकालों, शाखाओं, उपशाखाओं तथा समुदायों में विभक्त करते हैं। अब तक की खोज के आधार पर संसार की भाषाओं को निम्नलिखित कुलों में विभक्त किया गया है–1. भारोपीय अथवा भारत योरोपीय या भारत जर्मनिक अथवा जफ्रेटिक 2. सामी–हामी अथवा सेमेटिक–हेमेटिक वर्ग 3. बटू वर्ग 4. फिन्वो–उग्रीय वर्ग 5. तुर्क मंगोल मञ्चू वर्ग 6. काकेशीय वर्ग 7. द्राविड़ वर्ग 8. आस्ट्रिक वर्ग 9. भोट चीन वर्ग 10. उत्तरी–पूर्वी सीमान्त की भाषाएँ 11. एस्किमो वर्ग 12. अमेरिका के आदिवासियों की भाषाएँ।

सन्ताली भाषा का मूल रूप हमें आस्ट्रिक वर्ग के परिवार में मिलता है। अन्य उपचारों की भाँति आस्ट्रिक वर्ग की मूल भाषा के भी विभाजन कुलों, उपकुलों, उपभाषाओं के रूप में हुए हैं। आस्ट्रिक वर्ग की भाषा निम्नलिखित दो उपकुलों में विभांजित है–आस्ट्रो एशियाटिक (Austro Asiatic) एवं आस्ट्रोनेशियन (Austronesian)। आस्ट्रो–एशियाटिक भाषा को पुनः दो वर्गों में विभाजित किया गया है–एक वर्ग का नाम मॉनख्मेर (Monkhmer) है और दूसरे वर्ग का नाम कोल–मुण्डा है। सन्ताली भाषा इसके दूसरे वर्ग के अन्तर्गत आती है। सन्ताली ही नहीं हो, मुण्डारी, भूमिज, खड़िया आदि भाषाएँ इसी के अन्तर्गत आती हैं। आस्ट्रिक परिवार की मूल भाषा के स्वरूप का हमें ज्ञान नहीं है, उसका कोई नमूना भी उपलब्ध नहीं है। फिर भी भाषाविज्ञान के सर्वसम्मत सिद्धान्तों को दृष्टि में रखकर आस्ट्रिक परिवार की भाषाओं का अध्ययन आरम्भ हुआ है। पहले लोग सन्ताली भाषा को द्राविड़ भाषा के कुल में मानते थे। पर सन्ताली भाषा को द्राविड़ भाषा परिवार के अन्तर्गत रखने का कोई प्रमाण हमें प्राप्त नहीं हुआ है। विद्वानों ने अब मान लिया है कि सन्ताली भाषा आग्नेय (आस्ट्रिक) परिवार की ही एक शाखा है। सबसे पहले मैक्समूलर ने यह आवाज़ दी थी कि सन्ताल भाषा द्राविड़ भाषा से अलग है, उसका कुल अलग है। डॉक्टर ग्रियर्सन ने सन्ताल, मुण्डा आदि जातियों की भाषा के लिए 'कोलारियन' शब्द का व्यवहार किया है। फ्रेडरिक कीलर ने इसे 'मुण्डा' भाषा का नाम दिया। पहले सन्ताल खेरवार कहलाते थे, इस कारण लोगों ने सन्ताली भाषा को खरवारी भाषा परिवार में माना है।

सन्ताली भाषा भारत के एक विस्तृत भूभाग की मातृभाषा है और इसका विस्तार बिहार, पश्चिम बंगाल, उड़ीसा और आसाम तक फैला हुआ है। सन्ताली भाषा के स्वरूप के सम्बन्ध में डॉक्टर जे. ए. मैकफेल ने अपनी 'सन्तालिया' नामक पुस्तक में लिखा है–'सन्ताल जाति एकदम निर्धन है, फिर भी उसके पास एक अत्यन्त ही मूल्यवान वस्तु है, वह है उसकी भाषा, जो उसके लिए महान गौरव की बात है। इस भाषा के वचन, काल, क्रिया और धातु की अवस्था बतलाने वाले रूप अपने हैं और मिश्रित वाक्य सफलतापूर्वक व्यवहृत होते हैं। सन्ताली भाषा का तुलनात्मक तथा ऐतिहासिक अध्ययन सबसे पहले रेवेरेण्ड जे. फिलिप्स ने अपनी पुस्तक 'एन इंट्रोडक्शन टू दी सन्टाली लैंगुएज' नामक पुस्तक के मध्यम से सन् 1852 में आरम्भ किया। यह पुस्तक आज उपलब्ध नहीं है। पर उसका ऐतिहासिक महत्त्व है। सन् 1868 में रेवेरेण्ड ई. एल. पक्सले का सन्ताली भाषा का 'एवेकुभलरी ऑफ़ दी सन्ताली लैंगुएज' प्रकाशित हुआ था। सन् 1873 में श्री एल. ओ. स्क्रफ्सरूड का 'ए ग्रामर ऑफ़ दी सन्ताली लैंग्वेज' प्रकाश में आया। सन् 1899 ई. में कैम्पबेल साहब ने 'सन्ताली अंग्रेज़ी' शब्दकोश का निर्माण किया। सन् 1929 में बोडिंग साहब ने 'मैटिरियल्ज फॉर दी सन्ताली ग्रामर' एवं 'ए सन्ताल डिक्शनरी' को प्रकाशित किया है। सन् 1947 ई. में मैकफेल ने 'एन इंट्रोडक्शन टू सन्ताली' नामक पुस्तक को प्रकाशित किया। इन पुस्तकों के द्वारा सन्ताली भाषा का मूल्यांकन का कार्य आरम्भ हुआ।

सन्ताली भाषा के सम्बन्ध में विचार व्यक्त करते हुए डॉक्टर सर जार्ज ग्रियर्सन ने कहा–"सन्ताली के व्यंजन वर्ण समान हैं। चार कंठ्य, चार तालव्य, चार मूर्धन्य, चार दन्त्य तथा चार ओष्ठ्य और उनसे सम्बन्धित अनुनासिक वर्ण भी उसी प्रकार के हैं। वे हिन्दी के समान ही लिखे जाते हैं तथा उसी प्रकार उच्चारित भी होते हैं।"[3] सन्ताली भाषा में लगभग सभी स्वर और व्यंजन वर्ण हिन्दी के हैं तथा उसी के नियम पर लिखे जाते हैं। हिन्दी के क वर्ग, च वर्ग, ट वर्ग, त वर्ग और प वर्ग के उच्चारण सन्ताली में ठीक वैसे ही हैं। सन्ताली भाषा का प्रयोग अक्षर इस प्रकार होता है–

स्वर–अ, आ, इ, ई, ए, ऐ, ओ, औ

संवृत स्वर–ई, इ, उ, ऊ

अर्द्धसंवृत–ए, ऐ, ओ, औ,

विवृत – अ आ

व्यंजन–कंठ्य–क् ख् ग् घ्

तालव्य–च् छ् ज् झ्

मूर्द्धन्य–ट, ठ, ड, ढ

वत्सर्थ–त, ल

दन्तव्य–त् थ, द, ध

ओष्ठ्य–प फ ब, भ, म।

सन्ताली भाषा में ऋ, अः श और ष का व्यवहार नहीं होता है। सन्ताली भाषा में सयुक्त वर्णों का व्यवहार भी नहीं के बराबर होता है। सन्ताली भाषा में हमें स्वर के लिए दो विशिष्ट चिह्नों का व्यवहार करना पड़ता है। वे चिह्न इस प्रकार हैं–'अ' और ओ। व्यंजन–वर्ण के लिए भी हमारे यहाँ दो चिह्न हैं–एक हलन्त (्) और दूसरा अनुस्वार (ं)। यही कारण है निम्नलिखित शब्दों का उच्चारण वैसे ही है, जैसा हिन्दी का है–

सन्ताली	**–हिन्दी**
धुती	–धोती
नुकरी	–नौकरी
सलाहा	–सलाह
पुखरी	–पोखर।

सन्ताली वर्णों की ध्वनि को व्यक्त करने के लिए देवनागरी में तीन नये प्रयोग आरम्भ किये गये हैं। वे हैं–आ ऐं और ओ। जैसे–गाड़ी, बाबू–बाबू, गिदरा–बच्चा, ऐंकेन–सिर्फ, ऐंसकार–अकेला, ओल–लिखना, लोलो–गर्म। सन्ताली भाषा में इकार और उकार शब्द के अन्त में दीर्घ होते हैं और इसके अलावा वे ह्रस्व ही रहते हैं। सन्ताली भाषा में कुछ ऐसे व्यंजन वर्ण भी मिलते हैं, जिनके उच्चारण के लिए भी कुछ विशेष प्रयोग होते हैं। चार हलन्त व्यंजन की आवश्यकता होती है। वे हैं–क्, च्, त्, प्। 'क्' को छोड़कर अन्य हलन्त व्यंजनों का प्रयोग मुख्यतः शब्द के अन्त में ही होता है। 'क्' हलन्त व्यंजन का भी प्रयोग साधारणतः शब्द के अन्त में ही होता है, पर कभी–कभी उसका प्रयोग हम मध्य में भी पाते हैं। जैसे, हाक्तावको–लेने वाले। हिन्दी में 'ङ' और 'ञ' वर्ण का प्रयोग अलग स्वतन्त्र रूप में नहीं होता। पर सन्ताली भाषा में इनका प्रयोग अलग होता है, स्वतन्त्र रूप में होता है। उनकी सहगामनी मात्राएँ भी होती हैं। 'ङ' शब्द का साधारणतः शब्दों के अन्त में आता है, परन्तु 'ञ' को यह

विशेषता प्राप्त है कि उसका प्रयोग कहीं भी हो सकता है। आदि, मध्य और अन्त तीनों स्थानों में हम उसका प्रयोग सन्ताली भाषा में पाते हैं। 'ङ्' का उच्चारण जीभ के पिछले भाग की कोमल तालु से स्पर्श कर होता है। उच्चारण में कोमल तालु सीधे झुक जाता है। इसका परिणाम यह होता है कि वायु के स्पर्श होने से नाकों के छिद्रों से होकर नासिक–शिखर में गूँज पैदा करती है। देवनागरी लिपि में हम 'ङ' और 'ञ' के लिए अनुस्वार लिखकर काम चला लेते हैं। सन्ताली भाषा में इनका काम अनुस्वार से नहीं चलाया जा सकता। 'ञ' ध्वनि हिन्दी के शब्दों में नहीं पायी जाती है। इनका उच्चारण हिन्दी में न् के समान होता है।

'सन्ताली भाषा की अपनी लिपि नहीं है'–इसे वाक्य सूत्र मानकर अभी तक हम सन्ताली साहित्य का अध्ययन करते रहे हैं। पर इस वाक्य सूत्र का कोई वैज्ञानिक आधार नहीं है। सन्ताली भाषा भी अन्य क्षेत्रीय भाषा की तरह रही है। उर्दू को छोड़कर उत्तरी–भारत की जितनी क्षेत्रीय भाषाएँ हैं, उन सबकी लिपि पहले देवनागरी ही थी। 10वीं शताब्दी के पूर्व बंगला ऐसे धनी भाषा की लिपि भी मागधी लिपि थी, जो 'देवनागरी' का ही एक रूप था। लिपि के इतिहास को सामने रखा जाय और ईमानदारी से कहा जाय कि सन्ताली भाषा जिन अंचलों में प्रचलित है, वहाँ की भाषाओं के लिए आरम्भ में जो लिपि थी, वह कौन–सी लिपि थी। इस प्रश्न का उत्तर यही मिलेगा–देवनागरी उन दिनों उनकी लिपि थी। जब उन दिनों अन्य आंचलिक भाषाओं की लिपि देवनागरी थी, तब कोई कारण नहीं जान पड़ता कि सन्ताली भाषा की लिपि देवनागरी नहीं रही होगी। देवनागरी केवल हिन्दी की लिपि नहीं मानी जा सकती। हिन्दी के लिए देवनागरी लिपि जितनी व्यवहार योग्य है, उतनी ही वह सन्ताली भाषा के लिए भी अनुकूल है।

हमारे देश में लिपि का प्रश्न नया है। अंग्रेज़ आये–लिपि का प्रश्न उठा। उसके पूर्व लिपि का प्रश्न इतना विषाक्त नहीं था। कम–से–कम बिहार में तो लिपि की समस्या अंग्रेज़ों के आने के पूर्व नहीं थी। इस प्रान्त में अन्य प्रान्तों, अन्य किसी सहवर्तिनी भाषाओं से हिन्दी को संघर्ष नहीं करना पड़ा है। यह सत्य है कि ग्रियर्सन महोदय ने भोजपुरी, मैथिली और मगही आदि बोलियों में अलग–अलग पुस्तक छपवाकर बिहारवासियों में फूट का बीज बोया था और उनके ही प्रयासों से मैथिली सभा में नागरी लिपि बहिष्कृत भी हुई थी। फिर भी, हम यह मानते हैं कि मैथिली, भोजपुरी

और मगही हिन्दी की उपभाषाएँ हैं। इन क्षेत्रीय भाषाओं में जो साहित्य का निर्माण हो रहा है, जो साहित्य सर्जन का काम हो रहा है, उसे हिन्दी अपना ही गौरव मानती है। इन भाषाओं में ही क्यों, सन्ताली, मुण्डारी और हो भाषाओं में भी जो साहित्य का निर्माण हो रहा है, उस पर भी हमें नाज है। नागरी लिपि का बिहार में अपना एक इतिहास है, जो बहुत रोचक है। विक्रम संवत् की छठी शताब्दी में बिहार की राज्य भाषा हिन्दी थी और उसकी लिपि नागरी थी। मुसलमानी शासन–काल में भी सम्राट अकबर के 15वें वर्ष तक हिन्दी का प्रवेश मुसलमानी दरबारों में था। यह सत्य है कि मुसलमान शेरशाह सूरी के समय फ़ारसी का प्रचार हुआ था। फिर भी वह अपने कार्यालय का काम हिन्दी को छोड़कर फ़ारसी में नहीं करा सका। यह काम तो राजा टोडरमल के हाथों से होता था। एक हज़ार वर्ष तक की जमी हुई देवनागरी लिपि राजा टोडरमल की अदूरदर्शिता के कारण कचहरियों से बहिष्कृत हो गयी। इतना होने पर भी अकबर ने अपने सिक्कों के साथ एक ऐसा सिक्का भी चलाया, जिसमें न तो उसका नाम था और न राज्य–चिह्न था। उस सिक्के के एक ओर राम और सीता की मूर्ति थी, उस पर नागरी में राम नाम लिखा हुआ था। यह माना जा सकता है कि नागरी लिपि कचहरियों से बहिष्कृत थी, पर वह व्यवहार की लिपि थी।

मुसलमानी हुकूमत गयी, अंग्रेज़ी हुकूमत आयी। अंग्रेज़ प्रशासकों ने फ़ारसी को कचहरी से हटाकर अंग्रेज़ी भाषा एवं रोमन लिपि चलाने का प्रस्ताव लाया। उन्होंने सरकारी अदालतों और सरकारी कचहरियों में अंग्रेज़ी का प्रयोग हो–ऐसा सुझाव कोर्ट ऑफ़ डाइरेक्टर्स के सामने रखा। पर वह प्रस्ताव कोर्ट ऑफ़ डाइरेक्टर्स को रोचक नहीं लगा। उन्होंने 19 सितम्बर, सन् 1830 के आज्ञा पत्र में कह दिया कि "वहाँ के निवासियों को जज की भाषा सीखने के बदले जज को ही भारतवासियों की भाषा सीखना बहुत सुगम होगा। अतएव हम लोगों की सम्मति है कि न्यायालयों में वहीं की भाषा का व्यवहार हो।" अंग्रेज़ प्रशासकों ने कोर्ट ऑफ़ डाइरेक्टर्स के उक्त आदेश को दृष्टि में रखकर अपनी एक नीति बनायी। बंगाल के गवर्नर ने निश्चय किया कि कचहरी में भाषा सम्बन्धी सारा काम फ़ारसी के बदले वहाँ की देशी भाषा में हुआ करे और अंग्रेज़ी का प्रयोग सरकारी अफ़सर लोग ऐसी चिट्ठी पत्रियों में किया करें, जिनका सर्वसाधारण से कोई सम्बन्ध नहीं है। इस निश्चय को आदेश का रूप देने के लिए बंगाल सरकार के मुख्य सचिव ने सदर बोर्ड ऑफ़ रेवेन्यू को अपने पत्र संख्या 914,

दिनांक 30 जून, 1837 को लिखा–'श्रीमान गवर्नर महोदय इस बात को स्पष्ट रूप से समझा देना चाहते हैं कि केवल यूरोपीय अफ़सरों के आपस के पत्र व्यवहार को छोड़कर (जो अंग्रेज़ी में हुआ करेंगे।) प्रत्येक विभाग के सरकारी काम देशी भाषा में ही हों।' इस प्रकार देशी भाषा का विकास हुआ। नागरी लिपि व्यवहार की लिपि बनी। सन्तालों में शिक्षा का अभाव रहा। शिक्षा के अभाव के कारण उनका साहित्य लिपिबद्ध होकर नहीं निकला। सन्तालों में देवनागरी लिपि उन दिनों प्रचलित नहीं होती तो सन्ताल–विद्रोह के नेता सिदो कैथी लिपि के माध्यम से वीर कुँअर सिंह से सम्पर्क स्थापित करने की चेष्टा नहीं करता और न वह कैथी लिपि में लिखकर या लिखवाकर अपना घोषणा–पत्र भागलपुर प्रमण्डल के आयुक्त के पास भेजता कि अंग्रेज़ सन्तालों की भूमि छोड़ दें। कैथी नागरी का ही विकृत रूप है।

सन्तालियों को शिक्षित बनाने की योजना पहले सरकार के पास नहीं थी। सन्ताल–विद्रोह के बाद उनकी ओर अंग्रेज़ सरकार का ध्यान गया। सरकार उन्हें शिक्षित बनाने के लिए सोचने लगी। सन् 1882 में लार्ड रिवन ने एजुकेशन कमीशन नियुक्त किया था। उस कमीशन ने सर्वप्रथम सन्तालों को शिक्षित बनाने पर विचार किया और सरकार के पास अपनी सिफ़ारिशें इस प्रकार दीं–

1. यदि कोई आदिवासियों की शिक्षा का काम करना चाहता है तो उसके काम में सरकार से हर तरह की सहायता दी जाय बशर्तें कि इससे उनके धर्म में कोई बाधा न पड़े।
2. जहाँ की भाषा अब तक लिपिबद्ध न हुई हो या और भी किसी कारण से वह अनुपयुक्त हो तो वहाँ की शिक्षा का माध्यम पड़ोस के उन्हीं लोगों की भाषा हो जिनमें आदिवासियों का सम्पर्क रहा करता है।
3. जहाँ जिस जाति की शिक्षा उनकी अपनी ही भाषा में होती है, वहाँ यदि सम्भव हो तो उनके पड़ोस की भाषा भी उनको शिक्षा में वैकल्पिक विषय की तरह रहे।

इतना ही नहीं, तत्कालीन बंगाल के शिक्षा विभाग के डाइरेक्टर सर ए. पेडलर ने बंगाल सरकार के पास सन् 1902 में यह सुझाव रखा कि काम करने तथा अपनी ज़िन्दगी बसर के लिए आदिवासियों को आवश्यक है कि वे उन लोगों की भाषा अच्छी तरह जान लें जिनके बीच वे बसते हैं।

बचपन में वे कोई भी भाषा क्यों न सीखें, पर यह सत्य है कि उन्हें हिन्दी, बंगला या उड़िया उच्च शिक्षा पाने के लिए सीखना ही पड़ेगा। वस्तुतः लोअर प्राइमरी में आदिवासी–भाषाएँ रखी जायें, पर यह सत्य है कि उच्च शिक्षा में जो (हिन्दी, बंगला या उड़िया) माध्यम बने, वह पहले और दूसरे दर्जे की शिक्षा में भी सेकेंड लैंग्वेज के रूप में रख दी जायें।'' सरकार ने पेडलर साहब के प्रस्ताव को स्वीकार कर लिया। ईसाई मिशनरियों के द्वारा रोमन लिपि का प्रचार कार्य आरम्भ हो गया था, पर वे भी यह स्वीकार करते थे कि नागरी लिपि द्वारा सन्ताली भाषा की पुस्तकें आसानी से तैयार करायी जा सकती हैं। इस बात की पुष्टि में छोटा नागपुर के स्कूलों के इंस्पेक्टर ने सन् 1977 की अपनी वार्षिक रिपोर्ट में स्वीकार करते हुए कहा है कि 'जिन मिशनरियों से हमने परामर्श किया है, वे सब एकमत से यही राय देते हैं कि आदिवासियों की किताबें नागरी लिपि में बड़ी आसानी से लिखी जा सकती हैं। कचहरी की भाषा हिन्दी होने के कारण सन्तालियों को हिन्दी सीखनें में भी सुविधा होगी।' 1908 में नागरी लिपि में सन्ताली भाषा में पुस्तकें तैयार कराने की योजना भी सरकार की ओर से स्वीकृत हुई थी। नागरी लिपि के पक्ष में अंग्रेज़ भाषा शास्त्रियों ने एक वातावरण तब तक तैयार कर दिया था। श्री बेडन ने बताया था कि नागरी अक्षरों का कोई कितना ही बड़ा विरोधी क्यों न हो, वह उसका घोर शत्रु क्यों न हो, पर वह यह नहीं कह सकता कि इसमें किसी प्रकार की त्रुटि है। प्रोफ़ेसर विलियम ने तो बताया था कि स्थूल रूप से यह कहा जा सकता है कि देव नागरी अक्षरों से बढ़कर पूर्ण और उत्तम अक्षर दूसरे नहीं हैं। तब तक नागरी अक्षरों के विरोध में एक ही बात कही जाती थी, द्रुतगामिता और सुपाठ्यता की दृष्टि से नागरी दोषयुक्त लिपि है। सरकार के सामने द्रुतगामिता और सुपाठ्यता की दृष्टि से लिपि का प्रश्न आया। उसके सामने फ़ारसी, रोमन और नागरी–ये तीन लिपियाँ थी। फ़ारसी लिपि प्राचीन थी, रोमन लिपि लादी जा रही था, नागरी लिपि की माँगें थी। फ़ारसी लिपि का विरोध इसलिए नहीं था कि वह विदेशी लिपि थी, पर वह इसलिए था कि वह अपूर्ण थी। रोमन लिपि विदेशी थी, वह हमारे लिए ग्राह्य नहीं थी। जनमत नागरी के पक्ष में था। श्री ओल्डहम साहेब ने इन तीनों लिपियों में सबसे जल्दी लिखने और सुपाठ्यता की दृष्टि से कौन–सी लिपि अच्छी है, इस प्रश्न को हल करने के लिए एक परीक्षा करायी। उस परीक्षा में 70 फ़ारसी लिखने वाले और 21 रोमन

लिखने वालों ने भाग लिया। उस परीक्षा में नागरी लिपि का प्रतिनिधित्व केवल आरा के बाबू जंगली लाल ने किया था। द्रुतगामिता और सुपाठ्यता दोनों में वे सर्वप्रथम आये। उन्होंने नागरी लिपि की सर्वोच्चता प्रमाणित की। इस परीक्षा के बाद सन् 1881 में हिन्दी का प्रवेश बिहार की कचहरियों में हो गया।

ईसाई मिशनरियों ने रोमन लिपि के व्यवहार पर ज़ोर दिया। सन् 1892–93 में बंगाल सरकार के पास कई स्मृति पत्र रोमन लिपि के प्रचलन के लिए भेजे गये। उन्हें इस बात का पता था, जब तक कचहरियों में रोमन लिपि का प्रचार नहीं होगा, तब तक रोमन लिपि के माध्यम से शिक्षा देने से कोई लाभ नहीं होगा, उसका प्रचार नहीं होगा। पर बंगाल सरकार ने सन् 1881 में जो अपना निर्णय नागरी के पक्ष में दिया था, उसी पर अडिग रही। सन्ताली भाषा को लिपिवद्ध करने का प्रथन सफल प्रयास ईसाई मिशनरियों ने ही किया है। पहली सन्ताली भाषा की पुस्तक सन् 1852 में उड़ीसा के रेवरेण्ड जे. फिलिप्स ने 'एन इंट्रोडक्शन टू दी सन्ताली लैंगुएज' प्रकाशित किया था। वह पुस्तक बंगला लिपि में मुद्रित हुई थी। जे. फिलिप्स बंगाल और उड़ीसा में रहे हुए थे, उन्हें देवनागरी लिपि का ज्ञान नहीं था, ऐसा माना जा सकता है। अतः उन्होंने सन्ताली भाषा की पहली पुस्तक बंगला लिपि में ही लिखी, बाद में वे रोमन लिपि में सन्ताली भाषा को लिपिबद्ध करने लगे। यूरोप में ईसाई मिशनरियों ने आदिम जातियों की विभिन्न भाषाओं को लिपिबद्ध करने का प्रयास किया था। वही प्रयास सन्ताली भाषा को लिपिबद्ध करने के लिए उन्होंने आरम्भ किया। रेवरेण्ड ई. एल. पक्सले ने रोमन लिपि में सन्ताली शब्दकोश का सम्पादन सन् 1868 में किया। पक्सले साहब उन्हीं रोमन अक्षरों को प्रयोग में लाये, जिन्हें उनके पहले फ्रोर्बस, शेक्सपीयर और अन्य अंग्रेज़ भाषाशास्त्रियों ने प्रयोग में लाया था। आवश्यकता एवं सुविधानुसार इसमें जोड़ा और हटाया गया है। सन् 1873 में रेवरेण्ड एल. ओ. एसक्रेफस्रड ने सन्ताली व्याकरण का सम्पादन किया। उसमें उन्होंने रोमन लिपि का प्रयोग किया। वे सन्ताली भाषा की ध्वनि के लिए स्वरों के विशिष्ट चिह्नों को वर्ण के ऊपर तथा नीचे चिह्न लगाकर काम में लाया। जिन सन्ताली वर्णों के लिए रोमन लिपि में वर्ण नहीं थे, उनके लिए एस्क्रेफस्रड साहब ने संयुक्त वर्णों का प्रयोग किया है। सन्ताली भाषा के लिए रोमन वर्णों की कमी की पूर्ति के लिए तीन प्रकार के काम किये गये।

तीन प्रयोग इस प्रकार हुए–1. संयुक्त वर्णों का प्रचलन। 2. रोमन वर्णों को ऐसा ही रहने दिया गया, जैसा उसका स्वरूप था। 3. विशिष्ट चिह्नों का प्रयोग। परिणाम यह हुआ कि सन्ताली भाषा के लिए रोमन लिपि में सन्ताली व्यंजन वर्ण के बदले दस से कम संयुक्त वर्ण नहीं पाते हैं। विशिष्ट चिह्नों का इतना प्रयोग हुआ कि वह कठिन लगने लगा। रेवरेण्ड पी. डी. बोडिंग को स्वयं यह स्वीकार करना पड़ा था कि 'स्वरों के विशिष्ट चिह्न का प्रयोग एक कण्टक है।' आगे चलकर उन्होंने कहा है–किसी प्रकार जब तक हम लोगों को इस समय जितने वर्ण हैं, उनसे अधिक वर्ण नहीं मिल जाते, तब तक स्वरों के विशिष्ट चिह्नों का प्रयोग नहीं रुक सकता।

सन्ताली भाषा के लिए रोमन लिपि के औचित्य पर कई बातें कही जाती रही हैं, उनमें कुछ इस प्रकार हैं–

(क) सन्ताली भाषा की ध्वनि के लिए रोमन लिपि अधिक उपयुक्त है। कारण, रोमन लिपि सन्ताली ध्वनि को अच्छी तरह व्यक्त करती है। नागरी लिपि से वह आसान भी है।

(ख) बाइबिल तथा ईसाई–धर्म–सम्बन्धी पुस्तकें रोमन लिपि में हैं उसे सन्तालियों को पढ़ना पड़ता है।

(ग) सन्तालियों को अपनी भाषा रोमन लिपि में अवश्य सुरक्षित रखनी चाहिए ताकि उन्हें अपने अन्य भाइयों से जो दूसरे प्रान्तों में बसते हैं, उनसे उनका सम्बन्ध कायम हो सके।

(घ) रोमन लिपि समाज का भण्डार है, इसलिए सन्ताली भाषा को रोमन लिपि के माध्यम से सुरक्षित रखा जाय।

प्रथम दो बातों के सम्बन्ध में मुझे कुछ कहना नहीं है। इनके सम्बन्ध में सन् 1935 में बिहार के तत्कालीन प्राइमरी शिक्षा–विभाग के स्पेशल अधिकारी मिस्टर डिजी ने अपने विचार व्यक्त किये थे। उन्होंने कहा था–

"हिन्दी पर मढ़े गये दोष का सन्ताल मिशन की प्राइमरी पुस्तकें ख़ुद खण्डन करती हैं, जहाँ व्यंजन के अक्षर हिन्दी के ही 'क', 'ख' आदि के रखे गये हैं। रेवरेण्ड हाटमैंन ने एक बार कहा था कि ईसाई–मिशनरियों ने यूरोप की आदिम जातियों को ईसाई बनाते समय उनकी विभिन्न भाषाओं को लिपिबद्ध कर दिया। ऐसा करने समय रोमन लिपि का ही प्रयोग हुआ। पर विभिन्न भाषाओं को रोमन लिपिबद्ध करने का फल यह हुआ कि यूरोपवासी एक–दूसरे को दोषी ठहराते हैं कि वे लिखते कुछ और हैं और बोलते कुछ और हैं।" आगे चलकर उन्होंने उनके दूसरे आरोप के

सम्बन्ध में कहा था–'क्या किताबों के ये पुलिन्दें सन्तालियों की उन जातीय दृष्टि से किसी काम के हो सकते हैं?' कुछ को छोड़कर ऐसी अधिकांश किताबें तो सन्तालियों के एक वर्ग विशेष के ही काम आती है। उस वर्ग की संख्या जातीय दृष्टि से बहुत कम है। सन्ताल परगना में ईसाइयों की जनसंख्या 0.7 प्रतिशत है। क्या 0.7 प्रतिशत ईसाइयों के लाभ के लिए 99.3 प्रतिशत अन्य जातियों को रोमन–लिपि सिखाना उचित हो सकता है।

तीसरे आरोप के उत्तर में यह कहा जा सकता है कि राष्ट्रीय लिपि के माध्यम से सन्ताली भाषा का प्रसार और प्रचार बहुत अधिक हो सकता है। अभी तक सन्ताल परगना में नागरी लिपि के माध्यम से उनका साहित्य तैयार होता है। आसाम में आसामी सरकार ने आसाम की पहाड़ी जातियों की शिक्षा के लिए रोमन लिपि के स्थान पर आसामी लिपि प्रचलित किया है। बंगाल में सन्ताली के लिए बंगला लिपि का व्यवहार होता है। सन्ताली भाषा–भाषियों को एकता के सूत्र में बाँधने के लिए यह आवश्यक है कि सभी जगहों के सन्तालों के लिए सन्ताली भाषा को नागरी लिपि में लिपिबद्ध किया जाय।

बिहार में नागरी लिपि सन्ताली भाषा के लिए उपयुक्त मानी गयी है और उसी का व्यवहार भी होता है। सन्ताली भाषा को नागरी लिपि के माध्यम से लिपिबद्ध करने के लिए हमें एक संघर्ष भी करना पड़ा था। सन् 1939–40 में बिहार प्रान्त में निरक्षरता निवारण के काम के लिए बिहार सरकार ने एक प्रान्तीय निरक्षरता–निवारण समिति गठित की थी। उसने निश्चय किया कि सन्तालों को पढ़ाने के लिए जो आरम्भिक पुस्तकें हों, वे देवनागरी लिपि की जगह रोमन लिपि में छापी जायें। सरकार के इस निर्णय से लोगों को बड़ी ठेस लगी थी। बिहार प्रादेशिक हिन्दी साहित्य सम्मेलन के द्वारा एक व्यापक आन्दोलन हम लोगों ने आरम्भ किया था। भाषागत आन्दोलन में भाग लेने का मेरा प्रथम अवसर था। सारे प्रान्त में हम लोगों ने हलचल मचा डाली थी। जगह–जगह पर इस निर्णय के विरोध में सभाओं को आयोजित किया गया था। सरकार पर इतना दबाव दिया गया कि प्रान्तीय निरक्षरता निवारण समिति को विवश होकर अपने निर्णय को बदलना पड़ा। उसने निश्चय किया कि सन्तालों को पढ़ाने के लिए आरम्भिक पुस्तकें देवनागरी तथा रोमन दोनों लिपियों में छपें। सरकार ने यह भी निश्चय किया कि जिस लिपि में रीडरों की अधिक माँग होगी, उसी लिपि में अधिक संख्या में रीडरें छपेंगी।

हमने सम्मेलन के द्वारा आरम्भिक सन्ताली पुस्तकें तैयार करायीं। सम्मेलन के अनवरत प्रयत्नों के फलस्वरूप सन् 1940 ई. में पटना विश्वविद्यालय ने सन्ताली भाषा को मैट्रिकुलेशन परीक्षा के लिए स्वीकृत कर लिया और इसके लिए एक 'बोर्ड ऑफ़ सन्ताली स्टडीज' बना दिया। इस बोर्ड ने सन्ताली भाषा की परीक्षा के लिए देवनागरी लिपि को ही स्वीकृत किया है और इसके लिए देवनागरी लिपि में सन्ताली भाषा का चार्ट भी बना दिया है। पटना विश्वविद्यालय के इस निर्णय से नागरी लिपि के प्रचार में बहुत बल मिला।

सन्ताली भाषा के लिए रोमन लिपि का प्रश्न नहीं है। यह लिपि आसाम और बिहार सरकार द्वारा अस्वीकृत हो चुकी है। बंगाल और उड़ीसा में सन्ताली को अपनी आंचलिक लिपि में लिखा जाता है। यह उचित नहीं है। भाषाविज्ञान की दृष्टि से इन लिपियों में कोई दोष नहीं है, पर सन्तालों में एकता के बोध के लिए आवश्यक है कि सभी अंचलों में सन्ताली भाषा के लिए नागरी लिपि का प्रयोग किया जाय। सामाजिक एवं सांस्कृतिक दृष्टि से इस प्रश्न पर विचार होना चाहिए। नागरी लिपि के द्वारा सन्ताली भाषा को लिपिबद्ध करने के फलस्वरूप आज सन्ताली भाषा में काफ़ी प्रगति आयी है। उसमें कई अच्छी पुस्तकें तैयार हुई हैं। सैकड़ों निबन्ध एवं हज़ारों कविताएँ प्रकाश में आ चुकी हैं। सन्ताली भाषा में राष्ट्रभारती का जो स्वर मिल रहा है, उसका एकमात्र कारण है, नागरी लिपि का प्रयोग।

सन्दर्भ

1. डॉक्टर उदय नारायण तिवारी : भोजपुरी भाषा और साहित्य, पृ. 1
2. डॉक्टर धीरेन्द्र वर्मा : हिन्दी भाषा का इतिहास, पृ. 7
3. Santali Possesses the same Sets of consonants as Hindi, four Garttural, four Patatal, four Cerebral, four Dentals and four Lavials, with corresponding nasals. They are written and pronounced as in Hindi.
   – Dr. George Grierson : Linguistic Survey of India, vol. IV.

सन्ताली शब्दावली

भारत में दूर देश से अंग्रेज़ आये। उन्होंने भारत में व्यापार किया। हम पर सैकड़ों वर्ष तक शासन किया। पूरे देश में उन्होंने अंग्रेज़ी सात्राज्य फैलाया। इस साम्राज्य–विस्तार में भारत की विभिन्न भाषाओं के शब्दकोश भी उनके बहुत बड़े साधन थे। अंग्रेज़ों ने यह मान लिया था कि भारत पर उनका शासन तभी तक स्थिर नहीं रह सकता है जब तक भारतीय लोगों के साथ उनका सम्पर्क नहीं स्थापित होता है। उनके साथ सम्पर्क स्थापित करने के लिए उन्होंने उन लोगों की भाषाओं की जानकारी हासिल करने के लिए उनका शब्दकोश बनाया। अगर हम यह कहें कि अंग्रेज़ों ने भारत की भाषाओं का ही नहीं, बोलियों के शब्दकोशों का निर्माण कर शब्दकोशों के द्वारा भी भारत पर शासन किया था, तो आज आश्चर्य से अधिक विस्मय मालूम होगा। पर यह बात सत्य है। सैनिकों से अधिक उन्होंने हमारे यहाँ के लोगों की भाषाओं को महत्त्व दिया। शब्दकोशकारों ने ऐसा स्वीकार भी किया है। सन् 1801 में एक शब्दकोश प्रकाशित हुआ था–'ए डिक्शनरी ऑफ़ दी मलय टग ऐज स्पोकन इन दी पेनिनसुला ऑफ़ मलक्का दी आइलैंड्स ऑफ़ सुमात्रा, जावा, बोर्नियो, पुलो, पिनाग एटसेट्रा'। उसके शब्दकोशकार थे–जेम्स होविसन। उसने स्पष्ट शब्दों में उस पुस्तक की भूमिका में लिखा है–बहुत दिनों से किन्तु उचित कारणों से ईस्ट इंडिया कम्पनी की यह शिकायत रही है कि उसके कुछ व्यापार–संस्थान दोष पूर्ण ढंग से चले हैं। इसका कारण देशी भाषाओं में कुशलता का अभाव रहा है। राजनीतिक दृष्टि से भी यूरोपीय लोगों में ज्ञान का यह अभाव कम्पनी के हितों के विरुद्ध भी सिद्ध हुआ है।' देशी भाषाओं में अंग्रेज़ों में कुशलता लाने के लिए भारतीय भाषाओं एवं बोलियों के शब्दकोश तैयार किये जाने लगे।' मोकेबलरी ऑफ़ डाइलेक्टस स्पोकन इन निकोबार एण्ड अण्डमान आइल्स के शब्दकोशकार

श्री फ्र. एड. देरोय स्टोर्फ ने शब्दकोश निर्माण करने के अपने उद्देश्यों को स्पष्ट किया है। उन्होंने अपनी भूमिका में लिखा है–'इस शब्दकोश को लिख डालने के मेरे सामने दो कारण रहे हैं, प्रथम निकोबार में जिन अधिकारियों को तैनात किया गया है, वे वास्तव में इन अद्भुत लोगों के साथ सम्बन्ध स्थापित कर सकें और दूसरा, वैज्ञानिक जगत को इन लोगों की भाषाओं को उपलब्ध करा देना चाहता हूँ, क्योंकि ये लोग तेज़ी से मिटते जा रहे हैं।

बिहार में आदिवासियों की भाषाओं की ओर उनका ध्यान गया। सरकार एवं ईसाई धर्म–संस्थानों ने अपने हितों को सामने रखकर आदिवासियों के शब्दकोशों का निर्माण किया। सन्ताली भाषा की ओर पहले न तो अंग्रेज़ अधिकारियों का ध्यान गया और न ईसाई धर्म–प्रचारकों का। सन् 1884 में ब्रिटिश शासन के विरुद्ध एक व्यापक आन्दोलन आरम्भ हुआ था। महात्मा गाँधी से 87 वर्ष 1 महीना 10 दिन पूर्व सन्ताल नेता सिदो ने अंग्रेज़ों को अपनी धरती से हटने को कहा था। अंग्रेज़ सन्ताल–विद्रोह को दबाने में सफल हो गये थे, फिर भी उन्हें सन्तालों से बहुत आशंका थी। क़ानून के द्वारा सन्तालों को भारत के अन्य लोगों से पृथक् किया गया। सन्ताल विद्रोह के बाद ही सन्ताल परगना में ईसाई धर्म के प्रचार का कार्य आरम्भ हुआ। सरकार एवं ईसाई धर्म–प्रचारकों ने सन्ताली शब्दकोश का निर्माण आरम्भ किया। सन् 1868 ई. में श्री ई.एल. पक्सले ने 'ए वोकेब्युलरी ऑफ़ दि सन्ताली लैंग्वेज' प्रकाशित किया। इस शब्दकोश के निर्माण का उद्देश्य था–प्रशासकों एवं धर्म–प्रचारकों का सन्ताली के साथ सम्पर्क की स्थापना। इसके बाद सन् 1899 में कैम्पबेल ने 'सन्ताली–इंगलिश और इंगलिश सन्ताली' शब्दकोश का निर्माण किया। सन् 1929 में श्री बोडिंग का सन्ताली शब्दकोश पाँच खण्डों में प्रकाशित हुआ। जब तक भारत में अंग्रेज़ रहे तब तक हमारा अपेक्षित ध्यान सन्ताली भाषा की ओर नहीं गया। स्वतन्त्र होने पर देवनागरी लिपि में प्रथम 'हिन्दी सन्ताली शब्दकोश' प्रकाश में आया। इसके सम्पादक हैं–श्री पृथ्वीचन्द्र किस्कू और श्री केवल राम सोरेन और उसके प्रकाशक हैं–सन्ताल पहाड़िया सेवा मण्डल। आचार्य श्री डोमन साहु 'समीर' ने इस शब्दकोश की भूमिका में कहा है–''यह गुटका शब्दकोश यात्री पथ–प्रदर्शिका के रूप में तैयार किया गया है, जिसमें सामान्य व्यवहार में आने वाले हिन्दी के लगभग दो हज़ार शब्द उनके सन्ताली पर्याय के सात संगृहीत हैं।

इसे इस रूप में लिखकर लेखकों और प्रकाशकों ने सन्ताली भाषा सीखने की इच्छा रखने वालों की एक बहुत बड़ी आवश्यकता की पूर्ति की है।''

सन्ताली शब्दकोशों को देखने से हमें ऐसा लगता है कि सन्ताली भाषा में हिन्दी, उर्दू, बंगला, मैथिली, मगही एवं भोजपुरी आदि के असंख्य शब्द आ गये हैं। उन शब्दों का सन्तालों में व्यवहार होता है। उनके अपने भी शब्द हैं। जो उनके अपने हैं, वे सब संस्कार बोधक हैं। किसी भाषा में अपने शब्द संस्कार के बोधक होते हैं। हमारे लिए 'जल' और 'पृथ्वी' द्वारा जो संस्कार व्यक्त होता है, वह सस्कार सन्ताली भाषा में व्यक्त नहीं होता। 'जल और पृथ्वी' के लिए सन्ताल 'दाक' और 'ओत' शब्द को व्यवहार में लाते हैं। सन्ताल–सृष्टि के निर्माण के समय उन्हें ये शब्द मिले हैं। अतः ये शब्द उनके अपने हैं, उनसे उनके संस्कार का बोध होता है। सन्ताल जीवन का आरम्भ वन–पर्वतों में हुआ था। उन्होंने जंगली पशु–पक्षियों से अपने सन्ताल–जीवन के शैशव काल में खेला था, वहाँ के पेड़–पौधे उनके तब साथी–संगी थे और उन्हें तब जंगली फलमूल खाने को मिलता था। सन्ताली जीवन के शैशवकाल में जो संस्कार मिला था, उन्हीं संस्कारों को लेकर उनके शब्द बने थे। वन, पहाड़, पत्थर, नदी, सिंह, बाघ, भालू, तोता, आम, बाँस आदि से उनका परिचय प्रारम्भ–काल में हो गया था। इस कारण उनके लिए सन्ताली भाषा में मूल शब्द मिलते हैं। उपर्युक्त शब्दों का क्रमशः 'बिर', 'बुरु', 'विरी', 'गाडा', 'कुल', तारूप, बाना मिरू, उल, मात् सन्ताली शब्द हैं। उनसे हमें उनके संस्कार का ज्ञान होता है। 'माँ' शब्द हमारे लिए जितना पवित्र है, उतना ही सन्ताली भाषा में 'एंगा' शब्द है। वे अपनी माँ को एंगा और पिता को आपा कहते हैं। खाने और पीने की प्रवृत्ति मानव के स्वाभाविक गुण हैं, अतः सन्ताली भाषा में इनके लिए अपना उनका शब्द है। 'जोम' का खाने के लिए वे प्रयोग करते हैं। क्रोध और भय की प्रवृत्ति सन्तालों को अन्य मानव की तरह आरम्भ में ही प्राप्त हो गयी थी। इसलिए इनके लिए भी एदरे (क्रोध) और वोतोर (भय) शब्द का प्रयोग होता है। पहले सन्ताल लोटा, कटोरा–थाली को खाने के लिए प्रयोग में नहीं लाते थे, अतः उनके लिए उनके यहाँ मूल शब्द नहीं है। उन्होंने इनके लिए संस्कृत से शब्द लिये हैं। पहले वे ज़मीन पर सोते थे, आर्यो के सम्पर्क में आने के बाद वे खेती करने लगे। इसका परिणाम यह हुआ कि आर्य भाषा से खेती करने वाले यन्त्रों एवं धातुओं के लिए उन्होंने शब्द लिए हैं। आरम्भिक अवस्था में सन्ताल समूह बनाकर एक गाँव में रहते थे।

इसलिए 'गाँव' शब्द के लिए सन्ताली भाषा में 'आतो' शब्द का प्रयोग होता है, पर मुझे तो ऐसा लगता है कि एक देश बनाकर रहने की उनकी प्रवृत्ति आर्यों के सम्पर्क में आने के कारण बनी है। अतः देश के लिए उनकी शब्दावली में सन्ताली शब्द नहीं है। देश के लिए 'दिसोम' शब्द का प्रयोग करते हैं। क़ानून, फ़ौजदारी, मुक़दमा, नौकर, मालिक आदि के लिए सन्ताली में मूल शब्द नहीं है। गरीब–धनी के लिए भी उनका अपना मूल शब्द नहीं है। उनकी शब्दावली में स्पष्ट होता है कि– उनके यहाँ आरम्भ में समाजवाद था–कोई गरीब नहीं था, कोई धनी नहीं था। संस्कारगत शब्द उनके पास हैं। नारता (छट्टी), बापला (विवाह), भाण्डान (श्राद्ध)–ये उनके मूल शब्द है। पर राजनीतिक एवं कलात्मक शब्दावली जो उनकी है, वे सब राष्ट्रभारती की है। सन्ताली शब्दकोशों को देखने से हमें ऐसा अनुमान होता है कि 25 प्रतिशत सन्ताली के मूल शब्द हैं, 25 प्रतिशत शब्द बंगला, मैथिली, उर्दू, भोजपुरी, अंगिका के हैं और बाकी 50 प्रतिशत संस्कृत के शब्द हैं। सन्ताली राष्ट्रभारती के उतनी ही निकट है, जितनी राजस्थानी। राजस्थानी का प्राचीन साहित्य है, सन्तालों का नया साहित्य तैयार हो रहा है। अतः राष्ट्रभारती के सेवकों का ध्यान इस ओर जाना चाहिए। इससे सन्ताली भाषा का ही कल्याण नहीं है, राष्ट्रभाषा का भी मंगल होगा–उसका विस्तार होगा।

सामान्य व्यवहार में आनेवाले शब्द–

अ

अण्डा–बेले।
अन्त–मुचेत्।
अन्धाधुन्ध–बेहिसाब।
अकारण–वे–ओज।
अकेला–एसकार।
अक्षर–हारोप।
अखबार–खोवोर कागोज।
अग्रज–माराङ वोयहा।
अनाज–आनाज।
अनुरोध–नेहोर।
अपराध–कासूर।
अभिप्राय–मोतलोब।
अभियुक्त–आसामी।
अमीर–किसाड।
अर्थी–माँडी।
अवस्था–हालेत।
अश्रु–मेतंदाक।
असमय–वे–ओकत।
असल–आसोल।
अस्पताल–हासपताल।
अहंकार–दिमाग।

आ

आँख–मेंत्।

आँगन–राचा।

आईना–आरसी।

आकार–मुठान।

आखेट–सेन्दरा।

आग–सेंगेंल।

आग्रह–जिद।

आज–तेहञ।

आटा–गुहुम होलोङ।

आदमी–होड़।

आदर–मानोत्।

आदि–एहोय्।

आनन्द–ससका।

आबहवा–होय दाक्।

आभास–झालाक।

आभूषण–गहना।

आम–उल।

आरम्भ–एहोप।

आराम–जिसउ।

आलू–आलू।

आवाज़–आडाङ।

आश्चर्य–हाहाडा।

आश्वासन–आसरा।

आसान–आलगा।

आहार–जोम–ञू।

इ

इन्तजाम–बोन्दोवस।

इन्तजार–ञेलहोर।

इन्द्रधनुष–लिटा–आक्।

इन्साफ़–विचार।

इकट्ठा–जाण्वा।

इकतीस–पे–मेल–मित्।

इकरार–इकराड।

इच्छा–मोने।

इतना–नोडका।

इति–मुचत्।

इत्यादि–एमानतेयाक।

इधर–नोते।

इमली–जो जो।

इर्द–गिर्द–आडे पासे।

इसलिए–नोआ इयाते।

ई

ईंटा–ईंटा।

ईख–आक।

ईर्षा–मेत् जोलोक्।

ईर्ष्या–हिंसका।

ईश–चान्दे।

उ

उकताना–आकताउ।

उकसाना–उसकाउ।

उखली–उङ्खड।

उग्र–तापिस।

उजला–पोण्ड।

उजाला–मारसाल।

उठना–राकाप्।

उतना–उताक्।

उत्तम–भातो।

उत्तर–उतार।

उत्तरदायित्व–जोबाबदिही।

उत्पत्ति–जानाम।

उदण्ड–दायाकिभ्च्।

उद्देश्य–इया।

उधार–धार।

उन्नीस–मित्–गेल–ओर।

उपदेश–सिखौना।

उमंग–रासका।

उलटना–उलटाउ।

उपासक–उपास।

उफान–सेक्।

उल्लिखित–ओलाब्।

उष्णा–सेताक्।

ऊ

ऊँचा–उसुत्व।

ऊँघना–आँगोप्।

ऊख–आक्।

ऊखल–उखुड।

ऊपर–चोट।

ऊबन–आडीसोक्।

ऊसर–जटाड ओत।

ऋ

ऋण–रिण।

ऋणी–रिन्–ए–जोम।

ऋतु–रितु।

ए

एक–मित्।

एकटक–बेगेत् उरिच्।

एकता–मित्मोत।

एकाएक–अचका।

एकसा–मित् लेका।

एकहरा–मित् दुहड़ी।

एकान्त–एसकार।

एकाएक–आचका, हाठात।

एडी–इडी।

एहसान–उपकार।

ऐ

ऐटना–आचुर।
ऐनक–आरसी।
ऐसा–नोङका।

ओ

ओकना–दोयोक्।
ओछ–काटिच्।
ओझल–दानाडोक्।
ओढना–ओयोक्।
ओल–दापिंडा।
ओस–शिशिर दाक्।
ओहदा–हुदा।
ओला–आदेल।

औ

औधना–आगोप्।
औजार – साना फाना।
औटना–लेलोय।
औषधि – रान।
और–आर।

क

कंकड़–कंकड़।
कंघी–नाकिच।
कंघी–तोरन।
कंठ–नाण्डरी।
कंठा–माला।
कचा–बोरेख।
कछुआ–होरो।
कटोरा–बाटी
कडा–केटेच्।
कड़ाही–कराही।
कतार–पान्ते।
क़दम–डेग।
कपट–छोल
कपड़ा–किचरिच्।
कपाट–सिलपिञ।
कपास–कासकोम।
कबूतर–पारवा।
कमल–उपेल बाहा।
कमी–टोण्टा।
करवट–सोडता।
कलकल–हुदहुद।
क़लम–कोलोम।
कला–हुनार।
कसम–किरया।
कसूर–कसूर।
कहाँ–ओका।
काँख–हातलाक़।
काटी–करटी।
कापना–थारथरावक्।
कागज़–कागोच।

काजल–आयनोम।
कान–लुतुर।
काना–काडा।
क़ानून–क़ानून।
काम–कामी।
कामचोर–कुडहिया।
कामदेव–देवेड बोंगा।
कामना–साना।
कारण–ओजे।
काला–हेन्दे।
किताब–पुथी।
किनारा–आड़े।
कियारी–गाण्डारी।
किवाड़–सिलपिञ।
किसान–चासाहोड़।
कीचड़–लोसोत्।
कीड़ा–तेज़ो।
कुत्ता–सेता।
कुण्डल–पागरा।
कुदाल–कुडी।
कुदिन–बाडिच् दिन।
कुपथ–बाड़िच् होर।
कुम्हलाना–गोसोक्।
कुम्हार–कुङ्काल।
कुरता–आंगरोप।
कुलपति–मुखिया।
कूड़ा–काटाकाटुआक।
कूदना–दोन।
कृपा–दाया।
कृषक–किसाँड़।
केला–कायरा।
केवट–केंवटा।
केवल–एकेन।
केश–उप्।
कैंची–कापची।
कैसा–चेत्लेका।
कोई–ओकाय।
कोख–कुखी।
कोठरी–कुठली।
कोड़ा–कोड़व।
कोदो–कोनाच।
कोबो–कुबी।
कोर–लापेत।
कोल्हू–घानी।
कोशिश–कुरूमुटू।
कोसना–एगेर।
कौआ–काउड़ी।
कौन–ओकाय।
क्या–चेत्।
क्यों–चेदाक्।
क्रीड़ा गृह–एतेच् ओडाक्।
क्रूर–कुरमुताहा।
क्रोधित–एदरे आकान।
क्लेश–दुक।
क्वारा–डाङ्गुआ।

ख

खण्ड--हास्त्रि।

खम्भा–खुण्टी।

खटमल–ओडमोच्।

खबरदार–खाबेरदार।

ख़राब–किरिञ।

खाना–ञोम।

खुफिया–गोयन्दा।

खोदना–ट्या।

खदक–गाडलाक्।

खंग–तरवाडे।

खट्टा–जोजो।

खरगोश–कुलाई।

खलिहान–खराई।

खीरा–ताहेर।

खेलना–एनेच्।

खोना–आत्।

ग

गठरी–तोटरा।

गरम–होटोक्।

गाड़ी–गाड़ी।

गाय–गाइ।

गाली–ऐंगेंर।

गीला–लोहोत्।

गोद–हेव।

गोरा–एसेल्।

ग्यारह–गेलमित्।

ग्राहक–गाहकी।

गढा–गडलाक्।

गाँव–आतो।

गाना–सेरेञ।

गाता–जोहा।

गिनती–लेखा।

गूलर–लोआ।

गोबर–गुरिच्।

गोला–गुलण्डा।

ग्रामीण–आतोहोड़।

ग्वाला–माहरा।

घ

घटी–घंटी।

घटना–घोटना।

घर–ओडाक्।

घाट–घाट।

घुटना–गुण्ठी।

घृणा–हिरखा।

घोषणा–रोड़साडे।

घटक–रायवारिच।

घटा–रिभिल।

घास–घाँस।

घिसना–गासाव।

घूंट–कोडोच्।

घोड़ा–सादोम।

च

चक्की–जान्ते।
चञ्चल–चोञ्चोल।
चखना–चाखाय।
चतुर–हुसियार।
चपत–थापा।
चर्म–हारता।
चाँदनी–तेरदेच्।
चादर–पिछौड़ी।
चार–पोनया।
चारा–घास।
चावल–चाबले।
चिड़िया–चेडे।
चित्र–नाकशा।
चिराग–दिवहे।
चूनता–हालाड।
चूडी–चुरली।
चूमन–चोक्।
चोंगा–नाली।
चोर दरबाजा–कोम्बाड़ो दुआर।
चौक–दो वटिया।
चौदह–गेल–पोन।
चौपहल–चार पहल।
चौहदी–सीमान।
चङ्का–कारनाव।
चन्द्रमा–ञिन्दा चान्दो।
चढ़ना–देजोक्।
चना–बुट।
चरकी–इतिल।
चहारदीवारी--पाचरी।
चाचा–होपोन बाबा।
चाम–हारता।
चारपायी–पारकोम।
चाल--ताजम।
चाह–मोने।
चिता–सारा।
चिरकाल–ढेर दिन।
चुम्बन–चोक्।
चुपचाप–हापे होपेते।
चूना--ज़ोरोक्।
चेतवनी--चेहाव।
चोट–बाजाव।
चोरी–कोम्बाड़ोय।
चौगुना–पोन दोकोड़।
चौपट–चौपाट।
चौरस–मित् सांव।

छ

छटपटाना–छाटपटावक्।
छप्पर–साडीम।
छाल–वाकलाक्।
छत्ता–छाता।
छांटना–सोक।
छिपाना–ओकोक्।

छिलका—चोकलाक्।
छीकना—आछिम।
छीनना—रेजे।
छेद—युगाक।
छेदना—भुगान।
छोर—मुचात।

ज

जंगल—विर।
जंजीर—सिकड़ी।
जगह—जागा।
जनता—होड़।
जन्म—जोनोम।
जबरदस्ती—ज़ोरमोट।
जवान—जुआन।
ज़माना—ओकते।
ज़मीन—ओत।
जल—दाक्।
जलपान—जुलपान।
जवाब—जोबाब।
ज़हर—माहुर।
जहाँ—ओका।
जाति—जात।
जामुन—कोद।
जासूस—गोयंदा।
जिस—ओका।
जीभ—जिवी।
जुदाई—वोगारोक्।
जूता—पाताही।
जेब—थापलाक।
जोहार—जोहार।
ज्वालामुखी—मोलोक बुरु।

झ

झंझट—झोझोट।
झण्डा—झन्ड़ी।
झगड़ना—झगडाकू।
झगड़ा—झागड़ा।
झटपट—हाको पाको।
झाकना—ओक् योङ।
झाड़ू—जोनोक।
झूठ—एडे।
झूठा—एकडे।
झूलाना—झिलाक।
झोका—आँट होय।
झोपड़ी—कुडिया।

ट

टकराना—तार्किजोक्
टपकना—ज़ोरोक्
टपना—दोन पारोम।
टहनी—ढारवाक्

टहलना- -दौडांत।
टाँगना—आकाय।
टीला—घुटु
टुकड़ा—कुटरा।
टोकरी—खाच् लाक्।
टोहा—डिहा।
टांग—जांगा।
टिड्डी—पोहा।
टीस—हासो।
टोकन—टोकाव।
टोपी—टुपरी।

ठ

ठड—रेयाड।
ठगना—ओचोक।
ठेलना—ठेलाव।
ठोढ़ी—केवा।
ठग—ठक।
ठेका—ठिका।
ठेस—तोहोत।
ठोस—केटेच्।

ड

डंक—तुड
डंडी—तुला।
डगर—होट।
डरपोक—पोचर।
डिगना—पाचोक्।
डूबना—उनभोक्।
डोलना—लाडाव।
डंडा—ठेंगा।
डकैत—डाकू।
डर—बोतोर।
डाँटना—धमकाव।
डीह—आतो—गाँवता।
डोरी—बावोर।
डोली—खुडखुडी।

ढ

ढकना—हारूप।
ढक्कन—ढकनिच्।
ढालना—दुल।
ढीठ—आरोट।
ढेर—आयना।
ढोग—ढाँङ।
ढकेलना—ठेलाव।
ढाढस—खातिर।
ढिलाई—ढिलाउ।
ढूढना—तोलास।
ढेला—ढेलका।

त

तक–हाबिच्।
तकदीर–भाग।
तकिया–तकिया।
तख्ता–पटरी।
तथापि–एत हो।
तबाह–आडिस।
तभी–तोबे आनेच्।
तरकारी–तरकारी।
तरफ़–सेच्।
तरह–लेका।
तराजू–तुला।
तलवार–तरवाडे।
तलाक़–छाडा–छाड़ी।
तलाव–पुखरी।
ताजा–टटका।
तापना–ज़ोरोक्।
तारा–दूपिल।
तिथि–तारीख।
तिरंगा–पेरोग।
तिलक–टीका।
तीता–हाडहात्।
तीन–पेया।
तीर्थ–धोराम।
तीस–पेगेल।
तुम–आम।
तुरही–बाकया।
तूफान–होय दाक्।
तेल–सुनुम।
तैयार–तेयार।
तैरना–पायराक्।
तोड़ना–रापुत्।
तोता–मिरू।
तोलना–तुला।
त्योहार–पोरोब।

थ

थकना–थाकावक्।
थकावट–लगा।
थन–आण्डनार।
थप्पड़–थापा।
थाली–थारी।
थूक–थैलाक्।
थैला–थायलाक।
थोड़ा–थोड़ा।

द

दंग–हाहाडा।
दंगा–लाड़हाई।
दण्ड–डाण्डोम।
दम्पति–हाडाम–बुढी।
दतुअन–दातौनी।
दत्तक–पोसा बेटा।

दमन–दाबाव।
दरार–पाडाकू।
दर्पण–आरसी।
दवा–रान।
दश–गेल।
दहिना–एतोप।
दाखिल–दाखिल।
दाता–एमोक्–इचा।
दानव–राकोस।
दामाद–जाँवाय गोमके।
दयरा–गुलाण्ड।
दायित्व–दायिक।
दाल–दाल।
दास–गुती।
दिमाग–आकिल।
दिल्लगी–लान्दा–लान्दा।
दीप–बाती।
दीवाल–भीत।
दुगुना–बार दो बोड।
दुबला–आसोक्।
दुबारा–बारदोम।
दुम–चाण्ड बोल।
दुरवस्था–बाडिच् हालोत।
दुर्जन–बाडिच होड़।
दुर्दशा–नाचार हालत।
दुर्व्यवहार–वाडिचवेवहार।
दुलहा–जाँवाय।
दुलार–दुलाड।
दूकान–दोकान।
दूध–तोवा।
दृ ट–नोज़ोर।
देर–बिलोम।
देना–एमोक।
देवता–बोंगा।
देवर–भखेल कोड़ा।
देश–दिसम।
देह–होड़मो।
देहात–डिहात।
दोना–फुड़क।
दोष–कासूर।
दोहराना–दोहडाय।
दौलत–दाउलात।
द्वार–दुआर।
द्वारा–होतेत।
द्वेष–हिंसका।

ध

धंधा–धन्धा।
धतूरा–धातरा।
धनुष–आक्।
धर्म–धोरोम।
धान–होड़ो।
धारा–रेत।
धूप–सेतोङ।
धूल–घुडी।

धोखा—धोखा।

धोती—धुती।

ध्वजा—झण्डी।

न

नगा—उलुङ।

नगर—नगराहा।

नगद—नोगोद।

नतीजा—फोल।

नदी—गाड़ा।

नमक—बुलुङ।

नफा—लाव्य।

नब्बे—ओर—गेल।

नमी—सेम।

नर्त्तक—एनेच् कोडा।

नहर—लाटु—डाड।

नहाना—डाबराक।

नाख़ून—रामा।

नाचना—एनेच्।

नाटा—जेडा।

नारी—माहञिड।

नाब—लौका।

निन्दा—हेतोसता।

निकट—सोर।

निजी—आपनार।

निपट—एकला।

निशान—चिह्ना।

नीरस—रोहोड़।

निरोग—निफुट होड़मो।

नेता—आकमुरिच।

नौकर—गुती।

न्याय—विचार।

नवयुवक—जुआन कोड़ा।

प

पक—लोसोत।

पंक्ति—पान्ते।

पंखा—बिनी।

पंचायत—कुल्ही दुडुप्।

पक्षी—चेंड़े।

पगड़ी—दाहडी।

पछताना—कसतावक्।

पता—ठिकाना।

पत्ता—सकाम।

पत्थर—घिरी।

पत्नी—एरा।

पथरीला—रोड़गो।

पद—हुदा।

पदवी—खिताब।

परस्पर—आपनार रे।

पराया—एटाक् होड़ाक्।

पर्व—पोरोब।

पलथी—पाटगाण्डो।

पश्चात्–तायोम।
पान–पाम।
पानी–दाक्।
पिता–बाबा।
पीछे–तायोम।
पीड़ा–हासो।
पुकारना–होहोय।
पुत्र–होपोन।
पुराना–मारे।
पुस्तक–पुथी।
पूर्वज–आगिल हापड़ामको।
पूर्ववत्–पहिल लेका।
पेट–लाच्।
पेड़–दारे।
पेशाब–आडो।
पोखरा–पुखरी।
पोता–गोडोम कीड़ा।
प्रकार–लेका।
प्रजा–पोरजा।
प्रसिद्ध–नामडाक।
प्राचीन–मारे।
प्रातःकाल–सेताक्।
प्रीति–दुलाड़।

फ

फटना–ओडेजोक्।
फ़सल–फ़सल।
फुलवाड़ी–बाह बागान।
फूकना–ओड़ा।
फूफा–कुमाङ।
फल–बाटा।
फोड़ा–ओजो।
फ़ौज–फाद।

ब

बचत–सारेच्।
बच्चा–गिदरा।
बन–बिर।
बयस–उमेर।
बरसात–जापुत्।
बारात–बारयात।
बहिन–कुडीबोयहा।
बहुत–आड़ी।
बहुधा–ओका ओका।
बांस–मात्।
बाघ–तारूप।
बात–काथा।
बाद–तायोम।
बादल–रिमिल।
बाल–उप्।
बिरादरी–पेडापारभा।
बीमार–रूआ।
बुरा–बाडिच्।

बेटा–होपोन।
बैल–डांगरा।
बेवकूफ–लोडो।
ब्याह–बापला।

भ

भविष्य–तायोम दाराम।
भीड़–भीड़।
भूख–रेंगेंच्।
भोज–भाण्डान।
भाई–बोयहा।
भूंजा–आता।
भूत–वोगा।

म

मंजूर–आङगोय।
मजाक–लन्दा–लन्दा।
मदिरा–पौरा।
मयष्य–होड़।
माथा–बोहोक्।
मालूम–बाड़ाय।
मित्र–गाते।
मुसकाना–मेसकोच्।
मैदान–टाण्डी।
मौन–थिरहापेकोक्।
मकान–ओडाकू।
मटर–माटोर।
मधुर–हेडेम।
माँग–होरासी।
मालिक–मालिक।
मिट्टी–हासा।
मुँह–मोचा।
मूत्र–आड़ो।
मोर–माराक।
मौसिम–ओकते।

य

यत्न–कुरूमुटू।
यश–नायडाक।
यहाँ–नोण्डे।
युग–जुग।
योनि–चुचुक्।
यथा–ञेलेका।
यह नोआ।
याद–एयाद।
योग्य–लेक।

र

रज–एदरे।
रवड़–राबोड।
रकवा–चौका।
रसोइया–दाकचिच्।

रस्सी–बाबेर।
राख–तोरोच।
रास्ता–होर।
रूई–तुलाम।
रेशम–लुमाम।
रोटी–पिठा।
राधना–इसिन।
रात–ञिन्द।
रुपया–टाका।
रुचि–सेबेल।
रोज–दिनाम।
रोना–राक्।

ल

लंगड़ा–लेडहा।
लकड़ी–साहान।
लड़की–कुड़ी गिदरा।
लापता–आत्।
लेख–काथनी।
लौटना–रूआड।
लोंग–होड़।
लम्बा–जेलेज।
लड़का–कोड़ा गिदरा।
ललाट–चान्दी।
लिपि–आखोर।
लोहा–मेंडहेत्।
लेखक–ओलोक् इच।
लिखना–ओल।

व

वंश–बोंस।
वचन–काथा।
वर्त्तन–बासोन।
वर्षा–दाष्।
वहाँ–ओण्डे।
वाण–सार।
विष–माहुर।
वेदना–हासो।
व्यथा–दुक।
वक्ता–रोरोडिच्।
वन–बिर।
वर्तमान–नाहाक्।
वह–उनी।
वही–ओण्डेगे।
विवाह–बापला।
वेतन–दारमाहा।
वैसा–ओनका।
व्यर्थ–औड़ीगे।

श

शकल–मुठान।
शरण–आसरा।
शक्ति–दाडे।
शरीर–होड़मो।

शाम—आयुप।
शीत—शिशिर।
शेर—कुल।
शेष—सारेच्।
शोभा—साजावा।

स

संकट—विपात।
संख्या—लेखा।
सच—खारीगे।
सपना—कुकमू।
सफेद—पोण्ड।
सरल—सोड़ा।
सहायक—गोक् डोयिच्।
साथ—सोंगे।
सिकच—छाड़ा काते।
सुख—सुक।
सूत—सुताम।
सृष्टि—सिर्ज़ाव।
सोचना—हुदिम।
स्तन—नूनू।
स्वप्न—कुकम्।
स्मरण—दिसा।
स्वतन्त्र—साधिन।
स्वीकार—आँगोय।

ह

हंस—साँक।
हँसुआ—दातरोम।
हजामत—होयोन।
हड्डी—जाङ।
हल—नाहेंल।
हल्दी—पसाड।
हाँडी—टुकुच्।
हाट—हटिया।
हृदय—ओन्तार।
हेंग—आँडगोम।
हेरफेर—फेंराफिरी।
हैजा—हवा चुक।
होना—होयक्।

सन्ताली-व्याकरण

शब्दकोशों का निर्माण कर अंग्रेज़–प्रशासकों ने भारत पर शासन किया था ऐसा कहा जा सकता है। व्याकरणों का निर्माण भी उन्होंने इसी उद्देश्य से किया था। विभिन्न भाषाओं का अध्ययन कर उन्होंने उन भाषाओं का व्याकरण बनाया है। केप्टन जेम्स लो की 'ए ग्रामर ऑफ़ दी, थाई और सियामीज लैंग्वेज' सन् 1828 में प्रकाशित हुई थी। जेम्स लो ने उस पुस्तक की भूमिका में लिखा था–'मलक्का में स्थित ब्रिटिश बस्तियों तथा हाल ही में प्राप्त तेतनासेरिम क्षेत्र का स्थानीय साम्राज्य के निकट होने, इन बस्तियों में ब्रिटिश संरक्षण में रहने वाले स्यामियों की संख्या के बढ़ जाने तथा ब्रिटिश और स्यामी राजदरबार में नये राजनीतिक सम्बन्धों के कारण यह वांछनीय हो गया है कि स्यामी या थाई भाषा सीखने की सुविधा उन लोगों को मिलनी चाहिए, जिन्हें अपनी सरकारी या व्यावसायिक हैसियत के कारण उसका ज्ञान लाभप्रद हो सके।'' उन्हीं दिनों श्री ए. डी. कैम्पबेल की 'ए ग्रामर ऑफ़ दी तेलांग लैंग्वेज' प्रकाशित हुई थी और ग्रन्थकार ने भारत के गवर्नर जनरल हेस्टिंग्स को उसे समर्पित करते हुए उस पुस्तक में लिखा था कि इस पुस्तक का प्रमुख लक्ष्य लोकोपयोगी है, किन्तु इसका यह प्रमुख दावा भी है कि हेस्टिंग्स जैसे राजनीतिज्ञ इसे अपनाये, जिनका उदार एवं संस्कृत मस्तिष्क उन्हें सौंपे गये विशाल साम्राज्य के हितों को, कितने ही अप्रत्यक्ष तरीक़ों से क्यों न हो, सुदृढ़ करने वाली किसी भी बात को नज़रअन्दाज़ नहीं करता। इस क्रम में सन् 1888 में रेवेरेण्ड डब्ल्यू. ई. विटर का 'आउटलाइन ऑफ़ ग्रामर ऑफ़ दी नागा लैंग्वेज' प्रकाश में आया। उसमें भी लेखक ने अपनी नीति को स्पष्ट किया है–'इस कृति के निर्माण में मेरा लक्ष्य उन लोगों को कुछ सहायता पहुँचाना रहा है जो या तो सुशासन के हितों को ध्यान में रखकर या ईसाई धर्म के हितों के लिए नागा भाषा का अध्ययन करना चाहते हैं।'

सन्ताली भाषा का अध्ययन भी इसी उद्देश्य को दृष्टि में रखकर अंग्रेज़ प्रशासकों ने स्वयं किया और ईसाई मिशनरियों के द्वारा कराया, सन्ताली भाषा से अंग्रेज़ प्रशासकों को परिचय कराने के उद्देश्य से सन्ताली भाषा का व्याकरण लिखा जाने लगा। सन् 1873 में श्री एल. ओ. स्क्रफ्सरूड ने 'ए ग्रामर ऑफ़ दी सन्ताल लैंग्वेज' लिखा। यह व्याकरण अंग्रेज़ प्रशासकों के लिए लिखा गया था, ताकि वे आसानी से सन्ताली भाषा सीख सकें। सन् 1922 में पी. ओ. बोडिंग ने 'मैटिरियल फॉर ए सन्ताली व्याकरण' प्रकाशित कराया। उस पुस्तक के प्रथम संस्करण की भूमिका में अपने लक्ष्य को स्पष्ट करते हुए श्री पी. ओ. बोडिंग ने कहा है 'इस पुस्तक के निर्माण का लक्ष्य है–उन लोगों की सहायता करना, जो सन्ताली भाषा जानना चाहते हैं और दूसरा लक्ष्य है भाषाविज्ञान की सेवा करना।' इस पुस्तक का दूसरा भाग सन् 1929 में प्रकाशित हुआ। सन् 1947 में सन्ताली व्याकरण डॉक्टर आर. एम. मैकफल का 'एन इंट्रोडक्शन टु सन्ताली' प्रकाशित हुआ। यह ग्रन्थ भी दो भागों में प्रकाशित हुआ। पहले भाग में 'व्याकरण' के सम्बन्ध में प्रकाश डाला गया था और दूसरे भाग में सन्ताली शब्दावली दी गयी थी। हिन्दी में सन्ताली भाषा का व्याकरण आचार्य डोमन साहु 'समीर' का है जो सन् 1951 में प्रकाशित हुआ था।

किसी भाषा को अनुशासित करने के लिए व्याकरण की आवश्यकता होती है। व्याकरण भाषा को संयमित बनाता है। वह एक लक्ष्मण रेखा है, जिसके अन्दर भाषा को रहना पड़ता है। सन्ताली भाषा को संयमित बनाने के लिए सन्ताली व्याकरणों का निर्माण किया गया। सन्ताली व्याकरण और हिन्दी व्याकरण में बहुत साम्य है।

शब्द निर्माण में प्रत्ययों का बहुत बड़ा योगदान है। प्रत्ययों का हार्नले ने अपने गौडियन ग्रामर तथा डॉक्टर चटर्जी ने अपनी थीसिस 'ओरिजिन ऐण्ड डेवलेपमेण्ट ऑफ़ बंगाली लैंग्वेज' में विस्तारपूर्वक वर्णन किया है। सन्ताली भाषा के मूल शब्द में विभिन्न प्रकार के प्रत्यय लगाये जाते हैं। साधारणतः प्रत्येक सन्ताली शब्द का संज्ञा, विशेषण, क्रिया एवं अव्यय के रूप में प्रत्यय लगाकर प्रयोग किया जाता है। संस्कृत, पालि, प्राकृत आदि भाषाओं में प्रत्यय लगाने की जो क्रियाएँ थीं, वे सभी क्रियाएँ सन्ताली भाषा में उपलब्ध हैं। 'य' 'केत्' और 'किन' ये तीनों प्रत्यय क्रमशः कर्तृ प्रत्यय हैं, काल–प्रत्यय हैं और कर्म–प्रत्यय हैं। सन्ताली भाषा में इनके शब्दों का उच्चारण मुख्यतः हिन्दी के समान ही है, पर उनके रूप

में हमें भेद भी मिलता है। इस भेद का कारण है–उनका शब्द रचना शास्त्र एवं जीव–जन्तु शरीर रचना शास्त्र के नियम। उन्हीं के चलते इनके शब्दों में अन्तर मिलता है। हिन्दी में शब्दों के जो आठ पद होते हैं, वे ही पद सन्ताली में भी हमें मिलते हैं। वे आठ पद इस प्रकार है–1. संज्ञा 2. सर्वनाम 3. क्रिया 4. विशेषण 5. क्रिया–विशेषण 6. सम्बन्ध सूचक शब्द 7. संयोजक शब्द 8 विस्मय बोधक शब्द। हिन्दी में संज्ञा संज्ञा ही रहता है, पर सन्ताली में ऐसी बात नहीं है। सन्ताली में एक ही शब्द का व्यवहार उसी गुरुता एवं सुर में विभिन्न पदों में होता है। बोडिंग[1] ने माना है कि सन्ताली भाषा में शायद ही ऐसा कोई शब्द हो, जिनमें क्रिया प्रत्यय नहीं लगाया जा सकता है। दूसरे शब्दों में यह कहा जा सकता है कि सन्ताली भाषा में ऐसा कोई शब्द नहीं है, जिसमें प्रत्यय लगाकर क्रिया पद नहीं बनाया जा सकता है। शब्द की महत्ता, भाषाविज्ञान की दृष्टि में यह है कि वह किसी सामान्य विचार का प्रतिनिधित्व करे या उसके सम्बन्ध में अपनी अभिव्यक्ति दे। सामान्य विचार का विकास एवं यथार्थता से उसका सम्बन्ध एवं गतिशीलता–इन सभी का स्रोत है–सहायक तत्त्व। शब्दों के अभावों की पूर्तियाँ इन्हीं सहायक तत्त्वों से की जाती हैं। इन्हीं सहायक तत्त्वों में हम प्रत्यय को पाते हैं। सन्ताली भाषा में, इस कारण मूल शब्दों में प्रत्ययों का जोड़कर नये–नये शब्दों के निर्माण होते हैं। सन्ताली भाषा की शब्दावली में हमें दो प्रकार के शब्द मिलते हैं–एक मूल शब्द है और दूसरे प्रत्यय युक्त मूल शब्द है। मूल शब्दावली में भी व्याकरण की दृष्टि से वर्ग–विभेद किया जा सकता है–विवरणात्मक शब्दावली, संकेतवाचक सर्वनाम सम्बन्धी शब्दावली और विस्मयादिबोधक शब्दावली। प्रत्यययुक्त शब्दावली के भी दो भेद सन्ताली भाषा में हैं, जो इस प्रकार हैं–कृदन्त एवं प्रत्यययुक्त शब्दावली। 'मारा' शब्द को सन्ताली में काल प्रत्यय एवं कर्म प्रत्यय लगाकर 'दालकेत्किना' कहा जाता है। एक शब्द में निम्नलिखित तत्त्व हमें मिलते हैं–

दाल–मूलशब्द–मारना,
दादालिच्–मारनेवाला,
दापाल–मार–पीट करना,
दाल–दालतें–मारते–मारते,
दलकेत् किना–मारा।

सन्ताल जितने सरल हैं, सीधे–सादे हैं, उनके शब्द उतने सरल एवं सीधे–सादे नहीं हैं। उनके शब्द कई तत्त्वों को अपने में लिये हुए हैं, एक तत्त्व दूसरे तत्त्वों को संशोधित करता है, अर्थ में भिन्नता लाता है। सर्वनाम का हमें तब तक ज्ञान नहीं होगा जब तक हमें सन्ताली के क्रिया पदों का ज्ञान प्राप्त नहीं होता है। उसी प्रकार क्रिया पद का ज्ञान प्राप्त करने के लिए सर्वनाम को जानना आवश्यक होता है। जहाँ अर्थ एवं प्रसंग के अनुसार एक ही शब्द के व्यवहार विभिन्न पदों में होते हैं, वहाँ यह भी सत्य है कि सन्ताली में कुछ ऐसे शब्द हैं, जो अधिकांश रूप में संज्ञा हैं वह संज्ञा के रूप में व्यवहृत होते हैं, जो क्रियात्मक शब्द हैं उनका व्यवहार भी क्रिया पद में ही होता है।[2]

सन्ताली में संज्ञा के दो भेद हैं–एक प्राणिवाचक और दूसरा अप्राणिवाचक। प्राणिवाचक संज्ञा के अन्तर्गत वे केवल जीवित को ही नहीं रखते हैं, मृत आत्माओं को भी वे प्राणिवाचक संज्ञा ही माना जाता है। भूत–प्रेत भी प्राणिवाचक ही है। हम कह सकते हैं–सन्ताली में जीव–जन्तु, ग्रहों–नक्षत्रों, देवी–देवता, भूत–प्रेत सभी प्राणिवाचक संज्ञा है। जैसे–होड़ (आदमी), रांवल–(तरा), बोंगा (ईश्वर), मेरोम–(बकरी) आदि। अप्राणिवाचक संज्ञा के अन्तर्गत वे संज्ञायें आती हैं, जो निर्जीव हैं। जैसे–आरसी–(आइना), बुरु–(पहाड़), बिर–(जंगल), काक् (पानी), ओत (ज़मीन), पुथी (पुस्तक) आदि। प्राणिवाचक और अप्राणिवाचक सज्ञाओं में भेद दिखलाया जाता है। वह विभेद हमें विशेषणों, कारक–चिह्नों एवं क्रियापदों में दिखाई पड़ता है। हिन्दी में हम नयी धोती और नयी बकरी कहते हैं। प्राणिवाचक और अप्राणिवाचक दोनों के लिए हम 'नए–शब्द का' प्रयोग करते हैं। पर सन्ताली में भिन्न रीति है। सन्ताली में नयी बकरी के लिए नुई मेराम कहा जाता है और नयी धोती के लिए नोआ धुती कहा जाता है। सन्ताल लोग क्रमव्रती हैं। क्रमव्रती लोग भावना प्रधान नहीं होते हैं। इस कारण सन्ताली भाषा में भाववाचक संज्ञा का अभाव है। इन दिनों सन्ताली भाषा की प्रगति हो रही है। इस प्रगति के क्रम में क्रियाओं एवं विशेषण के माध्यम से भाववाचक संज्ञाएँ बनने लगी हैं–जैसे ओल (लिखना) से ओनाल (लेख) बना।

सन्ताली में लिंग भेद केवल प्राणिवाचक संज्ञा में होत है। प्राणिवाचक शब्दों में कुछ ऐसे शब्द हैं, जिनसे पुलिंग और स्त्रीलिंग दोनों का बोध होता है। अ और ई लगाकर लिंग भेद दिखलाया जाता है–

पुलिंग	स्त्रीलिंग
कोडा (लड़का)	कोड़ी (लड़की)
काला (बहरा)	काली (बहरी)
भेड़ा (भेंड़)	भेडी (भेड़ी)

एक ही शब्द जो पुलिंग एवं स्त्रीलिंग दोनों में प्रयुक्त होते हैं। वे हैं–

होड़ (मनुष्य–नारी और पुरुष)

सेता–कुत्ता, कुतिया।

सित–मुर्गा, मुर्गी।

कुल–सिंह, सिंहनी।

ऐसे शब्दों के लिए, जब पुलिंग और स्त्रीलिंग में प्रयोग करना पड़ता है तब पुलिंग बोधक शब्दों के लिए अंडिया और स्त्रीलिंग बोधक शब्दों के लिए एंगा शब्द का प्रयोग किया जाता है–जैसे अंडिया सेता–कुत्ता, एंगा सेता–कुत्ती। कुछ ऐसे भी सन्ताली शब्द मिलते हैं, जिनका पुलिंग के लिए एक शब्द है और उसके स्त्रीलिंग के लिए अन्य शब्द हैं, जैसे–

पुलिंग	स्त्रीलिंग
हेरेल (पुरुष)	माइजिउ (नारी)
अडिया (पुरुष)	एंगा (नारी)
हड़ाम (बुढ़ा)	बुढ़ी (बुढ़िया)
डाँगर (बैल)	गाइ (गाय)
काड़ा (भैंसा)	बित्तकिल (भैंस)

सन्ताली भाषा में प्राणिवाचक संज्ञा और अप्राणिवाचक संज्ञा में विभेद है। इसी विभेद के कारण व्याकरण द्वारा वाक्यों के गठन में भी विभेद दिखाई पड़ता है।[3]

हिन्दी की भाँति सन्ताली में वचन तीन हैं–एक वचन, द्विवचन और बहुवचन। एकवचन में मूल शब्द होता है। द्विवचन में मूल शब्द के साथ 'किन' प्रत्यय जोड़ा जाता है और एकवचन से शब्द को बहुवचन बनाने के लिए (–) को प्रत्यय को जोड़ने का नियम है। प्राणिवाचक और अप्राणि ावाचक शब्दों का वचन–प्रक्रिया द्विवचन एवं बहुवचन में इसी प्रकार से होता है। अगर वचन की अभिव्यक्ति भिन्न से होती है; तब 'किन' और

'को' प्रत्यय को छोड़ दिया जाता है। अगर छोड़ा नहीं जाय, तो उससे निश्चयात्मकता का बोध होता है। अप्राणिवाचक संज्ञा में संख्या का प्रत्यय नहीं लगाया जाता।

एकवचन	**द्विवचन**	**बहुवचन**
सादोम	सादोमकिन	सादोमको
(एक घोड़ा)	(दो घोड़ा)	(दो से अधिक घोड़ा)
ओरक	ओरककिन	ओरकको
(एक घर)	(दो घर)	(दो से अधिक घर)

प्राणिवाचक संज्ञा के वचन का बोध उसके सार्वनामिक कर्तृ प्रत्यय और कर्म प्रत्यय से भी हो जाता है। दो शब्द के आगे 'य' 'किन' और 'को' प्रत्यय लगाने से एक वचन द्विवचन और बहुवचन होता है। दोय, दो किन और दोको क्रमशः एक वचन, द्विवचन और बहुवचन होता है।

सन्ताली में भिन्न–भिन्न कारक के लिए भिन्न–भिन्न चिह्न हैं। कर्त्ता और कर्म के लिए कोई चिह्न नहीं है, पर अन्य कारकों के लिए इस प्रकार चिह्न प्रयोग में आते हैं–

करणा–ते, सम्प्रदान–लागित, लगात, अपादान–खोन खोच्, सम्बन्ध–रेंन, रेयाक और आक, अधिकरण–रे, ते, सम्बोधन–एँ, हो, हेन्दा।

सन्ताली भाषा में पाँच प्रकार के सर्वनाम होते हैं। वे इस प्रकार हैं–

(क) पुरुष वाचक	इञ (मैं),	आम (तुम)
(ख) निश्चय वाचक	नुई (यह),	उनी (वह)
(ग) सम्बन्ध वाचक	ओकोय (जो)	
(घ) प्रश्न वाचक	(ओकोय (कौन), (चेले क्या)	
(ङ) अनिश्चयवाचक	जहाँय (कोई)	

इन पाँचों सर्वनामों के दो–दो रूप सन्ताली में होते हैं–प्राणीवाचक और अप्राणिवाचक। प्राणीवाचक में नयी (यह) उनी (वह) का अप्राणीवाचक में नोआ (वह), ओना (वह)। प्रत्येक सर्वनाम में तीन वचन होते हैं एकवचन, द्विवचन और बहुवचन। सर्वनामों में 'य' 'किन' और 'को' प्रत्यय लगाकर क्रमशः एकवचन, द्विवचन एवं बहुवचन बनाया जाता है।

सन्ताली भाषा में 20 तक ही की संख्या है। उसके आगे वे हिन्दी या बंगला की संख्या को प्रयोग में लाते हैं। शिक्षित सन्ताल वो सभी

संख्याओं के लिए हिन्दी या बंगला का ही प्रयोग करते हैं। सन्ताली में संख्यावाचक विशेषण कुछ इस प्रकार हैं–

1. मित्
2. बारया
3. पेया
4. पोन
5. मोंडे
6. तुरूये
7. एमाय
8. इराल
9. आरें
10. गेल

सन्ताली भाषा में इस प्रकार दस तक गिनती होती और उसके बाद इकाई जोड़ा जाता है। 'खोन' दोनों के बीच जोड़ा जाता है। सन्ताली भाषा में क्रमवाचक संख्या जो मिलती है वह हिन्दी की ही है। पाहिल (पहला) दोसार (दूसरा) तीसार (तीसरा), वोठा (चौथा) सन्ताली भाषा में क्रमवाचक संख्या में प्रयोग होते हैं। यह क्रमवाचक संख्या प्राणिवाचक एवं अप्राणिवाचक दोनों के लिए व्यवहृत की जाती है। सन्ताली भाषा में क्रमवाचक संख्या की कमी इसलिए है कि सन्तालों को उन संख्याओं की आवश्यकता उनके दैनिक जीवन में कम पड़ती है।

मूल शब्द का सन्ताली में क्रिया विशेषण के रूप में भी प्रयोग होता है। पर यह प्रयोग तब होता है, जब उसके प्रयोग से शब्द का अर्थ निकलता हो। ऐसे शब्द सन्ताली भाषा में बहुत हैं, जिनका व्यवहार क्रिया–विशेषण के रूप में किया जाता है। स्थान बोधक शब्दों एवं समय बोधक शब्दों का व्यवहार क्रिया विशेषण के रूप में होता है। सन्ताली में कुछ ऐसे भी शब्द हैं, जिनसे परिणाम का बोध होता है, उन्हें भी क्रिया–विशेषण के रूप में व्यवहार में लाया जाता है।

सन्ताली भाषा में अकर्मक, सकर्मक और द्विकर्मक तीन तरह की क्रियाएँ होती हैं। तीन का भेद हमें काल–प्रत्ययों से होता है। उनके काल–प्रत्यय, अकर्मक, सकर्मक और द्विकर्मक के लिए काल प्रत्यय क्रमशः अकान्, अकात् और अकावात् व्यवहार में आता है। प्रत्येक काल के लिए भिन्न–भिन्न अकर्मक, सकर्मक और द्विकर्मक काल–प्रत्यय होता है। सन्ताली भाषा में काल–प्रत्यय तीन प्रकार का है–

(क) प्रत्येक काल से सम्बन्धित सभी क्रियाओं के लिए जो सरल हो, शुद्ध हो, प्रधान कर्म से सकर्मक या अकर्मक हो।

(ख) गौण कर्म के साथ क्रियाएँ सकर्मक और द्विकर्मक जिसका अर्थ कर्त्ता–सम्बन्धी हो।

(ग) प्रत्येक वाच्य (Voice) के लिए, जो क्रियाएँ उद्देश्ययुक्त हैं। प्रत्यय निम्न प्रकार से लगाया जाता है–

(1) अनिश्चित एवं भविष्य काल–अकर्मक एवं द्विकर्मक में। पर सकर्मक में कुछ अपवादों को छोड़कर प्रत्यय नहीं लगता।

(2) वर्तमान काल में

(3) भूतकाल में–उसकी तीनों स्थिति में–पूर्णतः पूरा हुआ, पूरा हुआ, किन्तु बन्द होकर या समाप्त होकर, पूरा हुआ, पूर्णतः परिणाम की आशा में।

सन्ताली में क्रिया हिन्दी से अधिक है। प्रत्येक काल की सन्ताली क्रियाओं के चार रूप होते हैं–(1) अकर्मक (2) अप्राणिवाचक अकर्मक (3) प्राणिवाचक सकर्मक (4) द्विकर्मक। सन्ताली में काल इस प्रकार हैं–

(1) सभाव्य–भविष्यत् काल–उसमें प्रत्यय इस प्रकार लगाया जाता है–अकर्मक उसका प्रत्यय–ओक्। जैसे–सेनोक–जाय। अप्राणिवाचक सकर्मक काल–उसका प्रत्यय कुछ नहीं है। प्राणिवाचक सकर्मक–उसका भी प्रत्यय कुछ नहीं है। केवल धातुओं में प्राणिवाचक कर्म–प्रत्यय क्रियापद में लगाया जाता है।

(2) सामान्य भविष्यत् काल–इस काल में प्रत्यय का प्रयोग इस नियम के अनुसार होता है। अकर्मक काल का प्रत्यय (ओ) क्–'आ' है। जैसे–सेनोक्–आ जायगा। अप्राणिवाचक सकर्मक काल के प्रत्यय 'आ' है। जैसे–इदिया–ले जायगा। प्राणिवाचक सकर्मक काल प्रत्यय (आ) है। जैसे आगूमेया–तुम्हें लावेगा। द्विकर्मक काल का प्रत्यय आ.... आ है। जैसे आगूवाना–तुम्हें ला देगा।

(3) सामान्य वर्तमान काल–इस काल में अकर्मक काल प्रत्यय–(ओ) क्, काना है। जैसे, सेनोक् काना–जाता है। अप्राणिवाचक सकर्मक काल–प्रत्यय–एदा है। जैसे–ओल एदा–लिखता है। प्राणिवाचक सकर्मक काल प्रत्यय–'एत'....'आ', जैसे–आगूयेदेया–उसे लाता है। द्विकर्मक काल प्रत्यय है–'आ'......काना, जैसे–आगूवाम काना तुम्हें ला देता है।

(4) तात्कालिक वर्तमान काल–इस काल में अकर्मक काल प्रत्यय सामान्य वर्तमान काल की तरह है। अप्राणिवाचक सकर्मक काल–प्रत्यय 'एतकाना' है, जैसे–ओल एत्काना (लिख रहा है)। प्राणिवाचक सकर्मक काल प्रत्यय है–एत्....काना। जैसे–आगूयेदे काना, (उसे ला रहा है)। द्विकर्मक काल–प्रत्यय–सामान्य वर्तमान काल की तरह है।

(5) अपूर्ण भूतकाल–इस काल में अकर्मक काल–प्रत्यय तात्कालिक भूतकाल की तरह है। अप्राणिवाचक सकर्मक काल प्रत्यय है–एत् ताहेकान, जैसे–आगूयेत ताहेकाना (लाता था)। प्राणिवाचक सकर्मक काल प्रत्यय एत्.....ताहेकाना, जैसे आगूयेदे ताहेंकाना। द्विकर्मक काल प्रत्यय तात्कालिक भूतकाल की तरह है।

(6) तात्कालिक भूतकाल–इस काल में अकर्मक काल प्रत्यय (ओ) क् कान ताहेकान, जैसे–सेनोक् कान–ताहेंकान–जा रहा था। अप्राणिवाचक सकर्मक काल प्रत्यय एत कान ताहेंकाना, जैसे ओल एत् कान ताहेंकाना–लिख रहा था। प्राणिवाचक सकर्मक काल प्रत्यय एत...कान ताहेंकाना, जैसे आगूयेदे कान ताहेंकाना–उसे ला रहा था। द्विकर्मक काल प्रत्यय–आ... कान ताहेंकाना, जैसे–आगूवाको कान ताहें काना–उन लोगों को ला दे रहा था।

(7) सामान्य भूतकाल–इस काल में अकर्मक काल प्रत्यय 'एना' है, जैसे–सेना एना–गया। अप्राणिवाचक सकर्मक काल–प्रत्य–केदा, जैसे–जोम केदा–खाया। प्राणिवाचक सकर्मक काल प्रत्यय–वेत...आ, जैसे–आगू केदया–उसे लाया। द्विकर्मक काल प्रत्यय–आत्...आ, जैसे–आगू वातमेया–तुम्हे ला दिया।

(8) पूर्ण भूतकाल–सन्ताली भाषा में पूर्ण भूतकाल के दो प्रकार होते हैं। पूर्ण भूतकाल–संख्या 1 के अन्तर्गत अकर्मक काल प्रत्यय–लेना है, जैसे–सेन लेना–गया था। अप्राणिवाचक सकर्मक काल प्रत्यय लेदा है, जैसे–आगू लेदा–लाया था। प्राणिवाचक सकर्मक काल प्रत्यय–लेनू...आ, जैसे–आगू लेदेया–उसे लाया था। द्विकर्मक काल प्रत्यय–पूर्ण भूतकाल संख्या 2 के अनुसार। पूर्ण भूतकाल–संख्या 2 के अन्तर्गत अकर्मक काल प्रत्यय–लेन ताहेंकाना है, जैसे–सेन लेन ताहेकाना–गया था। अप्राणिवाचक सकर्मक काल प्रत्यय लेते ताहेंकाना, जैसे–आगू लेते ताहेंकाना–लाया था। प्राणिवाचक सकर्मक काल प्रत्यय–लेत्...ताहेंकाना,

जैसे–आगू लेदे ताहेंकाना–से लाया था। द्विकर्मक काल प्रत्यच–आत...ताहेंकाना, जैसे–आगू वादे ताहेंकाना–उसे ला दिया था।

(9) आसन्न भूतकाल–इस काल के अन्तर्गत अकर्मक काल प्रत्यय–अकाना, जैसे सेन अकाना–गया है। अप्राणिवाचक सकर्मक काल प्रत्यय अकादा, जैसे–आगूवकादा–लाया है। प्राणिवाचक सकर्मक काल प्रत्यय–अकात्...आ, जैसे–आगू वकादेया, उसे लाया। द्विकर्मक काल प्रत्यय अकावात्...आ, जैसे, आगू अकावादेया–उसे ला दिया।

(10) हेतुहेतुमद् भूतकाल–इस काल के दो भेद हैं–1. अपूर्ण संकेतार्थक और 2. पूर्ण सकेतार्थक। अपूर्ण संकेतार्थक में वाक्य का अर्थ पूरा–पूरा नहीं रहता। उसका संकेत किसी दूसरी क्रिया पर रहता है। इस अपूर्ण संकेतार्थक के अन्तर्गत अकर्मक प्रत्यय लेता है, जैसे–सेन लेना–जाता है। अप्राणिवाचक सकर्मक काल प्रत्यय–ले (रवाना), जैसे–आगू ले–लाता तो। प्राणिवाचक सकर्मक काल प्रत्यय–'ले' है, जैसे–आगू लें लें–मुझे लाता तो। द्विकर्मक काल प्रत्यय–कुछ नहीं।

इस क्रिया का दूसरा रूप पूर्ण संकेतार्थक है। इसमें वाक्य का अर्थ पूर्ण रहता है। इसमें अकर्मक काल प्रत्यय–कोक्–आ है। जैसे–सेन कोक् आ–जाता। अप्राणिवाचक सकर्मक काल प्रत्यय–केया है, जैसे–जेल केय–खाता। प्राणिवाचक सकर्मक काल प्रत्यय–के...अ। जैसे–आगू केया–उसे लाता।

(11) पूर्वकालिक क्रिया–सन्ताली में पूर्वकालिक क्रिया बनाने का नियम बहुत साधारण है–धातु में काते जोड़ने से पूर्वकालिक क्रिया बनती है, सेन काते–जाकर।

विशेषण, सन्ताली में हिन्दी की तरह है। उसके भी चार प्रकार हैं–गुणवाचक, परिमाणवाचक, संख्यावाचक और सार्वनामिक। संख्यावाचक विशेषण का विवरण ऊपर आ गया है। गुणवाचक, परिमाणवाचक और सार्वनामिक परिमाण हिन्दी के ही अनुरूप हैं। हिन्दी की तरह सन्ताली में भी विशेषणों की द्विरुक्ति हुआ करती है, जैसे–लाटू–लाटू–बड़े–बड़े। क्रिया विशेषण भी हिन्दी के ही अनुरूप है। उसके भी हिन्दी की भाँति चार प्रकार हैं–1. कालवाचक, 2. स्थान वाचक, 3. परिणामवाचक और 4. रीतिवाचक। एक प्रकार सन्ताली भाषा में और होता है–वह आवृतिमूलक है।

उससे अर्थ व्यंजना में एक विशेषता आ जाती है, जैसे–हिडिर–हिडिर–ढेर–ढेर। सन्ताली में सम्बन्ध सूचक शब्द कम नहीं हैं, प्रधानरूप से सन्ताली भाषा में सम्बन्ध सूचक शब्द हैं–तें (से, रें), (मैं, पर), रैन–(का के की), रेयाक् (का के की) लागित् लगात (के, लिए) खोन खोच (से), टेन, ठेंच–पास, आदि। इसी प्रकार सन्ताली भाषा में समुच्चय बोधक शब्द भी हैं, जैसे–आर (और), से (या अथवा), खान खाच् (तो, तब), खान गे (जब), विचकोम (बल्कि), हो (भी), एन हो (तथापि), एन्ते (इसलिए), मेनते (ऐसा), चेदाक् जें (क्योंकि), जेमोन (ताकि) जुदि (यदि), कथाय–(कहते हैं), मेताकमे–(जैसे) आदि। इसी प्रकार हम देखते हैं कि सन्ताली भाषा में विस्मयादि बोधक शब्दों का व्यवहार होता है, जैसे–हेन्दा। (ऐ अजी), हेन्दा हो (अजी! भाई), हेन्दा गो (ऐ भाई), ये हेन्दा गे (अरी।), आइखा (मगर–देखना), आदि।

इस प्रकार हम देखते हैं कि सन्ताली व्याकरण भी हिन्दी व्याकरण से दूर नहीं है। हिन्दी के ही बहुत से नियम हम सन्ताली व्याकरण में पाते हैं।

सन्दर्भ

1. As a matter of fact there is not a word in the Santal Language belonging to any of the above enumerated parts of speech to which a verbal suffix cannot be added, in other words, that cannot be used as a verb or as what we understand by a verb, in some way or other.
   – Rev. P. O. Bodding: Materials for Santali Grammar: part II, p. 3.
2. The distinction is not between living and dead, or between spirit or matter, but between what according to Santal ideas, has a soul and what has not. The animate is matter with a living force inside that makes it capable of acting and moving.
   - P.O. Bodding. A Santali Grammar for beginners, p. 9

साहित्य-दर्शन

- सन्ताली साहित्य आज का नहीं है। वह बहुत प्राचीन है। उसका सम्बन्ध बहुत दूर दिनों से है। उसका प्राचीन साहित्य अलिखित रह गया। पर सन्ताल उसे युगों से सुनते, कहते और गाते आये हैं। अभी भी उनका क्रम ऐसा ही चलता है। उनके अलिखित साहित्य को लिपिबद्ध करने की अपेक्षा है। इस सम्बन्ध में जो कुछ कार्य हुए हैं, वे अधिक सन्तोषजनक नहीं कहे जा सकते हैं।
- सन्ताली लोक–वार्ताओं से हमें सन्तालों के आचरण, उनके चरित्र, उनके रीति–रिवाज़, अनुष्ठान, त्योहार, परम्पराएँ, संस्कार, आखेट, युद्ध, मत्स्य–व्यवसाय, पशु पालन आदि का ज्ञान प्राप्त होता है। जन्म से लेकर मृत्यु तक सन्तालों का समस्त सामाजिक जीवन संगीतमय है। उन्होंने आरम्भ काल से ही प्रत्येक कार्य में संगीत को महत्त्वपूर्ण स्थान दिया है। सन्तालों में शिक्षा का अभाव अवश्य है, पर लोकगीतों के कारण उनमें कुसंस्कार नहीं आया।
- होड़ सोम्बाद' का प्रकाशन सन्ताली साहित्य–निर्माण के लिए एक ऐतिहासिक महत्त्व रखता है। आधुनिक हिन्दी साहित्य के निर्माण में 'सरस्वती' की जो देन रही है, वही देन 'होड़ सोम्बाद' की सन्ताल–साहित्य के निर्माण में रही है। सन्ताली–साहित्य में जो नये–नये प्रयोग हुए, वे सब 'होड़ सोम्बाद' की देन है। सन्ताली–साहित्य के प्रचार और प्रसार के लिए कोई सक्रिय और साहित्यिक सस्था नहीं है। उस अभाव की पूर्ति 'होड़ सोम्बाद' ने की है। बिहार सरकार ने इसका प्रकाशन आरम्भ करके सन्ताली साहित्य के निर्माण में जो योगदान दिया है, उसके लिए वह बधाई की पात्र है।

सन्ताली लोक-वार्ता

अंग्रेज़ी के 'फोकलोर' शब्द के हमारे यहाँ कई पर्यायवाची शब्द हैं। लोक–वार्ता, लोक–विद्या और लोक–ज्ञान आदि 'फोकलोर' शब्द के पर्यायवाची शब्द हैं। डॉक्टर वासुदेवशरण अग्रवाल ने '84 वैष्णवों की वार्ता' के आधार पर, 'फोकलोर' का 'लोक–वार्ता' पर्याय रूप में स्वीकार किया है। पं. हज़ारी प्रसाद द्विवेदी ने 'फोकलोर' के लिए लोक–संस्कृति का प्रयोग किया है। 'फोकलोर' के लिए 'लोकायन' शब्द का भी प्रयोग होता है। डॉक्टर सुनीति कुमार चाटुर्ज्या ऐसा ही मानते हैं। उन्होंने स्वयं कहा भी है–''पितृ–परम्परागत जीवन–यात्रा की पद्धति जिन सामाजिक अनुष्ठानों, विश्वास, विचारों तथा वाङ्मय से अपने लौकिक प्रकाश को प्राप्त करती हैं। उन्हें अंग्रेज़ी में फोकलोर कहते हैं। इस शब्द का भारतीय प्रतिशब्द हमने 'लोकायन' बना लिया है।'[1] मराठी के पारिवारिक शब्दकोश में फोकलोर के लिए 'जनश्रुति' शब्द दिया हुआ है, फिर भी कालेलकर एवं कर्वे ऐसे विद्वान मराठी लेखकों ने फोकलोर के लिए 'लोक–दिव्या' शब्द पर अधिक ज़ोर दिया है। ऐसे तो फोकलोर शब्द का शाब्दिक अर्थ होता है–असंस्कृत लोगों का ज्ञान। इस अर्थ को दृष्टि में रखते हुए इस शब्द का 'लोक–ज्ञान' पर्यायवाची है। लोक–ज्ञान , लोक–विद्या, लोकिन दन्त कथा, जनश्रुति, किंवदन्ति, लोक संस्कृति, लोकायन आदि शब्दों में लोक वार्ता शब्द बहुत व्यापक है, विस्तृत भावों को ग्रहण करने वाला है। 'फोकलोर' शब्द से अंग्रेज़ी में प्रथमबार ई. स. 1846 में डब्ल्यू. जे. थामस ने प्रयोग में लाया था।[2]

लोक–वार्ता को विभिन्न विद्वानों ने विभिन्न ढंग से परिभाषित किया है। महात्मा लेनिन ने कहा है–लोक–वार्ता जन की आशाओं और आत्म–भावों से सम्बन्धित सामग्री है।[3] इसी प्रकार पूज्य बापू ने कहा है–

लोक–वार्ता लोगों का साहित्य है; पर वह लुप्त होती हुई सामग्री यदि अब तक नष्ट न हो चुकी हो, से सम्बन्धित है।[4]

लोक–वार्ता का अपना महत्त्व है। लोक–जीवन उसका आधार है। संस्कार एवं परम्पराएँ लोक–वार्ता की देन हैं। शिक्षा के विकास के बाद विज्ञान की प्रगति होने के उपरान्त भी मानव अपने संस्कार को नहीं खो रहा है, उसकी परम्पराएँ नहीं मिट रही हैं, उसका एक मात्र कारण है–लोक–वार्ता। हम लोक–वार्ता में मानव की शक्ति, उसके विचार, उसके भाव, उनके विश्वास, उसकी धारणाएँ, उसके रीति–रिवाज़ आदि का स्वरूप पा सकते हैं। यही कारण है, आज लोक–वार्ता एक सामाजिक–शास्त्र बनती जा रही है। सन् 1908 में श्री जी. एलगोमे ने कहा है कि 'फोकलोर इज ए हिस्ट्रीकल साइन्स'। इसी प्रकार सन् 1920 में आर.आर. मरेट ने लोक–वार्ता को मनोवैज्ञानिक सत्य माना है। वोटकिन ने भी कहा है[5] 'लोक–वार्ता अत्यधिक दूर और अत्यन्त प्राचीन कोई वस्तु नहीं है, वह तो हमारे मध्य सत्य और जीवित है। यहाँ भूतकाल को वर्तमान से और पुस्तकहीन समाज को उस समाज से कुछ कहना है जो अपने ही विषय में पढ़ना चाहता है, जिसका सम्बन्ध लौकिक और लोकतान्त्रिक संस्कृति की मूल कलाओं के प्रारम्भिक रूपों और इतिहास के एक अंग के प्रकाश से है। लोक–वार्ता पुस्तकहीन समाज का एक मौखिक विश्वविद्यालय है। यह विश्वविद्यालय हज़ारों वर्षों से लोक–वार्ता के माध्यम से बिना किसी उपकुलपति की देखरेख और बग़ैर एक पैसे ख़र्च के चल रहा है।

19वीं शताब्दी के प्रथम दशक से ही लोक–वार्ता का अध्ययन मनो–वैज्ञानिक दृष्टिकोण से होने लगा है। यह माना जाने लगा है कि लोक–वार्ता निर्जीव विज्ञान नहीं है। मानव को समझने, जानने एवं परखने की जिज्ञासा जब वैज्ञानिकों में उत्पन्न हुई, तब उन्होंने उस समाज में प्रचलित लोक–वार्ता का अध्ययन आरम्भ किया। जॉन ऑब्रे ने सन् 1687 'रिमेन्स ऑफ़ जैण्टिस्मिले एण्ड गुडाइज्म' में लोक–वार्ता की ओर संकेत किया था। लोक–वार्ता का अध्ययन हम तब से ही मानते हैं। पर 150 वर्षों से हमने उसका वैज्ञानिक अध्ययन आरम्भ किया है। लोक–वार्ता का अध्ययन विभिन्न स्तरों पर होता रहा है। मिस्टर ग्रीम ने लोक–वार्ता का मनोवैज्ञानिक अध्ययन किया। मान हर्डथ, लागें, फ्रेजर, रॉवर्टसन, स्मिथ आदि ने लोक–वार्ता का अध्ययन मानववादियों की भाँति की। इसके बाद लोक–वार्ता पर अध्ययन करने के लिए उन लोगों ने एक फोकलोर

सोसाइटी की स्थापना की। भारतीय लोक–वार्ताओं का इस संस्था के माध्यम से काफ़ी अध्ययन किया गया। 'फोक टेल्स ऑफ़ मङ्कोशल (1866),[6] 'आल्ड डेवकन डेज' (1868)[7] 'डिस्क्रिप्टिव एथनालाजी ऑफ़ बंगाल (1871),[8] लीजेण्ड्स् ऑफ़ दी पंजाब (1884),[9] 'वाइड आवेक स्टोरीज (1885),[10] 'फोकलोर इन सदर्न इंडिया',[11] 'इंडियन फोकलोर'[12], 'शिमला विलेज टेल्स'[13], 'रोमाण्टिक टेल्स फ्राम पंजाब'[14], 'बंगाली टाउन्होल्ड'[15], 'ओरियेंटल्स् पर्ल्स'[16], 'इंडियन फेबेल्स'[17], 'फोकलोर ऑफ़ दी तेलगूज'[18], 'फोकलोर ऑफ़ बाम्बे'[19] आदि ग्रन्थ लोक–वार्ता पर प्रकाशित हुए। इन लोक–वार्ता के अध्ययन में अधिकांश समय ग़ैर आदिवासियों की लोक–वार्ता में लगाया गया। आदिवासियों की लोक–वार्ता विशेष रूप में उपेक्षित ही रही। सन्ताली लोक–वार्ता की ओर ध्यान नहीं गया। आदिवासी लोक–वार्ता की ओर ध्यान 'जनरल ऑफ़ रायल एशियाटिक सोसाइटी, इंडियन एंटिक्वेरी, नार्थ इंडिया नोट्स एण्ड कवेराज. बिहार उड़ीसा रिसर्च सोसाइटी जनरल, मैन इन इंडिया के माध्यम से डैभेन्ट, क्रूक, जे. एचनालीज, बोम्पाम; बाडिंग, वलूम फील्ड, शरतचन्द्र राय, पेंजर, ग्रियर्सन, होपमैन आदि ने लोक–वार्ता पर अच्छा काम किया है। सन्ताली लोक–वार्ता का अध्ययन वैज्ञानिक ढंग से किया गया है और उसका संकलन कार्य भी सुचारु रूप से किया गया है। सन् 1875 में श्री फेण्टी कोल ने राजमहल अनुमण्डल से दो सन्ताली लोग–वार्ता को इंडियन ऐंटिक्वेरी में प्रकाशित किया। यह प्रथम प्रयास था। सन् 1891 में डॉक्टर ए. कैम्पबेल ने मानभूम क्षेत्र के सन्ताली लोक–वार्ताओं का एक संकलन प्रकाश में लाया। सन् 1909 में सी. एच. बोम्पास ने सन्तोलों की लोक–वार्ता प्रकाशित किया। यह बहुत बड़ा प्रयास था। बोम्पान का यह काम ऐतिहासिक महत्त्व का है। सन् 1925 से 1929 के बीच श्री बोडिग ने 93 सन्ताली लोक–वार्ता को प्रकाशित किया। उन्होंने सन्ताली भाषाओं में ही उन्हें मूल रूप में दिया और अंग्रेज़ी में उनका अनुवाद भी साथ ही साथ दिया। मोहल पहाड़ी एवं वेनी गडिया क्षेत्र से बे कहानियाँ प्राप्त की गयी थीं और उन्हें बोडिंग साहब ने आठ व्यक्तियों से प्राप्त किया था। सन् 1944 में सन्ताल शिक्षा समिति ने 138 लोक–वार्ताएँ 'ग्राम कहानियाँ' के नाम से प्रकाशित कीं। इन कहानियों के संकलनकर्ता मिस्टर एस. सी. मुर्मू थे। नार्मन बाउन ने बताया है कि भारत में लगभग 3000 लोक–कथायें लिपिबद्ध होकर प्रकाशित हुई हैं। उनमें से पंजाब, सन्ताल

परगना और मध्य प्रदेश से लगभग 600 कथाएँ प्राप्त की गयी हैं।[20] सन्ताली लोक–वार्ताओं में हमें संस्कृत साहित्य की ही वार्ताओं की ध्वनि प्राप्त होती है। कारण यह है कि उन कहानियों का आधार भारतीय है। अब तक सन्ताली लोक–वार्ता का जो संकलन कार्य हुआ है, उसे सन्तोषजनक नहीं कहा जा सकता है। अब तक जिन व्यक्तियों ने सन्ताली लोक–वार्ता पर काम किये हैं, उनका उद्देश्य हमारे लक्ष्य का पूरक नहीं था। उनका उद्देश्य था मात्र रोमांच एवं मनोरंजन प्राप्त करना। जहाँ तक मेरा अनुमान है, केवल सन्ताल परगना में ही लगभग एक हज़ार सन्ताली लोक–वार्ताएँ उपलब्ध हैं। उनका संकलन–कार्य होना चाहिए। संकलन–कार्य एक निर्धारित योजना के अनुसार करना चाहिए। सन् 1937 में श्री राहुल सांकृत्यायन ने संकलन–कार्य के लिए एक योजना देश के समाने रखी थी।[21] उन्होंने कहा था।–

(1) भाषा ऐसी हो जिसका क्षेत्र अपेक्षाकृत छोटा हो।

(2) जिस भाषा के (कई शताब्दियों के अन्तर से) अनेक रूप उपलब्ध हों, जिससे कि तुलनात्मक अध्ययन में पूरी मदद मिल सके।

(3) जहाँ भाषा–तत्त्वज्ञ तथा भाषा के मर्मज्ञ भी मिल सकें।

(4) जहाँ की स्थानीय संस्थाएँ इसके लिए तैयार हों।

(5) जहाँ उत्साही लेखक और कार्यकर्त्ता सुलभ हों।

(6) जहाँ काम जल्दी समाप्त किया जा सकता है।

सन्ताली लोक–वार्ताओं का हमें संकलन करना है। पर हमें यह ध्यान में रखना है कि लोक–वार्ताओं के मूल में जो भावनाएँ हैं, वे नष्ट होने पायें।

सन्ताली लोक–वार्ताओं का वर्गीकरण करना कम कठिन काम नहीं है। सन्ताली लोक–वार्ता तीन प्रधान समूहों में बँटी हुई हैं–(1) विश्वास एवं आचरण से सम्बन्धित (2) रीति–रिवाज़ (3) कथा एवं कहानियाँ। अधिकांश कहानियाँ प्रथम समूह में ही आती हैं। डॉक्टर सत्येद्र[22] के अनुसार प्रथम समूह में निम्नलिखित प्रकार की वार्ताये आ सकती हैं:–

वे विश्वास और आचरण अभ्यास, जो सम्बन्धित हैं–

पृथ्वी और आकाश से

वनस्पति जगत से

पशु जगत से
मानव जगत से
मनुष्य निर्मित वस्तुओं से
आत्मा तथा दूसरे जीव से
परा–मानवीय व्यक्तियों से
शकुनों–अपशकुनों, भविष्यवाणियों, आकाशवाणियों से
जादू–टोना से
रोगों तथा स्थानों की कला से।

कैम्पबेल, बोम्पास और बोजिंग एवं कोल्स द्वारा संकलित सन्ताल लोक–वार्ताओं की संख्या लगभग 200 से अधिक है, जिनका अंग्रेज़ी में अनुवाद हो गया है। बोम्पास ने अपने संकलन में कैम्पबेल को सभी लोक–वार्ताओं को शामिल कर लिया है। पुनः श्री बोडिंग ने बोम्पास की 185 कहानियों में 32 कहानियों को अपने ढंग से लिखकर अपने ग्रन्थ में संकलित किया था। 72 लोक–वार्ताएँ तो बोम्पास से ही उसने लिया था और बाकी 21 नयी लोक–वार्ताएँ थीं। कोल्स की दो सन्ताली लोक–वार्ताएँ जो सन् 1875 में इंडियन एंटिक्वेरी में प्रकाशित हुई थी, उनका संकलन किसी ग्रन्थ में अभी तक शामिल नहीं किया गया है। इस प्रकार हिसाब लगाकर देखा जाये तो दो सौ से अधिक कहानियाँ अंग्रेज़ी के माध्यम से प्रकाश में आ चुकी हैं। सन्ताली भाषा में 'ग्राम कहानियाँ' जिसमें 138 कहानियाँ संकलित हैं, वे उनसे भिन्न हैं। इन्हें शामिल कर लिया जाय तो सन्ताली लोक–वार्ताओं की संख्या 350 तक पहुँच जाती है। हिन्दी में भी सन्ताली लोक–वार्ताएँ होकर आयी हैं। पर उसकी संख्या बहुत अधिक नहीं है। कुछ कहानियाँ 'प्रकाश' में छपी थीं। इस क्षेत्र में हमें काम करना है। सन्ताली लोक–वार्ताएँ राष्ट्रभारती के मन्दिर में आना चाहती हैं। उन्हें लाना हमारा काम है।

सन्ताली लोक–वार्ताओं से हमें सन्तालों के आचरण, उनके चरित्र, उनके धर्म एवं उनके रीति–रिवाज़, अनुष्ठान, त्यौहार, परम्पराएँ, संस्कार, आखेट, युद्ध, मत्स्य–व्यवसाय, पशु पालन आदि का ज्ञान होता है। सन्तालों के जीवन में लोक–वार्ता का बहुत अधिक महत्त्व है। वह उनके मनोरजन का एक बहुत बड़ा साधन है। रात में बच्चे अपने दादा–दादी या नाना–नानी को घेरकर बैठ जाते हैं और उनसे सन्ताली लोक–वार्ताएँ सुनते हैं।

बच्चों को कथा सुनने में उत्साह रहता है, उमंग रहता है। वृद्ध व्यक्तियों को भी कथा–कहानी कहने में कम आनन्द नहीं मिलता है। खेतों में भी एक दूसरे को वे कहानी सुनाते हैं। इस प्रकार अशिक्षित सन्ताल युगों से अपनी परम्परा को जानते, सुनते एवं परखते आये हैं। लोक–वार्ताएँ भी इसी क्रम से सुरक्षित रह पायी हैं।

व्यंग्यात्मक कहानियाँ सन्ताली लोक–वार्ता में प्रचुरता से मिलती हैं। वे हास्यात्मक भी हैं। मनोरंजन के लिए लोक–वार्ताओं को सन्ताल अपना एक साधन बनाये हैं। पाँच प्रकार की ऐसी मनोरंजक लोक–वार्ताएँ उपलब्ध हैं। पहले प्रकार की लोक–कहानियाँ वार्तालापात्मक हैं बोडिंग के द्वारा संकलित कहानी संख्या 91 इसी प्रकार की लोक–वार्ता है। कुछ लोग वधू की खोज में गये हुए हैं। उन्हें एक कन्या से भेंट होती है। वे लोग उस कन्या से उसके पिता की जानकारी चाहते हैं। वह उन्हें बताती है कि उसके पिता वर्षा से मिलने घर से बाहर गये हैं और उसकी माँ दो आदमियों को एक बनाने गयी है। कन्या की ऊटपटाँग बातों से बहुत क्रोध हुआ और असंगत बातों के कारण उसे वे मूर्ख मानकर घर लौट गये। घर पर आने के बाद जब उन्होंने अपने घर की औरतों से कन्या की असंगत बातें कहीं तब उन्हें कन्या में कोई असंगति नहीं मालूम पड़ी। उन्हें तो अपने पुरुषों पर आश्चर्य हुआ। महिलाओं ने कन्या के संकेतात्मक भावों को समझ लिया। उन्होंने अपने पुरुषों की बुद्धि पर व्यंग्य करते हुए बतलाया कि कन्या के कहने का भावार्थ था--उसके पिता घास काटने गये थे और उसकी माँ बूँट को पिसकर सत्तू बनाने गयी थी। बोडिंग द्वारा संकलित 27वीं कहानी में इसी प्रकार का संकेत है। एक दामाद एक दिन भोजन कर रहा था। भोजन उसे अच्छा लग रहा था। उसने अपनी सास से यह जानना चाहा कि वह किस चीज़ का बना है। उसने अपने दामाद से कहा–अपने पीछे देखे, उसी का वह बना है।' दामाद ने फिर देखा--उस् केवल बाँस का किवाड़ दिखाई पड़ा। जब सभी लोग सो गये, तब रात दामाद किवाड़ को चुराकर घर ले गया। उसने अपनी पत्नी से किवाड़ का खाना बनाने को कहा। जब उसकी पत्नी ने उसे जलाकर खाना बनाया, तब वह खाने के योग्य नहीं रहा। सास ने सांकेतिक भाषा में बताया था कि बाँस के पत्ते का खाना बना था। दामाद ने उसे नहीं समझा। इस प्रक्रार की सन्ताली भाषा में बहुत कहानियाँ मिलती हैं, जिसका अर्थ स्पष्ट नहीं रहता है।

सन्तालों में दो भाइयों की एक कहानी है। बोडिंग में इस कहानी की संख्या 25 है। एक दिन बड़े भाई ने अपने छोटे भाई को कहा कि वह कुदाल ले ले और उसे वहाँ मारे जहाँ वह काट सके, गाड़ सके। वह खेत जोत रहा था, उसका हल वहीं रुक गया। भाई के आदेशानुसार उसने बैल की टाँग काट ली और उसे लंगडा बना दिया। दूसरे दिन उसका बड़ा भाई खेत पर गया और अपने छोटे भाई से कहकर गया कि गर्म पानी से वह अपने भाभी को स्नान करा देगा। उसने पानी गर्म करके अपनी भाभी के बदन पर इस प्रकार गिराया कि वह जल मरी।

सन्तालों की लोक--वार्ता में भाषा सम्बन्धी बातों का उल्लेख मिलता है। हिन्दी में सन्ताली बातें असन्तालों से करते हैं, जिन्हें वे 'डिकू' (दीकू) कहते हैं। 'डिकू' और सन्तालों में लेन–देन चलता है। बोडिंग द्वारा संकलित 20वीं, 26वीं और 28वीं कहानियाँ भाषा–विनोद की हैं। संख्या 20 में सेम शब्द लेकर विनोद किया गया है। हिन्दी में सेम शब्द का अर्थ होता है एक तरकारी और सन्ताली सेम का अर्थ होता है–मुर्गी। इसी प्रकार हिन्दी में काड़ा का अर्थ है–भैंस और सन्ताली में काड़ी का अर्थ होता है–छड़ी से मारना। 26वीं लोक–वार्ता में बताया गया है कि एक डिकू बहरे सन्ताल से मार्ग जानना चाहता है और सन्ताल समझता है कि वह उसका बैल चाहता है। बोडिंग द्वारा संकलित कहानी 28 में केवल भाषा–विनोद है। उनमें न कथा है और न कथा–शैली है उनमें हमें केवल भाषा का विनोद मिलता है। हमें कुछ कहानियाँ ऐसी भी मिलती हैं, जिसके द्वारा सन्तालों की बुद्धि–हीनता का हमें परिचय मिलता है। बोम्पास द्वारा संकलित एक कहानी में बताया गया है कि जंगल में जंगली फल तोड़ते हुए एक औरत को दो बच्चे हुए। वह अपने साथ बच्चे और जंगली फल को लेकर घर आने में असमर्थ थी। उसे दोनों में एक को छोड़कर घर आना था। बच्चों से फल उसे अधिक उपयोगी लगा, अतः उसने बच्चों को जंगल में छोड़ दिया और फल लेकर घर आयी। इसी प्रकार को एक कहानी बोडिंग की है, जिसकी संख्या 80 है। उस कहानी में बताया गया है कि एक आदमी अपनी माँ के शव को गंगा में प्रवाहित करने के लिए जा रहा था। उसने मार्ग में कुछ व्यापारियों पर आक्षेप लगाया कि उन्होंने उसकी माँ को मार डाला है। महाजनों ने उस आदमी को अपना बैल दिया और उसे धन भी दिया। वह आदमी अपनी माँ के शव को सड़क पर छोड़कर घर वापस आया। गाँव के लोगों को उसने सारी बातें बतायी।

उन्हें उस आदमी के भाग्य पर ईर्ष्या हुई और उन्होंने अपनी–अपनी पत्नियों क़ी हत्या कर दी। उन्हें आशा थी, उन्हें भी शव के बदले बैल और धन मिलेगा। पर कुछ नहीं मिला। पर इन लोक–वार्ताओं से सन्तालों के जीवन पर प्रकाश नहीं पड़ता है। ये वार्ताएँ सन्तालों के लोक–जीवन का प्रतिनिधित्व नहीं करती हैं। वे तो सन्तालों का मनोरंजन करती हैं।[23] सन्तालों के यहाँ कुछ ऐसी भी कहानियाँ हैं, जो सन्तालों के ज्ञान–विज्ञान की द्योतक हैं। उन्होंने अपनी कुछ वार्ताओं के माध्यम से विज्ञान को आलोक दिया है। बोम्पाम के द्वारा संख्या 29 में संकलित कहानी कुछ ऐसी ही कहानी है। बोडिंग की संख्या 85 की कहानी में सबई घास के उगने की वार्ता है। कहानी में बताया गया है कि एक गाँव में सात भाई और एक बहन रहती थी। एक दिन बहन खाना बना रही थी। तरकारी काटते हुए उसका हाथ कट गया। ख़ून बहने लगा। वह तरकारी बना रही थी। हाथ का ख़ून तरकारी में मिल गया। उन्हें तरकारी बहुत अच्छी लगी। भाइयों ने निश्चय किया कि बहन को मार कर खाया जाय। सात में 6 भाइयों ने बहन का मास खाया और छोटा भाई ने अपना अंश ज़मीन में गाड़ दिया। वहाँ एक बाँस निकला। एक आदमी आया। बाँस को काट दिया और उससे एक बक्स बनाया। बक्स से एक लड़की निकली। उसने अपने भाइयों को बतलाया कि वह कौन है। बड़े भाई को अपने किये हुए अपराध के लिए दुख हुआ। उन्होंने एक गड्ढा खोदा और उसी में वे समा गये। इस क्रम में उसके अन्य भाई भी गड्ढे में समा गये। केवल छोटा भाई को रोक लिया। वह ज़मीन पर गिर पड़ा। कुछ दिनों के बाद वही सबई घास के रूप में निकला।

इस प्रकार की कहानियों का अधिक महत्त्व सन्तालों के जीवन में नहीं है। पर सन्तालों के दृष्टिकोण को समझने में इनसे सहायता मिलती है। इन कहानियों द्वारा हमें उनके जीवन का ज्ञान नहीं प्राप्त होता है। हम तो इन कहानियों के माध्यम से इतना जान पाते हैं कि विश्व को सन्तालों ने किस प्रकार ग्रहण किया है। विश्व की धारणाओं के प्रति सन्तालों की मान्यता का हम एक स्पष्टीकरण उसकी कहानियों के द्वारा पाते हैं। उससे हमें उसकी नैतिकता का ज्ञान प्राप्त होता है।[24] बोडिंग की कहानी संख्या 16, 17 और 18 में हमें सन्ताल संस्कृति पर एक आलोक मिलता है। इन कहानियों से पता चलता है कि धार्मिक अनुष्ठानों में नारियाँ भाग नहीं लेती हैं। धार्मिक अनुष्ठानों को सम्पादित करने की उनकी क्षमता नहीं है।

सन्तालों में कुछ कहानियाँ ऐसी भी हैं; जिसमें पारिवारिक संघर्ष एवं विभाजन के कुपरिणामों को व्यक्त किया गया है। बोम्पास की कहानी संख्या 9 में बताया गया है कि–पाँच भाई अलग–अलग रहना चाहते हैं। उनकी पत्नियाँ आपस में संघर्ष करती हैं। अतः अलग होकर वे रहना चाहते हैं। उनके पिता ने एक बड़ी लकड़ी दी और कहा वे उसे तोड़ें। पर वे उसे तोड़ न सके। फिर उन्हें कहा कि उसे 6 भाग में काट दें। उन्होंने ऐसा ही किया। एक–एक को एक टुकड़ा उसने दिया और कहा–अब उन्हें तोड़ो। लकड़ी का टुकड़ा उन्होंने तोड़ डाला। बाप ने बताया कि एक में रहने पर कोई उन पर आक्रमण नहीं कर सकता है, अलग–अलग रहने पर वे सबों से पराजित होंगे।

सन्तालों की कुछ लोक–वार्ताएँ इस प्रकार मिलती है–

(क) सात भाई और एक बहन– एक परिवार में सात भाई और बहन रहती थी। भाई बड़े थे, बहन छोटी थी। छोटी होने का कारण वह सबको प्रिय थी। उसे सब प्यार करते थे। उसे वे लोग कोई काम नहीं करने देते थे। जब वह सयानी हुई, तब उसकी शादी की बात चली। लड़का देखा गया। उसे उपहार दिया गया। शादी की पूरी तैयारी हो गयी। इसी बीच एक दुर्घटना हो गयी। वे तालाब खोद रहे थे। काफ़ी खोदाई करने के बाद भी उन्हें पानी नहीं मिला। एक ब्राह्मण ने बताया कि पानी उन्हें तब मिलेगा, जब वे अपनी प्रिय बहन का बलिदान करेंगे। बहन को उन्होंने बुलाया। उसे एक लोटा दिया और अन्दर जाकर उसे पानी लाने को कहा गया। लड़की पानी नहीं ला सकी; वह तो स्वयं पानी में डूब गये। निर्धारित दिन को बारात घर आयी। भाइयों ने बारात के लोगों को बताया कि वह लड़की जंगल में लकड़ी काटने गयी है। बारात दिन भर रही, पर लड़की घर वापस नहीं आयी। अतः बाराती लोग घर वापस जाने लगे। रास्ते में उन्हें वह तालाब मिला। उसमें उन्होंने एक सुन्दर फूल देखा। सबका मन उसे तोड़ने का हो गया। सभी लोगों ने उसे तोडने का प्रयास किया, पर सब असफल रहे। बारात में जो दूल्हा बना नवयुवक था, उसके हाथ वह लगा। उसने फूल को तोड़ लिया। अपने पालकी में उसे लाया। पालकी ढोने वालों को ऐसा अनुमान हुआ कि पालकी में कोई सवारी आ गयी है। देखा तो वह लड़की उसमें है जिसकी शादी होने वाली थी। आनन्दमग्न बारात के लोग दुलहिन लेकर घर आये। भाइयों को इसकी कोई सूचना नहीं मिली।

कुछ समय बाद उसके भाई गरीब हो गये। दाने–दाने के लिए मुहताज हो गये। एक दिन भीख माँगते हुए वे अपनी बहन के गाँव आये। बहन ने उन्हें देखा। वह बड़े ज़ोर से रो उठी। घरवालों को बड़ी चिन्ता हुई, बहू रोयी क्यों? बहू ने बताया कि पत्थर से चोट लग गयी है, अतः वह रो रही है। पत्थर हटा दिया गया, फिर भी उसका रोना बन्द नहीं हुआ। उसने कई बहाने बताये, सभी को उसने घरवालों ने दूर किया। अन्त में उसने स्वीकार किया कि उसके सातों भाई गाँव में भीख मागने के लिए आये हैं। वह जानती है, वे इस दशा में केवल अपने कुकर्म के कारण आये हैं। उसके भाई बुलाये गये। उन्हें तेल लगाने के लिए दिया गया। उन्हें स्नान कराया गया। उन्हें भर पेट भोजन दिया गया। इसके बाद उनकी बहन उनके सामने आयी। उसे देखते ही, उनकी ज़मीन काँप कठी। वह फट गयी और सभी उसमें चले गये। छोटे भाई के माथे का बाल बँधा हुआ था। वह बहुत कोमल था। उसी से रूई का जन्म बाद में हुआ।[25]

(ख) सात भाई और एक बिछावन– सात भाई एक साथ रहते थे। 6 भाई काम करते थे, छोटा भाई आलसी था। वह कुआँरा भी था। भाई उसको कुछ करने को कहते थे तब वह उनके आदेशों की अवज्ञा करता था। उसके भाई जब घर रहते थे, तब वह घर से बाहर रहता था। जब वे घर से बाहर रहते थे, तब वह घर पर रहता था। आता था और भाभियों से खाना माँग कर खा लेता था, फिर वह आवारगर्दी में चला जाता था। एक दिन उसके बड़े भाई ने एक काम करने को कहा। उसने काम नहीं किया। उसके बड़े भाई ने अपनी पत्नी से कहा कि इस आलसी को कल से खाने को कुछ मत देना। नवयुवक ने घर आकर खाना माँगा। उसकी भाभी ने पहले खाना नहीं दिया। वह उसे गाली देने लगा। विवश होकर उसने खाना दे दिया। इसी बीच बड़े भाई आ गये। पहले तो उन्होंने युवक से ही प्रश्न किया कि काम क्यों नहीं किया। युवक मौन रहा और कुछ जवाब नहीं दिया। उसने अपनी पत्नी की खाना देने के लिए अच्छी भर्त्सना की। अन्त में अपनी पत्नी को आगाह किया कि भविष्य में उसे खाना नहीं मिलना चाहिए। जब वह खाना माँगे तो उसे राख दिया जाय। दूसरे दिन ऐसा ही हुआ। नवयुवक घर छोड़कर दूसरे गाँव चला गया। एक आदमी के यहाँ ठहरा। उसकी एक लड़की थी। वे शादी करना चाहते थे। लड़का उन्हें मिल नहीं रहा था। नव युवक को देखते ही उससे वे शादी करने को तैयार हो गये। नवयुवक को अच्छा खाना दिया।

उसे सम्मान के साथ घर में रक्खा। दो या तीन मास के बाद उस नवयुवक की शादी उसी लड़की से कर दी गयी। एक वर्ष तक वह उसके साथ रहा, पर एक काम उसने नहीं किया। उसके श्वसुर को इससे बहुत क्रोध हुआ। उसे वह अपने घर से अलग कर दिया और कहा–अब तुम्हारी शादी हो गयी है, अपना घर बसाओ और उसे चलाऔ। जिस दिन वे उसके घर से बाहर जाने लगे उसी दिन उसने उसे एक लकड़ी काटने के लिए टांगी दिया। उसे लिये हुये वह अपनी पत्नी के साथ–बेसहारे घर से निकल पड़ा। वह जंगल गया। लकड़ी काटकर उसे बेचेगा–घर चलायेगा–यही उसका लक्ष्य बना। एक दिन वह जंगल में था। दो वृक्ष आपस में बातें कर रहे थे। उसने एक वृक्ष को काट लाया। उससे एक पलंग बनाया। पलंग को एक राजा ने ख़रीद लिया। जिस रात को राजा पलंग पर सोया उस रात को उसे पलँग के पाँवों की बातें सुनायी पड़ीं। एक पाँव ने कहा–मैं राजा के महल के अन्दर गया था–देखा उनकी दासियाँ खाना खाने में मग्न हैं। इसी प्रकार तीसरे पाँव ने अन्य पाँवों से कहा–जो दृश्य देखकर आया है, वह कहने लायक नहीं है। कहने में शर्म मालूम होती है। राजा की रानी अपने मन्त्री से प्रेम करती है। प्यार भरी बातें कर रहे थे। मन्त्री ने रानी से कहा–'राजा को ज़हर देकर मार डालो। हम लोग प्रेम से फिर रहेंगे। रानी ने कहा–ऐसा करना ठीक नहीं होगा। जैसे वे लोग रह रहे हैं, वैसे ही गुप्त रूप से वे लोग रहें। मन्त्री को क्रोध हो गया। उसने रानी को एक चाँटा मारा और उसकी पाँचो अँगुलियों का निशान रानी के गाल पर उखड़ गया। राजा पलँग के पाँवों से अधिक नही सुन सका। वह क्रोध में उठा और रानी के पास गया। देखा उसके गाल पर चिह्न हैं। पलँग के पाँव की बातों पर उसे विश्वास हो गया। उसने रानी और मन्त्री को प्राण–दण्ड दिया। जिस नवयुवक ने पलँग को बनाया था, उसे बुलाकर अपना आधा राज्य और अपनी एक कन्या विवाह के रूप में दिया। नवयुवक अपनी पहली पत्नी को ही वहीं लाकर भोग करने लगा।[13]

सन्दर्भ

1. राजस्थानी कहावतें–(भाग1), 2006, कलकत्ता, पृ. 11
2. इन्साइक्लोपीडिया ऑफ़ सोशल साइन्सेज–जि. 5, पृ. 288
3. Folklore is matarial about the hopes and yearnings of the people– लेनिन।

4. Folklore is the literature of the people, but it belongs to an order of things that is passing away, if it has not already done so. –महात्मा गाँधी।

5. Folklore is not something far away and long ago but real and living among us... Here the past has somezthing to say to the presents and bookless would to a world that likes to read about itself. Concerning our basic oral and democratic cultural as the root of arts and as a side light on history.

–अमेरिकन फोकलोर (पाकेट बुक) की भूमिका, पृ. 15

6. डॉक्टर वेरियर एल्विन 7. मिस फ्रेयर 8. डाल्टन 9. आर.सी. टेम्पल 10. श्रीमती स्टील 11. नरेश शास्त्री 12. आर.सी. मुकर्जी 13. श्रीमती डेकाई 14. सी. स्वीन्टर्न 15. एम. कुलक 16. शोभन देवी 17. राम स्वामी राजू 18. जी.आर. सुब्राह्मिम पतालु 19. आर.ई. एन्थावेन।

20. डॉक्टर वेरियर एल्विन के ग्रन्थ 'फोकटेल्स ऑफ़ महाकोशल' की भूमिका से।

21. पुरातत्व निबन्धावली : हिन्दी की स्थानीय भाषा।

22. श्री श्याम परमार : भारतीय लोक साहित्य; पृ. 19

23. These humorous stories are in no way a mirror of the tribe for they do not present Santal life as it is. Yet their style and humour make them essentially Santal. They emsrge a sense of buoyancy, a resilince in living. They entertain Santals because they make the world absurd and show the Santals as master of it.

– Mildred Archer : The Folk, Tale in Santal Society, Man in India, Vol. xxiv, December, 1944.

24. "The importance of such stories does not lie in their facts but in the way the– conserve a Santal attitude. It is not their 'Science' that matters- for it is not science but poetry. It is reduction of the world to Santal terms and the assertion of Santal explanations that heightens tribal morale and preserves its way of life."

25. W.J. Culshaw: Tribal Heritage: A study of the Santals. p.56 to 58

26. W.J. Culshaw: Tribal Heritage: A Story of the Santals, p. 58 to 60

सन्ताली लोकगीत

लोगगीत को माना गया है कि वह आदिमानव का संगीत है। मानव जब झोपड़ियों में रहता था, तब उसके मन में उल्लास उठा होगा और भावनाएँ आयी होंगी, तब उसके स्वर फूटे होंगे। उसने आलाप लिया होगा। वही आलाप लोकगीत है। वह पुराना होते हुए भी नया है। लोकगीत पुराना और नया नहीं होता। इन शब्दों के द्वारा हम उसे बाँध नहीं सकते। राल्फ वी. विलियम्स ने यह माना भी है कि लोकगीत न पुराना होता है और न नया। वह तो जंगल के एक वृक्ष के समान है, जिसकी जड़े तो दूर ज़नीन में धँसी हुई हैं, परन्तु जिसमें निरन्तर नयी–नयी डालियों में पल्लव और फल फूलते रहते हैं।[1] लोकगीत में हम मानव हृदय का स्पन्दन पाते हैं। लोकगीतों से हमें यह मालूम पड़ता है– मानव एक है। सबका हृदय एक है। भारतीय लोकगीतों में हम वही भावना पाते हैं जो भावना इंग्लैंड के लोकगीतों में है। लोकगीत एक देश का नहीं, एक जाति का नहीं, वह तो सम्पूर्ण मानव का प्रतिनिधित्व करता है। लोकगीत को परिभाषाओं में बाँधने की चेष्टा हुई है। मराठी लेखक डॉक्टर सदाशिव फड़के ने लोकगीत की व्याख्या करते हुए कहा है–'शास्त्रीय नियमों की विशेष परवाह न करके सामान्य लोक–व्यवहार को उपयोग में लाने के लिए मानव अपने आनन्द तरंग में जो छन्दोबद्ध वाणी सहज उद्‌भूत करता है, वही लोकगीत है।'[2] इसी प्रकार की व्याख्या उड़िया लेखक श्री कुंजबिहारी दास ने की है। वे कहते हैं–''लोकगीत लोगों के उस जीवन की प्रवाहात्मक अभिव्यक्ति है, जो सुसभ्य प्रभावों से बाहर कम या अधिक रूप में आदिम अवस्था में है।''[3]

लोकगीतों में हमारी परम्पराएँ, हमारे संस्कार, हमारी सभ्यता, सभी की झाँकी मिलती है। इतिहास तो बहुत बाद की चीज़ है, उसके पहले मानव की कहानी लोकगीतों में ही कही गयी है। लोकगीतों की रक्षा होना आवश्यक है। उसका क्षय राष्ट्रीय महत्त्व का क्षय है।

लाला लाजपतराय ने अपने एक पत्र में कहा था–'देश का सच्चा इतिहास और नैतिक और सामाजिक आदर्श इन गीतों में ऐसा सुरक्षित है कि इनका नाश हमारे लिए दुर्भाग्य की बात होगी।'[4] इसलिए इन लोकगीतों की सुरक्षा के लिए योजनाबद्ध काम हमें करना है। लोकगीतों से हमें कई नयी बातों का ज्ञान प्राप्त होगा। हमने यह मान लिया है कि हमारी अपढ़ माता, बहनें अशिक्षित थीं, उन्हें हम मूर्ख मानते रहे हैं। पर उनके द्वारा गाये हुए लोकगीतों के अध्ययन से यह मानना पड़ता है कि उनके गीतों में कवित्व है। उन लोकगीतों को देखकर भारतरत्न डॉक्टर भगवान दास ने एक बार कहा था–'उसमें रस की मात्रा व्यास, वाल्मीकि, कालिदास और भवभूति से भी तथा तुलसीदास, सूरदास से भी अधिक है।' इन लोकगीतों में हमें स्वाभाविक रस मिलेगा। उनके द्वारा अपने संस्कार को जान पायेंगे। अपनी परम्परा को हमें समझने में आसानी होगी। हम अपनी सभ्यता एवं संस्कृति को लोगों के सामने रख सकेंगे।

लोकगीतों की अपनी विशेषताएँ भी कम नहीं हैं। डॉक्टर यदुनाथ सरकार ने लोकगीतों की विशेषता इस प्रकार बतायी है–'प्रबन्ध की द्रुतगति, शब्द–विन्यास की सादगी, विश्वव्यापक मर्मस्पर्शी प्राकृतिक और आदिम मनोरोग, सूक्ष्य किन्तु प्रभावोत्पादक चरित्र–चित्रण, क्रीड़ा–स्थली अथवा देशकाल का स्थूल अंकन साहित्यिक कृत्रिमताओं का न्यूनातिन्यून प्रयोग या सर्वथा बहिष्कार–सच्चे लोकगीत की ये नितान्त आवश्यक विशेषताएँ हैं।[5]

सन्तालों का लिखित साहित्य बहुत नया है, पर उनका लोकगीत बहुत पुराना है। जन्म से लेकर मृत्यु तक सन्तालों का समस्त सामाजिक जीवन संगीतमय है। उन्होंने आरम्भ काल से ही प्रत्येक कार्य में संगीत को महत्त्वपूर्ण स्थान दिया है। हमें तो कोई ऐसा सन्ताल नहीं मिला, जिसके कण्ठ से लोकगीत न फूटा हो। सन्ताल लोकगीतों को केवल अपने सामाजिक जीवन में--लोककार्यों में नहीं लगाते; वे तो परिश्रम करते हुए प्रत्येक काम में गीत गाते हैं। वे गीत–गाकर अपनी थकान मिटाते हैं। खेतों में काम करते हुए ईट ढोते हुए एवं अन्य मज़दूरी के काम करते हुए जब हम सन्तालों को देखते हैं, तब हम पाते हैं, वे अपना मेहनत को हल्का करने के लिए लोकगीत गाते हैं। सन्तालों में शिक्षा का अभाव अवश्य रहा है, पर उनमें कुसंस्कार नहीं आया। इसका एक मात्र कारण है, उनके लोक जीवन में लोकगीतों का स्थान। संस्कारों, उत्सवों और अनुष्ठानों के

समस्त गीत स्त्रियों की परम्परागत सम्पत्ति है। उन लोकगीतों में सन्तालो नारियों की रूढ़िगत मान्यताएँ देखने को मिलती हैं। सन्ताली लोकगीतों में रोमानी अंश अधिक है, वीर गाथाओं का अभाव है। लोकगीतों में हमें वीर भावना कम मिलती है। उनके यहाँ वीर चरित्रों का अभाव भी है। इसका कारण है, सन्ताल शान्तिप्रिय जीव रहे हैं। उन्होंने कभी संघर्ष को निमन्त्रण नहीं दिया है। इतिहास में ऐसा कोई प्रमाण नहीं मिलता, जिससे यह पता चले कि सन्तालों ने संघर्ष के लिए दूसरों को चुनौती दी हो सन्तालों में 'मधुसिञ', 'भलुआ विजय', 'कपि करान', सिदो माँझी आदि ऐसे चरित्र हुए हैं, जिसमें वीरता की भावना मिलती है। 'भलुआ विजय' और कपि करान ने पहाड़ों को पराजित कर सन्तालों के लिए मार्ग बताया था। सिदो के नेतृत्व में सन्तालों ने अंग्रेज़ी सत्ता के विरोध में विद्रोह किया था। 'चल चंपा' के रक्षार्थ सन्तालों ने संघर्ष किया। इन सब की झाँकी हमें सन्ताली लोकगीतों में मिलती है। जब महात्मा गाँधी के नेतृत्व में स्वतन्त्रता–आन्दोलन आरम्भ हुआ, तब सन्तालों ने खुलकर उसमें भाग लिया। अतः सन्ताली लोकगीतों में गाँधी–प्रशस्ति भी मिलती है।

सन्ताली लोकगीतों के आधार पर सन्तालों की उत्पत्ति, विकास का इतिहास तैयार किया जा सकता है। सन्तालों की उत्पत्ति की कहानी उनके लोकगीत में वर्णित है। यही कारण है, लिखित साहित्य के अभाव में अनेकों उलट–पलट के बाद भी उसे वे सुरक्षित रखे हुए हैं। शुभ अवसरों पर उन लोकगीतों को वे गाते हैं। वे गीत प्रायः काको छठिहार के समय गाये जाते हैं। काको छठिहार के समय सन्ताल अपने बच्चे को सन्ताल समाज की पूरी शिक्षा देते हैं। वे अपना सृष्टि–गीत पुनः जोम सिम व्रत तथा करमा त्योहार के समय गाते हैं। प्रत्येक सन्ताल इस लोकगीत को गाता है–

हिहिडी मा जेनोम होय तो
पीपिडी मा गढिलो
माधोसिञ नो पिडराली जा
जो, जय, चल चम्पा गाडा।

सन्तालों का जन्म हिहिडी–पिपिड़ी देश में हुआ था। सन्ताल जाति उसी देश में जन्मी और बढ़ी। माधो सिंह के चलते उन्हें जन्मभूमि छोड़कर भागना पड़ा और चम्पागढ़ को चले गये।

इस क्रम में सन्तालों में एक और लोकगीत प्रसारित है। उस गीत में यह बतलाया गया है कि एक ज़माने में सन्ताल पंचनद नामक देश में रहा करते थे। गीत में कहा गया है–

नुमित माराग बान्दा छाडा
चेदाक् पोरायनी पायडेरे दो
देलाङ पोरायनी मोंडेनॉय दिसाम ते
देलाङ पोरायनी दाक् तालाते।

अर्थात्–"हे कमल! तुम इतने बड़े तालाब को छोड़कर छिछलेदार पानी में क्यों हो? तुम पंचनद वाले देश पंजाब चलो, वहीं पानी के बीच रहेंगे।"

सन्ताली लोकगीतों से स्पष्ट होता है कि भगवान राम से उनका त्रेताकाल में सम्बन्ध था। राम उनके लिए उतना ही श्रद्धा के पात्र हैं, जितना वे हिन्दुओं के हैं। सन्ताली कथा में यह वर्णित है–"मारे हाथडाम को को रोड आकात आ काथाय सेदाय जुगरे दे! राम राजाए ताहें काता ओकते जो तो खारवार होड़ उनी तुलुत् लोङ्काते सेन काते रावोन राजा हारे लागित गोड़ों आदेआ।" अर्थात्–हम लोगों के पूर्वजों की कहानी है कि प्राचीन काल में राम राजा थे, उनको खरवार जाति के लोगों ने लंका के राजा रावण को हराने में सहायता दी थी। स्मरण रहे, सन्तालों का प्राचीन नाम खरवार ही था।

राम जी के जन्म के सम्बन्ध में एक लोकगीत इस प्रकार सन्तालों में प्रचलित है–

गुरु मुनि कहायेते सुनुभा
या राजा दासारथे,
कोन गाछे चारयाम जो फेराय,
हो यामवाला यानी देहो।
ये हो ये हो भाया राजा दासाराथे
बायें हाँथे माराय हो
दहिन हाँथे वाला लुकीले हो।
याम केरा फल जुगीरे
देवला राजारे हाते

से हो खाया तीनो रानी
बाला आस पति हो।
छमासे होलो रानी
देखा चलो दोसार रूपे;
नोमासे होयलो रानी
वेदान जी वाला भेलाय हो।

कौसल्या बेटवा जो राम
सुमित्रा बेटवा जो लखन।
कैकायर बेटा गोचायोतो होरा
पुता भरत आर शत्रुहन।
झिकिमिक केर रूप रामे लखन
देखाये जतथो होर चाँद सुरज हो
दिने–दिन बढ़ायेते राम हो लखन
सोवाई लोके लाखे–लाखे वाला खुमई हो।[6]

अर्थात्–"गुरु मुनि कहते हैं कि सुनो भैया दशरथ। किसी आम के पेड़ में चार आम के फल हैं, उनको लाओ।

हे भइया राजा दशरथ बायें हाथ से उसे मारो और दाहिने हाथ से उसे लोक लो। इन आमों के फलों को मुनि ने राजा के हाथ में दिया। इन फलों को खाकर रानियाँ गर्भवती हो गयीं।

छह मास बीतने पर रानियों का रूप दूसरे प्रकार दिखाई पड़ने लगा। नौ महीना होने पर रानियों को प्रसव वेदना हुई और बालकों का जन्म हुआ। कौशल्या का बेटा राम और सुमित्रा के बेटा लखन कहलाये। कैकेयी के बेटा भरत और शत्रुहन हुए।

राम और लखन का रूप सूरज के समान झकमक–झकमक करता था। दिनोदिन राम, लखन बढ़ने लगे और सब लोग उन्हें देख–देखकर आनन्दित होते थे तथा लाखों–लाख बलाइयाँ ले लेते थे।"

सन्ताली लोक–गीत सन्तालों के इतिहास में व्यक्त हुए हैं। सन्तालों का प्राचीन काल में एक दुर्ग था, उसका नाम था–चम्पागढ़। सन्तालों को उस दुर्ग पर नाज था। एक समय ऐसा हुआ कि शत्रुओं से सन्ताल हार गये और वे चम्पागढ़ से निकाले गये। इसका उन्हें बहुत दुःख था। निम्नलिखित लोकगीत में उनकी व्यथा इस प्रकार व्यक्त हुई है–

दादरे इन्दान सिञ मान दान सिञ।
दादरे छुटालो चम्पा का गढ़।
बहन गे ना कान्दो ने खो जी;
बेहन गे ना कान्दों न खो जी;
बहन के लले का सांका बिचों।
बहन गे काने का सोता बिचों
बहन गे तोओ होता लेबो चम्पा का गढ़।

भाई–बहन दोनों चम्पागढ़ के खो जाने से दुःखी हैं। भाई बहन को आश्वासन दे रहा है।

गीत का भाव इस प्रकार है–बहन–हे दादा, इन्दान सिंह, मन्दान सिंह ने हम लोगों के चम्पागढ़ को ले लिया है।

भाई–हे बहन! उसके लिए मत रोओ ओर न दुःखी होओ। हम हाथ के कड़े और कान के सोने बेचकर चम्पागढ़ फिर वापस लेंगे।

इतिहास की दूसरी कड़ी हमें उनके लोकगीत में सन्ताल विद्रोह की मिलती है। सन्ताल विद्रोह भारतीय इतिहास का अभी तक अनखुला पृष्ठ0 ही है। महात्मा गाँधी की परम्परा का एक नेता सन्तालों में हुआ था, उसका नाम था सिदो। शिक्षा का अभाव होने के कारण सन्ताल भगवान बिरसा की तरह उनकी अर्चना नहीं कर सके। स्मरण रहे, सिदो ने अगस्त क्रान्ति से 87 वर्ष 1 महीना 10 दिन पूर्व अंग्रेज़ों से कहा था–वे उनकी धरती को छोड़ दें और अपनी धरती से अंग्रेज़ों को हटाने के लिए 'करो या मरो' का मन्त्र दिया था। इतिहास भले ही उन्हें भूल गया हो, पर सन्ताली लोकगीतों में उनकी याद सुरक्षित है।

एक लोकगीत में उनकी चर्चा आती है–

सिदो–कान्हू खुडखुडी भितोरे
चाँद–भैरो घोड़ा चुपोरे।
देखो रे, चाँद रे, भैरो रे।
घोड़ा भैरा मुलिने–मुलिने।

सिदो और कानू पालकियों पर चलते थे। सन्ताली भाषा में पालकी को 'खुडखुड़ी' कहा जाता है। चाँद और भैरव घोड़ा पर चलते थे। यही बात उपर्युक्त गीत में व्यक्त है।

सन्ताली लोकगीतों में जहाँ हम एक ओर सन्तालों की उत्पत्ति एवं विकास की कहानी पाते हैं, वहाँ हम उनके लोकगीतों में गाँधी जी, विनोबा जी तथा नेहरू जी के सम्बन्ध में कई बातें पाते हैं। एक बार सन्तालों के जीवन में पाप का इतना समावेश हो गया था कि संसार में उनका नाश हो गया। तब सन्ताल दिन–रात सुरा और सुन्दरियों में रहने लगे थे। उनका पतन हुआ। उनके पतन पर ठाकुर जी को बहुत खेद हुआ। उन्होंने मानव को अभिशप्त किया। प्रलय हो गया। सन्ताली लोकगीतों में उस प्रलय का एक रूप हमें इस प्रकार मिलता है–

एयाय सिञ एयाय जिन्दा सेंगेल दांगे हो;
एयाय सिञ एयाय जिन्दा जाड़ाम–जाड़ाम हो।
तोकारे वेन ताहें काना मानेवा?
तोकारे वेन सोरो लेना।
मेनाक् मेनाक् हाराना हो,
मेनाक् केनाक बुरु दान्देर हो
ओर रे लिञ ताहें काना यालिञ दो
ओन रे लिञ सोरो लेन।

अर्थात्–"सात दिन, सात रात, अग्नि–पानी हुआ। सात दिन–सात रात छमा–छम होता था, तब हे दोनों मनुष्य। तुम कहाँ घुसे हुए थे? हे! हे! हराता! हे! हे! उस पहाड़ की गुफा में हम दोनों छिपे हुए थे।

जहाँ हम उनके इस लोकगीत में प्रलय काल की भावना पाते हैं, वहीं हम उनके लोकगीत में स्वाधीनता संग्राम की कहानी भी पाते हैं। एक लोकगीत में उनकी भावना इस प्रकार व्यक्त हुई है–

पोरेर आधिना रे दिमात होड़ को
आड़ी सामेत बोन ताहें काना
दुःख दान्दी ते बोन पेरेच् लेना,
रेंगेंच तेताङ ते बोन लांगा लेना।
गाँधी बाबा गेय नायुर केत् बोन,
सारी निरा होरे उदक आत् बोन,
पंजा केदा बोन जोतो कोते,
दुलाड दिसान बोन साधिन केदा।

अर्थात् हमारा देश पहले दूसरे के अधीन में था। हम परतन्त्र थे। बड़ी मुसीबत में हम थे। हमारा जीवन दुःख और कठिनाइयों से भरा हुआ था। गरीबी एवं भूख से हम थके हुए थे। महात्मा गाँधी ने हम सबों को मार्ग दर्शन किया। हमें सत्य एवं अहिंसा का रास्ता दिखलाया। हम सबने उसका अनुकरण किया। अपने प्यारे देश को स्वाधीन किया।

सन्तालों के सम्बन्ध में कहा जाता है कि सन्ताल कर्म–प्रधान जाति है, भाव–प्रधान नहीं। यह उचित नहीं है। सन्ताल जितना कर्म प्रधान है, उतना ही वे भाव–प्रधान है। वे तो यह दावा करते हैं कि महर्षि वाल्मीकि के वे वंशज हैं। उनकी ही भाँति एक अज्ञात सन्ताल लोक कवि ने एक लोकगीत में कहा है–

कुन्दरू जनुम रे पोतामे नुनुकउञेल ले दिसाँ
होपोन बाडेउ नगू लिकिन खान।
नेंडा दो दाया गिये राजा
मेंडा वाडेअ पसी लेखान दो
होपोन दो जोनोन–जेनोम किन टुओरोक आ

सन्ताल व्याध कहता है–"कुन्दरू पर पण्डुकी को घोंसला बनाते देखा था। यदि मैं बच्चों को ले आऊँ तो माँ अत्यन्त करुण विलाप करेगी और यदि पण्डुकी को फंसा लूँ तो बच्चे आजीवन अनाथ हो जायेंगे।

सन्तालों में संस्कार–गीत बहुत हैं। उनके जन्म, विवाह एवं नृत्य सम्बन्धी भी लोकगीत हैं। कर्त्तव्य गीत भी हम उनमें पाते हैं। सन्ताल मानते हैं–ईश्वर के समान उनके माँ–बाप हैं। एक लोकगीत में सन्ताल गाता है–

उपहार ले रेम ञाम,
नोवा धरती रेभा,
आयो बाबा गेथो तेंगो बोंगा,
चान्दो तो योम नुकिन
आयो बाबा निकिन
जोहार आकिन में हो दिनाम आगा।

भावार्थ–"स्मरण करने से यह ज्ञान प्राप्त होगा कि इस पृथ्वी पर माता–पिता ही जीवित देव हैं। प्रभु के बाद माँ–बाप दोनों को नित्य सुबह प्रणाम करें।"

ऐसा क्यों करें, इसका उत्तर आगे की पंक्तियों में इस प्रकार दिया गया है—

नेंगा नाया हो तोवा दारे,
धरती पुरी हेन तेंगा बोंगा;
निगाञ दुलाड दो सेरमा खोन सोरोसा;
नापुञ दुलाड़ दो धरती सारेड़।
निगाञ दुलाड़ ते धरती दोञ दुडाडन;
नापुञ दुलाड़ ते मानुस जोनोम।

एक सन्ताल अपने एक लोकगीत में कहता है—माता और पिता ही कल्पतरु हैं। वे दोनों इस पृथ्वी के दृश्यमान देव हैं। माँ का प्यार स्वर्ग से बढ़कर है। पिता का स्नेह पृथ्वी में भी नहीं समाता है। माँ के प्यार से मैं इस पृथ्वी में विचरण करता हूँ। पिता के स्नेह से मुझे मनुष्य जीवन मिला है।

सन्तान माता—पिता से जन्म पाकर प्रकृति की गोद में पलता है। प्रकृति ने उसे पाला है, जीवन—शक्ति दी है। सन्ताल किसी भी स्थिति में रहे, प्रकृति जननी को वह नहीं भूलता। प्रकृति के सौन्दर्य पर वह मुग्ध रहता है। इसी भावना के कारण सन्ताल अपनी भूख, गरीबी एवं अशिक्षा को भी ध्यान में नहीं देता। वह प्रकृति में किसी प्रकार की त्रुटि नहीं देखना चाहता है। सब कुछ पाकर भी सन्ताल प्रकृति के सौन्दर्य को खोकर खुश नहीं रहता। एक लोकगीत में एक सन्ताली बालिका ने अपनी भावनाओ को इस प्रकार व्यक्त किया है—

मरांग बुरु चोट आकाड बाहा।
बाहा आकान दो लोगेच् लेगेच्
ओंता ताबारे तेञ सित् केदा
बेरेत गोदोक साबते मो सोंत एना
दुडप ज़ोराव कातेञ बाहा केदा।

अर्थात्—"विशाल पर्वत की चोटी पर पलिदाहा फूल का पेड़ है। उसमें बहुत ही सुन्दर फूल खिले थे। मैंने गिरते—पड़ते फूल तोड़ा और शान्त भाव से बैठकर बड़े चाव से अपनी वेणी में गूँथा किन्तु खड़ी होते ही वह मुरझा गया।" सन्ताल बालिका को फूल मुरझाने का बहुत दुःख है। वह अपना खेद व्यक्त कर रही है।

सन्ताली लोकगीतों में प्रेम और विरह के गीत अनेक हैं। एक सन्ताल कुमारी अपने प्रेम को तब तक छिपाती है, जब तक उसकी शादी नहीं हो जाती है। उसे पी–पी शब्द से भय लगता है। उसे आशंका होती है कि उसका क्वाँरापन ऐसा कुछ नहीं कर दे; जिससे वह समाज में कलंकित हो जाय। वह पपीहा पक्षी को स्मरण कर कहती है–

नाले धाडकारे सीसा रारे
दोन आते चियो नालोम रागा।
निञ मिनाञ मोर पियो नालन पियोज
कुँआरी मौन पियो डाले–डाले।

अर्थात्–हे पपीहे! आँगन में सीसम का वृक्ष है, तुम उस पर फुदक–फुदक कर मत बोलना। जब तक मैं क्वाँरी हूँ तब तक पी–पी मत बोलना, क्योंकि बोली सुनसे से मेरा क्वाँरा मन हिल–डोल करने लगता है–विह्वल होने लगता है।

सन्ताल कुमारी को प्रेम करते समय सदैव यह स्मरण रहता है कि वह एक सामाजिक जीव है। सन्ताल संस्कार का उसे सदैव भय रहता है। वह अपने प्रेमी को सुग्गा के प्रतीक बनाकर समझाती है कि प्रेम में भरोसा रखो, चंचल मत हो। उसे भय है कि उसके प्रियतम की चंचलता उसे विह्वल बना देगी और वह धर्म–लज्जा को छोड़कर समाज के निर्धारित नियम को भंग कर देगी। वह कहती है–

होरेञ चालाक् मिस हाँरेम पाञ्जाय
विरेञ चालाक् मिस विरेञ पाञ्जाय।
जाँहाय दुडप् मिस, ताहांम रागा।
नाला किदिञ दोम नासुत मिस।

अर्थात्–हे सुग्गा! कहीं जाने के लिए चलती हूँ, तो तुम पीछा करने लगते हो, जंगल जाती हूँ, तो वहाँ भी तुम साथ हो जाते हो। जहाँ कहीं बैठती हूँ कि तुम प्यार भरी बातें सुनाने लगते हो। ऐ पालतू सुग्गा! तुमने मुझे चंचल कर दिया है।

प्रेमी जब उसे भूल जाता है, उसे याद नहीं करता है तब उसे दुःख होता है। वह शकुन्तला बन जाती है। एक सन्ताल बिरहिणी लोकगीत में कहती है–

सोनेरो रूप रूपेरो रूप
सोनेरो रूप लेका गातेय मेनाय
गातेञ दिस भरे सोना मुन्दोम
गातअङ इहर जिवी दोलो कतिञा

अर्थात्–सोने और रुपये के रूप से अधिक रूपवान मेरा प्रियतम है। सोने की अँगूठी से मेरे प्रियतम की याद मेरे दिल में आकर टीस पहुँचाती है।

सन्ताल कुमारी का प्रियतम दूर देश चला गया है। उसका मन नहीं लगता है। वह उसे स्मरण कर अपने को बहलाना चाहती है। वह कहती है–

जुरी मनुक् कोताय आम दो होरे–झारे।
जुरी जोड़ में बाडे चाक् एम ताहेन मारे।
बाहाय रेवेद रेहो चम्पा किलो
जरी बाङ रवान जोतो मिघ गिया।

वह अपनी भाभी से अपनी दर्द भरी कहानी कहती है। वह कहती हैं–

ढाका किदाञ हिली उतू किदाञ
ढाका जोजोमिञ् वानुगितिञ।
पारकोमिञ आदेर केदा गादलेयिञ आतेत केदा!
आञ्चार तेतनिज भनुगेतिञ।

अर्थात्–हे भाभी! दाल–भात तो मैं बना चुकी हूँ, पर खाने वाला कहाँ है? पलँग पर बिछावन लगा दिया है, पर उस पर सोने वाला कहाँ है? वह विह्वल होकर कह उठती है कि उसका आँचल ढाँकने वाला कोई नहीं है। जोड़ा के बग़ैर लड़की का जीवन ही निरर्थक है।

गाँव के प्रेमी पर सन्ताल कुमारियों को विश्वास नहीं है। वे प्रेम की बाते करते हैं, पर जीवन–संगिनी बनाने की शक्ति उनमें नहीं है। वह इस भावना को व्यक्त करती हुई एक लोकगीत में गाती है–

कुल्ही मुचात रे बादे दोरे,
ज़ोरो ज़ोरो काते बाङ ज़ोरो लेन।
ओने ओनका गे आतो मिलवा
दोहो दोहो कातो बाकी दोक हो।

अर्थात्–सन्ताल कुमारी उस बड़ के पेड़ को देखती है, जो गाँव की गली के छोर पर खड़ा है। उसे देखकर वह अपने प्रेमी को याद करने लगती है। बड़ के पेड़ में और गाँव के प्रेमी के स्वभाव में उसे एक ही बात दिखायी पड़ती है। दोनों एक समान हैं। बड़ के पेड़ की बरोह ज़मीन तक आते–आते रुक जाती है, वह ज़मीन तक नहीं पहुँचती। गाँव के प्रेमी भी उसी स्वभाव के होते हैं। वे प्रेम करते हैं, शादी के लिए हाथ बढ़ाते हैं, पर हाथ पकड़ते नहीं, बीच में ही अपना हाथ खींच लेते हैं।

सन्ताली लोकगीतों में हमें केवल प्रेम के ही गीत नहीं मिलते। विकास के भी गीत मिलते हैं। स्वदेशी धूम सन्तालों में बहुत दिनों से मची हुई है। उनके गीतों का सन्देश है–स्वदेशी धारण करो। कपास की खेती पर ज़ोर देते हुए एक पत्नी अपने पति से कहती है–

बेडा रे कासकोम एराबोन में,
बाबोन ताहेंना गान्दुर गापुर।
रिद तोबोनाञ, तोकोय ताबोनाञ
तेञ आबोन में भोरोम दापाल।

अर्थात्–पत्नी अपने पति से कहती है–'पहाड़ की तराई में हम लोगों के लिए कपास लगाओ। हम लोग फटे पुराने कपड़े पहन कर नहीं रहेंगे। आगे वह अपने पति से कहती है कि वह कपास धूनेगी, सूत काटेगी और वह उसके लज्जा निवारण के लिए कपड़ा बिनेगी।

सन्ताल कृषक हैं। धरती को वे अपनी माँ मानते हैं। अभावों के बीच में अब तक रहते आये हैं। उनके उत्पादन–गीत का दर्शन हमें उनके लोकगीतों में होता है। एक लोकगीत में कहा गया है–

चास आबाद दिन सेटेरेना
बानुक कोता बोना नुरिच नारांङ।
किरिञ आबोन में नुरिच नारांङ काडा।
चास आबोन में बुरु बेडा।।

अर्थात्–खेती–गृहस्थी का दिन पहुँच गया है। हम लोगों को हल और बैल तो है ही नहीं। हम लोगों के लिए हल, बैल और भैंसा ख़रीदो। पहाड़ की तराई में हम लोग खेती करेंगी।

लोकगीतों द्वारा किसानों को वे सन्देश भी देते हैं, उपदेश भी देते हैं। एक लोकगीत में कहा गया है–

बाडगे रे कुंभ दो लावाबीन में,
रोहोयाबोन में मारिच बोंगाड
पोय ताबोन में पाटाव ताबोन में,
आरजाव ताबोन में आचेल पाचेल।

अर्थात्–बाडी में हम लोगों के लिए एक कुआँ खोदो। उसमें मिरचाई एवं बैंगन लगाओ। उसे कोड़ो और पटाओ। ऐसा करके बेहिसाब पैदा करो।

सन्ताली लोकगीतों में विपुल वैभव वर्तमान है, जिनके संगृहीत और प्रकाशित किये जाने की आवश्यकता है।

सन्दर्भ

1. A Folk-song is neither new nor old, it is like a forest tree with its roots deeply burried in the past, but which continually puts forth new branches, new leaves, new fruit.

– Ralph V. Williams.

2. लोक संस्कृति विशेषांक, सम्मेलन पत्रिका; मराठी लोकगीत, पृ. 250
3. "Folk-song is a spontaneous outflow of life of the people that live in more or less primitive condition outside the sphere of sophisticated influences." –मीट माई पीपल, पृ. 194
4. लाल लाजपत राय के पत्र से उद्धृत, 'कविता कौमुदी', भाग 5, श्री रामनरेश त्रिपाठी; पृ. 77
5. "Rapidity of movement, simplicity of diction, primary emotion of universal appeal, action rather than subtle analysis, broad striking characterisation thumb-rail sketches of background and the sparest use (or rather complete avoidance) of literary artifices these are essential requisites of the true ballad. –देखिये–ढोलामारूए दूहा, पृ. 42

साहित्य-साधना

सन्ताली भाषा बहुत पुरानी है। उसका लोक–साहित्य भी बहुत पुराना है। पर उसके लिखित साहित्य का आरम्भ हुए एक सौ वर्ष हो रहा है। सन् 1850 के पूर्व सन्ताली साहित्य का कोई प्रकाश नहीं हुआ। हम बोडिंग[1] महोदय से सहमत हैं कि ईसाई मिशनरियों के पूर्व सन्ताली साहित्य को लिपिबद्ध करने की चेष्टा नहीं हुई। ईसाई मिशनरियों ने सन्तालों के संस्कार, भाषा एवं धर्म का अध्ययन किया। सन्ताली भाषा में उन्हें व्यक्त किया। उनके व्यक्त करने का उद्देश्य जो भी रहा हो, पर सन्ताली साहित्य को लिपिबद्ध करने का श्रीगणेश उन्हीं मिशनरियों ने किया है। इस कार्य के लिए हमें उनका चिर ऋणी रहना पड़ेगा। सन्ताली भाषा में पहली पुस्तक श्री जर्मिया फिलिप्स की है। वे ओड़िशा के एक पादरी थे। सन् 1852 ई. में उन्होंने एक पुस्तक 'एन इन्ट्रोडक्शन टू दि सन्ताली लैंग्वेज' लिखी, जो बंगला लिपि में छपी थी। इसके बाद सन् 1868 में श्री ई. एल. पक्सले ने 'ए वोकेब्युलरी ऑफ़ दि सन्ताली लैंग्वेज़' लिखा। सन् 1873 ई. में श्री एल.ओ. स्क्रेफ्सरूड ने 'ए ग्रामर ऑफ़ दि सन्ताली लेग्वेज' लिखा। सन् 1887 ई. में 'ए होड़को रेन मारे हापड़ाम को रेयाक् कथा' को श्री स्क्रेफ्सरूड साहब ने कल्याण नामक एक बूढ़े सन्ताल से सुनकर लिपिबद्ध किया। सन् 1899 में कैम्पबेल ने 'सन्ताली इंगलिश शब्दकोश' तैयार किया। सन् 1929 ई. में बोडिंग साहब का 'मैटिरियल्स फार ए सन्ताली ग्रामर' और 'ए सन्ताल डिक्शनरी' प्रकाशित हुआ। बोडिंग का अनुवाद भी सन्तालों में प्रकाशित हुआ। सन् 1924 में उनका ही सन्ताली लोक–कथाओं का 'होड़ काहनी को' प्रकाशित हुआ था। सन् 1930 ई. में सी. एच. कुमार का 'सन्ताल परगना, सन्ताल आर पहाड़िया कोवाक इतिहास' प्रकाशित हुआ। सन् 1946 ई. में आर. के. रापाज का 'हाडमावाक आतो उपन्यास' सन्ताली में प्रकाशित हुआ। वह उपन्यास कास्टेयर्स के अंग्रेज़ी उपन्यास 'हाडमाज विलेज' का अनुवाद है।

सन् 1945 में श्री डब्लू. जी. आर्चर की प्रेरणा से 'होड़ सेरेञ' अ ँर 'दोड सेरेञ' नाम के दो लोकगीत भी प्रकाशित हुए।

स्वतन्त्र रूप में सन्ताल साहित्य का निर्माण कार्य स्वयं साहित्यकारों ने किया। उनकी संख्या अधिक है, कुछ की चर्चा इस प्रकार की जा सकती है।

(1) श्री पाउल जुझार सोरेन (1892–1954) : सन्ताल–साहित्य का पिता आप को माना जाता है। सन्ताल–साहित्य, अंग्रेज़ों के लिखे साहित्य को छोड़कर, जो उपलब्ध है, उसका श्री गणेश आपके है साहित्य से होता है। आप यह भावना रखते थे कि जब तक साहित्य का विकास नहीं होगा, तब तक उनकी जाति का विकास नहीं होगा। आपकी धारणा थी–साहित्य एक माध्यम है, जिसके द्वारा मानव का विकास हो सकता है। आपने अपने विचारों को अपनी पुस्तक "ओनोड हे बाहा–डालवाक् खोन' (1936 ई.) में व्यक्त करते हुए कहा है–रोड अकादा को ओक जात् रेयाक् पारसीगो से कथा रेगेच् गेया ओना जात् लागित् हारा आर रकाबोक् दो मुश्किल गेया; ओकोय होड़ सेरेञ से ओनोडहे वाच ब्ड़ायः उनी दो कुमायाचिच्।" अर्थात्–"कहा जाता है कि जिस जाति की भाषा या उसका साहित्य उन्नत नहीं है, उस जाति का विकास और प्रगति होना कठिन है। जो व्यक्ति गीत गाना नहीं जानता है वह व्यक्ति कठोर प्रकृति का होता है।" पाउल साहेब को अपनी भाषा की शक्ति पर विश्वास था। वे मानते थे–उनकी भाषा गतिशील है। उसमें ओज है, बल है। उसका अतीत भव्य है और उसका भविष्य उससे भी भव्य होगा–ऐसा आपका विश्वास था। आपकी दृष्टि में वही भाषा उन्नति कर सकती है; जिसके पास कहने को कुछ सन्देश हो, जिसके पास कहने को कोई कथा–कहानी हो, या उसके पास भाषा के माध्यम से ज्ञान एवं सद्‌गुण की शिक्षा देने की क्षमता हो। जिस जाति के पास ये सब न हों, उस जाति की भाषा उन्नति नहीं कर सकती है। अपनी रचना–'ओनोड हें--बाहा–डालवाक् खोना' की भूमिका में आपने कहा भी है–'ओका नात् रेयाक 'लाइ आगू' कथा और ओनाको रे चलाव यरोम अकान बड़ाय जोङ रेयाक् चेतगे बानुक ओन आत रेयाक् पार सीगो रकाबोक दो ओसाध गेया।' अर्थात्–'जिस जाति के पास कथाएँ नहीं है या उसमें ज्ञान–सद्‌गुण की शिक्षा देने की कोई चीज़ नहीं है, उस जाति की भाषा की उन्नति सम्भव नहीं है।' पर पाउल साहेब को यह विश्वास था कि सन्तालों के पास अपना संस्कार है,

अपनी परम्परा है और अपनी संस्कृति है। सन्ताल युगों से संघर्ष करता हुआ आज भी जीवित है। उनके जीवित रहने का आधार रहा है–उनकी भाषा और उनका अलिखित साहित्य। सन्ताल के पास कहने की बातें हैं। अतः उसमें उन्नति करने की क्षमता है। उसी भूमिका में पाउल साहेब ने गौरव के साथ कहा–''नोआ भारोत् वर्षें बोलो तोरा मोडे नाई दिसोम रो इन्दाज आर मान्दान सिञ सांव चेत् आवो रेन हपड़ाम को लडहाई जिताउ लेन रेयाक् कथा बानुक्–आ? चेत चम्पा गाड रेन किस्कू राजाज कोवाक् दाडे सालाक्, राजोस्टी चलाव बाबोत आर आतो रे तापाहेन रेयाक् बैसी, आनाडी, मोञ्च–मोञ्ज गाम को आर ईसोरेऱ (एसकार ठाकुर) सरहाब आर आगा–पूजावाय रेयाक् 'लाई आगू कथा' बानुक–आ?'' अर्थात् ''क्या भारतवर्ष में प्रवेश के समय पंजाब में इन्दन सिंह एव मान्दन सिंह के साथ संघर्ष में विजय का विषय नहीं है? क्या चम्पागढ़ में रहते समय किस्कू राजाओं की शक्तिशाली शासन–व्यवस्था और ग्रामीण–शासन पद्धति, अच्छी–अच्छी कहानियाँ तथा एक ही ईश्वर की आराधना का उत्तम गुण नहीं है?'' पाउल साहेव मानते थे कि उनकी संस्कृति में–परम्पराओं में बहुत–सी बातें हैं, जिनके आधार पर सन्ताल साहित्य का निर्माण किया जा सकता है। पर इसके साथ ही साथ वे साहित्य का विस्तार भी चाहते थे। कथा–कहानी, कविता तक ही साहित्य का क्षेत्र नहीं। वे तो साहित्य के अन्तर्गत ही भूगोल, गणित सौर विज्ञान को भी रखना चाहते हैं। साहित्य पर जितना उनका ध्यान था, उतना ही उनका ध्यान साहित्येतर साहित्य पर भी था। उन्होंने सन्तालों से कहा भी था–''तेहेञ आवो घारोञ्ज रे नवाँ आर आनाडी तीज बोन जुडाउएत् लेका काहनी, धरकील, हिसाब, जावरूकिल एमान बाबोत नवां–नवां तीज (साडे) पारसी गोता बोन बाबो जोगाड आय खान चेकातेय जोम दाडे उम्बराड ओचो वोना?'' अर्थात्–''हम अपने घरों में जैसे नयी–नयी वस्तुओं को व्यवहार में लाते हैं; उसी प्रकार हमें चाहिए कि साहित्य में भी कहानी, भूगोल, गणित एवं विज्ञान आदि विषयों को प्रचलित करें। इन विषयों को अपनी मातृभाषा में प्रचलित नहीं कर सके तो हम अपने समाज को शक्तिशाली कैसे बना सकते हैं।'' साहित्य को वे सोद्देश्य मानते थे। साहित्य साहित्य के लिए इस विचारधारा को वे नहीं मानते थे। साहित्य समाज का दर्पण है–यह उनकी भी धारणा थी। जाति एवं समाज का दर्शन हम अपने साहित्य के द्वारा ही कर सकते हैं! वे अपनी जाति का विकास चाहते थे,

समाज में जो कमजोरियाँ दिखाई पड़ती थी–उनसे समाज की वे मुक्ति चाहते थे। उन्हें विश्वास था–साहित्य ही समाज को दोषों से मुक्त कर सकता है। कारण, साहित्य का विशेषकर कविताओं का असर समाज पर अधिक पड़ता है। साहित्यकार पाउल ने कहा भी है–ओनोंड़ हें, दो थोड़ा, खाय आर खाटो रोड ते आयमा मान बुझाउ ओक चोवाक् सेरेञ कान ते अलगा ते मोन रे वजावक् आर ओनको रेयाक् सिखोना दो मोन्–पाटा रे ओल दोहोक् काना'। अर्थात्–''गीत या कविता द्वारा बहुत कम शब्दों में अर्थ शीघ्र प्रकट होने के कारण उससे मन पर बहुत शीघ्र असर पड़ जाता है और वह स्थायी होता है।''

श्री पाउल जुझार सोरेन का जन्म सन्ताल परगना ज़िले के पाकुडिया थाना में स्थित चुनपाडा गाँव में 29 दिसम्बर, 1892 को हुआ था। उनके पिता श्री मुंशी सोरेन अपने गाँव में ही एक शिक्षक का काम करते थे। अपने गाँव में ही नहीं, गाँव के बाहर भी आपके पितामह श्री पेकोक् सोरेन एक परगनैत थे। परगनैतों की सन्ताल समाज में काफ़ी प्रतिष्ठा रहती है। एक शिक्षक के पुत्र होने से उनकी शिक्षा की व्यवस्था आरम्भ से अच्छी हुई। आज तो सन्तालों में कुछ शिक्षा का प्रसार हो गया है। कॉलेजों में वे शिक्षा पाने लगे हैं। पर उस समय कॉलेज की शिक्षा पाये, बहुत कम लोगों के मन में ऐसी बातें उठती थीं। उस समय पूरे सन्ताल परगना ज़िले में एक भी कॉलेज नहीं था। पर बालक जुझार सोरेन कॉलेज की शिक्षा पायेगा, यह धारण उसके मन में बचपन में ही उठी। उनकी शिक्षा का श्रीगणेश उनके पिता ने स्वयं कराया। गाँव से शिक्षा प्राप्त कर वे आगे पढ़ने के लिए दुमका ज़िला स्कूल में दाखिल किये गये। उन्हेंने वहाँ से मैट्रिक की परीक्षा पास की। कॉलेज की शिक्षा पाने के लिए वे कलकत्ता गये और वही 'सन्त पाउलस कॉलेज' में नाम लिखाया। वहीं से उन्होंने आई.ए. की परीक्षा पास की। प्रतिकूल परिस्थितियों के कारण वे बी.ए. की परीक्षा पास न कर सके। बिहार सरकार ने सन् 1916 में उन्हें सबइन्स्पेक्टर ऑफ़ सन्ताल स्कूल्स के पद पर नियुक्त किया। बिहार सरकार के शिक्षा विभाग में उन्होंने 32 वर्ष तक सेवा की और वहीं से पेन्शन लिया। उक्त पद पर रहकर पाउल साहब ने सन्तालों के बीच जो शिक्षा का काम किया है, वह इतिहास का विषय है। सन्तालों में जो आज शिक्षा का प्रसार देखा जाता है, उसमें उनकी बड़ी देन है–यह अस्वीकार नहीं किया जा सकता है। शिक्षा की व्यवस्था के साथ ही साथ उन्होंने समाज सुधार पर भी ज़ोर दिया था।

सरकारी सेवा में रहते हुए भी वे बहुत लोकप्रिय व्यक्ति हो गये थे। यही कारण था, सरकारी सेवा से मुक्ति पाते ही उन्हें सन्तालों ने अपना नेता मान लिया और सन् 1952 ई. के चुनाव में 'लोकसभा, नयी दिल्ली' के लिए जनता ने उन्हें अपना प्रतिनिधि निर्वाचित किया। उस पद से भी उन्होंने देश की बड़ी सेवा की थी। दिल्ली में ही उनका देहान्त 19 फ़रवरी, 1954 को हो गया। सन्ताली साहित्य एवं सन्ताल भाषा के विशेषज्ञ के रूप में वे मान जाते थे। पटना विश्वविद्यालय ने सन्ताल पाठ्य समिति के लिए 1943–44 के लिए उन्हें सदस्य मनोनीत किया था और सन्ताल परगना के उपायुक्त ने उन्हें 1947–48 की अवधि में सरकारी कर्मचारियों की सन्ताल भाषा की दक्षता सम्बन्धी परीक्षा का परीक्षक नियुक्त किया था।

पाउल साहेब ने लिखा बहुत है, परिस्थितिवश उनकी अधिकांश रचनाएँ प्रकाश में नहीं आ सकीं। उनकी पहली पुस्तक 'वाहा–डालवाक्' सन् 1936 में छपी थी। उस प्रति को हमें देखने का सुअवसर प्राप्त हुआ है। दूसरी बार वह पुस्तक 1943 में छपी, वह प्रति मुझे न मिल सकी। पर मुझे ऐसा बताया गया कि नये–संस्करण में उस पुस्तक का कलेवर बदल गया था, उसमें उनकी और कई कविताएँ संकलित थीं। उसी कविता पुस्तक पर सन्ताल समाज ने उन्हें अपना आदि कवि माना है। भारतेन्दु हरिश्चन्द्र को हिन्दी साहित्य में जो स्थान प्राप्त है, वही स्थान सन्ताल साहित्य में श्री पाउल जुझार सोरेन को प्राप्त है। उन्हें हम सन्ताल साहित्य का भारतेन्दु भी कह सकते हैं। बताया जाता है कि उनकी 20–24 पुस्तकें अप्रकाशित रह गयी हैं। उनमें 'जोसेफ','हाला–बादला', 'माधोसिञ', 'जदुडीह आतो', 'मारे ढोल', 'आतो पुनासी', 'तहेञाक् सन्ताल परगना', कापी कर न (इतिहास), देशमाँझी सीतारामाक वक्तान, दिसामदुलाड, होमोन्तरान (शिक्षा) आदि उनकी पुस्तकें विशेष रूप से उल्लेखनीय हैं। उनकी अप्रकाशित पुस्तकों को छपवाने की व्यवस्था होनी चाहिए। हमें भय है, अगर शीघ्र इस ओर ध्यान नहीं दिया गया, तो भारतीय साहित्य की अमूल्य निधि नष्ट हो जायेगी। उन्होंने अपनी आत्मकथा भी लिखी थी, जो अप्रकाशित है। उसका भी प्रकाशन होना चाहिए।

हम देखते हैं कि श्री पाउल सोरेन का ध्यान विशाल सन्ताल साहित्य के निर्माण की ओर था। उन्होंने साहित्य की सभी विधाओ पर लिखा है। नाटक, कहानी निबन्ध, इतिहास, जीवनी, यात्रा–वर्णन, शिक्षा–विज्ञान,

कविता आदि साहित्य की सभी विधाओं पर उनकी लेखनी चली थी। सभी में उनको सफलता मिली थी। उनकी कविताओं का विषय भी विस्तृत था। अध्यात्म, समाज, राष्ट्रप्रेम, जाति–जीवन, देश–व्यक्ति सभी उनके काव्य के विषय थे। सृष्टि की निर्माण–कथा, ईश्वर–महिमा, लोक–जीवन आदि पर विशेष रूप से उन्होंने लिखा है। निम्नलिखित पंक्तियों में उनके काव्य–दर्शन की एक झाँकी हमें मिलती है–

दारे आसराय ठेन तियोग, कोक् रासका कुकुच;
काहू, कुडिंत्को, गिदी, हुच्–हुच्।
गुपीको सांव गाइ–मेरोम, होड़को चातोम गोक्;
रुआड़ कानको हो, हानको, उमुल ते ओड़ाक्।

अर्थात्–'वृक्ष के पास पहुँचते की आनन्द से बगुला अपने शरीर को समेट कर बैठ जाता है। उसके पास ही कऊआ, चील और अन्य चिड़ियाँ भी आकर वहीं बैठ जाती है।

गाय चराने वाले के साथ गाय, बकरी, अन्य मवेशी, सभी लौटकर घर आ रहे हैं और ग्रामीण लोग कन्धों पर छाता रखकर गाँव वापस आ रहे हैं।'

कवि ने घर वापसी के समय का एक शब्दचित्र दिया है। घर स्वर्ग–सा सुखद है। घर पर थके मन को राहत मिलती है। कवि मानता है–सुख का अनुभव तब तक नहीं हो सकता है जब तक उसे दुख का अनुभव नहीं होगा। कारण मानव–जीवन सुख–दुख के संगम पर ही बना है। अपनी कविता 'हेडेमे' शीर्षक में कवि ने इसी विषय पर ज़ोर दिया है। कवि की कविता देखें–

हेडेम हडहात् हो, हडहात् हेडेम,
हडहात् गे सारी, नासोल हेडेम;
मानेवा होपोन बुझाउ चाहीम,
हडहात् सुम्बराउ रेम हामेट हेड़े!

अर्थात्–मधु में ही गरल है। गरल में ही मधु छिपा है। वास्तविक बात तो यह है कि गरल में ही मधु का असली रूप हमें मिलता है। कवि मानव को उपदेश देते हुए कहता है–हे मानव! अगर तुम मधु को प्राप्त करना चाहते हो तो पहले गरल का पान करो। गरल पान में ही मधु की प्राप्ति है।

(2) श्री गोपाल लाल वर्मा–(सन् 1891–) : आज सन्ताल–साहित्य की लिपि नागरी मानी जाने लगी हैं। पर एक दिन था जब सन्ताली साहित्य की एक भी पुस्तक नागरी लिपि में नहीं थी। सन्ताली साहित्य के लिए रोमन लिपि का व्यापक प्रचार था। पाठ्य–पुस्तकें रोमन लिपि में छापी जाती थीं। सन् 1939–40 में बिहार प्रान्त में निरक्षरता निवारण का काम करने के लिए एक प्रादेशिक संस्था निरक्षरता निवारण समिति के नाम पर सरकार की ओर से गठित की गयी थी। उसने निश्चय किया था कि सन्तालों को पढ़ाने के लिये जो प्रारम्भिक पुस्तकें तैयार करायी जायें, वे सभी रोमन लिपि में छापी जायें। सरकार का यह निर्णय बिहार प्रादेशिक हिन्दी साहित्य सम्मेलन के सामने आया था। सम्मेलन ने इसका विरोध करने का निश्चय किया। सम्मेलन के माध्यम से हम लोगों ने सरकार के निर्णय के विरोध में एक व्यापक आन्दोलन आरम्भ किया। सरकार के सामने एक संकट उपस्थित करने में हम सफल भी हुए। पर तब तक सरकार के सामने हम कोई व्यावहारिक स्वरूप उपस्थित नहीं कर पाये थे। इसी बीच सन्ताल परगना के एक शिक्षाविभाग के अधिकारी ने देवनागरी लिपि में सन्ताल भाषा का एक चार्ट बना दिया। इतना ही नहीं, उसने यह भी प्रमाणित करने की चेष्टा की कि देवनागरी लिपि बहुत दिन से सन्तालों की लिपि रही है। उनसे हम सम्मेलन के कार्यकर्त्ताओं को बहुत बल मिला था। हमने निरक्षरता निवारण समिति को विवश किया कि वे अपने निर्णय को बदलें। हमें उस समय पूरी सफलता तो न मिली, फिर भी उक्त कमिटी ने सन्तालों के पढ़ने के चार्ट देवनागरी और रोमन दोनों में छापने का निश्चय किया। नागरी लिपि में सन्ताल भाषा के चार्ट तैयार करने का भार उसी शिक्षाविभाग के अधिकारी को दिया गया।

शिक्षा विभाग के वे अधिकारी श्री गोपाल लाल वर्मा थे। उन्होंने सन्ताली भाषा का चार्ट ही नहीं बनाया था, एक पुस्तक भी सन्ताली भाषा की नागरी में लिखी थी। उस पुस्तक का नाम था–'सन्ताली साहित्य पुथी'। यह पुस्तक सन् 1940 में छपी थी। उन दिनों श्री गोपाल लाल वर्मा गोड्डा में स्कूल के डिप्टी इन्स्पेक्टर थे। इस पुस्तक के प्रकाशन के पूर्व सन्ताली भाषा के लिए जो पुस्तक प्रचलित थी, उनका नाम था–'होड़ रोड रे आक'! वह रोमन लिपि में छपी थी। गोपाल बाबू ने अपनी उक्त पुस्तक के सम्बन्ध में कहा है–'सन्ताली के लगभाग सभी स्वर और व्यंजन वर्ण हिन्दी के हैं तथा उसी के नियम पर रखे जाते हैं।

हिन्दी के क वर्ग, च वर्ग, ट वर्ग, त वर्ग और प वर्ग के उच्चारण सन्ताली में ठीक वैसे ही हैं। इतना ही नहीं उसी पुस्तक में उन्होंने यह भी व्यक्त किया है कि संस्कृत भाषा के व्याकरण के अनुसार तीन वचन सन्ताली भाषा में भी पाये जाते हैं। ऐसी अवस्था में उन्होंने अपनी मान्यता दी कि सन्ताली भाषा के लिए देवनागरी लिपि के अतिरिक्त कोई दूसरी लिपि उपयुक्त नहीं हो सकती है। गोपाल बाबू 30 वर्षों से यह प्रचारित करते रहे है कि सन्ताली भाषा की समस्त ध्वनि समूह देवनागरी लिपि में वर्तमान है। गोपाल बाबू और उनके ऐसे कुछ अन्य व्यक्तियों के सहयोग से हम लोगों ने बिहार हिन्दी साहित्य सम्मेलन के माध्यम से एक आन्दोलन चलाकर सन् 1640 में पटना विश्वविद्यालय को विवश किया था कि मैट्रिकुलेशन परीक्षा में सन्ताली भाषा के रूप में स्वीकृत करें और 'बोर्ड ऑफ़ सन्ताली स्टडीज' बनाये। हम लोगों को सफलता मिली। सन्ताली भाषा को विश्वविद्यालय में स्थान दिया गया। सन्ताली भाषा के लिए देवनागरी लिपि स्वीकृत हुई और बोर्ड ऑफ़ सन्ताली स्टडीज की स्थापना हुई। बोर्ड ऑफ़ सन्ताल स्टडीज के वे सदस्य हुए और उन्होंने अपने दो सहयोगियों के सहयोग से एक पुस्तक सन्ताली भाषा में सम्पादित की, जो पटना विश्वविद्यालय के मैट्रिकुलेशन परीक्षा के लिए स्वीकृत भी हुई।

श्री गोपाल लाल वर्मा का जन्म मुंगेर ज़िला के बरबोधा थाना के अन्तर्गत माऊर गाँव में सन् 1891 में हुआ था। माऊर गाँव का बिहार में आज एक ऐतिहासिक महत्त्व हो गया है। इस गाँव को बिहार केसरी डॉक्टर श्री कृष्ण सिंह को जन्म देने का गौरव प्राप्त है। पर गोपाल बाबू माऊर में जन्म पाकर भी दुमका के हो गये हैं। दुमका में उन्होंने अपना मकान बना लिया है, 25 वर्षों से इस नगर में रह रहे हैं। दुमका में मूल–निवासियों की संख्या कम है, अधिकांश इस नगर के निवासी गोपाल बाबू के समान ही प्रवासी हैं। यही कारण है, गोपाल बाबू अपने को दुमका का प्रवासी नहीं, दुमका का निवासी मानते हैं। श्री गोपाल लाल वर्मा के पिता का नाम श्री नन्दलाल था। वे बड़े ही स्वाभिमानी और उर्दू–फ़ारसी के विद्वान थे। यही कारण था, गोपाल बाबू की शिक्षा– दीक्षा उर्दू–फ़ारसी के माध्यम से आरम्भ हुई। उन दिनों उर्दू रोटी की भाषा थी। पर उस समय आर्यसमाज का आन्दोलन चल रहा था। उसके अन्तर्गत धर्म–भाषा का आन्दोलन चल रहा था। सदैव धर्म का स्थान रोटी से आगे रहा है। गोपाल बाबू के पिताजी चाहते थे–गोपाल रोटी की भाषा

पढ़े और उनके बड़े भाई जो आर्यसमाजी थे, वे चाहते थे कि गोपाल धर्म की भाषा पढ़े। भाई को सफलता मिली। ग्राम के प्राथमिक पाठ्शाला में वे भरती हुए। वहाँ से आगे की पढ़ाई उन्होंने गया और पटना में समाप्त की। कॉलेज की पढ़ाई भागलपुर टी.एन.जे. कॉलेज में पायी। सन् 1918 में उन्होंने बी.ए. की परीक्षा पास की। सन् 1926 में पटना ट्रेनिंग कॉलेज से उन्होंने बी.एड. की परीक्षा पास की। घर की आर्थिक स्थिति को देखकर उन्होंने शिक्षा–विभाग में नौकरी कर ली। वे सब इन्स्पेक्टर ऑफ़ स्कूल्स के पद पर नियुक्त हुए। उस पद में सदैव उनकी पदोन्नति होती रही। वे अपनी कार्यदक्षता के कारण पदोन्नति करते–करते असिस्टेन्ट डायरेक्टर ऑफ़ पब्लिक एजुकेशन तक हो गये थे। सन्ताल परगना में आने के पूर्व गोपाल बाबू ने छपरा तथा गया ज़िले में काम किया था।

सन् 1939 में गोपाल बाबू गोड्डा में डिप्टी इंस्पेक्टर के पद पर पदस्थाप्ति हो गये थे। यहाँ आते ही सन्ताली भाषा के लिए रोमन लिपि के स्थान पर नागरी लिपि का प्रचलन आरम्भ किया। उनका यह काम हिन्दी साहित्य के इतिहास में चिरस्मरणीय रहेगा। यह काम उनके लिए बहुत महँगा पड़ा। सन्ताल संस्कृति, सन्ताली भाषा और लिपि एवं सन्ताल परगना का चलता फिरता इतिहास हम गोपाल बाबू को मानते हैं। वे इन विषयों के विश्वकोश हैं। उन्होंने सन्तालों के सम्बन्ध में हिन्दी में बहुत लिखा है। सन्ताली भाषा में उनकी कई पुस्तकें मिलती हैं। सन्ताली पहिल पुथी अकिल मारशल का नाम विशेष रूप से उल्लेखनीय है। उन्होंने सन्ताली व्याकरण तथा सन्ताली लोकगीतों पर पुस्तकें तैयार की हैं जो प्रकाशन की प्रतीक्षा में हैं। उन्होंने हापड़ाप को वाक काथा और दसाय सेरञे और टुडूर कोडा मादाडिया नामक पुस्तकों का सम्पादन भी किया है।

(3) श्री नारायण सोरेन 'तोडे सुताम' (सन् 1923) : कविवर श्री नारायण सोरेन 'तोडे सुताम' जी सन्ताली साहित्य गगन के देदीप्यमान नक्षत्र हैं। वे तोडे सुताम के नाम से प्रसिद्ध हैं। वे सन्तालागम के एक अच्छे ज्ञाता एवं अनुभवी विद्वान हैं। उनकी रचनाओं को देखने पर मालूम होता है कि उन्होंने सन्ताल समाज का सूक्ष्म दृष्टि से अध्ययन किया है। 'तोडे सुताम' केवल आचार–शास्त्र के ही पण्डित नहीं है, पर इसके साथ ही साथ उन्होंने अध्यात्म, दर्शन एवं राष्ट्र–प्रेम में भी अपनी कुशलता का परिचय दिया है। उसके सम्बन्ध में एक बार होड़–संवाद में इस प्रकार विचार व्यक्त हुआ था–

'तोडे सुतामाक्' ओनोडहें रे दो सिमिरजाविच् आर सिरजोन रेयाक् ओको भेद बड़ाय जोङ रेयाक् रेंगेच् सालाक्–जुग, जियोन आर दिशाम रेयाक् नवाँ–नवाँ सान्देश हो ञामोक्–आ। कथा कुन्दाउ आर लाइ सोक्दोर धारा ही उनीयाक् ओनोड हें रे दो जुदा और नवाँ गे आइकाउक्–आ। आडी उतार ओनोडहे 'तोड सुताम' दो 'नवाँ ओनोडहे जोक्डाव ञारा' तेय जोड़ाव अकात्बोना।

अर्थात्–तोडे सुताम की कविता में सृजनहार तथा सृष्टि के भेद–भाव प्रकट होते हैं तथा साथ ही साथ देश के नवीन सन्देश का भी उसमें समावेश होता है। उनकी कविता में युग जीवन एवं देश के नये–नये विचारों का दर्शन हमें मिलता है। श्री नारायण सोरेन 'तोडे सुताम' का जन्म सन् 1923 में सन्ताल परगना ज़िला के पाकुड अनुमण्डल के अन्तर्गत स्थिति छोटा गाँव अशिला में हुआ है। उन्होंने बी.ए. तक शिक्षा पायी है। उन्होंने अपने जीवन का श्रीगणेश सरकारी नौकरी से किया है। सन् 1948 में उन्हें एक सरकारी पद पर नियुक्त किया गया और सन् 1952 तक वे सरकारी पद पर रहे। सरकारी नौकरी उनके लिए एक बन्धन थी। अत उन्होंने उसे छोड़ दिया और राजनीति से अपना सम्बन्ध उन्होंने जोड़ लिया। कुछ दिनों तक एक स्कूल में वे शिक्षक भी रहे हैं। आजकल वे एम.एल.सी. हैं।

उनका साहित्यिक जीवन उनके विद्यार्थी जीवन से ही आरम्भ हो जाता है। राजनीति में वे अवश्य हैं, पर पहले वे अपने को साहित्यिक मानते हैं। वे हृदय से साहित्यकार हैं, कर्म से राजनीतिज्ञ। ऐसा कोई व्यक्ति नहीं मिलेगा जिसका संन्ताल साहित्य से सम्बन्ध हो और वह अपने लोकप्रिय साहित्यकार 'तोडे सुताम' को नहीं जानता हो। उनका 'गिरा' (निमन्त्रण) नामक कविता–संग्रह सन् 1954 ई. में प्रकाशित हुआ है। 'गिरा' सन्ताल साहित्य का एक मील–स्तम्भ माना गया है। मैं तो कह सकता हूँ–इस पुस्तक से सन्ताल–काव्य साहित्य में एक नये युग का आरम्भ हुआ है। इस काव्य संग्रह में उनकी कई कविताएँ संकलित हैं। उनकी प्रकाशित कविताओं के दो–तीन अन्य काव्य–संग्रह प्रकाशन की प्रतीक्षा में हैं। 'उभनी सगेक' और 'डाहारघुडी' इन दोनों कविता संग्रहों की प्रेस कापी भी उन्होंने तैयार कर ली है। 'तोडे सुताम' केवल कवि ही नहीं हैं, वे बहुत अच्छे कहानीकार भी हैं। उनकी कई कहानियाँ 'होड़ सोम्बाद' में प्रकाशित हुई हैं। कहानी के क्षेत्र में इन्होंने नया प्रयोग किया है, नयी मान्यतायें स्थापित की हैं। उनकी कहानियों में 'अप–टु–डेट',

'जहार घुडी', 'केंमितञ', 'मताल' आदि का नाम बहुत उल्लेखनीय है। सन्ताली भाषा–भाषियों में उनकी कहानियाँ विशेष रूप से लोकप्रिय हैं। तोडे सुताम जी की कवितायें जिस प्रकार गेय हैं, उसी प्रकार कहानियाँ भी पठनीय हैं। सन्ताल–विद्रोह के नायक सिदो–कान्हू के जन्मस्थान 'भोगनाडीह' गाँव के ऊपर उनकी एक ऐतिहासिक कविता प्रकाश में आयी है, जो बहुत ही लोकप्रिय है। उस कविता में तोडे सुताम जी ने 'भोगनाडीह' को एक तीर्थ–स्थान माना है। जिस धरती ने महात्मा गाँधी ने 87 वर्ष पूर्व अंग्रेज़ों को मातृभूमि को छोड़कर जाने के लिए कहने वाले को जन्म दिया हो, वह धरती केवल सन्तालों का ही नहीं, पूरे भारत का तीर्थ–स्थान है। 'तोडे सुताम' जी केवल कवि और कहानीकार ही नहीं हैं, सन्ताल–साहित्य के प्रहरी भी हैं। उसके विकास एवं प्रगति के लिए वे सचेष्ट रहते हैं। उन्होंने दुमका में सन्ताली भाषा समिति की स्थापना की है, उसके वे सभापति भी रहे हैं। उन्होंने सन्ताली भाषा में मालोक नामक एक पत्रिका भी निकाली थी।

सुताम जी की कविता में हम अध्यात्मवाद पाते हैं। ईश्वर के प्रति कवि को अगाध श्रद्धा है। 'नालोम सुआड' शीर्षक कविता में कवि कहता है–

जहाँतिस जुदी ओन्तोर दुआर
प्रभु! झिच् ताम जाम
इञाक्, दुआर रापुत् काते
जिवी ते बोलमे, दुलाड!
नालोम सुआड।

अर्थात्–कवि ईश्वर से निवेदन करते हुए कहते हैं–हे प्रभु! यदि कभी मेरे अन्तर–द्वार बन्द पाओ, तो उसे बलपूर्वक तोड़ दो और मेरे प्राणों में आ बैठो। हे प्रिय! द्वार पर आकर योंही मत लौट जाओ!

कवि 'तोड़े सुताम' ने सिदो गाँव 'भगनाडीह' के प्रति अपनी श्रद्धा निवेदित करते हुए कहा है–

भागान गेयाम भोगनाडी सोनोत होपोन–थान;
ञावान ताहें, साती गुनान होपोन देश–भक्तियान।
ओकोय दो निजेको गिडीयेन ओवारको लागित् पोर;
बेहोक बिरुद बाछावानको लांदावाते कुचित जानुम होर।

अर्थात्–'भोगनाडीह' तुम भाग्यवान हो, जहाँ पवित्र पुत्र ने जन्म लिया और जहाँ देशभक्त पुत्र पैदा हुए। उस पुत्र ने दूसरे के उद्धार के लिए अपने को निछावर कर दिया और जन–कल्याण के लिए हँसकर काँटे भरे रास्ते पर क़दम रखा।

हिन्दी में प्रयोगवादी काव्य–धारा जो बह रही है, वही काव्य–धारा हम तोडे सुताम जी की कविताओं में पाते हैं। उस प्रकार की कविता के लिए मुक्त छन्द का प्रयोग होता है। कवि वे सन्ताली साहित्य में मुक्त छन्द का प्रयोग किया है। उनकी मुक्त छन्द की रचना देखें–

तिमिन चो जुग केरा धारना तायोम
होड़मो–मोने–जीवी दान काते
तोपोस्सा ञावाना, नोआ,
रासका रूप
पारिजात वाहा
पोरजातेन राज
बे–ताबे, बिदलाई!
तिमिन इपिल, हाय!–
मरसाल लान्दावाते
–बे–मुलिन, ओन्तोर ताला–
रिसामाला सेरमा खोन

अर्थात्–बहुत दिनों से आराधना के पश्चात तन–मन दान करके तथा तपस्या करके यह आनन्दित रूप हमने प्राप्त किया है और कमल रूपो मन अब विकसित हो गया है। नीले गगन पर अनेक तारे विहंस रहे हैं।

चीन का जब नेफा और लद्दाख पर आक्रमण हुआ, तब प्रयोगवादी तोडे सुताम जी ने मुक्त छन्द में रचना की–

नेफा आर लदाक,
कुलीयेम, ए कवि! ए ओन्तोर!
आमाक् ओन्तोर!
सागुन तेहेञ दिन–
ञेलकोम
ओनको,
तोआ–दारे जोनोम–दिसाम रेन ओनको दुलाल,
सुरुज–अङ्कर नितिबे–इंजिच् लेप्,

अर्थात्–हे कवि! नेफा और लद्दाख से पूछो और अपने अन्तःकरण से पूछो। आज पुण्य का दिन है, हमारी मातृभूमि के लाल आग की लौ के समान जगमगा रहे हैं।

कवि मानता है कि वह भारत के मनोबल का प्रहरी है। अतः वह चाहता है कि लोगों में जागृति रहे, उत्साह रहे। राष्ट्र की सबसे बड़ी शक्ति उत्साह है। जाग्रत लोगों के घर में चोर प्रवेश नहीं करता है। अतः माँ से निवेदन करता हुआ कवि 'तोडे सुताम' कहता है–

तोआ दारे!
एभेनमे जुआन दाडे,
भआडमे सेदाय बिदाल;
गुन, पुन, ओन, धोन।
एगो मानोतान, म न, दिन
रुआड़ रोफाय, नायो।
दिन–दाता चाँदी

अर्थात्–हे माँ! हमारी जवानी को वापस करो। हमारे पूर्वजों को वापस करो। उनके गुण, पुण्य और धन को हमें वापस करो। हम लोगों को जन्म देने वाली आदरणीय माँ, हमें शान्ति दो।

कवि चाहता है कि उसका देश हरा–भरा रहे। हिमालय उसका है, गंगा नदी उसकी है, दोनों कवि के लिए पवित्र हैं। गंगा के प्रति अपनी भावनाओं को कवि इस प्रकार व्यक्त करता है–

हिमालय चोट चुडा बोरोप–लोदाम
सीमा तोल थोल बिनु दाक्–खान–
से हाले–
महादेव जाटा जाल–ओको
गाङ नाँई–
जुग–जुग जिवी–दाक् एमोक् गे ताहेन
आँजदोक् बानुक् आन्
आतुक् गे ताहेन

अर्थात्–हिमालय पर्वत की चोटी पर स्थित महादेव की जटा से निकली हुई गंगा नदी, जीवन रूपी पानी को सदैव देती रहे। गंगा सदैव जल से भरी रहे और सदैव बहती रहे।

श्री नारायण सोरेन 'तोडे सुताम' की रचनाओं को राष्ट्रभारती में अनुवाद करके प्रकाशित किया जाय, तो हमें आशा है, राष्ट्रभारती को उनसे बल मिलेगा। सन्ताली साहित्य को उनसे बड़ी–बड़ी आशाएँ हैं। राजनीति के चक्र से वे अपने को बचा सके तो सन्ताली साहित्य की ही श्रीवृद्धि नहीं होगी, भारतीय साहित्य भण्डार भी उनसे भरेगा। तोडे सुताम के प्रति हमारी यह मंगल कामना है।

(4) साधु रामचाँद मुर्मू : साधु रामचाँद मुर्मू एक सन्त कवि हैं। वे जिज्ञासुओं को अध्यात्म रस पान कराते हैं। इनका जन्म पश्चिम बंगाल के ज़िले मेदिनीपुर में स्थित बैगमार बान्दी गाँव में हुआ है। उनका विशेष परिचय मुझे प्राप्त नहीं हो सका। धर्म एवं कर्मकाण्ड पर उनका अपना विशेष अध्ययन है। उन्होंने सन्ताल–धर्म पर एक ग्रन्थ लिखा है। बताया जाता है कि उन्होंने सन्ताली भाषा में एक नाटक 'संसार भेद' के नाम से लिखा है। 'होड़ सोम्बाद' में उनकी कविताएँ प्रकाशित हुई हैं। 'बाहा' शीर्षक कविता में कवि ने फूल के प्रति अपनी भावना इस प्रकार व्यक्त की है–

होड़मो टोलाक्, मोने टोलाक्,
नाना रूपको ओण्डे ओलाक्:
आबी–भाबी ते जिवी गोलाक् चोहुट चिगार सालाक्।
होय सांव ते सेनोक् मोखोन,
ढेव सांव ते केड़ेप् दोदोन;
चेत् हाहाडा मोनोर मोतोन खोलोन मिलोन चोलोन।
मांहिर मधुर मोहोक आमाक्
गोटा तोरोप बास ते आमाक्,
उरू गुन–गुन हुना–तामाक् हेच् आमको जोजोमाक्।।

अर्थात्–फूल की पंखुड़ियाँ बहुत प्रकार की हैं। वे शरीर तथा मन को लुभाने वाली हैं। उनके स्मरण मात्र से ही शान्ति प्राप्त होती है। वह पानी और हवा से पालित है और वह सबको आश्चर्यजनक आनन्द देती है। फूल से कवि कहता है–तुम्हारा सुगन्ध बहुत मधुर है और भौंरे तुम पर गुनगुनाते रहते हैं। इतना ही नहीं, कवि कमल फूल को सुहागन रानी मानता है। उसके रूप को सोना और चाँदी के समान मानता है। कवि फूल को कहता है–

जालापुरी रे पोरायनी!
सोहाग रिनिच् आम दो रानी;
चोहुट चिकोन होड़मो काँड़ोक् दोरया शोभाम साडोक्।
सोना–रुपा ओलोन काठी,
होड़मो रोङ ओना जुटी;
शिशिर जुराक् लिटी–पिटी चाँदो आच् होय लिटी।

अर्थात्–हे सागर के कमल! तुम बहुत सोहागन हो। तुम्हारा शरीर बहुत चिकना है। वह सोना और चाँदी के समान शोभायमान है। तुम्हारी चोटी पर शिशिर की वर्षा होती है, चन्द्रमा की कान्ति भी तुम्हारे सामने मात है।

(5) श्री डोमन साहु 'समीर' (1924) : सन्ताली साहित्य का जो रूप हम आज देखते हैं और 20 वर्षों में सन्ताली साहित्य में जो प्रयोग हुए हैं, जो इसकी उपलब्धि है, उसका सारा श्रेय ऐसे व्यक्ति को प्राप्त है जो स्वयं सन्ताली भाषा–भाषी नहीं है, पर वह सन्ताली भाषा का विशेषज्ञ माना जाता है। उस व्यक्ति को सन्ताली साहित्य में वही स्थान प्राप्त है, जो आधुनिक हिन्दी में आचार्य महावीर प्रसाद द्विवेदी को प्राप्त है। उस व्यक्ति का नाम डोमन साहु 'समीर' है। डोमन साहु 'समीर' ने सन्ताली भाषा के लिए वही काम किया है, जो काम आचार्य महावीर प्रसाद द्विवेदी ने आधुनिक हिन्दी के लिए किया है। उनकी 'सरस्वती' की बहुत बड़ी देन है। 'सरस्वती' के माध्यम से आचार्य महावीर प्रसाद द्विवेदी से सैकड़ो लेखक, कवि और कहानीकारों का निर्माण किया था। श्री डोमन साहु 'समीर' ने भी अपने 'होड़ सोम्बाद' के द्वारा अनेक सन्ताली लेखक, कवि एवं कहानीकार का निर्माण किया है। 'होड़ सोम्बाद' केवल एक साप्ताहिक पत्र ही नहीं है, वह तो सन्ताली साहित्य–निर्माण की एक विशाल संस्थान है। सन्ताली साहित्य के निर्माण के लिए या उसके प्रचार एवं प्रसार के लिए कोई साहित्यिक संस्था सक्रिय नहीं है। उसके अभाव में 'होड़ सोम्बाद' एक साहित्यिक संस्थान का काम कर रहा है। 18 वर्षों से 'होड़ सोम्बाद' का सम्पादन श्री डोमन साहु 'समीर' कर रहे हैं। व्याकरण के द्वारा उन्होंने भाषा को अनुशासित किया है; संयमित बनाया है। लगभग एक सौ कहानियाँ, तीन सौ कविताएँ एवं विभिन्न विषय पर एक सो निबन्ध भी समीर जी ने 'होड़ सोम्बाद' में प्रकाशित किये हैं। इन्हीं उपादानों से सन्ताली साहित्य का निर्माण हुआ है। समीर जी ने कुछ सन्ताली शब्दो की लिखावट में परिवर्तन किया है। शब्दों के स्वरूप में परिवर्तन होना स्वाभाविक है।

समीर जी ने स्वयं यह स्वीकार करते हुए कहा है–सन्ताली के कतिपय शब्दों के हिज्जे पहले से कुछ भिन्न हैं, जैसे–अकान्, अकात् आदि। पहले इनके हिज्जे आकान्, आकात् आदि थे। परन्तु देवनागरी लिपि की कसौटी पर अकान्, अकात्, आदि ही शुद्ध जँचते हैं। आकान्, आकात् आदि रोमन–सन्ताली के अनुकरण पर हैं जो सही नहीं है। मुझे ये हिज्जे देवनागरी लिपि के माध्यम से सन्ताली सीखने वालों के लिए विशेष रूप से आवश्यक और सही जान पड़े हैं। साथ ही, मुझे यह विश्वास है कि अपने इन नये हिज्जेओं के कारण यह भाषा मुंडारी, हो आदि अपनी सहोदरों के निकटतर आ जाती है।' समीर जी सन्ताली भाषा के प्रचार एवं प्रसार के लिए सचेष्ट हैं। मुझे यह कहते हुए गौरव का अनुभव हो रहा है कि मेरे मित्रवर समीर जी अब एक व्यक्तिमात्र नहीं रह गये हैं; वे तो अपने आप में एक संस्था हो गये हैं। आचार्य शिवपूजन सहाय ने समीर जी का उल्लेख करते हुए कहा था–'नागरी लिपि के माध्यम से सन्ताली साहित्य के निर्माण का श्रेय 'होड़ सोम्बाद' के सम्पादक 'समीर' जी को है जो सन्तालों के पण्डित होते हुए भी हिन्दी के सुपरिचित लेखक हैं और जिनके लेखों से हिन्दी संसार में आदिवासी क्षेत्र की भाषाओं के साहित्य की विशेषता प्रकट हुई है। डॉक्टर लक्ष्मीनारायण सुधांशु ने तो इन्हें सन्ताली साहित्य का एक पुरोहित माना है। वे कहते हैं–'श्री डोमन साहु 'समीर' सन्ताली भाषा के एक जाने–माने विशेषज्ञ हैं। बहुत दिनों से समीर जी सन्ताली भाषा और सन्ताली संस्कृति के सम्बन्ध में लिखते आ रहे हैं। 'आचार्य' की पदवी से उन्हें मैं सम्बोधित करता हूँ। सही मायने में समीर जी आचार्य हैं। इन पंक्तियों के माध्यम से मेरा हिन्दी साहित्य के सामने एक प्रस्ताव है कि अब समीर जी को 'आचार्य डोमन साहु 'समीर', कहा जाय। आशा है, मेरे इस प्रस्ताव का स्वागत होगा।'

आचार्य समीर जी का जन्म सन्ताल परगना ज़िला के 'पन्दाहा' नामक गाँव में 30 जून, 1924 को हुआ था। उन्होंने हिन्दी में भी काफ़ी लिखा है। जब सन्तालों की लिपि का प्रश्न लेकर हम लोगों ने बिहार प्रादेशिक हिन्दी साहित्य सम्मेलन की ओर से आन्दोलन आरम्भ किया था, तब समीर जी ने खुलकर सक्रिय भाग लिया था। सन्ताली भाषा की नागरी लिपि में लिखे जाने का जो सफल प्रयास हुआ, उसमें समीर जी का काफ़ी योगदान रहा है। नागरी लिपि के लिए उनकी जो सेवाएँ हैं, वे सदैव याद की जायेंगी। समीर जी सन्तालों की भाषा, सभ्यता तथा

संस्कृति सम्बन्धी कई निबन्ध विभिन्न पत्रों में लिखते रहे हैं। सन् 1941 में सरस्वती में उनका एक निबन्ध 'सन्तालों के जातीय संस्कार' शीर्षक से छपा था। उस निबन्ध की चर्चा हुई थी। उन्होंने एक वर्ष के बाद सन् 1942 में माधुरी में 'सन्ताली भाषा और साहित्य' का संक्षिप्त परिचय दिया था। इसी प्रसंग में यह कहा जा सकता है कि उसका 'सन्ताली संस्कृति की थाती' (आजकल, 1946), सन्ताल शब्द की उत्पत्ति (साहित्य), सन्ताल और उनकी संस्कृति (अवन्तिका), सन्तालों की धार्मिक संस्कृति (अनुग्रह अभिनन्दन ग्रन्थावली), 'सन्ताल संस्कृति के स्वर'–(मुंशी अभिनन्दन ग्रन्थ), सन्तालों में ईश्वर और जीवात्मा सम्बन्धी मान्यताएँ (जनपद) आदि निबन्ध प्रकाशित हुए हैं। बिहार के आदिवासी में सन्तालों के सामाजिक स्वरूप पर समीर जी का एक व्यापक निबन्ध संकलित किया गया है। उस पुस्तक की भूमिका में कहा गया है कि समीर जी ने एक बहुत रोचक पुस्तक सन्तालों के जन–जीवन पर तैयार की है। 'राष्ट्रभाषा परिषद्' के चतुर्थ वार्षिकोत्सव के अवसर पर समीर जी ने 'सन्ताली भाषा और साहित्य' पर एक निबन्ध का पाठ किया था। समीर जी बिहार पाठ्य पुस्तक समिति (पटना) की सन्ताली भाषा की पाठ्य समिति के सदस्य हैं। बिहार राष्ट्रभाषा परिषद् (पटना) की सन्ताली समिति के सदस्य हैं। पटना विश्वविद्यालय के बोर्ड ऑफ़ सन्ताली स्टडीज के सदस्य रहे हैं।

समीर जी की सन्ताली भाषा की छोटी–बड़ी निम्नलिखित पुस्तकें प्रकाशित हैं:–

(1) सेदाय गाते (समाजोपयोगी), (2) महात्मा गाँधी (जीवन चरित्र), (3) दिसोम बाबा (काव्य), (4) बुलभुण्डा (कहानी संग्रह), (5) रामायण (संक्षिप्त गद्यानुवाद), (6) सन्ताली प्रवेशिका (भाषा ज्ञान)।

दिसोम बाबा में कवि समीर जी सन्ताली भाषा में कहते हैं–

हिसका–सेंगेल दो, गुरु हो, इँडिच् एना रे;
गुरु हो, इँडिच् एना रे।
(हरि–हरि) नेंयाव–भारण्डो दो, चेला हो, दोम्बड़ाव एना रे
चेला हो, दोम्बड़ाव एना रे।।
होड़को लाइ केत्, 'उनी दो चाँदोय ताहेंकान?
गुरु दो चाँदोय ताहेंकान!

(हरि–हरि) होड़को आञ्जोम केत्, 'उनी दो ईसोरे ताहेंकान!
गुरु दो ईसोरे ताहेंकान!

समीर जी ने हिन्दी में इसका पद में अनुवाद किया है, जो इस प्रकार है–

कलह की आग बुझ गयी;
बुझ गयी कलह की आग।
विद्वेष का बवंडर दब गया;
दब गया विद्वेष का बवंडर।

लोगों ने कहा, ''वे भगवान थे।''
''भगवान् थे वे''–कहा लोगों ने।
लोगों ने सुना, ''वे परमेश्वर थे।''
''परमेश्वर थे वे'' सुना लोगों ने।।

समीर जी ने सन्ताली भाषा की कुछ विशिष्ट ध्वानियों के लिए देवनागरी लिपि में कतिपय नये प्रयोग किये हैं। रोमन लिपि के समर्थकों को पहले यह दावा था कि नागरी लिपि में सन्ताली भाषा की जो कुछ विशिष्ट ध्वनियाँ हैं, उनके लिए नागरी लिपि अनुपयुक्त है, पर समीर जी ने नये–नये आविष्कार कर यह प्रमाणित कर दिया है कि आवश्यक चिह्नों को लगाकर सन्ताली की विशिष्ट ध्वनियों को प्रयोग में लाया जा सकता है। सन्ताली भाषा में सन्ताली प्रवेशिका (व्याकरण) तीन भागों में उनका प्रकाशित हो चुका है। इधर कुछ ही दिनों पहले 'सन्ताली प्रकाशिका' नामक, सन्ताली व्याकरण उनका प्रकाशित हुआ है, जो सन्ताली सीखने–वालों के लिए काफ़ी लाभदायक सिद्ध हो रहा है, प्रेमचन्द की कुछ कहानियों का इन्होंने सन्ताली में अनुवाद किया है। समीर जी की अधिकांश सन्ताली कविताएँ गेय हैं और वे 'सोहराय' लय में हैं, इसलिए लोग उन्हें आसानी से गाते हैं। 'होड़ सोम्बाद' का सन् 1946 ई. के जून माह से वे सम्पादन कर रहे हैं। इधर उन्होंने 'होड सोम्बाद' के तीन–चार विशेषांक निकाले हैं, जो बहुत ही महत्त्वपूर्ण हैं।

(6) श्री आदित्य मित्र सन्ताली (1923–) : श्री आदित्य मित्र सन्ताली का जन्म सन्ताल परगना ज़िले के अन्तर्गत पिण्डाराहाट गाँव में सन् 1923 में हुआ है। उनकी शिक्षा गाँव में पहले आरम्भ हुई।

संस्कृत के प्रति उनकी अभिरुचि थी। अतः संस्कृत पढ़ने के लिए वे अयोध्या गये। वहाँ उन्होंने संस्कृत की शिक्षा प्राप्त की। वहीं से वे अपने नाम के साथ मित्र लगाने लगे। सन्ताली जी के पिता का नाम श्री रगपू हेम्ब्रम था। सन्ताली जी सन्ताली, हिन्दी और संस्कृत भाषा के जानकार हैं। वे मानते हैं कि सन्ताली उनकी मातृभाषा है, हिन्दी उनकी राज्य–भाषा है और संस्कृत उनकी धर्मभाषा है। अतः हम देखते हैं, तीनों पर उनका एक–सा मोह है। सन्ताली जी का सेवा–क्षेत्र भी भिन्न–भिन्न रहा है। उन्होंने राँची में आदिम जाति सेवा मण्डल, राँची में पहले नौकरी की बाद में वे सन्ताल पहाड़िया सेवा मण्डल, देवघर में काम करने लगे। इसके बाद वे रघुनाथपुर मिडिल स्कूल में एक शिक्षक के पद पर काम करने लगे। राँची के 'ग्राम निर्माण' एवं देवघर के 'प्रकाश' का उन्होंने सम्पादन भी किया है। आजकल वे राँची रेडियो स्टेशन में कामे करते हैं।

श्री आदित्य मित्र सन्ताली हिन्दी और सन्ताली दोनों भाषा में लिखते हैं। सन्ताली भाषा में इनकी कई पुस्तकें तैयार हैं, जो प्रकाशन की प्रतीक्षा में हैं। कहानीकार, नाटककार एवं कवि के रूप में वे बहुत ही लोकप्रिय हैं। उनकी कहानियों में 'सलहा', 'सागुन', 'आर मान्ता', 'टोंड़े'', 'एदेल बोंगा', 'मिल गेले गिदरा एँ गात्' आदि बहुत प्रसिद्ध हैं। उनकी कविताओं में 'एमेन सेरेञ', और 'गोसा वाहा' बहुत ही लोकप्रिय है। 'गोसा वाहा' में सन्ताली जी ने एक मुरझाये हुए फूल को सम्बोधित करते हुए कहा है–

माराव एना आमाक् रूप, बानुक् चेहरा मोञ्ज;
इञिञ मेंना–एनरे हो मेनाक् सोताम मोञ्ज।

अर्थात्–तुम्हारा रूप ढल चुका है, तुम्हारे मुखड़ा में अब कान्ति न रही, सुन्दरता नहीं रही, परन्तु मैं कहता हूँ कि तुम्हारा सौरभ अब भी कायम है।

अंग्रेज़ी साहित्य में वर्ड्सवर्थ, शेली और मेरडिथ आदि कवियों ने प्राकृतिक वर्णनों का मन में संस्कार लिए हुए काव्य रचना की है, वही प्रवृत्ति हम सन्ताली जी की कविताओं में पाते हैं। सन्ताली जी ने प्राकृतिक दृश्यों की ओर अपनी प्यार भरी सूक्ष्म दृष्टि डाली है। उनकी कविताओं में प्राकृतिक दृश्यों का प्रत्यक्षीकरण हुआ है। पर इसका अर्थ यह नहीं है कि कवि का ध्यान प्रकृति निरीक्षण के बाहर नहीं गया है।

कवि ने नये विषयों की ओर ध्यान दिया है। कवि अपने समाज को देखता है, अपने पुत्र को देखता है। समाज की रीति–नीति से उसे सन्तोष नहीं; कवि समाज में परिवर्तन लाना चाहता है। कवि कहता है–

सोमाज रे बोलोयेन पतियाउ आन्धाताम,
वाडिच् दाक् मेनाक्–आ पेरेच्–आन काण्डाताम ।
सोमाजाक् सगाड दो लाहाक् आ चेकाते?
पोसाक् काम ओना दो, साही सार अडामगे।।
साकेवा साडे कान दिसास रे आञ्‌जोममे।।

अर्थात्–समाज के अन्दर में अन्धविश्वास ने प्रवेश किया है। तुम्हारा कलश गन्दे पानी से भरा पड़ा है। ऐसी स्थिति में कवि सोचा करता है कि समाज रूपी पहिया कैसे प्रगाति के पथ पर बैठे। कवि अपने समाज एवं जाति के लोगों को कहता है कि वे अपनी पुरानी पोशाक को उतार कर फेंक दें और अचूक बाण छोड़ें। इतना ही नहीं, कवि तो अपने लोगों को जागरण के स्वर सुनने को कहता है कि देश का बिगुल बज रहा है, उसे सुनो।

कवि सन्ताली जी यह मानते हैं कि जो सामाजिक पतन हुआ है, उसका दोष यह है कि तब देश गुलाम था। चारों ओर अन्धकार फैला हुआ था। सारा देश पराधीनता की साया में सोया हुआ था। पर देश अब आज़ाद हो गया है, लोगों में नयी–नयी आशाएँ जगने लगी हैं। कवि कहता है–

सेदाय दो भारोत–गोय ताहेंकान ञुतात रे,
जापित्‌बो ताहेंकान पोरेकाक् गोबोल रे।
नहाक् दो भारोत–गो मेनाया मरसाल रे,
एभेनोक् पोहोर कान, एभेनबो, एभेनमे।
साकेवा साडे कान दिसाम रे आञ्‌जोममे।।

अर्थात्–पहले भारत अँधेरे में था। हम पराधीन थे। पराधीनता की साया में हम सब सोये थे। पर अब देश आज़ाद हो गया है । हमारी माता प्रकाश में है। अब हमारे जगने का समय आ गया है। अपने लोगों को सम्बोधित करते हुए कवि कहते हैं–देश का बिगुल बज रहा है, उसकी आवाज़ को सुनो।

कवि देश की आवाज़ को लोगों को सुनाता है। नये देश के निर्माग में हाथ बँटाने के लिए कवि देशवासियों से अनुरोध करते हुए कहता है–

दिसाम रे पोन्था कान मोडेंयाक् बोछोराक्,
जोतोको ते देलावो गोडोवाक् गहीयाक्।
रेंगेच आर तेताङताम बिदा काम जहाँ ते,
रुआ आर हासोताम देया काम, एभेनमे।
साकेवे साडे कान दिसाम रे आञ्जोममे।।

अर्थात्–हमारे देश में जो पंचवर्षीय योजना चल रही है, उसमें हाथ बँटायें, योगदान करें' गरीबी को मार भगायें, प्यास को त्याग दें। रोग–बाधाओं के ऊपर–ऊपर चलें। उसकी परवाह न करें। केवल जागें–यह देश की माँग है। चारों ओर से यही आवाज़ आ रही है।

(7) श्री ठाकुर प्रसाद मुर्मू (1931–) : श्री ठाकुर प्रसाद मुर्मू का जन्म 2 जनवरी, 1931 ई. को ज़िला सिहंभूम के अन्तर्गत छालभूम अनुमण्डल के देवली गाँव में हुआ है। कवि की कविताओं में प्रकृति की झाँकी बहुत मिलती है। ठाकुर बाबू की दृष्टि में स्वर्णरेखा नदी बड़ी की पवित्र नदी है। वह ममता से भरी हुई है। कवि का बचपन स्वर्णरेखा के तट पर बीता है, वह स्वर्णरेखा का जल ग्रहण कर हमारे सामने आये हैं। उनका गाँव स्वर्णरेखा के तट पर अवस्थित है। यही कारण है, स्वर्णरेखा ने अपने स्नेह–आँचल में कवि को बाँध रखा है। कविता हो या कहानी हो या निबन्ध हो, कवि स्वर्णरेखा को नहीं भूल पाता है। उनकी स्मृतियाँ उसके सामने आ जाती हैं। कवि ठाकुर प्रसाद आत्मविभोर हो उठता है। उनके साहित्य में उसकी लेखनी द्वारा स्वर्णरेखा का एक चित्र बनने लगता है। उनकी अधिकांश रचनाओं में हम स्वर्णरेखा का उल्लेख पाते हैं।

श्री ठाकुर प्रसाद मुर्मू सन्ताली–साहित्य के जाने माने साहित्यकार हैं। साहित्य की सभी विधाओं पर वे लिखते हैं। 'होड़ सोम्बाद' और 'खेरवाल आडाङ' पत्रो में एउनकी रचनाएँ प्रकाशित हुई हैं। उनकी रचनाये कला के लिए नहीं हैं, वे समाज के लिए हैं। समाज सुधार हो, उसमें गति आवे, यही उनकी रचनाओं का उद्देश्य है। राष्ट्रप्रेम प्रदर्शित करना उनका लक्ष्य है। यही कारण है, उनकी कविताओं में राष्ट्रप्रेम, समाज सुधार आदि का सन्देश रहा करता है। ठाकुर बाबू की कविताओं का एक सग्रह 'एभेन आडाङ' नाम से प्रकाशित हुआ है। उनका अप्रकाशित साहित्य काफ़ी है। कविताओं में 'मुयात् दान', 'ठाकुर रे नेहोर; बाडिबाक सीन येतीन्', 'रेगेच राक' आदि बहुत ही प्रमुख हैं।

कहानियों में 'हुंतूपधिरी तथा डिगू' बहुत ही लोकप्रिय हैं। उनकी कई अच्छी रचनाएँ आकाशवाणी से प्रसारित हुई है। कवि ठाकुर प्रसाद मुर्मू ने नागरिकों में नवजागरण का सन्देश देते हुए कहा है।

दारा काना ओक्तो आङगा, आम हों सेंडाँक्—आम;
बोयहा लेका लागेन सोमाज आम हों तिंगुयाम।

अर्थात्—कवि 'वाड़ेम हुड़िया' शीर्षक अपनी कविता में कह रहा है—नवयुग का प्रभात पास में आ रहा है। अतः नागरिकों को वह आशा दिलाता है—अब तुम भी आगे बढ़ोगे। अन्यान्य लोगों की तरह तुम भी अपने समाज में फूलोगे।

कवि देश के प्रति लोगों में आदर्श की भावना भरता है। वह अपने देश को स्वर्ग—सा महान मानता है। कवि मानता है—देश माता के लिए प्राण की बाजी लगाना है। उसने लिखा भी है—

भारोत गो दो तोआ दारे दिसाम सोरोग सोमाना;
भारोत लागित् जिवी दांडे आम दो आलोम तायोमा।
होहोयमे आम, होहोयमे आम, बेगोर बोतोर होहोयमे;
भारोत् इञाक्, भारोत इञाक्, भारोत इञाक् होहोयमे।

अर्थात्—हमारी भारत माता स्वर्ग के तुल्य हैं। माता के लिए प्राणों की बाजी लगाना है। कवि लोगों से कहता है, पुकारो! पुकारो! पुकारो! भारत हमारा है, भारत हमारा है।

भारत को ठाकुर प्रसाद मुर्मू प्रगतिशील बनाना चाहता है। वह समझता है जाति, धर्म एवं भाषा के विवाद उठ खड़ा होने से देश की प्रगति नहीं हो सकती। अतः कवि चाहता है , देश के नागरिक इन अभिशापों से ऊपर उठें, देश को शक्तिशाली बनायें। कवि ने अपनी एक कविता में कहा है—

आज़ाद दिसाम भारोत दिसाम, आम दो आज़ाद होपोनगे;
चेदाक् आदो थिर दो ताहेन नित हो ताहेन जापित गे?
लाहक्मे आम, लाहाक्मे आम, लाहाक्मे आम, लाहक्में;
जाति—धोरोम—भाषा—विवाद हिडिञ काते खालाहाकमे।

अर्थात्–भारत आज़ाद देश है; तुम भी आज़ाद देश के पुत्र हो। अब तक तुम क्यों सोये हुए हो। उठो। आगे बढ़ो। जाति, धर्म, भाषा के विवाद को भूल जाओ। इन्हे भूलकर ही वह आगे बढ़ सकते हैं।

ठाकुर प्रसाद जी की कविताओं में अन्तर्वेदना कम नहीं है। उसमें हमें कवि की आत्म–अनुभूति मिलती है। उनकी रचनाओ में आत्म–विभोर होने की क्षमता है। एक उदाहरण देखें–

बुरु लतार बाद रे गुपा काडा,
ओरोङ केदाय तिरिया ञोहोड़–ञोहोड़
ओना ञोहोड़ आतेन, इञ दो आइकाउ,
ओटाङ आचुर लेका बुरु लोदाम।

तिरे थिरे एन तिरिया, बाङ इञ बड़ाय,
तिरे हासुर बेरे बाङ इञ ञेलान।
इञ दो ञू बुल जेमोन ञोहोड़ ञू ते,
दुडुप् ताहेन बुरु घिरी चेतान!

अर्थात्–पहाड़ की तलहटी में गोपी ने बाँसुरी बजायी है। उसकी मधुर आवाज़ सुनकर मेरा मन प्रफुल्लित हो गया। वह इतना ध्यानमग्न हो गया कि बाँसुरी की ध्वनि कब बन्द हुई, मुझे मालूम नहीं हुआ। मैंने उसकी मधुर ध्वनि में अपने आप को खो दिया।

कवि के काव्य में अध्यात्मवाद का भी पुट है। कवि ने एक स्थल पर कहा है–

इञ दोय एभेन किदिञ, इञ दोय बेरेत् किदिच्।
आमाक् दुलाड राड ते जिवी राड़ेच्।
इञ दोय होहोवादिञ, इञ दोय देलावादिञ,
आमाक् बेंगेत् गातिञ। दुलाड़ पेरेच्।

नवाँ जिवी गातिञ! नवाँ जियोन,
आमाक् ञापाम बेंगोर तारा गेया।
नवाँ एनेच् गातिञ! नवाँ सेरेञ,
आमाक् दुलाड बेंगोर बेरथा गेया।

अर्थात्–मैं तुम्हारी प्रेमवाणी से जाग्रत हूँ तुमने मुझे पुकारा है, तुमने मुझे ललकारा है। तुम्हारी आँखों में प्रेम प्रभावित है। कवि आगे चलकर कहता है–तुम्हारे बिना जीना बेकार है। तुम्हारे बिना नाच, गान और प्रेम सब व्यर्थ है।

कवि ठाकुर प्रसाद मुर्मू इन दिनों महालेखापाल, राँची के कार्यालय में एक सहायक का काम कर रहे हैं। इसके पूर्व वे किसी स्कूल सें शिक्षक थे।

(8) श्री शारदा प्रसाद किस्कू (1929–) : श्री शारदा प्रसाद किस्कू का जन्म सन् 1929 ई. में पुरुलिया ज़िला के अन्तर्गत दाँडिकाडोल' गाँव में हुआ है। उनके पिता का नाम श्री चरण किस्कू है। उनका जन्म एक साधारण परिवार में हुआ है। पढ़ने में वे बहुत तेज़ थे, पर आर्थिक कठिनाइयों के कारण उन्होंने अपनी कॉलेज–शिक्षा को पूरा नहीं किया। मैट्रिक की परीक्षा उन्होंने प्रथम श्रेणी में पास की थी और कॉलेजी शिक्षा पाने के लिए विष्णुपुर रामानन्द कॉलेज में वे दाखिल भी हुए थे, पर विपरीत परिस्थिति के कारण वे असफल रहे।

श्री शारदा प्रसाद किस्कू एक कवि हैं। उन्होंने अधिकतर कविताएँ ही लिखी हैं। उनका उपनाम 'लोतको मोलोङ' है। उनकी 'प्रसाद' नामक कहानी बहुत प्रसिद्ध है। उनकी दो कविता की पुस्तकें–'भुरका इपिल' तथा 'कुहुवाड' प्रकाशित हुई हैं। उनकी कविताएँ देश–प्रेम, समाज कल्याण एवं प्रेम भक्ति सम्बन्धी हैं। उनके पद गेय हैं, इसी कारण वे लोकप्रिय हैं। उनकी निम्नलिखित पंक्तियों में प्रेम की छवि अभिव्यक्त हुई है–

"आमाक् मोने वाहा दारे इञाक् मोने रातेत्;
ओकोब लेकानिच् एदिला लोवाँ वाहा जोतेत्।"

अर्थात्–प्रेयसी! तुम्हारा मन फूल का पौधा है और मेरे मनरूपी झाड़ी से घेरा हुआ है। अब किसकी इतनी हिम्मत है कि फूल को छू सकता है।

कवि झरना को सम्बोधित कर कहता है–

झरना जुदि बछाव जोङाय बाथान
दनाङ आडी दनाङ,
बाय सोदोरा जुदि धरती चेतान
रासका चिलि समाङ,

अर्थात्–यदि पानी का झरना अपना पथ भूलता है, तो वह ऊबड़–खाबड़ धरती को चुनता है। फिर भी वह अपनी खुशी को किसी पर प्रकट नहीं करता है।

कवि शारदा प्रसाद किस्कू को गरीबों पर दया है। उसे वे मानव मानते हैं। गरीबी के कारण उसकी अपेक्षा नहीं करनी चाहिए। मानव गरीबी से कैसे मुक्त हो, यह कवि को चिन्ता है। कवि अपने 'सगेंड सेरेञ' शीर्षक कविता में कहता है–

चेत् रे दोम आमालिया?
आम दो एहो नामालिया!
कुडाइ दो ताम पे' बार आना गे?
सनाम टाण्डी हाडी–हाडी,
सुकेम ञामा ओका घड़ी?
इञ दोञ गुनीगाविक् ओना गे।।

अर्थात्–हे गरीब! तुम किसी के मालिक नहीं हो। तुम्हारी मज़दूरी ही मात्र बारह आना है। सर्वत्र तुम्हें उपेक्षा मिलती है। कवि जानना चाहता है–उसे कब और कहाँ सुख मिलेगा। कवि सदैव उसकी ही चिन्ता में डूबा रहता है।

किस्कू जी ने राजनीति से भी अपना सम्बन्ध स्थापित किया है। सन् 1962 के चुनाव में विधानसभा के लिए वे खड़े हुए थे, पर सफल नहीं हो सके। आजकल वे एक स्कूल में शिक्षक हैं। 'खेरवाल आडाङ' पत्रिका में सहायक सम्पादक भी रह चुके हैं। यह पत्र बाकुड़ा (बंगाल) से बंगला लिपि में निकलता था।

(9) श्री राजेन्द्र प्रसाद किस्कू (1937–) : श्री राजेन्द्र प्रसाद किस्कू का जन्म सन्ताल परगना के गोड्डा थाना अन्तर्गत अमरपुर नामक गाँव में 27 फ़रवरी, 1937 ई. को हुआ है। उनके पिता का नाम श्री अर्जुन किस्कू है। एक साधारण कृषक के घर में जन्म लेकर उन्होंने बी.ए. किया है। यह उनकी लगनशीलता का ही द्योतक है। उनके जीवन का एकमात्र लक्ष्य है–सन्ताल साहित्य का विकास। साहित्य का वे प्रचार भी चाहते हैं, निर्माण भी। सस्ता साहित्य वे नहीं चाहते हैं। काफ़ी चिन्तन और मनन के बाद वे लिखते हैं। उर्दू की कुछ रुबाइयों का सन्ताली में अनुवाद किया है।

कविताओं में 'जुडासी धारती योक् आम रिमिल', 'हुयाक दिसा' आदि उनकी कविताएँ बहुत प्रसिद्ध हैं। कवि बादल को सम्बोधित कर कहता है–

उदुगताम मुठान सेरमा पेरेच्;
दुखाली धरती इरची राडेच्।
चासा होड़ाक् हाँसा बेनाव;
सिरजोन रानीयाक् होड़मो साजाव!
चासा होड़ रेन आशा रिमिल!
जडासी धरती चोक् आम रिमिल!

अर्थात्–हे बादल! तुम अपने मुखड़े को आसमान में दिखाओ तथा तपती हुई धरती को शान्त करो। ऐसा होने के बाद ही कृषक की ज़मीन बन सकती है और सृष्टिकर्त्ता का शरीर शोभायमान हो सकता है। कारण, कवि कहता है–कृषकों की आशा बादल ही है। यह सुन्दर धरती बादल का अभिनन्दन करती है।

श्री राजेन्द्र प्रसाद किस्कू ने उर्दू रुबाइयों का सन्ताली भाषा नें अनुवाद किया है। उसका एक नमूना इस प्रकार है–

चादोय हासुरोक्, हासुर ओचोवाय से,
बाम्बेर मुठान मेटावक्, मेटाव ओचोवा से।
सेदाय खोनिञ सेरेञ आगूयेत् कान ओका–
ओना गे तेहेञ दो सेरेञ ओचोवाञमे।
जिनगी रेयाक् 'सर्चलाइट' जोल ओचोवा।
जुगे–जुगे ओना दो डिगिर ओचोवा।
सेताक् शिशिर जियोन मेनातेय हायोक्,
हाय–हाय तिरे–जुगे हाय ओचोवा।

अर्थात्–

सूर्य डूब रहा है, तो डूबने दो।
उज्वल मुखड़ा ह्रास हो रहा है तो ह्रास होने दो।
चिरकाल से गाना गा रहा हूँ, तो उसे गाने दो।
ज़िन्दगी की रोशनी को रोशन होने दो,
दो युग–युग प्रज्वलित होने दो।

सुबह का शिशिर अपना अल्प जीवन पर
तरस खा रहा है, उसे तरस खाने दो।

श्री राजेन्द्र प्रसाद किस्कू इन दिनों मसलिया प्रखण्ड में कल्याण–निरीक्षक हैं। कविता के अलावे उनकी कहानियाँ भी प्रकाशित हुई हैं। प्रकाशित कविताओं का उनका एक संकलन प्रकाशन के लिए तैयार है। पर जानने में आया है कि आर्थिक कठिनाइयों के कारण उसे वे प्रकाशित नहीं करा पा रहे हैं।

(10) श्री लक्ष्मी नारायण मुर्मू 'पानीर पियो' (सन् 1944–) : श्री लक्ष्मी नारायण मुर्मू 'पानीर पियो' का जन्म सन्ताल परगना ज़िले के महागामा थाना के अन्तर्गत फुदकीपुर गाँव में 1 मार्च सन् 1944 में हुआ है। आजकल पानीर जी एक स्कूल में शिक्षक हैं। कवि ने एक साधारण कृषक के घर में जन्म लिया है। गरीब के लड़के भी कुछ कर सकते हैं, अपने से ऊपर उठ सकते हैं। कवि ने अपनी इस भावना को 'रेगेच होपोन' शीर्षक कविता में इस प्रकार व्यक्त किया है–

रेंगेच् ओड़ाक् रेञ जनाम एना,
जान्हें लोबोक् जोम तेञ हारायेना।
इंगाञाक् जिद ते, आपुञाक् बुद ते,
थोड़ा आकिल होञ पड़ाव एना।
भागवा सुरपुच् काते आपुञे कामी वेत्,
इञ लागित् गे हाँकोर–कादोर।
बाखरा दाका एम काते इंगाञे कोल किदिञ,
'आकिल हारजोङमे, पोरहोम ञामा।'

अर्थात्–मैंने गरीब के घर जन्म लिया। कोदो की गुण्डी खाकर मैं बड़ा हुआ। कुछ अपनी जिद्दी आदत से तथा कुछ पिता की प्रेरणा से मैंने कुछ विद्या प्राप्त की है। मेरे पिता ने मेरे लिए ही दिन–रात एक किया है और अपने मुँह की रोटी देकर मुझे पढ़ाया है। तुम भी विद्या प्राप्त करो, विद्या में ही लाभ है।

कवि अपना, अपने समाज का एवं अपनी जाति का विकास चाहता है। गरीबी–अशिक्षा उसकी प्रगाति को रोक नहीं सकती। अतः कवि देशवासियों के नाम सन्देश अपनी कविता 'देबोन झुँकुक् आ' में देता है–

बाबो, ताहेन, जापित् आकात्–
बाबो ताहेन नितेङ होहाक्।
लाहाक् आबो, बाबो बोकाक्,
बोयहा! देबोन झुँकुक्–आ।।
बाबो बाताव रेंगेच्–तेताड,
बाबो बाताव सोतेङराबाङ।
देजोक्–आबो, लाहाक्–आबो,
बोयहा! देबोन झुँकुक्–आ।।

अर्थात्–हम लोग सोये हुए न रहें तथा हम अब मूर्ख न रहें। आगे बढ़े, अभिज्ञ न रहें। हे भाई! आगे बढ़ें, अभिज्ञ न रहें। हे भाई हम लोग पूरी कोशिश करें। गरीबी की परवाह न करें। जाड़े तथा ग्रीष्म की परवाह न करें। आगे बढ़ते चलें; ऊपर चढ़ते चलें। हे भाई! हम लोग पूरी चेष्टा करें।

(11) श्री इगनातिकम सोरेन 'बिरावाहा' (1941) : श्री बिरवाहा जी का जन्म सन्ताल परगना ज़िले के अतोन्डा नामक गाँव में सन् 1941 में हुआ है। नौकरी करना और पढ़ना, इनके जीवन के दो पक्ष रहे हैं। जीवन से संघर्ष करते हुए उन्होंने बी.ए. किया है। विद्यार्थी–जीवन से ही साहित्य के प्रति उन्हें ममता रही है। कविता, कहानी और निबन्ध उन्होने सन्ताली भाषा में लिखा है। कहानियों में उनकी चुडिन, दान, बिरवाण्टा बहुत ही प्रसिद्ध है। कविताओं में 'वाङआलगावा', 'ओन्तोर रिवहा' और 'कोयोक् होर' बहुत अच्छी है। 'वाङआलगावा' की निम्नलिखित पंक्तियाँ देखी जायें–

दुलाड रे सुक आमोक् गेया मेनरपान
दुलाड रे ओन्तोर ञामोक् दो बाङ आलगावा।
हिडिञेम कुरूमुटु गेया मेन खान
ओन्तोर गेत् ओडोक् काक् दो बाङ आलगावा

अर्थात्–प्रेम में सुख मिलता है, यह बात सही है, लेकिन प्रेम में हृदय पाना आसान नहीं है। प्रियतम को भूलने की चेष्टा की जायेगी, हृदय से उसकी याद को काट कर बाहर कर देना आसान नहीं है।

श्री बिरवाहा जी आजकल साहेबगंज कॉलेज में है। प्रेम सम्बन्धी कहानी और कविताओं के लिए सन्ताली भाषा के साहित्यकारो में उनका अच्छा स्थान है।

(12) श्री बाबू लाल मराण्डी 'लू' : कबि का जन्म सन्ताल परगना ज़िला अन्तर्गत जामा थाना में अवस्थित चिटुड बीना नामक गाँव में हुआ है। उन्होंने समाज सुधार की कविताएँ लिखी हैं। 'ऐभन', 'भारोत गो लागित', 'सोमाज सागाड' आदि उनकी कविताएँ अच्छी जान पड़ती हैं। 'सोमाज सागाड़' शीर्षक कविता में कवि ने अपने समाज के लोगों से आत्मनिवेदन करते हुए कहा–

जोनोम दिसाम रेन ञोतो बो यहा
देबोन वेगैन फारनाक् लाद्दाक लागित्
रिकिड़ जो मोक ते दोबोन लडाके!
आवो गे चोड वाने तायनोम् ओकान।।

अर्थात्–कवि देश के भाइयो से अनुरोध करता है कि हम आगे बढ़ने के लिए तैयार हो जायें। कवि कहता है कि सोये हुए रहने से हमारी उन्नति नहीं हो सकती है। हम विश्वास एवं धैर्य के साथ बढ़ते जायें। क्योंकि हम लोग ही सबसे बिछड़े हुए हैं।

(13) श्री सल्हाय हाँसदा : श्री सल्हाय हाँसदा का जन्म सिंहभूम ज़िला के बारूडागुवा नामक गाँव में हुआ है। उनमें लिखने की प्रवृत्ति बचपन से ही उत्पन्न हुई है। उनकी लेखनी किसी साहित्य को विधा मानकर उसी पर नहीं चली है; उन्होंने साहित्य की सभी विधाओं पर लिखा है। नाटक, कहानी, लेख, कविता–सभी कुछ उन्होंने लिखा है। उनकी कहानियों में 'हानहार भायो हेबेर होतोत्', 'महोंच जालोका उनी आनलेका', 'नाहाक् दो राकेन जडाव सेरेञ' 'रूपी माई', 'रेंगेच्' आदि बहुत प्रसारित हैं। उनकी कविताओं में 'जानाम दिसाम लागित्, चिरमाता 'चालाक् गियाज इञ हों लाडहाई' 'दोड़सोरेञ' आदि बहुत प्रसिद्ध हैं। उनकी कविताओं की कुछ पंक्तियाँ इस प्रकार हैं–

छातकाञ नोडोक लेन, कवाल आञ्जोम केत्।
दुलाड़ गातेञ नित हो बानुगिच् आं।

दायाक् में दे दुलाड जानाम दिसाम लागित।
साञाक् में दे दुलाड जानाम दिसाम।

अर्थात्–प्रिय! मैं पिछवाड़ी की ओर निकली तो तुम्हारी चर्चा सुनी। लोग कह रहे थे–'उसका पति कहाँ है। 'प्रिय तुम कहाँ चले गये हो? अपनी मातृभूमि के प्यार के लिए तैयार हो जाओ। अस्त्र–शस्त्र से सज्जित होकर दुश्मनों से लड़ने के लिए मैदान में आओ।' पत्नी की यह बात पति के लिए कितना उत्साहवर्द्धक है।

श्री सल्हाय हाँसदा सन्ताली भाषा में लिखने के अलावे मुण्डारी और हो भाषा में भी लिखते हैं। ज्ञात हुआ है कि सन्ताली भाषा में उनके तीन–चार नाटक तैयार हैं, पर आर्थिक कठिनाइयों के कारण उनका प्रकाशन नहीं हो रहा है।

(14) श्री भागवत मुर्मू 'ठाकुर' (1930) : श्री भागवत मुर्मू 'ठाकुर' जी का जन्म सन् 1930 ई. में मुंगेर ज़िला के बेला नामक गाँव में हुआ है। उन्होंने मैट्रिक की परीक्षा प्रथम श्रेणी में पास की और आई.एस.सी. तक की शिक्षा हज़ारीबाग कॉलेज में पायी है। उनका सेवा कार्य सन्ताल पहाड़ियाँ सेवा मण्डल से आरम्भ हुआ। इसके बाद वे राजनीति में आ गये। सन् 1956 से 1962 तक बिहार विधान सभा के एम.एल.सी. रहे हैं। आज भी वे सेवा मण्डल के सहायक मन्त्री हैं। वे ठक्करबापा सेवाग्राम (फतेपुर, देवघर) में रहते हैं।

सन्ताली भाषा के वे विशेषज्ञ हैं। उनकी लेखनी बहुत शक्तिशाली है। उसकी रचनाओं का प्रभाव भी स्थायी होता है। इनकी कहानियों में 'लोआवाडेजोम', नुई जो सारी जुरी दो', 'किया बाहा लागिञ ललाव एना रोभेन' आदि प्रमुख हैं। कविताओं में 'सेन्दरा', 'मराङ बुरु होहो रदा, चेत् हों वाङ खान' प्रमुख हैं। उनकी प्रकाशित पुस्तकों में 'आबोरेन राष्टपति', 'सन्त विनोबा भावे', 'दोङ सेरेञ' आदि प्रमुख हैं। इनकी कहानियों एवं कविताओं में राष्ट्रप्रेम एवं समाज को सुधारने का सन्देश रहा करता है। उनकी कविताओं का एक नमूना देखें–

येत् हो, वाङरपान बार ठोप मेत दाक् गे
ज़ोरो वाम दिवहारे।
इजाक् दुलाड़ आम ठेन सेतेर काते उदास
आलोम सआड चोरे।।

अर्थात्–यदि तुम मेरे लिए कुछ नहीं कर सको तो कम–से–कम जलते हुए चिराग में दो बूँद आँसू गिरा दिया करो ताकि मेरा प्यार तुम्हारे पास से निराश न लौटे।

(15) श्री चित्त टुडू : श्री चित्त् टुडू जी का जन्म भागलपुर ज़िला में शाम बाज़ार के निकटवर्ती गाँव शोभापधर में हुआ है। कवि राष्ट्रभक्त है। उसे समाज से मोह है। वह अपने समाज को उठाना चाहता है। उसका राष्ट्र सबल हो, यही कवि का लक्ष्य है। उसकी कविताओं का एक संग्रह भी प्रकाशित हो चुका है। उनके कई स्वरचित गीतों की रेकार्डिंग भी हुई है। चीनी और पाकिस्तानी आक्रमण के समय कवि ने नागरिकों को देश के लिए बलिदान होने का सन्देश दिया था। एक कविता में कवि कहता है–

'यू' मकडी बोजताम से ढेका पागरा तो दताम
दिसाम रूखियाय कामी लागित दान होवताम।
चाय चम्पा रेपेच् मापाक्–मेपीय् दिसाई मेसे
कानेर सीना हाँतेर साङ्खहोको आकरिञलेत्।

अर्थात्–अपने शरीर का सारा आभूषण उतार दो एवं उसे सुरक्षा कोष में दान कर दो। क्या तुम चई–चम्पागढ़ में हुई लडाई को भूल गयी हो? उस समय कान का इयरिंग तथा हाथ की चाँदी की चूड़ियाँ भी दे दी गयी थी।

(16) राम सहाय किस्कू 'रापाज'(1932) : रापाज की का जन्म हज़ारीबाग के चम्पानगर में सन् 1932 ई. में हुआ है। उन्होंने कहानियाँ एवं कविताएँ लिखी हैं। उनकी कहानियाँ सामाजिक भावनाओं एवं राष्ट्रप्रेम से ओत–प्रोत हुआ करती हैं। कहानियों में 'तेज़पुर सेच्', 'अस्पताल रे', 'दिसाम दुलाड' आदि बहुत ही प्रसिद्ध हैं। कविताओं में 'नेइञिज जोहाराम, आवोदिसाम' 'तोवोदारे' आदि बहुत प्रमुख हैं। उनकी कविता का एक नमूना देखें–

धारती पुरी पृथिवीरे आमगे सोरोस मेनामा
भारोत इञाङ जोनोम दिसाम ते इजीत जो हाराना।

अर्थात्–इस पृथ्वी पर हे मातृभूमि भारत। तुम्ही सबसे श्रेष्ठ हो। भारत मेरी मातृभूमि है, मैं तुम्हें श्रद्धा से नमस्कार करता हूँ।

(17) श्री मनीन्द्र हाँसदा (1934) : श्री मनीन्द्र हाँसदा का जन्म भागलपुर ज़िला के बोती के निकट बेलनिकरी गाँव में 1 फ़रवरी, 1934 को हुआ है। उनके पिता का नाम श्री चुनकू हाँसदा है। सन्ताली, हिन्दी, संस्कृत एवं अंग्रेज़ी की शिक्षा उन्होंने पायी है। लिखने की प्रवृत्ति उनमें बाल काल से ही उत्पन्न हुई है। गीता प्रवचन का सन्ताली अनुवाद उन्होंने किया है। इनकी कहानियों में 'कुकमू', 'दिसा', 'दान' आदि बहुत ही प्रसिद्ध हैं। उनकी कविताओं में 'बिदाकाज में' और 'आलोसेन उइहार' प्रमुख है। नेहरू जी के कई भाषणों का उन्होंने सन्ताली में अनुवाद किया है। आकाशवाणी से उनकी रचनाएँ प्रसारित होती रहती हैं। इन दिनों वे जन सम्पर्क विभाग में सहायक जन सम्पर्क अधिकारी हैं।

(18) श्री गुमास्ता प्रसाद सोरेन (जन्म 1943) : श्री गुमास्ता प्रसाद सोरेन का जन्म पश्चिम बंगाल के अन्तर्गत पुरुलिया जिला के उदलबानी गाँव में 2 जून, 1943 को हुआ है। वे अपनी मातृभाषा के बड़े प्रेमी हैं। उन्हें विश्वास है, जब तक मातृभाषा का विकास नहीं होगा; तब तक राष्ट्र का विकास नहीं होगा। देश और समाज प्रगतिशील नहीं होगा। बनावटी दाँत से विदेशी भाषा की उन्होंने तुलना की है। स्वाभाविक दाँत से खाने में जो आनन्द मिलता है, वह आनन्द बनावटी दाँत से खाने में नहीं मिलता। वैसे ही सन्ताली भाषा में पढ़ने से सुख–दुख, हँसी–खुशी प्राप्त होता है, वैसा अनुभव विदेशी भाषा के माध्यम से पढ़ने में नहीं होता है।

उनकी प्रकाशित पुस्तकों में 'होड़ सेरेञ पुथि' तथा 'आखड़ा पुथि' बहुत उल्लेखनीय हैं। उनकी कविताओं में 'दिसा आचुर' 'उदुक्' आलेमें 'नेहरू बाबा', 'घाडवी कुड़ी', 'गोरीवा बाङ बोगेया' आदि बहुत प्रसिद्ध एव लोकप्रिय हैं।

(19) माँझी हाँसदा (जन्म 1927) : इनका जन्म सन्ताल परगना में अवस्थित मोहालो नामक गाँव में 24 जनवरी, 1927 को हुआ है। इनके पिता का नाम श्री सरजू हाँसदा है। पेशे से वे एक स्कूल में शिक्षक हैं और कर्म से एक सुधारक हैं। सन् 1947 ई. से रांगा अप० प्राइमरी स्कूल में वे अध्यापन कर रहे हैं। उन्होंने लिखा तो बहुत है, पर सुविधा के अभाव में उनकी पुस्तकें प्रकाशित नहीं हुई हैं। उनकी कुछ रचनाएँ पत्रों में प्रकाशित हुई हैं। उन्होंने सन्ताली भाषा में कई कविताएँ लिखी हैं। जो बहुत ही लोकप्रिय हुई हैं उनकी 'सुरजमनी' कहानी बहुत प्रसिद्ध है। कवि ने अपनी कविता में एक सन्देश दिया है–

दिङहोयेनेम सोतासोङ,
ओवते रेताम गोपोङ।
आलोम पाचोक् झुँकोक् मे,
सुई भुगाक् रे हातीम पारोमे।

अर्थात्–कवि अपने देश के नागरिकों से कहता है–तुम बलवान हो; तुम शक्तिशाली हो। अपने समय को यों ही नष्ट न करो। हिम्मत पस्त नहीं होना चाहिए। चेष्टा करो। कवि को विश्वास है कि चेष्टा करने पर असम्भव काम भी सम्भव जान पड़ेगा। उसमें सफलता मिलेगी।

(20) श्री महादेव चन्द्र दास मराण्डी : श्री मराण्डी का जन्म सन्ताल परगना ज़िले के घुटिया नामक गाँव में हुआ है, जो पत्थरगामा थाना के अन्तर्गत बसा हुआ है। सन्तालों में सुधार लाने के लिए इन्होंने 'सन्ताल सुधार समिति' कायम की है। उस समिति द्वारा सन्तालों को अच्छा मानव बनने की शिक्षा दी जाती है। स्वयं उस समिति द्वारा सभाओं का आयोजन कर वे भाषण दिया करते हैं। वे गायक कवि हैं। उनकी सभी कविताएँ गेय हैं। अब तक उनकी दो रचनाएँ प्रकाश में आयी हैं–एक का नाम 'आकिल बाती' है और दूसरे का नाम 'आकिल डाहार' है। ये दोनों उनके गीतों के संग्रह हैं। पहली पुस्तक उनकी 1960 में छपी थी और दूसरी पुस्तक 1962 में। उनकी नयी पुस्तक 'लखी माँ' छप रही है। उन्होंने रामायण का अनुवाद सन्ताली भाषा में किया है, जो अब तक प्रकाशित नहीं हुआ है। 'सन्ताल पोरोब रेयाक ओपोनो' और 'बुरु मोडे आर करमू–धरमू' ये दोनों ग्रन्थ उनके तैयार हैं। वे आकाशवाणी के कलाकार हैं। कवि महादेव चन्द्र दास मराण्डी ने अपने 'वीते दो कामी' शीर्षक कविता में कहा–

तीते दो कामी से नाना हुतार कामी से

अर्थात्–तुम अपने हाथों से नाना प्रकार के काम करो, लेकिन तुम्हारा ध्यान भगवान में ही रहे। कवि अपने लोगों को आगाह करता है कि सूर्य और चन्द्रमा ही उनके कामों के गवाह हैं। अतः कवि चाहता है कि लोग धार्मिक कामों में लगे रहें। उसी में सुख है।

(21) श्री छोटेलाल सोरेन 'उपेलवाहा' (जन्म 1942 ई.) : इनका जन्म भागलपुर ज़िलान्तर्गत देवराज गाँव में 5 जनवरी, 1942 ई. को एक साधारण परिवार में हुआ है। कविता और कहानी, साहित्य के इन दोनों पक्षों पर उन्होंने लिखा है। इनकी लेखनी में एक नये राष्ट्र का स्वर निकलता है। देश–प्रेम और राष्ट्रीय एकता इनकी कविताओं का सन्देश है। इनकी कहानियाँ भी देशभक्ति की भावना से भरी रहती हैं। 'कोचे काडवा बड़े ओनाय में' तथा 'पाहिला जुरी' शीर्षक इनकी कविताएँ बहुत प्रसिद्ध हैं। कविता के माध्यम से इन्होंने समाज को अच्छी शिक्षा दी है–

जुम दो रे बोदोल एन,
दिसामताबोन साधिन एन,
सोमाज देबोन बोदोलताबोना।
आरी–चालीबोन सुधारा,
देबोन बेरेत् उसारा,
सोमाज देबोन लाहायताबोना।।

हाण्ठी–पौरा सोडोक् रे,
बुद–आकिल बानुक् ते,
सोमाजताबोन जुरहा वकाना!
हाण्डी ञुबोन बागीया,
आकिल देबोन सेंडाया,
सोमाज देबोन लाहायताबोना।।

अर्थात्–कवि समाज की ओर लोगों का ध्यान आकृष्ट करते हुए कहता है–समय बदल गया है, देश स्वाधीन हो गया है। अतः हम लोगों को अपने समाज को बदलना है, महान देश के रूप में उसे बनाना है। कवि स्वीकार करता है कि उसके समाज में अनेक बुराइयाँ आ गयी हैं, उनसे हमें मुक्त होना है। हमें नशीली चीज़ों को छोड़ना है और शिक्षा प्राप्त कर अपनी रीति–नीति में सुधार लाना है। अपने समाज को प्रगति के पथ पर अविलम्ब से जाना है।

(22) श्री भुवनेश्वर सोरेन 'भैरव' (1929 ई.) : भैरव जी का जन्म भागलपुर ज़िलान्तर्गत देवराज गाँव में 1 जनवरी, 1929 ई. को हुआ। कवि के सामने उसका समाज है। जिस समाज में कवि ने जन्म लिया है, उसके सहारे वह भारत को एक नया राष्ट्र नहीं बना सकता। समाज में चारों ओर अन्धविश्वास फैला हुआ है। अन्धविश्वास को कवि प्रगति का रोड़ा मानता है। वह उस रोड़ा को हटाने के लिए चिन्ताशील है। वह साहित्य के माध्यम से समाज एवं राष्ट्र का सुधार चाहता है। इसी लक्ष्य को लेकर कवि कविता करता है। उनकी कविताओं में 'भागे कामी', 'सिखौना पेरेच् औनडहे', 'जेरत् रिवाह', 'गोगो बेरथा', 'गेताय जियोन' आदि बड़ी ही अच्छी हैं। 'लाहा तेगेञ ताडाम' नामक उनकी कविता बहुत ही प्रेरणादायक है। कवि कहता है–

ओलोक् मेसे बाबू पाठहाक् मेसे
साहित्य वाती बाबू जेरेद मेसे।
जुत अकान बाबू सामोज ओडाक्
मारसाल ताम से बाबू सोमोज ओडाक्।

अर्थात्–बेटा! पढ़ना–लिखना सीखो। साहित्यरूपी दीपक को जलाओ एवं अपने समाज के घर को प्रकाशित कर दो।

'गे मोड अगस्त' शीर्षक कविता में कवि ने कहा है–

ओका दिनबो साधिन अकान ओना दिन गे तेहेञ;
आचुर–बिहुर काते आरहो सेटेर अकान तेहेञ।
ओल मा दोहो काक्–आबोन नोआ सोनोत दिन–
सोना–रेनाक् हारोप ते नोआ रासकाक् दिन।
नोआ रासकाक् सोनोत दिन–गैमोंड़ अगस्त तेहेञ–
मनावाबोन कुसी–रासका–हुलास सालाक् तेहेञ।
एन्ते गेमोड़ अगस्त दिन गे साधिन अकानाबोन,
नोआ गेमोंड अगस्त दिन दो दिसा दोहोयाबोन।
गेमोड अगस्त दिन गे चोङ जिवी आलाय काते,
दिसाम दोबी साधिन अकात् इंगरेज लागा काते।

अर्थात्–स्वतन्त्रता दिवस को कवि पवित्र दिवस मानता है। वह चाहता है कि यह पवित्र दिवस उसके हृदय में अंकित रहे। कवि कहता है–आज स्वतन्त्रता दिवस है, आनन्द का दिवस है। वह स्वर्ण अक्षरों में लिखा रहे। आज 15 अगस्त है, इसे आनन्दविभोर होकर मनावें। हम 15 अगस्त के दिन को कभी नहीं भूलें। यह दिन प्राण दान करने के पश्चात ही प्राप्त हुआ है। अंग्रेज़ों के भगाने के बाद ही यह देश स्वाधीन हुआ।

(23) श्री जेठू मुर्मू 'कोचेकाड़वा' (1943 ई.) : 'कोचेकाड़वा' जी का जन्म भागलपुर ज़िलान्तर्गत इटवा गाँव में जो राजवाड़ा के पास है, 2 जनवरी, 1943 ई. को हुआ है। उनके पिता का नाम श्री लक्ष्मण मुर्मू है। वे सन्ताली भाषा का विकास चाहते हैं। जिस प्रकार आज सन्ताल साहित्य का निर्माण हो रहा है, उनसे उन्हें सन्तोष नहीं है। उनका कहना है–'सन्ताली पुस्तकों के प्रकाशन के लिए हमें अच्छी–अच्छी पुस्तकें–कविता संग्रह, नाटक, उपन्यास आदि लिखना है एवं उन्हें सहयोगी प्रकाशन के माध्यम से प्रकाशित करना है।' वे चाहते हैं कि विश्वविद्यालयों में भी सन्ताली एक वैकल्पिक विषय रहे। इसके लिए उन्होंने कुछ आन्दोलन भी किया है। उनकी प्रमुख कविताएँ हैं–'सन्देश कोडा', 'गा–बा–भक्ता', 'रोगात् दुलाड', 'एन हों आ़बो गे बोन जिताक्', 'पुरवरी आर गाडा' आदि हैं।

(24) श्री चैतन्य कुमार मराण्डी 'अरसाल' : श्री अरसाल जी का जन्म भागलपुर ज़िलान्तर्गत सबाईज़ोर गाँव में हुआ है। उनके पिता का नाम श्री लखन मराण्डी है। वे कविता, कहानियाँ एवं निबन्ध लिखते हैं। समाज सुधार और राष्ट्र प्रेम सम्बन्धी उनकी रचनाएँ होती हैं। उनकी प्रसिद्ध रचनाओं में 'आज़ाद दिसाम', 'हाय रे झुकाँड चासा', 'जोनोम दिसामिञ' 'नानचाव गेण' आदि हैं। कवि कहता है–

आतो–आतो हो इस्कूल–ओडाक्,
मौजा मौजा हो हुनार चेतेत् जागा;
आयो होड़ कान हो'ले बाबा होड़ कान,
नितोक् बा'ले ताहेन हो होहाक् काँडाँ।

अर्थात्–गाँव–गाँव में विद्यालय–भवन,
इससे हर मोजे का हुआ जागरण।
हम सभी गाँव के आदमी में
हुआ नित्य प्रकाश का संचरण।

(25) श्री जोसेफ चन्द्रशेखर हाँसदा : श्री जोसेफ चन्द्रशेखर हाँसदा जी का जन्म सन्ताल परगना ज़िलान्तर्गत बरहेट के निकट सिमोलटाव गाँव में हुआ है। कवि के रूप में उन्होंने अच्छी ख्याति पायी है। उन्होंने कुछ कहानियाँ भी लिखी हैं। उनकी कविताओं में 'दुलाड़', 'जोनोम दिसाम' आदि बहुत प्रसिद्ध हैं।

(26) श्री जेठा कुमार चोंडे 'बिरचेंड़े' (1942 ई.) : इनका जन्म भागलपुर ज़िलान्तर्गत नीमटाँड गाँव में जो कटसकरा के पास है, सन् 1942 ई. के दिसम्बर माह में हुआ है। उनकी लेखनी एक साथ नाटक, कहानी एवं कविता पर चलती है। समय की पुकार पर वे लिखते हैं। उनकी रचनाओं से प्रकट होता है कि समाज में प्रगति लाना चाहते हैं। इनकी 'अन्था पतियाड' (नाटक), 'विरचेंडें साखी' (कहानियों का संग्रह) आदि पुस्तकें प्रकाशन की प्रतीक्षा में हैं।

(27) श्री बुद्धिराय मुर्मू (1931 ई.) : श्री बुद्धिराय मुर्मू का जन्म दुमका से उत्तर दुमका–रामगढ़ सड़क के किनारे 10 मील की दूरी पर अवस्थित कैराबनी ग्राम में 31 मार्च, 1931 ई. को एक साधारण किसान परिवार में हुआ है। इनके पिता का नाम काडयो मुर्मू था। उन्होंने आई.ए. तक शिक्षा पायी है। एक भावना प्रधान कवि हैं। उनकी इस कविता में उनकी भावना प्रकट होती है–

साड लेन रे बाहा चेपेच्,
दुमुर तेरोम आसेच् तामेच्।
हेमेच् सेकरेच् एकेन वारिसिञ,
मोसोत् लेन रे वाहा तारासिञ।
धारती टुन्डाङ एकेन आऊडियाक्,
बानुक् आनाङ चेत् हो सारियाक्,
आलोम खेमाव ओकते आऊड़ियाक्,
दिसाय में जीवन ताय, दायानाक्,

अर्थात्–कवि ने इन पंक्तियों में मानव जीवन का अनुभव करते हुए जीवन को अनमोल और जवानी की फूल के साथ तुलना की है। कवि का कहना है कि फूल जब खिल जाता है तो मधु निकलता है तथा भौंरा रसपान करने चले आते हैं। परन्तु फूल जब मुरझा जाता है तो फूलों को पूछने वाला कोई नहीं रह जाता है तथा फूलों में अस्थायी खुशियाली चन्द दिनों के लिए ही रहती है। फिर आगे कवि का कहना है कि संसार क्षणभंगुर है, संसार में रहना मिथ्या है, क्योंकि सच्चाई कुछ भी नही है। इसलिए हे मानव! समय को फिजूल बर्बाद मत किया करो, क्योंकि तुम्हारा जीवन अनमोल है, इसे अच्छे कामों में ही लगाना।

(28) श्री हृदय नारायण मण्डल 'अधीर' : इनका जन्म गोड्डा सबडिवीजन के दलदली गाँव में हुआ है। इनकी मातृभाषा सन्ताली नहीं है, फिर भी उन्हें सन्ताली भाषा का अच्छा ज्ञान है। वह एक अच्छे साहित्यिक हैं। उन्होंने कहानियाँ लिखी हैं। इनकी 'दोड सेरेञ' नामक पुस्तक सेवामण्डल से प्रकाशित हुई है। पेशे से कवि सरकारी नौकर हैं, कर्म से सन्ताली भाषा के साहित्यकार हैं। इन दिनों वे सहायक जन सम्पर्क पदाधिकारी के पद पर काम कर रहे हैं।

(29) श्री पृथ्वीचन्द्र किस्कू : श्री पृथ्वीचन्द्र किस्कू का जन्म गोड्डा अनुमण्डल में अवस्थित अमरपुर गाँव में हुआ है। राजनीति में उलझे रहने के कारण उन्हें साहित्य की सेवा करने का समय कम मिलता है। पर जब भी उन्हें समय मिलता है तब वे सन्ताली साहित्य निर्माण के लिए अपने समय को लगाते हैं। उन्हें समाज और सन्ताली साहित्य की बड़ी चिन्ता है उन्होंने हिन्दी–सन्ताली शब्दकोश का भी सोरेन के साथ मिलकर निर्माण किया है। सन्ताली भाषा के साहित्यकारों के वे बहुत बड़े बल हैं।

(30) श्री आनन्द प्रसाद किस्कू 'रापाज' : इनका जन्म सन्ताल परगना ज़िला में जामताड़ा अनुमण्डल के तालेबडिया गाँव में हुआ है। ये बहुत अच्छे कवि है। 'उरिच् विश्वास', 'वीर बेरत में', जय–जय हिन्दुस्तान' आदि इनकी बहुत लोकप्रिय कविताएँ हैं। इनकी दो–तीन पुस्तकें प्रकाशन के लिए तैयार हैं। कवि ने 'चेदाकएम तेंगो एना' शीर्षक कविता में लिखा है–

चेदाक् एम तेंगो एना? एहो, होरतेन होड़!
ञेल काते सामाङ रे ञालाक् संगिञ होर?
चेदाक् एम थिर एना मोञ्ज बाहा सिसित्?
ञले काते ज़ानुम बोतोर सिगिच्–सिगिच्!
एहो, नोआ धरती रे दो ओकारे बाम ञाम?
हारखेत–सामेत बेगोर गे सुक दो सोहान!
लोहोदोक् बोतोर ते होड़ो बाङएम रोहोय;
हामेटाम ओका खोनाक् एण्डेखान जोय?

अर्थात–हे पथिक! लम्बी–लम्बी राह को देखकर तुम क्यों रुक गये? काँटों के बीच सुन्दर फूल तोड़ने से क्यों बाज आये? हे पथिक! इस दुनिया में–इस धरती में दुःख और तकलीफ़ के बिना सुख कहाँ? यदि तुम पानी से भीगने तथा कादो के लगने से डरते हो तो धान कैसे रोपोगे? फिर तुम्हारी विजय कैसे होगी?

(31) श्री चुड़का सोरेन 'हाले डाले' : श्री चुड़का सोरेन का जन्म भरोन्दा गाँव में हुआ है, जो सन्ताल परगने के अन्तर्गत हरियारी में अवस्थित है। उनकी कविता में राष्ट्रीयता की भावना भरी रहती है। कवि कहता है–

ञेञेल रानेच् बाबूज मानालेत् मे
मयाम एनेच् खेलोड बाज माना मे।
खाण्डा भण्डा बाबू होरोक जोङ मे।
मयाम खेलोङ, बाबू दो चालाक् मे।

भावार्थ–कवि कहता है कि एक बाप ने अपने बेटा को मेला देखने, नाच देखने के लिए मना किया था। उसी पुत्र से वह कहता है–बेटा! मैंने तुम्हें मेला देखने एवं नाचने के लिए मना किया था, किन्तु ख़ून की होली खेलने, देश रक्षा के लिए मर मिटने के लिए या ख़ून का खेल खेलने के लिए मैं तुम्हें मना नहीं करूँगा। तुम लड़ाई में अस्त्र से सुसज्जित होकर ख़ून की होली खेलने के लिए जाओ!

कवि की कविता बहुत ही प्रभावोत्पादक है। इसमें प्रेरणा देने की शक्ति है।

(32) बाल किशोर बासकी 'अरमान' और 'इचाक्' (1937 ई.): श्री अरमान का जन्म सन्ताल परगना ज़िला में पोड़ैयाहाट के निकट में स्थित परकटिया गाँव में हुआ है। सन्ताली भाषा के साथ ही साथ वे हिन्दी में भी लिखते हैं। इनका एक कहानी संग्रह 'कुकमू' सन् 1952 में तथा एक नाटक 'आकिल आरसी' सन् 1957 ई. में प्रकाशित हुआ है। उनकी प्रकाशित रचनाओं में रातेत् बाहा, कविता संग्रह; नवाँ दिबाहा नवाँ मारसाल, उपन्यास रासेल कुडी बहुत ही प्रसिद्ध ग्रन्थ हैं। उनके प्रकाशन से सन्ताल साहित्य में एक नये युग का आरम्भ होगा। कवि अपनी प्रेयसी से शादी में बँधने के लिए आग्रह करते हुए कहता है–

रूप गोरोब दो सारी बाङ बेसा।
छिनान ज़ोरो चाबाक् रूप रासा।
गोसो बाहा लेकाम ञेलोक जोबान
ओकोय सानायेया खोज तोर वाय!

भावार्थ–अपनी प्रेयसी से कवि कहता है कि तुम अपनी जवानी का गुरूर मत करो। यह तो क्षणभंगुर है। जब तुम मुरझाये हुए फूल की तरह दिखाई पड़ोगी, तब तुम्हें कौन पसन्द करेगा। इसलिए कवि उसे सलाह देता है कि वह शादी के बन्धन में बँध जाय।

कवि अरमान 'बचोञ मानाम काना' शीर्षक अपनी कविता में लोगों को सन्देश देता है कि–

छाता–पाता ञेञेल दो रे बाचोञ मानाम काना;
मेनखान नोआ कथा इञ दो मेमेन सानाञ काना–
आपुञ–बारेञाक् दाहड़ी
जेमोन आलोम घुड़ी;
सरहावमेको सनामको गे
आरहो हारयाड् साडी;
सोन्तोरोक् मे बाडिच् खोन दो नोआञ मेताम काना।
छाता–पाता ञेञेल दो रे बाचोञ मानाम काना।

अर्थात्–कवि लोगों को सम्बोधित करते हुए कहता है कि–मैं मेला देखने जाने की मनाही नहीं करता, परन्तु मुझे यह बात कहना है कि अपने बाप एवं भाइयों की इज्जत को मत जाने दो। तुम ऐसा काम करो कि सभी लोग तुम्हारी तथा तुम्हारी साड़ी की ही प्रशंसा करें।

यही कारण है कि कवि कह रहा है कि बुरे काम से सावधान रहकर मेला देखो। मेला देखने से कवि मना नहीं कर रहा है।

(33) विद्यारत्न, रूपनारायण श्याम शास्त्री (1931) : श्री रूपनारायण जी का जन्म भागलपुर ज़िला में अवस्थित नवाडीह में 14 अप्रैल, 1931 ई. को हुआ है। उनके पिता श्री दौलत टुडू हैं। इन्होंने गुरुकुल महाविद्यालय, देवघर में शिक्षा प्राप्त की है। इन्होंने कहानी, नाटक, कविता तथा लेख लिखे। उनका 'आले आतो' नामक नाटक प्रकाशित हुआ है। इस नाटक का अभिनय कई जगह सफलतापूर्वक हुआ। यह सामाजिक नाटक है। इनकी प्रमुख कहानियों में 'सोनोती', 'दिमाम मोहा', 'जुरी उमुल', 'दिवी साडी', 'कोय हाडायाक् दान' और 'छेदेर ओड़ाक्' आदि हैं। 'छेदेर ओड़ाक्' काफ़ी अच्छी कहानी है। सन्ताली साहित्य में वह कहानी सर्वश्रेष्य मानी जा सकती है। कविताओं में 'खेरवाड आडाड', 'ओनोलिया' और 'तिरिया ओरोङ' आदि प्रमुख हैं। कवि मानता है–लेखकों का राष्ट्र के प्रति, समाज के प्रति कुछ कर्त्तव्य होता है। अतः साहित्यकारों को सम्बोधित कर कहता है–

आम कुन्दाउ ओनोल–कथा मोन गोबोला,
मतावक्–आको दिसाम–भोक्ता ओनोलिया!
ओनोल काली, ओनोलिया! ओन्तोर–बेथा,
हिड़िञाको, चेरठाक्–आको, दोरोदिया।।
दिसाम आज़ाद, आम आज़ाद ओनोलिया!
कोलोम आज़ाद, ओनोल आज़ाद डहारिया!
दिसाम ताला ओदोल–बोदोल उरालिया!
मित् दोम, मित् मोत दिसाम जागोरिया।।

अर्थात्–कवि कहता है कि अपनी सोच समझ कर बतायी या लिखी हुई बातों से मन आकर्षित हो जाता है, जिसके सुनने या पढ़ने से देश के लोगों में उमंग बढ़ती है, जोश पैदा होता है। इस प्रकार की कविताओं एवं लेखों से मन की व्याथा दूर हो जाती है और दुःख भरा मन आनन्दित हो उठता है। अतः साहित्यकारों से कवि कहता है–देश आज़ाद है, तुम भी आज़ाद हो, तुम्हारी लेखनी भी आज़ाद है, देश में अनेक रद्दो–बदल दूसरे के चलते होता रहा है, इसलिए देश में जागृति लाने के लिए एकमत होना चाहिए।

(34) श्री भवेशचन्द्र हाँसदा : इस कवि का जन्म सन्ताल परगना के लगडुम गाँव में हुआ है। ये सन्ताली साहित्य के उदीयमान कवि हैं। उनकी कविता का धरातल समाज रहा है। वे समाज में सुधार लाना चाहते हैं। उनकी कविताओं में प्रेम का भी चित्रण हुआ है। उनकी कविताओं में 'एतेत् वाहा', 'डत्बुत', 'दिसाम तो वादारे लागित्', 'भारोतिय जुआन' आदि बहुत अच्छी उतरी हैं। चीनी आक्रमण के समय उन्होंने कई प्रभावोत्पादक कविताएँ लिखी थीं।

(35) श्री रामसुन्दर हेम्ब्रम (1945) : श्री रामसुन्दर हेम्ब्रम एक अच्छे नृत्य कलाकार हैं। वे अच्छे गायक भी हैं। उनकी लिखी हुई कविताएँ गेय भी हैं। उन्होंने कुछ कहानियाँ भी लिखी। कविताओं में देशप्रेम एवं समाज सुधार की भावना है। उनकी कविताओं में 'रूप अर गुण' 'हुबार', 'जोनोमदाता' आदि विशेष रूप से उल्लेखनीय हैं। 'कासी गेले' नामक उनका कहानी–संग्रह शीघ्र प्रकाशित होने वाला है।

(36) श्री सहदेव मराण्डी : श्री सहदेव मराण्डी का जन्म सन्ताल परगना के सिन्दुरबुनियाँ गाँव में हुआ है। कवि को अपने गाँव, समाज एवं देश से बहुत अधिक ममता है। उनकी ममता कविता के द्वारा व्यक्त होती रही है। वे एक बड़े सुधारक हैं। उन्होंने जामताड़ा में 'होडआरी चाली समाज' की स्थापना की है। इस संस्था का काम है–सन्ताल समाज में सुधार लाना। उनकी एक पुस्तक 'दौड़ सेरेञ' प्रकाशित हुई है। 'पाहिल मारसाल' उनका नाटक है। यह प्रभावोत्पादक एवं सुधारवादी नाटक है जिसका प्रदर्शन जामताड़ा अनुमण्डल में कई गाँवों में सफलतापूर्वक किया गया है।

(37) श्री मलिन्द्रनाथ मराण्डी : श्री मलिन्द्रनाथ मराण्डी का जन्म भी सिन्दुरकुनिया में ही हुआ है। वे केवल कविता ही लिखते हैं। इनमें छपास का रोग नहीं है। इनकी कवितायें पत्र–पत्रिकाओं में प्रकाशित न होकर भी लोगों के बीच प्रचारित है। गाँवों के लोगों को उनकी कवितायें याद हैं। वे गाँवों के लिए अपनी कविता द्वारा सन्देश देते हैं। इनकी लिखी हुई कविताओं में 'मिलवा सेन्दरा', 'एसकार गेयाम', 'फिटफाट', 'बारदिन लागित' बहुत ही अच्छी बन पड़ी है।

(38) श्री केवलराम सोरेन : श्री केवलराम सोरेन का जन्म सन्ताल परगना जिलान्तर्गत लिटी नामक गाँव में हुआ है। इन्होंने हिन्दी–सन्ताली शब्दकोश लिखा है जिसका प्रकाशन सन्ताल पहाड़िया सेवा मण्डल, देवघर की ओर से किया गया है। इसके पहले देवनागरी लिपि में कोई भी सन्ताली शब्दकोश नहीं था। इन्होंने 'दोड़ सेरेञ' नामक पुस्तक का प्रकाशन भी किया है। संताल साहित्य की समृद्धि के लिए इन्होंने सहयोगी प्रकाशन समिति का भी निर्माण किया है। इन दिनों में 'होड़ सोम्बाद' के सहकारी सम्पादक हैं।

(39) श्री नुनकू सोरेन : श्री नुनकू सोरेन सन्ताल परगना जिला के अन्तर्गत जामजुटी जो कुण्डहित प्रखण्ड में अवस्थित है, वहाँ उनका जन्म हुआ। उनकी कई रचनायें रोमन लिपि में प्रकाशित हैं। उनका उपन्यास 'मुहिला येचेत् दाई' और 'कोलेज रेन बुड़ी सुशीला' बहुत प्रमुख है। ये उनके दोनों उपन्यास बहुत ही लोकप्रिय हैं। उन्होंने साहित्येतर साहित्य भी लिखा है। उनका रोग–निदान सम्बन्धित 'रेहेत् रान' प्रथम भाग और 'रेहेत् रान' द्वितीय भाग बहुत ही प्रसिद्ध ग्रन्थ हैं।

(40) श्री गोरा चाँद टुडू : श्री गोरा चाँद टुडू रोमन लिपि में सन्ताली भाषा लिखते हैं। उनका 'बाहा भाला' नामक कविता संग्रह प्रकाशित हुआ है। इस पुस्तक द्वारा उन्होंने अच्छी ख्याति अर्जित की है। उनकी कविताओं में हमें राष्ट्रप्रेम एवं मानव प्रेम की ध्वनि सुनायी पड़ती है।

(41) श्री हृदयनारायण साह : श्री हृदयनारायण साह सन्ताल परगना के अमरपुरा गाँव के रहने वाले हैं। सन्ताली भाषा में 'बाल साहित्य' के निर्माण में इनका बहुत बड़ा हाथ है। बच्चों के लिए कई छोटी–छोटी पुस्तिकायें इनकी निकली हुई हैं।

(42) श्री यदुनन्दन मुर्मू : श्री यदुनन्दन मुर्मू जी का जन्म जामबाद गाँव में हुआ है। इनका भी ध्यान बाल साहित्य की ओर गया और इन्होंने दो–तीन बाल साहित्य की रचना की है, जो पाठ्य पुस्तकों के रूप में सरकार की ओर से स्वीकृत हुई हैं।

(43) श्री वैद्यनाथ माण्डी : श्री वैद्यनाथ माण्डी सन्ताली भाषा के एक अच्छे कवि हैं। उनकी कविता में दार्शनिक भावनाएँ व्यक्त हुई हैं। कवि कहता है–

जहाँनक् काइ कामी रे दो
एकला–एकलाबोन कामीया
इका कोय जोखाक् खान दो
नेहोरातेबोन होहोया

मडाङ कामी मडाङ काते
होर ते देबोन लाहाक्–आ;
तोहोत् हाडाक् बिपोद रे हो
आदो बाबो न पाचोक्–आ।

अर्थात्–मानव जब बुरा कार्य अकेले करता है, उसे क्षमा माँगनी पड़ती है तो विनम्र होकर पुकारता है। काम बड़ा भी हो सकता है; कठिन भी हो सकता है; उसमें बाधाएँ भी आ सकती हैं। पर उनसे मानव को घबड़ाना नहीं चाहिए। पराजित होकर पीछे हटना नहीं चाहिए। उसे तो कार्यरत रहना चाहिए। कवि मानव को प्रेरणा दे रहा है; पहले सामने जो कार्य हो, उसे पूरा करना चाहिए, फिर बाद में अपने पथ पर अग्रसर होना चाहिए। कवि चाहता है कि उसके लोग प्रतिज्ञाबद्ध हों कि विघ्न–बाधाओं एवं विपदा से अब वह हारकर पीछे नहीं हटेंगे।

(44) श्री शीतल प्रसाद मुर्मू : कवि श्री शीतल प्रसाद मुर्मू एक राष्ट्रभक्त कवि हैं। चीन ने जब भारत पर आक्रमण किया, कवि पुकार उठा–हिमालय लाल नहीं हो सकता। हिमालय पहाड़ की तलहटी में राष्ट्रीय तिरंगा झण्डा फहराते देखकर कवि कहता है–

पोण्ड बुरु लोदाम रे पेरोङ झाण्डी लातार
चेदाक् दादा भाईयेम तेंगो एना?
गाइ बाइ बाइ ते गेञ तेंगो दीदो गे;
दिसाम सीमा दीदीञ रुखिया दोहोय।।

अर्थात्–कवि ने देश में आने वाली विपत्तियों को ध्यान में रखते हुए इस कविता में भाई को सम्बोधित करते हुए अपनी भावनाओं को व्यक्त किया है। हिमालय पहाड़ की तलहटी में तथा तिरंगे झण्डे के नीचे सैनिकों को खड़े देखकर यह प्रश्न उठता है–वे क्यों खड़े हैं। कवि इसका उत्तर देता है–वे सैनिक देश की सीमा के प्रहरी हैं। वे देश के अभिमान हैं। उन्हें देश की सीमा को सुरक्षित रखना है।

देश में चीनी आक्रमण से एक जागरण आया है। युवक युद्ध–भूमि में जाने को तैयार हैं। उसकी पत्नी और युवक में बातें हो रही हैं। कवि उसका एक चित्र प्रस्तुत करता है–

अशोक चाक रेबेत् काते, जोड़ा बन्दूक साजाव काते,
ओका ते दो जुरीम चालाक् काना?
आलोम कुलीयिञाम बिलोमिञा;
दिसाम रुखियाय जुरीञ चालाक् काना।।

अर्थात–हे पतिदेव! सिर पर अशोक चक्र धारण कर बन्दूक लेकर कहाँ जा रहे हो? पति इसका उत्तर देते हुए अपनी पत्नी को सम्बोधित कर कहता है–इस प्रकार के प्रश्न पूछकर उसका समय नष्ट न करो। वह देश की सुरक्षा के लिए उसकी शान पर मर मिटने के लिए प्रस्थान कर रहा है।

(45) श्री जागरण चन्द्र सोरेन : श्री जागरण चन्द्र सोरेन में चीनी आक्रमण से एक जोश आ गया है। चीनियों को भारत की ओर बढ़ते देखकर कवि को चिन्ता होती है। उसी चिन्ता में कवि कहता है–

मा से कोयोगपे राताङ बुरू सेन,
बैरी दाराको कान सोबोत्–सोबोत्।
हेनाक् पेया से दिसाम दोरोदिया?
चेदाक् बैरी दोको आमालिया?
सज़ाव सज़ावपे सार–कापी–खारचाडी,
तेंगो दरामकोपे दिसा–बैरी।
ताहेंकानापे आपे एखेन तो;
देसे जेरेदतापे सोण्टोर बाती।

अर्थात्–कवि अपने देशवासियों को सम्बोधित करते हुए कहता है कि हिमालय पहाड़ की ओर देखो, झुण्ड के झुण्ड दुश्मन आ रहे हैं, दिलेर भारतवासियों के रहते हुए दुश्मन क्यों ऐसा कर रहे हैं? कवि को इसी का दुःख है, यह उसकी चिन्ता है। पर कवि चिन्ता कर अपने समय को नष्ट नहीं करना चाहता है। वह अपने लोगों से कहता है कि वे लडाई के हथियार–तीर–धनुष एवं भाले–बर्छी आदि को लेकर दुश्मनों का सामना करें।

(46) श्री गणेश लाल हाँसदाक : श्री गणेश लाल हाँसदाक को अपनी धरती पर नाज है। धरती में खामियाँ हो सकती हैं; पर धरती उसकी अपनी है। अनेक खामियों के रहते हुए भी धरती उसकी माँ है। कवि धरती की खामियों की ओर हमारा ध्यान आकृष्ट करता है–

दलाञ उदुक् आम बीर–बुरू;
ओण्डे बानुक्–आ बिलान बाइहाड।
एकेनेम ञेलानेच् घिरी चाटाइनी,
आरहो मेनाक्–आ गाडा–सोडोक्।
देलाञ उदुक् आमा बिर–बुरु;
रकाप्–रकाप् तेम आड़िस चाबाक्।
रकाप् काते आंरहो आडगो सानामे,
दजोक् बाङ सानामे बिर–बुरू।

कवि कहता है–हमारी धरती जंगल झाड़ से भरी हुई है। कहीं चट्टान है, तो कहीं गड्ढा है। खेत कम है। पहाड़ भी ऐसे हैं, जहाँ चट्टान भी कम है।

(47) श्री नोगेन्द्र नाथ हाँसदाक : श्री नोगेन्द्र नाथ हाँसदाक् सन्ताली साहित्य के एक उदीयमान कवि हैं। उनसे बड़ी–बड़ी आशा रखी जा रही है। कवि कहता है–

मानवाँ होपोन! मेत्–दाक् जोत् जाङमे आम ते;
नोआ धरती राक् लागित् दो बाङ काना एन्ते।
दुक–दान्द माँ ताहेनोक् गे होड़मो बाँदाक् रे हो;
तड़ाम इदीमे से होर रे जाङ्गाम छाँदाक् रे हो।।
रकाप् रिका होर दो तिसेम चेया जोङा हो?
दिसाम सगाई सुलुक तिसेम बानिज जोङा हो?
सुलुक सुताम बाहा माला मोन दो आचुरमे;
नाना हुनार बाहा सिदते गलाङ गुतुयमे।

अर्थात–कवि इस संसार की कठिनाइयों को दर्शाते हुए कहते हैं कि हे मानव! अपने कष्टों को अपने से ही मिटाने की चेष्टा करो।

संसार में रहते हुए दुःख का अन्त होना सम्भव नहीं है। कष्ट कितने भी आते रहें पर क़दम आगे बढ़ाना ही हमारा कर्त्तव्य होता है। कवि चाहता है कि जीवन को सफल बनाने के लिए अनेको प्रकार की शिक्षा हम प्राप्त करे।

(48) श्री चारलिस मुर्मू : कवि इन दिनों मुंगेर ज़िलान्तर्गत बाहदाह स्कूल में काम कर रहे हैं। कवि कृषकों का गायक है। वह उनके बीच रहता है। उनकी शक्ति से वह परिचित है। उनके श्रम पर उसे सन्तोष है। उसे अभिमान है। कवि ने उनके जीवन का एक चित्र इस प्रकार दिया है–

मेताक् आक् हुसनाक,
रासका गे तिनाक्;
रिंगी–टिंगी गे उच् ते चासा,
बेरेत् बागीबात् ञुत रे बासा!
आह! लाँग दो चेत्?
रासका ते तुहेत्;
झोमोर जाडी रे चेत् तमाशा।।

कवि कहता है–किसान लोग सबेरे उठते हैं, खुशी के साथ बिछावन को छोड़कर अपने काम में लग जाते हैं। थकावट का उन्हें अनुभव नहीं होता। वे खुशी से भर जाते हैं।

(49) श्री गुहिराम हेम्ब्रम 'रसिका' : कवि रसिका जी पश्चिम बंगाल के बांकुडा ज़िला में भोसलेहा (खातड़ा) गाँव में रहते हैं। कवि को अपने राष्ट्रीय झण्डे पर नाज है, उस पर उसे गौरव है। कवि को विश्वास है कि उसके झण्डे में असीम शक्ति है। कवि तिरंगे झण्डे की ओर ध्यान आकृष्ट करते हुए कहता है–

ञेलमिञ पुरुब, पाछिम, उतार, दाखिन,
साडिम चेतान रे मेनाक्मे झिन;
मा ताहेंक्मे आरहों ढेर दिन।
जोहार जोहार, ए पेरोङ झोण्डी!
दाडेयाय आडी।

अर्थात्–भारत देश का तिरंगा झण्डा पूरब, पश्चिम, उत्तर और दक्षिण में फहरा रहा है। झण्डा को सलामी देते हुए कवि कहता है–हमारा झण्डा बड़ा बलवान है। उसकी शक्ति असीम है। उसकी शक्ति का अनुमान नहीं किया जा सकता।

(50) श्री सुना टुड बारूडंगुबा : श्री सुना टुड 'बारूडंगुबा' सन्ताली भाषा के एक जागरूक कवि हैं। इनकी कविताओं में जागरण के स्वर हैं। इनकी कविता प्रभावोत्पादक होती है। कवि को सम्बोधित कर वे कह रहे हैं–

सेरेञ गक्‌लाङ सानामे खान;
कथा हक्‌लाङ सानामे खान,
सिर–सिर रे सेंगेल जोलोक् सेरेञ गलाङमे।
जापित् कोको चोमकाव बेरेत्, कथा हलाङमे।।
जनाम आयोय गेक्‌राङ काना;
दुक तेय राक् होकमोर काना,
सेरेञ आँजोम रासका तेये झिलाञ गोदोक् मा।
तोडाव आँजोम साँव ते गे एनेच्‌ए पान्तेक् मा।।

अर्थात्–कवि को सम्बोधित करते हुए बारूडंगुवा कहते हैं कि हे कवि! तुम्हें अगर गीत गाना हो तो ऐसा गीत गाओ जिसके सुनने से रोमांच पैदा हो जाय और अगर तुम्हें कविता करना ही आवश्यक हो तो ऐसी कविता करो जिसके पढ़ने से या सुनने से मन में उमंग उठे, जोश उत्पन्न हो। तुम्हारी कविता सुनकर पीड़ित मानव अपने दुख को भूल कर खुशी से झूम उठे, ऐसी कविता करो! ऐसा गीत लिखो।

(51) श्रीधर कुमार मुर्मू 'सुमन' : श्री सुमन जी का निवास–स्थान हज़ारीबाग ज़िला के दुधीपाटी राधानगर में है। उनकी प्रतिभा कविता में जितनी निखरी है, उतनी ही कहानियों में भी। वे जन जागरण के कवि हैं, राष्ट्रीय भावनाओं के गायक हैं।

सोहान रोड बानुक्‌तिञा, चेकातेयिञ बोधावेया?
गुन–गेयान बानुक्‌तिञा, चेत बा हालेञ चेकाया?

बानुक्‌तिञा बाहा सो हो, चेकाते आदो सोरोक्–आय?
बानुक्‌तिञा आकिल–बुद हों, चोकते आदो सोरोक्–आय?

अर्थात्–कवि इन पंक्तियों में अपनी लाचारी व्यक्त करते हुए कहता है कि उसमें कोई विशेषता नहीं जिससे कि वह किसी को लाभ पहुँचा सके। कवि को इस बात का दुःख है कि उसमें न सुगन्ध है और न मिठास तो वह कैसे किसी को अपनी ओर आकृष्ट कर सकता है।

(52) श्री निमाई चन्द्र सोरेन : कवि हुगली ज़िला के अन्तर्गत बेलगडिया (पोलवा) के रहने वाले है। वह अच्छे गायक हैं। उनकी कविताएँ प्रेरक शक्ति रखती हैं। वे भाव प्रधान हैं। कवि अपनी समस्याओं में देश को उलझाना नहीं चाहता। वह तो देश की समस्याओं को सुलझाना चाहता है। वह कहता है–

तडाम तडाम तड़ाममे से, मातिञ हो!
चोखोड़ चोखोड़ चोखोड़मे से, गातिञ हो!
सापाबालाङ तीकिनतालाङ, गातिञ हो!
केटेचालाङ जिवीतालाङ।।

देया काते भावना–बोतोर, गातिञ हो!
हिडिञ काते एपेरहेगडेच्, गातिञ हो!
रिकायाकलाङ दिसाम–सेवा, गातिञ हो!
जनाम दिसाम रुखियायता लाङ।।

अर्थात्–कवि देशवासियों को सम्बोधित करता हुआ कहता है–हे बन्धुओ! शीघ्रतर क़दम से क़दम वा कन्धा से कन्धा मिलाकर चलें। साथ ही हम भय और कपट को पीछे रख दें। हम कपट और तकलीफों से हिम्मत नहीं हारते देश की रक्षा के लिए अग्रसर होना चाहिए।

(53) श्री होपोन चन्द्र बासकी : कवि पश्चिम बंगाल के पाँइसा गोडा गाँव के रहने वाले हैं। कवि एक मनोवैज्ञानिक सत्य को अपनी एक कविता में व्यक्त करता हुआ कहता है–

तुम्दाक्, साडे, टमाक साडे,
झोमोर–झोमोर झुमुर साडे,
मेनेक तुम्दाक्–टमाक दो बाङ,–
मोने रेनाक् आशा गे साडे!

सुक ते माम सेरेञ साडे;
दुक ते माम होमोर साडे,
मेनेक सेरेञ–होमोर दो बाङ–
जियोन रेनाक् बोगे जुदा साडे!

अर्थात्–मन जब दुःखित रहता है तब मन से जो गीत निकलते हैं, वे आँसू लिये आते हैं। उनसे रोने–धोने की आवाज़ निकालती है, पर नन में आनन्द रहता है, तब मन–मयूर ख़ुशी से नाच उठता है। आनन्द के गीत गाये जाते हैं।

(54) श्री सोना गिरी मुर्मू : कवि मुर्मू किसानों का कवि है। वह मानता है, किसान भगवान का आदेशपाल है। वह उनकी इच्छानुसार ही काम करता है। वह कहता है–

सिञ–ञिन्दा होयोक् कान, चादो बोंगाय चलाव कान,
कामी रे भेजा वकान आबो जोतो होड़।
चाँदो बोंगा कामीय छान्दाव नोआ दुनिया रे,
कामीम कामी पुराउ आम गे चासा होड़।।

अर्थात्–सृष्टिकर्त्ता ही दिन और रात चलाता है और हम लोग कामों में लगे हुए हैं। इस संसार में सृष्टिकर्त्ता ही कार्यों का कार्यक्रम तैयार करता है और किसान उन्हीं कार्यक्रमों के अनुसार काम पूरा करता है।

(55) श्री टॉमस हेम्बरोम : कवि टॉमस हेम्बरोम को यह विश्वास है कि जब तक शिक्षा–सूर्य का पूर्णतः उदय नहीं होगा, समाज में फैला हुआ अन्धकार दूर नहीं हो सकता है। शिक्षा का कार्य बहुत बड़ा है, सबको करना है। कवि कहता है–

रोहोय ओचोकोआलोङ गाते कुडी,
गाते तायोम हिली! हाडाम–बुढी।
आतो–सेवक हिली! बेगोर दाम ते,
दारेय एम अकाना रोहोय मेनते।
दिसाम होड़के धुराय अकान बिर हारा,
एमोक् कानाको लाखे–लाख चारा।।

अर्थात्–कवि कहता है कि पहले हम अपने साथियों एवं सहेलियों को शिक्षा दें, इसके बाद गाँव के बूढ़े और बुढ़ियों को बग़ैर पैसा शिक्षा दें। विद्या–दान महान दान है। शिक्षा जो हमें मिली है, उसका प्रसार करना चाहिए। देश के लोग शिक्षा–प्रसार करने में लगे हुए हैं, जिससे लाखों लाख फल प्राप्त होता है।

(56) श्री साइमन के. हाँसदाक : श्री साइमन के. हाँसदाक जी प्रकृतिवादी कवि हैं। जंगल कटते देखकर कवि के हृदय में एक वेदना उमड़ती है। कवि कहता है–

आतुक् बुरु दाक् तारास् आते,
दाइहाड़ सोकड़ा दाक् खेञ्चेर आते;
दाक् मा आतुक् साँव रामपारुड़ा,
इदीय बड़ाया बाय रुआड़ा।
ओहाय मेनेक नितोक् सेदाय झोमोर,
सेदाय जापुत् बादुक् ओकोर?
राटेन बिर मा एन्ते हेडेहेत् केत्बो,
जापुत् चाबायेन ओकोयाक् दोस?

अर्थात्–कवि वर्षाऋतु को याद करता है। वर्षाऋतु में पहाड़ी रास्ता से पानी कोलाहल शब्द करता हुआ बहता था। वह नीचे क्यारी होकर धीरे–धीरे बहता था। पानी के साथ कूड़ा–कर्कट भी बह जाता था। फिर वह कभी लौट कर नहीं आता था। परन्तु उस ज़माने की वर्षा अब कहाँ है। झाड़–जंगल तो हम लोगों ने साफ़ कर दिया वर्षा न होने के लिए दोषी आज हम किसको ठहरायें।

(57) श्री लीलू सोरेन : कवि श्री लीलू सोरेन गाँधी जी से बहुत प्रभावित हैं। गाँधी की अर्चना करते हुए कवि कहता है–

गाँधी! आमाक् जेरेत् मरसाल टाण्डी रे,
गाँधी जी! डिगिर–डिगिर आले तड़ाम रे,
गाँधी जी! मेनाक्लेया आमाङ डहार रे,
गाँधी जी! अमाङ नीति–धोरोम दो रे,
गाँधी जी! जुग–जुगले दोहोय गेतामा।

अर्थात्–कवि गाँधी जी के कार्यों को याद करते हुए उनकी अर्चना करता है। कवि का कहना है कि हे हमारे राष्ट्रपिता। आप ने जो प्रकाश इस संसार को दिया है, उसी प्रकाश से विश्व आलोकित है उसी में हन लोग चल रहे हैं। आपके बतलाये हुए राह पर हम चलते हैं। आपने हमें जो नीति–धर्म दिया है, उसी के सहारे हम युगों तक चलेंगे।

(58) हरप्रसाद मुर्मू : सन्ताली साहित्य के बहुत लोकप्रिय कवि हैं। वे लिखते भी अधिक हैं। उनकी रचनाओं में ओज है, भावनाएँ राष्ट्र के प्रति निवेदित होती रही हैं। कवि कहता है–

नुनाक् ओकलोडोण्डो–नुनाक् कोङ्का!
बैरी पारोम ते उसुल दाडाङ,
साँव ते सेटेर आत्पे एमेन आडाङ।
एमाम कानाञ बैरी रासका साबास।
आम गेम एमात्लेया चेतोन साहाँस।
मामे कोयोगपे राताङ बुरु सेच्,
बैरी दाराको कान बुरुत्–बुरुत्।
हेनाक्पेया ओकोय दिसाय दोरोदिया।
तिंगू दारामकोपे बैरी हिंसालिया।।

कवि की राष्ट्रीय भावना इन पंक्तियों में परिलक्षित हुई है। शत्रु ने देश पर आक्रमण किया है। कवि भारतीय जवानों को बधाई देता है। कारण वे सजग प्रहरी पर्वत की दरारों में कष्ट का सामना करते हुए देश की सुरक्षा के लिए आज खड़े हैं।

(59) श्री लोधा मराण्डी : श्री लोधा मराण्डी समाज एवं राष्ट्र के गायक हैं। कवि समाज में सुधार चाहता है। राष्ट्र में वह प्रगति देखना चाहता है। कामरत मानव की आवश्यकता आज राष्ट्र को है–इस बात को कवि मानता है। वह कहता है–

सोमाज रेको लाहा वकान काज रे लगाव अकानको;
निहात नाचार तायनोम अकान ओक्ते कोयोक् अकातको।
एभेन, जागवार, फारनाक्मे आकिल–दाक् ते आबोक्मे;
सोमाज होर रे ञेलकोताम लाहा वकान बोयहाको।।

ओक्ते आलोम आसोक्–आ, ओक्ते आलोम भोरसावाक्;
ओक्ते आलोम सेन्दरा बाडाय, ओक्ते आलोम कोयोक्काक्।
कामी रे मोने मुरुकताम, क्ामी रे जिवी आलाय काम;
ओक्तेय होयेक्तामा ग्ुलाम, ओक्ते आमे आदोराम।।

अर्थात्–समाज की दशा देखते हुए कवि कहता है कि जो भाई कार्यरत हैं, वे अत्यन्त लाचार हैं, वे समाज में आगे बढ़ें। कवि उन्हें सम्बोधित करते हुए कहता है–वे जागेंः शिक्षा प्राप्त करें। विद्यारूपी पानी से अपना चेहरा धो डालें समाज को आगे ले जायें। समय पर आशा और भरोसा न रखें; समय को मत खोजो एवं मत देखो, मन लगाकर काम करो तथा कामों में प्राण को आहुति दो, समय आप ही आप तुम्हारा गुलाम बन जायेगा।

(60) श्री उपेन्द्रनाथ हेम्ब्रम : श्री उपेन्द्रनाथ हेम्ब्रम मानते हैं कि कवि देश के मनोबल का प्रहरी है। पाकिस्तान ने जब भारत पर आक्रमण किया, तब कवि ने लोगों को पुकारा–

देलासे, देलासे ओडोकोक्बोन ओडाक् खोन, भाई रे भाई!
पाकिस्तानी बैरी भाई रे! दाराको कान, रे भाई!
पाकिस्तानी बैरी भाई रे! दारको कान।।
भारोत पाक सीमा रे साकवा भाई रे! साडेयेन;
पाकिस्तानी बैरी देबोन तेंगो दारामको, रे भाई!
पाकिस्तानी बैरी देबोन तेंगो दारामको।।

अर्थात्–पाकिस्तान ने भारत पर आक्रमण किया। अतः कवि अपने बन्धुओं से आग्रह करता है–अपनी भूमि से पाकिस्तानियों को निकाल दें–यह कवि का नारा है। कवि चाहता है–सभी लोग घरों से दुश्मनों का मुक़ाबला करने के लिए बाहर आयें। भारत–पाक सीमा से युद्ध की आवाज़ आ रही है। उसे अनसुनी मत करो, चलो हम सब पाकिस्तानी दुश्मनों का सामना करें।

(61) श्री बाबू लाल मुर्मू 'आदिवासी' : कवि बाबूलाल मुर्मू का जन्म सन् 1939 ई. में दोसीता गाँव (भागलपुर ज़िला) में हुआ है। अध्ययनकाल से ही इन्होंने लिखना आरम्भ किया है। कहानियाँ एवं कविताएँ इनकी बड़ी अच्छी होती हैं। कहानियों में दिसाम भोक्ता, 'काकीआयो',

'सोगे सोना' और 'बोतोर बोंगा' बहुत ही प्रसिद्ध हैं। कविताओं में मुलुच्, तिरिया, भारोत दिसाम आदि बहुत अच्छी हैं। उन्होंने दो–तीन पुस्तकें भी लिखी हैं, जिनका प्रकाशन नहीं हो पाया है। उनकी कहानियाँ बहुत चाव से पढ़ी जाती हैं। उनकी कहानियों के प्रशंसक बहुत हैं।

(62) श्री बाबूराम मुर्मू : सन्ताली भाषा के ये बहुत ही लोकप्रिय कवि है। इनकी कविता में जीवन का सन्देश है। कवि भारत को गतिशील देखना चाहता है। इन शब्दों में कवि कहना चाहता है–

रकाप् एनाय आँगाय इपिल जापिद बाले;
सेताक् उथुम सिमको राक् केत् बेरेत्–आले।
उतार नाखा साकवा साडे लेन लड़हाई रेयाक्,
टोडोक्–टोडोक् मेत्–दाक् ज़ोरो लेन भारोत्–गोवाक्।

अर्थात्–सुबह होना सूचित करने वाले तारा का उदय हो चुका, अब हम नहीं सोयेंगे। भोर में मुर्गे ने बांग दी, अब हम उठेंगे।

उत्तर दिशा में लड़ाई का शंख (साकवा) बजा था। चूँकि भारत माता रोयी थी, अर्थात् भारत माता की आँखों से टप्–टप् आँसू चू पड़े थे।

अन्य सन्ताल लेखकों और कवियों में सर्वश्री बड़का मुर्मू पोरपनी, श्री बटेश्वर हेम्ब्रम, श्री मुन्शी चन्द्र मुर्मू, श्री सफल सोरेन, रूप श्याम सरोज, प्रधान मराण्डी, शुकदेव मुर्मू, मुंशी हेम्ब्रम्, बालेश्वर सोरेन, चुनाराम हाँसदा, रामपद सोरेन, भूषण प्रसाद साह 'भूषण', जे. बी. टुडू 'रासकार', सुशील सोरेन, चुनन्दन मराण्डी, श्री छोटन प्रसाद मुर्मू, श्री कुमार जी, हीरायरिमा मराण्डी, हरेकृष्ण बासकी, सुखलाल हाँसदा, शिकार किस्कू, सुकोल सोरेन, रामजित मराण्डी, शिव चरण कुमार किस्कू, होपोन लाल टुडू 'घिरीहिकिर', लाल टुडू आदि का नाम उल्लेखनीय है।

सन्ताल साहित्य के निर्माण की जो गति है, उसे देखते हुए यह कहा जा सकता है कि सन्ताल–साहित्य का भविष्य बहुत उज्ज्वल है। अधिकांश लेखक–कवि सर्वहारा वर्ग के हैं। उनके साहित्य के प्रकाशन का अभाव है। सहकारी प्रकाशन के लिए व्यवस्था हो या सरकार की ओर से सन्ताली साहित्य के प्रकाशन के लिए व्यवस्था हो तो सन्ताली साहित्य का निर्माण हो सकता है। सरकार ने इस ओर कुछ ध्यान दिया है! कुछ लेखकों को सन्ताली साहित्य लिखने एवं प्रकाशित करने के लिए सरकार की ओर से अनुदान मिला है। यह संकेत शुभ की ओर है।

हो सकता है, अज्ञान के कारण कुछ लोगों का इसमें उल्लेख होना रह गया हो, ऐसे बन्धुओं से क्षमा–दान की अपेक्षा है।

सन्दर्भ

1. When missioneries met with Santals no one had tried to reduce their language to writing. The European who first attempted to do this, was, I believe, the Rev. J. Phillips who tried in Orissa and having come in contact with Santals in 1852 publishsd "An Introduction to the Santal language."
– Rev. P.O. Bodding : Materials for A Santali Grammar, Part 1, p.

सहायक ग्रन्थ

इस पुस्तक के लिखने में जिन लेखकों की पुस्तकों एवं निबन्धों से सहायता ली गयी है, उनके प्रति लेखक अपना आभार प्रकट करता है। लेखक यह स्वीकार करता है कि उन ग्रन्थों एवं विभिन्न लेखकों के द्वारा प्रकाशित तत्त्वों के आधार पर ही इस पुस्तक की रचना हुई है।

1. Alexander (Cummingham)– Archaeological Report (1871-72).
2. Allanson, H-LI-L–Final Report on the Survey and settlement operations in the District of Santhal Parganas, 1898-1910 (Calcutta, 1912) .
3. Ambedker, Dr.B.R. – Who are the Sudras?(1947).
4. Archer, Mildred – 'The Folk-tale in Santal Society' – Man in India, XXXIV(1944)-224-32.
5. Archer, W.G. –"The illegitimate Child in Santal Society."–Man in India, September, 1944, p. 154-169,
"The Forcible Marriage."– Man in India, March, 1945. p.-29-42.
"Santal Poetry"– Man in India, XXIII (1943) p. 98-105.
"Betrothal Dialogues"– Man in India, XXIII (1943) p.143-53.
"An Indian Riddle Book,"– Man in india, XXIII (1943).
"Festival Songs"– Man in India, XXIV (1944) p. 141-44.
"Santal Rebellion Songs"– Man in India, XXV, December, 1945
"Santal Transplantaion Songs"– Man in India, March, 1946, p. 6-7.
"The Santal Rebellion"– Man in India, XXV (1945) p. 223-39.
"Ritual Friendship in Santal Society"–Man in india, March, 1947, page 57-60.
"The Santal Treatment of witch craft" Man in India, June, 1947, p. 103-21.
6. Baily, F.G.–"Caste and Economic Frontier"(1958) Tribe, Caste and Nation (1960).
7. Ball, Prof. V.– Jungle life in India (1880).
Geology of Auranga and Hutar coal fields; Memoirs of the Geoloigal Survey of india; Vol.X (1880).
8. Bhargava, P.L.– India in Vedic Age.
9. Biswas, P.C.– Primitive Religion, Social Organisation, Law and Government amongst the Santal (Calutta, 1935).
"Santals of the Santal Parganas"– (Delhi, 1956)
10. Bodding, P.O.– "On the different kinds of Salutation used by rhe Santals"–J.A.S. Bengal, LXVII, Part III (1898).
"On Taboos and Customs connected there with amongest the Santals"– J.A.S. Bengal, LXVII, Part III (1898) p. 1.24.
"Ancient store implements in the Santal Parganas"–J.A.S. Bengal LXX, Part III (1901).

"Shoulder- headed and other forms of Stone-implements in the Santal Parganas"–J.A.S. Bengal, LXXIII, Part III (1904).

"Santal Traditions"–J.B.O.R.S. II (1916).

"Some Remarks on the position of women among the Santals"–J. B.O.R.S. II (1916) p. 239-49.

"The Traditions and institutions of the Santals; Second Edition of Horkoren Mare Hapramko reak kath with a foreword by P.O. Bodding (Benagaria, 1916).

"Materials for a Santale Grammar"-(Banagaria,1922)

"A Chapter of Santal Folk–Lore"–J.B.A.S. Bengal, 1924.

"A plea for a standarised system of writing the Munda or Kolarian languages"-J&P.A.S. Bengal, New Series, XXI (1925).

"Studies in Santal Medicine and connected folk-lore", Part I 'The Santals and Disease', M.A.S., Bengal,X (1925).

"Santal Medicine" M.A.S, Bengal, X(1927) 1-3-426.

" How the Santals live"– M.A.S., Bengal, (1940) 427-502.

"Santal Folk-Tales" (Oslo, 1925-29).

"The meanig of the words Buru and Bonga in Santali"-J.B.O.R.S., XII (1926), 63-77.

"A note on the wild people of the Santals", J.A.S. Bengal, XXVII (N.S) 241-63.

"Santali Grammar for Beginners" (Banegaria, 1929).

"Notes on the Santhals, Census of India;1931, India, Part III B, 98-107.

"A Santal Dictionary, (Oslo, 1932-36).

11. Bolton, C.W.– "Notes on the Settlement of Santal Parganas (Zamindari Portion), 1874-9.
(Calcutta, 1880, Deputy Commissioner Record Room, Dumka).

12. Bompass, C.H.– "Folk- lore of the Santal Parganas (London, 1909).

13. Bannerjee, B.– "The social and ceremonial life of the Santals"– The Indian Antiquary, LIX (1930), 100.

14. Bradley, Birt F.B.– "The Story of an Indian upland"–London, 1925.

15. Buchanan, Francis– 'Journal Kept during in survey of the district Patna, Gaya.
Journal Kept during the survey of the district Shahabad, (1812-13).
Journal Kept during the survey of the district Bhagalpur (1810-11).

16. Campbell, A. –"Santal Folk Tales"–(Pokhuria, 1899).

"The Traditional Migration of the Santal tribes"– Indian Antiquary (1894).

'A Santali English Dictionary, (Pokhuria, 1899).

'Rules of Succession and Partition of property as observed by the Santals',–J.B.O.R.S. I, (1913) 21-25.

'Superst+itions of the Santals'–J.B.O.R.S. I, (1915).

'The traditions of the Santal', –J.B.O.R.S. II (1916), 19-29.
'Santal legends' – J.B.O.R.S. II (1916) 191-200.
'Death and Cremation Ceremonies among the Santals, –J.B.O.R.S. II (1916), 449-56.
'Santal marriage customs'– J.B.O.R.S. Part II, (1916) 304-37.

17. Campbell, J. –'Enthology of India',– Journal of the Asiatic Society of Bengal, Part II, 1866, Special Number, Enthnology.
18. Carst+airs, R- 'The little world of an Indian District officer, (London,1912).
Harma's village (Pokhuria, 1935).
19. Chatterjee, B.K. and Kumar, G. D.–"The Somatic character and Racial Affimities of the Santal of the Santal Parganas"– J.A.S.B., (Science) Vol. XVIII, No. 1, 1952.
20. Chatterjee, S.K.–'The linguestic Problems Oxford Pamphlets on Indian offairs, 1943.
21. Chattopadhyaya, K.P.– 'Report on Santols in Bengal, Calcutta University Press', 1947.
22. Choudhary, Uma–'Marriage Customs of the Santals, Bulletin of the Department of Anthropology', Vol, 1, No. 1, January, 1952, 86-116.
23. Craven, C.H. and Skrefsrud, L.O.–'Traces of Fraternal Polyandry among the Santal',– Journal of the Asiatic Society of Bengal Vol. LXXXI (1903), p. 80-90.
24. Cole, F.T.–'Santal folk-Iore'–The Indian Antiquary, IV (1875) 257.
25. Craven, J.A.–'Sattlement Repart, 1892.
26. Culshaw, W.J.–'Some notes on Bongaism',-J.R.A.S. Bengal, V (1939).
'Some Beliefs and custom relating to Birth among the Santals', J.R.A.S. Bengal, VII (1941) p. 115-27.
'The Folk Consciousness of the Santali'–Essays in Anthropology presented to S.C.Roy (Lunknow, 1942) 219-27.
Santal Songs, Proceeding Asiatic Folk Literature Society I (1944), No. 1.
'Early Records Concerning the Santals'– Man in India, XXV (1945), 191-3.
'The Santals Rebellion', Man in India, XXV (1945), 218-23.
'Tribal Heritage', A Study of the Santals (London,1949).
27. Dalton, E.T.–'Discriptive Ethnology of Bengal (Calutta, 1872).
28. Datta, K.K.– 'The Santals Insurrection of 1855-7 (Calcutta, 1940).
29. Datta, Majumdar Nabendu–'The Santal–A Study in Cultural Change.'
30. Diwakar, R R.–'Bihar thougha the Ages', 1958.
31. Driver, W.H.P.– 'notes on some Kolarian Tribes, Journal of the Asiatic Research Society, (1889), Vol LVII, Part 1, p.7.
32. Elwin, Verrior–'The religion of an Indian Tribes, (1955).
'A Philosophy for NEFA' (1959)

'Folk-tales of Mahakoshal', (Bombay, 1944).
'Loss of Nerve' (Bombay, 1941).
'The Aboriginals' (Bombay, 1943).
'The Story of Tate Steel' (1958).
Nagaland (1961).
'Myths of North Frontier of India'(1958).

33. Fraser, J.G.–'The Golden Bougha, (1952).
34. Ghurye, G.S.–'The Scheduled Tribes, (1959).
35. Grierson,G.A.–'Linguistic Survey of India, (1906).
36. Guha, B.S.–'The Indian Aborigines and their Administration', Journal of the Asiatic Society, 1951.
37. Gausdal,G.–'Contributions to Santal Hymology, (Bergen, 1935).
'The Khunt system of the Santals', –J.B.O.R.S., XXVIII (1942), Part IV.
38. Gantzer, J.F.–'Final Report on the Revision, Survey and Settlement operations in the District of Santal Parganas, 1922-35 (Patna, 1936).
39. Hadden, Dr.A.G.–'The Races of Man'(1924).
40. Hearn, W.N.,–'Notes on the Santals', Census of India, 1931, India, Part III B, 108-9.
41. Hoernle, E.S.– 'A Brief Introduction to the Administrations of the Santal Parganas, (Benagaria, 1929).
42. Haram, K.–'Tradition and institution of the Santals, Benagaria, 1887.
43. Hunter, W.W.–'The Annals of Rural Bengal', (London,1808).
'A Statostical Account of Bengal', The Santal Parganas, (Calcutta, 1872).
44. Hutton, J.H.-'Caste in India', (1961).
45. Jain, R.K.–'Features af Kinship among the Eastern Anthropologist'.
46. Jawahar Lal Nehru –'Discovery of India'(1945).
47. Kabir, Humaun–'A Programme for National Education– Eastern Economist Pamphlet'.
48. Koomar, C.H.–'Santal Parganas, Santal or Paharia Koak' itihas (Pokhuria, 1937)
49. Lacey, W.G.–'The Santal's Census of India', 1931,I, India, Part III B, 97-98.
50. Mackphail, J.M.– 'The Story of the Santal', (Calcutta,1922)
'Cycle of the Seasons in a Santal Village',– The Calcutta Review, (New Series).
51. Macphail, R.M.– 'Notes on Santals',– Census of India, 1931, I, India, Part III B, 109.
'An Introduction to Santali', Part I &II, (Benagaria, S.P. 1947).
52. McAlphin, M.C.– 'Report on the Condition of the Santal', (Calcutta,1909).

53. McPherson, H.– 'Notes on the Aboriginal Races of the Santal Parganas, (Calcutta, 1908) 'Final report on the Survey and settlement operation in the District of Santal Parganas 1898-1907', (Calcutta,1907).
54. Mukherjee, C.L.– The Santals, Calcutta, 1943.
55. Man, E.G.– 'Sonthalia and the Santhals', (Calcutta, London,1807).
56. Martin, Montgomery–'Eastern India', (London1832).
57. Majumdar, S.C.– Some Santal Songs',– The Vishwa-Bharti quarterly, III, (1925) 67-9.
58. Mitchell, J.M.–'Santali Songs' The Indian Antiquary, V (1875), 342-4.
59. Mitra, Kalipada–'The originals and Parallels of Stories in Mr. Bompass' (Folk-lore of the Santal Pargans,), J.B.O.R.S., XII, (1926) , 560-84
'A Mikir Tale and its Santali Parallels',–J.B.O.R.S, XIV, (1928) 139-43.
'Originals and Parallels of Some Santal Folk-Tales',–J.A.S., Bengal, XXV, (1929), 101.
60. Majumdar, Dr., D.N.–'Races and Cultural of India, (1946).
61. Majumdar and Madan– 'An Introduction to Soial Anthropologym', (1957).
62. Majumdar, R. C.– 'The Vedic Age'.
63. Mitra, Ashok–'The tribes and castes of West Bengal', Census, 1951.
64. Mitra, Sarat Chandra – 'A note of Human Sacrifice among the Santals', – J.B.O.R.S, XII (1926).
'On a Santalli Folk-Tale of the Hero and the Deity Type', J.B.O.R.S., XII, (1926) 140-6.
'Santal life in a Santali Folk-Song', – J.A.S, Bombay, XIII, (1927), 48-51.
'On a Satya Pirtegeno in Santali guise',–J.B.O.R.S., XIII, (1927) 145-7.
'A Further Note on Human Sacrifice among the Santals', J.B.O.R.S., XIV (1928), 147-9.
'Folk-Tales of 61 Der Minnund Fuches' type, Man in India VIII (1928), 209-18.
'The Dog-bride in Santal and hepeha Folk-lore', –J.B.O.R.S, XIV (1928), 422.5.
'The Caterpillar Boy and the Caterpillar Husband in the Santali and Chhota Nagpur Folk-lore'– J.B.O.R.S., XIC (1928), 426-8.
'The Magical Conflict' in Santali, Bengali and Ho Naga Folk-lore', Man in India, IX (1929), p. 173-80.
'Further notes on the dog bride in Santali and hepeha Folk-lore', J.B.R.S., XV (1929), 600-06.
65. Mukharjee, C.C.–'Notes on the Santals and Kherias of Manbhum District, Census of India, 1931, I, India, Part III B, 110-12.
66. Murmu, S.C.– 'Gam Kahini', (Dumka, 1944).
67. Naqur, S.M.–'Santal Murders', Man in Indra, XXIII (1943).

68. Oldham, Thomas–'Memoirs of Geological Survey of India, (1956), Vol.-I.
69. Oldham, W.B.–'Some Historical and Ethmcal Aspects of the Curdwan District', (Calcutta, 1894).
70. O' Malley– 'Bihar District Gazetteers, Santal Parganas', (1938).
71. Rapaz, Receben Rusen Kishro C.– 'Harmawak, (Dumka, 1946).
72. Risley, H.H. –'The tribes and Castes of Bengal, (Calcutta, 1891)
'The People of India, Second Edition, London, 1915.
73. Rowat, F.– 'Other Notes on the Santals',– Census of India, 1931, I, India, Part III B, p. 107-8.
74. Roychaudhury, P.C. –'Bihar District Gazetteers', Santal Pargana, 10,65.
'Sepoy Mutiny in Chhotanagpur', Bengal Past and Present, July, December, 1955 and July, December 1956.
'1857 in Bihar', (Chotanagpur and Santal Pargana, Patna, 1959.
'Inside Bihar' (1962).
75. Roy, Sarat Chandra –'The Mundas and their Country' (1912).
'The oraons of Chhotanagpur', 1915.
'Oraon Region and Customs', (1926).
'The Kharias', Vol I &II (1937).
'The Birhors',–1925.
'A notes on some remains of the Ancient, Asuras'– The Bihar and Orissa Research Society, Vol 1, p. 230-232.
'The Asuras', Ancient and Modern Journal of The Bihar and Orissa Research Society, Vol, XII.
'Distribution and nature of Asur site in Chhotonagpur,– Journal of the Orissa Research Society.
76. Roy, S.W.–'The Convension of the Santal to Hinduism', Journal of Bijar & Orissa Research Society, Vol, II, (1916), p. 87-8.
77. S.S. Sarkar – 'The Aboriginal Races of India.
78. Sarkar, S.S. and Sen, D.K.– 'Further Blood Group Investigation in Santal Parganas',–Bulletin of the Dpartment of Anthropogy, Vol.1, No. 1, January, 1952, p. 8-13.
79. Sachchidanand – 'The Morung and the Dhumkuria', – A Study in Contrast– Journal of the Bihar Research Society (1954).
80. Vidyarthi, L.P. –'Education in Tribal Bihar', Man in India (1955).
81. Yule, Sir George –'Report on the Santal Parganas for 1858.
82. उमाशंकर–सन्ताल समाज का अध्ययन : योगी, 18 दिसम्बर, 1965
सन्तालों के विवाह संस्कार : योगी, 25 दिसम्बर, 1965
सन्ताल समाज में जन्म संस्कार : योगी, 4 जनवरी, 1966
सन्तालों का संयमित जीवन : नवराष्ट्र
सन्तालों की बिठलाहा–प्रथा; उत्तर बिहार, पर्यटन अंक, वर्ष–11, अंक–33, 10 अगस्त, 1964

भारत की प्रथम आज़ाद सरकार एक सन्ताल योद्धा सिदो ने बनायी थी–धर्मयुग, 2 अगस्त, 1964
पहाड़िया जाति का विद्रोह : ज्योत्स्ना, जनवरी, 1666
सन्तालों का बंधना पर्व; उत्तर बिहार, 15 जनवरी, '66
सन्ताल समाज के अध्ययन का आधार, उत्तर बिहार, दीपावली विशेषांक, 1965
83. उदय नारायण तिवारी–भोजपुरी भाषा और साहित्य
84. केवल राम सोरेन और पृथ्वीचन्द्र किस्कू–सन्ताली शब्दकोश
85. केसरी कुमार सिंह–नागपुरी भाषा और साहित्य
86. गदाधर प्रसाद अम्बष्ट–बिहार–दर्पण
87. गोपाल लाल वर्मा–सन्ताली लोकगीतों में श्री राम, अमृत, दिसम्बर, 1959
88. झारखण्डी झा–भागलपुर दर्पण
89. डोमन साहु समीर–सन्ताली भाषा–प्रकाश, 26 जनवरी, 1957
–बिहार के आदिवासी में संकलित 'सन्ताल' अध्याय
–सन्ताली प्रकाशिका, भाग 1 और 2
–सन्ताली जन–जीवन : कांग्रेस अभिज्ञान ग्रन्थ, पृ. 105–109
90. देवेन्द्र सत्यार्थी–धरती गाती है: राजकमल प्रकाशन, दिल्ली
–बेला फूले आधी रात : राजहंस प्रकाशन, नयी दिल्ली
–बाजत आये ढोल : एशिया प्रकाशन, नयी दिल्ली
91. धीरेन्द्र वर्मा–ग्रामीण हिन्दी, हिन्दी भाषा का इतिहास
92. भागवत् मुर्मू ठाकुर–पाँच सन्ताली लोक कथाएँ; प्रकाश, 15 जनवरी, 1947
–दोङ सेरेञ : सन्ताल पहाड़िया सेवा मण्डल, देवघर (1963)
93. बालकिशोर बासकी 'अरमान'–सन्ताल संस्कृति पर शोध आवश्यक, प्रकाश, 15 जनवरी, 1947
94. सच्चिदानन्द–बिठलाहा; प्रकाश, 15 जनवरी, 1947
95. शुद्धदेव झा 'उत्पल'–प्रकृति की गोद ही जिन्हें पसन्द है; प्रकाश, 15 जनवरी, 1942
96. विद्यार्थी, ललिता प्रसाद–बिहार में आदिवासी
97. युगल किशोर 'जरगर'–जब सन्ताल गा उठता है, प्रकाश, 15 जनवरी, 1947
98. यदुनन्दन मुर्मू–सन्ताल समाज की बुराइयां : प्रकाश, 15 जनवरी, 1947
99. श्याम परमार–भारतीय लोक साहित्य; राजकमल प्रकाशन, नई दिल्ली, 1954
100. राहुल सांकृत्यायन–आदि हिन्दी की कहानियाँ और गीतें, पटना, 1952
–'मानव समाज'
–'मातृभाषाओं का प्रश्न' हंस. (सितम्बर, 1943)
–'किन्नरदेश'
–हिमालय परिचय।

101. शिवदान चौहान–प्रगतिवाद–जनपदीय भाषाओं का प्रश्न, पृ. 189–276

पत्र–पत्रिकाएँ एवं प्रतिवादन–

1. Archaeological Reports.
2. Linguistic Survey of India.
3. Man in India.
4. Memoirs of Geological Survey of India.
5. Mythic Society, Banglore.
6. The Asiatic Society of Bengal.
7. Journal of the Bihar Research Society.
8. अवन्तिका (अगस्त, 1953)।
9. अजन्ता (अगस्त, 1952; जनवरी , 1954; फ़रवरी, 1954)।
10. अजन्ता (अप्रैल, 1954)।
11. आजकल (आदिवासी अंक, 1953; लोक–कला अंक, 1954)।
12. आलोचना (अप्रैल 1952; जुलाई, 1952)।
13. कल्पना (फ़रवरी, 1951; फ़रवरी, 1953)।
14. नया पथ (अगस्त, 1953)।
15. प्रतिभा (फ़रवरी, '54; मार्च,' 54)।
16. पाटल (मार्च, '54; मार्च, '54)।
17. प्रकाश–प्रत्येक अंक।
18. सम्मेलन पत्रिका–लोक संस्कृति विशेषांक।
19. सरस्वती–(फ़रवरी, '41; मार्च,' 41)।
20. हंस–(फ़रवरी, '36; सितम्बर,' 40; सितम्बर, '43)।
21. हिन्दुस्तान साप्ताहिक–लोक साहित्य विशेषांक, 2 मई, 54।
22. होड़ सोम्बाद–प्रत्येक अंक।
23. आदिवासी–प्रत्येक अंक।
24. लोक–संग्रह।

❑❑

चित्र-वीथिका